Studienbücher Antike

Herausgegeben von
Peter Guyot

Band 20

Heinz-Günther Nesselrath

Lukian von Samosata

Der Weg eines Syrers ins Römische Reich und in die europäische Geisteswelt

Onlineversion
Nomos eLibrary

Die Deutsche Nationalbibliothek verzeichnet diese Publikation in der Deutschen Nationalbibliografie; detaillierte bibliografische Daten sind im Internet über http://dnb.d-nb.de abrufbar.

ISBN 978-3-487-16653-7 (Print)

ISBN 978-3-487-42409-5 (ePDF)

1. Auflage 2024

© Georg Olms Verlag – ein Verlag in der Nomos Verlagsgesellschaft mbH & Co. KG, Baden-Baden 2024. Gesamtverantwortung für Druck und Herstellung bei der Nomos Verlagsgesellschaft mbH & Co. KG. Alle Rechte, auch die des Nachdrucks von Auszügen, der fotomechanischen Wiedergabe und der Übersetzung, vorbehalten. Gedruckt auf alterungsbeständigem Papier.

Besuchen Sie uns im Internet
olms.de

Inhalt

Vorwort 9

1. Lukian und seine Zeit 11
   1.1. Ein Leben in einer (fast) perfekten Zeit:
       Lukians römische Umwelt im 2. Jh. n. Chr. 11
   1.2. Fragmente eines Lebens: Lukians „Biographie"
       und ihre Probleme 18
       1.2.1. Zeitgenossen, die über Lukian sprachen
            – und schwiegen 18
       1.2.2. Lukians Herkunft und Geburt 27
       1.2.3. Lukians Weg zur rhetorischen Paideia;
            frühe Reisen 32
       1.2.4. Lukian und Athen 38
       1.2.5. Diverse Aufenthaltsorte: Antiochia,
            Samosata, Abonuteichos 41
       1.2.6. Spätere Jahre und Aufenthalt in Ägypten 50
   1.3. Is there a man behind the mask(s)? Lukians personae
       in seinen Schriften 57
       1.3.1. Der Autor als „Syrer" 58
       1.3.2. Der Autor als „Tychiades" 59
       1.3.3. Der Autor als „Lykinos" 60

2. Lukian über seine eigene Kunst und ihre Quellen 63
   2.1. Vom Wert oder Unwert des Neuen:
       „Zeuxis, oder: Antiochos" 63
   2.2. Lukian als „Prometheus der Redekunst", oder:
       Das Neue als Provokation und Chance 67
   2.3. Philosophische oder literarische Umorientierung?
       „Der doppelt Verklagte" 70

2.4. „Die Wiederauferstandenen, oder: Der Fischer":
Lukians literarische Umorientierung und die Reaktion
der Philosophen 78

3. Ein vielfältiges Œuvre: Kurzer Überblick über Lukians Werk
nach Gattungen 87

3.1. Rhetorische Darstellungsformen: Deklamationen,
Dialexeis, Prolaliai, paradoxe Enkomien, Invektiven 87

3.2. Der platonisch-sokratische Dialog bei Lukian
und seine Adaptationen 91

3.3. Lukian als Erbe der attischen Komödie 94

3.4. Lukian als Erbe Menipps 96

3.5. Lukian als Erzähler 99

3.6. Lukian als Beobachter der eigenen Zeit 100

3.7. Lukian als Dichter 102

3.8. Zwischenfazit 103

4. Schwurbler, Schwindler, Scharlatane: Lukians Auseinandersetzung mit Phänomenen der zeitgenössischen Paideia 104

4.1. Lausige Literaten und rotzfrech-ruhmsüchtige Rhetoren 104

4.1.1. Zur Einführung: Die zeitgenössische Rhetorik
und ihre negativen Seiten 104

4.1.2. Scharlatanerie in der zeitgenössischen Rhetorik 105

4.1.3. Ein übertriebener Attizismus 112

4.1.4. Langweilige Dialoge und
unbedarfte Geschichtsschreibung 119

4.2. Gefährlich oder nur grotesk? Gottesmänner bei Lukian 127

4.2.1. Vom christlichen Guru zum kynischen Revoluzzer:
Peregrinus Proteus 127

4.2.2. Ein geschäftstüchtiger Religionsstifter:
Alexander Pseudomantis 131

4.3. Fragwürdige Philosophen 136

4.3.1. Vorspiel: Lukian und die Philosophen
der Vergangenheit 136

4.3.2. Die Philosophen der Gegenwart und ihre Laster 144

4.3.3. Auf der Jagd nach Pseudo-Philosophen 162

4.3.4. Die richtige Philosophie – keine Philosophie? 167

4.3.5. Positive Philosophen bei Lukian? Demonax und Nigrinos . 182

5. Götter, Schicksal und Orakel: Lukian
und die metaphysische Komponente der Welt 187

5.1. Von alten und neuen Göttern 187

5.2. Die Macht des Schicksals 197

6. Von armen Reichen und glücklichen Armen: Lukian
und die soziale Frage 204

7. Von Griechen und Nichtgriechen: Gegensatz
und Gleichberechtigung 225

8. Durch unbekannte Welten bis ins Jenseits: Lukian
als phantasievoller Erzähler 239

8.1. Geschichten aus der Welt des griechischen Romans 239

8.2. Schauriges aus Philosophenmund
und erstaunliche Wunschphantasien normaler Athener 243

8.3. Phantastische Reisen zum Götterhimmel und in die Unterwelt 254

8.4. Weitere Ausgestaltungen des Themas „Unterwelt" 271

8.5. Phantastische Reisen zu neuen Welten
im Himmel und auf der Erde: Die „Wahren Geschichten"......... 284

9. Ein viel und gern gelesener Autor: Lukians Rezeption
von Galen bis Tucholsky – und darüber hinaus............................ 295

9.1. Lukian in der spät(er)en Antike 295

9.2. Lukian in Byzanz 299

9.3. Lukian kommt in den Westen: Europäische Lukian-Rezeption
vom 14. bis zum 18. Jh. 302

9.4. Schwindender Ruhm und Neuentdeckung:
Lukian vom 19. bis zum frühen 21. Jh. 323

9.5. Auch eine Hommage an unseren Autor:
Die (gar nicht so wenigen) Pseudo-Lucianea 328

10. Nachwort: Lukian – ein Botschafter der Antike
für unsere heutige Zeit 332

Literatur 336

1. Editionen, Kommentare, Übersetzungen 336

   1.1. Gesamtausgaben 336

   1.2. Einzelausgaben und –kommentare 337

   1.3. Übersetzungen 340

2. Forschungsliteratur 340

Indices 354

   1. Stellen 354

   2. Namen- und Sachen 368

Vorwort

Das vorliegende Buch stellt eine Art Summa meiner Beschäftigung mit Lukian dar, die vor mehr als vierzig Jahren begann.[1] Im Lauf dieser Jahre hat sich mir ein Bild dieses Autors geformt, das manchen Fachvertreter(inne)n – vor allem den, wie ich sie nennen möchte, „Pant'-Aporetikern" („Alles-Bezweiflern"), die keine von Lukians Selbstaussagen in irgendeinen realen Bezug zu seiner Person setzen möchten – nicht mehr zeitgemäß erscheinen mag, dem aber in meinen Augen zumindest ein hohes Maß an Plausibilität zuzusprechen ist.

Das erste Kapitel versucht, in Lukians Leben und Werdegang – soweit sich dazu noch etwas halbwegs Verlässliches sagen lässt – vor dem Hintergrund seiner griechisch-römischen Umwelt einzuführen. Im zweiten Kapitel werden Lukians eigene Aussagen über seine Kunst und ihre Quellen vorgestellt. Das dritte Kapitel gibt einen ersten Überblick über Lukians Schaffen, vor allem, um die Vielzahl der von ihm genutzten literarischen Genera zu dokumentieren. Vom vierten Kapitel an geht es um die thematischen Schwerpunkte innerhalb von Lukians Werk. Das umfangreiche vierte Kapitel selbst behandelt seine satirischen Attacken auf diejenigen Gruppen innerhalb der zeitgenössischen intellektuellen Eliten, die er offenbar als besonders dankbare Zielscheiben ansah: prätentiöse „Sophisten" (d.h. Show-Redner) und Literaten, die gerade aktuellen Moden huldigen; religiöse „Gurus", in denen Lukian nur Scharlatane sehen konnte; zeitgenössische Philosophen, die in seinen Augen ihre hehren Lehren mit ihrem weit weniger hehren Leben Lügen straften. Das fünfte Kapitel geht der Behandlung von Göttern, Schicksal und Orakeln in Lukians Werk nach. Das sechste untersucht, wieweit dieses Werk vielleicht auch interessante Antworten zur „sozialen Frage" (d.h. der Situation von Arm und Reich) in Lukians Umwelt geben kann. Im siebten Kapitel geht es um die vergleichende Darstellung von Griechen und Nichtgriechen – nicht zuletzt vor dem Hintergrund, dass Lukians eigene griechische Kultur wahrscheinlich nicht „angeboren", sondern erst sekundär in seinem Bildungsgang angeeignet ist. Das umfangreiche achte Kapitel ist Lukian als Schöpfer oft phantastischer erzählter Welten gewidmet. Das ebenfalls umfangreiche neunte versucht, die erstaunlich breite und vielfältige Rezeption von Lukians Werk zu dokumentieren; und das

---

[1] Aufgrund dieses „Summa-Charakters" werden sich in den Fußnoten relativ viele Verweise auf eigene frühere Veröffentlichungen zu Lukian finden; ich bitte darum, dies nachsichtig in Kauf zu nehmen.

kurze Nachwort schließlich geht der Frage nach, warum es sich auch heute noch lohnen könnte, Lukian zu lesen.

Den Entstehungsprozess dieses Buches hat meine Frau, Dr. Balbina Bäbler, mit steter Ermutigung, aber auch mit kritischer Lektüre begleitet und mich auf diese Weise vor einer Reihe von Fehlern und Versehen bewahrt; ihr sei dieses Buch deshalb gewidmet.

Dank gilt aber auch Herrn Dr. Peter Guyot, der als Herausgeber der Reihe *Studienbücher Antike* nicht nur durch sein ebenso freundliches wie persistentes Nachfragen und Interesse wesentlich dazu beigetragen hat, dass dieses Buch im Lauf des vergangenen Jahres Gestalt annehmen konnte, sondern bei seiner genauen Durchsicht des Manuskripts auch wertvolle Korrektur- und Verbesserungsvorschläge gemacht hat.

Heinz-Günther Nesselrath, Dezember 2023

1. Lukian und seine Zeit

1.1. Ein Leben in einer (fast) perfekten Zeit: Lukians römische Umwelt im 2. Jh. n. Chr.

Lukian lebte zumindest große Teile seines Lebens zu einer Zeit, die namhafte Historiker wie im 18. Jh. Edward Gibbon und im 19. Jh. Theodor Mommsen[1] übereinstimmend als die vielleicht glücklichste der gesamten antiken Welt angesehen haben: das erste und zweite Drittel des 2. Jh.s n. Chr. war diejenige Epoche, in der das römische Kaiserreich auf dem Gipfel seiner Stabilität stand, von inneren und äußeren Bedrohungen fast nicht angefochten war und seine große historische Leistung, dem ganzen Mittelmeerraum Einheit, Frieden und Prosperität zu geben, wahrscheinlich am besten erfüllt hat. Wir befinden uns in der Zeit der sogenannten Adoptivkaiser (Trajan, Hadrian, Antoninus Pius, Marc Aurel), die dem Reich eine solche Abfolge von vielleicht nicht genialen, so aber doch (im umfassenden Sinn des Wortes) guten Herrschern beschert hat, wie es sie nie vorher und nie mehr nachher in solcher Serie hatte. Unter Hadrian und Antoninus Pius – den Kaisern, unter denen Lukian mutmaßlich aufwuchs und die erste Phase seines Erwachsenendaseins erlebte – gab es nur einige wenige, zeitlich und örtlich sehr begrenzte kriegerische Konflikte, die keine weitergehenden Erschütterungen verursachten und den Friedenszustand des Gesamtstaates nie in Frage stellten. Wirtschaft und Handel blühten, alle Teile des Reiches standen untereinander in regem Austausch; und die scharfe Trennlinie, die seit der Völkerwanderungs-

---

[1] Edward Gibbon (The decline and fall of the Roman Empire [zuerst erschienen 1776–1789 in 6 Bdn.] Vol. I, ch. 3, New York ca. 1932, 70): „If a man were called to fix the period in the history of the world, during which the condition of the human race was most happy and prosperous, he would, without hesitation, name that which elapsed from the death of Domitian to the accession of Commodus"; Theodor Mommsen setzt die untere Grenze etwas später (bei Septimius Severus) an (Römische Geschichte Bd. 5 [zuerst Berlin 1885] = „Achtes Buch: Länder und Leute von Caesar bis Diocletian", ND München 1976, 14): „das römische Kaiserregiment [...] hat in seinem Kreise [...] den Frieden und das Gedeihen der vielen vereinigten Nationen länger und vollständiger gehegt als es irgendeiner anderen Vormacht je gelungen ist [...] und wenn einmal ein Engel des Herrn die Bilanz aufmachen sollte, ob das von Severus Antoninus beherrschte Gebiet damals oder heute mit größerem Verstande und mit größerer Humanität regiert worden ist, [...] so ist es sehr zweifelhaft, ob der Spruch zugunsten der Gegenwart ausfallen würde."

zeit, besonders aber seit der arabischen Expansion unter dem Vorzeichen des Islam bis heute den Mittelmeerraum in einen christlichen Westen und Norden und einen islamischen Süden und Osten zerteilt, war damals nicht einmal denkbar. Natürlich gab es schon einige Unterschiede zwischen der westlichen und östlichen Reichshälfte: Im Westen sprach man vorwiegend Lateinisch, im Osten vorwiegend Griechisch; aber in beiden Reichshälften war die Hauptsprache der jeweils anderen Hälfte so geläufig und verbreitet, dass die Kommunikation keine Schwierigkeiten machte. Lukian, von dessen Lateinkenntnissen wir nur vage Vorstellungen haben[2] – perfekt waren sie sicherlich nicht, und er hat auch seine Vorträge, soweit wir wissen, nur auf Griechisch gehalten[3] –, konnte sich deshalb eine Zeitlang, wie es scheint, im Lateinisch sprechenden Gallien aufhalten und hier[4] auch recht erfolgreich sein.

Kulturell und literarisch gilt das 2. Jh. n. Chr. nicht als eine Zeit der absoluten Höhepunkte (auch wenn eine Beurteilung seiner diesbezüglichen Leistungen inzwischen weniger negativ ausfällt als noch vor einigen Jahrzehnten); auf jeden Fall wurde das reiche Erbe vergangener Jahrhunderte auf diesen Gebieten sorgfältig bewahrt und gepflegt. Die seit dem 4. Jh. v. Chr. aufblühenden Philosophenschulen bestanden weiter und erfreuten sich gerade jetzt vielleicht mehr kaiserlich-staatlichen Wohlwollens als je zuvor (nicht umsonst gilt Marc Aurel als „Philosoph auf dem Kaiserthron").

Von größerer Öffentlichkeitswirkung als die Philosophie jedoch war in dieser Zeit die Rhetorik; sie hatte zwar ihre einstige politische Bedeutung (als ein Hauptfaktor der politischen Meinungsbildung in den Volksversammlungen und Ratsgremien der antiken Stadtstaaten) inzwischen weitgehend eingebüßt, aber sie dominierte in der höheren Bildung und war auch einer der wichtigsten Faktoren in der öffentlichen Unterhaltung des gebildeten Bürgers (die anderen Bevölkerungsschichten waren – wie auch in späteren Zeiten – mehr für Spektakel, die Spannung und Nervenkitzel versprachen, zu haben: sportliche Wettkämpfe, Zirkus- und Gladiatorenspiele, Boulevardtheater hauptsächlich als Aufführungsorte des teilweise sehr drastischen Mimus). Wenn es jemals in der Antike so etwas wie unser heutiges „Show-business" mit den Tourneen seiner Stars und den Persönlichkeitskulten um diese Leute gegeben hat, dann

---

[2] Er macht nur einmal in *Pro Lapsu* 13 eine Andeutung. Zu möglichen Defiziten in Lukians Latein vgl. MESTRE / VINTRÓ 2010, 211–215.
[3] Anders als z.B. sein Zeitgenosse Apuleius.
[4] Jedenfalls nach seinem eigenen Bekunden: *Apol.* 15.

waren es in dieser Zeit die Redekünstler oder „Sophisten", die – vor allem im Osten des Reiches, aber bei weitem nicht nur dort – durch die Städte zogen und ein literarisch durchaus anspruchsvolles Publikum mit ihren improvisierten oder auch sorgfältig ausgearbeiteten Vorträgen unterhielten.

Reiches Anschauungsmaterial für dieses rhetorische Show-Business bieten uns die „Leben der Sophisten" (Βίοι σοφιστῶν), die Flavius Philostratos in den frühen 240er Jahren aufgezeichnet und dem Kaiser Gordianus III. gewidmet hat.[5] Philostrat[6] wurde um 170 n. Chr. – also noch zu Lebzeiten Lukians – geboren und gelangte als Literat am Hof des Kaisers Septimius Severus und seiner Frau Iulia Domna zu beträchtlicher Bedeutung; seine „Leben der Sophisten" präsentieren Lebensbeschreibungen von herumreisenden und öffentlich auftretenden griechischen Rednern, die nach dem Vorbild der alten Sophisten des 5. Jh.s v. Chr. ebenfalls Sophisten genannt wurden. Der größte Teil seines Werkes gilt den Vertretern der sogenannten „Zweiten Sophistik" vom späten 1. bis zum frühen 3. Jh. n. Chr.; Philostrat hat die Bezeichnung „Zweite Sophistik" sogar selbst erfunden,[7] und für die kulturelle und literarische Geschichte dieser Zeit ist sein Werk von größter Bedeutung; es zeigt, in welchem Ausmaß diese professionellen Redekünstler das Interesse und den Beifall der oberen Schichten der damaligen Gesellschaft bis hin zum Inhaber des Kaiserthrons gewannen – ein Interesse, das sich in nicht nur ideellen, sondern auch sehr handfesten materiellen Gratifikationen niederschlug. Eine Karriere dieser Art ist es, die die allegorische Gestalt der Paideia in Lukians *Somnium* dem sich hier als träumenden jungen Mann präsentierenden Ich-Erzähler vor Augen und in Aussicht stellt. Die Sophisten beherrschten mit ihren Vorträgen die ganze literarische Szene – andere Literaturgattungen wie epische, dramatische oder lyrische Dichtung spielen daneben eine viel geringere Rolle – so sehr, dass diese ganze Ära in den Literaturgeschichten bis heute unter der Überschrift „Zweite Sophistik"[8] figuriert.

---

[5] Vgl. BOWIE 2009, 29.
[6] Er ist offenbar der zweite seines Namens in einer Familie, die im Lauf mehrerer Generationen insgesamt vier Schriftsteller hervorgebracht zu haben scheint; vgl. BOWIE 2009, 19.
[7] Philostr. *VS* 1,3,2 STEFEC; dabei versteht Philostrat unter „Zweiter Sophistik" (δευτέρα σοφιστική) freilich etwas anderes als wir heutzutage, nämlich eine mit dem attischen Redner Aischines einsetzende Erneuerung der „Alten Sophistik" (ἀρχαία σοφιστική).
[8] Nach einer ‚ersten' Sophistik bereits im 5. Jh. v. Chr.

Die bis jetzt gemachten Bemerkungen gelten vor allem dem ersten und zweiten Drittel des 2. Jh.s, oder genauer: der Regierungszeit der Kaiser Hadrian (117–138) und Antoninus Pius (138–161). Unter Kaiser Marc Aurel (161–180) waren die gerade geschilderten Erscheinungen und Verhältnisse im Wesentlichen auch noch so, aber mit der unerschütterten Ruhe des Reiches[9] war es bald nach seinem Regierungsantritt vorbei. Von den 19 Herrschaftsjahren Marc Aurels, der als der ‚Philosophenherrscher' par excellence gilt – und Philosophie verbindet man doch im allgemeinen mit Frieden –, waren 17 Jahre des Krieges, erfüllt von Auseinandersetzungen, die in Ausmaß und Bedeutung weit über das hinausgingen, was das bis dahin in dieser Beziehung ziemlich verwöhnte Jahrhundert zuvor erlebt hatte: Schon bald nach Marc Aurels Regierungsantritt (im Jahr 161) brach ein Krieg mit den Parthern aus, dem mächtigsten und gefährlichsten östlichen Grenznachbarn des Römischen Reiches; das Machtgebiet der Parther begann unmittelbar östlich von Lukians Heimatstadt Samosata jenseits des Euphrat. Dieser Krieg fand erst fünf Jahre später seinen endgültigen Abschluss. Kaum war diese Gefahr gebannt, als es an der Donaugrenze von 166 bis 180 zu noch schwereren und langwierigeren Auseinandersetzungen mit starken Germanenvölkern kam: Von den aus dem Gebiet des heutigen Polen in Richtung Schwarzes Meer ziehenden Goten beunruhigt und unter Druck gesetzt, versuchten die Stämme der Markomannen und Quaden (aber auch noch andere kleinere Völker, die weiter östlich im Donauraum siedelten), ins Römische Reich einzudringen. Es gelang ihnen dabei, im Jahr 170 sogar in Oberitalien einzubrechen – was seit den Kimbern und Teutonen nicht mehr geschehen war – und dort die Stadt Aquileia zu belagern. Die Kämpfe, die Marc Aurel führte, um die germanischen Eindringlinge zuerst zurückzuschlagen und sie dann möglichst dauerhaft unter römische Kontrolle zu bringen, dauerten –- von einer zweijährigen Unterbrechung abgesehen – bis zum Tod des Kaisers (180). Während der gleichen Jahre wütete im Reich die sogenannte Antoninische Pest, die die vom Partherkrieg heimkehrenden Soldaten aus dem Osten eingeschleppt hatten, und ihr fiel vermutlich auch Marc Aurel selbst zum Opfer. Das Reich stand bei seinem Tod noch, aber nie zuvor, seit Augustus den Prinzipat begründet hatte, waren Gefahren dieses Ausmaßes von außen so tief in sein Inneres eingedrungen: Ebenfalls im Jahr 170 gab es im Balkanraum einen Einfall des – bis auf diese eine Episode in der Geschichte nie mehr auftauchenden –

---

[9] Freilich fand gegen Ende von Hadrians Regierungszeit der jüdische Bar-Kochba-Aufstand statt, der mehr als drei Jahre (von 132 bis 136) dauerte.

Volksstamms der Costoboci, die bis ins Herz von Griechenland gelangten und sogar das alte Heiligtum von Eleusis in unmittelbarer Nachbarschaft Athens verwüsteten.

Von diesen Erschütterungen finden wir in Lukians Schriften nur ein vergleichsweise geringes Echo, und dieser Umstand ist ein gewichtiges Argument für diejenigen, die Lukian völlig klassizistisch-rückwärts gewandt, im Bann seiner literarischen Quellen und Vorläufer und abgekehrt von den Ereignissen der eigenen Zeit sehen. Immerhin aber gibt es Reflexe auf die Markomannenkriege in seiner „Schurkenbiographie" des Lügenpropheten Alexander von Abonuteichos (*Alex.* 48), und in Zusammenhang mit dem Partherkrieg ist sogar eines seiner bedeutendsten Werke entstanden, der satirische Traktat Πῶς δεῖ ἱστορίαν συγγράφειν („Wie man Geschichte schreiben soll"). Lukian geht es freilich auch hier weniger um den Partherkrieg als solchen, als vielmehr um die literarische Mode, die er hervorgerufen hat: Laut dem Autor bestand sie darin, dass plötzlich offenbar ungemein viele Intellektuelle mit literarischen Ambitionen sich dazu berufen fühlten, diesen neuen Krieg in einem Geschichtswerk festzuhalten. Man kann nun vielleicht Zweifel hegen, ob denn eine solche ‚historiographische Epidemie' wirklich stattgefunden hat; aber selbst wenn Lukian etwas übertrieben haben sollte – das wäre ja nur ein typisches Merkmal von Satire allgemein –, ganz ins Blaue hinein phantasieren konnte er mit seiner Schrift kaum, wo es immerhin um konkrete Zeitereignisse ging; eine so manifeste Flunkerei hätte ihm niemand abgenommen. Der Partherkrieg brach zu einer Zeit aus, als man seit Jahrzehnten nichts Vergleichbares mehr erlebt hatte; die lange und mitunter auch (so zynisch das klingen mag) ein bisschen langweilige allgemeine Friedenszeit könnte so etwas wie einen Durst nach solchen Ereignissen und ihrer Darstellung hervorgerufen haben, der nun endlich befriedigt werden konnte. Es ist Lukian vielleicht sogar hoch anzurechnen, dass er auf dieser historiographischen ‚Welle', die zum Teil offenbar recht seltsame Schaumkronen erzeugte, nicht einfach mitgeschwommen ist – gekonnt hätte er es sicherlich, wie die von ihm in anderen Schriften gefällig und spannend erzählten Schlachten und Kriegszüge beweisen –, sondern es vorzog, diese Mode lieber satirisch zu kommentieren; damit war er jedenfalls origineller als die von ihm karikierten Thukydides-, Herodot- und Xenophon-Imitatoren, die alte Schläuche für neuen Wein verwenden zu können glaubten.

Der Partherkrieg hatte freilich auch insofern kein geringes Interesse für Lukian, als er gerade die Gegend besonders in Mitleidenschaft zog, aus der unser Autor selbst stammte, in der er dementsprechend Angehörige hatte und der er sich wohl auch nach seinem Weggang noch verbunden fühlte (s. unten). Verwundern mag freilich, dass Lukian, der lange Jahre in Athen und Umgebung verbracht zu haben scheint (s. unten), überhaupt nichts von der Katastrophe verlauten lässt, die, wie oben erwähnt, im Jahre 170 Eleusis ereilte.[10]

Folgende Überlegung mag schließlich noch eine weitere Erklärung dafür liefern, weshalb bei Lukian insgesamt so wenig von den größeren Erschütterungen seiner Zeit zu spüren ist: Wäre Lukian in der Tat der Satiriker gewesen, der es sich zum Ziel gesetzt hatte, die Verhältnisse seiner Zeit scharf zu beobachten und ihre Missstände schonungslos anzuprangern – so wie ihn gerade die Neuzeit lange verstanden hat (s. unten Kap. 9.3) –, dann müssten wir in der Tat mehr aktuelle Zeitbezüge in seinen Schriften erwarten; wenn er aber vor allem ein Unterhaltungskünstler – freilich auf hohem Niveau und für ein gebildetes und anspruchsvolles Publikum – sein wollte, dann ist es weniger verwunderlich, dass er vergleichsweise selten auf die Kriege und Katastrophen seiner Zeit eingeht; denn Unterhaltung ist ja doch in hohem Maß immer auch eine Form der Ablenkung von realen Dingen, die Menschen bedrücken könnten. Wer nun – diesen Gedanken weiter verfolgend – Lukian die Förderung eskapistischer Tendenzen bei seinen Zuhörern vorwirft, hat auf der einen Seite möglicherweise recht, reklamiert aber auf der anderen Seite etwas, was Lukian – und übrigens auch alle seine Sophisten-Kollegen, die wie er umherreisten und zur professionellen Unterhaltung eben ihre Rhetorik vorführten – höchstwahrscheinlich nie leisten wollte. Am Anfang seines vielleicht schönsten Werks, der „Wahren Geschichten", sagt er ausdrücklich, dass das, was er hier bieten will, ausschließlich der Entspannung und Unterhaltung dienen soll; und für viele – wenn nicht die meisten – seiner Vortragsstücke wird Ähnliches gegolten haben.

Es gibt aber zumindest einen Bereich – und darauf soll schon hier zumindest kurz hingewiesen werden –, in dem Lukian auf Strömungen seiner Zeit stärker eingegangen ist: den Bereich der Religion. Das 2. Jh. n. Chr. wirkt in dieser Hinsicht bemerkenswert ‚polyphon': Die alten Götterkulte des klassischen Griechenland und Rom erfreuten sich noch vielfach einer offiziellen Pflege und Konservierung im Staatsinteresse, daneben aber fanden die eigentlichen religiösen Bedürfnisse der Menschen das, was sie suchten, oft in einer ganzen Reihe ursprünglich nicht-

---

[10] Es kann freilich sein, dass er damals gerade nicht in Attika war, sondern auf Reisen oder auf seinem zeitweiligen administrativen Posten in Ägypten (s. unten S. 55f.).

griechischer, meist aus dem Osten des Reiches stammender Glaubens- und Heilslehren, zu denen man in dieser Zeit auch das – bereits in stetem Wachstum begriffene – Christentum rechnen kann. Dass diese Zeit alles andere als irreligiös war, zeigt sich auch daran, dass viele alte Orakelstätten neu belebt wurden und daneben sogar neue entstanden; selbst die Philosophie und ihre verschiedenen Richtungen – vor allem die der Stoiker und Platoniker – wurden immer mehr von religiösen Aussagen und Inhalten erfasst, freilich nicht die der Epikureer, die denn auch bald in der Bedeutungslosigkeit versanken. In verschiedenen seiner Werke zeigt Lukian, dass er diese mannigfachen religiösen Strömungen kennt, ihnen aber mit der Haltung eines gebildeten Agnostikers begegnet: Er beschreibt das Leben eines Begründers einer solcher neuen Orakelstätte, des Alexander von Abonuteichos, und lässt keinen Zweifel daran, dass er in ihm nichts weiter sieht als einen religiösen Scharlatan; er schildert den spektakulären Selbstverbrennungstod des mystisch-pythagoreische Neigungen zeigenden Kynikers Peregrinos, der nach seinem Tod in seiner Heimat Parion sogar kultische Ehren erhielt – und vermag auch hier nichts weiter zu sehen als die lächerliche Ruhmsucht eines alten Mannes, dem der Selbstdünkel zu Kopf gestiegen ist. In der gleichen Schrift gibt es auch aufschlussreiche Äußerungen über die Christen (*Peregr.* 11–16), denen sich Peregrinos für einige Zeit angeschlossen hatte; sie erscheinen Lukian – mit ihrem Glauben an einen gekreuzigten „Sophisten" (so wird Christus *Peregr.* 13 genannt) und mit ihrer brüderlichen Aufopferung füreinander, die sie leichte Beute für raffinierte Schwindler wie Peregrinos werden lässt – als Menschen von rührender Naivität. Lukians in vieler Hinsicht areligiös anmutende Haltung innerhalb einer Welt, die voll ist von religiösen Tendenzen verschiedenster Art, macht ihn dieser Welt nahezu zu einem Außenseiter; und wie die Epikureer, die zum Göttlichen ebenfalls eine distanzierte Haltung hatten und deren Ansichten Lukian in manchen seiner Schrifen durchaus zu teilen scheint (vgl. unten), wirkt deshalb auch er in dieser Zeit fast wie das Mitglied einer aussterbenden Spezies.

1.2. Fragmente eines Lebens: Lukians „Biographie" und ihre Probleme

1.2.1. Zeitgenossen, die über Lukian sprachen – und schwiegen

Bei dem Versuch, etwas über Lukians Leben zu sagen oder gar so etwas wie einen ‚Lebensweg' nachzuzeichnen, sieht man sich sofort mit mehreren Problemen konfrontiert.

Das erste dieser Probleme besteht darin, dass es außerhalb von Lukians eigenen Schriften nahezu keine Zeugnisse aus seiner eigenen Zeit gibt, die uns etwas über sein Leben mitteilen; die einzige Ausnahme ist eine Erwähnung bei dem bedeutenden – und auch als Schriftsteller sehr produktiven – Arzt Galen von Pergamon. Sie findet sich in einem heute nur noch in einer arabischen Übersetzung erhaltenen (ursprünglich um 180 verfassten[11]) Kommentar Galens zu einem Werk, das dem Hippokrates, Galens bedeutendstem medizinischen Vorläufer, zugeschrieben wurde.[12] Hier erzählt Galen, dass „einer unserer Zeitgenossen namens Lukianos" sich einmal einen amüsanten Scherz erlaubt habe, indem er im ‚dunklen' Stil des alten ionischen Philosophen Heraklit ein Buch unter dessen Namen verfasst und es dann durch Mittelsmänner einem Philosophen seiner Zeit zugespielt habe;[13] dieser Philosoph – hoch erfreut über den unerwarteten Fund – habe sich sogleich ans Kommentieren der vermeintlichen Heraklit-Sentenzen gemacht und sich dann unsterblich blamiert, als das Machwerk sich als Fälschung herausstellte. Wie Lukians eigene Verwendung des ionischen Dialekts in noch erhaltenen Werken[14]

---

[11] Vgl. BARDONG 1942, 638f.
[12] Galen zu Hipp. Epid. II 6,29, in: WENKEBACH / PFAFF 1934, 402. Auf die Stelle wurde erstmals durch STROHMAIER 1976 aufmerksam gemacht, der inzwischen noch Einiges revidiert hat (STROHMAIER 2012), vgl. unten.
[13] Durch Mittelsmänner vielleicht deshalb, weil der Mann vielleicht sonst misstrauisch geworden wäre und einen bösen Scherz vermutet hätte, wenn Lukian selbst ihm das Buch gegeben hätte? Wenn diese Vermutung das Richtige trifft, würde die Episode bereits ein recht bezeichnendes Licht auf die Reputation des Spötters Lukian werfen.
[14] Kürzere Partien in „Über das Haus" 20 (wo er Herodot sprechen lässt) und im „Verkauf der Philosophenleben" 13–14 (wo Demokrit und eben auch Heraklit mit ihrem Ionisch auftreten); sogar ganz in Ionisch geschrieben sind die Traktate „Über die syrische Göttin" und „Über die Astrologie" (die Echtheit der letzteren Schrift hat BERDOZZO 2011, 163–183 mit guten Argumenten zumindest wahrscheinlich gemacht).

zeigt, war ihm ohne weiteres zuzutrauen, auch einen zumindest auf den ersten Blick verblüffend echt wirkenden Heraklit zu produzieren.

Im gleichen Passus erzählt Galen noch einen weiteren Streich dieses Lukianos, den GERHARD STROHMAIER in seiner 2012 revidierten Übersetzung folgendermaßen wiedergibt: „Lukian fingierte auch Reden, die er in der Weise einer Offenbarung hervorbrachte und hinter denen kein Sinn steckte, und zeichnete sie für Leute der beiden Wege auf, worauf diese sie deuteten und kommentierten und sich damit blamierten." Mit den „Leuten der beiden Wege" dürften – so STROHMAIER – christliche Gruppen gemeint sein, bei denen – wie etwa bei den zeitgenössischen Montanisten – noch die Glossolalie praktiziert wurde.[15]

Es spricht viel dafür, dass Galens „Lukianos" unser Lukian ist. Lukians bevorzugte Zielscheiben waren in der Tat zum einen Philosophen,[16] zum anderen Vertreter auffälliger religiöser Kulte.[17] Ob er sich mit solchen Späßen Freunde gemacht hat, ist freilich eine andere Frage; und wenn er auf solche Weise auch noch bei anderen Gelegenheiten Mitglieder der intellektuellen Eliten – Philosophen, Grammatiker und Rhetoren – verärgerte, ist es wenig verwunderlich, dass die ihn daraufhin mit einer Art damnatio memoriae bestraften.

Als damnatio memoriae könnte man nämlich bezeichnen, wie der schon erwähnte „Chronist" der Zweiten Sophistik, Flavius Philostratos, mit Lukian verfährt: Er würdigt ihn keiner einzigen Erwähnung – warum? Vielleicht aus folgenden Gründen: Die von Philostrat gefeierten Sophisten tun alle mehr oder weniger das Gleiche – sie unterhalten ein gebildetes und literarisch interessiertes Publikum mit sogenannten „Deklamationen" (auch Μελέται, „Übungen", genannt), die entweder eigens für solche Auftritte verfasst und zuvor sorgfältig ausgefeilt oder aber – und das war sogar die höher geschätzte Spielart – ad hoc improvisiert waren, nachdem das Publikum dem Redner ein Thema vorgeschlagen hat-

---

15 STROHMAIER 2012, 170f.
16 Der hier genasführte Heraklit-Erklärer war wahrscheinlich ein Stoiker, für die Lukian ohnehin besonders wenig übrig hatte; vgl. unten Kap. 4.3.2 (S. 144–161).
17 STROHMAIER 2012, 170 zitiert als überzeugende Parallele Lukians von ihm selbst geschilderte Bemühungen, den Orakel- und Kultbegründer Alexander von Abonuteichos durch unsinnige Fragen bloßzustellen (*Alex.* 53f.). Dass Lukian auch christliche Gruppen zur Zielscheibe seines Spotts machte, ist ihm angesichts seiner in *Peregr.* 11–13 zutagetretenden ironischen-distanzierten Haltung zu den Christen generell ohne weiteres zuzutrauen.

te.¹⁸ Die Themen dieser Deklamationen waren in der Regel zum einen bestimmte Situationen aus dem griechischen Mythos oder der Geschichte der klassischen griechischen Zeit, zum anderen imaginäre Rechtsfälle. Der Redner hatte sich dabei in die jeweilige Situation und in eine der an ihr beteiligten Personen zu versetzen und diesen Vorgaben entsprechend einen möglichst wirkungsvollen Vortrag zu halten, bei dem es weniger auf das Faktische des Inhalts ankam – das war in der Regel dem Sprecher wie dem Publikum wohlbekannt – als vielmehr auf eine möglichst raffinierte und in diesem Sinne ‚originelle' Gedankenführung.

In Philostrats Sophistenbiographien ist eine Reihe von Bruchstücken aus solchen Deklamationen noch erhalten. In Lukians Werk freilich gibt es nur wenige Titel, die dieser Art von Vorträgen entsprechen; Lukian scheint also in dieser Hinsicht kein sehr typischer Vertreter der von Philostrat dargestellten Zunft gewesen zu sein, und vielleicht war schon dies ein wesentlicher Grund dafür, dass er von Philostrat nicht unter die von ihm behandelten Autoren aufgenommen wurde. Folgendes kommt aber noch hinzu: Die typischen Deklamationen der Zweiten Sophistik mögen zum Teil sehr einfallsreich gewesen sein – das zeigen die von Philostrat in seine Biographien eingestreuten Zitate¹⁹ –, aber Humor wurde in ihnen offenbar eher klein geschrieben; gerade Humor aber ist eines der Hauptcharakteristika von vielen Werken Lukians, und die Erzeugung von Humor war eines seiner wesentlichen Talente. Es gibt nun wenigstens eine Stelle in Philostrats Sophistenbiographien, die einen Hinweis auf eine Distanz Philostrats zum Schaffen Lukians geben könnte (2,63,1

---

¹⁸ Bereits dem Sophisten Gorgias wurden Lehren über den richtigen Zeitpunkt zugeschrieben (Diog. Laert. 9,52: καιροῦ δύναμιν ἐξέθετο, „er stellte die Bedeutung des richtigen Zeitpunkts heraus"), in der er die Bedeutung guter Improvisationskunst hervorhob. Lukian selber macht sich in seiner Invektive „Der Pseudo-Kritiker" (*Pseudologista*) über einen Konkurrenten lustig, der nur so tut, als wolle er eine improvisierte Rede halten, in Wahrheit aber ein entsprechendes Thema vorher abgesprochen hat (c . 5).
¹⁹ Hier einige Beispiele: Philostr. *VS* 1,59,4 STEFEC (Dionysios von Milet redet Chaironeia als den Ort der griechischen Niederlage gegen Philipp II. von Makedonien direkt an); 1,65,2 STEFEC (Lollianos von Ephesos klagt Leptines an, Athen genauso zu schaden wie der spartanische Feldherr Lysander) und 65,3 STEFEC (der gleiche Redner fordert Poseidon auf, die Verankerung von Delos zu lösen, damit die Insel fliehen kann); 1,72,2 (Polemon von Laodikeia zweifelt keck den Rhetorikverstand der Athener an) und 79 (der gleiche Redner beschreibt Herodes Atticus gewitzt seinen Krankheitszustand); 2,26,9f. STEFEC (Alexandros Peloplaton lässt Skythen ihre neue Sesshaftigkeit beklagen) und 26,14 (Herodes Atticus lässt die in der Sizilischen Expedition gefangenen Athener pathetisch höchst effektvoll klagen).

STEFEC); dort nämlich nennt er eine Reihe von Sophisten, die er ausdrücklich *nicht* zu behandeln gedenkt: „Herausbleiben sollen Leute wie Soteros, Sosos, Nikandros, Phaidros, Kyros und Phylax, denn die sind wohl mehr als ‚Spielzeuge' der Griechen (ἀθύρματα τῶν Ἑλλήνων) zu bezeichnen denn als Sophisten, die der Rede wert (λόγου ἄξιοι) sind." Lukian taucht nicht einmal auf dieser Liste von „Spielzeugen der Griechen" auf; so dass man sich sogar fragen kann, ob es noch weitere, vielleicht persönliche Gründe gab, die Philostrat zu dieser wirklich absoluten damnatio memoriae veranlassten.

Wie wir noch sehen werden, pflegte Lukian mit Gegnern oder Rivalen, die auf welche Weise auch immer seinen Unwillen erregt hatten, nicht zimperlich umzuspringen; mehrere seiner Schriften[20] zeigen, zu welchen Beschimpfungs- und Rufmordorgien er fähig war. Verletzend mögen auch manche beißenden Satiren gewirkt haben, deren Zielscheiben zwar nicht oder nur mit einem Pseudonym genannt werden, die aber durchaus reale Personen gewesen zu sein scheinen,[21] deren Namen den Zeitgenossen wahrscheinlich klar waren. Vielleicht war Lukian auf solche Weise auch einem früheren, literarisch tätigen Mitglied von Philostrats Familie oder einem seiner Lehrer oder Freunde zu nahe getreten, und Philostrats Tot-Schweigen war dafür die Retourkutsche.

Nach der Galen-Notiz findet sich der nächste Text mit Details zu Lukians Leben erst in dem um 1000 n. Chr. entstandenen byzantinischen „Suda"-Lexikon; doch ist der Lukian-Artikel dieses Lexikons nicht viel mehr als die bittere Invektive eines in „gerechtem Zorn" entbrannten Christen gegen einen verdammungswürdigen Heiden, der es gewagt hat, sich über das Christentum lustig zu machen:[22]

„Lukian aus Samosata, genannt Lästerer (βλάσφημος) oder Verleumder (δύσφημος) – oder besser noch sollte man ihn ‚gottlos' nennen –, weil in seinen Dialogen behauptet wird, dass auch die Aussagen über die göttlichen Dinge lächerlich seien. Er lebte zur Zeit des Kaisers Trajan und danach. Zunächst war er Advokat in Antiochia in Syrien; da er aber in diesem Beruf keinen Erfolg hatte, verlegte er sich auf

---

[20] Die Invektive „Gegen den ungebildeten Bücherkäufer" (*Adversus indoctum*), die ‚Schurkenbiographien' des „Lügenpropheten Alexander" (*Alexander pseudomantis*) und des Peregrinos Proteus (*De morte Peregrini*), die Beschimpfung des „Pseudo-Kritikers" (*Pseudologista*).
[21] Der „Rednerlehrer" (*Rhetorum praeceptor*), „Lexiphanes".
[22] Zu weiteren byzantinischen Reaktionen gegen den Christen-Verspotter Lukian vgl. unten Kap. 9.2 (S. 300).

das Schreiben von Texten; und er hat Unmengen geschrieben. Es heißt, er sei von Hunden getötet worden, weil er gegen die Wahrheit wütete; in der Lebensbeschreibung des Peregrinos nämlich greift er das Christentum an und lästert Christus selbst, der ganz abscheuliche! Deswegen hat er bereits im Diesseits hinreichende Strafen für seine Raserei empfangen, und im künftigen Leben wird er als Erbe des ewigen Feuers bei Satan weilen."

Zieht man die beschimpfenden Ausfälle des Verfassers dieses Textes und seine aufrichtige Hoffnung auf Lukians Braten in der Hölle ab, bleibt an biographischer Information nicht viel übrig und an glaubwürdiger noch weniger. Die Datierung von Lukians Leben in die Zeit Trajans[23] kann nicht richtig sein, da Lukian über sechzig Jahre später, nach dem Tod Marc Aurels,[24] noch schriftstellerisch tätig war. Dass Lukian sein Leben mit hoher Wahrscheinlichkeit auch nicht unter zubeißenden Hundezähnen beschloss, darf als sicher gelten.[25] Es bleibt die Nachricht, er sei eine Zeitlang ein ziemlich erfolgloser Anwalt im syrischen Antiochia gewesen, was zumindest nicht widerlegbar ist: An mehreren Stellen[26] lässt Lukian über ein Alter Ego von sich sagen, es habe einmal Advokatentätigkeit ausgeübt, und er war auch tatsächlich eine Zeitlang in Antiochia – in der Zeit allerdings, in der er dort offenbar mehrere seiner Schriften abfasste,[27] sehr wahrscheinlich nicht (oder nicht mehr) als Advokat. Anscheinend hat die Bemerkung in diesem *Suda*-Artikel das Ziel, Lukian als verkrachte Existenz darzustellen: Vor Gericht taugte er nichts, da wurde er dann eben sophistischer Vortragsredner. Auf diese Weise bleibt von allen diesen Angaben keine einzige wirklich sichere übrig.

---

[23] Das Prädikat γέγονε („hat gelebt") kann hier aufgrund des ganzen Satzzusammenhanges nicht „ist geboren" (was chronologisch noch vielleicht anginge) heißen.
[24] Darauf weist c. 48 in *Alexander Pseudomantis* hin, wo der vergöttlichte (d.h. verstorbene) Marc Aurel erwähnt ist.
[25] Von Euripides berichtet die biographische Tradition ein ähnliches Ende. In Lukians Fall scheint sie aus feindlichen Reaktionen der kynischen Anhänger („Hunde") des von Lukian verspotteten Peregrinos (*Peregr.* 2: „fast wäre ich von den Kynikern zerrissen worden wie Aktaion von seinen Hunden ...") herausgesponnen zu sein.
[26] In c. 32 des „Doppelt Verklagten" (*Bis accusatus*) und in c. 25 des „Fischers" (*Piscator*).
[27] Die Dialoge „Die Bilder" (*Imagines*), „Zur Verteidigung der Bilder" (*Pro imaginibus*) und „Über die Tanzkunst" (*De saltatione*), vielleicht auch den satirischen Traktat „Wie man Geschichte schreiben soll" (*De historia conscribenda*).

Abgesehen von der bereits erwähnten Galen-Stelle bleiben damit nur eigene („autobiographische") Äußerungen über sein Leben übrig – mit allen Schwierigkeiten, die mit solchen „Selbstzeugnissen" einhergehen, da in ihnen damit zu rechnen ist, dass die Grenze zur fiktionalen Selbststilisierung rasch überschritten wird. Wie wir noch sehen werden, sind sie in Lukians Fall auch nicht immer widerspruchsfrei und erinnern mitunter an berühmte Partien aus früherer klassischer Literatur, so als habe Lukian seinem Leben einen gewissen „klassischen" Glanz verleihen wollen. Lukian tritt zudem in seinen eigenen Schriften häufig unter verschiedenen – wenn auch meist recht durchsichtigen – Masken auf (vgl. dazu unten Kap. 1.3), und jedesmal ist die gewählte persona den Umständen angepasst, in denen Lukian sie auftreten lässt, mithin also immer etwas verschieden von den anderen.

Als Beispiel für einen solchen kreativen Umgang mit der eigenen Biographie sei hier die am autobiographischsten wirkende seiner Schriften, der „Traum" (Ἐνύπνιον, *Somnium*), vorgeführt: In ihr berichtet der Sprecher von einem für seinen späteren Lebensweg angeblich entscheidenden Erlebnis aus seiner Jugend, verlässt aber an einem bestimmten Punkt die Darstellung des „tatsächlich" Geschehenen und tritt – passenderweise bei der Erzählung des Traums, nach dem die Schrift benannt ist – in die Bereiche literarischer Nachahmung ein.

Der „Traum" enthält keine expliziten Angaben zu Vortragsort und -zeit, aber vom ersten Satz an suggeriert der Text noch heutigen Leserinnen und Lesern, dass er bei einer Rückkehr Lukians nach Samosata, der Stadt seiner Kindheit und Jugend,[28] vorgetragen wurde. Der Heimkehrer, der es inzwischen in der Fremde als sophistischer Vortragskünstler zu etwas gebracht hat – so etwa tritt Lukian hier auf –, will seinen früheren Mitbürgern, die ihn wenigstens zum Teil noch aus seiner Jugend gekannt haben könnten, gewissermaßen zeigen, was aus ihm geworden ist, und darum hält er in diesem Text eine Art Rückschau auf die Umstände, unter denen er auf seinen jetzigen Weg gebracht wurde: Er sollte ursprünglich Steinmetz werden, weil in seiner Verwandtschaft mehrere Leute und namentlich ein Onkel mütterlicherseits diesen ehrbaren Beruf ausübten, und er sollte daher auch zu diesem Onkel in die

---

[28] In der jüngsten deutschsprachigen Lukian-Einführung (BAUMBACH / VON MÖLLENDORFF 2017, 35) wird sogar dies – Samosata als Herkunftsort Lukians – in Frage gestellt und der Wert des Zeugnisses *Hist. conscr.* 24 bestritten; dies freilich geht sogar einem wohlwollenden Rezensenten wie R. POROD zu weit (POROD 2017, 9).

Lehre gehen; er stellte sich aber bereits am ersten Tag seiner Lehrlingszeit so ungeschickt an, dass er eine teure Steinplatte zerbrach und dafür von seinem Onkel eine Tracht Prügel verabreicht bekam, die ihn weinend nach Hause laufen und bei seiner Mutter Trost suchen ließ. Innerlich noch ganz aufgewühlt von den Ereignissen dieses Tages schlief er am Abend schließlich ein und hatte dann in der Nacht einen Traum, der sein ganzes weiteres Leben in eine andere Richtung lenkte.

Bis hierher (*Somn.* 5) ist alles so anschaulich und plausibel erzählt, dass es tatsächlich so passiert sein könnte; wir haben in der Tat keinen Hinweis darauf, dass Lukian solches nicht widerfahren sein sollte. Den nunmehr folgenden Traum jedoch kann er zumindest so, wie er ihn hier beschreibt, unmöglich gehabt haben: Es handelt sich um eine allegorische Szene, in der zwei Frauengestalten auftreten, von denen die eine die „Steinmetzkunst" (*Hermoglyphikē*), die andere die „(höhere) Bildung" (*Paideia*) darstellt. Selbst Erwachsene dürften wohl kaum von allegorischen Berufsgestalten träumen, geschweige denn Kinder; und Lukian nennt sich, als er diesen Traum gesehen haben will, selbst einen Heranwachsenden,[29] der das eigentliche Kindesalter gerade erst hinter sich gelassen hat;[30] und dann halten die beiden allegorischen Gestalten auch noch ausgefeilte und lange Reden wie in einem sophistischen Rede-Agon!

Es kommt hinzu, dass sich wohl bei jedem, der Lukians Traumbeschreibung damals hörte, sofort die Erinnerung an ein berühmtes – auch anderswo von Lukian nachgeahmtes – literarisches Vorbild einstellen musste: an die in Xenophons „Memorabilien" (2,1,21–34) erzählte Parabel des Sophisten Prodikos von Herakles am Scheidewege: Wie Herakles schildert der Sprecher sein jüngeres Ich an einer Wendemarke seines Lebens; wie bei Herakles treten zwei allegorische Frauengestalten auf ihn zu und beanspruchen jede, ihn für sich zu gewinnen; und wie Herakles entscheidet sich auch der Sprecher ohne Zögern für den ‚edleren' Weg, in seinem Fall die Paideia. Dabei hat sich Lukian keineswegs sklavisch an seine Vorlage gehalten, sondern manche Details variiert: Die Szene setzt bei ihm wesentlich direkter als bei Xenophon ein (als der Traum beginnt, sieht der Sprecher die beiden Frauen bereits mit Macht an sich herumzerren); die beiden allegorischen Gestalten sehen anders aus,

---

[29] *Somn.* 1: τὴν ἡλικίαν πρόσηβος („dem reifen Jünglingsalter nahe"); 16: ἀντίπαις („wenig mehr als ein Kind").
[30] Man denke auch an die Tränen, unter denen er *Somn.* 4 bei seiner Mutter Geborgenheit sucht.

und sie reden auch anders als bei Xenophon (da sie ja andere Abstrakta verkörpern); schließlich hat Lukian die Szene nach der Entscheidung des Träumenden noch weiter ausgebaut als Xenophon und lässt ihn mit Paideia schon einen verheißungsvollen Rundflug über die Länder seines zukünftigen Wirkens machen und danach verwandelt zu seinen Eltern zurückkehren. Bei allen Modifizierungen aber bleibt die Inspirationsquelle immer gegenwärtig; ein wenig später lässt Lukian sogar den Namen Xenophon fallen, als er – bezeichnenderweise – auch dessen entscheidenden Traum vor der Übernahme des Kommandos über die tief im Perserreich stehenden zehntausend griechischen Soldaten in der „Anabasis" (3,1,11) erwähnt (*Somn.* 17). Man könnte das, was Lukian in seinem angeblich autobiographischen „Traum" bietet, also eine „Kontamination" von selbst (?) erlebter Wirklichkeit und literarisch inspirierter Fiktion nennen, und solche Verschmelzungen lassen sich bei ihm noch öfters finden.

Ferner gibt es für die Erschließung von Lukians Biographie – neben dem fast völligen Fehlen zeitgenössischer Zeugnisse anderer über ihn und der starken literarischen Umformung „autobiographischer" Zeugnisse – noch eine dritte Schwierigkeit, die in früheren Versuchen, in Lukians Leben und Schaffen eine Entwicklungslinie nachzuzeichnen, nicht hinreichend klar berücksichtigt worden ist, wie der letzte bedeutende Versuch, eine Lebensbeschreibung Lukians zu präsentieren – die 1965 veröffentlichte „Biographie de Lucien de Samosate" von JACQUES SCHWARTZ – zeigt. SCHWARTZ' Methode, um jenseits der wenigen einigermaßen sicheren Daten oder Zeitangaben, die sich aus Bemerkungen Lukians gewinnen lassen,[31] weitere „Informationen" zu Lukians Werdegang zu gewinnen, ist im Wesentlichen folgende: Er nimmt bei Schriften, die gleiche oder ähnliche Themen, Motive oder Strukturen haben, an, dass diese Schriften im gleichen Zeitraum entstanden sind; und aus der Art und Weise, wie solche gleichen oder ähnlichen Themen und Motive in diesen Schriften jeweils behandelt sind – verkürzt, erweitert oder auf eine andere Weise modifiziert –, glaubt er, herleiten zu können, welche Schrift welcher anderen vorausging oder nachfolgte. Dass solche Schlussfolgerungen aber im höchsten Maß fragwürdig sind, hat 1981 JENNIFER HALL[32] überzeugend dargestellt: Sie fragt zu Recht, ob denn ein Schriftsteller nicht auch viele Jahre, nachdem er ein bestimmtes Thema oder Motiv behandelt hat, nochmals auf dieses Thema oder Motiv zurückkommen

---

[31] Vgl. dazu unten S. 44f. 49. 50. 51f. 53. 87 (Anm. 1).
[32] HALL 1981, 44–63 (zu SCHWARTZ 1965, 53–57).

kann. Ebensowenig – fährt HALL fort – wird ein Schriftsteller bei der Wiederverwendung von bestimmten Themen oder Motiven immer nur auf die gleiche Weise seine früheren Einfälle modifizieren, so dass man aus der Art der Modifikation auf ein Früher oder Später schließen könnte; ob er etwas, was er schon einmal gebracht hat, bei einer anderen Gelegenheit nur noch kurz andeutet oder aber breiter ausführt, bleibt ganz allein ihm überlassen und wird immer von seinen jeweiligen Darstellungsabsichten abhängen.[33]

Ferner spricht gegen den Versuch, lediglich aus inneren inhaltlichen Kriterien eine Reihenfolge und Entwicklungslinie von Lukians Schriften zu konstruieren, auch die Tatsache, dass jeder dieser Versuche bisher zu einem *anderen* Bild vom Werdegang Lukians gekommen ist; das uns zur Verfügung stehende Material reicht für eindeutige Schlussfolgerungen also offensichtlich nicht aus. Deshalb wird im dritten Kapitel dieses Buches der Gesamtüberblick über Lukians Werk im Wesentlichen nach Gattungen und nicht chronologisch gegeben. Man kann allerdings aufgrund von gewissen Selbstzeugnissen Lukians immerhin wahrscheinlich machen, dass er sich irgendwann einmal dazu entschloss, bestimmte ausgetretene Pfade bei seinen Darbietungen zu verlassen und, angeregt durch bestimmte literarische „Entdeckungen" andere Wege bei Themenwahl und Darstellungsart zu gehen; dies soll im zweiten Kapitel dieses Buchs gezeigt werden.

---

[33] Zwei Beispiele aus anderen Autoren mögen diese Überlegungen unterstützen: 1. In seinen sieben erhaltenen Tragödien hat Sophokles dreimal eng miteinander zusammenhängende Themen aus dem thebanischen Sagenkreis behandelt: im „König Ödipus", im „Ödipus auf Kolonos" und in der „Antigone". Die „Antigone" gehört wohl an das Ende der 40er Jahre des 5. Jh.s v. Chr., der „König Ödipus" dürfte in die erste Hälfte der 420er Jahre zu setzen sein – ein eindrucksvolles Vers-Ende aus ihm (629: Ὦ πόλις, πόλις) wird in den „Acharnern" des Aristophanes parodiert (V. 27) –, der „Ödipus auf Kolonos" schließlich gehört ganz an das Ende von Sophokles' Leben, da er im Jahr 401 postum aufgeführt wurde. Zwischen „Antigone" und „König Ödipus" liegen mithin etwa 12–15 Jahre, zwischen „König Ödipus" und „Ödipus auf Kolonos" sogar über 20; wollte man dagegen mit SCHWARTZ argumentieren, müssten sie viel enger beieinander liegen. 2. Der Komödiendichter Aristophanes hat in zwei Stücken, der „Lysistrate" und den „Ekklesiazusen", dargestellt, wie Frauen emanzipiert-couragiert in Athen das Heft an sich reißen und den unfähigen Männern ihre eigene Politik diktieren; die „Lysistrate" wurde 411 v. Chr., die „Ekklesiazusen" erst 19 oder 20 Jahre später (392 oder 391) aufgeführt.

Bevor es jedoch an den Schriftsteller und Literaten geht, soll im Folgenden dennoch das zusammengestellt werden, was sich – mit aller Vorsicht – über das Leben des Menschen Lukian noch sagen lässt.

1.2.2. Lukians Herkunft und Geburt[34]

Der Mann, der ein so klares und an den besten klassischen Vorbildern orientiertes attisches Griechisch schrieb, stammte aus dem äußersten östlichen Randgebiet des damaligen Römischen Reiches und damit aus einer Gegend, die bei aller Hellenisierung immer noch starke syrisch-aramäisch-iranische Kultur- und Sprachanteile enthielt. Samosata, Lukians Geburts- und Heimatstadt,[35] war die Hauptstadt der Landschaft Kommagene, eines Gebiets, das ungefähr so groß wie die Insel Zypern war und sich am Oberlauf des Euphrat, und zwar auf dessen Westseite, erstreckte. Heute ist dieses Gebiet türkisch, liegt allerdings fast unmittelbar nördlich der Grenze zum modernen Staat Syrien. Samosata selbst lag – denn seit etwa 1989 ist das antike Stadtgebiet unter den vom Atatürk-Staudamm aufgestauten Wassern begraben – unmittelbar am Euphrat und war neben dem (freilich wichtigeren) etwa 60–70km flußabwärts gelegenen Zeugma ein strategisch bedeutender Flussübergang. Unmittelbar östlich begann der Herrschaftsbereich der Parther. Einer der von Lukian in „Wie man Geschichte schreiben soll" karikierten Dutzendhistoriker, die sich auf das Thema des damaligen Partherkriegs (161–166) gestürzt hatten, kannte sich freilich so wenig in der genaueren Geographie seines Themas aus, dass er Samosata fälschlich auf das Ostufer des Euphrat verlegte, was Lukian zugleich amüsierte und verärgerte (*Hist. conscr.* 24).

Lukians Heimat Kommagene wurde übrigens erst 72 n. Chr. von Kaiser Vespasian der römischen Provinz Syrien einverleibt; das Gebiet war vorher über 150 Jahre lang ein zumindest nominell unabhängiges – de facto freilich meist unter römischer Vorherrschaft stehendes – Königreich gewesen, das aus dem Zerfall des Seleukidenreiches hervorgegangen war und bis zu seiner Einziehung durch Rom von einer iranischen Dynastie regiert wurde. Ihr bedeutendster Vertreter war Antiochos I. (69–36 v. Chr.), ein Zeitgenosse Caesars und Ciceros, der zur Festigung seiner

---

[34] Die Ausführungen in diesem und den folgenden Teilkapiteln verdanken viel den Darlegungen in HALL 1981 und JONES 1986, auch wenn diese beiden grundlegenden Werke in manchen Bereichen der heutigen Lukian-Forschung sicher als „biographistisch" (vgl. dazu unten Anm. 103) verschrien sind.
[35] In *Hist. conscr.* 24 nennt Lukian Samosata explizit „meine Vaterstadt" (τὴν ἐμὴν πατρίδα). Vgl. auch oben Anm. 28.

Position im Inneren einen sehr elaborierten Königskult etablierte, in dessen Zentrum er selbst stand; auf dem Gipfel eines der höchsten Berge seines Reiches – dem 2150 m hohen Nemrut Dağı – legte er ein imposantes Heiligtum an, in dem er als vergöttlichter Herrscher an der Seite von Göttern thronte, die sich durch ihre Doppelnamen als offenbar bewusst geschaffene griechisch-iranische Mischgebilde erweisen: Zeus Oromasdes, Herakles Artagnes, Apollon Mithras.[36]

Eine solche Religionspolitik, in der ein griechisch-persischer Synkretismus offenbar eine bedeutende Rolle spielt, deutet darauf hin, dass in Kommagene Griechisches und Nichtgriechisches in enger Verbindung nebeneinander existierten; und aufgrund dieses Mischcharakters der kommagenischen Gesellschaft und mangels eindeutiger Zeugnisse lässt sich nicht sagen, ob Lukians Familie griechisch oder wenigstens stark hellenisiert oder doch eher syrisch-aramäischen Gepräges war; kein einziger Name von Lukians Familienangehörigen, der hier weiterhelfen könnte, ist überliefert. Nicht einmal Lukians eigenes Zeugnis über sein Alter Ego (vgl. unten), den ‚syrischen Rhetor' im „Doppelt Verklagten", er sei in seiner Jugend „in seiner Sprache noch ein Nichtgrieche" (βάρβαρος ἔτι τὴν φωνήν, c. 27) gewesen, entscheidet die Sache, denn diese Worte könnten auch bedeuten, dass das Griechisch, das man in Lukians Elternhaus möglicherweise sprach, eine mit orientalischen Elementen durchsetzte Koine war, die in Grammatik und Vokabular nicht der – in den griechischen Bildungszentren des Römischen Reiches geltenden – hochattischen Norm entsprach.

Es ist freilich auffällig, dass Lukian selbst sich wiederholt ausdrücklich als Syrer und als vom Euphrat stammend bezeichnet; in *Bis Acc.* 27 lässt er von dem erwähnten Alter Ego erzählen, er habe sogar, nachdem er bereits nach Ionien zur Aufnahme eines Rhetorikstudiums gekommen sei – d.h. zur Aneignung höherer, d.h. griechischer Bildung –, noch orientalische Tracht getragen (nämlich den Kandys, ein langärmeliges medisches Gewand).[37] Verleugnet hat er seine Herkunft vom östlichen Rand des Reiches also nicht; aber wenn man die – gar nicht so wenigen – Stellen in Augenschein nimmt, an denen er in irgendeiner Form auf seine

---

[36] Zu diesem Kult und den Ausgrabungen auf dem Nemrut Dağı vgl. WAGNER 2012.
[37] Diese Bemerkung wird hier freilich von der Prozessgegnerin des ‚Syrers', der personifizierten Rhetorik, gemacht, könnte also auch bewusst übertrieben sein. Andererseits bestätigt der ‚Syrer' selbst in *Bis Acc.* 30, dass seine Gegnerin alles wahrheitsgemäß dargestellt habe.

Herkunft anspielt, könnte man eine durchaus ambivalente Haltung zu dieser Herkunft zu erkennen meinen.

Auf der einen Seite nämlich nennt Lukian seine syrische Heimat frei heraus und ist geradezu stolz darauf, es aus dieser Randposition – im wörtlichen Sinn – zu einer souveränen Beherrschung der griechischen Sprache und Bildung gebracht zu haben: In dem Dialog „Der doppelt Verklagte" (*Bis Accusatus*) führt er sich selbst als ‚der Syrer/der syrische Rhetor' (vgl. oben) in die Handlung ein und lässt gerade die hier als seine Anklägerin auftretende Rhetorik darauf hinweisen, wie sehr er es in ihrer urgriechischen Kunst zu Anerkennung und Erfolg gebracht habe (c. 27). Auf der anderen Seite kann er aber auch sehr gereizt und geradezu giftig reagieren, wenn ihm jemand einen – angeblichen oder wirklichen – Sprachschnitzer vorwirft und dies dann noch mit seiner nichtgriechischen Herkunft in Zusammenhang bringt. Dies tat offenbar der Gegner – wahrscheinlich ein rivalisierender sophistischer Vortragsredner –, den Lukian in der Invektive Ψευδολογιστὴς ἢ περὶ τῆς ἀποφράδος („Der Pseudo-Kritiker, oder: Über den verhängnisvollen Tag") mit zum Teil übelsten Beschimpfungen überschüttet (vgl. *Pseudol.* 1 und 11). Fast könnte man hier einen latenten Minderwertigkeitskomplex Lukians gegenüber Leuten vermuten, die das Glück hatten, als „echte" Griechen und in einem griechischen Zentrum geboren worden zu sein.

Die große sprachliche Sensibilität, die Lukian offensichtlich hatte, kommt auch in seiner Schrift „Verteidigung eines Versprechers bei der Begrüßung" (Ὑπὲρ τοῦ ἐν τῇ Προσαγορεύσει Πταίσματος, *Pro Lapsu inter Salutandum*) zum Vorschein: Hier rechtfertigt er sich in einem 7 Oxfordseiten langen Traktat dafür, dass er bei einer morgendlichen Begrüßung statt „Sei gegrüßt" (χαῖρε / *salve*) versehentlich „Leb wohl" (ὑγίαινε / *vale*) gesagt hat;[38] für Lukian scheint das eine Scharte gewesen zu sein, die er sofort auswetzen musste, weil er sonst – wie er selbst sagt (c. 1) – von diesem Missgeschick Spott und Verachtung befürchtete. Auch die Satiren oder satirischen Pamphlete, in denen er mit sprachlichen Mängeln in der zeitgenössischen Rhetorik oder anderen literarischen Produktionen seiner Zeit ins Gericht ging,[39] könnten wenigstens einen ihrer Entstehungsgründe in dieser Sensibilität haben.

---

[38] Zu der Frage, ob ihm dieses Missgeschick auf Griechisch oder auf Latein unterlaufen ist, vgl. MESTRE / VINTRÓ 2010.
[39] „Der Rednerlehrer" (*Rhetorum praeceptor*), „Lexiphanes", „Wie man Geschichte schreiben soll" (*De Historia conscribenda*). Vgl. unten S. 104–126.

Ein kleiner Wortwechsel aus dem Dialog „Die Wiederauferstandenen, oder: Der Fischer" (Ἀναβιοῦντες ἢ Ἁλιεύς, *Piscator*) zeigt vielleicht am prägnantesten die Probleme, vor die sich Lukian durch seine Herkunft gestellt sah oder zu sehen glaubte: Hier lässt er ein Alter Ego mit dem Namen Parrhesiades („Sohn freier Rede") sich wegen seiner satirischen Philosophenkritik – in dem Dialog „Der Verkauf der Philosophenleben" (*Vitarum auctio*) – vor der personifizierten Philosophie persönlich verantworten. Vor dieser Gerichtsverhandlung nimmt die Philosophie seine Personalien auf und fragt ihn nach seiner Herkunft. Parrhesiades antwortet: „Ich bin ein Syrer von denen, die am Euphrat wohnen. Aber wozu diese Frage? Denn ich weiß, dass einige von meinen Prozessgegnern [gemeint sind die von ihm verspotteten Philosophen] nicht weniger als ich nach ihrer Herkunft Barbaren (βαρβάρους τὸ γένος) sind. Der Charakter aber und die Bildung werden nicht davon geprägt, ob man aus Soloi oder Zypern oder Babylon oder Stageira stammt. Dir [d.h. der Philosophie] gegenüber dürfte nichts eine Minderung bedeuten – auch nicht, wenn jemand seiner Sprache nach ein Barbar (τὴν φωνὴν βάρβαρος) ist –, wenn nur die Geisteshaltung offensichtlich gerade und gerecht ist." Und die Philosophie muss ihm zustimmen und zugeben, dass ihre Frage überflüssig war (*Pisc.* 19).[40]

Also noch einmal an den Euphrat, den Lukian wiederholt als seinen Heimatfluss evoziert: Wie bereits erwähnt, war die Euphratstadt Samosata seit 72 n. Chr. nicht mehr Hauptstadt eines (wenn auch nur kleinen) Königreiches, sondern nur noch ein wichtiger Ort einer Grenzregion der römischen Provinz Syrien; aufgrund ihrer strategischen Lage wurde sie das ständige Quartier einer römischen Legion, der XVI Flavia firma. In diesem Zusammenhang ist vermutet worden, dass Lukian aus der Familie eines Angehörigen römischer Auxiliartruppen dieser Legion in Samosata stammt;[41] das würde vielleicht erklären, wieso er den ja eindeutig lateinischen Namen „Lucianus" hat, obwohl er sich sonst immer als Syrer bezeichnet. Verifizieren lässt sich diese Vermutung nicht; ebenso kann man aus ihr nicht schließen, dass Lukian aus der Familie eines römischen

---

[40] Auch in *Bis Acc.* 14, wo Lukian sich als ‚Syrer' in einer ähnlichen fiktiven Gerichtsverhandlung belangen lässt, bringt er – hier vielleicht sogar mit mehr Humor als im „Fischer" – seine Herkunft vom Euphrat ins Spiel; da sagt nämlich die personifizierte Göttin Dike: „Jetzt sieh mal einer an: Sollen wir nun auch schon für die ausländischen Rechtsfälle in Athen auf dem Areopag eine Jury einberufen, wo es bei diesen Rechtsfällen doch angebracht wäre, dass sie bereits jenseits [!] des Euphrat verhandelt worden wären?"
[41] Vgl. HALL 1981, 445f. (Anm. 25 zu S. 16).

Bürgers stammte und somit selbst von Geburt an römischer Bürger gewesen sei.[42]

Der sich autobiographisch gebenden Erzählung „Der Traum" zufolge (s. oben) übte ein mütterlicher Onkel Lukians das Steinmetzgewerbe aus,[43] so dass wahrscheinlich auch seine Eltern dem Handwerkermilieu angehörten. Laut *Somn.* 2 betätigte auch der kleine Lukian selbst sich bereits „plastisch", indem er das Wachs aus seinen Schultäfelchen herauslöste und daraus Figuren allerlei Art formte; das muss nicht frei erfunden sein, denn der Sprecher des „Traums" trug dies augenscheinlich Leuten vor, die ihn noch kennen konnten (s. oben). Auch Lukians Beschreibungen von Kunstwerken – Bildern und Statuen –, die er recht häufig in seine Schriften einfließen lässt[44] und die zu den besten gehören, welche wir aus der Antike erhalten haben,[45] lassen immerhin plausibel erscheinen – auch wenn dieser Zusammenhang gelegentlich bestritten wird –, dass er eine gewisse Begabung auf dem Gebiet der bildenden Künste gehabt hat.

Wann Lukian geboren wurde, ist nicht mehr mit Sicherheit feststellbar. JENNIFER HALL glaubte, in diesem Punkt RUDOLF HELM zustimmen zu können, der den „Doppelt Verklagten", in dem Lukian sein Alter Ego als etwa 40-Jährigen bezeichnet (*Bis Acc.* 32), auf 165 n. Chr. datieren wollte.[46] Doch hat C. P. JONES die zeitgenössischen Anspielungen, denen folgend HALL den „Doppelt Verklagten" auf 165 festlegen wollte, zu Recht in Zweifel gezogen; so bleibt wohl nur, mit JONES[47] als die Zeitspanne, innerhalb deren Lukian wahrscheinlich geboren wurde, das Jahrzehnt zwischen 115 und 125 v. Chr. anzugeben, wenn man an der Angabe der vierzig Lebensjahre in *Bis Acc.* 32 festhalten und annehmen möchte, dass der „Doppelt Verklagte" zwischen 155 und 165 entstanden ist.

---

42 Vgl. JONES 1986, 8 mit Anm. 11. Vielleicht ist Lukian im Lauf seiner späteren Karriere römischer Bürger geworden, denn er scheint nach eigenem Bekunden gute Verbindungen zu nicht unwichtigen Römern geknüpft zu haben (s. unten S. 46f.), und er war es mit hoher Wahrscheinlichkeit, als er in fortgeschrittenem Alter für eine gewisse Zeitspanne einen Verwaltungsposten in Ägypten innehatte.
43 Laut c. 7 gab es in der Familie noch mehr Bildhauer.
44 Zu Lukians häufiger Verwendung von Vergleichen und Metaphern aus der Bildhauerkunst vgl. ROMM 1989.
45 Vgl. dazu NESSELRATH 2019b.
46 Vgl. HELM 1927, 1732; HALL 1981, 16 (in Anm. 23 auf S. 444f. dagegen hält sie als Geburtsjahr auch 120 für möglich).
47 JONES 1986, 8 mit Anm. 10.

1.2.3. Lukians Weg zur rhetorischen Paideia; frühe Reisen

Wie Lukian dazu kam, eine rhetorisch-sophistische Laufbahn einzuschlagen – bei familiären Voraussetzungen, die eine solche Berufswahl offenbar nicht unbedingt nahelegten –, hat er später, wie wir schon sahen, in seinem Vortrag „Der Traum" dargestellt. Es gibt Stimmen, die alles in dieser Schrift Erzählte für Fiktion halten, nicht nur den Traum selbst mit seinen deutlichen literarischen Anspielungen (vgl. oben) und Aufhöhungen; die Konsequenz einer solchen Position ist freilich die Absage an jeden Versuch, auch nur irgendetwas über Lukians Werdegang in Erfahrung bringen zu wollen, denn dann dürfen wir auch keiner anderen Anspielung Lukians auf sich selbst in anderen Schriften glauben,[48] die noch viel stärker ‚literarisiert', d.h. in ein fiktives Gewand eingekleidet sind (s. unten). Wenn aber – und diese Annahme ist zumindest plausibel – Lukian seinen „Traum" vor seinen ehemaligen Mitbürgern in Samosata vortrug, dann musste er damit rechnen, dass es hier wenigstens noch einige ältere gab, die sich vielleicht an den Jungen erinnerten, der jetzt als gemachter Mann behauptete, damals seinem Onkel aus der Steinmetzlehre davongelaufen zu sein und die Stadt sogar ganz verlassen zu haben, um an einem zentralen Ort des Römischen Reiches eine rhetorische Ausbildung zu erhalten.

Von dieser nächsten wichtigen Station in Lukians Leben hören wir dann in einem komischen Dialog, der ebenfalls offenbar einiges Autobiographische enthält, im Übrigen aber in eine völlig fiktive Rahmenhandlung gekleidet und reich ausgestattet ist mit einem bunten Gemisch von überirdischen, historischen (aber bereits lange toten) und schließlich sogar allegorischen Figuren: Dies ist der schon mehrfach erwähnte Dialog „Der doppelt Verklagte" (*Bis Accusatus*), der im Wesentlichen aus einer bunten Reihe von Gerichtsverhandlungen besteht.[49] In den beiden letzten führt Lukian sich selbst als ‚Syrer' ein, den zuerst die personifizierte Rhetorik der ehelichen Untreue und gleich danach der personifizierte philosophische Dialog einer skandalösen Entstellung seines ehrwürdigen Erscheinungsbildes anklagen; der „Doppelt Verklagte", der dem Dialog den Titel gegeben hat, ist also Lukian selbst. Welche Hinweise diese beiden Gerichtsszenen auf Lukians schriftstellerische und literarische Entwicklung geben, soll später zur Sprache kommen; hier jedoch sei vorge-

---

[48] Diese Position wird konsequent von BAUMBACH / VON MÖLLENDORFF 2017, 13–57 vertreten.
[49] Zu den literarischen Strukturen dieses Dialogs vgl. auch unten S. 70–72. 95f.

führt, wie die Anklägerin Rhetorik den Werdegang ihres ihr so schnöde untreu gewordenen Syrers darstellt, um den sie sich doch so bemüht hatte:

„Den hier, meine Herren Richter, habe ich nämlich, als er noch ein völlig unreifes Bürschchen war, das noch gar nicht richtig Griechisch konnte und fast auch noch den (medischen) Kandys nach der syrischen Art und Weise trug, den habe ich gefunden, als er noch in Ionien umherirrte und nicht wusste, was er mit sich anfangen sollte; ich nahm ihn zu mir und erzog ihn; und da er mir ein gelehriger Schüler zu sein und unverwandt auf mich zu blicken schien – denn damals kuschte er noch und bemühte sich um mich und bewunderte mich allein – [...] da habe ich mich denn diesem Undankbaren verlobt, ihm, der arm, unbekannt und jung war, und ich habe ihm als nicht geringe Mitgift viele wunderbare Reden mit in die Ehe gebracht [...]" (c. 27).

Die Rhetorik sagt also – und der angeklagte „Syrer" bestätigt dies später auch in seiner Verteidigungsrede –, dass der junge Lukian sie zuerst in Ionien (also an der Westküste der heutigen Türkei, ein beträchtliches Stück von seiner Heimat Samosata entfernt) kennengelernt habe;[50] in der Tat war Ionien (vor allem seine großen Städte Smyrna, Ephesos und Pergamon[51]) damals ein ausgesprochenes Zentrum rhetorischer Bildung und Ausbildung. Wir wissen nicht, bei welchem Rhetoriklehrer und in welcher Stadt genau in Ionien Lukian seine rhetorische Ausbildung erhielt; er selbst sagt es uns nicht, und Philostrat, der solche Angaben in seinen Sophistenviten ziemlich regelmäßig zu machen pflegt, hat Lukian ja totgeschwiegen. Aber wenn die Angabe der Anklägerin Rhetorik, dass Lukian damals „arm" und „unbedeutend" gewesen sei, stimmt (und keine allzu starke Übertreibung ist, um den späteren Undank ihres Schützlings nur umso greller erscheinen zu lassen), dann war Lukian wahrscheinlich

---

[50] BAUMBACH und VON MÖLLENDORFF 2017, 17 haben den Informationswert von *Bis Acc.* 27 stark in Zweifel gezogen, da die hier gemachten Angaben „stark dem Bericht ähneln, den der Rhetoriklehrer [...] dem Rhetorum Praeceptor von seinem Werdegang gibt". Dem muss entschieden widersprochen werden: Der in *Rhet. Praec.* 24 skizzierte Werdegang des dortigen Sprechers weicht in einer ganzen Reihe von Punkten von dem ab, was die Anklägerin Rhetorik in *Bis Acc.* 27 über den jungen Syrer sagt (vgl. NESSELRATH 2023a, 420f.); auf diese Weise jedenfalls lassen sich die in *Bis Acc.* 27 gegebenen Informationen nicht erschüttern.
[51] Über diese Städte als Zentren rhetorischer Bildung findet sich viel Material in Philostrats *Vitae Sophistarum* (Einzelheiten bei NESSELRATH 2023a, 423–425).

darauf angewiesen, zu einem Lehrer zu gehen, der zumindest von seinen weniger betuchten Schülern keine exorbitanten Lehrgelder verlangte.[52]

Die Anklägerin Rhetorik stellt weiterhin fest, erst sie habe diesen kleinen Syrer aus der fernen Randprovinz zu einem richtigen urbanen Griechen gemacht und sei dann auch mit ihm auf Reisen gegangen, um ihm zu Bekanntheit und Geld zu verhelfen; beide Angaben werden später wiederum vom Angeklagten bestätigt. Wir dürfen also annehmen, dass Lukian in der Tat nach dem Abschluss seiner rhetorischen Ausbildung in Ionien auf Reisen gegangen ist, um zu sehen, wo er es mit seiner frisch erworbenen Kunst zu etwas bringen konnte. Im griechischen Osten konnte er vielleicht schon deshalb zunächst nicht bleiben, weil hier die Konkurrenz in seinem Beruf – von seiten älterer, berühmterer und jedenfalls längst etablierter Sophisten – besonders groß gewesen sein muss, obwohl er es möglicherweise vorgezogen hätte, hier zu bleiben.[53] Man konnte als junger Sophist wahrscheinlich zunächst einmal gar nichts anderes tun, als in andere Gebiete des Römischen Reiches zu gehen, in der Hoffnung, sich dort einen Namen zu machen und dann vielleicht wieder in die begehrten Bildungszentren des Ostens zurückkehren zu können. Immerhin stand, wie wir gesehen haben, einem jungen Mann wie Lukian der ganze – seit Jahrhunderten von römischer Hand geeinigte und beschützte – Mittelmeerraum offen; hier war in der Tat bereits vorhanden, worum sich heute die Europäische Gemeinschaft auf erheblich kleinerem Territorium mehr schlecht als recht bemüht: politische und wirtschaftliche Einheit mit den dazugehörigen Freiheiten der Ortswahl und Berufsausübung.

Wir haben noch einige Hinweise darauf, in welchen Gegenden Lukian wenigstens einen größeren Teil seiner frühen Jahre als Sophist verbracht hat: Die Klägerin Rhetorik im „Doppelt Verklagten" sagt, sie habe ihn nach Italien und bis nach Gallien begleitet, also in die eigentlich stärker lateinische Reichshälfte, die aber – wie bereits angedeutet – damals auch für alles Griechische sehr empfänglich und offen war. Aus dem südlichen Gallien, nämlich Arelate (dem heutigen Arles), stammte sogar einer der berühmtesten griechischen Sophisten der damaligen Zeit, Favorinus (80–

---

[52] Solche gab es tatsächlich, wie wir erneut Hinweisen bei Philostrat entnehmen können: So soll Skopelianos von Klazomenai bei seinen Honorarforderungen auf die finanziellen Möglichkeiten seiner Schüler geachtet haben, und ähnlich soll Damianos von Ephesos verfahren sein (Belege bei NESSELRATH 2023a, 423 mit Anm. 34 und 425 mit Anm. 57). Aus chronologischen Gründen können allerdings weder Skopelianos noch Damianos Lehrer von Lukian gewesen sein.
[53] Auch heute würden ja viele Studierende nach ihrem Studienabschluss gern in ihren Universitätsstädten bleiben.

160 n. Chr.), der seinerseits den Sprung in den Osten geschafft und sich dort eine ständige Präsenz gesichert hatte.[54] Auch der Nordafrikaner Apuleius (ein weiterer ungefährer Zeitgenosse Lukians), der aus lateinischem und nicht griechischem Gebiet stammte, war völlig in der Lage, seinem Publikum griechische und lateinische Vorträge ganz nach Belieben anzubieten.

Gallien als Ort von Lukians Wirken taucht noch mehrfach in Lukians Schriften auf, vor allem in denen seinen fortgeschrittenen Alters; offensichtlich hatte er an seine gallische Zeit keine schlechten Erinnerungen. In dem kurzen Einleitungsvortrag (Prolalia, vgl. unten S. 51f.) „Herakles" erinnert sich der inzwischen altgewordene Lukian an ein eigentümliches Götterbild, das er in Gallien gesehen und das ihm ein gebildeter Kelte als den Gott Ogmios, den keltischen Herakles, gedeutet habe, der nicht durch die Kraft seiner Muskeln, sondern seiner Rede die Menschen bezwinge. Und da dieser Herakles als alter Mann dargestellt war, nimmt Lukian dies nun – viele Jahre später – zur Ermutigung, es auch selbst noch einmal in seinem höheren Alter mit der Rhetorik zu versuchen. In einer anderen Schrift aus späteren Jahren, der sogenannten „Apologie",[55] lässt er durchblicken, dass er damals im Keltenland beträchtliche Erfolge erzielt habe, denn da habe man ihn zu den „Vortragsrednern mit den hohen Gagen" (σοφισταὶ μεγαλόμισθοι) rechnen können (*Apol.* 15). Im gleichen Satz weist er darauf hin, er habe damals „aufgrund öffentlicher Redetätigkeit größte Remunerationen" (ἐπὶ ῥητορικῇ δημοσίᾳ μεγίστας μισθοφοράς) erhalten, was man so deuten könnte, als habe Lukian in einer der gallischen Städte eine Zeitlang eine Art öffentliche rhetorische Funktion (so etwas wie ‚Stadtsprecher'?) innegehabt.[56]

In „Über den Bernstein" (*Electrum*), einer in etwas früheren Jahren gehaltenen Einleitungsrede,[57] erzählt Lukian, wie er durch Norditalien kam und sich den Po hinaufrudern ließ – das könnte auf dem Weg nach Gallien gewesen sein, aber natürlich ist dieser Zusammenhang nicht

---

[54] Favorinus wird explizit in Lukians „Leben des Demonax" (c. 12) erwähnt, wo seine rhetorischen Fähigkeiten von Demonax sehr kritisch bewertet werden, und – ohne Namensnennung, aber genügend spezifisch beschrieben – im satirischen Dialog „Der Eunuch" (c. 7). Er könnte ferner der „alte Kelte" gewesen sein, der in der Prolalia „Herakles" (c. 4–6; vgl. unten) das Bild des gallischen Herakles erläutert (so HOFENEDER 2006, 40–52).
[55] Zur Erklärung des Titels vgl. unten S. 52f.
[56] HAFNER 2017, 128 hält es für möglich, dass Massilia (Marseille) der Ort dieser rhetorischen Tätigkeit des jungen Lukian war.
[57] Vgl. dazu NESSELRATH 1990b, 125–129.

zwingend. In „Über den Bernstein" stellt sich Lukian – offensichtlich zur Erheiterung seiner Zuhörer – als einen naiv-mythengläubigen Ortsunkundigen dar, der den Fluss Po, weil er im Griechischen den Namen Eridanos hat, einfach mit dem mythischen Fluß Eridanos gleichsetzt, in den Phaëthon, der menschliche Sohn des Helios, mit dem brennenden Sonnenwagen hineingestürzt sein soll, woraufhin Phaëthons Schwestern in ihrer Trauer zu Pappeln geworden seien, die noch bis heute Tropfen aus Bernstein am Ufer des Eridanos weinten. Er habe nun – erzählt Lukian weiter – nicht nur geglaubt, er werde bei seiner Reise auf dem Eridanos-Po solchen Bernstein in Fülle einsammeln, sondern dazu auch noch die wunderschön singenden Schwäne hören können, die einstmals – als Menschen – Diener des Musengottes Apollon gewesen seien; die Schiffer auf dem Fluss aber, denen er das erzählt habe, hätten ihn nur fürchterlich ausgelacht. Lukian hat diese hübsche „autobiographische" Geschichte – und sich selbst in ihr in der Rolle des leichtgläubigen Naivlings – sicherlich erfunden; nicht erfunden aber braucht die Lokalität zu sein. Im „Doppelt Verklagten" sagte ja auch die anklagende Rhetorik, sie habe ihren jungen Syrer unter anderem nach Italien begleitet; in der Einleitungsrede „Herodot, oder: Aëtion" sagt Lukian, er habe das Bild des Malers Aëtion, das er hier beschreiben will, in Italien gesehen (c. 5); und der „Nigrinos" – eine bis heute Rätsel aufgebende Schrift über eine angebliche philosophische ‚Bekehrung' ihres Verfassers (dazu unten S. 183–186) – spielt in der Nähe von Rom.

Die Einleitungsrede „Herodot, oder: Aëtion" selbst ist, wie aus ihren letzten Kapiteln hervorgeht, in einer großen Stadt Makedoniens gehalten, vielleicht Thessalonike oder Beroia; auch andere Schriften Lukians deuten auf einen Aufenthalt (oder auch mehrere Aufenthalte) in dieser Provinz hin;[58] doch wann das war, ist unsicher. „Herodot, oder: Aëtion" erweckt den Eindruck, als sei Lukian noch ziemlich neu im sophistischen Geschäft;[59] er vergleicht hier nämlich seine Situation mit der Herodots, als der zum ersten Mal von seiner Heimat an der Südwestküste Kleinasiens ins griechische Mutterland habe kommen wollen, um dort möglichst rasch zu Ruhm und Erfolg zu gelangen. Auch die massive Art und Weise, in der Lukian in diesem Vortrag seinem makedonischen Publikum schmeichelt und selbst höchst bescheiden und zurückhaltend auftritt, könnte darauf hindeuten, dass er es noch nötig hatte, mit solchen Tönen seine Zuhörer erst einmal auf sich aufmerksam zu machen und ihr Wohl-

---

[58] Vgl. *Scytha* 9 und *Fugit.* 25.
[59] Vgl. NESSELRATH 1990b, 117–120.

wollen zu erwerben; in anderen Einleitungsvorträgen, die bei ähnlichen Situationen (Erstauftritt vor einem neuen Publikum) gehalten wurden, war es nämlich für ihn offenbar nicht mehr so erforderlich, eine so gewaltige Dosis Schmeichelei einfließen zu lassen; und er konnte in diesen (offensichtlich) späteren dann auch seine eigene Person mehr in den Mittelpunkt stellen, da ihm nun (wie er selbst andeutet) schon ein gewisser Ruf vorausging. Dies scheint etwa die Situation gewesen zu sein, in der Lukian sich einem neuen Publikum mit „Über den Bernstein" vorstellte, und dieser Vortrag könnte, wie wir sahen, in zeitlicher Verbindung mit Lukians gallischem Aufenthalt stehen. Es wäre also möglich, dass Lukian nach Abschluss seines Rhetorikstudiums in Ionien sein Glück erst einmal in Makedonien versuchte, wozu er ja nur die Ägäis zu überqueren brauchte.[60] Gewissheit ist hier freilich nicht zu gewinnen, denn Lukian hat ziemlich sicher auch später noch etwa von Athen aus (vgl. dazu unten S. 50) Abstecher nach Makedonien unternommen: Der komische Dialog „Die entlaufenen Sklaven" (*Fugitivi*), in dem er auf ein Ereignis des Jahres 165, nämlich die spektakuläre Selbstverbrennung des Kynikers Peregrinos in Olympia, anspielte, scheint in der makedonischen Stadt Philippopolis vorgetragen worden zu sein, deren Lage und Umgebung in c. 25 in rühmenden Worten beschrieben wird.

Soviel lässt sich vielleicht über ‚Lukians Lehr- und Wanderjahre' sagen. Wann genau sich sein Rhetorikstudium in Ionien und seine Aufenthalte in Italien, Gallien und vielleicht Makedonien abspielten, bleibt verborgen; man wird sie nur allgemein in die Regierungszeit des Kaisers Antoninus Pius (138–161), vielleicht sogar noch in die letzten Jahre Kaiser Hadrians ansetzen können (je nachdem, wann Lukian in dem Jahrzehnt zwischen 115 und 125 geboren ist). Wann er dann aus dem Westen zurückkehren konnte, um in dem ihm heimatlicheren Osten endlich festen Fuß zu fassen, ist ebenfalls nicht mehr zu eruieren; es könnte aber sein, dass er sich beim Regierungsantritt des Marc Aurel und seines Adoptivbruders und Mitkaisers Lucius Verus vielleicht schon dort befand, wo er dann – wenn auch wohl mit längeren Unterbrechungen – die ganze zweite Hälfte seines Lebens verbracht zu haben scheint: in Athen.

---

[60] Auch im Aufbau von „Herodot, oder: Aëtion" gibt es einige Schwächen (gewisse Ungeschicklichkeiten in der Aneinanderfügung der einzelnen Teile, inhaltliche Widersprüche oder zumindest Inkonsequenzen), die vielleicht auf ein relativ frühes Abfassungsdatum hindeuten; vgl. oben Anm. 59.

1.2.4. Lukian und Athen

Für den (oder die) gerade angedeuteten längeren Athen-Aufenthalt(e) gibt es freilich – wie für so vieles in Lukians Biographie – nur mehr oder weniger indirekte Zeugnisse oder Indizien. Das wichtigste davon ist eine Notiz am Beginn seines „Lebens des Demonax" (c. 1). Demonax[61] war so etwas wie ein Sokrates des 2. Jh.s n. Chr.: eine stadtbekannte Erscheinung Athens, das er – so wie Sokrates – offenbar auch nie verließ. Nach Lukians Darstellung pflegte Demonax so etwas wie eine unprätentiöse Philosophie des common sense, die Einiges von kynischem Gedankengut in sich trug, aber alle abstoßenden Extreme der Kyniker vermied und auch aus anderen philosophischen Richtungen ohne Bedenken das übernahm, was sie für gut und nachahmenswert befand, sogar von einem so dezidierten Befürworter des Hedonismus wie Aristipp von Kyrene, dessen Lehren dem Credo der Kyniker diametral entgegengesetzt waren. Nach eigenem Bekunden hat Lukian diesen Mann sehr bewundert und geschätzt; und wenn Lukian selbst überhaupt so etwas wie eine eigene Philosophie gehabt hat (dazu unten S. 186), dann kam sie wenigstens in einigen Punkten – dem Ablehnen aller Extreme und dem Insistieren auf einer maßvollen, vernünftigen Lebenspraxis – der des Demonax recht nah. An dieser Stelle aber ist aus Lukians Lebensbeschreibung dieses Philosophen vor allem seine Bemerkung wichtig, er selbst sei mit Demonax „auf sehr lange Zeit" (ἐπὶ μήκιστον, c. 1) zusammengewesen, denn dafür muss er sich eben auch selbst lange in Athen aufgehalten haben.

Darauf, in welche Zeitspanne dieser lange Athen-Aufenthalt fiel, geben uns die Erwähnungen anderer historischer Persönlichkeiten in der Demonax-Vita – mit denen Demonax zusammentraf und deren Fehlverhalten er dabei öfters teils streng, teils witzig mit zurechtweisenden Worten tadelte – zumindest Hinweise: Zu diesen Personen gehören der berühmte Herodes Atticus (erwähnt in c. 24 u. 33), der reichste Mann Athens im 2. Jh. n. Chr., der von etwa 101 bis 177 lebte und im Jahr 143 sogar römischer Konsul war;[62] der bereits erwähnte aus Gallien stammende Sophist Favorinus (erwähnt in c. 12 u. 13; vgl. oben S. 34f.); der Kyniker Peregrinos (erwähnt in c. 21), der 165 seine Selbstverbrennung in Olympia inszenierte; der Peripatetiker Agathokles (erwähnt in c. 29, nicht

---

[61] Zu der Debatte, ob es sich bei Demonax um eine historische oder eine fiktive Person handelt, vgl. zuletzt SOLITARIO 2021 (der S. 124 immerhin feststellt: „Die historischen Aspekte der Figur können und sollen nicht geleugnet werden").
[62] Zu Herodes vgl. AMELING 1983.

näher datierbar); der römische Konsular M. Cornelius Cethegus (erwähnt in c. 30, im Jahr 170 Konsul[63]); der Philosoph Apollonios von Chalkedon (erwähnt in c. 31, von Antoninus Pius zum Lehrer Marc Aurels bestellt). Insgesamt deuten die mit diesen Personen zu verknüpfenden Daten (außer denen des Favorinus und des Apollonios von Chalkedon) am ehesten auf die 60er und 70er Jahre des 2. Jh.s hin.

Im „Nigrinos" wird Athen von Lukian als ein idealer Aufenthaltsort geschildert (c. 12–14), und zwar im Rahmen eines langen Vortrags des Titelhelden, der in diesem Vortrag das „gute" Athen mit dem „schlechten" Rom kontrastiert:[64] Obwohl Nigrinos aus Griechenland in die Nähe von Rom übergesiedelt war – wie er uns selbst mitteilt (c. 17) –, verabscheut er das laute und wüste Treiben dieser Stadt und stellt ihm das philosophisch-ruhige und unprätentiös-bescheidene Leben der Bewohner Athens gegenüber. Es ist die plausible Vermutung aufgestellt worden,[65] dass es, wenn nicht die Haupt-, so aber zumindest eine der Absichten Lukians bei der Abfassung dieses Werks gewesen sein könnte, sich selbst durch den Lobpreis auf Athen als Hort natürlich-praktischer Philosophie in dieser Stadt gut einzuführen.

Schließlich ist vielleicht auch die Tatsache, dass in einer ganzen Reihe von Lukians größeren Schriften athenisches Kolorit und athenische Lokalitäten unverkennbar sind, eine Bestätigung für Lukians ausgedehnte Beziehungen zu dieser Stadt: Im „Tragischen Zeus" (*Iuppiter Tragoedus*) geht der Titelheld, also der Göttervater selbst, inkognito in Athen spazieren, und hier spielt dann auch die große Diskussion zwischen dem Stoiker und dem Epikureer über die Existenz oder Nichtexistenz der Götter, von der – laut Zeus – so viel für die weitere Versorgung der Götter mit menschlichen Opfergaben abhängt. Ferner findet wohl auch der „Verkauf der Philosophenleben" (*Vitarum Auctio*) in Athen statt, auf jeden Fall aber die ihr in „Die Wiederauferstandenen, oder: Der Fischer" (*Piscator*) folgende Gerichtsverhandlung, in der sich der vorwitzige Verfasser der *Vitarum Auctio* auf der athenischen Akropolis verantworten muss. Ebenso muss im „Doppelt Verklagten" (*Bis Accusatus*) der „Syrer", der

---

[63] Die in der Demonax-Vita erzählte Episode dürfte also nach 170 spielen und mithin auch die Schrift nach 170 verfasst sein.
[64] Vgl. dazu NESSELRATH 2009, 122f.; zu einer Übersicht über neuere Deutungen des „Nigrinos" vgl. NESSELRATH 2023b, 81f. mit den Anmm. 21–24; zu älteren Deutungen vgl. PUTNAM 1909, 173–175 und Hall 1981, 157–161 (auf S. 162–164 gibt HALL ihre eigene Deutung).
[65] Vgl. dazu HALL 1981, 161 und 164, die ihrerseits auf PUTNAM 1909, 176 verweist.

‚seine' Rhetorik verlassen und seinen neuen Gefährten Dialogos angeblich literarisch entstellt hat, seine beiden Prozesse auf dem athenischen Areopag führen. Ebenso spielen mehrere der Lykinos-Dialoge (vgl. zu ihnen unten S. 59–61) in Athen: Der Dialog „Das Schiff, oder: Die Wünsche" (*Navigium*) findet während eines Spaziergangs von Lukians *persona* Lykinos mit dreien seiner Freunde vom Hafen Piräus zum athenischen Dipylon (dem Eingang zur eigentlichen Stadt) statt; der Streit um die Neubesetzung des peripatetischen Lehrstuhls in Athen irgendwann nach 176, den Lykinos in dem Dialog „Der Eunuch" (*Eunuchus*) einem Freund mit viel Vergnügen schildert, führt uns bereits in die letzten Regierungsjahre Marc Aurels, in denen Lukian also immer noch (oder wieder) in Athen zu finden gewesen sein müsste; und in Athen spielen auch (mit großer Wahrscheinlichkeit) der Dialog „Lexiphanes", in dem der die attische Sprache malträtierende Hyperattizist Lexiphanes von Lykinos kuriert wird, der Dialog „Das Gastmahl, oder: Die Lapithen" (*Convivium*), bei dem – erneut nach Lykinos' Erzählung – sich die anwesenden Philosophen sehr unschön daneben benehmen, sowie der (diesmal von Tychiades, einer anderen *persona* Lukians, erzählte) Dialog „Die Lügenfreunde, oder: Der Ungläubige" (*Philopseudeis*), in dem sich Philosophen mit immer haarsträubenderen Schauergeschichten gegenseitig überbieten; auch für den hübschen Dialog „Der Traum, oder: Der Hahn" (*Gallus*) zwischen dem armen Schuster Mikyllos und seinem plötzlich sprechen könnenden Hahn ist wohl Athen die Kulisse.[66] Nicht nur das Athen von Lukians Zeit, sondern auch das der archaischen Zeit ist gelegentlich Schauplatz lukianischer Schriften: In einem athenischen Gymnasion findet die Unterhaltung zwischen dem wissbegierigen Skythen Anacharsis und dem athenischen Weisen und Gesetzgeber Solon statt; und der Einführungsvortrag „Der Skythe" (*Scytha*) schildert, wie der gleiche Anacharsis von seinem älteren Landsmann Toxaris erstmals dem Solon vorgestellt und so in die athenische Gesellschaft eingeführt wurde.[67] Alle

---

[66] Auch der „Parasitendialog" (*De Parasito*), den Tychiades mit dem Schmarotzer Simon führt, spielt wahrscheinlich in Athen, worauf die Vielzahl der in diesem Dialog zur Sprache gebrachten athenischen Redner und Philosophen hinweist.
[67] Dass Lukian in dieser Schrift auch von dem Heroenkult zu berichten weiß, der später für Toxaris als himmlischem Helfer bei der großen Pest zu Beginn des Peloponnesischen Krieges eingerichtet wurde (c. 1f.), zeugt ebenfalls von nicht geringer athenischer Lokalkenntnis. Wenn übrigens der Toxaris des gleichnamigen Dialogs identisch ist mit dem Toxaris in „Der Skythe" – wogegen kaum etwas spricht –, spielt auch dieser Dialog mit einiger Wahrscheinlichkeit in Athen.

diese Stücke waren wahrscheinlich am wirkungsvollsten, wenn sie auch vor athenischem Publikum vorgetragen wurden; und jedenfalls konnte Lukian am ehesten auf die Idee kommen, ihnen athenisches Lokalkolorit zu verleihen, wenn er sich auch selbst in Athen befand.

Abgesehen von Athen hat Lukian sich länger oder mehrfach auch anderswo im griechischen Mutterland aufgehalten, d.h. wohl Reisen von Athen aus gemacht: Er war Augenzeuge der schon erwähnten Selbstverbrennung des Kynikers Peregrinos an den Olympischen Spielen von 165; er erwähnt in diesem Zusammenhang, er habe die Spiele bereits viermal gesehen. Wenn die Schrift „Über das Ende des Peregrinos", wo diese Bemerkung fällt (c. 35), nicht allzu lange nach diesem Ereignis geschrieben wurde – was freilich nicht zu beweisen ist –, dann könnten hier die Spiele der Jahre 153, 157, 161 und 165 gemeint sein. Bei einem dieser Aufenthalte dürfte Lukian dann auch erstmals mit dem Sophisten aneinandergeraten sein, gegen den er später seine giftige Invektive „Der Pseudo-Kritiker, oder: Über den verhängnisvollen Tag" (*Pseudologista*) schrieb (vgl. dort c. 5–7).

Doch obwohl Griechenland – und vor allem Athen – Lukians offenbar bevorzugter Aufenthaltsort in der zweiten Hälfte seines Lebens war, hat ihn das nicht gehindert, sich wenigstens zweimal auf längere Zeit von hier zu entfernen; und jedesmal scheinen es Hoffnungen auf Förderung der eigenen materiellen Position und Karriere gewesen zu sein, die ihn zu diesem Ortswechsel bewogen.[68] Freilich scheinen sich Lukians Hoffnungen – auf längere Sicht jedenfalls – dabei nicht erfüllt zu haben; doch lieferten sie ihm wenigstens Stoff für einige weitere Schriften (darunter nicht die uninteressantesten).

1.2.5. Diverse Aufenthaltsorte: Antiochia, Samosata, Abonuteichos

Es lässt sich einigermaßen sicher sagen, dass Lukian sich im Jahr 163 oder 164 – vielleicht auch in beiden – für einige Zeit im syrischen Antiochia am Orontes (dem heutigen türkischen Antakya) aufgehalten hat; nicht sagen lässt sich, *was* ihn auf den Gedanken brachte, hier den Zugang zu höchsten römischen Kreisen zu suchen (vgl. unten), und auch nicht, *wo* er auf diesen Gedanken kam. Dadurch dass Lukians lange und

---

[68] Nur wer in ihm immer noch den idealistischen, gegen Falschheit und Aberglauben kämpfenden Satiriker sieht, wird über so ‚niedrige' Beweggründe verstört sein.

starke Verbindung mit Athen im vorangehenden Abschnitt behandelt wurde, wird natürlich suggeriert, dass Lukian sich von Athen aus nach Antiochia aufmachte. Hier muss ein Caveat angebracht werden: Die chronologischen Informationen über Lukians Leben sind so spärlich, dass die Frage, ob Lukian bereits Anfang der 60er Jahre des 2. Jh.s n. Chr. – oder gar noch etwas früher – in Athen Fuß gefasst hatte, sich schlicht nicht beantworten lässt. Viel hängt davon ab, wann die Entstehung des „Doppelt Verklagten" zu datieren wäre, der (wie gesagt) in Athen spielt und in dem Lukians Alter Ego, der doppelt angeklagte ‚Syrer', sich als 40jährigen gereiften Mann bezeichnet, für den es endlich an der Zeit gewesen sei, der Rhetorik Lebewohl zu sagen und sich dem philosophischen Dialog zuzuwenden (c. 32). Dass hier eine Wendemarke bezeichnet ist, scheint ziemlich klar zu sein (vgl. auch unten S. 70–78); aber wurde der „Doppelt Verklagte" schon am Beginn der 160er Jahre geschrieben (dann wäre Lukian auch um 120 geboren) oder, wie JENNIFER HALL meint, erst 165 (wovon sie zurück auf ein Geburtsdatum um 125 schließt[69])? Die Schriften, die Lukian offenbar 163 oder 164 in Antiochia verfasst hat, sind bereits dialogisch – zumindest in ihren Rahmenpartien –, sie enthalten allerdings noch viele eindeutig rhetorische Teile (s. unten S. 92); mit ihnen könnten wir uns also gerade in einer Übergangszeit von Lukians Schaffen befinden. Schließt man sich HALLs Datierung (165) an, dann hätte Lukian den „Doppelt Verklagten" erst nach seiner Rückkehr von Antiochia und anderen Stationen im Osten (s.u.) geschrieben und sich vielleicht auch erst jetzt auf längere Zeit in Athen etabliert. Weiter lässt sich aufgrund fehlenden Quellenmaterials wieder einmal nicht kommen

Vielleicht kommt hier nun die einzige Nachricht aus dem *Suda*-Artikel (vgl. oben S. 22) über Lukian zum Tragen, die nicht unbedingt und von vornherein manifest falsch oder böswillige Invektive gewesen sein muss: dass Lukian nämlich eine Art Anwalts- und Gerichtsrednertätigkeit in Antiochia ausübte, bevor er sich dem „Verfassen von Reden" (λόγους γράφειν) zuwandte. Da Lukian im *Bis Accusatus* und im *Piscator* selbst davon spricht, dass er das Auftreten vor Gerichten inzwischen aufgegeben habe, mag an dieser Nachricht etwas dran sein; es ist auch möglich, dass die *Suda* sie nur aus solchen Stellen Lukians wie den gerade genannten herausgefiltert hat – wobei allerdings immer noch wenigstens ein Unterschied zwischen Lukians direktem und diesem abgeleiteten byzantinischen Zeugnis bleibt: In der *Suda* ist Lukian erst erfolgloser Gerichts- und danach sophistischer Vortragsredner: in *Bis Acc.* 32 (vgl.

---

[69] Vgl. oben Anm. 46.

auch *Pisc.* 25 und 29) sagt Lukian selbst, er habe diese zwei Tätigkeiten mehr oder weniger *gleichzeitig* ausgeübt.

Dass Lukian jedenfalls nach seinen Aufenthalten im Westen in den Osten zurückkehrte und dabei auch in Antiochia sein Glück versuchte – vielleicht unter anderem auch als Redenschreiber für Klienten vor Gericht –, ist kein Ding der Unmöglichkeit; im Übrigen lag Antiochia seiner Heimat Kommagene recht nahe, und das könnte für ihn auch ein Gesichtspunkt gewesen sein, sich dorthin zu wenden. Auf der anderen Seite ist keine einzige wirkliche Gerichtsrede im Werk Lukians erhalten,[70] und Lukians Selbstzeugnisse über eine Gerichtsrednertätigkeit sehen auch nicht so eindeutig aus, dass man gezwungen wäre, sie als sicheres Faktum zu akzeptieren: Auffälligerweise nämlich erwähnt die personifizierte Rhetorik im „Doppelt Verklagten" bei ihrer Darstellung, was sie alles für ihren treulosen ‚Syrer' getan habe, gerade *nicht* Reden vor Gericht; der ‚Syrer' selbst erwähnt solche Reden zwar beiläufig, stellt sie aber so eng mit eindeutig epideiktischen Vortragsreden zusammen, dass man sich fragen muss, ob er hier nicht auch fiktive Gerichtsreden zum epideiktischen Vortrag meint. In der Schrift „An den, der sagte: ‚Du bist ein literarischer Prometheus!'" (*Prometheus es in Verbis*; dazu mehr unten S. 67–70) hat sich Lukian sogar ausdrücklich als epideiktischen Redner von den Rednern in wirklichen Prozessen, von denen einer hier auch sein Adressat ist, distanziert (c. 1–2). Jedoch bleiben nach allen diesen Überlegungen immer noch zwei Möglichkeiten: Entweder befand sich Lukian bereits in Antiochia, als der Mann in diese Stadt kam, dessen Gunst er dann zu gewinnen suchte (Lucius Verus); oder aber er war ihm schon in Griechenland, vorzugsweise Athen begegnet, durch das Lucius Verus ebenfalls gekommen war,[71] und war ihm dann – vielleicht sogar von ihm eingeladen oder auf irgendeine Weise dazu ermuntert? – nach Antiochia gefolgt.

Dieser Lucius Verus hielt sich jedenfalls in den Jahren 163 und 164 in Antiochia auf; er war kein Geringerer als der Adoptivbruder des Kaisers Marc Aurel, der ihn gleich bei seinem Regierungsantritt zum Mitkaiser gemacht und ihm dann im Osten die Kriegsführung gegen die Parther übertragen hatte. Die Kämpfe mit den Parthern waren, wie erwähnt, schon 161 ausgebrochen, aber Lucius Verus ließ sich Zeit damit, an den

---

[70] Die zwei Gerichtsreden, die wir von ihm haben, behandeln eindeutig fiktive Fälle, wie sie in der Rhetorenschule gern verhandelt wurden, s. unten S. 87f.
[71] Verus ließ sich im Jahr 162 in die Eleusinischen Mysterien einweihen, war also in diesem Jahr in Attika. Einen Aufenthalt in Athen bezeugt auch die Verus-Vita in der *Historia Augusta* (6,9).

Kriegsschauplatz zu gelangen: er brach im Frühjahr 162 von Italien auf, legte noch eine ausgedehnte Jagd in Apulien ein, zog dann in einer gemächlichen Sightseeing-Tour durch Griechenland und die Küste Kleinasiens entlang und lernte dabei wahrscheinlich auch die Frau kennen, die in den folgenden Jahren seine Aufmerksamkeit mindestens so stark wie der Partherkrieg gefesselt zu haben scheint: die aus Smyrna stammende Pantheia, die dann auch seine Mätresse wurde. Bei diesem Umstand setzte Lukian an, als Lucius Verus gegen Ende des Jahres 162 in Antiochia angekommen war, um von dort – d.h. aus dem sicheren Hinterland heraus – seine Generäle zu dirigieren, die auf den Kriegsschauplätzen in Armenien, Medien und Babylonien schließlich den Krieg zu Roms Gunsten entschieden: In zwei Dialogen platonischen Kolorits – betitelt „Die Bilder" (*Imagines*) und „Zur Verteidigung der Bilder" (*Pro imaginibus*; s. unten S. 92) – pries Lukian die von Verus geliebte Pantheia in den höchsten Tönen und stellte sie so dar, als vereinige sie in sich alle körperlichen Vorzüge Helenas und alle geistigen Aspasias. Freilich klingt diese Kurzcharakteristik der beiden Schriften sehr viel plumper, als diese in Wahrheit sind: In den „Bildern" wird, wie der Titel andeutet, eine Reihe von Bildbeschreibungen entworfen, die Pantheias Vorzüge und Tugenden erfassen sollen und zu diesem Zweck auf eine Fülle von künstlerischen und literarischen Inspirationsquellen aus der griechischen Klassik zurückgreifen; das ist natürlich Schmeichelei, aber von der Art, wie sie in der Tat nur eine ebenso künstlerisch wie literarisch hochgebildete Person voll goutieren konnte. In der Fortsetzung „Zur Verteidigung der Bilder" wird uns die – wahrscheinlich fiktive – Antwort Pantheias auf dieses Enkomion geschildert, in der sie ebenso bescheiden wie tugendhaft alle diese Schmeicheleien als zu groß für sie abwehrt – ein untadeliges Verhalten, das aber natürlich nur zu weiteren Lobpreisungen Anlass gibt. Wir erleben hier Lukian ganz anders, als man ihn aus dem größten Teil seines Œuvres kennt: nicht als bissigen Satiriker, wenn auch nicht weniger geistreich, aber viel galanter und verbindlicher; man könnte ihn fast einen „Höfling" nennen.[72]

Noch eine dritte Schrift Lukians ist mit einiger Wahrscheinlichkeit in dieser Zeit entstanden, als er sich um das Wohlwollen – samt der damit verbundenen materiellen Förderung – des Lucius Verus bemühte: Verus war ein großer Liebhaber der tänzerischen Pantomime, die damals im

---

[72] Zu Lukian und Lucius Verus vgl. JONES 1986, 68–77. BRETZIGHEIMER 1992, 162–166 hat an dem authentischen Hintergrund der beiden Dialoge gezweifelt; aber soweit braucht man mit der Skepsis wohl nicht zu gehen.

Römischen Reich überhaupt eine gern gesehene Darbietung war, und so ist wohl auch die Schrift „Über die Tanzkunst"[73] (*De saltatione*) in diesen Jahren entstanden, um Verus' wohlwollende Aufmerksamkeit zu gewinnen. In Kapitel 76 der „Tanzkunst" hat Lukian nämlich gerade auch der Stadt Antiochia – wo Verus sich damals aufhielt – und der Vorliebe ihrer Bewohner für die Pantomime einige lobende Bemerkungen gewidmet. Es ist gelegentlich bezweifelt worden, dass dieser Dialog – in dem ein zunächst sehr grimmiger und solche pantomimischen Aufführungen zutiefst verachtender Kyniker zu guter Letzt doch von ihren künstlerischen und pädagogischen Qualitäten überzeugt wird – überhaupt aus Lukians Feder stammt. Die Mehrzahl der Stimmen neigt jedoch inzwischen der Befürwortung der Authentizität zu, und es gibt in der Tat kein einziges sicheres Faktum, das gegen Lukian als Autor spräche. Wenn er die kaiserliche Geliebte in zwei Dialogen charmant und wirkungsvoll loben konnte – was sonst nicht zu seinen bevorzugten Tätigkeiten gehört –, dann ist ihm auch eine Schrift über eine andere Leidenschaft des Lucius Verus ohne weiteres zuzutrauen.

Irgendwann im Herbst 163 oder Frühjahr 164 schickte dann aber Marc Aurel seinem kaiserlichen Bruder seine Tochter Lucilla zur Verehelichung;[74] und spätestens von diesem Zeitpunkt an wäre es für Lukian kaum noch opportun gewesen, eine kaiserliche Geliebte – die nun bei Lucius Verus zumindest offiziell keine Rolle mehr spielen durfte – öffentlich in den höchsten Tönen zu besingen, so dass wir mit der Hochzeit des Verus mit Lucilla einen Terminus ante für die Abfassung – und öffentliche Präsentation – der Dialoge „Die Bilder" und „Zur Verteidigung der Bilder" erhalten.

Allzu lange scheint sich Lukian dann auch nicht mehr in Antiochia aufgehalten zu haben. Im Jahre 165 war er jedenfalls wieder in Griechenland und sah dort die Olympischen Spiele, an denen sich der Kyniker Peregrinos verbrannte (s. oben S. 40). Allem Anschein nach fuhr er jedoch nicht direkt von Antiochia nach Griechenland, sondern hat die räumliche Nähe Antiochias zu seiner Heimatregion Kommagene genutzt und sich zunächst einmal wieder in seine Heimatstadt Samosata begeben; dies ist freilich nicht direkt bezeugt, sondern nur indirekt aus einer beiläufigen Notiz in der Schrift über den Lügenpropheten Alexander von Abonuteichos zu erschließen, wo Lukian sagt, er habe sich in Abonuteichos nur

---

[73] Dem Inhalt der Schrift würde der Titel „Über den pantomimischen Tanz" besser entsprechen.
[74] Vgl. *Historia Augusta*, Verus-Vita 7,7; Marcus-Vita 9,4.

mit einem Freund namens Xenophon aufgehalten und seinen Vater und andere seiner Angehörigen schon nach Amastris an der Nordküste des Schwarzen Meeres vorausgeschickt (c. 56). Dies ist die einzige Stelle außerhalb des „Traums" (vgl. oben S. 30), wo Lukian etwas über seine Familie sagt; die Notiz dürfte am plausibelsten dahingehend zu deuten sein, dass er sie in Samosata wiedersah und sie dazu bewegte, Kommagene zu verlassen, weil er sie dort nicht mehr für sicher hielt – wir befinden uns ja noch im Partherkrieg (der bis 166 dauerte), und auch wenn die eigentlichen Kriegsschauplätze inzwischen schon weiter östlich lagen, waren sie wohl immer noch dem Euphrat beunruhigend nah.

Bei diesem Aufenthalt in Samosata war es vermutlich auch, dass Lukian vor seinen ehemaligen Mitbürgern Rückschau hielt auf den Beginn seiner Karriere, in dem Vortrag „Der Traum" (*Somnium*; vgl. oben S. 23).[75]

Lukian hat Antiochia also verlassen, noch bevor Lucius Verus' Zeit dort zu Ende ging. Vielleicht hatte er mit seiner literarischen Herausstellung der Pantheia so lange Erfolg, wie diese auch bei Lucius Verus die erste Stelle einnahm; als Verus dann aber Marc Aurels Tochter heiratete (oder heiraten musste), wandelten sich die Konstellationen – Pantheia verschwand, und sie rhetorisch zu feiern war nicht länger tunlich. Es kann freilich auch völlig anders gewesen sein; vielleicht hat Lukian selbst, aus welchen Gründen auch immer, sein persönliches Engagement in der Umgebung des Lucius Verus beendet und künftig andere Ziele verfolgt; vielleicht hat er auch nie daran gedacht, auf Dauer so etwas wie ein Höfling oder Hofliterat dieses Kaisers zu werden. C. P. JONES sieht noch in dem 166 entstandenen satirischen Traktat „Wie man Geschichte schreiben soll" (*De historia conscribenda*) eine indirekte Hommage an Lucius Verus;[76] aber es fällt schwer, wirklich eindeutige Anzeichen dafür in der Schrift zu entdecken.

Immerhin mag man aus einigen anderen Indizien schließen, dass Lukians zeitweilige Bemühungen um die Aufmerksamkeit des Lucius Verus ihm jedenfalls auch nicht geschadet haben: Lukian deutet gelegentlich an, mit manchen wichtigen römischen Persönlichkeiten auf gutem, wenn nicht gar freundschaftlichem Fuße zu stehen;[77] manche dieser Ver-

---

[75] Vielleicht trug er bei dieser Gelegenheit auch sein „Lob der Heimat" (*Patriae encomium*) vor, das zwar ganz allgemein gehalten ist, sich in einigen Punkten aber doch gut auf Lukians eigene Situation übertragen lässt (s. unten S. 88).
[76] JONES 1986, 67.
[77] Vgl. gleich im Folgenden sowie NESSELRATH 2019a.

bindungen könnten aus der Zeit in Antiochia stammen. Auch die Episode, die sich mit einiger Wahrscheinlichkeit an Lukians Aufenthalt in Samosata anschloss und die jetzt näher zu betrachten ist, dokumentiert, dass Lukian sich damals offensichtlich der Gunst der römischen Administration – oder zumindest von Teilen von ihr – in den Ostprovinzen des Reiches erfreute: Lukians nächste Station nach Samosata war wahrscheinlich ein Aufenthalt (wenn auch nur von kurzer Dauer) in dem Ort Abonuteichos in Paphlagonien (heute Inebolu an der mittleren türkischen Schwarzmeerküste). Lukian wollte – wie er in *Alex.* 56 sagt – mit seiner Familie nordwestwärts nach Amastris an die Küste des Schwarzen Meeres; da lag die Landschaft Paphlagonien (etwas unterhalb der Schwarzmeerküste innerhalb Kleinasiens) sozusagen direkt auf dem Weg; zuvor musste man noch durch Kappadokien hindurch, das sich direkt nordwestlich an Kommagene anschloss. Lukian reiste nicht allein, sondern mit einer kleinen militärischen Eskorte (zwei Soldaten), die ihm der Statthalter von Kappadokien zum Geleit bis an die Schwarzmeerküste mitgegeben hatte (*Alex.* 55). Wie immer Lukian zu diesem guten Draht zur Spitze der kappadokischen Provinzadministration gekommen war, am wahrscheinlichsten ist, dass er in irgendeiner Weise diesen Draht noch seiner Nähe zu Lucius Verus verdankte.

Mit dieser Begleitung also kam Lukian nach Abonuteichos, einen Ort, der sonst während des ganzen Altertums keine große Rolle spielte, damals jedoch seit einiger Zeit überraschend stark als religiöser Wallfahrtsort aufgeblüht war, und diese Blüte verdankte er einem Mann mit Namen Alexandros, der hier einen neuen Kult um den weissagenden Schlangengott Glykon, der eine Reinkarnation des Heilgottes Asklepios sein sollte, begründet hatte und der dort nun auch als Prophet des Glykon die führende Rolle spielte. Lukian entwickelte Interesse an diesem Mann – sonst hätte er nicht den Ort seines Wirkens aufgesucht und ihm später auch nicht eine recht detaillierte Lebens- und Charakterbeschreibung gewidmet –, aber dieses Interesse war *nicht* wohlwollender Natur: Lukian sah in ihm einen Scharlatan, den es zu entlarven galt, und das hat er in seiner späteren Lebensbeschreibung auch mit allen Kräften versucht, offenbar aber mit anderen Mitteln auch schon früher; denn er schildert in dieser Lebensbeschreibung ausführlich auch seine eigenen Bemühungen (c. 53f.), das Orakel, welches Alexandros in großem – ja geradezu „kommerziellem" – Stil aufgezogen hatte, als ein Zentrum der Scharlatanerie bloßzustellen.

Diese Bemühungen hatten offensichtlich schon vor seiner Reise nach Abonuteichos eingesetzt; aber auch Alexandros hatte – jedenfalls Lukians

Angaben zufolge (c. 54) – von diesem seinem Gegner bereits erfahren, bevor er dann in persona nach Abonuteichos kam; er ließ sich da bei einer persönlichen Begegnung freilich nichts anmerken – Lukian stand mit seiner Eskorte ja unter sehr sichtbarem römischen Schutz –, sondern bemühte sich scheinbar sogar um seine Freundschaft, und ebenso scheinbar ging Lukian darauf ein – aber erst, nachdem er ihm zuvor bei der Begrüßung, anstatt die ihm huldvoll dargebotene Hand des Alexandros zu küssen, vielmehr herzhaft in diese hineingebissen haben will![78] Die gerade erwähnte anschließende Annäherung bewahrte ihn allerdings nicht vor einem heimtückischen Anschlag des Propheten auf der Weiterreise, als nämlich eine entsprechend von Alexandros ausgewählte – scheinbar Lukian von ihm großzügig zur Verfügung gestellte – Schiffsmannschaft den geheimen Befehl erhielt, den unerwünschten Orakelgegner irgendwo ins Meer zu werfen. Der alte Steuermann aber hatte Mitleid und setzte Lukian heil wieder am Meeresufer ab, von wo aus er dann doch noch nach Amastris (zu seinen dort schon weilenden Familienangehörigen) gelangte (*Alex.* 57).

Soweit die Darstellung dieser Episode nach Lukians eigenen Angaben – sie liest sich fast wie ein Orient-Abenteuer à la Karl May, und die Frage ist berechtigt, ob dies alles wirklich so geschehen ist;[79] schon bei anderen ‚autobiographischen' Darstellungen Lukians (im „Traum", und bei die Darstellung seiner Po-Fahrt in „Über den Bernstein") war ja zu sehen, wie leicht es ihm fällt, ‚Dichtung und Wahrheit', Wirkliches und Fiktives miteinander zu vermischen. Auf der anderen Seite spielen bei diesen Begebenheiten nicht nur der Erzähler selbst – wie bei der Erzählung aus seiner Jugend oder von einer privaten Italien-Reise –, sondern zum Teil hochgestellte Römer eine Rolle (übrigens auch noch in dem gleich zu skizzierenden Nachspiel): Musste er da nicht damit rechnen, leicht der Lüge überführt zu werden, wenn er allzu sehr drauflos flunkerte?

Wie gerade angedeutet, hatte die Geschichte noch ein Nachspiel: Der Gefahr glücklich entronnen, versuchte Lukian – jedenfalls nach seinen eigenen Ausführungen (*Alex.* 57) – nunmehr mit aller Energie, dem mordgierigen religiösen Scharlatan gerichtlich das Handwerk legen zu lassen; aber der damalige Statthalter der Provinz Bithynia et Pontus – er

---

[78] Vgl. dazu BRANHAM 1989, 205: „a refreshing bit of comic subversion".
[79] Starke Zweifel an der Historizität der von Lukian erzählten Begegnung mit dem Lügenpropheten hat zuletzt THONEMANN 2021, 12 geäußert, der es aber gleichwohl für wahrscheinlich hält, dass Lukian Abonuteichos und Alexanders Orakelstätte tatsächlich einmal besuchte.

wird sogar namentlich genannt: Avitus[80] – habe ihn davon zurückgehalten, weil er mächtige Fürsprecher des Alexandros in Rom fürchtete. Diese könnten auch ein Grund dafür gewesen sein, dass Lukian selbst seine Schrift über Alexandros mit allen ihren harten Anschuldigungen offenbar erst nach dem Tod Marc Aurels[81] 180 zu verfassen und veröffentlichen wagte; da lebte auch Alexandros selbst schon nicht mehr. Die grauenvolle Art und Weise, wie er laut Lukian zu Tode gekommen sein soll – bei lebendigem Leib verfaulend und von Würmern aufgefressen (c. 59), im Alter von nicht einmal 70 Jahren –, erinnert verdächtig an fromme Überlieferungen in jüdischen und christlichen Texten über das verdient schreckliche Ende von Gottesfeinden.[82] Wenigstens dieses Ende des Alexandros dürfte also eine sarkastische Fiktion Lukians sein[83] – die allerdings verständlich wäre, wenn Alexandros wirklich seine heimtückische Ermordung geplant haben sollte.

Zurück zu Lukians weiterer (Heim-?)Reise nach Griechenland: Ihre letzte Etappe könnte in seinem satirischen Porträt eines anderen Scharlatans („Über das Ende des Peregrinos") erwähnt sein (c. 43). Hier erzählt Lukian, dass er den Kyniker Peregrinos – der später scheinbar so furchtlos seiner Selbstverbrennung in Olympia entgegenging – einmal auf dem Meer während eines nächtlichen Seesturms in höchster Todesangst erlebt habe; Peregrinos habe sich nämlich auf dem gleichen Schiff befunden, mit dem er, Lukian, „von Syrien kommend", von der Troas (d.h. aus dem nordwestlichen Kleinasien) ins griechische Mutterland übergesetzt sei. Das müsste vor den Olympischen Spielen von 165 (der Kulisse von Peregrinos' Tod) gewesen sein, also jedenfalls vor dem August dieses Jahres.[84] Wenn die Angaben von *Alex.* 56f. und *Peregr.* 43 richtig verknüpft sind, ist Lukian also von Amastris an die kleinasiatische Nordwestküste gereist und ist von dort nach Muttergriechenland übergesetzt. Vielleicht hat er vor dieser Schiffsfahrt in Ionien sogar noch die ersten Kostproben

---

[80] Es handelt sich um L. Hedius Rufus Lollianus Avitus, Konsul des Jahres 144 und Statthalter von Bithynia et Pontus im Jahr 165 (vgl. PIR H 39).
[81] Der in c. 48 mit dem Hinweis auf seine Divinisierung (θεὸς Μάρκος) angedeutet wird. Vielleicht wurde der „Alexander" auch schon vor 180 begonnen.
[82] So soll z.B. auch Herodes Agrippa, der den Apostel Jakobus töten und den Apostel Petrus ins Gefängnis werfen ließ (Act. 12,1-4), als ein σκωληκόβρωτος („wurm-zerfressen") geendet sein (Act. 12,23). Weiteres bei THONEMANN 2021, 156.
[83] Vgl. THONEMANN 2021, 156f.
[84] Es sei denn, Lukian hätte mit dieser Reise ein anderes, früheres Kommen von Syrien gemeint.

aus den frischgebackenen Geschichtswerken über den Partherkrieg gehört, über die er sich dann in „Wie man Geschichte schreiben soll" so herrlich lustig macht; dort bemerkt er nämlich in c. 14: „Ich werde berichten, was ich im Gedächtnis behalten und gehört habe, als vor kurzem in Ionien gewisse Geschichtsschreiber [...] von eben diesem Krieg berichteten."[85]

1.2.6. Spätere Jahre und Aufenthalt in Ägypten

Die gerade erwähnte Abhandlung „Wie man Geschichte schreiben soll" ist wegen ihrer – im Vergleich zu Lukians sonstigen Gepflogenheiten erstaunlich großen – Zahl von aktuellen Bezügen auf die Zeitgeschichte neben den erwähnten (und aus ähnlich aktuellem Anlass geschriebenen) Dialogen „Die Bilder" und „Zur Verteidigung der Bilder" fast die einzige Schrift Lukians, die man recht genau datieren kann, nämlich auf Anfang oder Mitte des Jahres 166, als der römische Sieg über die Parther feststand,[86] der offizielle Triumphzug – der kam im Oktober – aber noch nicht veranstaltet worden war.[87] Damals war Lukian wahrscheinlich – vielleicht *wieder* – in Athen, das er auch zunächst nicht mehr für längere Zeit verlassen zu haben scheint, kürzere Vortragsreisen in benachbarte Regionen, etwa Makedonien, ausgenommen.

Wie schon in den Jahren zuvor, lassen sich auch in dieser Zeit (d. h. nach 165) nur wenige Schriften Lukians neben „Wie man Geschichte

---

[85] Hist. conscr. 14: διηγήσομαι ὁπόσα μέμνημαι ἔναγχος ἐν Ἰωνίᾳ συγγραφέων τινῶν [...] ἀκούσας τὸν αὐτὸν τοῦτον πόλεμον διηγουμένων. Weitere solche Werke kennenzulernen hatte er bald danach die Gelegenheit in der Provinz Achaia, d.h. im griechischen Mutterland und speziell in Korinth (vgl. *Hist. conscr.* 14 und 17); aber da hatte er eben die gemeinsame Überfahrt mit Peregrinos über die Ägäis bereits hinter sich.
[86] Vgl. c. 5: „nachdem nun bereits alle unterworfen sind" (ἁπάντων ἤδη κεχειρωμένων). Die Entscheidung des Krieges war durch den Vorstoß des römischen Generals Avidius Cassius über den Tigris nach Medien hinein gefallen, womit der parthische Widerstand gebrochen war; auf diesen Vorstoß nimmt c. 30 augenscheinlich bereits Bezug. Was dagegen als noch in der Zukunft liegend dargestellt wird, ist der offizielle römische Triumph, der im Oktober 166 gefeiert wurde (c. 31; vgl. auch die nächste Anm.). Die Schrift wurde also vor diesem Ereignis, wahrscheinlich im Sommer 166, geschrieben. Vgl. dazu JONES 1986, 60; MACLEOD 1991, 284 denkt wegen der „lighthearted mentions of plague" (in c. 15) sogar noch an das Ende des Jahres 165.
[87] Vgl. c. 31: „wobei einer auch schon die Zukunft dargestellt hat [...] und zu allem den von uns heiß ersehnten Triumphzug" (τινος καὶ τὰ μέλλοντα συγγεγραφότος [...] καὶ ἐπὶ πᾶσι τὸν τριπόθητον ἡμῖν θρίαμβον).

schreiben soll" einigermaßen sicher datieren. Die Selbstverbrennung des Kynikers Peregrinos 165 ist Terminus post quem nicht nur für „Über das Ende des Peregrinos" (d.h. die Schrift, die eigens diesem Thema gewidmet ist), sondern auch für „Die entlaufenen Sklaven" (*Fugitivi*), in denen Peregrinos' Tod der Ausgangspunkt für den sich entspinnenden komischen Dialog ist (c. 1f.), und das Pamphlet „Gegen den ungebildeten Bücherkäufer" (*Adversus Indoctum*), wo dieses Ereignis ebenfalls kurz erwähnt ist (c. 14). Die Erinnerungen an das Leben des Philosophen Demonax, denen Lukian eine eigene Schrift widmete, können nicht vor 174 geschrieben sein, denn in diesem Jahr starb Polydeukes, der Pflegesohn des Herodes Atticus, an dem dieser offenbar sehr hing; die Demonax-Vita schildert, wie Demonax das übertriebene Trauergehabe des Athener Mäzens und Sophisten Herodes mit einem bissigen Kommentar verspottete (c. 24, vgl. 33). Ein paar Jahre später fand das Ereignis statt, das Lukian in seinem Dialog „Der Eunuch" witzig-satirisch beschrieb: Die Neubesetzung des einen kaiserlichen (von insgesamt zweien) peripatetischen Lehrstuhls, bei der die Kandidaten höchst seltsame Kriterien ihrer Tauglichkeit – nämlich vor allem ihre männliche Potenz – für diesen Posten ins Feld führten. Das Spektakel muss sich ein paar Jahre nach 176 abgespielt haben, denn in diesem Jahr wurden kaiserliche Lehrstühle in Athen erstmals von Marc Aurel eingerichtet (und bei der Erstbesetzung war es offenbar noch nicht so absurd zugegangen).

Erst endgültig nach dem Tod Marc Aurels abgefasst und veröffentlicht wurde, wie wir bereits sahen, Lukians Darstellung des prophetischen Scharlatans Alexander von Abonuteichos (vgl. oben S. 49). Wenn in der Schrift „Der Rednerlehrer" wirklich der Sophist und Grammatiker Iulius Pollux die Zielscheibe Lukians ist[88] und wenn die Schrift in Zusammenhang mit der Kontroverse um die Neubesetzung des kaiserlichen Lehrstuhls für Rhetorik in Athen einige Jahre nach 178 entstand, den die Athener damals lieber auf den Sophisten Chrestos übertragen gesehen hätten, den Marc Aurels Sohn Commodus dann aber dem Pollux gab,[89] dann gehört auch diese Schrift – in der Lukian besonders sarkastisch mit einer bestimmten ‚modernen' Strömung der damaligen Rhetorik ins Gericht geht (vgl. unten S. 105–109) – in diese Jahre.

Nach 180 war Lukian, wenn er irgendwann zwischen 115 und 125 geboren war, bereits ein Mann in fortgeschrittenem Alter, und in zwei Ein-

---

[88] So bereits die Lukian-Scholien (p. 174,12–17 RABE); HALL 1981, 39–41 und 273–278; JONES 1986, 107f.
[89] Vgl. HALL 1981, 401; JONES 1986, 108.

leitungsvorträgen bezeichnet er sich in der Tat als alten Mann (γέρων): Im „Herakles" vergleicht er sich selbst mit dem eigentümlichen gallischen Herakles, den er offenbar während seines nun schon einige Jahre zurückliegenden Aufenthaltes im lateinischen Westen gesehen hatte (vgl. oben S. 34f.), und dieser Herakles ist in der von ihm gegebenen Beschreibung ein „äußerst alter Mann" (γέρων [...] ἐς τὸ ἔσχατον, c. 1, vgl. 7); im „Dionysos" spricht Lukian von einer magischen Quelle in Indien, die dem Silen – dem alten Begleiter des Dionysos – geweiht sei, und aus der dementsprechend auch nur die „alten Männer" (γέροντες, c. 7) zu trinken pflegten, und die hat er vorher schon (c. 6) als „die meines Alters (οἱ κατ' ἐμέ)" bezeichnet. C. P. JONES meint, Lukian habe nicht sehr viel über fünfzig zu sein brauchen, um sich in diesen Vorträgen einen „alten Mann" nennen zu können,[90] aber das wäre doch etwas fragwürdig; immerhin trug Lukian diese kurzen Stücke selbst vor Publikum vor, und sich selbst als ‚Greis' zu bezeichnen und noch nicht so auszusehen, wäre wohl kein besonders gelungener Witz gewesen. Im „Herakles" macht Lukian sein fortgeschrittenes Alter geradezu zum Hauptthema seiner Ausführungen, indem er sich darum bemüht nachzuweisen, dass er, wenn auch alt, gleichwohl noch sehr fit und vielleicht sogar fähiger als je zuvor zur Darbietung geschliffener Unterhaltungsrhetorik sei (c. 8);[91] deshalb führt er hier das Bild des alten, aber noch starken und mit der Kraft seiner Rede alle in seinen Bann schlagenden gallischen Herakles an: Die Erinnerung an ihn, sagt er, habe ihm selbst den Mut gegeben, noch einmal rhetorische Auftritte zu wagen, nachdem er schon vor längerer Zeit eigentlich damit aufgehört habe (c. 7). Diese Worte geben uns noch einmal einen interessanten Einblick in die vielleicht letzte Phase von Lukians rhetorischer Karriere.

Was aber hatte er vor dieser „Rückkehr zur Redekunst" gemacht? Darüber könnte ein weiteres Selbstzeugnis Aufschluss geben. Es gibt nämlich noch zwei andere Schriften, in denen sich Lukian als alten Mann bezeichnet. Die eine ist der Essay „Verteidigung eines Versprechers bei der Begrüßung" (*Pro Lapsu inter Salutandum*), in dem Lukian einen Fehler zu rechtfertigen (oder zumindest abzuschwächen) versucht, den er unlängst als „alter Mann (πρεσβύτης ἀνήρ – so die explizite Selbstbezeichnung in c. 1) vor zahlreichen Zeugen bei einer formellen morgend-

---

[90] JONES 1986, 14.
[91] Vgl. c. 8: „Was die Rede(kunst) betrifft, so wäre gerade jetzt die beste Zeit, in jugendlicher Kraft und Blüte und auf dem Höhepunkt zu stehen und mit ihm so viele, wie er nur kann, an den Ohren mit sich zu ziehen."

lichen Begrüßung einer wichtigen Persönlichkeit beging. Wahrscheinlich handelte es sich dabei um einen hohen römischen Beamten – die morgendliche salutatio ist ja eine typisch römische Sitte[92] –, den Lukian statt mit dem korrekten χαῖρε oder *salve* mit ὑγίαινε oder *vale* begrüßte. Die daraufhin von Lukian konzipierte Schrift mit dem oben genannten Titel war wohl zunächst an eben diesen Beamten gerichtet; sie versucht, mit einer großen Fülle gelehrter Reminiszenzen zu beweisen, dass Lukians Versehen weit davon entfernt ist, ein verdammenswerter Neologismus zu sein, und sogar im Gegenteil die besten klassischen Vorbilder hat.

Lukian nennt uns den Mann, vor dem er sich auf diese Weise zu rechtfertigen versuchte, nicht mit Namen; eine plausible Vermutung aber, wer es gewesen sein könnte, kann die letzte hier noch zu nennende Schrift liefern, in der uns Lukian ebenfalls als alter Mann entgegentritt: die sogenannte „Apologie" (also noch einmal eine Verteidigungs- oder Rechtfertigungsschrift).

Diese „Apologie" (*Apologia*) ist neben dem „Traum" und dem „Doppelt Verklagten" der wichtigste autobiographische Text, den wir von Lukian noch besitzen. Sie ist an einen Mann mit dem römischen Namen Sabinos gerichtet,[93] den Lukian, wie er selbst sagt (c. 15), bereits seit seinem Aufenthalt in Gallien kennt. Dass sich diese Schrift an ihn richtet, dürfte beweisen, dass die beiden seitdem in Kontakt geblieben sind; wie in der „Verteidigung eines Versprechers bei der Begrüßung" fühlt sich Lukian jedenfalls auch in der „Apologie" bemüßigt, einem Vorwurf des Adressaten zu begegnen, den dieser machen könnte oder vielleicht schon gemacht hat: Lukian hatte vor einiger Zeit[94] eine Schrift über griechische Literaten und Philosophen geschrieben, die sich gegen Bezahlung als Hauslehrer bei reichen römischen Adligen verdingten, und er hatte mit einer im Einzelnen vielleicht satirisch übertreibenden, in Vielem aber sehr realistisch anmutenden Beschreibung eines solchen Lebens die Griechen, die eine derartige Beschäftigung anstrebten, und vor allem den speziellen Adressaten seiner Schrift namens Timokles vor den zahlreichen Unannehmlichkeiten gewarnt, die er und seinesgleichen sich bei einer solchen Stellung mit hoher Wahrscheinlichkeit einhandeln würden. Dieser Essay mit dem Titel „Über diejenigen, die für Lohn lehren" (Περὶ τῶν

---

[92] In c. 13 deutet Lukian zudem deutlich an, dass sein Adressat ein Römer ist, da er hier auf die römische Begrüßungsformel „salve(te)" zu sprechen kommt.
[93] Das muss nicht unbedingt ein Römer sein; JONES 1986, 20 mit Anm. 79 weist darauf hin, dass es einen platonischen Philosophen in Athen namens Sabinos gab.
[94] In c. 3 heißt es πάλαι („vor langer Zeit").

ἐπὶ μισθῷ συνόντων, *De Mercede Conductis*) hatte sowohl im öffentlichen Vortrag als auch nach ihrer folgenden schriftlichen Veröffentlichung viel Erfolg gehabt, wie Lukian den Sabinos – den er hier zu seinem fiktiven Ankläger macht – sagen lässt (c. 3);[95] in der Zwischenzeit aber hatte Lukian etwas getan, was seinen eigenen so eloquenten Warnungen frontal ins Gesicht zu schlagen schien: er hatte selbst eine solche bezahlte Stellung angenommen! Und dies auch noch in höherem Alter – wo er sich doch in jener Schrift über die ‚Mietphilosophen' gerade auch über den unwürdigen Umstand lustig gemacht hatte, dass sich so oft ein in Ehren ergrauter Grieche noch von einem (jüngeren) römischen Lohnherrn herumkommandieren ließ!

In der Tat deuten die Ausdrücke, die Lukian in der „Apologie" zur Charakterisierung seiner inzwischen erreichten Lebenszeit gewählt hat, ein höheres Alter an als alle bisher genannten Schriften, die Lukian als „alter Mann" (γέρων) verfasst zu haben scheint. Er legt seinem Adressaten Sabinos nämlich folgende Worte über sein (Lukians) unbegreiflich widersprüchliches Verhalten in den Mund (c. 1):

> „Wie viele Midasse und Krösusse und ganze Paktolusse haben ihn nur dazu gebracht, dass er die ihm von Kindesbeinen an liebe und sein Aufwachsen teilende Freiheit fahren und sich jetzt, wo er schon fast beim Aiakos ist und nahezu den einen Fuß schon im Fährkahn (des Charon) hat, ziehen und schleppen lässt, als habe man ihm den Nacken in eine dicke goldene Halskrause eingeschlossen?"

Ähnlich lässt Lukian den anklagenden Sabinos auch in c. 4 sprechen: „Im höchsten Alter und fast schon jenseits der Grabesschwelle hast du einen so ehrlosen Knechtsdienst angenommen und bist fast auch noch so stolz darauf"; in c. 10 erwägt Lukian dann selbst, ob er vielleicht zu seiner Entschuldigung „das Alter und die Krankheit und zusammen damit die Armut, die einen dazu überredet, alles zu tun und mit sich machen zu lassen, um ihr zu entfliehen", anführen soll; er entscheidet sich dann aber dafür, seinem Freund durch eine genauere Beschreibung seiner jetzigen Tätigkeit und ihrer Verdienste zu demonstrieren, dass er nicht wirklich mit jenen griechischen Hauslehrern verglichen werden kann, deren Sklavenlos er weiland so sarkastisch und abschreckend darstellte; und so erfahren wir in c. 12 endlich, was für eine Stellung Lukian in bereits tatsächlich

---

[95] Dies ist übrigens das einzige direkte und explizite Zeugnis dafür, auf welche Weise Lukians literarische Produktionen zu seinen Lebzeiten bekannt wurden.

vorgeschrittenem Alter – wenn wir seiner Selbstcharakterisierung trauen dürfen, die freilich in der fiktiven Anklage des Sabinos auch polemisch überzeichnet sein kann – noch übernahm.

Den Angaben in c. 12 zufolge handelte es sich um einen höheren administrativen Posten in der zivilen römischen Verwaltung Ägyptens; die genauere Art dieser Stellung ist freilich bis heute umstritten;[96] aber was immer Lukians tatsächliche Position war, sie muss – nach seiner detaillierten Aufgabenbeschreibung – recht hoch gewesen sein: So wie Lukian die Sache darstellt – wobei es sein kann, dass er übertreibt, um sich noch stärker von den in Privathäusern tätigen Mietphilosophen abzugrenzen, die er früher so despektierlich beschrieben hatte –, war er offenbar mit der gesamten Organisation des Prozess- und Gerichtswesens des Statthalters von Ägypten – von der terminlichen Anberaumung der Fälle bis zu ihrer Dokumentierung und Archivierung – betraut. Wie er zu diesem Posten kam und was ihn überhaupt dazu veranlasste, einen solchen Posten anzustreben und zu übernehmen, dazu lassen sich lediglich Vermutungen äußern: In der oben zitierten Stelle aus c. 10 fällt unter anderem das Stichwort „Armut", und daran anschließend könnte man vielleicht spekulieren, dass es Lukian in höherem Alter in Athen materiell – aus welchen Gründen auch immer[97] – nicht mehr ganz so gut ging. Dass ihm in einer solchen Lage ein Unterkommen in einer Provinzbürokratie angeboten wurde – oder dass er sich erfolgreich um ein solches bemühen konnte –, verdankte er wohl seinen immer noch bestehenden (vielleicht schon bis in die Zeit des Lucius Verus zurückreichenden) Beziehungen zu wichtigen Römern mit entsprechenden Stellungen und mit entsprechendem Einfluss.

Wann genau und unter welchem Statthalter Lukian in Ägypten tätig war, entzieht sich ebenfalls unserer Kenntnis.[98] Wenn Lukian zwischen

---

[96] HAFNER 2017b, 115 bespricht die in der Vergangenheit dazu gemachten Vorschläge (ὑπομνηματογράφος, „Protokollant"; *archistator praefecti Aegypti*, „Gerichtssekretär"; εἰσαγωγεύς, „Prozess-Organisator"), lässt jedoch selber keine Präferenz erkennen, da er im Gefolge von GOLDHILL 2002, 71 „biographistische Ansätze" (118) bei Lukian generell ablehnt. Aber sollen wir wirklich annehmen, dass Lukians „Apologie" reines Spiegelfechten ist?
[97] Gab es vielleicht ein Tief in seiner Vortragstätigkeit?
[98] SCHWARTZ 1965, 12–15 dachte an die erste Hälfte der 170er Jahre und an den Statthalter C. Calvisius Statianus, der 175 in Zusammenhang mit der Revolte des Avidius Cassius von Marc Aurel seines Postens enthoben und verbannt wurde; aber HALL 1981, 7f. hat zu Recht darauf hingewiesen, dass für diese Datierung und namentliche Identifizierung des Statthalters keine sicheren Anhaltspunkte vorhanden sind.

115 und 125 geboren wurde, dann konnte er sich selbst wohl kaum vor 180 als einen vom Grab nicht mehr weit entfernten „alten Mann" bezeichnen (auch da wäre er erst 55–65 Jahre alt gewesen), so dass für die Datierung seines ägyptischen Aufenthaltes die Jahre nach 180 sogar wahrscheinlicher sind; mehrere Schriften, die er wahrscheinlich in Athen geschrieben hat, lassen sich in die 170er Jahre datieren (z.B. das „Leben des Demonax", vgl. oben S. 51, und „Der Eunuch", ebd.).

Die „Apologie" liest sich so, als sei sie während der ägyptischen Tätigkeit Lukians geschrieben, denn der Sprecher beschreibt seine Aufgaben in c. 12 im Präsens. Vielleicht stammt aus dieser Zeit auch die Schrift „Verteidigung eines Versprechers bei der Begrüßung"; der hier angeredete vornehme Römer, den Lukian falsch begrüßt hatte, könnte der Statthalter von Ägypten, sein Vorgesetzter also, gewesen sein.[99] Ob Lukian daneben noch zu anderem literarischen Schaffen auf seinem Verwaltungsposten kam, muss bei der Fülle von Aufgaben, die ihm laut seiner eigenen Beschreibung in Apol. 12 oblagen, zumindest fraglich erscheinen.[100] So könnte es sein, dass mit der Zeit, in der Lukian seinem eigenen Bekunden zufolge die rhetorischen Vorträge eingestellt hatte (*Herc.* 7), eben seine Jahre in Ägypten gemeint waren (freilich wissen wir nicht, um wieviele Jahre es sich da handelte oder ob überhaupt um ,Jahre').

In *Apol.* 12 stellt der Sprecher voller Engagement und Enthusiasmus seine administrativen Tätigkeiten in Ägypten dar; er macht sich sogar Hoffnung, selbst „eine Provinz oder bestimmte andere Aufgaben im Auftrag des Kaisers übertragen zu bekommen";[101] aber daraus ist offenbar nichts geworden, und wiederum sind uns die Gründe dafür unbekannt.[102] Einigermaßen sicher ist nur – wenn wir jedenfalls seinem eigenen Zeugnis im „Herakles" glauben dürfen (c. 7) –, dass er nach dem ägyptischen Intermezzo noch einmal zu seinem alten sophistisch-rhetorischen Metier zurückkehrte und dazu wohl auch wieder nach Athen ging. Von da ab verliert sich seine Spur; wenn er nicht – wie es der Autor des *Suda*-Arti-

---

[99] HALL 1981, 7 weist freilich zu Recht darauf hin, dass sich dies nicht beweisen lässt.
[100] Es sei denn, Lukian wäre eine Art antiker E. T. A. Hoffmann oder Anthony Trollope gewesen, der tagsüber seinen administrativen Aufgaben und nachts seiner literarischen Tätigkeit nachging.
[101] *Apol.* 12: ἔθνος ἐπιτραπῆναι ἤ τινας ἄλλας πράξεις βασιλικάς.
[102] SCHWARTZ 1965, 12 nahm an, dass Lukian zusammen mit seinem Statthalter in eine gegen den Kaiser gerichtete Revolte wie die des Avidius Cassius 175 verwickelt war und deswegen seinen Abschied nehmen musste; auch hiergegen HALL 1981, 7f.

kels gerne gehabt hätte (vgl. oben S. 22) – tatsächlich von Hunden zerrissen wurde, ist er wohl irgendwann um sein 70. Lebensjahr herum – zu Ende der 180er oder zu Beginn der 190er Jahre – friedlich, wenn auch nicht unbedingt wohlhabend gestorben.

1.3. Is there a man behind the mask(s)? Lukians personae in seinen Schriften

Die vorangehenden Ausführungen – die versucht haben, möglichst sämtliche Stellen in Lukians Schriften, in denen der Sprecher Hinweise auf sein eigenes Leben gibt (oder jedenfalls zu geben scheint), mit der gebotenen Vorsicht auszuwerten – wollten den Menschen und Autor Lukian vor dem Hintergrund seiner Zeit lebendig werden lassen, soweit dies anhand des uns zur Verfügung stehenden Quellenmaterials überhaupt noch möglich ist. Spätestens seit Beginn des dritten Millenniums unserer Zeitrechnung werden solche Versuche freilich mitunter sehr kritisch als „biographistisch" beäugt[103] und als letztlich vergeblich zurückgewiesen – womit freilich auch die Möglichkeit, überhaupt irgendetwas über den Menschen und Autor Lukian auszusagen, als Chimäre entschwindet. Im Jahr 2001 hat TIM WHITMARSH den Nachweis zu führen versucht,[104] dass wir gar nichts über Lukians eigene Ansichten etwa über einen möglichen Antagonismus zwischen griechischen Untertanen und römischen Herren herausfinden können, weil Lukian in den Schriften, in denen er sich zu diesem Thema zu äußern scheint (im „Nigrinos" und in „Über diejenigen, die für Lohn lehren"), so viele Blenden und Spiegel („frames and mirrors") einbaut, dass völlig unklar wird, wer hier eigentlich genau spricht. WHITMARSH geht so weit, das ganze Œuvre Lukians eine „comedy of nihilism" zu nennen: „the only truth is that all is lies".[105]

Ein Hauptargument für dieses – etwas niederschmetternde – Resümee ist der Umstand, dass Lukian in einer Reihe seiner Schriften unter verschiedenen Masken aufzutreten scheint und dass diese Masken so verschieden sind, dass die Persönlichkeit des von ihnen „Maskierten" völlig zerfließt. Ist dies wirklich so? Um diese Frage zu beantworten, müssen diese Masken etwas näher betrachtet werden.

---

[103] Vgl. z.B. HAFNER 2017b, 15f. mit Anm. 9, und zuletzt VON MÖLLENDORFF 2021, 122–125.
[104] WHITMARSH 2001, 247–294.
[105] WHITMARSH 2001, 252.

1.3.1. Der Autor als „Syrer"

Im „Doppelt Verklagten" (*Bis Accusatus*) führt Lukian einen „Syrer" (Σύρος, c. 14) oder „syrischen Redner" (Σύρος ῥήτωρ, ebd.) ein, der mit dem Autor Lukian Einiges gemeinsam zu haben scheint: die Herkunft vom Euphrat (ebd.), eine rhetorische Ausbildung als junger Mann an der ionischen Küste Kleinasiens (c. 27), Erfolge als Redner in diversen Gegenden des Römischen Reiches (ebd.), dann aber Hinwendung zu dialogischen Darstellungsformen, die jedoch mit Merkmalen anderer Gattungen kombiniert werden (c. 28, 30f., 33f.).

In dem Dialog „Die Wiederauferstandenen, oder: Der Fischer" (*Piscator*) tritt eine *persona* Lukians auf, die sich ebenfalls durch ihre syrische Herkunft – in c. 19 nennt sie sich einen „Syrer von denen, die am Euphrat wohnen"[106] – als mit dem Autor verbunden erweist; diesmal aber hat ihr Lukian auch einen sehr spezifischen Eigennamen gegeben: Der Mann, der sich hier mit so ziemlich allen bedeutenden Philosophen der großen griechischen Vergangenheit auseinandersetzen muss (vgl. unten S. 139–142), heißt Parrhesiades, der „Sohn der freien Rede" (παρρησία), der sich zusätzlich als „Sohn des Alethion", also des „Wahrhaftigen" (ἀλήθεια), und als „Enkel des Elenxikles, also des „ruhmvoll Prüfenden" (ἔλεγχος, κλέος) vorstellt.[107] Hier sollen diese Namen natürlich suggerieren, dass Wahrheitsliebe, freie Rede und prüfender Geist in der Familie des Protagonisten dieses Dialogs geradezu erblich sind. Dass gerade ein Syrer drei Generationen seiner Familie (darunter sich selbst) mit etymologisch einfach zu entschlüsselnden griechischen Eigennamen präsentiert, zeigt ebenfalls ein klares Programm: Hier beansprucht jemand, der vom orientalischen Ostrand des Römischen Reichs kommt, volle Partizipation an der griechischen Paideia.[108]

---

[106] Nur zur Erinnerung: Lukians Samosata lag direkt am Euphrat.
[107] Ähnliche Namensspiele hat bereits Aristophanes in seinen Komödien getrieben; vgl. etwa den „gerechten Bürger" Dikaiopolis in seinen „Acharnern". Zum großen Einfluss der attischen Komödie auf den *Piscator* und Lukian allgemein vgl. unten S. 94–96.
[108] Zu weiteren Schriften Lukians, in denen der Autor/Sprecher auf sich als ‚Syrer' Bezug nimmt (*Adv. Ind.* 19, *Hist. conscr.* 24, *Scytha* 9), vgl. RICHTER 2017, 332–334.

1.3.2. Der Autor als „Tychiades"

In zwei Dialogen Lukians erscheint der Name Tychiades, hinter dem sich erneut eine Person zu verbergen scheint, mit der unser Autor Charakteristika teilt. Oberflächlich erinnert diese Namensbildung an den gerade besprochenen Parrhesiades, lässt sich aber etymologisch nicht ganz so rasch deuten. C. P. JONES übersetzt Tychiades mit „Son of Chance",[109] weil er sich an das im „Tragischen Zeus" (c. 47–49) entwickelte Bild von der Welt als führerlosem, also der Tyche ausgelieferten Schiff erinnert fühlt – was aber ziemlich weit hergeholt erscheint, zumal im „Tragischen Zeus" der Name Tychiades nirgends auftaucht. Überzeugender wirkt demgegenüber JENNIFER HALLS Erklärung: Sie bringt den Namen mit dem griechischen Ausdruck ὁ τυχών, „der Erste Beste", „der Mann auf der Straße", in Verbindung und gibt ihn ansprechend mit „Mr. Commonsense" wieder.[110] In der Tat zeichnet sich auch noch die dritte hier zu besprechende Maske Lukians (vgl. unten) nicht zuletzt durch einen ausgeprägten common sense aus.

Als „Mr. Commonsense" tritt Tychiades in zwei durchaus unterschiedlichen Rollen in Werken Lukians auf: Zum einen spielt er im „Parasitendialog" die Rolle des durch und durch normal empfindenden, dadurch aber gelegentlich fast etwas unbedarft wirkenden Gesprächspartners des eloquenten Schmarotzers Simon, zu dessen paradoxer Erscheinung er die perfekte Folie bildet; zum anderen aber vertritt der Tychiades des Dialogs „Die Lügenfreunde, oder: Der Ungläubige" eine intelligente eigenständige Position des common sense und ist dort so etwas wie der ideale (nicht-philosophische) ἰδιώτης („Privatmann, Laie"),[111] der als aufgeklärter Skeptiker den Vertretern philosophischer Sekten gegenübertritt, die sich sämtlich als abergläubischen Hirngespinsten nachjagende Spekulanten erweisen.

---

[109] JONES 1986, 46 und 51. Diese Übersetzung („fils de la Tyché") hatte auch schon SCHWARTZ 1963, 34 erwogen, aber keinen überzeugenden Grund dafür gefunden.
[110] HALL 1981, 510f.; ähnlich dann auch DUBEL 1994, 20 („l'homme de la rue").
[111] Als ἰδιώτης wird Tychiades explizit in c. 9 von einem der Philosophen bezeichnet. Als Gegenbild zu den prätentiös auftretenden, sich aber durch massive charakterliche Defizite oft lächerlich machenden Philosophen führt Lukian die ἰδιῶται mehrfach ein: im „Gastmahl" (c. 35), in den „Wiederauferstandenen" (c. 34), in den „Entlaufenen Sklaven" (c. 21), in der „Nekyomanteia" (c. 4), wo am Ende (c. 21) der weise Seher Teiresias ihr Leben als das beste bezeichnet, schließlich auch im Dialog „Hermotimos", wo ihr vernünftiges und hirngespinstfreies Leben gepriesen wird (c. 67, 81).

1.3.3. Der Autor als „Lykinos"

Die häufigste ‚Maske' Lukians ist die des Lykinos. Die acht sogenannten „Lykinos-Dialoge"[112] stellen neben den menippeischen Schriften die charakteristischste Werkgruppe in Lukians Schaffen dar und umfassen mit „Das Gastmahl, oder: Die Lapithen", „Das Schiff, oder: Die Wünsche" und „Der Eunuch" – neben dem „Hermotimos" – auch einige seiner lebendigsten Werke. Dass sie – vielleicht schon bald – als etwas für Lukian Typisches angesehen wurden, lässt sich auch daraus schließen, dass sie offenbar mehrere Nachahmungen hervorriefen, die dann sogar ins Corpus Lucianeum eindrangen (vgl. dazu Kap. 9.5, unten S. 328–331).

Die Lykinos-Dialoge sind im Einzelnen recht verschiedenen Inhalts: Sie reichen von adulatorischen Enkomien auf Lucius Verus' Mätresse Pantheia in „Die Bilder" und „Zur Verteidigung der Bilder" über die dialogische Einfassung eines epideiktischen Lobliedes auf die pantomimische Tanzkunst in der (ebenfalls wohl zu Gefallen von Lucius Verus verfassten) Schrift „Über die Tanzkunst", über die satirische Beleuchtung typischer menschlicher Illusionen in „Das Schiff, oder: Die Wünsche", die Lächerlichmachung eines hypertrophen Attizismus im „Lexiphanes" und den beißenden Philosophenspott in „Das Gastmahl, oder: Die Lapithen" und „Der Eunuch" bis hin zu der umfänglichsten und ernstesten Auseinandersetzung mit diesen Philosophen, die Lukian je in Angriff genommen hat, im „Hermotimos".

Die Lykinos-Dialoge sind auch zeitlich nicht auf eine bestimmte Periode in Lukians Schaffen einzugrenzen: „Die Bilder", „Zur Verteidigung der Bilder" und „Über die Tanzkunst" lassen sich in die Jahre 163 oder 164 datieren, als Lukian sich in Antiochia um die Gunst des Lucius Verus bemühte;[113] „Der Eunuch" dagegen wurde mehr als zwölf Jahre später (nach 176) geschrieben, als sich in Athen Querelen bei der Neubesetzung des peripatetischen Lehrstuhls ergaben.[114] Einige Lykinos-Dialoge sind

---

[112] Es handelt sich um „Das Gastmahl, oder: Die Lapithen" (*Convivium*), „Die Bilder" (*Imagines*), „Über die Tanzkunst" (*De saltatione*), „Lexiphanes", „Der Eunuch" (*Eunuchus*), „Zur Verteidigung der Bilder" (*Pro imaginibus*), „Hermotimos" und „Das Schiff, oder: Die Wünsche" (*Navigium*). Hinzu kommen noch drei weitere Dialoge, in denen Lykinos ebenfalls auftritt, die aber mit einiger Sicherheit das Werk späterer Autoren sind (dazu unten Kap. 9.5, S. 328–331): „Arten der Liebe" (*Amores*), „Gespräch mit Hesiod" (*Hesiodus*) und „Der Kyniker" (*Cynicus*).
[113] Vgl. HALL 1981, 21–24 und JONES 1986, 17, 66 und 68 (sowie seine chronologische Übersicht 168f.).
[114] Vgl. HALL 1981, 39 und JONES 1986, 168.

also sicherlich in der gleichen Zeit wie manche menippeischen Schriften Lukians entstanden (d.h. in den 160er Jahren); Lukian scheint auf seinen Lykinos aber auch in späteren Zeiten zurückgegriffen zu haben (wie eben in „Der Eunuch").

In allen diesen Dialogen jedenfalls erscheint Lykinos – ungeachtet ihrer zum Teil sehr verschiedenen Themen – mit mehr oder weniger identischen Charakterzügen: als redegewandter und gewitzter Zeitgenosse, der seinen Gesprächspartnern stets überlegen ist. Anders als bei den *personae* Syros und Parrhesiades gibt es bei Lykinos aber keinerlei Hinweise auf eine Herkunft aus einem Randbereich des Römischen Reiches; vielmehr erscheint Lykinos als geradezu quintessentieller Grieche,[115] der sich in großen griechischen Städten – in Antiochia, aber dann vor allem auch in Athen – völlig zu Hause fühlt. Es ist sicher kein Zufall, dass sich „Lykinos" (natürlich nicht etymologisch, aber lautlich) am einfachsten als Gräzisierung von „Lukianos" deuten lässt.[116]

Die drei im Vorangehenden besprochenen „Masken",[117] mit deren Hilfe der Autor Lukian sich metaleptisch in seine eigenen Kreationen

---

[115] In Salt. 2 wird Lykinos von seinem Gegenüber, dem Kyniker Kraton, als „mit der Paideia aufgewachsen und in Maßen mit der Philosophie vertraut" (παιδεία σύντροφος καὶ φιλοσοφίᾳ τὰ μέτρια ὡμιληκώς) charakterisiert.

[116] DUBEL 1994 und VON MÖLLENDORFF 2000b, 200 möchten in dieser Namenswahl einen bewussten Rückgriff auf den Vers 50 in Aristophanes' „Acharnern" sehen, in dem Amphitheos – den Dikaiopolis später damit beauftragen wird, ihm von den Spartanern einen Sonderfrieden zu beschaffen – als seinen Vater einen Lykinos nennt; da dieser zudem als Sohn einer Phainarete eingeführt wird und dies auch der Name der Mutter des Sokrates war, sieht VON MÖLLENDORFF hier eine Gleichsetzung von Lykinos und Sokrates, die auch Lukian bei der Wahl des Namens Lykinos intendiert hätte. Aber wievielen Zeitgenossen Lukians wäre diese Anspielung – auf einen Namen, der ein einziges Mal bei Aristophanes inmitten einer obskuren Genealogie auftaucht – aufgefallen (in den Aristophanes-Scholien wird der Name Lykinos nicht behandelt)? Ich würde mich hier dem guten Urteil von SOLITARIO 2020, 174 anschließen: „La reminiscenza letteraria del personaggio aristofanesco nel Licino lucianeo e, per suo tramite, l'accenno alla figura di Socrate, non possono essere esclusi, né sono sufficentemente manifesti."

[117] Gelegentlich werden auch noch andere bei Lukian wiederholt auftretende Figuren als Masken für ihn gedeutet, z.B. der Menipp des „Ikaromenipp", der „Nekyomanteia" und der „Totengespräche" (vgl. BAUMBACH / VON MÖLLENDORFF 2017, 48–54) oder der Momos des „Tragischen Zeus" oder der „Götterversammlung" (WHITMARSH 2001, 253 und 2013, 72). Doch sprechen gerade die phantastischen Settings, in denen Menipp auftritt, dagegen, ihn in eine engere Beziehung zum Autor zu stellen.

hineinversetzt[118] und auf diese Weise an deren buntem Geschehen teilnehmen kann, heben jeweils ganz verschiedene Aspekte an ihrem Träger hervor: Beim ‚Syrer' bzw. ‚Parrhesiades' wird explizit auf die nichtgriechische Herkunft hingewiesen, aber gerade diese Figur, die ihre Herkunft vom Rand des griechisch-römischen Kulturraums nicht verleugnet, sondern geradezu wie eine Standarte vor sich herträgt, wird in enger – und erfolgreicher – Interaktion mit den bedeutendsten philosophischen Geistesgrößen der klassischen griechischen Kultur und ihren signifikanten Errungenschaften, Rhetorik und philosophischem Dialog, gezeigt. An Tychiades fällt besonders das auf, was man im Englischen als „down to earth" und „common sense" bezeichnen würde – er bietet allen Prätentionen und Spekulationen unbeeindruckt Paroli. Und an Lykinos schließlich ist zu beachten – und zu bewundern –, wie sicher ironisch-überlegen er sich als Grieche unter Griechen bewegt. Das sind, wie gesagt, jeweils sehr verschiedene Aspekte, die von diesen „Masken" vermittelt werden, aber – und das ist das Wesentliche – sie widersprechen einander nicht, sondern ergänzen sich gegenseitig; alle drei sollen im Grunde zeigen, wie weit es ihr Träger gebracht hat – das dürfte für Lukian kein bloßes Spiel, sondern ein wichtiges persönliches Anliegen gewesen sein.

---

[118] Vgl. WHITMARSH 2013, 72f., der Lukian zu Recht „one of antiquity's most metaleptic authors" nennt.

2. Lukian über seine eigene Kunst und ihre Quellen

Zwar hat uns Lukian über sein Leben nur sehr Sporadisches – und, wie zu sehen war, in der Forschung auch sehr Umstrittenes – mitgeteilt, doch hat er in seinem Œuvre immerhin manchen wichtigen Hinweis auf das gegeben, was er als die wesentlichen Ingredienzien seiner schriftstellerischen Kunst ansah und wie er diese Kunst auch von anderen gern verstanden und gewürdigt wissen wollte. Im Folgenden soll daher zunächst der Autor selbst als Wegweiser zu seinem Schaffen dienen, bevor dieses Schaffen selbst näher vorgestellt wird. Die in diesem Kapitel zu betrachtenden Schriften geben mehrmals zu verstehen, dass es Lukian irgendwann – er selbst spricht wiederholt von der Zeit um sein 40. Lebensjahr herum – offenbar nicht mehr genug war, in den Bahnen der Rhetorik, die er als junger Mann in Ionien gelernt hatte, aufzutreten und Vorträge zu halten. Über die Gründe für einen solchen ‚Kurswechsel' lässt sich nur spekulieren; vielleicht hatte er ja mit seinen bisherigen Produktionen nicht – oder nach einer gewissen Zeit nicht mehr – den Erfolg erzielt, den er sich erhoffte. In einer Reihe von Texten hat er – in jeweils verschiedener Weise – dargestellt, was er dagegen unternahm.

2.1. Vom Wert oder Unwert des Neuen: „Zeuxis, oder: Antiochos"

Der erste Text, der in diesem Zusammenhang betrachtet werden soll, scheint freilich geradezu ein gespaltenes Verhältnis Lukians zu seinen eigenen Neuerungen zu zeigen: In seinem Einleitungsvortrag „Zeuxis, oder: Antiochos" schildert der Sprecher zunächst, wie begeistert unlängst seine Zuhörer – offenbar mehr oder weniger die gleichen, zu denen er auch jetzt spricht – auf seine letzte Darbietung reagierten; was sie dabei vor allem lobten, waren „Neuheit" (καινότης) und „Phantastik" (παραδοξολογία), dazu die „Gewandtheit" (εὐμήχανος) und die unübertroffene „Frische" (οὐδὲν [...] νεαρώτερον) des Einfalls (c. 1). Statt jedoch sich geschmeichelt zu fühlen, dass man ihm in dieser Form Originalität und die Fähigkeit, etwas Überraschendes und Unerwartetes darzubieten, bescheinigt, reagiert Lukian völlig anders – er zeigt sich sogar fast bestürzt, dass man an seiner Vorführung offenbar nur die Neuheit von Thematik und Ausführung zur Kenntnis genommen hat. Er hätte es offensichtlich lieber gesehen, wenn man in seinen Produktionen „die Schönheit der Ausdrücke und ihre Übereinstimmung mit der klassischen Norm, den scharfsinnigen Geist, die attische Anmut, die Harmonie oder die kunstgerechte Ausführung" gepriesen hätte (c. 2). Er fragt sich sogar, ob dies alles seinen Darbietungen vielleicht gänzlich fehlt, denn sonst hätten die Zuhörer doch wohl auch dies gewürdigt?

Schaut man von hier jedoch voraus auf die Schlusssätze dieses Vortrags, dann sieht man, dass Lukian diese extreme Konsequenz – dass sein Werk nur neu und paradox, aber in keiner Weise kunstvoll sei – nicht wirklich gezogen hat. Dort sagt er nämlich:

> „Hat Zeuxis [ihm war es, wie Lukian im ersten Teil des Vortrags erzählt, mit der Vorstellung von etwas Neuem ähnlich gegangen wie jetzt Lukian] das andere also [scil. neben dem Neuen] vergeblich geschaffen? Nein, nicht vergeblich – denn ihr habt ja doch die Augen von bildenden Künstlern und seht alles mit Sachverstand" (c. 12).

Nachdem Lukian denselben Leuten am Anfang mehr oder weniger deutlich zu verstehen gegeben hatte, dass er von ihren Beurteilungsmaßstäben doch ziemlich enttäuscht sei, sind diese letzten Bemerkungen eine ziemlich massive Schmeichelei. Der Sprecher hält auf jeden Fall an seinem Wunsch fest, dass man an seinem Schaffen nicht nur das Neue, Phantastisch-Paradoxe, sondern auch dessen andere Qualitäten erkennen möchte; zugleich aber ist er hier am Ende des Vortrags nun doch stärker bereit – zumindest suggeriert er dies –, das Neue in seinem Werk auch selber als realen und berechtigten Grund der Bewunderung seines Publikums ernstzunehmen.

Den Weg zu dieser Sinnesänderung markieren die zwei im Hauptteil des Vortrags geschilderten historischen Begebenheiten um den Maler Zeuxis und den Seleukidenkönig Antiochos, die dem Vortrag seinen Doppeltitel gegeben haben. In diesen Geschichten spielt der Faktor der Neuheit eine ähnlich wichtige Rolle wie bei den Präsentationen des Sprechers; er wird aber jeweils unterschiedlich gewichtet.

In der ersten dieser Geschichten ergeht es dem Maler Zeuxis nicht besser als unlängst dem Sprecher: Zeuxis unternahm es einmal, ein recht ungewöhnliches Sujet darzustellen, nämlich einen *weiblichen* Kentauren,[1] der zwei Junge – eines an der menschlichen Brust, eines an der Stutenzitze – säugt, und etwas entfernt steht der Kentaurenvater und sieht lachend zu. Lukian verwendet auf die Beschreibung dieses Bildes immer-

---

[1] Männliche Kentauren gibt es in der griechischen Mythologie, Dichtung und darstellenden Kunst in der Tat genug, weibliche dagegen sind eine Seltenheit.

hin zwei Oxfordtextseiten (c. 4–6), woraus ersichtlich ist, dass es ihm darauf ankam zu zeigen, dass auch der Künstler Zeuxis – wie der Sprecher dieses Vortrags – nicht nur eine neue Idee hatte, sondern auch viel Sorgfalt und Können darauf verwandte, sie umzusetzen. Das Publikum reagierte jedoch in Zeuxis' Fall genauso einseitig wie in dem Lukians: Es machte „Ah!" und „Oh!" über die Weiblichkeit der Kentaurin und übersah dabei, wie hervorragend sie dargestellt war. Das verärgerte den Maler so sehr – erzählt Lukian weiter (c. 7) –, dass er seinem Gehilfen befahl, das Bild einzupacken und es zurück in die Werkstatt zu bringen.

Mit diesem Ausgang der Zeuxis-Geschichte könnte der Sprecher andeuten, dass er ähnlich handeln und in Zukunft ebenfalls schmollend seinem Publikum seine Darbietungen vorenthalten könnte. Das wäre freilich auch für den Sprecher kontraproduktiv; und um die Gedanken seines Publikums nicht in diese Richtung schweifen zu lassen, erzählt er sogleich[2] eine zweite, deutlich anders gelagerte Geschichte: Der Seleukidenkönig Antiochos I. war einmal in großer Bedrängnis, als die keltischen Galater in sein Reich einbrachen und er ihnen aus irgendwelchen Gründen keine ausreichenden Verteidigungskräfte entgegenzustellen vermochte; seine Rettung wurde dann ein Kontingent von sechzehn Kriegselefanten, zu dessen Einsatz sein Berater Theodotas einen wirkungsvollen Plan entwickelte. Dieser Plan wurde tatsächlich ein voller Erfolg, denn die Galater gerieten bei dem unerwarteten Anblick der sechzehn grauen Riesen in totale Verwirrung und erlitten eine vernichtende Niederlage; Antiochos aber – so erzählt Lukian weiter – betrachtete anschließend nicht sich als Sieger, sondern ließ auf dem Siegesmonument nur einen Elefanten einmeißeln.

In beiden Geschichten ist der Faktor des Neuen und Unerwarteten für die Reaktion des jeweiligen ‚Publikums' entscheidend, denn sowohl Zeuxis' Bildbetrachter als auch Antiochos' Feinde nehmen nichts anderes wahr als diesen – die Zuschauer des Zeuxis freilich zu Unrecht, denn das Bild hat noch viele andere Qualitäten (und deshalb wird Zeuxis so zornig); die Feinde des Antiochos dagegen zu Recht: Außer dem ‚Neuen' seiner Elefanten hatte Antiochos den Angreifern in der Tat nichts entgegenzusetzen, und deswegen musste er hinterher so bescheiden und dankbar für die Wirkung sein, die dieses Neue und Unerwartete zu seinen Gunsten hervorbrachte. Die Situation des Sprechers Lukian nun liegt ge-

---

[2] Der Übergang von der einen zur anderen Geschichte in c. 8 ist in der Tat bemerkenswert abrupt: „So also handelte Zeuxis; Antiochos aber mit dem Beinamen Soter soll seinerseits eine ähnliche Erfahrung gemacht haben ..."

rade im Spannungsbereich zwischen den Reaktionen des Zeuxis und des Antiochos: Er würde gern wie Zeuxis reagieren können, d.h. in dem Bewusstsein, dass in seinen Darbietungen wirklich viel Kunst steckt und dies verkannt worden ist; aber er befürchtet – zumindest sagt er das –, dass seine Lage der des Antiochos ähnlicher ist, d.h. dass in dem, was er präsentiert, vielleicht wirklich nur das Element des Neuen und Unerwarteten wahrnehmbar ist oder dieses zumindest alles andere weit überstrahlt.

Der Vortrag „Zeuxis, oder: Antiochos" ist ein bemerkenswertes Zeugnis dafür, dass Lukian neue Wege in seinen Darbietungen zu gehen versuchte und dass das Publikum auf diese Versuche – zumindest in der Zeit dieses Vortrags – darauf spontan und enthusiastisch reagierte.[3] Was Lukian uns in diesem Vortrag (noch) *nicht* sagt, ist, *worin* denn das Neue lag, das sein Publikum zu solchen Beifallsbekundungen und ihn selbst zu nur gemischter Freude über seinen Erfolg veranlasste.[4] Immerhin bietet das weibliche Kentaurenbild, das im Mittelpunkt der Zeuxisgeschichte steht, zumindest einen indirekten Hinweis auf das angedeutete Neue: Ein Kentaur ist etwas Zusammengesetztes aus zwei verschiedenen Gattungen (Pferd und Mensch), und ein weiblicher Kentaur ist noch einmal eine höhere Stufe der Besonderheit. Wenn Lukian hier dieses Bild als Symbol für den Charakter seiner eigenen Kunst präsentiert – er tut es explizit in c. 12 –,[5] dann müssen wir uns unter ihr ebenfalls etwas aus (wenigstens) zwei verschiedenen Gattungen Zusammengesetztes und durch eine weitere Besonderheit in seiner Eigentümlichkeit noch Verstärktes vorstellen. Konkretere Hinweise kann uns die hier an nächster Stelle zu betrachtende Schrift geben.

---

[3] Man darf wohl annehmen, dass Lukian seinem Publikum *in dessen Gegenwart* nicht ein Verhalten zuzuschreiben wagte, das glattweg erfunden war; daher sollten die Angaben, die Lukian uns in diesem Vortrag über die Reaktionen seines Publikums macht, wenigstens einigermaßen mit der Wirklichkeit übereinstimmen.
[4] Er brauchte freilich in diesem Fall seine Neuerungen auch nicht näher zu charakterisieren, denn sein Publikum, an das sich auch der *Zeuxis* richtete, hatte sie ja schon erlebt.
[5] Vgl. HALL 1981, 29f. und 32.

2.2. Lukian als „Prometheus der Redekunst", oder: Das Neue als Provokation und Chance

Diese Schrift, deren etwas umständlicher Titel auf deutsch lautet „Antwort an die Adresse desjenigen, der gesagt hat: Du bist ein Prometheus der Redekunst", hat inhaltlich mit dem gerade besprochenen Vortrag manches gemeinsam. Auch dieser Essay – an einen einzelnen Adressaten gerichtet, dessen genaue Identität sich nicht mehr ermitteln lässt[6] – beschäftigt sich vor allem mit dem Element des Neuen in Lukians Werk, und auch hier gibt Lukian Befürchtungen Ausdruck, dass ihm dieses Neue künstlerisch jedenfalls nicht gelungen sein könnte; wie in „Zeuxis, oder: Antiochos" aber dürfte auch hier hinter dieser Aussage die Hoffnung auf das Gegenteil stecken – immerhin hatte der einzelne Adressat dieser Schrift mit seiner Bemerkung „Du bist ein Prometheus der Redekunst!" doch wohl etwas Positives gemeint.

Lukian hat uns den Mann, an den er sich hier wendet, folgendermaßen charakterisiert: Offenbar gehört er zu den Gerichtsrednern, die ihre rhetorische Kunst im wirklichen Leben (d.h. in tatsächlichen Prozessen, ἐν δίκαις) auszuüben pflegten (c. 1), während Lukian sich selbst bescheiden – fast ein wenig despektierlich – zu den rhetorischen Unterhaltungskünstlern rechnet, deren Metier nichts Ernstes und Weltbewegendes, „bloße Unterhaltung und Spaß" (τέρψις ἄλλως καὶ παιδιά, c. 2) ist.[7] Demgegenüber erschaffen Leute wie der Adressat mit ihren Gerichtsreden so etwas wie „wahrhaft lebendige und beseelte Werke' (ζῷα [...] ὡς ἀληθῶς καὶ ἔμψυχα [...] ἔργα, c. 1), und ihre Erzeugnisse sind nicht wie die des Prometheus aus Lehm, sondern Gold; das könnte auch eine subtile Anzüglichkeit sein, mit der Lukian auf die Lukrativität des Gerichtsrednergewerbes (Bestechung inclusive?) anspielt.[8] Da er aber im Übrigen den Adressaten in keiner Weise unfreundlich oder polemisch angeht, möchte man vermuten, dass auch dieser kleine Nadelstich eher gut-

---

[6] Immerhin lassen bestimmte Aussagen wenigstens sein Milieu erschließen (vgl. unten).
[7] Vgl. auch: „Wir dagegen treten vor großen Mengen auf und präsentieren, indem wir solcherlei akustische Darbietungen veranstalten, irgendwelche Scheinbilder" (Ἡμεῖς δὲ οἱ ἐς τὰ πλήθη παριόντες καὶ τὰς τοιαύτας τῶν ἀκροάσεων ἐπαγγέλλοντες εἴδωλα ἄττα ἐπιδεικνύμεθα, c. 2).
[8] Dass im Gegensatz zum Sprecher die rhetorischen Konkurrenten Gold scheffeln, sagt er auch in dem Einleitungsvortrag „Über den Bernstein" (c. 6).

mütig gemeint war und sich an jemand richtete, mit dem Lukian insgesamt auf gutem Fuß stand.

Das Hauptanliegen des Sprechers ist zu ergründen, wie dieser Adressat seine Bemerkung „Du bist ein Prometheus der Redekunst" verstanden wissen will. War sie abwertend gemeint? Prometheus hatte sich ja mit Lehm beschäftigt – sind Lukians Poduktionen ähnlich zerbrechlich und kurzlebig (c. 1 und 2)? Oder war sie als Lob gedacht, da Lukian immerhin mit dem weisesten Vertreter des Titanengeschlechtes verglichen wird? Das kann der Sprecher nur als Ironie auffassen (c.1)! Dann wird als dritte Möglichkeit in Erwägung gezogen – und am ausführlichsten und ernsthaftesten erörtert (c. 3) –, dass der Vergleich mit Prometheus gewählt wurde, weil auch der etwas schuf, was *neu* und vorher nicht vorhanden war. Wie in „Zeuxis, oder: Antiochos" aber ist es auch hier dem Sprecher nicht genug, nur als ein „Neuerer" zu erscheinen; wenn das, was er hervorbringt, nicht auch „anmutig" (χάριεν) ist, will er es lieber gleich selbst wieder zerstören. Denn wie eine nun erzählte anekdotische Geschichte über den ersten Ptolemäerkönig (c. 4) demonstriert, pflegen die Leute auf Dinge, die bloß neu, nicht aber gelungen und schön sind, auf zweierlei Weise zu reagieren: Entweder sie erschrecken und laufen davon, oder aber sie verspotten und verachten die Neuheit; beides möchte der Sprecher seinen eigenen Darbietungen ersparen.

An diesem Punkt (c. 5) wird endlich einmal konkret gesagt, worin das von Lukian präsentierte Neue besteht: in der Verbindung der Gattungen philosophischer Dialog (wie er vor allem von Platon und anderen Sokratikern entwickelt wurde) und Komödie, womit, wie die folgenden Ausführungen zeigen, die attische Alte Komödie z.B. eines Aristophanes gemeint ist.[9] Dass in diesem Zusammenhang nun auch das Bild des Kentauren wieder auftaucht (c. 5), lässt vermuten, dass dieses Mischwesen auch schon in „Zeuxis, oder: Antiochos" als Hinweis auf die Verbindung von Dialog und Komödie gedacht sein könnte. In „Der Prometheus der Redekunst" dient das Stichwort des Kentaurenvergleichs zunächst dazu, die Sinnhaftigkeit dieser Verbindung in Frage zu stellen.[10] Kurz darauf zieht

---

[9] Lukian hat sich, wie noch zu sehen sein wird (vgl. unten S. 96), auch von der späteren Attischen Komödie inspirieren lassen; an dieser Stelle kommt es ihm aber darauf an, die beiden miteinander verbundenen Gattungen möglichst unterschiedlich erscheinen zu lassen, und dies gilt in Hinsicht auf den philosophischen Dialog sicher vor allem für die Alte Komödie.

[10] „Es reicht aber auch der Umstand, dass ein Ding aus den zwei schönsten Elementen [...] zusammengesetzt ist, zur Erzielung von Wohlgestalt nicht aus, wenn nicht auch die Mischung harmonisch und in passender Weise zustande käme; es

der Sprecher aber auch die gegenteilige Möglichkeit in Betracht – „Könnte nicht auch umgekehrt etwas aus den besten zwei Dingen Zusammengesetztes wohlgestaltig werden, so wie die Verbindung von Wein und Honig etwas sehr Süßes ist?" –, die er freilich sogleich für seine eigenen Erzeugnisse ausschließt.[11] Dieses Dementi will nun freilich nicht mehr so ganz überzeugend klingen, nachdem Lukian die Möglichkeit auch einer gelungenen Mischung ins Spiel gebracht hat.

Der gleiche Eindruck stellt sich im nächsten Kapitel ein (c. 6): Da führt Lukian zunächst lang und breit aus, wie verschiedenartig und gar nicht miteinander verträglich der philosophische Dialog und die attische Alte Komödie doch seien –kann es sich aber nicht verkneifen hinzuzufügen: „Und dennoch habe ich es gewagt, Dinge, die sich so zueinander verhalten, zusammenzuführen und einander anzupassen, obwohl sie gar nicht folgen und diese Gemeinschaft nicht leichthin ertragen wollten." Das klingt so, als sei der Sprecher über seine eigene Kühnheit, eine so unmögliche Verbindung zu konstruieren, sogar stolz! Ein Vorausblick auf den allerletzten Satz dieses Textes schließlich zeigt, dass Lukian gar nicht daran denkt, sich von dieser Gattungsmischung distanzieren zu wollen, denn hier bekundet er seinen festen Entschluss, bei ihr auch in Zukunft zu bleiben (c. 7). Alle vorher an dieser Mischung geäußerten Zweifel waren also im Wesentlichen Ironie.

Kurz vor diesem letzten Satz lässt der Sprecher seine ironische Maske auch noch in anderer Hinsicht fallen, als es nämlich darum geht, sich gegen den Vorwurf des Plagiats zu wehren: „Was aber den Vorwurf des Diebstahls angeht, da mach bitte einen Punkt; dies allein dürftest du meinen Werken nicht anhängen können; denn von wem hätte ich stehlen sollen? Es sei denn, es wäre meiner Aufmerksamkeit jemand entgangen, der ebenso solche Pferdefischwesen und Bockshirsche zusammengesetzt hätte" (c. 7).[12] Lukian legt also Wert auf die Feststellung, dass noch niemand vor ihm eine solche Kombination aus platonisch-sokratischem Dialog und burlesker Alter Komödie geschaffen hat und dass diese Mischung

---

ist nämlich möglich, dass die Zusammensetzung aus zwei schönen Dingen widernatürlich ausfällt, wie jenes sehr naheliegende Beispiel, der Kentaur, zeigt" (c. 5).
[11] „Was meine Werke jedoch anbelangt, so kann ich freilich nicht behaupten, dass sie von dieser Art sind, sondern ich fürchte, dass die Mischung die Schönheit jedes der beiden Teile zerstört hat." Alle Zitate hier stammen aus c. 5.
[12] Gab es also Leute, die einen solchen Plagiatsvorwurf gegen ihn erhoben, z.B. rivalisierende Sophisten?

vielleicht fremd und ungewöhnlich anmutet, dass sie aber funktioniert und Anklang und Erfolg gefunden hat.

Die in „Zeuxis, oder: Antiochos" und „Der Prometheus der Redekunst" geschilderten Reaktionen von Rezipienten (im ersten Fall eines Auditoriums, im zweiten eines Individuums) zeigen, dass die von Lukian für sich in Anspruch genommene neue Verbindung von Dialog und Komödie durchaus Erfolg hatte und Zustimmung fand; dass sie dies aber nicht uneingeschränkt tat, sondern bei manchen auch andere Reaktionen – nämlich Unmut und Verärgerung – hervorrief, darauf könnten zwei Werke hindeuten, in denen Lukian nicht mehr direkt in eigener Sache spricht, sondern ein maskiertes,[13] aber noch erkennbares Alter Ego in ein fiktives Geschehen hineinstellt, in dem er seine literarische Neuerung vor mehreren gewichtigen Instanzen zu rechtfertigen und zu verteidigen hat: der „Doppelt Verklagte" und „Die Wiederauferstandenen, oder: Der Fischer" – beides übrigens Werke, in denen die Verbindung der Gattungen philosophischer Dialog und (Alte) Komödie in Lukians Oeuvre am klarsten und eindruckvollsten durchgeführt ist.

2.3. Philosophische oder literarische Umorientierung? „Der doppelt Verklagte"

Der Dialog „Der doppelt Verklagte" (*Bis Accusatus*) hat bereits Hinweise auf die rhetorische Ausbildung Lukians in Ionien geliefert (vgl. oben Kap. 1.2.3, S. 32–34); hier soll es um das gehen, was der Dialog über Lukians literarische Kunst erkennen lässt.

Das Thema des Dialogs ist eine Serie von fiktiven Gerichtsverhandlungen; in ihnen tritt eine Reihe von historischen Persönlichkeiten auf, die alle eines gemeinsam haben: Jede von ihnen hat einmal in ihrem Leben eine grundlegende Umorientierung vorgenommen und soll sich jetzt vor einem fiktiven Gerichtshof auf dem athenischen Areopag unter dem Vorsitz der Rechtsgöttin Dike für diese Änderung ihres Lebensweges verantworten.[14] Keine einzige dieser Verhandlungen läuft genau wie die anderen ab: Zunächst klagt die personifizierte Trunksucht ihren einstigen Schützling Polemon an, weil er sie verlassen hat, um als Philosoph in die

---

[13] Vgl. oben Abschnitt 1.3 (S. 57–62).
[14] Im auf dem Olymp spielenden ersten Teil des Dialogs (c. 1–7) beschließt Zeus, endlich einige längst überfällige Prozesse auf dem athenischen Areopag zu veranstalten und dazu Dike mit Hermes auf die Erde zu entsenden; nach Klärung einiger Präliminarien (c. 8–12) beginnt die Organisation der Prozesse in c. 13.

platonische Akademie einzutreten; da die Trunksucht jedoch selbst viel zu sehr unter dem Einfluss ihres eigenen Alkohols steht, muss die (ebenfalls personifizierte) Akademie, die ja „auf beide Argumentationen vorbereitet ist" (πρὸς ἀμφοτέρους [...] παρεσκεύασται τοὺς λόγους, c. 15), in diesem Verfahren sowohl das Plädoyer der Anklage als auch das der Verteidigung übernehmen; die Akademie gewinnt (c. 15–18). Im nächsten Fall ist geradezu der umgekehrte Vorgang zu verhandeln: Da klagt die Stoa ihren einstigen Anhänger Dionysios an, weil er von ihr zum Hedonismus desertiert ist; als Verteidiger des Dionysios tritt eloquent und erfolgreich Epikur auf (c. 19–22). Im dritten Verfahren streiten sich die personifizierte Tugend und die personifizierte Schwelgerei um die Loyalität des Begründers der kyrenäischen Philosophenschule, Aristipp, aber dieses Verfahren wird vertagt, weil der Streitfall dem vorherigen ähnlich zu sein scheint, und in dem hatte die Stoa, als sie Epikurs Argumenten zu erliegen drohte, Berufung bei Zeus eingelegt (c. 23). Das vierte Verfahren, in dem der berühmt-berüchtigte Kyniker Diogenes von Sinope von der personifizierten „Geldwechslerkunst" (Ἀργυραμοιβική) schnöder Untreue bezichtigt wird – in der Tat soll Diogenes ursprünglich von Beruf Geldwechsler gewesen sein –, endet ebenfalls sehr schnell, denn Diogenes denkt gar nicht daran, sich anklagen zu lassen, sondern geht mit derartig drohend erhobenem Knüttel auf seine Anklägerin zu, dass die schleunigst Reißaus nimmt (c. 24). Der Angeklagte des fünften Verfahrens, der Skeptiker Pyrrhon, ist gar nicht erst erschienen, weil er als Skeptiker nicht daran glaubt, dass es überhaupt einen sicheren Beurteilungsmaßstab gibt; er wird daher in absentia verurteilt (c. 25).

Diese ganze Reihe von fiktiven Gerichtsverhandlungen – von denen drei gar nicht stattfinden – existiert hauptsächlich um der beiden letzten (hier gleich zu besprechenden) Fälle willen und findet in ihnen ihren Höhepunkt. In diesen beiden Fällen stellt sich Lukian sozusagen selbst unter Anklage, und das gleich zweimal (daher der Titel des Werkes). Die erste Anklage wird von der personifizierten Rhetorik vorgebracht, die wie alle bisherigen Anklägerinnen auch ihren Gegner beschuldigt, ihr böswillig untreu geworden zu sein und sie für jemand anders verlassen zu haben – in diesem Fall, um sich mit dem philosophischen Dialog einzulassen. Dadurch, dass Lukian sich hier – in der Person des angeklagten syrischen „Redners" (c. 14) oder „Redenschreibers" (c. 25) – als letzten in eine Reihe von bedeutenden intellektuellen Vorgängern stellt,[15] erhöht er natürlich die Bedeutung der „Umorientierung", die er selbst vorgenommen zu haben behauptet, und gibt ihr sozusagen eine illustre Tradition. Dazu verkneift er es sich auch nicht, auf das große Interesse hinzuweisen, das gerade sein Fall weitaus mehr als die zuvor behandelten erweckt hat; die vorsitzende Richterin Dike äußert zweimal (c. 14 und 25) ihren Unmut darüber, dass diese Fälle überhaupt behandelt werden, da sie doch noch so „frisch" sind;[16] auf der anderen Seite aber muss Dike erstaunt feststellen, wie viele Zuhörer gerade zu diesen beiden Verfahren gekommen sind. Wie weit man diese fiktiven Begleitumstände einer fiktiven Handlung auf Reales übertragen kann – etwa in der Weise, dass man annehmen müsste, dass Lukians ‚Kurswechsel' tatsächlich größeres Interesse und Aufsehen zu seiner Zeit erregt hätte –, ist schwer zu sagen; auf jeden Fall hat er alles getan, um es in diesem Dialog so erscheinen zu lassen.

Es folgt nun also die Anklagerede der Rhetorik (c. 26–29), die bereits oben in Kap. 1.2.3 (S. 33f.) behandelt wurde, soweit sie sich mit der ersten Karrierephase des ‚Syrers' beschäftigt (c. 27). Der habe dann aber – fährt die Rhetorik fort –, nachdem sie ihn so bekannt und berühmt gemacht habe, begonnen, auf sie, seine angetraute Ehefrau, herabzuschauen und sein Interesse einem bärtigen und dazu auch noch älteren Mann, als er selbst sei, zuzuwenden: dem Dialogos, angeblich einem Sohn der Philosophie. Im Folgenden macht die Rhetorik einige aufschlussreiche Angaben, wie Lukian bei dieser Umorientierung seinen literarischen Stil geändert habe: „Und er schämt sich nicht, das freie Dahinströmen der bei mir zu findenden Reden zu stutzen und abzuschneiden, sich selbst in kleine und abgehackte Fragesätze einzusperren, und anstatt mit gewaltiger Stimme zu sagen, was er will, irgendwelche kurzen Redefetzen aneinanderzuknüpfen und nach Silben abzumessen" (c. 28).[17] Was die Rhetorik

---

[15] Es handelt sich um fünf Vertreter fünf verschiedener Philosophenschulen: den Akademiker Polemon, den (abtrünnigen) Stoiker Dionysios, den Kyrenaiker Aristipp, den Kyniker Diogenes und den Skeptiker Pyrrhon.
[16] Jedenfalls im Vergleich zu den anderen, die ins 4. bzw. 3. Jh. v. Chr. gehören; offensichtlich waren schon in der Antike lange verzögerte und lange dauernde Gerichtsverfahren eine Selbstverständlichkeit.
[17] In diesen Sätzen ist der „formale Schwenk" des Angeklagten deutlich charakterisiert: Anstelle der langen, in thematischer Hinsicht unbeschränkten monologischen Rede verfasst der ‚Syrer' jetzt Dialoge in kurzen Frage- und Antwortpartien, mit Inhalten subtilerer Natur, die keine großen Emotionen und keine großen Beifallskundgebungen mehr freisetzen.

Kap. 2: Lukian über die eigene Kunst

übrigens völlig unverständlich findet, ist, dass ihr treuloser Ehemann bei seinem neuen Gewerbe nur höchst mäßige Einnahmequellen zu erwarten hat (c. 29) und noch mehr, dass er sie „gerade jetzt" verlassen hat, „wo alle allein mich bewundern und als ihre Patronin auf ihre Fahnen schreiben" (ebd.), während sein ärmlicher neuer Freund nicht mehr als das Gewand auf seinem Leib besitzt.

Diese Bemerkungen weisen auf die im öffentlichen Kulturleben überragende Stellung der Rhetorik in dieser Zeit (der Zweiten Sophistik) und zugleich auf das Konkurrenzverhältnis zwischen Rhetorik und Philosophie – namentlich bei der Gewinnung von zahlungskräftigen Schülern – hin, und in beiden Fällen dürften die Äußerungen der Anklägerin Rhetorik die aktuelle Situation recht adäquat treffen. Bereits im „Traum" hatte die personifizierte Paideia – als Verkörperung der rhetorischen Bildung – dem jungen Lukian eine große Zukunft versprochen, wenn er sich ihr anschließen sollte.[18]

In seiner Erwiderung (c. 30–32) bestätigt der ‚Syrer' dies alles, macht darüber hinaus aber noch einige wichtige Ergänzungen. Die Rhetorik hatte ihm „eheliche Untreue" vorgeworfen; aber in seinen Augen ist auch sie nicht die sittsame Gattin geblieben, sondern hat sich in ehebrecherischer und fast schon hurenhafter Weise aufgedonnert; sie sei nicht mehr die, die einst der „Mann aus Paiania", also Demosthenes, heimführte (c. 31). Aus der bildlichen Sprache übersetzt, bedeuten diese Vorhaltungen, dass die Rhetorik sich nicht mehr nach den guten klassischen Vorbildern richtet, sondern dass sie neuartigen Modeströmungen nacheifert, in deren Gefolge sich jeder Hergelaufene und noch so Unwürdige einbilden kann, auf die Beherrschung der Redekunst Anspruch erheben zu dürfen. In einer anderen Schrift, dem „Rednerlehrer" (vgl. unten S. 105–109), thematisiert Lukian in sehr ironisch-sarkastischer Weise ganz ähnliche Vorwürfe gegen die zeitgenössische Rhetorik – sein in der fiktiven Gerichtssituation des „Doppelt Verklagten" vorgetragener Gegenangriff gegen seine Anklägerin hat also sehr reale Bezüge.

Die Entartung der Rhetorik ist im Verteidigungsplädoyer des ‚Syrers' aber nur der eine wichtige Grund, weshalb er der Rhetorik den Rücken gekehrt haben will; der andere – und von ihm sogar als wichtiger dar-

---

[18] Den Konkurrenzkampf zwischen Rhetorik und Philosophie um die Jugend – und um die Führungsstellung in der antiken Kultur und ihrem Bildungswesen überhaupt – seit Platons Zeiten hat HANS VON ARNIM in seinem immer noch grundlegenden Buch (auch wenn es bereits 1898 geschrieben wurde) in einem umfänglichen Einleitungskapitel beschrieben.

gestellte – ist seine *persönliche Neigung*, die ihn inzwischen in eine völlig andere Richtung geführt habe:

„Auch wenn sie [scil. die Rhetorik] nicht derartiges getan hätte, war es für mich, der ich bereits ein Mann von fast vierzig Jahren bin, angebracht, von jenen lärmerfüllten Prozessen befreit zu sein und die ‚Herren Richter'[19] in Ruhe zu lassen, den Anklagen von Tyrannen und den Lobpreisungen von Helden zu entfliehen, stattdessen in die Akademie oder das Lykeion zu gehen und mit dem ganz vorzüglichen Dialogos hier in ruhiger Unterhaltung herumzuspazieren, ohne auf die Lobes- und Beifallsbekundungen angewiesen zu sein" (c. 32).

Die erwähnten „lärmerfüllten Prozesse" lassen an reale Gerichtsverhandlungen denken, aber die anschließend genannten „Anklagen von Tyrannen und Lobpreisungen von Helden" weisen wieder eher auf Deklamationen von fiktiven Gerichtsreden hin, wie sie für die Schau-Darbietungen der Zweiten Sophistik typisch sind, ebenso wie die „Lobes- und Beifallsbekundungen", die zu unterhaltenden Vorträgen, aber nicht zu Gerichtssitzungen passen.

Aus diesen Worten des ‚Syrers' könnte man nun aber auch schließen, dass er eine tatsächliche Abneigung gegen die Rhetorik und eine echte Hinneigung zum philosophischen Gespräch entwickelt habe. Damit sind wir bei dem Problem der sogenannten ‚Konversion' Lukians von der Rhetorik zur Philosophie, das in früheren Zeiten viel Staub aufgewirbelt hat: Alle diejenigen, die in Lukian einen von moralischen Impulsen angetriebenen Satiriker mit ernsten Anliegen sahen, waren nur zu gerne bereit, an eine echte ‚Bekehrung' Lukians von rhetorischer Schaustellerei zu philosophischer Betätigung zu glauben.[20] Wenn man jedoch im „Doppelt Verklagten" nach weiteren Bestätigungen für den von dem ‚Syrer' erklärten Sinneswandel sucht, wird man eher zu Skepsis und Vorsicht angehalten. Denn schon die Behandlung der einzelnen philosophischen Richtungen (Akademie, Stoa, Kyrenaiker, Kyniker, Skeptiker) in den „Prozes-

---

[19] Dieser Ausdruck ist eine Anspielung auf die ständige Anredeformel in Gerichtsreden.
[20] Zu dieser angeblichen ‚Bekehrung' oder ‚Konversion' vgl. die sehr guten Bemerkungen in HALL 1981, 35–38 und 151–157, die zu dem Schluss gelangt: „Lucian, therefore, did not renounce the profession of sophist [...]: he merely devised a new form of sophistic display" (38). In einer anderen Schrift, dem „Nigrinos", schien den erwähnten Interpreten diese ‚Konversion' sogar noch erheblich deutlicher zutage zu treten; zum „Nigrinos" vgl. unten S. 183–186.

sen" vor denen des ‚Syrers' lässt nicht unbedingt auf eine Vertiefung des Autors in philosophische Materie mit ernsthaften Absichten schließen; vor allem aber ist zu beachten, dass in dieser Schrift der ‚Syrer' eben nicht nur von einer, sondern von zwei Seiten angeklagt wird: nicht nur von der Rhetorik, sondern auch und gerade von dem, zu dem er sich doch nach eigenem Bekunden jetzt so hingezogen fühlt, also vom philosophischen Dialog.

Bereits die Rhetorik hatte in ihrer Anklagerede auf dieses bezeichnende Faktum kurz hingewiesen (c. 28 a.E.). Was hat denn nun der Dialogos an seinem neuen Verehrer auszusetzen? Eine ganze Menge; der Dialogos beklagt – und er tut dies für jemand, der lange Reden eigentlich verabscheut (c. 33), ungemein eloquent –, dass der ‚Syrer' ihn völlig entstellt und sich selbst entfremdet habe:

„Mich, der ich bisher ehrwürdig war und über die Götter, die Natur und den Umfang des Alls Untersuchungen anstellte, der ich hoch oben irgendwo über den Wolken luftig einherschritt, dort wo der große im Himmel thronende Zeus auf seinem geflügelten Wagen dahinfährt, mich hat er, als ich schon im Bereich des Himmelsgewölbes flog und dabei war, über seinen äußeren Rand aufzusteigen, heruntergezogen, meine Flügel zerschlagen und zu gleicher Lebensweise wie die große Masse gezwungen; und jene tragische und die Selbstbeherrschung verkündende Maske hat er mir weggenommen und mir eine andere aufgesetzt, eine komische, satyrhafte und beinahe lächerliche. Dann hat er mit mir eilig auch noch den Witz, den Iambos und das kynische Auftreten, und den Eupolis und den Aristophanes zusammengesperrt [...] Und zu guter Letzt hat er auch noch den Menipp, einen von den alten Kynikern, einen laut kläffenden und bissigen, wie es scheint, ausgegraben, und mir auch den auf den Hals gehetzt" (c. 33).

Alle diese neuen Zutaten empfindet der Dialogos als schreckliches Unrecht (ebd.):

„Habe ich also keinen schrecklichen Frevel erlitten, da ich nicht mehr in meinem vertrauten Zustand bin, sondern für ihn den Komödianten und Spaßmacher abgebe und absurdes Theater spiele? Und das Allerabsurdeste: Ich bin jetzt in eine paradoxe Mischung integriert; ich gehe weder prosaisch zu Fuß noch schreite ich auf Metren einher, sondern erscheine jetzt meinen Zuhörern wie ein Kentaur als ein zusammengesetztes und fremdartiges Truggebilde!"

Auch hier fällt also wieder das Stichwort ‚Kentaur', das bereits in „Zeuxis, oder: Antiochos" und in „Der Prometheus der Redekunst" auftauchte, wo es offensichtlich eine neuartige Form von Lukians Vorträgen und unterhaltenden Darbietungen kennzeichnete, nicht aber ernste philosophische Dialoge. Von solchen kann auch hier bei all den verschiedenen literarischen Anleihen, die der ‚Syrer' dem Dialogos angehängt hat, kaum die Rede sein. Vielmehr gibt uns Lukian mit dieser Liste von weiteren Ingredienzien, über die sich sein Ankläger beschwert, wichtige Hinweise auf die Inspirationsquellen, die er für die Umgestaltung des Dialogs – aber auch sonst in seinem Werk – benutzt hat. Zu der Rhetorik – als Grundkomponente von Lukians Schaffen – und der Dialogform – aus deren Aneignung Lukian das sich hier im „Doppelt Verklagten" entfaltende fiktiv-allegorische Prozessdrama gemacht hat – kommen also hinzu

mit „Witz, Iambos und Kynismus" eine generelle satirisch-polemische Komponente;[21]

mit „Eupolis und Aristophanes" zwei der drei[22] wichtigsten Vertreter der attischen Alten Komödie, die Lukian auch schon in „Der Prometheus der Redekunst" als eine der beiden Hauptkomponenten der neu von ihm geschaffenen Form bezeichnete;[23]

mit „Menipp" (von Gadara) der im 3. Jh. v. Chr. lebende Schöpfer der „Menippeischen Satire", den der ‚Syrer', wie der Dialogos behauptet, geradezu neu entdeckt haben soll.[24]

Worüber sich der Dialogos vor allem beschwert, ist, dass der ‚Syrer' ihn zu einer Witzfigur, zum „Komödianten und Spaßmacher", gemacht habe;

---

[21] Beim „Iambos" ist speziell an den archaischen Dichter Archilochos zu denken, mit dem sich Lukian explizit gleich zu Beginn seiner Invektive „Der Pseudo-Kritiker" verglichen hat (dazu NESSELRATH 2007).

[22] Doch ist gerade in der Anklagerede der Rhetorik, die die Abwendung und Untreue ihres „Ehemanns", des ‚Syrers', beklagt (c. 27f.), auch das Sujet des berühmtesten Stücks des dritten bedeutenden Dichters der Alten Komödie verarbeitet: das der „Pytine" des Kratinos (dazu bereits HELM 1906, 278 und HALL 1981, 32, ferner BRAUN 1994, 134f. und 328, dann SIDWELL 2013 und PETERSON 2018, 621 Anm. 2, 623 und 628).

[23] Im Folgenden erwähnt auch der ‚Syrer' sie in seiner Verteidigungsrede noch einmal explizit als Zutat zum Dialog (c. 34), während er die anderen vom Dialogos genannten Komponenten nicht mehr nennt. Eupolis und Aristophanes werden auch in „Die Wiederauferstandenen, oder: Der Fischer" (c. 25) zusammen als Beispiele für Philosophenspott genannt, wie ihn jetzt Lukians Alter Ego Parrhesiades betreibt (vgl unten S. 81).

[24] Zu der Frage, wie weit Menipps Einfluss auf Lukian reichte und wie genau die „Menippeische Satire" aussah, die Lukian von ihm übernommen haben soll, vgl. unten S. 96–99.

genau darin aber – also in der Beseitigung der düsteren und trübsinnigen Schwere des früheren philosophischen Dialogs – sieht umgekehrt der Angeklagte sein Hauptverdienst:

„Ich übernahm ihn, als er den meisten noch mürrisch-finster erschien und von seinen beständigen Fragereien ganz ausgemergelt war und aufgrund dessen zwar ehrfurchtgebietend, in keiner Hinsicht aber angenehm und für die großen Mengen anziehend zu sein schien; da habe ich ihn zuerst daran gewöhnt, nach unserer menschlichen Weise auf der Erde zu gehen, dann habe ich den vielen Schmutz von ihm abgewaschen, ihn gezwungen zu lächeln und ihn so angenehmer anzuschauen gemacht; vor allem aber habe ich die Komödie mit ihm verbunden und ihm auf diese Weise viel Wohlwollen und Zustimmung bei den Zuhörern erworben" (c. 34).

Das klingt nun freilich deutlich anders als das, was der ‚Syrer' gegenüber der Anklägerin Rhetorik vom Dialogos gewollt zu haben vorgegeben hatte: Da wollte er, der Rhetorik müde, mit dem Dialogos in einer der berühmten Philosophenstätten einfach stilles Zwiegespräch pflegen – nun aber ist von einer völligen Ummodelung des Dialogos die Rede, um dem großen Publikum zu gefallen! Was Lukian hier andeutet, ist offensichtlich ein Versuch, die Dialogform im Rahmen von Vortragsveranstaltungen populär zu machen und auf diese Weise ihr – und natürlich auch dem Vortragenden – einen neuen ‚Markt' zu gewinnen.

Dass es dem ‚Syrer' nicht darum geht, zum philosophischen Schüler oder gar Anhänger des Dialogos zu werden, wird vollends dort klar, wo er sich über die bisherigen Inhalte des Dialogs philosophischer Herkunft äußert (c. 34); von denen allen nämlich will er nichts wissen, obwohl es sich bei ihnen um ganz wesentliche Fragestellungen der platonischen Philosophie handelt: die Unsterblichkeit der Seele („Phaidon"), Kosmogonie („Timaios"), die Stellung der Rhetorik („Gorgias") und nicht zuletzt auch die Ideenlehre. „Diese Themen nämlich", fügt der ‚Syrer' dieser Aufzählung hinzu, „verlangt er auch von mir und sucht jene seine Flügel[25] und schaut nach oben, das vor seinen Füßen Befindliche aber sieht er nicht" (ebd.). Eine solche Bemerkung macht kaum jemand, der sich ernst-

---

[25] Eine Anspielung auf den platonischen „Phaidros", in dem die von ihrem Himmelsflug abkommende und auf die Erde stürzende Seele ihre Flügel verliert (248c). Auf seinen früheren Himmels-Höhenflug – dem der ‚Syrer' dann ein Ende bereitete – weist der Dialogos in c. 33 hin.

haft philosophischen Fragen widmen will, sondern jemand, dem die Probleme der Philosophen reichlich überkandidelt vorkommen und der demgegenüber auf die Wichtigkeit der Probleme des alltäglichen Lebens pocht.[26]

Dass der ‚Syrer' kurz zuvor (c. 32) in seiner Verteidigung gegen die Anklage der Rhetorik hervorgehoben hat, in seinem Alter[27] sei es wirklich an der Zeit, der Rhetorik den Rücken zu kehren und sich der Philosophie zuzuwenden, sieht wie ein diametraler Widerspruch aus, erklärt sich aber in der Situation des „Doppelt Verklagten" vor allem aus ‚prozesstaktischen' Gründen: Gegenüber seiner ersten Anklägerin kehrt der ‚Syrer' den nach philosophischer Ruhe begehrenden Verächter des ihm angeblich schal gewordenen rhetorischen Erfolgs heraus, gegenüber seinem neuen „Freund" und zweiten Ankläger dagegen den vernünftig denkenden, aber philosophischen Spekulationen abholden Mann des common sense (ἰδιώτης). Insgesamt stellen die zwei verschiedenen – und zumindest latent widersprüchlichen – Plädoyers des ‚Syrers' im „Doppelt Verklagten" eine bemerkenswerte Spiegelfechterei dar, die aber jedenfalls wichtige Hinweise auf Lukians literarische Um- und Neuorientierung gibt.

2.4. „Die Wiederauferstandenen, oder: Der Fischer": Lukians literarische Umorientierung und die Reaktion der Philosophen

Die Schrift „Die Wiederauferstandenen, oder: Der Fischer" (Ἀναβιοῦντες ἢ Ἁλιεύς, im Folgenden kurz als „Fischer" bezeichnet) ist der zweite große fiktive Dialog, in dem Lukian seinen literarischen ‚Kurswechsel' dargestellt hat; gegenüber dem gerade besprochenen „Doppelt Verklagten" zeigt er manches Vergleichbare, aber auch einige Unterschiede.

---

26 Lukian gibt noch an mehreren anderen Stellen in seinen Schriften einem vernünftig gelebten „alltäglichen Leben" (βίος ἰδιωτικός) den Vorrang vor davon abführenden philosophischen Spekulationen, z.B. am Ende der „Nekyomanteia" (c. 21, vgl. unten S. 270f.), und dies ist auch die Quintessenz des Dialogs „Hermotimos" (vgl. unten S. 182).
27 In c. 32 bezeichnet er sich als „etwa vierzigjährig" (τετταράκοντα ἔτη σχεδὸν γεγονότι). Bemerkenswerterweise erweist sich dagegen im „Hermotimos" der ebenfalls vierzigjährige Lykinos (c. 13; zu seiner Funktion als Alter Ego Lukians vgl. oben Kap. 1.3.3, S. 60f.) als Feind und Verächter aller dogmatischen philosophischen Richtungen; zu der möglichen Herkunft dieser Altersangabe aus dem Platon zugeschriebenen Siebten Brief vgl. PETERSON 2018.

Der „Fischer" zerfällt in zwei große Teile; an dieser Stelle soll nur der erste (c. 1–39) betrachtet werden, denn nur in ihm ist Lukians Neuorientierung das eigentliche Thema. Lukians Alter Ego trägt in dieser Schrift den sehr sprechenden griechischen Namen Parrhesiades („Sohn der freien Rede"[28]), aber die syrische Herkunft vom Euphrat (c. 19) ist geblieben.

Wie im „Doppelt Verklagten" steht im Mittelpunkt des ersten Teils des „Fischers" eine Gerichtsszene, in der der Protagonist Parrhesiades – wie der ‚Syrer' im „Doppelt Verklagten" – der Angeklagte ist. Diesmal sind die Ankläger jedoch keine allegorischen Figuren wie Rhetorik und philosophischer Dialog, sondern aus dem Hades für einen Tag wieder auferstandene[29] Philosophen, denen Lukian durch sein Schaffen Unrecht getan haben soll. Dabei beziehen sich ihre Vorwürfe sogar auf eine ganz konkrete Schrift Lukians, auf die mehrmals angespielt wird (c. 4, 14, 15, 26f.) – dies ist einer der sehr seltenen Fälle, in denen Lukian in einem fiktionalen Werk auf ein anderes fiktionales Werk verweist.[30] Es handelt sich um den Dialog „Verkauf der Philosophenleben" (Βίων πρᾶσις, *Vitarum auctio*), in dem – im Anschluss an einen Einfall des Menipp (s. unten S. 95) – unter dem Vorsitz des Zeus und der Verkaufsleitung des Hermes eine Auktion stattfindet, in der eine Reihe von Philosophen und philosophischen Richtungen – das geht ein wenig durcheinander – an interessierte Käufer versteigert wird, und zwar zu sehr unterschiedlichen Preisen. Unter den Hammer kommen dabei: 1. der altehrwürdige und geheimnisumwitterte Pythagoras, für zehn Minen; 2. der rabiate und sehr „hemdsärmelig" auftretende Kyniker Diogenes, für nur zwei Obolen (das schlechteste Ergebnis in dieser Verkaufsaktion[31]); 3. der Lustphilosoph Aristipp, der infolge akuter Trunkenheit und auch, weil er so luxuriöse Ansprüche haben soll, von niemand genommen wird; 4. das seltsame Paar Demokrit (stets lachend) und Heraklit (stets weinend), auf denen Zeus und Hermes ebenfalls sitzen bleiben; 5. eine Mischung aus Sokrates

---

[28] Zu diesem Namen und dem ganzen ihm beigegebenen „Stammbaum" vgl. oben Abschnitt 1.3.1, S. 58.
[29] Auch dies ist ein Komödienmotiv, vgl. unten S. 95.
[30] In gewisser Weise vergleichbar sind die Rückverweise in dem Dialog „Zur Verteidigung der Bilder" auf den Dialog „Die Bilder", doch wird dort nicht – wie im „Fischer" – auf eine *publizierte Schrift* Bezug genommen, sondern lediglich auf den Inhalt, also ein vorangehendes (mündliches) Gespräch. In der „Apologie" wird auf die publizierte Schrift „Über diejenigen, die für Lohn Unterricht geben" Bezug genommen, aber hier handelt es sich nicht um ‚fiktionale' Werke.
[31] Worauf Diogenes selbst im „Fischer" auch sehr ungehalten explizit Bezug nimmt (c. 27: „Mich hat dieser allergrößte Schurke für zwei Obolen verkauft!").

und Platon,[32] die den Spitzenpreis von zwei Talenten erzielt; 6. das Leckermaul Epikur, der für zwei Minen recht preiswert weggeht; 7. der Stoiker Chrysipp, der zwölf Minen bringt; 8. ein enzyklopädisch gebildeter Peripatetiker, für 20 Minen; 9. und schließlich der Skeptiker Pyrrhon (hier unter dem Sklavennamen Pyrrhias ausgerufen), der mit einer Mine Abgabepreis auch eher zu den billigeren Posten gehört.

Die meisten von diesen „Verkaufsobjekten" treten im „Fischer" wieder auf – voller Zorn darüber, dass Parrhesiades es gewagt hat, sie durch seine literarische Auktion so lächerlich zu machen; sie haben sich deswegen für einen Tag aus dem Hades beurlauben lassen, um es diesem Schelm in der gebührenden Weise heimzuzahlen. So beginnt der „Fischer" geradezu fulminant: mit einer Rotte von Steine werfenden und mit ihren Stöcken um sich schlagenden wiederauferstandenen Philosophen, die den von ihnen gejagten Parrhesiades gefangennehmen und dann für das, was er ihnen angetan hat, viele grausame Tode sterben lassen wollen (c. 1–3). Mit Müh' und Not kann Parrhesiades sie schließlich dazu überreden, ihn wenigstens in einem Gerichtsverfahren unter dem Vorsitz der personifizierten Philosophie persönlich erst einmal anzuhören (c. 4–10). Die Philosophie wird ausfindig gemacht und erklärt sich zur Leitung des Verfahrens bereit (c. 11–18); es wird eröffnet (c. 19–24), und zunächst spricht als Ankläger der Kyniker Diogenes (c. 25–27), der dem Angeklagten auch deswegen besonders gram ist, weil der ihn für nur ganze zwei Obolen verhökert hat, wie er mehrmals betont (c. 23. 27).

Die Anklagerede des Diogenes ist ähnlich aufschlussreich wie die der Rhetorik im „Doppelt Verklagten", denn auch sie scheint – bei aller Fiktion – einiges von Lukians tatsächlicher Umorientierung erkennen zu lassen; Diogenes sagt (c. 25):

„Ein Redner nämlich war er, wie man behauptet; dann verließ er die Gerichte und die in ihnen zu erlangenden Erfolge, hat alles, was er in seiner Rhetorik an Stärke oder Schärfe sich erworben hat, all das zusammengetragen und gegen uns gerichtet und hört jetzt nicht mehr auf, uns zu beschimpfen, indem er uns Schwindler und Betrüger nennt und die Menschenmengen dazu bringt, uns auszulachen und zu verachten, als ob wir rein gar nichts seien; schlimmer noch, er hat es bereits geschafft, dass wir selbst und auch du, Philosophie, von der Menge gehasst werden; indem er deine Lehren als Unsinn und Ge-

---

[32] Die Eigentümlichkeiten von beiden sind hier mehr oder weniger unausgeglichen nebeneinandergestellt.

schwätz bezeichnet und die ernstesten Dinge von denen, die du uns gelehrt hast, zum Spott durchhechelt, so dass er selbst von seinem Publikum beklatscht und gelobt wird, uns aber Frevel angetan wird."

Diogenes sieht in Parrhesiades also nach wie vor den Redner, der lediglich sein Thema gewechselt und statt Gerichtsplädoyers nun Spottreden auf die Philosophie und ihre großen Vertreter hält, um auf deren Kosten seine Triumphe vor großen Auditorien zu feiern.[33] Da Parrhesiades in seiner Verteidigungsrede die Redetätigkeit, die Diogenes ihm hier nachsagt, nicht in Abrede stellt, darf man sie wohl tatsächlich als die Form, in der Lukian über Philosophie und Philosophen sprach, betrachten, und damit bestätigt sich, was der Dialogos im „Doppelt Verklagten" dem ‚Syrer' vorhielt: dass er ihn in entstellter Form den Massen dargeboten habe.

Diogenes zählt hier im „Fischer" nicht ganz so umfänglich und detailliert wie der Dialogos im „Doppelt Verklagten" die literarischen ‚Zutaten' auf, die der Angeklagte bei seiner Verspottung der Philosophen eingesetzt habe; er sagt z.B. nicht explizit, Lukian habe dazu die Alte Komödie benutzt, doch hat er kurz zuvor (c. 25) das, was Parrhesiades tut, immerhin mit dem Bühnenspott eines Aristophanes und Eupolis[34] gegen Sokrates verglichen; aber die Komödiendichter spotteten wenigstens nur an bestimmten Festtagen, wo dies erlaubt war,

„der aber [so Diogenes wörtlich in c. 26] hat sich das seit langem genau überlegt und vorbereitet und dann irgendwelche Lästerungen in ein dickes Buch geschrieben, und jetzt beschimpft er mit lauter Stimme Platon, Pythagoras, Aristoteles hier, Chrysipp dort, mich und überhaupt alle [...] Was aber von allem das Schlimmste ist: Während er solches tut, kriecht er unter deinen Namen, Philosophie, als Schutz, hat sich an den Dialogos, der unser Hausangestellter ist, herangemacht und braucht ihn als Verbündeten und Darsteller – gegen uns! Und dann hat er auch noch den Menipp, einen Gefährten von uns, dazu überredet, größtenteils mit ihm zusammen sein Komödiengeschäft zu betreiben; der ist jetzt als einziger nicht hier und klagt nicht mit uns an, weil er die gemeinsame Sache verraten hat."

---

[33] Schon in c. 9 hatte ein nicht näher spezifizierter von den angreifenden Philosophen Parrhesiades als „Gerichtsadvokaten" (ῥήτορα [...] καὶ δικανικόν) bezeichnet, der seinen Plädoyers wahrscheinlich auch noch mit Bestechung der Richter nachgeholfen habe.
[34] Diese Namen tauchen ja auch in *Bis Acc.* 33 auf (vgl. oben S. 76).

Der Dialogos, der im „Doppelt Verklagten" noch selbst ein Ankläger Lukians war, ist hier also zu Parrhesiades' mehr oder weniger willfährigem Werkzeug geworden; während sich im „Doppelt Verklagten" die literarische Form selbst gegen ihre entfremdende Umfunktionierung durch den ‚Syrer' wehrte, geht es dem Ankläger Diogenes hier mehr um den Inhalt von Parrhesiades' Schaffen. Eine ähnliche Akzentverschiebung lässt sich bei der Erwähnung Menipps feststellen: Der Dialogos im „Doppelt Verklagten" hatte Menipp nur als Verkörperung seines Werks und der von ihm begründeten literarischen Form gesehen und gesagt, der ‚Syrer' habe ihn „ausgegraben"; hier dagegen sieht Diogenes Menipp als abtrünnigen Philosophenkollegen – der fatalerweise auch noch aus der eigenen Sekte stammt! Der Dialogos hatte *auch* den Austausch seiner *Inhalte*, vor allem aber seine *formale* Verfremdung durch die Vermengung mit anderen literarischen Genera beklagt; Diogenes betrachtet es als die höchste Perfidie, dass Parrhesiades gerade das bevorzugte *formale* Ausdrucksmittel der Philosophen, den Dialog, benutzt, um die Philosophen zu verspotten.

Schließlich kommt der Ankläger auf den aktuellen Anlass der ganzen Empörung zu sprechen (c. 27):

> „Denn was er als letztes getan hat, wer kann das ertragen? Wie Sklaven hat er uns auf einem Verkaufsstand präsentiert, einen Ausrufer dazugestellt und uns dann verhökern lassen, wie man erzählt: die einen für viel Geld, einige für eine attische Mine; mich aber hat dieser Erzhalunke für zwei Obolen verkauft – und die da waren, haben gelacht!"

Diese Worte sind die genaueste Skizzierung von Lukians „Verkauf der Philosophenleben", die sich in diesem Dialog findet.[35] Diogenes' Beschreibung ist sogar so genau, dass man annehmen möchte, der „Verkauf der Philosophenleben" sei nicht lange Zeit zuvor in Athen von Lukian präsentiert worden[36] und hätte dabei wegen ihres Inhalts unter den in Athen ansässigen philosophischen Richtungen einen ähnlichen Aufruhr verursacht, wie er uns hier fiktional vorgeführt wird.

Die Punkte, die Diogenes hier gegen Parrhesiades vorbringt, hätten auch echte Philosophen der damaligen Zeit Lukian vorhalten können: Er

---

35 Andere (c. 4, 14) sind wesentlich ungenauer, die in c. 15 in einem Punkt sogar sachlich falsch (dort heißt es, Parrhesiades habe jede philosophische Richtung für zwei Obolen zum Verkauf geboten).
36 Zum Aufführungsort Athen vgl. auch HALL 1981, 33.

macht sich lustig über sich dazu besonders anbietende Eigenarten im Auftreten und in den Inhalten der einzelnen philosophischen Richtungen – und zwar in Vorträgen vor großem Publikum –, und er benutzt dazu die Form des Dialogs, wie sie vor allem von Platon und den anderen Sokratikern entwickelt worden war. In einem Punkt freilich geht Diogenes' Anklage zu weit, jedenfalls wenn sie sich konkret auf den „Verkauf der Philosophenleben" bezieht: An keiner Stelle hat Lukian dort die Philosophen als Schwindler und Betrüger (γόητας καὶ ἀπατεῶνας, c. 25) dargestellt; seine Späße sind allesamt harmlos, verwerten zur Darstellung der einzelnen philosophischen Schulen und ihrer Hauptvertreter Kenntnisse, die jeder halbwegs gebildete Athener ohnehin hatte, und präsentieren sie in einer Abfolge lustiger Szenen so, dass sie nette Unterhaltung, aber keinesfalls beißende satirische Entlarvung darstellen. An diesem Schwachpunkt von Diogenes' Plädoyer setzt denn auch Parrhesiades' Verteidigungsrede an: Parrhesiades akzeptiert alles, was Diogenes anklagend vorgebracht hat – so wie auch der ‚Syrer' im „Doppelt Verklagten" alle Vorwürfe der Rhetorik unwidersprochen zur Kenntnis nimmt –, er präzisiert aber, *wen* genau er mit seinen Späßen habe lächerlich machen wollen, also: „welche Leute ich zum Verkauf feilbieten ließ und beschimpfte, indem ich sie freche Betrüger (ἀλαζόνας καὶ γόητας) nannte" (c. 29).

Hier steht bemerkenswerterweise eine richtige Aussage („feilbieten ließ") direkt neben einer *nicht* zutreffenden („beschimpfte sie, indem ich sie freche Betrüger nannte").[37] Gerade dies aber – dass Parrhesiades auch das Falsche in Diogenes' Anklage aufgreift – ermöglicht ihm nunmehr, den Gedanken abzubiegen und die Aufmerksamkeit von den wahren Philosophen – denen er ja gar nichts gewollt habe, wie er schon früher (c. 5f.) seinen Angreifern treuherzig versichert hat – auf die falschen, die Betrüger und Scharlatane der Gegenwart zu lenken. Denn darin besteht der größte Teil von Parrhesiades' Verteidigungsrede: in einer Denunziation der Pseudophilosophen – um die es im „Verkauf der Philosophenleben", wie auch eine rasche Lektüre leicht zeigen kann, in Wahrheit gar nicht ging.

Dieses brillante Ablenkungsmanöver hat vollen Erfolg, denn die zunächst so wütenden Philosophen sprechen Parrhesiades nach seiner Verteidigungsrede von allen Anklagepunkten frei (c. 38). In diesem Ablenkungsmanöver kann man immer noch den gewieften Rhetoriker Lukian am Werk sehen; es entbehrt also nicht einer subtilen komischen Ironie,

---

[37] Mit „freche Betrüger" spielt Parrhesiades variierend auf Diogenes' Ausdruck in c. 25 („Schwindler und Betrüger", γόητας καὶ ἀπατεῶνας) an.

dass Parrhesiades' Verfolgern genau das passiert, was sie zu Beginn befürchtet hatten, als er um einen ordentlichen Prozess bat (c. 7–9): sie lassen sich einwickeln und davon überzeugen, dass nicht sie die Zielscheibe seines Spotts waren, sondern diejenigen, die unter ihrem Namen nur vorgeben, Philosophen zu sein.

In Parrhesiades' Verteidigung taucht auch wieder der Gedanke auf – wie im Plädoyer des ‚Syrers' im „Doppelt Verklagten" gegen die Anklägerin Rhetorik –, dass es ihm sehr ernst sei mit seiner Hinwendung zur Philosophie (c. 29):

> „Sobald ich nämlich erkannte, wieviele unangenehme Erscheinungen denen, die Rhetorik betreiben, notwendigerweise anhaften – Täuschung und Lüge und freches Auftreten und Geschrei und Gedränge und unzähliges Andere –, da bin ich vor diesen Dingen, wie es (nur) natürlich war, geflohen, machte mich zu dem auf, was du, Philosophie, an Schönem hast, und beschloss, all die Zeit, die mir vom Leben noch übrig ist, unter deiner Obhut geschützt zu verleben und damit gleichsam aus Seesturm und Wogenschwall in einen ruhigen Hafen eingefahren zu sein."

Ähnliches hatte Parrhesiades auch schon behauptet, als er noch in akuter Gefahr schwebte, von den ergrimmten Philosophen ganz ohne Prozess den Garaus gemacht zu bekommen; da hatte er sogar beteuert (c. 6), er habe doch schon immer die Philosophie bewundert und sie, die Philosophen, über die Maßen gelobt, sich das schönste aus ihrer schriftlichen Hinterlassenschaft angeeignet und es seinem Publikum vorgeführt – das freilich genau wisse, woher er diese ‚Blüten' seiner Kunst habe. Hier präsentiert er sich also als stetigen und immer schon überzeugten literarischen Jünger der Philosophie – was aber eben nicht so ganz zu der gerade zitierten Schilderung seiner „Bekehrung" von der Rhetorik zur Philosophie in seiner Verteidigungsrede (c. 29) passen will. Diese beiden sich widersprechenden Selbstaussagen sind mithin situationsbedingt und rein taktisch-apologetischer Natur.

Eine wirkliche ‚Konversion' Lukians von der Rhetorik zur Philosophie finden wir daher auch in diesem Dialog nicht dokumentiert, sondern erneut eine fiktionale Darstellung seiner literarischen Umorientierung. Dass hier – wie im „Doppelt Verklagten" – soviel Aufhebens von Lukians Verwendung der Form des philosophischen Dialogs in komischer Absicht gemacht und zugleich so klare Hinweise auf den „Verkauf der Philosophenleben" gegeben werden, könnte darauf hindeuten, dass

Lukians Entschluss, statt mit ‚traditionellen' rhetorischen Vorträgen nunmehr mit komisch gestalteten Dialogen in platonisch-sokratischer Form und mit phantastischen Inhalten an die Öffentlichkeit zu treten, noch ziemlich neu war und dass der „Verkauf der Philosophenleben" vielleicht einer der ersten, wenn nicht sogar *der* erste Versuch in dieser Richtung war.[38] Zu einem solchen ‚Anfangswerk' würde auch die einfache Struktur dieses Dialogs gut passen, denn sie besteht aus einer Aneinanderreihung von kurzen Szenen, bei denen im Grunde nur das jeweils neue ‚Verkaufsobjekt' – d.h. der jeweils feilgebotene Philosoph – wechselt. In dem auf diesen Dialog Bezug nehmenden Folgedialog (eben den „Wiederauferstandenen ") wird gleichsam fiktional verbrämt geschildert, wieviel Aufsehen dieser Versuch bei den diversen philosophischen Richtungen, über die Lukian sich bei der Darstellung der fiktiven Auktion lustig machte, hervorrief; den größten Unmut könnten die unterschiedlichen Preise erzeugt haben (vgl. die indignierte Schilderung des Diogenes in c. 27), zu denen die einzelnen Schulvertreter verkauft wurden und die vielleicht auch so manche Rivalität neu schürten.

Solche Reaktionen der einzelnen Philosophenschulen könnten in dem rabiaten Auftreten der wiederauferstandenen großen Philosophen der Vergangenheit am Anfang des *Piscator* in komischer Verzerrung geistreich dargestellt sein. Außerdem bot die Schrift Lukian die Gelegenheit, Vorwürfe, die vielleicht real gegen seine durchaus respektlose Behandlung der Philosophie und ihrer Vertreter im „Verkauf der Philosophenleben" erhoben worden waren – und sich vielleicht noch in Diogenes' Anklagerede widerspiegeln –, zu entschärfen, indem er seinen Parrhesiades nun behaupten ließ, diese Späße hätten sich ja nur gegen unwürdige Nachfahren der großen Philosophen gerichtet, die sich höchstens deren – im „Verkauf der Philosophenleben" bewitzelte – Oberflächlichkeiten angeeignet hätten. Das wäre vielleicht kein ungeschickter Schachzug gewesen, denn wer sich jetzt noch angegriffen fühlte, machte sich sozusagen selbst zum Scheinphilosophen.

Wieweit dieser Versuch, hinter der Fiktion des Dialogs etwas von real zugrundeliegenden Vorgängen zu erkennen, gelungen ist, muss offenbleiben. Dass sich hier aber – wie im „Doppelt Verklagten" – ‚Dichtung

---

[38] Vgl. HALL 1981, 33. Zur Umorientierung Lukians auch BRAUN 1994, 284–306, besonders 301–306 (zur angeblichen ‚Konversion' Lukians zur Philosophie, wobei BRAUN 305 einer „Abkehr vom rhetorischen Betrieb" vielleicht noch zu sehr Glauben schenkt). Im Dialog „Hermotimos" (c. 13 zusammen mit 51, ferner c. 24) berichtet Lykinos (zu ihm als Maske Lukians vgl. oben Kap. 1.3.3, S. 60f.) gerade das Gegenteil von einer Hinwendung zur Philosophie.

und Wahrheit' auf eine faszinierende (und für Lukians Zeitgenossen, die die Hintergründe besser kannten, vielleicht noch faszinierendere) Weise mischen, dafür gibt es jedenfalls Hinweise. Wie nahe sich beide Dialoge zeitlich stehen, lässt sich kaum noch sagen; *inhaltlich* stehen sie sich sehr nahe: Beide dürften auf ihre Weise eine Umorientierung in Lukians Schaffen verarbeiten, die früher oft als eine völlige Wendung vom üblichen rhetorischen Show-Metier der Zweiten Sophistik zu einer neuen Phase satirischer Dialoge mit ernstem philosophischen Impetus verstanden wurde.[39] In Wahrheit blieb Lukian wohl immer ein nach Publikumserfolg strebender Vortragskünstler, dem es vor allem um gelungene Unterhaltung ging. Zu diesem Zweck hat er das rhetorische Deklamieren nicht völlig aufgegeben, aber durch die Anleihe bei anderen literarischen Gattungen entscheidend erweitert und bereichert;[40] und dass dies Aufsehen erregte, wie es in den beiden Dialogen fiktional dargestellt wird, ist glaubhaft. Alle Genera, die im „Doppelt Verklagten" der Dialogos und im „Fischer" der Ankläger Diogenes nennen oder wenigstens andeuten, lassen sich in Lukians Œuvre nicht nur wiederfinden, sondern stellen wesentliche Charakteristika dieses Œuvres dar: die Dialogform, die Komödie, die Satiren des Menipp, die Invektive.[41] Eine genauere Betrachtung, wo und wie Lukian diese Elemente verwendet und was er aus ihnen gemacht und dabei vielleicht an Eigenem dazugegeben hat, sollte es ermöglichen, Lukians Leistung einigermaßen gerecht zu erfassen und zu bewerten. Dazu wird das nächste Kapitel zunächst einen Überblick bieten, in welcher Variationsbreite die genannten Elemente in Lukians Œuvre mit dem „Grundsubstrat" Rhetorik verbunden werden und damit zu einer wahrhaft beeindruckenden Fülle an verschiedenen Schriften geführt haben.

---

[39] Überzeugende Zurückweisung dieser älteren Versuche bei HALL 1981, 35–38.
[40] Vgl. HALL 1981, 13f. HALL 1981, 13–16 und 29 möchte diese literarische Umorientierung auf etwa 165 n. Chr. datieren, aber für so ein präzises Datum dürften unsere Informationen zu Lukians Œuvre kaum ausreichen: HALL folgt HELM 1927, 1732 darin, die gleichzeitige Erwähnung von „Kriegführenden in Babylon" und Olympischen Spielen in Bis Acc. 2 auf das Jahr 165 (in dem in Mesopotamien der Partherkrieg tobte und Olympische Spiele stattfanden) zu beziehen, aber das dürfte zu spekulativ sein.
[41] Also nicht nur die Komöde und die philosophische Dialogform, die z.B. BAUMBACH / VON MÖLLENDORFF 2017, 171–216 als Zentrum von Lukians Œuvre ansehen.

3. Ein vielfältiges Œuvre: Kurzer Überblick über Lukians Werk nach Gattungen

Es wurde schon darauf hingewiesen, dass sich nur vergleichsweise wenige Schriften in Lukians vielfältigem Œuvre[1] in eine relative oder gar absolute Chronologie bringen lassen; zu allen übrigen – d.h. den weitaus meisten – lassen sich keine eindeutigen und überzeugenden chronologischen Anhaltspunkte feststellen.[2] Deshalb dürfte der sinnvollste Weg, einen Überblick über dieses Œuvre zu gewinnen, darin bestehen, es ‚systematisch' zu behandeln, d.h. eine Einteilung nach Gattungen und den damit verbundenen Themen und Inspirationsquellen vorzunehmen. Dabei ist freilich von vornherein in Kauf zu nehmen, dass gerade angesichts der inhaltlichen und großenteils auch formalen Vielfalt dieses Œuvres jede Systematik unweigerlich an ihre Grenzen stößt.

3.1. Rhetorische Darstellungsformen: Deklamationen, Dialexeis, Prolaliai, paradoxe Enkomien, Invektiven

Lukian hat seine literarische Karriere als Schüler der Rhetorik in einer Zeit begonnen, die als die sogenannte „Zweite Sophistik" der öffentlich und zu den verschiedensten Gelegenheiten dargebotenen Kunstrede höchste Bedeutung beimaß, und er ist dieser Rhetorik – trotz gelegentlicher Beteuerungen des Gegenteils[3] – immer treu geblieben. In einer ganzen Reihe von Werken zeigt Lukian, dass er die Deklamations-Rhetorik der Zweiten Sophistik gut gelernt hat und perfekt anzuwenden weiß: In den fiktiven Gerichtsreden „Der Tyrannentöter" (*Tyrannicida*) und „Der enterbte Sohn" (*Abdicatus*) werden ganz typische Themen der Rhetorenschule traktiert:[4] der Tyrannentöter, der seine Belohnung beansprucht,

---

[1] Zu den relativ wenigen etwas genauer datierbaren Schriften vgl. oben S. 44f. („Die Bilder", „Zur Verteidigung der Bilder", „Über die Tanzkunst"), 49 („Alexander"), 50 („Wie man Geschichte schreiben soll"), 51f. („Die entlaufenen Sklaven", „Gegen den ungebildeten Bücherkäufer", „Über den Tod des Peregrinos", „Demonax", „Der Eunuch", „Herakles", „Dionysos"), 53 („Verteidigung eines Versprechers bei der Begrüßung", „Apologie").
[2] Vgl. dazu oben S. 25f. (Abschnitt 1.2.1).
[3] Vgl. *Pisc.* 29, *Bis Acc.* 32 (dazu oben Abschnitt 2.4, S. 84 und 74).
[4] Zu dem für diese Rhetorik typischen Tyrannen-Thema macht Lukian selbst an anderer Stelle eine despektierliche Bemerkung (*Bis Acc.* 32); „der enterbte Sohn"

auch wenn er den Tyrannen nicht selbst, sondern „nur" seinen Sohn getötet hat (woraufhin aber der Tyrann sich selbst den Tod gab); und der Sohn, der sich zu Unrecht von seinem Vater enterbt sieht und deshalb eine Rücknahme der Enterbung fordert. Zum Typ der Deklamation lassen sich auch die rühmende Beschreibung – in die bezeichnenderweise wieder eine fiktive Gerichtsszene eingelegt ist – eines stattlichen Saales und der in ihm enthaltenen Kunstschätze[5] („Über das Haus", *De Domo*) rechnen sowie das Lob eines (im übrigen unbekannten) Architekten namens Hippias und der von ihm geschaffenen Thermenanlage („Hippias, oder: Das Bad").

Zur rhetorischen Gattung der Dialexis[6] könnte man eine Gruppe moralisierender Essays rechnen: „Über die Verleumdung"[7] (*De Calumnia*) erörtert die Gefahren zu leichtgläubiger Akzeptierung von Verleumdungen und präsentiert als ein rhetorisches „highlight" die Ekphrasis eines angeblich von dem berühmten Maler Apelles geschaffenen allegorischen Gemäldes „Die Verleumdung", bei dem es sich aber wahrscheinlich um eine Erfindung Lukians handelt;[8] das „Lob der Heimat" (*Patriae Encomium*) hat Lukian vielleicht 163 oder 164 bei einer Rückkehr nach Samosata vorgetragen (vgl. oben S. 45); in den mit kynischen Motiven angereicherten Traktaten „Über die Trauer"[9] (*De Luctu*) und „Über die Opfer" (*De Sacrificiis*), die menschliche Umgangsweisen mit der Trauer um Verstorbene und mit Opfern für Götter satirisch-kritisch beleuchten, nimmt bereits der Unterwelts- und Götterspott einen großen Raum ein, der dann in Lukians menippeischen und „menippeisierenden" Schriften (vgl. unten S. 96–99) noch verstärkt begegnet.

Eine typische rhetorische, von Lukian sehr anmutig ausgestaltete Gattung sind die insgesamt acht erhaltenen „Vorreden" (*prolaliai*) oder Einleitungsvorträge,[10] mit denen er offenbar zu verschiedenen Zeiten seine Vortragsdarbietungen eröffnet hat und in denen er sich als geschickter

---

findet sich als Fallbeispiel auch in den „Controversiae" 4,5 des älteren Seneca behandelt.
[5] Zu ihnen vgl. NESSELRATH 2019b, 164–167.
[6] „Dialexis" (wörtlich: „Unterhaltung") bezeichnet eine weitgehend informelle Vortragsform (englisch: „talk").
[7] Genauer wäre der ausführlichere Titel „Darüber, dass man einer Verleumdung nicht leichtfertig trauen soll" (Περὶ τοῦ μὴ ῥᾳδίως πιστεύειν διαβολῇ).
[8] Dazu zuletzt NESSELRATH 2019b, 160–163.
[9] Vgl. dazu die von HAFNER und POROD 2022 herausgegebene zweisprachige kommentierte Ausgabe.
[10] Vgl. dazu NESSELRATH 1990b.

Beherrscher der rhetorischen Progymnasmata-Formen[11] Ekphrasis („Beschreibung") und Dihegesis („Erzählung") erweist. So bietet er in diesen Einleitungstexten eine beachtliche Vielfalt von Bildern und kurzen Erzählungen, die das Publikum auf seine weiteren Darbietungen gespannt machen sollten: Aus früheren Jahren scheinen „Herodot, oder: Aëtion" (über Herodots erstes Auftreten in Olympia und über ein berühmtes Gemälde des frühhellenistischen Malers Aëtion) und „Harmonides" (über den gleichnamigen ruhmbegierigen Flötenspieler, dem jedoch seine Ruhmsucht zum Verhängnis wird) zu stammen; „Der Skythe" erzählt, wie der Skythe Toxaris seinen jüngeren Landsmann Anacharsis mit dem berühmten Athener Solon bekannt machte; in „Über die Dipsas-Schlangen" (*De Dipsadibus*) lässt Lukian sein Publikum in einer spannenden Beschreibung diese gefährliche Schlangenart in der nordafrikanischen Wüste erleben; in „Über den Bernstein oder die Schwäne" (*Electrum*) dagegen schildert er eine Flussfahrt auf dem norditalischen Po, wo er vergebens nach den in Bäume verwandelten und – aus Trauer über ihren umgekommenen Bruder Phaëthon – Bernstein weinenden mythischen Töchtern des Sonnengottes gesucht habe;[12] in „Zeuxis, oder: Antiochos"[13] folgt auf die Beschreibung eines berühmten Kentaurengemäldes[14] des Malers Zeuxis eine Erzählung vom überraschenden Sieg des Seleukidenkönigs Antiochos I. über eine weit überlegene Galater-Streitmacht mit Hilfe der diesen Galatern unbekannten Kriegselefanten. Von den Prolaliai „Herakles" und „Dionysos", die einer späteren Schaffenszeit angehören, war bereits in Zusammenhang mit Lukians Leben die Rede (vgl. oben S. 52): In der einen steht das Bild des geheimnisvollen keltischen Gottes Ogmios im Zentrum, der wie ein alter Herakles aussieht, tatsächlich aber die göttliche Macht der Rhetorik darstellt; in der anderen schildert Lukian zunächst den paradoxen Sieg der enthusiastischen Gefolgschaft des Gottes Dionysos über die wehrhaften Inder und entführt sein Publikum anschließend an einen weiteren indischen Ort mit drei wundersamen Quellen je für junge, erwachsene und alte Menschen. Die beschreibenden bzw.

---

[11] Progymnasmata („Vorübungen") sind Textformen (wie „Erzählung", „Beschreibung", „Vergleich", „Beweisführung", „Widerlegung"), die in der Rhetorikschule geübt wurden.
[12] Über diesen Text als Zeugnis einer Italienreise des (noch jungen) Lukian vgl. oben S. 35f.
[13] Zur Bedeutung dieses Textes für Lukians literarisches Selbstverständnis vgl. oben Kap. 2.1, S. 63–66.
[14] Von dem wir aber auch nicht sicher sein können, ob es außerhalb von Lukians Phantasie je existiert hat (vgl. NESSELRATH 2019b, 169f.).

erzählenden Teile dieser Prolaliai sind ebenso geistreich ausgeführt wie die manchmal überraschenden Applikationen auf den Sprecher selbst, die in der Regel an ihrem Ende stehen.

Den wohl anmutigsten Teil der rhetorischen Werke Lukians bildet eine Gruppe geistreicher und manchmal paradoxer „Spielereien": In „Phalaris I" lässt er einen der berüchtigtsten antiken Tyrannen in eigener Sache sprechen und sich gegen negative Darstellungen seiner Herrschaft verteidigen; in „Phalaris II" befürwortet ein Bürger Delphis die Annahme von Phalaris' bekanntem Folterstier als Weihgeschenk für den Gott Apollon (!); in beiden Stücken wird der blutige Tyrann zu einem honorigen Herrscher stilisiert.[15] Als Deklamation innerhalb eines fiktiven Gerichtskontexts ist „Das Gericht der Vokale"[16] (Δίκη φωνηέντων, *Iudicium Vocalium*)[17] gestaltet, eine ingeniöse Sprachspielerei, die einen witzigen Kommentar zu den zeitgenössischen Auseinandersetzungen um möglichst korrekten attischen Wortgebrauch darstellt; dieses Streben führt nicht selten zu attizistischen Übertreibungen, wie bei der Ersetzung des ‚gemeingriechischen' Sigma durch ein attisches Tau (σήμερον – τήμερον), und deswegen hält der Buchstabe Sigma hier ein aufgebrachtes Plädoyer gegen die Übergriffe des Tau. Das „Lob der Fliege" (*Musca*) setzt alle Mittel enkomiastischer Redekunst zur Preisung eines lächerlich-kleinen Insekts ein.[18] Als ein weiteres solches „Lob eines unwürdigen Gegenstandes" (ἐγκώμιον ἄδοξον) kann man auch die Schrift „Über den Parasiten: Das Schmarotzen ist eine Kunst!" (*De Parasito*) bezeichnen, doch hat Lukian in diesem Fall eine für ihn typische „Gattungskreuzung" (vgl. oben S. 86) vorgenommen, indem er diese Hochstilisierung des ursprünglich von der Komödienbühne stammenden Parasiten zu einem philosophisch-humanen Idealtypus passenderweise in die Form eines platonischen Dialoges gebracht hat.[19]

---

15 Die Form der beiden Texte – die durch das gemeinsame Thema des ominösen Stiers ein Diptychon bilden – ist also wieder die der Deklamation innerhalb einer fiktiven Situation (wie beim „Tyrannentöter" und beim „Enterbten Sohn"), im Fall von „Phalaris I" als Brief eingelegt in eine Ansprache von Gesandten, die den Stier nach Delphi gebracht haben; das Sujet aber ist in beiden Fällen ein klar paradoxes: Lob auf einen Bösewicht, den man eigentlich nicht loben kann.
16 Genaueres zu dieser Schrift vgl. unten Kap. 4.1.3, S. 112–115.
17 Im β-Überlieferungszweig ist der Titel länger (und eigentlich präziser, damit aber auch pedantischer): „Der Rechtsstreit der Konsonanten, (nämlich) des Sigma gegen das Tau, mit den sieben Vokalen als Richtern". Zu den beiden Überlieferungssträngen von Lukians Schriften vgl. unten Kap. 9.2, S. 299 Anm. 23.
18 Vgl. dazu BILLERBECK / ZUBLER 2000.
19 Vgl. NESSELRATH 1985.

In zwei weiteren Schriften wendet Lukian Rhetorik nicht nur an, sondern reflektiert auch über ihre zeitgenössischen Tendenzen (und Fehlentwicklungen): In „Der Rednerlehrer" (*Rhetorum Praeceptor*) prangert er in Form eines „Schnell-Lehrgangs für Möchtegern-Sophisten" die Hohlheiten und faulen Tricks der zeitgenössischen Redekunst an;[20] mit „Der Pseudo-Kritiker, oder: Über den Unheilstag" (*Pseudologista*) lanciert er ein giftiges Pamphlet – in der Sprache der Rhetorenschule: einen Psogos (also das Gegenteil eines Enkomions) – gegen einen Rivalen, der es gewagt hatte, ihm einen sprachlichen Fehler vorzuwerfen,[21] und der im Gegenzug als rhetorischer Scharlatan entlarvt wird.[22]

3.2. Der platonisch-sokratische Dialog bei Lukian und seine Adaptationen

Die bis jetzt aufgeführten Schriften hätten fast alle[23] auch von anderen Vertretern der Zweiten Sophistik geschrieben werden können; anders als seine Sophisten-Rivalen aber ist Lukian eben nicht bei den typischen rhetorischen Formen geblieben, sondern hat auch andere Gattungen der klassischen griechischen Literatur aufgegriffen und mit großem Erfolg für seine eigenen Darstellungsabsichten adaptiert.[24] Eine besonders wichtige Gattung stellt dabei die Dialogform dar[25] – von den insgesamt 80 im

---

[20] Wie in den bereits erwähnten Deklamationen spricht auch hier eine fiktive Person, die nicht mit dem Autor Lukian zu identifizieren ist (so aber JONES 1986, 106); der Sprecher gibt sich vielmehr als jemand zu erkennen, der mit seinem eigenen rhetorischen Werdegang unzufrieden ist und einem jüngeren Adressaten zu einem anderen, angeblich viel besseren Weg rät, der ab c. 11 von dem „Rednerlehrer" propagiert wird, – sich jedoch als Scharlatanerie herausstellt. Frühere Interpreten (angefangen von den Lukian-Scholien) haben in diesem „Rednerlehrer" den von Kaiser Commodus auf einen staatlichen Lehrstuhl in Athen beförderten Rhetoriklehrer Julius Pollux erkennen wollen (vgl. oben S. 51). Weiteres zu dieser Schrift s. unten Kap. 4.1.2, S. 105–109.
[21] Vgl. dazu auch oben S. 29 sowie unten Kap. 4.1.2, S. 109–112.
[22] HALL 1981, 297 (vgl. auch 450) hält es für möglich, dass der in dieser Schrift Angegriffene Ulpianos von Tyros (Vater des berühmten Juristen Ulpian der severischen Zeit) war, und JONES 1972, 478–487 und 1986, 113–115 möchte ihn mit Hadrianos von Tyros identifizieren; beides lässt sich letztlich nicht beweisen.
[23] Mit Ausnahme des erwähnten Dialogs „Über den Parasiten".
[24] Er hat dieses Beschreiten neuer Wege selbst in den oben in Kap. 2 behandelten Schriften thematisiert.
[25] Lukian ist freilich nicht der erste kaiserzeitlich-griechische Prosa-Autor, der Dialoge geschrieben hat, sondern er hat zwei illustre Vorgänger: zum einen Plutarch (dass Lukian sich an manchen von Plutarchs Schriften inspiriert haben könn-

Corpus Lucianeum überlieferten Schriften sind die Hälfte Dialoge –, die sich bei Lukian aus zwei Quellen speist: aus dem sokratischen (und vor allem platonischen) Dialog und aus der Komödie.

Noch ganz in die Dienste der Rhetorik tritt der Dialog sokratisch-platonischer Prägung in „Die Bilder" (*Imagines*) und in der daran inhaltlich anschließenden Schrift „Zur Verteidigung der Bilder" (*Pro Imaginibus*), die beide ein Enkomion[26] auf Pantheia, die Geliebte des Kaisers Lucius Verus,[27] darstellen; auch in „Über die Tanzkunst" (*De Saltatione*) bildet der Dialog nur den – recht schmalen – äußeren Rahmen für einen langen Lobpreis auf den (wiederum von Lucius Verus sehr geschätzten) Pantomimus, von dessen Qualitäten hier ein zunächst sehr abwehrend eingestellter Kyniker überzeugt werden soll. In allen drei Schriften ist Lukian selbst unter dem leicht durchschaubaren Pseudonym Lykinos der Hauptsprecher.

Auch beim „Nigrinos" handelt es sich im Wesentlichen um die Verbindung eines Rahmendialogs – in dem ein Gesprächspartner dem anderen von einer Begegnung mit dem Philosophen Nigrinos erzählt, die ihn völlig verwandelt habe; dem vorangestellt ist noch ein Widmungsschreiben Lukians[28] an Nigrinos – mit einem langen monologischen Mittelteil, der den Anspruch erhebt, den Lehrvortrag des Nigrinos selbst wiederzugeben, dabei jedoch vor allem ein Enkomion auf das einfache, ‚philosophische' Athen einem ausführlichen Psogos („Tadel") gegen das hypertrophe und verderbte Rom gegenüberstellt.[29]

Wie im „Nigrinos" werden philosophische Töne auch in drei weiteren Dialogen angeschlagen, in denen die Hauptfigur Lukians Alter Ego Lykinos ist. In diesen drei Texten ist das Thema die Philosophie selbst und die Unzulänglichkeit ihrer zeitgenössischen Vertreter: In „Hermotimos, oder:

---

te, zeigt WÄLCHLI 2003) und zum anderen Dion von Prusa (der in seiner „sophistischen" Ausrichtung Lukian in manchem nähersteht als Plutarch).

[26] Als in einen Dialog gefasstes Enkomion lässt sich auch „Über den Parasiten" bezeichnen, wobei das Enkomion dort freilich ein paradoxes ist.

[27] Zu den in Lucius Verus' Umkreis entstandenen Schriften Lukians vgl. oben S. 44f.

[28] Bemerkenswerterweise nennt sich Lukian selbst explizit als Absender dieses Widmungsschreibens, was er nur noch ein weiteres Mal am Beginn seiner satirischen Erzählung „Über das Ende des Peregrinos" tut, die damit als Brief gefasst ist.

[29] Vgl. hierzu und zu anderen Deutungen des „Nigrinos" oben Kap. 1.2.4, S. 39 Anm. 64. Keinesfalls sollte man in diesem Dialog eine (früher oft angenommene) echte „Bekehrung" zur Philosophie sehen oder eine antirömische Stoßrichtung annehmen; vgl. unten S. 185f.

Über die philosophischen Richtungen" (*Hermotimus*) – Lukians längstem Werk und zugleich seinem gelungensten platonischen Dialog – vertritt Lykinos gegenüber dem alternden Stoikerschüler Hermotimos eindrucks- und wirkungsvoll die Argumente des pyrrhonischen Skeptizismus, zeigt erbarmungslos die Schwachstellen aller ‚dogmatischen' Philosophenschulen auf und propagiert ein aktiv-moralisches Leben frei von jeder metaphysischen Spekulation, mit dem Ergebnis, dass am Ende sich auch Hermotimos – nach langem Sträuben – zu dieser Einstellung bekehrt.[30] Der dialogische Rahmen von „Das Gastmahl, oder: Die Lapithen" (*Convivium*) inspiriert sich in vielem an Platons „Symposion"; in seinem höchst witzig und mit ständig sich steigerndem Erzähltempo dargebotenen Mittelteil werden die Vertreter sämtlicher Philosophenschulen – sowie auch ein Grammatik- und ein Rhetoriklehrer – als egoistische und streitsüchtige Raufbolde entlarvt. In „Der Eunuch" ist das Gesprächsthema das Gerangel um eine fette Pfründe – nämlich einen der beiden im Jahr 176 von Marc Aurel in Athen eingerichteten peripatetischen Lehrstühle –, wobei die beiden Anwärter auch vor Schlägen unter die Gürtellinie nicht zurückschrecken.[31]

Kritik an zunächst honorig erscheinenden Vertretern der Philosophie bieten auch „Die Lügenfreunde" (*Philopseudeis*), in denen wie im platonischen „Phaidon" und „Symposion" der – von Lukians Alter Ego Tychiades gebotene – Bericht über ein Gespräch in einen Rahmendialog gefasst ist; doch dient die Dialogform Lukian in diesem Fall auch als Vehikel phantasievollen Erzählens von immer wilderen Spukgeschichten, die ausgerechnet von Philosophen zum besten gegeben werden.[32] In dem ebenfalls viel platonisches Kolorit zeigenden Dialog „Das Schiff, oder: Die Wünsche" (*Navigium*) zeigt sich eine ähnliche Konstellation (hier in einem durchgehenden Dialog ohne Rahmen): Bei einem Spaziergang von Piräus nach Athen muss sich Lukians Alter Ego Lykinos nacheinander die Wunschphantasien (d.h. das Begehren nach Reichtum, Macht und übernatürlichen Kräften) dreier Freunde anhören und begegnet ihnen allen mit witzigem, aber deutlich kynisch gefärbtem Spott.[33] Demgegen-

---

[30] Vgl. zum „Hermotimos" jetzt den Kommentar von SOLITARIO 2020; weitere Einzelheiten zu diesem Dialog unten Kap. 4.3.2 (S. 153f.) und 4.3.4 (S. 167–182).
[31] Weiteres zum „Gastmahl" und zum „Eunuchen" s. unten Kap. 4.3.2, S. 145–152 und 154–156.
[32] Genauere Details zur Darstellung der Philosophen in den „Lügenfreunden" und zu den von ihnen erzählten Geschichten vgl. unten Kap. 4.3.2 (S. 156–161) und Kap. 8.2, S. 243–249.
[33] Weitere Einzelheiten zu diesem Dialog s. unten Kap. 8.2, S. 249–254.

über fehlt in „Toxaris, oder: Die Freundschaft" (*Toxaris*) – dem Gespräch zwischen einem Skythen und einem Griechen, die beide mit einem Geschichtenreigen zum Thema Freundschaft darum wetteifern, bei welchem ihrer Völker es edlere Freunde gibt – eine solche satirische Komponente, und die Freude an den erzählten Geschichten[34] steht im Vordergrund.

Noch zwei weitere Schriften im Gewand des platonischen Dialogs zeigen die Vielfältigkeit der von Lukian in dieser Form behandelten Themen: In „Anacharsis, oder: Über Sportübungen" (*Anacharsis*) liefern sich der Skythe Anacharsis und der große Athener Solon einen sehr geistreichen Schlagabtausch über Sinn (propagiert von Solon) und Unsinn (vertreten von Anacharsis) des griechischen Sports, wobei der Dialog wie so mancher platonische offen endet;[35] im „Lexiphanes"[36] präsentiert der Hyperattizist Lexiphanes ein geistloses ‚Gegenstück' zu Platons „Symposion", das von obsoleten und oft auch falsch verwendeten attischen Wörtern nur so strotzt, bis ihn Lukians Alter Ego Lykinos mit Hilfe des Arztes Sopolis („Retter der Stadt") recht brachial, aber immerhin erfolgreich von seinem falschen Attizismus kuriert.

3.3. Lukian als Erbe der attischen Komödie

Bei seiner Verwendung der attischen Komödie als Inspirationsquelle hat sich Lukian explizit zwar nur auf die – in dieser Zeit des Attizismus gerade auch sprachlich den Ton angebende – Alte Komödie eines Eupolis und Aristophanes berufen,[37] er zeigt aber auch umfangreiche Kenntnisse der späteren Komödie.[38]

---

[34] JONES 1986, 56f. hat auf die Affinitäten dieser Geschichten zu Plutarchs *Mulierum virtutes* und zum griechischen Roman hingewiesen.
[35] Genauere Details s. unten Kap. 7, S. 228–233.
[36] Dazu (und zu Lukians literaturkritischen Schriften überhaupt) vgl. WEISSENBERGER 1996 (Rez.: NESSELRATH 1999). Weiteres zum „Lexiphanes" vgl. unten Kap. 4.1.3, S. 115–119.
[37] Vgl. dazu oben Kap. 2.3, S.76 (mit Anm. 22: von dem nie genannten Kratinos kennt Lukian zumindest das Stück „Pytine"), und 2.4, S. 81.
[38] In *Laps.* 6 zitiert er Alexis und Philemon, in *Pseudol.* 4 ruft er Menanders Prologgott Elenchos zu seiner Unterstützung herbei, und in den „Hetärengesprächen" sind viele Anregungen aus der Neuen Komödie verarbeitet (vgl. unten S. 96 und 219–224). Dafür, dass er nicht nur Menander, sondern auch noch Diphilos-Stücke gelesen hat, bietet Plautus' Komödie „Rudens" – die ein Stück des Diphilos adaptiert – einen wichtigen Hinweis: In vv. 926–935 malt sich der Sklave Gripus aus, wie er aufgrund eines Goldfundes eine wunderbare Karriere im Schiffshandel initiieren wird, und die dazu gegebenen Details stimmen erstaunlich weitgehend

Vor allem der Alten Komödie verpflichtet ist der Dialog „Timon, oder: Der Menschenhasser" (*Timon*): Seine Titelfigur ist erstmals in Stücken des Aristophanes und seiner Zeitgenossen[39] belegt, hat aber ihre klassische und auf die spätere europäische Literatur weiterwirkende Form gerade durch Lukian gewonnen.[40] Ebenfalls an die Alte Komödie erinnert die Reihung gleichartiger Szenen im „Verkauf der Philosophenleben" (*Vitarum Auctio*), in denen alle möglichen Vertreter antiker Philosophenlehren zu höchst unterschiedlichen Preisen verkauft werden; die Idee dazu geht wohl auf die Satire „Der Verkauf des Diogenes" (Διογένους πρᾶσις) Menipps zurück. An den „Verkauf der Philosophenleben" schließen sich thematisch die „Die Wiederauferstandenen, oder: Der Fischer" (*Piscator*) an,[41] deren fulminante Anfangsszene einen Einfall des Aristophanes und einen des Eupolis verbindet;[42] aber auch der Fortgang der Schrift ist deutlich von der Alten Komödie inspiriert.[43] Bei „Der doppelt

---

mit dem Traum des Adeimantos in Lukians „Das Schiff" (c. 12f.) überein – ein Indiz, das Lukian hier die dem „Rudens" zugrundeliegende Diphilos-Komödie verwertet hat. Ich verdanke diesen Hinweis einem Vortrag von Richard Hunter vom 17.11.2023 im Rahmen der Konferenz „Greek New Comedy Beyond Menander: A Reappraisal" (Meran).

[39] Ar. *Av.* 1547f., *Lys.* 808–820; Phryn. fr. 19,2 K.-A.; Plat. Com. fr. 237 K.-A.; im 4. Jh. schrieb der Komödiendichter Antiphanes ein Stück „Timon", das gelegentlich für die Vorlage von Lukians „Timon" gehalten wurde, was aber mangels Zeugnissen – aus dem Stück ist lediglich ein Fragment mit acht Versen bekannt – unbeweisbar ist. Vgl. dazu die Hinweise in den einführenden Bemerkungen zu Antiphanes fr. 204 K.-A. (Poetae Comici Graeci Bd. 2, S. 431) und jetzt auch TOMASSI 2011, 31f. 67f. 79, der eine Beziehung zwischen Antiphanes und Lukian zu Recht für unbeweisbar hält.

[40] Zu einem detaillierten Überblick über die einzelnen Szenen der Handlung vgl. unten Kap. 6 (S. 210–217).

[41] Vgl. dazu oben Kap. 2.4, S. 78–85; Weiteres unten Kap. 4.3.1, S. 139–144.

[42] Nämlich die grundlegende Idee von Eupolis' „Demen", große Tote noch einmal auf die Erde zurückkehren zu lassen, um in einer Krisensituation zu helfen, und den wütenden Angriff des Kohlenbrenner-Chores in Aristophanes' „Acharnern"; an ihre Stelle sind bei Lukian die großen griechischen Philosophen getreten, die sich an seinem Alter Ego Parrhesiades wegen literarischer Verunglimpfung rächen wollen.

[43] Parrhesiades wird mit seiner Bedrohung durch den wütenden Philosophen-„Chor" ebenso wie die aristophanischen Helden (vgl. z.B. die „Acharner" und die „Vögel") in einer großen agonalen Szene fertig und übernimmt dann im zweiten Teil der Schrift die Initiative, um nun seinerseits Pseudophilosophen wie ein Fischer zu „angeln" und zu entlarven; auch für die Herkunft dieses Motivs käme sicher eine Komödie in Frage.

Verklagte" (*Bis Accusatus*) erinnert schon der Titel an eine Komödie,[44] und auch die in dieser Schrift vorgeführten Gerichtsszenen lassen mehrfach an Komödienagone denken; den Höhepunkt dieser agonalen Szenen bietet der letzte Abschnitt des Dialogs, in dem zuerst die personifizierte Rhetorik und dann der personifizierte Dialogos gegen einen ‚Syrer' (wieder ein Alter Ego Lukians) prozessieren, weil sie sich von ihm schlecht behandelt fühlen.[45]

Die Neue Komödie zeigt ihren stärksten Einfluss in Lukians „Hetärengesprächen" (*Dialogi meretricii*): Den meisten dieser sehr lebendigen und anmutigen Kurzdialoge – die vor allem Hetären und ihre Dienerinnen, z. T. aber auch anderes Komödienpersonal, z.B. Liebhaber und Soldaten vorführen – dürften Komödienszenen zugrundeliegen (eine ganze Sequenz davon in Nr. 9), einigen wohl auch hellenistische Vorlagen wie die Mimiamben des Herondas.[46] Ähnliche Sammlungen wie die „Hetärengespräche" – vergleichbar im lockeren Gesprächston, aber mehrheitlich wohl nicht auf Komödien zurückgehend[47] – sind die „Meergöttergespräche" (*Dialogi marini*) und die „Göttergespräche" (*Dialogi deorum*), die Episoden aus der griechischen Mythologie in Dialogform darbieten. Zu ihnen lassen sich (sozusagen als erweiterte Exemplare ihrer Art) auch noch der „Prometheus" und die „Beurteilung der Göttinnen" (*Dearum iudicium*, ein szenischer Dialog über das berühmte Paris-Urteil) rechnen; eher von anderer Provenienz sind die – in der Form vergleichbaren, aber im Inhalt deutlich verschiedenen – „Totengespräche".[48]

3.4. Lukian als Erbe Menipps

An zwei Stellen[49] in seinem Œuvre deutet Lukian an, er habe seine Dialoge mit Zutaten aus den Satiren Menipps angereichert; ferner lässt er Menipp selber als redende und handelnde Hauptfigur in zwei Werken

---

[44] Es gab einen „Doppelt Verklagten" (Δὶς κατηγορούμενος) des Augeas (nur der Titel ist erhalten); vgl. auch Menanders „Der doppelt Täuschende" (Δὶς ἐξαπατῶν) und BRAUN 1994, 36.
[45] Zu Einzelheiten vgl. bereits oben Kap. 2.3, S. 70–78.
[46] Weiteres zu den „Hetärengesprächen" vgl. unten Kap. 6, S. 219–224.
[47] Doch vgl. NESSELRATH 1995, 1 (mit Anm. 4) sowie 5–8 (mit Anm. 16).
[48] Zu ihnen vgl. unten Kap. 8.4, S. 274–280.
[49] *Pisc.* 26, *Bis Acc.* 33 (dazu BRAUN 1994, 331–339); vgl. dazu oben S. 76, 82f. Der genaue Wert einer dritten Erwähnung in *Fugit.* 11 (wo Menipp in eine Reihe mit den kynischen Archegeten Antisthenes, Diogenes und Krates gestellt wird, aber nicht von seiner literarischen Hinterlassenschaft die Rede ist) ist unklar.

Kap. 3: Kurzer Überblick über Lukians Werk nach Gattungen   97

auftreten, die man als den Kernbestand des menippeischen Schrifttums bei Lukian bezeichnen könnte: In „Menipp als Ikaros, oder: Der Mann über den Wolken" (*Icaromenippus*) fliegt der durch die ständigen Streitereien der Philosophen verunsicherte Titelheld bis in den Götterhimmel, um die genaue Beschaffenheit der Welt zu ergründen; in „Menipp, oder: Die Totenbefragung" (*Necyomantia*) steigt er hinab in die Unterwelt, um den mythischen Seher Teiresias nach der besten Lebensweise zu befragen.[50] Beide phantastischen Reisen – die als solche letzlich ein Erbe der Alten Komödie sind[51] – waren sehr wahrscheinlich bereits Themen in Menipps Satiren, wurden aber wohl von Lukian in einen Rahmendialog gefasst und wohl auch aus Menipps Koine ins Attische übertragen.[52] Die als typisch „menippeisch" geltende Mischung von Vers und Prosa (Prosimetrum) tritt in diesen Werken nur an einzelnen kurzen Stellen (*Icarom.*) oder am Anfang (*Nec.*) auf.

Andere Schriften, die man in der Vergangenheit oft dem „menippeischen" Teil von Lukians Œuvre zugewiesen hat,[53] unterscheiden sich von „Ikaromenipp" und „Nekyomanteia" dadurch, dass sie nicht aus einer nur in einen Rahmendialog gekleideten langen Ich-Erzählung Menipps bestehen, sondern echte Dialoge sind; wieweit Lukian in ihnen wirkliche Motive Menipps verarbeitet hat oder in freierer Weise („menippisierend") an solche nur anknüpft, muss im Einzelnen freilich offen bleiben. Einen sehr menippeisch wirkenden prosimetrischen Anfang zeigt – wie der „Fischer" (vgl. unten S. 140) – „Der tragische Zeus" (*Iuppiter tragoedus*), wo der Göttervater und seine Olympier machtlos mitansehen müssen, wie auf der Erde ein kecker, die Götter leugnender Epikureer sich argumentativ gegen einen schwerfälligen, die Götter verteidigenden Stoiker durch-

---

[50] Zu beiden Schriften vgl. unten Kap. 8.3, S. 254–271.
[51] Vgl. Aristophanes' „Frieden" (Flug in den Himmel) und „Frösche" (Abstieg in die Unterwelt).
[52] Für die „Nekyomanteia" war Menipps „Nekyia" (auch wenn wir von ihr außer dem Titel kaum noch etwas haben) wahrscheinlich ein wichtiger Quellentext; vgl. HALL 1981, 71, 101, 122.
[53] Den vielleicht besten Katalog „menippeischer" Schriften Lukians findet man bei HALL 1981, 466, wo sie – neben der „dialogue form" – folgende gemeinsame Charakteristika dieser Schriften nennt: „a large element of fantasy, (visits to the Underworld, Olympus, conversations with gods etc.) and Cynic moralising on the subject of wealth, poverty, ambition etc., or mockery, in accordance with Cynic practice, of superstition and mythology, and ridicule of dogmatic philosophy and of philosophers".

setzt.⁵⁴ In „Der widerlegte Zeus" (*Iuppiter confutatus*)⁵⁵ gelingt es dem armen Titelhelden ebenfalls nicht, einen hartnäckig nachbohrenden „kleinen Kyniker" (Kyniskos) davon zu überzeugen, dass sich die Vorstellung göttlicher Allmacht mit dem Schicksalsgedanken vereinbaren lässt;⁵⁶ und ähnlich erfolglos bleibt Zeus' Versuch in der „Göttervolksversammlung" (*Deorum concilium*),⁵⁷ die versammelten Götter zu einem durchgreifenden Beschluss gegen die angeblich drohende Überfremdung des Olymp durch immer neue und ungriechische Gottheiten zu bewegen.

Demgegenüber ganz auf der Erde – aber mit phantastischen Elementen angereichert – spielt in „Der Traum, oder: Der Hahn" (*Gallus*) die nächtliche Unterhaltung zwischen dem armen Schuster Mikyllos und seinem sprechenden Hahn, der sich als Reinkarnation (u.a.) des Pythagoras und des Kynikers Krates entpuppt und seinen Herrn über die richtige – nämlich die kynische – Auffassung von Reichtum und Armut belehrt.⁵⁸ Als eine Art Gedankenaustausch zwischen Erde und Himmel ist die Schrift „Anliegen an Kronos"⁵⁹ (*Saturnalia*) konzipiert; sie besteht aus mehreren heterogenen Teilen – einem Dialog, einer mehrteiligen „Gesetzessammlung" und vier „Kronos-Briefen", die der Autor, der Gott Kronos und die Reichen miteinander austauschen –, in denen es um die Rolle des Kronos/Saturn, seines Saturnalienfestes und wieder um die kynische Thematik von Reichtum und Armut geht.⁶⁰ Auf himmlischer und irdischer Bühne spielt auch der Dialog „Die entlaufenen Sklaven" (*Fugitivi*):⁶¹ Im ersten Teil beklagt sich die Göttin Philosophie im Himmel vor Zeus bitter über die zahlreichen Scharlatane, die heuer als Philosophen auftreten und dadurch den guten Namen der Philosophie beschmutzen; daraufhin lässt Zeus im zweiten, irdischen Teil eine exempla-

---

54 Vgl. den zu diesem Werk immer noch grundlegenden Kommentar von COENEN 1977. Weiteres zum „Tragischen Zeus" s. unten Kap. 5.1f., S. 192–194, 197–200.
55 Eine genauere (aber weniger griffige) Wiedergabe des griechischen Titels Ζεὺς ἐλεγχόμενος wäre „Die Widerlegung des Zeus".
56 Genaueres s. unten Kap. 5.2, S. 200–202.
57 Der deutsche Titel gibt den griechischen (Θεῶν ἐκκλησία) genauer wieder als der eingebürgerte lateinische. Weitere Details zu dieser Schrift s. unten Kap. 5.1, S. 194–196.
58 Mehr zu diesem Dialog s. unten Kap. 6, S. 204–207
59 In diesem Fall gibt der deutsche Titel nur die griechische Überschrift des ersten (dialogischen) Teils dieses Werk-Konglomerats (s. oben) wieder, das mit dem lateinischen Titel *Saturnalia* besser erfasst ist.
60 Genaueres s. unten in Kap. 6 (S. 217–219).
61 Weiteres dazu s. unten Kap. 4.3.3, S. 165f.

rische Strafaktion durchführen, bei der drei entlaufene Sklaven als Pseudophilosophen dingfest gemacht werden.

In der menippeischen Unterwelt ist der Dialog „Die Niederfahrt, oder: Der Tyrann" (*Cataplus*) angesiedelt: Eine Reihe frisch Verstorbener – unter ihnen ein widerspenstiger Tyrann, ein wackerer Kyniker und ein ebenso wackerer kynisierender Schuster (der wie der Schuster im „Hahn" den Namen Mikyllos trägt) – werden von Hermes und Charon über den Unterweltsfluss Acheron gebracht und dann dem Totengericht unter dem Vorsitz des Rhadamanthys vorgeführt.[62] Im gleichen Ambiente spielen die dreißig „Totengespräche" (*Dialogi mortuorum*); in elf von ihnen tritt Menipp selbst auf und führt Gespräche mit anderen Unterweltsbewohnern,[63] in einem weiteren, Nr. 1, ist er Gesprächsthema; in einer weiteren Gruppe (fünf Dialoge) spielen andere Kyniker, vor allem der berühmte Diogenes, die Hauptrolle. Daneben führt Lukian aber auch noch viele andere Personen und Konstellationen vor (historische Gestalten, Götter, tote Erbschleicher, mythische Helden), was darauf hindeutet, dass er einen ursprünglich enger umrissenen „menippeischen" Einfall in verschiedene Richtungen erweitert hat.[64] Vielleicht die selbstständigste Weiterentwicklung der satirischen Unterwelt Menipps bietet der Dialog „Charon, oder: Die Zuschauer von oben" (*Charon*): Hier erhält der sehr lebendig gezeichnete Unterweltsfährmann einen Tag lang Gelegenheit, unter Führung des Hermes das oft widersinnige Treiben der Menschen auf der Erde kennenzulernen; am Ende kehrt er kopfschüttelnd in seinen Hades zurück.[65]

3.5. Lukian als Erzähler

Bereits in den Dialogen „Die Lügenfreunde" und „Toxaris" ist uns Lukian als Präsentator kurzweiliger und spannender Geschichten[66] begegnet (vgl. oben S. 93). Seine bedeutendste Schöpfung auf diesem

---

[62] Weitere Details s. unten in Kap. 6 (S. 207–209) und 8.4 (S. 271–274).
[63] Vgl. die „Nekyomanteia", wo solche Gespräche Menipps in c. 12 immerhin angedeutet werden (in c. 21 spricht er mit Teiresias); Totengespräch Nr. 20 – das umfänglichste – wirkt fast wie eine Dublette zur „Niederfahrt".
[64] Vgl. NESSELRATH 2017a, 96–101. Weitere Einzelheiten s. unten Kap. 8.4 (S. 274–280).
[65] Auch hierzu s. weitere Einzelheiten in Kap. 8.4 (S. 280–284).
[66] Hier ist daran zu erinnern, dass „Erzählung" (διήγημα) auch eine der Progymnasmata-(„Vorübungs-")Formen bildet, die in der Rhetorikschule geübt wurden.

Gebiet sind die zwei Bücher „Wahre Geschichten"[67] (*Verae Historiae*): In ihnen schildert ein Ich-Erzähler[68] seine phantastischen Reisen in den westlichen Ozean jenseits der Säulen des Herakles, dann zu Mond und Sonne, zur Insel der Seligen und noch vielen anderen Stationen; diese Münchhausiade versucht, die Gattung des mit unwahrscheinlichen Abenteuern vollgestopften Reise-Romans (eines Iambulos oder Antonius Diogenes), aber auch die überhitzte Phantasie mancher Geschichtsschreiber (z.B. des schon in der Antike als Schwindelautor verschrienen Ktesias) noch zu überbieten. In diesem einzigartigen Werk verbindet sich eine überbordende Fabulierlust mit vielfältiger literarischer Parodie und Satire.[69]

3.6. Lukian als Beobachter der eigenen Zeit

Eine ganze Reihe von Schriften – die formal als Vortrag oder als Brief oder Essay an einen einzelnen, aber auch als Deklamation oder als Dialog gestaltet sein können – erweisen Lukian als wachen Beobachter der eigenen Zeit.

Der an einen Philon gerichtete Essay „Wie man Geschichte schreiben soll" (*De Historia conscribenda*) – dessen erste drei Kapitel man auch als eine „Prolalia" lesen könnte – nimmt die im Gefolge des Partherkrieges der 160er Jahre aufblühende, zum Teil allzu unbedarft-enkomiastische Historiographie und ihre Auswüchse satirisch aufs Korn.[70] Exzesse und Fehlentwicklungen der zeitgenössischen Rhetorik und ihres Attizismus sind wiederkehrende Themen im „Rednerlehrer" (*Rhetorum praeceptor*) – der als Vortrag eines gealterten Rhetoriklehrers an einen Schüler gestaltet ist[71] –, in dem Dialog „Lexiphanes",[72] in der Deklamation „Das Gericht der Vokale",[73] und in der Invektive „Der Pseudo-Kritiker"

---

[67] In der γ-Handschriftentradition lautet der Titel genau genommen „Wahre Erzählungen", in der β-Tradition „Wahre Geschichte". Zu den beiden Überlieferungstraditionen von Lukians Schriften vgl. unten Kap. 9.2, S. 299 Anm. 23.
[68] Der in Buch II, c. 28 – in einem vom toten Homer (!) persönlich verfassten – Epigramm explizit als „Lukianos" bezeichnet wird!
[69] Weitere Einzelheiten s. unten in Kap. 8.5 (S. 284–294). Es gibt drei neuere Kommentare zu diesem Werk: GEORGIADOU / LARMOUR 1998, VON MÖLLENDORFF 2000a und CLAY / BRUSUELAS 2021 (dazu aber vgl. NESSELRATH 2022a).
[70] Genaueres s. unten Kap. 4.1.4 (S. 120–126).
[71] Vgl. oben S. 90f. Anm. 20 sowie unten Kap.4.1.2, S. 108f.
[72] Zum „Lexiphanes" vgl. vor allem Kap. 4.1.3 (S. 115–119).
[73] Dazu ebenfalls unten Kap. 4.1.3 (S. 112–115).

(*Pseudologista*);⁷⁴ eine jedenfalls formal vergleichbare Invektive ist das Pamphlet „Gegen den Ungebildeten, der viele Bücher kauft" (*Adversus indoctum*), in dem ein neureicher kulturloser Zeitgenosse angeprangert wird.

Drei von Lukians Schriften lassen sich als Biographien oder als biographische ‚Würdigungen' von Zeitgenossen charakterisieren, die es zu einer gewissen Bekanntheit gebracht hatten. In „Alexander, oder: Der Lügenprophet (*Alexander*)⁷⁵ – ein Text, der sich an einen Epikureer namens Kelsos richtet, der, so unser Autor, um diese Darstellung gebeten habe (c. 1) – präsentiert Lukian die „Schurkenbiographie" des Alexander von Abonuteichos, des ebenso geschäftstüchtigen wie skrupellosen Begründers eines neuen Orakels.⁷⁶ In „Über das Ende des Peregrinos" (*De morte Peregrini*) – dieser Text ist als Brief an einen Freund namens Kronios gestaltet – wird die Vita des kynischen Straßenphilosophen und ehemaligen Christen Peregrinos Proteus bis zu seiner spektakulären Selbstverbrennung an den Olympischen Spielen des Jahres 165 als ein ähnliches Gaunerleben dargestellt.⁷⁷ Dagegen schildert „Das Leben des Demonax" (*Demonax*) in zahlreichen Anekdoten die vorbildliche Gestalt eines zeitgenössischen athenischen Philosophen, den Lukian offenbar sehr geschätzt hat.⁷⁸

Lukian macht bei satirischer Darstellung von Zeitgenossen aber auch vor seinesgleichen – also griechischsprachigen Intellektuellen, die in der römischen Welt irgendwie ihren Lebensunterhalt zu verdienen versuchen – nicht halt: In „Über die, die für Lohn Unterricht geben" (*De mercede conductis*)⁷⁹ schildert er plastisch das traurige Los griechischer Philosophen, die für Geld viel Unwürdiges in den Häusern reicher Römer erdulden müssen.⁸⁰ Diese Schrift hat die Form eines an einen jungen Mann namens Timokles gerichteten Vortrags,⁸¹ durch den dieser davor gewarnt werden soll, sich in ein solches Dienstverhältnis zu begeben.

---

⁷⁴ Vgl. dazu oben S. 91 und unten Kap. 4.1.2, S. 109–112.
⁷⁵ Vgl. dazu die Kommentare von VICTOR 1997 und THONEMANN 2021.
⁷⁶ Vgl. oben Kap. 1.2.5 (S. 45, 47–49) und unten Kap. 4.2.2 (S. 131–136).
⁷⁷ Genaueres s. unten Kap. 4.2.1 (S. 127–130).
⁷⁸ Vgl. dazu oben Kap. 1.2.4 (S. 38f.) und unten Kap. 4.3.5 (S. 183).
⁷⁹ Vgl. dazu den Kommentar von HAFNER 2017a (sowie die Hinweise und Ergänzungen von NESSELRATH 2020b).
⁸⁰ Zu der „Apologia", mit der Lukian auf (angebliche?) Vorhaltungen reagiert, dass er sich selbst nicht an seine Warnungen gehalten habe, vgl. oben S. 53–56.
⁸¹ Die Vortragssituation ist durchaus mit des „Rednerlehrers" vergleichbar, wo ebenfalls ein junger Mann angesprochen ist, der sich eine lukrative Karriere erhofft; doch propagiert der „Rednerlehrer" in ironisch gebrochener Protreptik die

Ein Text noch einmal eigener Art ist der sich ethnographisch und historiographisch gebende – und am Ende mit autobiographisch anmutenden Zusätzen versehene – Bericht „Über die syrische Göttin" (*De Dea Syria*).[82] Hier beschreibt Lukian – vielleicht aus Lokalpatriotismus?[83] – in herodoteischer Manier und dem dazu gehörenden ionischem Dialekt mit großer Detailliebe das Heiligtum der Göttin Atargatis im syrischen Hierapolis. Ebenfalls in ionischem Dialekt verfasst ist die Abhandlung „Über die Astrologie", die früher in der Regel für unecht gehalten wurde, was inzwischen nicht mehr der Fall ist. Ihr Sprecher ist als Befürworter der Astrologie gezeichnet,[84] der gegen deren Kritiker polemisiert, sich dabei aber in nicht wenigen Inkonsistenzen verfängt, so dass man ihn letztlich nicht ernst nehmen kann (und auch nicht soll).[85]

3.7. Lukian als Dichter

Zum Abschluss dieses Überblicks ist noch kurz auf Lukian als Dichter einzugehen. In mehreren seiner „menippeischen" Werke präsentiert Lukian Verseinlagen, wobei es sich vor allem um Parodien von Homer- und Tragödienversen handelt; dabei kommen mitunter regelrechte kleine „Centonen" zustande, wie z. B. zu Beginn des „Tragischen Zeus" und in c. 40 des „Gastmahls". Im Corpus Lucianeum sind aber auch zwei Werke enthalten,[86] die ganz aus Dramenversen bestehen und beide als satirische Tragikomödien die Leiden der Menschheit an der Gicht thematisieren. Während aber die 334 Verse umfassende „Tragodopodagra" – die neben iambischen Trimetern eine beachtliche Anzahl lyrischer Versmaße (Anakreonteen und Verwandtes) aufweist – als echtes lukianisches Werk gel-

---

angeblichen Vorteile des neuen Rhetorikstudiums, während hier durchgehend die Nachteile des Begehrens, sich bei einem reichen Römer als Intellektueller in Anstellung zu begeben, drastisch geschildert werden.

82 Vgl. dazu den umfassenden Kommentar von LIGHTFOOT 2003.
83 Vgl. SWAIN 1996, 304–308.
84 Wir haben es also, aus der Sicht der Rhetorikschule gesprochen, wieder mit einer Deklamation in einer fiktiven Situation („Wie würde ein Befürworter der Astrologie diese verteidigen?") zu tun.
85 Vgl. hierzu die wichtige Darstellung von BERDOZZO 2011, 163–183.
86 Die unter Lukians Namen enthaltenen Epigramme in der Anthologia Palatina sind mit Sicherheit unecht und werden hier nicht weiter berücksichtigt

ten darf,[87] ist der kürzere „Schnellfuß" (*Ocypus*, 173 iambische Trimeter) eine spätere Nachahmung.[88]

3.8. Zwischenfazit

Innerhalb des klassizistischen Umfeldes der Zweiten Sophistik, das fast ausschließlich traditionelle und überwiegend rhetorische Literaturformen kultivierte, schuf sich Lukian mit seinem vielgestaltigen Œuvre einen besonderen Platz, indem er über die ausschließlich rhetorischen Textformen hinausging: Er verband diese geschickt neu mit nicht-rhetorischen und wusste diese Mischformen auch dazu einzusetzen, auffällige Phänomene der eigenen Zeit darzustellen und satirisch zu kommentieren.

Auf seine bewusste Mischung verschiedener literarischer Formen (rhetorischer Vortrag, philosophischer Dialog, Komödie, menippeische Satire, Iambos) hat Lukian selbst mehrfach hingewiesen.[89] Vor allem einer dieser Hinweise (im „Doppelt Verklagten", c. 32) wurde in früheren Zeiten gern als Hauptzeuge für eine regelrechte ‚Konversion' Lukians von der Rhetorik zur Philosophie angesehen.[90] Betrachtet man jedoch die betreffenden Schriften genauer, wird klar, dass Lukian die Rhetorik niemals wirklich ‚verlassen', sondern sie als Grundlage seines Schaffens stets weiter gepflegt hat.[91] Die sogenannte ‚Konversion' besteht vielmehr darin, dass Lukian von einem bestimmten Zeitpunkt an das literarische Potential erkannte, das in der Verbindung der Rhetorik mit den anderen genannten literarischen Formen lag. Die brillante Ausschöpfung dieses Potentials machte ihn im Literaturbetrieb der eigenen Zeit zu einem Außenseiter, der von Mainstream-Sophisten wie Philostrat nach Kräften ignoriert, von vielen anderen jedoch seit dem 3. Jh. durchaus zur Kenntnis genommen wurde,[92] und dies sicherte ihm ein bis heute währendes literarisches Nachleben.[93]

---

[87] Dies zeigt eine neue der „Tragodopodagra" gewidmete Dissertation von Giuseppe Palermo, die hoffentlich bald im Druck erscheinen wird.
[88] Wahrscheinlich ist der Verfasser der spätantike Rhetor und Libanios-Zeitgenosse Akakios; vgl. dazu zuletzt MAGNELLI 2020, 3–8.
[89] Vgl. oben Kap. 2 (S. 63–86).
[90] Vgl. oben S. 74 (mit Anm. 20) und 84.
[91] Das zeigt u.a. eine konstante Vorliebe für reale oder imaginäre Gerichtsszenen, für veranschaulichende Bilder und Vergleiche – vor allem aus der Welt des Theaters – sowie für Anekdoten, Sprichwörter und Redensarten.
[92] Vgl. unten Kap. 9.1 (S. 295–299).
[93] Vgl. unten Kap. 9.2 – 9.5 (S. 299–331).

4. Schwurbler, Schwindler, Scharlatane: Lukians Auseinandersetzung mit Phänomenen der zeitgenössischen Paideia

In der römischen Kaiserzeit gab es – vor allem in der griechischsprachigen östlichen Hälfte des Imperiums – zwei miteinander rivalisierende Ausrichtungen höherer Bildung (oder „Paideia", wie das dominante Schlagwort dieser Zeiten hieß):[1] Die eine favorisierte die mündliche und schriftliche Beherrschung einer elaborierten Redekunst als Weg zu öffentlicher Anerkennung und einer gut dotierten Position in der staatlichen Verwaltung, die andere die Aneignung eines ebenso elaborierten philosophischen Lehrsystems als Weg zu persönlicher Erfüllung und Glück (Eudaimonia). Die Rivalitäten dieser beiden Bildungswege haben sich auch in Lukians Œuvre niedergeschlagen: In nicht wenigen Schriften zeigt er sich mit ihnen gut vertraut und hat sehr oft seine offensichtliche Freude daran, die Schwächen ihrer Vertreter ebenso offen wie geistreich seinem Publikum zu präsentieren, wie die folgenden Abschnitte zeigen werden.

4.1. Lausige Literaten und rotzfrech-ruhmsüchtige Rhetoren

4.1.1. Zur Einführung: Die zeitgenössische Rhetorik und ihre negativen Seiten

Im griechischen Kulturleben zur Zeit Lukians stellte eine Rhetorik, die sowohl klassizistisch als auch attizistisch ausgerichtet war – d.h. sich inhaltlich und formal an den großen Autoren der griechischen Klassik und sprachlich ganz und gar am attischen Dialekt des 5. und 4. Jh.s v. Chr. orientierte –, die wichtigste Form höherer Bildung dar. Für alle, die in den oberen Rängen der politischen und literarischen Kultur eine sichtbare Rolle spielen wollten, wurde diese „Paideia" der Schlüssel zum Erfolg: Man musste unter seinen Peers in der Lage sein, rhetorisch anspruchsvoll zu kommunizieren, indem man die ‚guten alten' klassischen griechischen Prosa-Autoren nachahmte und sich im attischen Dialekt ihrer Zeit möglichst fehlerfrei auszudrücken verstand. Dies sind die wesent-

---

[1] Vgl. dazu bereits VON ARNIM 1898, 4–114; NESSELRATH 1985, 153–156; KARADIMAS 1996, 1–49; KASULKE 2005, 20–187. Gegen KASULKES Einwände gegen die oben skizzierte dichotomische Konzeption vgl. HOLFORD-STREVENS 2007.

lichen Parameter der Zweiten Sophistik, besonders (aber nicht nur) in der östlichen Hälfte des Römischen Reiches, und dies ist der Kontext, in dem Lukian sich wiederholt ebenso unterhaltsam wie deutlich über das äußerste, was seiner Meinung nach gute und schlechte Rhetorik sowie guten und schlechten Stil darstellte.

4.1.2. Scharlatanerie in der zeitgenössischen Rhetorik

Vor allem in zwei Schriften hat Lukian sehr eindrucksvoll vorgeführt, dass die zeitgenössische Rhetorik in seinen Augen auch Scharlatane anzog, die skrupellos die Vorgaben des Klassizismus und Attizismus missbrauchten, um als Bühnenkünstler in den Vortragsstätten ihrer Zeit Erfolg zu haben: im „Rednerlehrer" (Ῥητόρων διδάσκαλος, *Rhetorum Praeceptor*) und im „Pseudo-Kritiker, oder: Über den Unheilstag" (Ψευδολογιστὴς ἢ περὶ τῆς ἀποφράδος, *Pseudologista*).

Sollte es zutreffen, dass die Zielscheibe der einen dieser beiden Schriften – des „Rednerlehrers" – der Rhetoriklehrer Iulius Polydeukes / Pollux ist, der von Kaiser Commodus auf dem rhetorischen Lehrstuhl in Athen installiert wurde,[2] dann gehört diese Schrift bereits ziemlich ans Ende von Lukians Schaffen. Selbst aber wenn der „Rednerlehrer" sich

---

[2] Vgl. dazu bereits oben S. 51 mit Anm. 88. Für die Identifizierung des hier von Lukian Angegriffenen mit Pollux spricht in der Tat einiges: etwa, dass Lukian den in dieser Schrift dargestellten famosen „Rednerlehrer" von sich selbst sagen lässt, er stamme aus Ägypten und sei dort ein rechter Nobody gewesen, jetzt dagegen habe er „den gleichen Namen wie die Kinder des Zeus und der Leda erhalten" (24) – damit aber kann (sieht man von Helena ab) genaugenommen nur auf Polydeukes / Pollux angespielt sein, denn Kastor, Polydeukes' Zwillingsbruder, ist in der mythologischen Überlieferung der Griechen seit den „Kyprien" nicht Sohn des Zeus, sondern des Tyndareos (des sterblichen Ehemanns der Leda). Und der Sophist Iulius Polydeukes stammte eben auch aus Ägypten, wie Lukians ‚Rednerlehrer'. Es sind in der Vergangenheit verschiedene Argumente gegen diese Identifizierung vorgebracht worden (vgl. unten Anm. 3); es würde jedoch zu weit führen, sich hier damit genauer auseinanderzusetzen; HALL 1981, 396–403 hat die Frage umsichtig besprochen und ist zu dem Ergebnis gekommen, dass Lukians Zielscheibe in dieser Schrift mit einiger Wahrscheinlichkeit tatsächlich der Sophist Pollux ist und dass Lukian diese Schrift in einer Situation verfasste, als die Neubesetzung des kaiserlichen Lehrstuhls für Rhetorik in Athen anstand (wahrscheinlich einige Jahre nach 178, als Pollux' Lehrer Hadrianos von Tyros diesen Lehrstuhl bekommen zu haben scheint); die Athener hätten damals lieber den Sophisten Chrestos auf diesem Posten installiert gesehen, und es könnte sein, dass Lukian auf ihrer Seite gegen den anderen Aspiranten Pollux im „Rednerlehrer" Partei ergriff.

nicht unmittelbar gegen Pollux richtete,³ zeigt sein ganzer Inhalt doch, dass Lukian an der zeitgenössischen Situation der Rhetorik lebhaftesten Anteil nahm.

Der erste Sprecher dieses Textes tritt scheinbar als Befürworter einer ‚modernen' Rhetorik auf, die mit den Umständlichkeiten des traditionellen Unterrichts aufräumen und auf viel kürzerem Weg an das verheißungsvolle Ziel der rhetorischen Ausbildung, den fertigen Karrieresophisten, gelangen will; er lässt diese Rhetorik und ihren sie ganz und gar personifizierenden Vertreter – eben den „Rednerlehrer" – mit so absurden (auch unmoralischen) Verheißungen und Selbstpreisungen zu Wort kommen, dass die scheinbare Werbeschrift ‚für' den Rhetoriklehrer sich bald als vollständige Aburteilung dieses unseriösen sophistischen Quacksalbers entpuppt.

Der Sprecher beginnt mit der Anrede an ein fiktives Gegenüber, einen jungen Mann, der augenscheinlich gern Rhetorik studieren und Sophist werden möchte. Der Sprecher möchte ihm mit seinen Darlegungen eine Orientierungshilfe bieten und stellt ihm sogleich einen ganz leichten und rasch zu bewältigenden Weg in Aussicht (c. 2f.); und von c. 6 an geht es an die näheren Details.[4] Es gibt, so der Sprecher, zwei Wege (c. 7): Einer davon ist steil, lang und mühsam; das ist der alte, traditionelle Weg zur Beherrschung der Redekunst, viele Jahre harten und emsigen Studierens, und diesen Weg gibt der Sprecher zu, auch selbst zu seinem Unglück gegangen zu sein, wo er es doch viel leichter hätte haben können – denn daneben gibt es inzwischen einen ganz leichten Weg, den folglich die große Masse der Rhetoren jetzt geht (c. 8).

Von jedem der beiden Wege lässt der Sprecher nun einen Führer auf den jungen Mann zutreten.[5] Zuerst tritt der Führer des mühsamen und steilen Wegs auf (c. 9),

„ein kraftvoller Mann, stabil gebaut, männlich im Schritt, mit vieler Sonneneinwirkung auf seinem Körper, maskulin im Blick, hellwach; der Narr lässt einiges Geschwätz über dich ergehen, fordert dich auf,

---

[3] GIL 1979–80, 87–98 hat die bemerkenswerte, aber unwahrscheinliche These vertreten, nicht Pollux, sondern Apuleius sei die Zielscheibe von Lukians „Rednerlehrer" gewesen.
[4] Nachdem der Sprecher sich bemüht hat, ein mögliches Misstrauen gegenüber so überraschend problemlosen Aussichten zu zerstreuen (c. 4f.).
[5] Das erinnert wieder einmal an Herakles am Scheideweg und an die beiden allegorischen Frauengestalten, die um den jungen Lukian im „Traum" ringen.

ihm zu folgen, und zeigt dir die Spuren des Demosthenes und des Platon und noch anderer ..."

Schon der Anfang dieser Beschreibung genügt, um zu zeigen, dass trotz des scheinbar verächtlichen Tonfalls („Narr", „Geschwätz") hier kein verachtenswerter Mann eingeführt wird. Ganz anders der Führer des ‚leichten Weges' (c. 11):

„Wenn du den anderen Weg betrittst, wirst du neben vielen anderen auch einen Mann von überwältigender Weisheit und Schönheit finden, schwankend im Gang, mit angewinkeltem Nacken, weiblichem Blick, honigsüßer Stimme, duftend von Parfüm, sich mit der Fingerspitze den Kopf kratzend, und zwar nur noch wenige, aber dafür lockige hyazinthene Haare zurechtmachend, einen ganz zarten Sardanapal ..."

Von Anfang an ist kaum glaubhaft, dass das Bild dieses alternden Dandys positiv gemeint sein könnte. Und dann beginnt dieser Mensch auch noch zu reden; seine Rede füllt sogar den ganzen zweiten Teil der Schrift (c. 13-25), aber hier genügen erneut die ersten Worte, um das Ethos dieser Figur deutlich zu machen:

„Hat dich etwa, mein Lieber, der pythische Gott zu mir geschickt, indem er mich als den besten der Redner bezeichnete, so wie er, als Chairephon ihn fragte, auch anzeigte, wer der weiseste unter den damaligen war? Und wenn nicht dies der Fall ist, sondern du kommst, da du meinem Ruhm entsprechend selbst gehört hast, wie alle starr vor Staunen über meine Leistungen sind, sie besingen, bewundern und vor ihnen am Boden liegen, so wirst du sehr bald wissen, zu was für einem wundersamen Mann du gekommen bist ..." (c. 13)

Der „Rednerlehrer" krankt offensichtlich nicht an mangelndem Selbstbewusstsein. Im Folgenden gibt er eine ausführliche und sehr decouvrierende Darstellung, was ein Redner seines Schlages braucht und zu seinem Ruhm tun muss. Irgendwelche Vorbildung? Unnötig; zur Not geht's sogar ohne Schreibenkönnen (c. 14). Sehr wichtig dagegen: Unbelehrsamkeit, Frechheit und Unverschämtheit, eine luxuriöse, ruhig etwas aufreizende Kleidung und eine Menge Gefolge (c. 15). Ein paar typische attische Wörter reichen völlig aus, um Stil zu simulieren; und nur keine Angst vor fremdländischen, ungebräuchlichen und archaischen Wörtern, notfalls auch selbstgemachten; aber ja keine Klassikerlektüre (c. 16f.)! Lässt man bei einer improvisierten Vortragsveranstaltung das Publikum die Themen wählen, dann ruhig frech alles ablehnen und schlechtmachen, was als zu schwierig erscheint; und wenn die Wahl getroffen ist, dann nur immer forsch drauflos – irgendwelche Strukturierung ist völlig unnötig; und ja keine Pause machen! Auch bei Athen betreffenden Themen möglichst viel Exotisches hineinbringen; ferner stets die ollen Kamellen mit Marathon und Xerxes und Leonidas etc. (c. 18). Singsang beim Vortrag macht sich gut, ebenso möglichst viel Pathos; dazu viel expressive Körpersprache: Schenkelschlagen, Hinternwackeln, häufiges Husten und Räuspern; ruhig auch mal eine kräftige Publikumsbeschimpfung; und dass die sich ja wieder setzen, wenn sie etwa Anstalten machen, der Darbietung entkommen zu wollen (c. 19) ! Möglichst bei Deukalion und Pyrrha[6] anfangen; Schwitzen und Schnaufen wirken auch immer sehr überzeugend (c. 20). Gute Claqueure sind Gold wert; und nicht mit Eigenlob sparen (c. 21)! Die sophistischen Konkurrenten dagegen immer schlechtmachen; auch komme man zu ihren Veranstaltungen möglichst immer zu spät, das schafft Aufsehen (c. 22). So sarkastisch-absurd alle diese Ratschläge sind,[7] vermitteln sie doch vielleicht so etwas wie ein Foto-Negativ von der Situation damaliger rhetorischer Veranstaltungen; es dürfte nicht alles blanke Übertreibung sein, was Lukian hier zum Besten gibt.

Der „Rednerlehrer" beendet seine Selbstdarstellung noch mit einigen Einblicken in sein Privatleben; nach dem Vorangehenden kann es nur skandalös sein, und tatsächlich fehlt es in ihm an keinem Laster (c. 23–25) – auf seine in diesem Bereich erworbene „Berühmtheit" hält sich der Sprecher natürlich auch einiges zugute. Dann schweigt er huldvoll, des Dankes seines jungen Zuhörers gewiss, und der Sprecher des Anfangs spricht noch paar Schlusssätze in eigener Person, die die sarkastische Ironie des ganzen Textes aufrechterhalten: Er selbst fühlt sich den Anforderungen der gepriesenen ‚neuen Rhetorik' nicht mehr gewachsen:

„Ich für mein Teil werde – denn ich bin ja bescheiden und furchtsam – euch aus dem Weg treten und mit meinen oberflächlichen Bemühungen um die Rhetorik aufhören, da ich zu euren Leistungen in ihr nichts beibringen kann; vielmehr: ich hab' ja bereits aufgehört; so

---

[6] Vgl. die deutsche Redensart „bei Adam und Eva anfangen".
[7] Man fühlt sich mehr als einmal an Tucholskys „Ratschläge für einen schlechten Redner" erinnert.

lasst euch denn, ohne euch angestrengt zu haben, als Sieger ausrufen und bewundern, und denkt nur an das Eine: dass ihr mich nicht an Schnelligkeit übertroffen habt, weil ihr euch als die flinkeren zeigtet, sondern weil ihr den leichtesten und abschüssigen Weg eingeschlagen habt" (c. 26).

Aus diesen letzten Worten sprechen Enttäuschung und unterdrückte Resignation – sollen wir diese Gefühle Lukian selbst zuschreiben?[8] Aber wäre er dann in vorgerücktem Alter noch einmal zu seinem früheren Metier als Vortragsredner zurückgekehrt, wie dies die Prolaliai „Herakles" und „Dionysos" anzudeuten scheinen?[9] Eher zeigt uns der „Rednerlehrer" einen engagierten Autor, der unter der Maske des zu kurz gekommenen alten Rhetors die ‚moderne' Rhetorik zwar als profitabel darstellt, ihr aber in Wahrheit jegliche Seriosität abspricht. Dieser Sprecher ist eine sehr fragwürdige Person, denn er zeigt sich weder fähig, bei der „alten" Rhetorik zu bleiben noch zu der „neuen" überzugehen.

Die Verfasserin eines umfangreichen Kommentars zum „Rednerlehrer"[10] hat die These vertreten, dass beide Wege zur Rhetorik, die in dieser Schrift thematisiert werden – der lange alte und der kurze neue – von Lukian als falsch präsentiert werden, was dann die Etablierung eines dritten Weges erforderlich machen würde; aber ein solcher dritter Weg wird nirgends in diesem Text auch nur vage angedeutet – dadurch, dass Lukian die Methoden – und die Moral – des Vertreters des „neuen" Weges gründlich diskreditiert, legitimiert er de facto den alten und traditionellen Weg.

Auch die Invektive „Der Pseudo-Kritiker, oder: Über den Unheilstag" stellt eine Auseinandersetzung mit Entartungserscheinungen der zeitgenössischen Rhetorik dar, in diesem Fall fokussiert auf einen Gegner oder Rivalen Lukians, dessen Identifizierung bis heute noch nicht eindeutig gelungen ist.[11] Die Schrift ist wesentlich weniger strukturiert als der „Rednerlehrer", ja geradezu ungeordnet in der Art und Weise, wie sie ihre Angriffe vorbringt; fast möchte man diese Vermeidung von Struktur als Indiz für den wutschnaubenden Eifer nehmen, mit dem sich Lukian

---

[8] So JONES 1986, 108, dessen Ausdeutung aber zu weit geht: „It may mark a stage in Lucian's career when he decided, as he claims elsewhere, to renounce the life of rhetoric, but he may have exaggerated the pose of the injured conservative in order to sharpen his satire on modern sophists."
[9] Vgl. oben S. 52 und 56.
[10] ZWEIMÜLLER 2008; vgl. dazu NESSELRATH 2010a.
[11] Vgl. oben S. 91 (Kap. 3.1).

auf ihre Abfassung gestürzt hat, um es seinem unverschämten Gegner heimzuzahlen. Die Schrift ist jedenfalls eine der giftigsten Invektiven, die aus der Antike erhalten geblieben sind.

Der Feind, der in diesem Text demontiert wird, hatte es gewagt, Lukians Kompetenz in Sachen „Feinheiten der griechischen Sprache" in Frage zu stellen, indem er behauptete, der Syrer habe das Wort ἀποφράς („Unglückstag") falsch verwendet,[12] und ihn deshalb einen „Sprach-Barbaren" (βάρβαρον [...] τὴν φωνήν, c. 1) genannt. Der Gegner hatte es darüber hinaus auch nicht versäumt, sich über diese sprachliche Unachtsamkeit nach Kräften lustig zu machen. Lukian droht ihm deshalb schon in seiner Einleitung an, er werde sich an ihm wie weiland der archaische Dichter Archilochos[13] – ein Meister der poetischen Verunglimpfung – an seinen Gegnern rächen (c. 1f.). Anschließend stellt er die Vorgeschichte des verhängnisvollen Zwischenfalls vor, die er jedoch von einem fiktiv eingeführten Dritten erzählen lässt, um seiner Darstellung den Anschein der Unparteilichkeit zu verleihen. Die besondere Wahl dieses Dritten soll diesen Anschein noch verstärken: Es handelt sich um die Prologfigur einer offenbar einst berühmten Komödie Menanders,[14] den Gott Elenchos; wenn also die personifizierte „Untersuchung" persönlich für Lukian Partei ergreift, wer dürfte da noch an der Wahrheit des dargestellten Sachverhalts zweifeln? Die Einführung des menandrischen Elenchos ist ein gelungener Schachzug.

Elenchos schildert nun (c. 5–7), wie es zu dem ersten Zusammenstoß zwischen Lukian und seinem Gegner in Olympia kam:[15] Bei dieser festlichen Gelegenheit trat jener Gegner als vortragender Sophist auf. Er wollte als großer Improvisator reüssieren, denn dies galt ja als Krone sophistischer Kunst; er hatte aber mit einem Bekannten zuvor schon das

---

[12] Freilich bleibt Lukian in allen seinen Anspielungen (c. 1, 2) auf diesen Zwischenfall auffällig vage, sichtlich ein Zeichen der Unsicherheit. Vgl. auch WEISSENBERGER 1996, 51–58.
[13] Zu diesem Bezugspunkt vgl. NESSELRATH 2007. In *Bis Acc.* 33 erwähnt Lukian (in der Anklagerede des Dialogos) den antiken Iambos (eines Archilochos und anderer Dichter) ausdrücklich als eine Inspirationsquelle (vgl. oben S. 75f).
[14] Auf diese Prologfigur wird nicht nur bei Lukian, sondern auch in diversen antiken rhetorischen Schultexten hingewiesen (vgl. die Dokumentation in Menander fr. 507 K.-A.); leider wird nirgends das Stück, aus dem diese Prologfigur stammt, genannt. WEBSTER 1974, 182 wollte sie dem Stück „Sikyonios" (oder „Sikyonioi") zuweisen („Elenchos [...] seems a likely speaker"). Dessen Prolog (vgl. vv. 1–24) wird von einer Gottheit gesprochen; von welcher, ist nicht mehr erkennbar.
[15] Laut *Peregr.* 35 war Lukian wenigstens viermal bei Olympischen Spielen dabei; vgl. oben S. 41.

Thema abgesprochen, das dieser dann scheinbar ad hoc vorschlug: etwas über Pythagoras. Nicht nur die Improvisation aber war ein abgekartetes Spiel, sondern auch der Vortrag war nicht einmal eine eigenständig ausgearbeitete Deklamation, sondern ein Sammelsurium von Plagiaten aus Vorträgen anderer Sophisten; und dazu war auch noch die Darbietung des Ganzen höchst unbefriedigend. Das alles merkte das Publikum und machte sich geradezu einen Sport daraus, einander die einzelnen Plagiate nachzuweisen. Teil dieses Publikums war auch Lukian, und ihm platzte, als der Plagiator auf der Bühne dann auch noch in einen völlig missglückten Trauer-Singsang über Pythagoras verfiel, ein so gewaltiges Lachen heraus („er kann sein Lachen nicht kontrollieren", lässt er den Elenchos fast entschuldigend über sich sagen[16]), dass auch der Vortragende darauf aufmerksam wurde; und dies war der Beginn ihrer Feindschaft.

Die ganze Episode ist sehr lebendig erzählt; ob sie sich wirklich so zugetragen hat und ob der Vortragende wirklich eine so unglückliche Figur dabei machte, wie Lukian genussvoll ausmalt, lässt sich nicht mehr klären; aber die Details wirken zeitecht, und das Publikum wird wohl zu Recht als ein sehr anspruchsvolles und kritisches dargestellt. Lukians Gegner zeigt bei seinem Vortrag viele von den Untugenden, die der „Rednerlehrer" seinem potentiellen jungen Schüler als Ratschläge mit auf den Weg gibt: das Bestreben, beim Vortragsthema auf Nummer Sicher zu gehen, das freche Auftreten mit anderer Leute geistigem Eigentum, die schlechte Darbietungsweise, das Verfallen in Singsang.[17]

Nach den Ausführungen des Elenchos übernimmt Lukian (in c. 10) wieder selbst und bemüht sich zunächst zu erweisen, dass sein Gebrauch des Wortes *apophras* tadellos war (c. 11–17). Anschließend zeigt er (c. 18–23), dass die Bezeichnung seines Gegners mit diesem Wort aufgrund von dessen früherem, in jeder Hinsicht unmoralischem Lebenswandel völlig berechtigt ist; hier ist – im besten Stil eines Archilochos und in nichts den gegenseitigen Invektiven des Demosthenes und Aischines nachstehend – eine Flut übelster Beschimpfungen zusammengetragen. In c. 25 lässt er ihn sogar von seiner eigenen Zunge anklagen, die er auch in sexueller Hinsicht übelst missbraucht habe. Neben solchen Ausführungen werden dem Gegner aber auch immer wieder linguistische Fehlgriffe (un-

---

[16] Könnte dies ein ‚realer', autobiographischer Zug sein?
[17] Unter anderem hieraus hat C. P. JONES den Schluss gezogen, dass es sich bei dem hier Durchgehechelten um Hadrianos von Tyros, den Lehrer des (mutmaßlich im „Rednerlehrer" attackierten) Pollux, handeln könnte (JONES 1986, 114 Anm. 65).

verständliche Ausdrücke: c. 24, 29) vorgehalten; er ist nicht nur ein moralischer, sondern auch ein sprachlicher Versager.

Insgesamt führt „Der Pseudo-Kritiker" einen Adressaten vor, der zum einen typische Defizite zeigt wie bereits der „Rednerlehrer" (ebenso professionell-rhetorische wie charakterliche), der zum anderen unserem Autor aber offensichtlich auch persönlich zu nahe getreten ist. Der gereizte Ton der ganzen Schrift dürfte zeigen, dass Lukian – als vom östlichen Außenrand der griechisch-römischen Welt in die sophistische Bildungswelt der Zweiten Sophistik Kommmendem – bei aller stilistisch-literarischen Souveränität, die er auch in dieser Invektive beweist, ein Rest von Unsicherheit geblieben war.

4.1.3. Ein übertriebener Attizismus

Im „Rednerlehrer" wird (unter anderem) ein seichter Attizismus angeprangert, der glaubt, mit ein paar wenigen „typisch attischen" Wörtern auskommen zu können, und der „Pseudo-Kritiker" gerät nicht zuletzt deswegen unter die Räder von Lukians Invektive, weil er es für richtig hält, seine Vorträge mit ausgefallenen Wörtern zu spicken. In „Das Gericht der Vokale"[18] wird eine andere Seite attizistischer Verfehlungen satirisch beleuchtet: ein übertrieben attizistischer Konsonantengebrauch.

Dies geschieht hier im Rahmen einer fiktiven Gerichtsrede, die von einem höchst ungewöhnlichen Sprecher gehalten wird, nämlich von dem Buchstaben Sigma, der hier ein Anklageplädoyer gegen die ständigen Übergriffe des Buchstabens Tau in seine Domäne hält. Ebenso ungewöhnlich wie Ankläger und Angeklagter ist das Richtergremium: Es besteht aus den sieben Vokalen des griechischen Alphabets (daher auch der Titel der kleinen Schrift[19]); die Vokale sind hier die Richter, da sie gegenüber den miteinander streitenden Konsonanten unparteiisch sein können.

Sigmas Anklagerede ist kaum in eine andere Sprache übersetzbar, da sie vor allem aus Sprachspielereien besteht, die nur im Griechischen ihre (erheiternde) Wirkung behalten; aber für jemand, der ein wenig von den – teilweise erheblichen – Konsonantenverschiebungen zwischen den ein-

---

[18] Gelegentliche Zweifel an der Echtheit dieser kleinen, aber höchst amüsanten Schrift (z. B. bei HARMON im Vorwort zu seiner Übersetzung und bei DEFERRARI 1916, 78f.) werden von HALL 1981, 552f. zu Recht zurückgewiesen.
[19] So jedenfalls in der Handschriftenfamilie γ; zu dem deutlich anderen Titel in β („Der Rechtsstreit der Konsonanten") vgl. oben S. 90 [Kap. 3.1, Anm. 17]. Zu den beiden Handschriftenfamilien vgl. unten Kap. 9.2, S. 299 Anm. 23.

Kap. 4: Schwurbler, Schwindler, Scharlatane 113

zelnen griechischen Dialekten versteht, sind Sigmas Ausführungen ein großer Genuss. Es geht, etwas vereinfacht gesagt, um das Phänomen, dass eine Reihe von Wörtern, die in den übrigen griechischen Dialekten – oder sagen wir: gemeingriechisch – mit Sigma geschrieben werden, anstelle dieses Sigmas im Attischen ein Tau haben; am deutlichsten ist das bei Wörtern mit Doppel-Sigma bzw. Doppel-Tau zu sehen (so wird aus „Thessalia" attisch „Thettalia"). Das Attische war seit dem Beginn der hellenistischen Zeit zu der in der ganzen griechischen Welt allgemein üblichen Verkehrssprache, zur „Koine", geworden, hatte dabei aber einige attische Lokaleigenarten eingebüßt, und dazu gehörte auch das attische Tau (und Doppel-Tau). Seit dem 1. Jh. vor und noch mehr seit dem 1. Jh. nach Chr. aber kam in der Literatursprache eine immer stärkere Tendenz auf, die Koine als mehr oder weniger entstelltes Sprachprodukt der hellenistischen Zeit abzulehnen[20] und zum „reineren" Attisch des 5. und 4. Jh.s. v. Chr. zurückzukehren. Gerade zur Zeit Lukians waren solche Tendenzen besonders ausgeprägt,[21] und zu ihnen gehörte auch, „un-attische" Lautungen wie ein Sigma statt eines Tau zu vermeiden. Wenn Lukian also im „Gericht der Vokale" das Sigma gegen das Tau klagen lässt, kann man dies als ein Plädoyer für mehr gemeingriechische Wortformen gegen übertrieben attische (oder sogar falsch „attisierte") verstehen.

Sigmas Rede ist klar aufgebaut: In seinem Prooemium (c. 2) umreißt es kurz den Anlass seiner jetzigen Anklage und die große Gefahr, die ihm vom Tau droht, wenn dessen Übergriffen nicht Einhalt geboten wird:

„Denn wenn es den Dingen, die es bereits angerichtet hat, immer noch Schlimmeres hinzufügt, wird es mich völlig aus meinem eigenen Gebiet herausdrängen, so dass ich bald, wenn ich nichts unternehme, nicht einmal mehr zu den Buchstaben gerechnet werde, sondern nur noch so da bin wie irgendein Geräusch."

Es folgt ein allgemeiner Appell an alle Buchstaben, vor allem aber an die das hohe Gericht bildenden Vokale, auf die Wahrung der alten Ordnung und Verteilung der Zuständigkeiten unter den Buchstaben besondere Obacht zu geben; hätte man damit schon früher angefangen – fährt Sigma

---

[20] Deswegen ist in der Überlieferung der griechischen Literatur nur vergleichsweise wenig hellenistische Prosa erhalten geblieben.
[21] Damals versuchte der Grammatiker und Sophist Phrynichos, in seiner „Auswahl [*Ekloge*] attischer Substantive und Verben" alle Wörter zu verbannen, die nicht vor den letzten Jahrzehnten des 4. Jh.s (also z.B. erst in den Komödien Menanders) belegt waren.

in leicht tadelndem Ton fort –, wäre es auch gar nicht erst zu den inzwischen bestehenden Streitigkeiten zwischen Lambda und Rho, zwischen Gamma und Kappa und zwischen Gamma und Lambda gekommen (c. 3–5)

Nach diesen Vorbemerkungen kommt Sigma dann zu seinem eigenen Fall (c. 6) und schildert in einer schönen schulmäßigen Narratio,[22] wie das Tau mit seinen Freveln begann (c. 7): Bei seinem Aufenthalt bei dem aus Böotien stammenden Komödiendichter Lysimachos[23] habe es, Sigma, zum ersten Mal so richtig die Unersättlichkeit des Tau beobachten können (es folgt eine Reihe von Wortbeispielen). Dieser Lysimachos ist hier vor allem deswegen eingeführt, um als Person der Narratio Sigmas einen halbwegs konkreten Anstrich zu geben; im Folgenden ist er vergessen, und Sigma konzentriert sich nunmehr ganz auf die Übeltaten des Tau (c. 7–9). Dabei schießt es auch ein paar Mal über das Ziel hinaus: Selbst der radikalste Attizist hätte wohl kaum je Feigen mit τῦκα statt σῦκα bezeichnet, was Sigma jedoch ernsthaft befürchtet;[24] auch βασίλιττα statt βασίλισσα („Königin") ist sonst nirgendwo mehr belegt. Dass das Tau dem Sigma auch noch den urattischen „Hymettos" gestohlen habe, der

---

[22] Die Narratio („Erzählung") ist fester Bestandteil einer lege artis aufgebauten Gerichtsrede: Sie schildert den Hergang der Ereignisse, die zu dem hier verhandelten Gerichtsfall geführt haben.

[23] Ein Komödiendichter Lysimachos ist nirgends sonst belegt (vgl. PCG V p. 632) und daher mit großer Wahrscheinlichkeit eine fiktive Gestalt; als Komödiendichter ist er vielleicht deshalb hier eingeführt, weil die attischen Puristen – die eben auch das attische Tau dem gemeingriechischen Sigma vorzogen – ihre Hauptfundgrube für korrekte Wörter und Formen in der Alten Komödie erblickten. Vielleicht ist hier an Lukians Darstellung besonders maliziös, dass dieser Lysimachos zwar Anspruch auf reinste attische Herkunft erhebt, in Wahrheit aber aus Böotien stammt, das im gebildeten Athen immer den Ruf eines zurückgebliebenen Hinterwäldlergebietes hatte; die Böoter waren für ihre geistige Tumbheit und ihre Vielfresserei schon in der attischen Komödie verschrien. Vielleicht konnten Lukians Zeitgenossen hinter diesem Lysimachos noch eine reale Figur ausmachen, der Lukian eins auswischen wollte; uns fehlen dazu die Belege. Lysimachos stellt hier jedenfalls jemanden dar, der gewissermaßen päpstlicher sein will als der Papst, oder in diesem Fall: trotz seiner böotischen Herkunft attizistischer als ein echtgeborener Athener, und der vielleicht gerade deshalb dem „attischen" Tau in seinem Wortgebrauch Tür und Tor öffnet.

[24] Im Gegenteil scheint τῦκα gerade eine böotische Lokalform für σῦκα gewesen zu sein, worüber sich der Komödiendichter Strattis (fr. 49,5f. K.-A.) in seinem Stück „Die Phönizierinnen" lustig gemacht hat.

eigentlich „Hymessos" genannt werden müsse,[25] ist ein glänzender komischer Einfall.

Die Frevelhaftigkeit des Tau kontrastiert Sigma dann mit seiner eigenen Verträglichkeit gegenüber anderen Buchstaben wie Zeta, Xi und Rho, die gelegentlich auf sein Gebiet übergreifen (c. 9); Tau dagegen hat auch noch anderen Buchstaben Unrecht angetan, und dazu ruft Sigma jetzt als Zeugen Delta, Theta und Zeta mit einschlägigen Beispielen auf (c. 10). Und schließlich – fährt Sigma fort – hat Tau auch noch den Menschen Böses getan (c. 11), lässt es sie doch ταλόν statt καλόν sagen, macht ihnen aus einem harmlosen Zweig (κλῆμα) ein Verbrechen (τλῆμα) und aus dem persischen Großkönig Kyros sogar einen Käse (Τυρός)![26]

Sigma endet mit der unerhörtesten Beschuldigung von allen (c. 12): Tau habe mit seiner Form sogar die Tyrannen dazu inspiriert, ihm das Kreuz – das in seiner historischen Form in der Tat aus einem Längsbalken und einem darüber gelegten Querbalken bestand – als Marter- und Todesinstrument nachzubauen; dafür verdiene es, selbst mit Hilfe seiner eigenen Form hingerichtet zu werden!

Ernster als in diesem witzigen kleinen rhetorischen Divertimento zu der damals aktuellen Kontroverse um den rechten Grad des Attizismus bei Wörtern und Wortformen[27] hat Lukian sich mit attizistischen Übertreibungen im „Lexiphanes" auseinandergesetzt. In diesem Dialog trifft Lukians Alter Ego Lykinos den Titelhelden auf einer Straße – wahrscheinlich in Athen – mit einem Buch in der Hand an, bei dem es sich, wie Lexiphanes sogleich mitteilt, um eine ganz neue eigene Produktion handelt. Schon der allererste Satz, mit dem Lexiphanes dies kundtut, zeigt, wes Geistes Kind er ist: ein Hyperattizist, dem die Wörter gar nicht alt und ausgefallen genug sein können. So bezeichnet er sein neues Werk nicht einfach als νέον, sondern als νεοχμόν, d.h. mit einem unge-

---

[25] Diese ionische Form findet sich nur noch bei Herodot (6,137,2f.) und Kallimachos (fr. 2a,49f. PFEIFFER).
[26] Alle diese Fälle dürften ad-hoc-Erfindungen sein. Bei dem Wortspiel ταλόν – καλόν ist die Pointe unklar (Sprachfehler eines Zeitgenossen?).
[27] Lukians „Gericht der Vokale" ist übrigens nicht das einzige erhaltene antike Werk, in dem es um einzelne Buchstaben geht: In den *Quaestiones Convivales* Plutarchs gibt es ebenfalls zwei Kapitel, die sich solchen Fragen widmen, 9,2 („Warum das Alpha im Alphabet die erste Stelle einnimmt") und 9,3 („Gespräch über die Vokale und Halbvokale"). Beide sind freilich erheblich weniger unterhaltsam gestaltet als Lukians Buchstabenprozess, wie auch HELM 1906, 179 vermerkt.

bräuchlich-altertümlichen Wort,[28] das in attischer Prosa nichts zu suchen hat. Lykinos reagiert darauf, indem er so tut, als habe er sich verhört, und fragt: „Ach, schreibst du auch schon über dürre Dinge (περὶ αὐχμῶν)?"; und als Lexiphanes seinen vermeintlichen Hörfehler unwirsch korrigiert, fügt er zweideutig hinzu: „Verzeih', mein Freund; das νεοχμόν hat nämlich viel mit Dürre (αὐχμός) gemeinsam." Dann aber erkundigt er sich höflich nach dem Inhalt von Lexiphanes' neuem Werk und erhält die stolze Antwort: „Ich antisymposiiere in ihm dem Sohn des Ariston!" Da braucht Lykinos doch einen Augenblick, bis er begreift, dass Lykinos ein Konkurrenzprodukt zum „Symposion" Platons (der Sohn eines Ariston ist) meint. Lexiphanes lässt sich nun auch nur zu gerne darum bitten, aus seiner neuen Schöpfung eine Kostprobe zu geben: „Schau also zwischenein, Lykinos, wie ich meinen Logos durchquere, ob er wohlbeanfangt ist und wohlgewortet und wohlbegrifflich, ferner auch wohlgenamt.[29]" Nach dieser Einleitung folgt dann ein acht Oxfordtext-Seiten langer Vortrag (c. 2–15), in dem es von entlegenen, längst obsolet gewordenen und zweideutig oder sogar falsch gebrauchten Wörtern nur so wimmelt. Dieser Text ist aufgrund seiner subtilen Sprachspielereien nahezu unübersetzbar;[30] er zeigt aber sehr gut, wie vertraut Lukian mit den Auswüchsen des in seiner Zeit grassierenden Attizismus war.

Was Lexiphanes mit diesem verbalen Sammelsurium erzählt, ist in seinem Inhalt so langweilig und belanglos[31] – ein mit Freunden erst auf dem Land, dann im Gymnasion und schließlich beim Deipnon und Symposion verbrachter Tag –, dass ganz deutlich wird, dass es ihm nur darum geht, seine entsetzliche copia verborum zu exhibieren, die Lykinos denn auch schließlich so unerträglich wird, dass er energisch „Aufhören!" ruft (c. 16) und sich völlig erschüttert zeigt, wie jemand solche Massen widerlich-unverständlichen Vokabulars verinnerlichen kann (c. 16f.).[32] Just in diesem Augenblick sieht er den Arzt Sopolis des Weges kommen und bittet ihn, an dem armen logomanen Lexiphanes umgehend eine Radikal-

---

28 Vgl. Cratin. fr. 152 K.-A., aber auch Aesch. fr. 78,50 Radt; ferner WEISSENBERGER 1996, 157.
29 Mit „wohlgenamt" ist hier das von Lexiphanes verwendete εὐώνυμος übersetzt, was im ‚normalen' Sprachgebrauch „links" oder sogar „mit schlechten Vorzeichen" bedeutet (vgl. WEISSENBERGER 1996, 165).
30 Vgl. die unten aufgeführten Beispiele.
31 Vgl. dazu das nächste Teilkapitel (4.1.4, S. 119f.).
32 Wie Tychiades nach den Lügengeschichten in den „Lügenfreunden" verlangt es auch Lykinos hier dringend nach einem Emeticum, um sich auf diese Weise möglichst rasch von dem Gehörten zu befreien.

kur vorzunehmen (c. 18). Lexiphanes' Proteste dagegen verhallen (c. 19); Dr. Sopolis hat zufällig gerade ein gutes Brechmittel dabei,[33] und mit ihm wird Lexiphanes sogleich dazu gebracht, den ganzen attizistischen Wortballast von sich zu geben, was Sopolis auch drastisch-plastisch kommentiert:

„Fang also mit dem Erbrechen an. Donnerwetter! Da ist zuerst dieses μῶν („doch sicher nicht?"), dann ist das κᾆτα („und dann") draußen, danach das ἦ δ' ὅς („sprach er") und ἀμηγέπῃ („in gewisser Weise") und λῷστε („mein bester") und δήπουθεν („fürwahr") und gleich anschließend das ἄττα („allerlei"). Streng dich aber trotzdem weiter an und steck' die Finger in den Hals – noch hast du nicht das ἴκταρ („stehenden Fußes") von dir gegeben oder das σκορδινᾶσθαι („Gliederstrecken"), das τευτάζεσθαι („Abschweifen") oder das σκύλλεσθαι („Enervieren"). Noch ist vieles unten drin und dein Magen voll davon. Besser noch (wär's), wenn auch unten einiges herauskäme [...]" (21).

Schließlich ist die Prozedur beendet, und Lykinos gibt dem entleerten Lexiphanes noch einige gute Ratschläge für künftig bessere Sprache mit auf den Weg: als Vorbilder erst einmal die besten Dichter, dann die Redner, Thukydides, Platon, Komödie, Tragödie – also ein ganz klassisches (oder klassizistisches) Literaturprogramm (c. 22); Leitgedanken beim Sprechen sollen Anmut und Klarheit im Ausdruck sein (c. 23); erst soll man die Gedanken und dann erst die dazu passenden Worte überlegen, und nicht umgekehrt (c. 24);[34] den Abschluss bilden Hinweise auf einige besondere Fehler (c. 25).

Das Thema des „Lexiphanes" und die Art seiner Behandlung passen durchaus zu Lukians Zeit und den damals aktuellen sprachlich-literarischen Kontroversen. Im „Rednerlehrer" werden teilweise die gleichen Fehler angeprangert; allerdings geht es dort um Leute, die glauben, ohne gründliches Studium der klassischen Vorbilder schnell zu rhetorischem Ruhm gelangen zu können, indem sie ihre mediokren Machwerke mit einem dünnen Firnis attizistischer Wörter überziehen. Die Zielgruppe des „Lexiphanes" ist weniger oberflächlich, aber ihr Ansatz – möglichst alte Wörter von möglichst alten Autoren neu zu beleben und die jüngere Alltagssprache zu meiden – ist in Lukians Augen genauso verfehlt. Dass es

---

[33] Ursprünglich wollte Lykinos ja eigentlich eins für sich haben!
[34] Vgl. den Ausspruch des alten Cato: *rem tene, verba sequentur*.

sich dabei um eine tatsächlich existierende Richtung handelt, belegt ein aufschlussreicher längerer Passus aus dem einige Jahrzehnte nach Lukian geschriebenen „Sophisten-Gastmahl" (*Deipnosophistai*) des Athenaios von Naukratis, wo der an diesem Gastmahl teilnehmende Kyniker Kynulkos den Sophisten Ulpianos von Tyros und Pompeianos von Philadelpheia einige derselben Sprachschnitzer vorwirft, die auch Lexiphanes sich zuschulden kommen lässt.[35] Lukians und Athenaios' Zeugnisse zusammen können zeigen, dass hier eine wirklich existierende literarisch-sophistische Richtung angeprangert wurde, die innerhalb der im 2. Jh. n. Chr. sowohl im Griechischen wie im Lateinischen verbreiteten archaistischen Strömungen vielleicht eine extreme Spielart darstellte.

Was am „Lexiphanes" vielleicht nicht erfreut, aber zumindest beeindruckt, ist die schiere Menge ausgefallener Wörter, die hier geballt in Erscheinung treten.[36] Immer wieder aber lässt sich Lexiphanes dabei ertappen, wie er bei dem Bestreben, etwas möglichst ‚unalltäglich' zu sagen, Wendungen formt, die in der normalen Sprache etwas ganz anderes bedeuten (ein Beispiel dafür ist bereits εὐώνυμος in Kap. 1, vgl. oben Anm. 29), so dass man seine Ausführungen oft auch erheiternd miss- oder anders verstehen kann.[37] Hier nur einige Kostproben:[38]

In c. 2 will Lexiphanes erzählen, wie er seinen Arbeitern half, das Grab für seinen Vater „mitauszuschachten". Für diese Tätigkeit verwendet er das Partizip συντυμβωρυχήσας. Doch bedeutet das zugehörige Substantiv τυμβωρύχος den „Grabräuber" – also müsste man συντυμβωρυχήσας eigentlich mit „sich am Grabraub beteiligen" übersetzen!

Im gleichen Kapitel lässt Lexiphanes jemand sagen, dass er sich nach schweißtreibender Arbeit gern durch „Abspülen mit Wasser" (ἀπολούειν) erfrischt; er verwendet dazu das Partizip ἀπολούμενος, das aber in der Regel zum Futur ἀπολοῦμαι („ich werde zugrunde gehen") gehört – so dass Lexiphanes' Sprecher hier sagt: „ich freue mich, dass ich nach schweißtreibender Arbeit zugrunde gehen werde"!

---

[35] Ath. III 97d–98f; vgl. HALL 1981, 287–289. Von Pompeianos wissen wir sonst nichts; der Ulpianos der *Deipnosophistai* könnte der Vater des berühmten Juristen Ulpian sein, der 228 n. Chr. von den Prätorianern in Rom ermordet wurde.
[36] Wahrscheinlich hat Lukian dazu auch damals bereits vorhandene Lexika, z.B. zur alten Komödiensprache, benutzt, die zum Teil bis auf die alexandrinischen Philologen zurückgingen.
[37] Oben haben wir schon ein Beispiel in Kap. 1 kennengelernt; vgl. Anm. 27.
[38] Vgl. HALL 1981, 283f.; WEISSENBERGER 1996, 151–283; ein umfangreicher neuer Kommentar zum „Lexiphanes" wird gerade von Luca Beltramini vorbereitet.

In c. 3 will jemand sagen: „Prima, Attikion, dass du mir das meiste des Weges erspart hast!" Er verwendet dazu den Ausdruck ἄβατον ἐποίησας; ἄβατος aber bedeutet in der Regel „unzugänglich, unbetretbar"; er sagt hier also: „Prima [...], dass du mir das meiste des Weges unbetretbar gemacht hast!"

In c. 6 berichtet Lexiphanes, dass die Mahlzeit in seinem Symposion aus Beiträgen der einzelnen Teilnehmer zustande kam, was er mit dem Ausdruck ἀπὸ συμφορῶν bezeichnet; da συμφορά aber in der Regel etwas ganz anderes bedeutet (nämlich "Unglück"), sagt er hier: „die Mahlzeit bestand aus Katastrophen"!

In Kap. 9 will der Rechtsanwalt Megalonymos[39] in Lexiphanes' Darstellung ausdrücken, dass an diesem Tag keine Prozesse (δίκαι) stattfanden und Megalonymos daher auch keine Plädoyers (λόγοι) vorzutragen brauchte. Er verwendet dazu die Adjektive ἄ-δικος und ἄ-λογος, die aber eigentlich „ungerecht" und „unverständig" bedeuten – wodurch der dem Megalonymos in den Mund gelegte Satz die Bedeutung „Der Tag war ungerecht und unverständig" bekommt.[40]

Vielleicht gäbe es noch erheblich mehr in Lexiphanes' Wortgebrauch zu belächeln, was wir aber aufgrund unserer mangelhaften Spracherfassung nicht mehr bemerken können. Der „Lexiphanes" entbehrt also nicht des Humors, und er ist eine beeindruckende Leistung großer sprachlicher Subtilität; aber er ist – wie die gerade vorgeführten Beispiele zeigen – eigentlich nicht aus dem Griechischen in eine andere Sprache übersetzbar, und deswegen hat ihn Wieland wohl auch nicht in seine deutsche Nachschöpfung Lukians aufgenommen.

4.1.4. Langweilige Dialoge und unbedarfte Geschichtsschreibung

Das Machwerk, das Lexiphanes einem zunehmend enervierten Lykinos vorführt, ist aber nicht nur sprachlich unsäglich, sondern auch von seinem literarischen Anspruch her absolut lächerlich. Lexiphanes erhebt ja gleich zu Beginn den Anspruch, mit einem der brillantesten Dialoge Platons,

---

[39] Dieser redende Name („Der mit dem großen Namen") ist sicher bewusst gewählt.
[40] Im gleichen Kapitel liefert Lexiphanes' Megalonymos in nur einem Satz gleich eine ganze Ladung weiterer Falschanwendungen: „Als ich erfahren hatte, dass der Stratege zu sehen war (ὀπτός – das kann aber auch „gebraten" heißen), nahm ich ungebrauchte Kleider (ἄχρηστα – das heißt aber meistens „unbrauchbar") und ungetragene Schuhe (ἀφόρητα – das heißt aber meistens „untragbar") und ließ mich [so wörtlich im verschwurbelten Griechisch!] aus dem Haus."

dem „Symposion", konkurrieren zu wollen – bei einer so hoch gelegten Messlatte kann das, was er dann vorführt, nur als in jeder Hinsicht ungemein dürftig bezeichnet werden: Lexiphanes bietet eine eintönig aneinandergereihte Abfolge völlig belangloser Begebenheiten ohne jegliche Struktur und Spannungslinie.

Die Vorwürfe, die Lukian in seinem Essay „Wie man Geschichte schreiben soll" (Πῶς δεῖ ἱστορίαν συγγράφειν, *De historia conscribenda*) gegen die zeitgenössische Historiographie erhebt, sind zumindest teilweise ganz ähnlicher Art. Die zeitgenössischen Hintergründe dieser Schrift wurden bereits skizziert:[41] der Partherkrieg von 161 bis 166 n. Chr., der offenbar eine ‚Epidemie' in Geschichtsschreibung (nämlich Darstellungen dieses Krieges) hervorrief. Die Entstehungszeit der Schrift lässt sich ziemlich genau festlegen, genauer als bei allen anderen Schriften Lukians, nämlich auf den Sommer des Jahres 166.[42] Dass dieses Datum nicht fingiert ist (und Lukian in Wahrheit später schrieb), wird durch seine Hinweise auf die Pest nahegelegt: In Kap. 15 heißt es, dass die große Seuche jenseits der Grenzen des Römischen Reiches, in Armenien, geblieben sei – was sich leider nur als frommer Wunsch erwies, denn bereits 167 wütete sie mitten im Römischen Reich; hätte Lukian um diese Zeit herum oder später die Schrift verfasst, hätte er sich kaum so verharmlosend über diese Epidemie äußern können. Auch die Bemerkung in c. 5, dass wohl niemand mehr gegen „uns", d.h. die Römer – beachtlich, wie sehr sich Lukian hier mit den Römern identifiziert –, zu Felde ziehen werde, „da alle bereits überwältigt sind", war schon Ende des Jahres 166 überholt, da damals die großen Germanenunruhen an der Donau begannen.[43]

Adressiert ist *De Historia Conscribenda* an einen Philon (vgl. die Anreden in c. 1 und 3); und die Einleitung ist ähnlich strukturiert wie eine von den Prolaliai, die Lukian gern seinen übrigen Vorträgen vorangestellt hat: Er erzählt darin zwei Anekdoten, die auf plastische Weise illustrieren sollen, um welches Phänomen es in dieser Schrift geht und in welcher Weise der Autor selbst auf dieses Phänomen zu reagieren gedenkt: Zu Zeiten des Diadochenkönigs Lysimachos (die erste Anekdote) erlebten die braven Bürger von Abdera einen akuten Ausbruch von ‚Tragödienfieber': Als ihnen der Schauspieler Archelaos während einer großen sommerlichen Hitze die „Andromeda" des Euripides zum Besten gab, über-

---

[41] Vgl. oben Kap. 1.2.6, S. 50.
[42] Vgl. oben Kap. 1.2.6, S. 50 Anm. 86.
[43] Vgl. oben Kap. 1.1, S. 14.

fiel einen Großteil der Zuschauer bald nach der Vorstellung das erwähnte Fieber, und sie waren nur noch in der Lage, in den Trimetern und Monodien des Euripides zu sprechen bzw. zu singen; erst nach sieben Tagen ging die Krankheit dann mit heftigem Nasenbluten oder Schweißausbrüchen zu Ende (c. 1). In c. 2 vergleicht Lukian diese Begebenheit[44] mit just dem literarischen Fieber, das der Anlass für seine Betrachtung der Geschichtsschreibung gewesen sei: Seit der gerade stattfindende Partherkrieg ausgebrochen sei, gebe es niemanden, der nicht Geschichte schreibe, sondern alle wollten jetzt Thukydidesse und Herodote und Xenophone sein – die genannten Vorbilder zeigen die ausgesprochen klassizistischen Tendenzen der Zeit.

Das Beobachten dieses Phänomens führt Lukian dann zu der zweiten einleitenden Anekdote: Angesichts dieser Flut von Partherkriegsdarstellungen sei es ihm so gegangen wie weiland dem Kyniker Diogenes, der in Korinth erlebte, wie sämtliche Bewohner der Stadt auf die Nachricht vom Anmarsch des Makedonenkönigs Philipp hin in fieberhaften Aktionismus gerieten; da habe denn auch Diogenes angefangen, seinen Pithos (d.h. sein ‚Wohnfass') das Kraneion-Areal hinauf- und hinunterzurollen, um nicht allein untätig unter so vielen Aktionisten zu sein (c. 3); und mit dieser Haltung des Diogenes vergleicht Lukian dann seine eigene literarische Reaktion auf die vielen neuen Historiker: Auch er wolle nicht zu einem so „vielstimmigen Zeitpunkt" allein stumm bleiben; da er aber nicht so wagemutig sei, ein ganzes Geschichtswerk verfassen zu wollen, habe er beschlossen, einen kleinen „Ratgeber für Historiker" zu verfassen, d.h. so etwas wie einen Leit- oder Lehrfaden der Geschichtsschreibung zu präsentieren (c. 4); in c. 35 nennt er seine Schrift in der Tat eine *Techne*, d.h. ein Anleitungswerk für die Kunst der Historiographie. Er gibt sich freilich keinen großen Hoffnungen hin, mit solcherlei pädagogischen Bemühungen viel Anklang bei dem entsprechenden Adressatenkreis zu finden (c. 5). In c. 6 werden diese einleitenden Bemerkungen noch durch eine Angabe zum Aufbau der weiteren Schrift abgerundet: Zuerst soll gesagt werden, welche Fehler von einem Historiographen zu meiden, danach, welche Regeln von ihm zu befolgen sind.

Entsprechend dieser Disposition gliedert sich der Hauptteil der Schrift in zwei große Abschnitte von freilich unterschiedlicher Länge: Die Feh-

---

[44] Ist sie historisch oder nicht? Abdera als eine Art antiker Schildbürgerstadt könnte misstrauisch machen, und MACLEOD 1991, 290 hält sie für „probably a Lucianic invention". Ob die Sache damit allerdings abgetan werden kann, ist fraglich.

ler, in die man leicht verfallen kann, sind in c. 7–32 dargestellt (17 Seiten), die Tugenden der richtigen Historiographie in c. 33–61 (11 Seiten). Dass die Fehler erheblich mehr Raum einnehmen, liegt nicht zuletzt daran, dass Lukian hier seiner satirischen Ader freien Lauf lassen konnte und es offensichtlich genossen hat, mangelhafte Geschichtsschreibung detailliert an plastischen Beispielen darzustellen.

Zunächst (in c. 7–13) werden Regelverstöße eher verallgemeinernd-abstrakt dargestellt: Dabei geht es vor allem um die Abgrenzung der Geschichtsschreibung von der Dichtung (c. 8)[45] und noch mehr vom rhetorischen Enkomion (c. 7; 9–13); die Ausführlichkeit, mit der sich Lukian gerade letzteren widmet, könnte zeigen, dass hier für die zeitgenössische Geschichtsschreibung – die natürlich der generellen ‚Rhetorisierung' der Zeit unterworfen war – in der Tat eine Hauptgefahr lag. Es ist dabei bemerkenswert, wie Lukian, um diese rhetorische Gefahr zu schildern, auch selbst zu rhetorischen Mitteln greift: In c. 10 z.B. schildert er plastisch – und mit zum Teil fast karikaturhaften Zügen – die Kritikergruppe, deren Urteil vor allem der Historiograph sich zum Massstab nehmen sollte:

„Hörer, die wie Richter und – ja, beim Zeus – noch dazu wie Denunzianten horchen, denen nichts entwischt und entgeht, [...], die jede Einzelheit des Vorgetragenen wie Geldwechsler prüfen, um das Falschgeld sofort wegzuwerfen, dagegen die erprobte, rechtmäßige und sorgfältig geprägte Münze zu akzeptieren: auf die soll man beim Schreiben sein Augenmerk richten."

Diese sehr plastische und zugleich humoristische Schreibweise ist durchaus typisch für große Teile dieser Schrift.[46]

Von c 14 an werden dann konkrete Beispiele für missglückte Darstellungen des derzeitigen Partherkriegs präsentiert, die Lukian selbst unlängst in Ionien und auch im griechischen Mutterland gehört haben will, worauf er sogar einen Eid zu leisten bereit wäre.[47] Gleich beim ersten Beispiel kritisiert er die für ein historisches Werk völlig unpassende Episierung (Musenanruf; Vergleich des römischen Oberbefehlshabers mit Achill, des Partherkönigs mit Thersites) und eine gleichzeitig damit ein-

---

[45] Dazu hat sich bereits Aristoteles in c. 9 seiner „Poetik" geäußert; dort ist der Unterschied aber merklich anders gefasst.
[46] Vgl. auch in c. 12 die Ausspinnung einer Anekdote um Alexander d. Gr. und seinen allzu beflissenen und lobesbereiten Historiker Aristobulos.
[47] MACLEOD 1991, 285 hat freilich gerade diesen Satz als Hinweis genommen, dass Lukian das Folgende weitestgehend erfunden hat.

hergehende unerträgliche Parteilichkeit.⁴⁸ Nach diesem Homer-Imitator wird der erste Satz des Werkes eines Thukydides-Zeloten vorgeführt (c. 15) – „Krepereios Kalpurnianos aus Pompeiopolis beschrieb den Krieg, den die Parther und Römer gegeneinander führten, wobei er gleich bei seinem Zustandekommen begann" – und danach einige weitere Belege für sklavische Thukydides-Imitation⁴⁹ anführt, die in stärkstem Kontrast zu dem sehr unklassischen Namen des Autors steht. „Ich verließ", so beendet Lukian diese Kostprobe, „den Vortragenden, während er noch dabei war, die armen Athener in Nisibis zu bestatten, da ich ja genau wusste, was er nach meinem Weggang sagen würde." Der Name des hier vorgeführten „Thukydidisten" – mit seiner bombastisch klingenden doppelten Alliteration – sieht verdächtig nach einer Erfindung Lukians aus; hat Lukian aber mit dem Namen auch den Historiker erfunden? Vielleicht konnten seine Zeitgenossen unter dem Pseudonym den Thukydides-Imitator erkennen,⁵⁰ dessen Karikatur noch heutigen Lukian-Lesern Vergnügen bereiten kann.

Es folgt eine Reihe weiterer historiographischer Sündenböcke: In c. 16 ist von einem Autor die Rede, der ein ziemlich anspruchslos verfasstes „Notizbuch" (Hypomnema) mit einem großartigen Titel versehen habe: „Des Arztes Kallimorphos von der sechsten Abteilung der Lanzenträger parthische Geschichtsbücher"; dann habe dieser Mann in einem reichlich frostigen Vorwort zu begründen versucht, weshalb gerade ein Arzt Geschichtsschreiber sein solle, und schließlich mittendrin auch noch den Dialekt gewechselt (von Herodots Ionisch zur Koine). Ein anderer Schreiberling, einer mit philosophischem Anspruch, habe sein Vorwort (und auch andere Teile des Werkes) ganz aus Syllogismen zusammengesetzt und davon auch die eingefügten üblen Schmeicheleien nicht ver-

---

⁴⁸ Die zeigt sich bereits im Achill-Thersites-Vergleich.
⁴⁹ So verpflanzt er die Rede, die in Thukydides 1,32 ein Sprecher aus Kerkyra in Athen hält, kurzerhand nach Armenien, lässt die im zweiten Thukydides-Buch (c. 47–54) so eindrucksvoll beschriebene athenische Seuche im nordmesopotamischen Nisibis auftreten, „wobei er alles zur Gänze – mit Ausnahme des Pelargikon und der Langen Mauern – aus Thukydides übernahm"
⁵⁰ Für die Historizität dieses Autors haben sich BALDWIN 1973, 82f. und 1978 sowie JONES 1986, 21 und 161–165 ausgesprochen, dagegen HOMEYER 1965, 21–23 (die alle in dieser Schrift genannten Historiker anzweifelt). Vgl. das ausgewogene Urteil von HALL 1981, 316f.: „There is no reason [...] to expect to find the literal truth in the names of his caricatured historians, [...] all of whom are certain to be comically exaggerated. Nevertheless, it may be the case that the four names contain hints which would enable Lucian's audience to identify some of his victims. "

schont (c. 17); ein weiterer imitierte exzessiv Herodot (c. 18); der nächste verlor sich in ermüdend langen Schilderungen selbst unwichtigster Details (z.B. der Hose des Partherkönigs Vologeses; c. 19) und gefiel sich in der Beschreibung unwahrscheinlicher Todesarten und absurder Gefallenenzahlen (c. 20); ferner verwandelte er als Hyperattizist alle römischen Namen in griechische (c. 21).

In c. 22 geht es um Schreiberlinge, die in die Geschichtsschreibung um jeden Preis poetische Ausdrücke bringen wollen, in c. 23 um Sünder wider die richtige Proportionierung ihrer Werke, indem sie auf großartige Prooemien höchst kümmerliche Hauptteile folgen lassen. In c. 24–26 wird ein Autor vorgestellt, der Fakten aus Unkenntnis verfälscht[51] oder aus Sensationslust gar erfindet; um – wieder einmal – mit dem großen Thukydides zu wetteifern, habe er einen Centurio Afranius Silo als neuen Leichenredner à la Perikles auftreten lassen, der dabei leider öfters in unfreiwillige Komik verfallen sei und sich zum krönenden Abschluss schließlich auf dem Grab selbst den Tod durch das Schwert gab (c. 26).

In c. 27–28 ist erneut von Leuten die Rede, die zentrale Ereignisse nur kurz streifen, nebensächlichen Geschehnissen dagegen alle ihre Aufmerksamkeit widmen (Ähnliches wurde bereits in c. 19 kritisiert). In c. 29 beruft sich jemand auf seine Autopsie, tischt aber seinen Zuhörern die abenteuerlichsten Geschichten über riesige Schlangen auf, die die Parther auf die Römer während der Schlacht losgelassen hätten; gleichzeitig hätten alle Zuhörer gewusst, dass dieser Mann niemals einen Fuß aus Korinth herausgesetzt hatte. Ein weiterer brauchte für die ganze Kriegsgeschichte nicht einmal 500 Zeilen, stellte denen aber eine bombastische Überschrift voran: „Des Antiochianos, Sieger an den heiligen Spielen zu Ehren des Apollon, Darstellung der jetzt von den Römern in Armenien und Mesopotamien und Medien vollbrachten Taten" (c. 30). Einen der hübschesten Fälle aber hat sich Lukian bis c. 31 aufgespart: einen Historiker, der über die Zukunft berichtet – historiographische Science fiction sozusagen. Nachdem sich Lukian in c. 32 noch über die Titelgebung einiger dieser Werke lustig gemacht hat, versichert er treuherzig, dies alles habe er natürlich nicht aus Spottlust zusammengestellt, sondern nur um des Nutzens künftiger Geschichtsschreiber willen – nun, die Kunde hört man wohl ...

In c. 33 beginnt nun aber der (schon mehrfach angekündigte, vgl. c. 6 und 27) paränetische Teil der Schrift. In c. 34–36 wird erörtert, welche

---

[51] So habe er Samosata vom Westufer des Euphrat mitten ins Zweistromland versetzt und ihn, Lukian, zum Parther oder Mesopotamier gemacht (c. 24)!

Anteile an einem guten Historiographen natürliche Begabung und sodann Unterrichtung in den Regeln ihrer Kunst und deren Einübung haben; in c. 37–42 ist von den Vorkenntnissen, aber auch von der charakterlichen Einstellung des angehenden Historiographen die Rede. Von c. 43 an werden dann die Vorschriften der „Techne" Geschichtsschreibung selbst der Reihe nach abgehandelt: Sprache und Stil des Werkes (c. 43–46), sein Inhalt (c. 47–51), seine Disposition (c. 52–55), seine innere Ökonomie (c. 56f.) und noch einige Einzelaspekte (c. 58; Reden; c. 59: Wertungen; c. 60: Legenden). In c. 61–63 gibt es dann eine abschließende Quintessenz (erneute Betonung, dass der wahre Geschichtsschreiber einen „Besitz für immer" schaffen möchte; vgl. bereits c. 42) und eine sie illustrierende Schlussanekdote.

Man hat früher wiederholt Zweifel an der Faktizität dessen geäußert, was Lukian im längeren ersten Hauptteil dieser Schrift zu zeitgenössischen historiographischen Werken zum Partherkrieg zum Besten gibt; aber das bereits von JENNIFER HALL[52] und C. P. JONES[53] zusammengetragene Material, zeigt, dass die von Lukian gerügten historiographischen „Entartungserscheinungen" vielleicht etwas überzogene Karikaturen, aber keine Erfindungen sind: Plötzliche ‚Mode' von historiographischen Werken? Eine Bemerkung in der Einleitung von Herodians Geschichtswerk (1,2,5) konstatiert ein ähnliches Phänomen zu den Feldzügen Marc Aurels. Überzogene Homer-Imitation (c. 14)? Auch der zeitgenössische Autor Polyaen beginnt seine „Strategemata" – deren erstes Buch er übrigens anlässlich des Partherkriegs 161 veröffentlichte – mit einem Rückverweis auf Homer (1 prooem. 4,1), und der kaiserliche Prinzenerzieher Fronto tut in seinen „Principia Historiae" genau das, was Lukian seinem übereifrigen Homeristen vorwirft (c. 14): Er vergleicht den römischen Oberbefehlshaber mit Achill.[54] Herodot-Imitation (c. 18)? In der Generation vor Lukian schrieb ein gewisser Kephalion eine Universalgeschichte in ionischem Dialekt und teilte sie wie die gängigen Herodotausgaben in neun Bücher ein, die er ebenso wie diese mit dem Namen der neun Musen versah (FGrHist 93); in Lukians eigener Zeit schrieb Arrian seine „Indikē" ebenfalls in Ionisch. Ein Arzt als Geschichtsschreiber (c. 16)? Trajans Dakerkriege wurden von seinem Arzt

---

[52] HALL 1981, 315–321.
[53] JONES 1986, 61–65.
[54] [...] *tantas res a te gestas quantas Achilles gessisse cuperet et Homerus scripsisse*, lauten die ersten von dieser Abhandlung erhaltenen (und an Lucius Verus gerichteten) Worte Frontos.

Statilius Crito literarisch festgehalten. Nimmt man all dies zusammen, scheint das Urteil von JENNIFER HALL über das authentische Substrat von Lukians satirischen Schilderungen in „Wie man Geschichte schreiben soll" durchaus berechtigt: „I see no reason to doubt that Lucian actually attended some readings of the sort that he describes or witnessed some of the faults that he caricatures: here, as so often, his satire is likely to be a blend of literary reminiscence, contemporary reality and, of course, a large measure of fun."[55]

Abgesehen von den sehr amüsanten Vignetten dilettantisch-stümpernder zeitgenössischer Historiographen bleibt die Frage, wie die Bedeutung des „seriösen" zweiten Hauptteils der Schrift einzuschätzen ist. Noch vor gut dreißig Jahren wurde er als „Lucian's major contribution to literary theory" bezeichnet;[56] aber bereits fünfunddreißig Jahre früher hat GERT AVENARIUS nachweisen können, dass Lukians Darlegungen nicht wirklich originell sind:

> „Wir können [...] sagen, dass jene Methodologie nichts enthält, wodurch die antike Theorie der Geschichtsschreibung in irgendeinem Punkte bereichert worden wäre. Lukian arbeitet mit den üblichen Gemeinplätzen, wie sie uns in den Geschichtswerken immer wieder begegnen."[57]

Er hat ferner zu Recht festgestellt: „Lukian hat [...] für seine Schrift [...] keine besonderen Studien getrieben [...], sondern einfach aus dem Gedächtnis mitgeteilt, was er von der Rhetorenschule her wußte."[58] (178). Lukians Hauptintention war also kein anspruchsvolles Theoretisieren, sondern – wie auch in vielen anderen Fällen – niveauvolles Unterhalten.[59]

---

[55] HALL 1981, 321.
[56] MACLEOD 1991, 283.
[57] AVENARIUS 1956, 165.
[58] AVENARIUS 1956, 178.
[59] Vgl. auch hierzu HALL 1981, 323f.: „In the closing years of the Parthian campaign Lucian has observed that the literary topic that is all the rage in sophistic circles is the current war, and naturally he wants to be in the fashion too. However, as so often, he prefers to do something a little more unusual than the rest of the sophistic herd [...] He will 'roll his barrel' like Diogenes with a lecture on How to Write History, a theme which enables him to be in vogue and yet, at the same time, somewhat off the beaten track [...] taken as a whole, the treatise, with its blend of comedy in the first half and common sense in the second [...] is eminently entertaining; and that [...] was almost certainly Lucian's primary aim."

4.2. Gefährlich oder nur grotesk? Gottesmänner bei Lukian

4.2.1: Vom christlichen Guru zum kynischen Revoluzzer: Peregrinus Proteus

Unter den Schriften, in denen sich Lukian satirisch mit prominenten Zeitgenossen auseinandersetzt, ist sein an einen Kronios gerichteter Brief „Über das Ende des Peregrinos" die einzige, die auch das zeitgenössische Christentum satirisch-kritisch beleuchtet; die Reaktionen, die dies bei nicht wenigen späteren christlichen Rezipienten hervorrief, werden noch zu betrachten sein.[60] Der in dieser Schrift geschilderte schillernde Lebensweg des Peregrinos ist natürlich ein literarisches Konstrukt, dessen genauer Realitätsgehalt kaum mehr bestimmt werden kann – mit Ausnahme des auch in anderen Quellen bezeugten Verbrennungstodes in Olympia. Im Gegensatz zu der anderen von Lukian verfassten ‚Schurkenbiographie' – der über den „Lügenpropheten" Alexander (vgl. unten S. 131) – gibt es freilich zumindest eine nicht verächtliche Gegenstimme, die diese Person bemerkenswerterweise erheblich positiver darstellt.

Eine positive Gegendarstellung findet sich übrigens bereits am Anfang von Lukians Schrift selbst: Hier hält ein Kyniker namens Theagenes ein regelrechtes Enkomion auf seinen Lehrer (?) Peregrinos (c. 4–6): Theagenes zählt die großen Taten seines Meisters auf und geht sogar so weit, ihn diversen Göttern (Helios, Zeus, Herakles, Asklepios, Dionysos) gleichzustellen sowie ihn für noch bedeutender als die Philosophen Diogenes (von Sinope), Antisthenes und Sokrates zu erklären. Hier erscheint Peregrinos also als eine philosophische Führerfigur im Kynismus, zu der andere Kyniker mit großer Ehrfurcht aufblicken.

Gleich nach dem Ende dieses Enkomions jedoch stellt Lukian in der – erheblich umfangreicheren (c. 7–30) – Rede eines anonym bleibenden Sprechers eine ganz andere Sicht auf Peregrinos vor, die sein ganzes Leben durchgehend negativ kommentiert: Nach einer kritischen Beleuchtung früher Untaten des Peregrinos (c. 9f.: Ehebruch und Knabenschändung, für die er sich mit 3000 Drachmen loskaufen muss, um keinen Prozess an den Hals zu bekommen; sodann Vatermord und Flucht aus seiner Heimat Parion am Hellespont) folgt in c. 11 ein Bericht über Peregrinos' erstaunlich schnelle Karriere bei den Christen, nachdem er mit ihren „Priestern und Schriftgelehrten" in Palästina zusammengetroffen ist:

---

[60] Vgl. unten Kap. 9.2 (S. 300–302) und 9.3 (S. 305, 311).

„Innerhalb kurzer Zeit ließ er sie wie Kinder aussehen, als Prophet und Thiasarch und Synagogeus und überhaupt alles in einer Person; und von den Büchern legte er einige aus und erklärte sie, viele aber schrieb er sogar selbst, und sie ehrten ihn wie einen Gott; er galt ihnen als Gesetzgeber, und sie machten ihn zu ihrem Anführer."

Leider verrät uns der Sprecher nicht, wie Peregrinos es in so kurzer Zeit schaffen konnte, so viele wichtige Funktionen bei christlichen Gemeinden im damaligen Palästina zu übernehmen. Als der Christ Peregrinos dann ins Gefängnis geworfen wird (c. 12), bringt ihm das unter „seinen" Christen noch größere Anerkennung ein – er wird nun sogar „neuer Sokrates" genannt (ebd.) – und viele Geldmittel (c. 13).

Nach seiner Freilassung – so der Bericht weiter – kehrt Peregrinos in seine Heimat zurück (c. 14), wo jedoch sein Vatermord noch nicht vergessen ist; um sich von diesem Makel zu befreien, tritt Peregrinos in der Volksversammlung nun erstnals in der Kleidung eines Kynikers auf – „er trug sein Haar bereits lang, hatte einen schäbigen Mantel an, einen Ranzen umgebunden und den Holzstecken in der Hand" (c. 15) – und schenkt der Stadt seinen ganzen väterlichen Besitz, was alle seine Gegner sofort verstummen lässt (ebd.).

Gleich danach tritt er – zunächst noch unter christlichen Vorzeichen – eine zweite große Reise an, doch führt eine Regelverletzung – wahrscheinlich der Verzehr von Opferfleisch[61] – zu seinem Ausschluss aus der christlichen Gemeinschaft (c. 16).[62] Nach seiner Rückkehr nach Parion will Peregrinos den väterlichen Besitz zurück, doch wehrt sich die Stadt erfolgreich gegen dieses Ansinnen (ebd.).

Eine dritte Reise führt Peregrinos sodann nach Ägypten zu dem damals prominenten Kyniker Agathobulos,[63] unter dessen Anleitung er nun zum echten Kyniker wird (c. 17): „Er schor den Kopf zur Hälfte, schmierte das Gesicht mit Dreck ein, befriedigte sich selbst inmitten einer großen Menge von Umstehenden [...], ferner schlug er andere mit einer Gerte auf den Hintern und ließ sich schlagen und trieb noch viele andere und kindischere Possen."

---

[61] Vgl. PILHOFER 2005, 67.
[62] Die Schnelligkeit, mit der Lukian den Peregrinos hier seine zuvor so prominente Position unter den Christen verlieren lässt, erstaunt; dazu hätte man gern mehr gehört.
[63] Agathobulos ist immerhin auch der Lehrer des von Lukian sehr geschätzten Philosophen Demonax (Lukian, *Demonax* 3), was den karikierenden Bericht etwas relativiert.

Als „ausgebildeter" Kyniker macht sich Peregrinos nunmehr einen Namen als polemischer Straßenprediger: zuerst in Italien gegen den Kaiser (Antoninus Pius), bis er aus Rom ausgewiesen wird, was ihm aber – als verfolgtem Philosophen – weiteren Ruhm einbringt (c. 18); sodann in Griechenland gegen die Römer und gegen den großen Wohltäter Herodes Atticus (c. 19).[64]

Zu Peregrinos' Auftreten in Griechenland gibt es auch noch zwei bemerkenswerte Zeugnisse in den „Noctes Atticae" des zeitgenössischen römischen Autors Aulus Gellius: Hier weist Peregrinos in Gellius' Anwesenheit einmal einen schläfrigen jungen römischen Ritter ziemlich deutlich zurecht (*N.A.* 8,3); an einer anderen hat Gellius die Zusammenfassung eines moralischen Vortrags des Peregrinos bewahrt (*N.A.* 12,11,1–3). Hier bezeichnet Gellius den Peregrinos explizit als einen „seriösen und standhaften Mann", von dem er viele ehrenvolle und nützliche Dinge gehört habe – was kaum zu dem Bild passt, das Lukians Sprecher von ihm zeichnet. Andererseits äußert sich der christliche Apologet Tatian – der Peregrinos offenbar in Rom erlebt hat – recht kritisch zur angeblichen Bedürfnislosigkeit des Kynikers Peregrinos.[65] Peregrinos war also offensichtlich ein Mann, an dem sich die Geister schieden.

Zurück zum Bericht von Lukians anonymem Sprecher: Als Peregrinos im Lauf der Zeit immer weniger Aufmerksamkeit findet, kündigt er – wieder in Olympia – an, er werde sich bei den nächsten Olympischen Spielen öffentlich verbrennen (c. 20), was der Sprecher dann ausführlich und sarkastisch kommentiert (c. 21–26). Interessant sind die anschließenden Hinweise (c. 27f.), dass Peregrinos auf postume Ehrungen und sogar Vergöttlichung sowie auf die Etablierung einer Orakelstätte und eines Mysterienkults gehofft habe. Dies geht deutlich über die sonstige entschiedene Diesseits-Ausrichtung der Kyniker hinaus, wie übrigens auch das, was sich dann bei und nach der Verbrennung ereignet haben soll (vgl. unten S. 130).

Nach dem Ende der Rede des anonymen Sprechers übernimmt der Erzähler selbst die Darstellung von Peregrinos' Ende und schildert zunächst die heftigen Debatten um ihn im Opisthodom des Zeus-Tempels von Olympia, sodann Peregrinos' eigenen Auftritt dort mit zahlreichem Gefolge und seine Rede, in der er auf sein Leben und seine Leistungen für

---

[64] Dabei ist sein Auftreten – jedenfalls in Lukians Darstellung – nicht frei von Inkonsistenzen: So wettert er an den Olympischen Spielen gegen die von Herodes gebaute Wasserleitung – und lobt sie vier Jahre später (c. 20).
[65] Tatian, *Or. ad Graecos* 25,1.

die Philosophie zurückblickt und seinen baldigen Freitod begründet (c. 32f.). In der eigentlichen Verbrennungsszene (c. 35f.) ruft Peregrinos zunächst „mütterliche und väterliche Geister" an und springt dann ins Feuer; aber noch am brennenden Scheiterhaufen gerät der Erzähler fast mit den anwesenden Kynikern aneinander (c. 37). Beim anschließenden Rückweg trägt der Erzähler selber – nach eigenem Bekunden – kräftig zur Legendenbildung um diesen Tod bei, indem er den ihm Begegnenden frei erfundene eigene Versionen davon zum Besten gibt (c. 39); bereits wenig später findet er dann die gerade von ihm in Umlauf gebrachte Version – dass aus dem brennenden Scheiterhaufen ein Geier mit dem lauten Ruf „ich verlasse die Erde und gehe zum Olymp" aufgeflogen sei – von anderen weiter ausgeschmückt (c. 40)! Anschließend (c. 41) hören wir, dass Peregrinos selbst noch vor seinem Tod für die weitere Verbreitung seines Ansehens sorgte, indem er Anhänger mit Briefen, die „Verfügungen, Richtlinien und Gesetze" (ebd.) enthielten, in alle möglichen Städte schickte.

Zum Abschluss erzählt Lukian noch drei Begebenheiten, die das Bild des todesverachtenden Peregrinos weiter erschüttern sollen: Zum einen habe er selbst einmal bei einer Fahrt durch die nördliche Ägäis erlebt, wie der ebenfalls an Bord befindliche Peregrinos bei einem Seesturm vor Todesangst winselte (c. 43); zum anderen habe er noch neun Tage vor seinem inszenierten Freitod nach einem Fieberanfall – aufgrund übermäßigen Essens – einen Arzt angebettelt, ihm etwas dagegen zu geben (c. 44); und drittens habe er selber noch ein paar Tage später erlebt, wie Peregrinos „sich mit Salbe traktiert hatte, um mit einem tränenfördernden Mittel seine (geschwollenen) Augen auszuwaschen" (c. 45) – so sehr habe dieser Mann noch kurz vor seinem Freitod am Leben gehangen!

So bleibt Lukians Darstellung des Peregrinos bis zum Schluss negativ; doch kann sie nicht völlig das erstaunliche Faktum verdecken, dass dieser Mann zu einer herausgehobenen Autoritätsstellung in nicht nur einer, sondern sogar zwei verschiedenen religiös-weltanschaulichen Richtungen aufgrund von beträchtlichen eigenen Fähigkeiten gelangt zu sein scheint.[66]

---

[66] Vgl. NESSELRATH 2021a, 126.

4.2.2: Ein geschäftstüchtiger Religionsstifter: Alexander Pseudomantis

Zu dem zweiten Helden einer lukianischen „Schurken-Biographie"[67] liegen keine so stark abweichenden anderen literarischen Zeugnisse vor wie im Fall des Peregrinos; dennoch muss auch dieser Mann namens Alexandros – der für Lukian nichts weiter als ein cleverer und skrupelloser Schurke ist, der aber in seiner Heimatstadt Abonuteichos an der Südküste des Schwarzen Meeres ein Orakelheiligtum begründete, das wahrscheinlich bis in die ersten Jahrzehnte des 4. Jh.s Bestand hatte[68] – eine bemerkenswerte Persönlichkeit gewesen sein. Selbst aus Lukians verzerrter Darstellung werden noch einige Faktoren sichtbar, die Alexander offenbar dabei halfen, eine religiöse Autorität zu werden.

Als erstes wäre seine recht beeindruckende äußere Erscheinung zu nennen, die auch Lukian anerkennen muss (c. 3). Als nächstes muss ihm Lukian – widerwillig – auch nicht geringe Geisteskräfte attestieren (c. 4). Selbst bei der Charakterisierung seines verschlagen-kriminellen Charakters muss Lukian Alexander manche nicht gewöhnliche Fähigkeit zugestehen (ebd.):

„Stell dir einen äußerst vielseitigen Charakter vor, [...] jemanden, der leichtfertig ist, wagemutig, verwegen, hartnäckig bei der Durchführung seiner Pläne, überzeugend, glaubwürdig [...]; jeder, der ihm zum ersten Mal begegnet war, nahm die feste Überzeugung mit, dass er der beste, anständigste, zudem schlichteste und anspruchsloseste Mensch sei, den es je gab. Zu allem kam sein Sinn für die ganz großen Unternehmungen, denen alles Beschränkte fern lag."

Mit diesen Gaben ausgestattet, trifft der junge Alexander zunächst auf einen fähigen Lehrmeister, der seinerseits ein Schüler oder Anhänger des berühmten Apollonios von Tyana gewesen sein soll (c. 5). Nach dem Tod dieses Lehrmeisters tut sich Alexander mit einem anderen Scharlatan zu-

---

[67] Lukians Text „Alexander, oder: Der Lügenprophet" wurde nach 180 n. Chr. und damit wohl eine Reihe von Jahren, nachdem Alexander (zwischen 170 und 175?) gestorben war, verfasst.
[68] Dazu VICTOR 1997, 171. Die Begründung und langjährige Bedeutung des Orakels steht vor allem dank der numismatischen Zeugnisse, die es nicht nur aus dem 2., sondern auch aus dem 3. Jh. n. Chr. gibt (vgl. THONEMANN 2021, 15–21), außer Frage; bei allem anderen, was Lukian schreibt, ist mit freier Erfindung zu rechnen.

sammen; beide folgen einer reichen Gönnerin nach Makedonien, wo sie eine große zahme Schlangenart entdecken, von der sie ein besonders schönes Exemplar für wenig Geld erstehen (c. 6f.). Dann beschließen sie, eine Orakelstätte ins Leben zu rufen, um reich zu werden (c. 8).

Als nächstes wird ein guter Ort für eine lukrative Orakelstätte gesucht, mit Menschen, deren Mentalität für ein solches Unternehmen geeignet ist (c. 9). Alexander setzt sich mit dem Vorschlag durch, Abonuteichos in seiner paphlagonischen Heimat zu wählen, weil die Paphlagonier besonders leichtgläubig seien.

Dann braucht es eine möglichst aufsehenerregende, gleichsam „göttlich programmierte" Designierung dieses Ortes: Dazu vergraben die beiden im Apollon-Tempel von Chalkedon bronzene Tafeln, die dann im passenden Augenblick „gefunden" werden; auf ihnen ist zu lesen, „dass in allernächster Zukunft Asklepios mit seinem Vater Apollon seinen Einzug in Pontos halten und Abonuteichos in Besitz nehmen werde" (c. 10). Die Kunde von den Tafeln verbreitet sich rasch in der ‚betroffenen' Gegend; die Einwohner der Stadt Abonuteichos spielen – wie Alexander erwartet hat – mit und beschließen, dem angekündigten Götterpaar Asklepios / Apollon einen Tempel zu errichten.

Für seinen Auftritt vor Ort hat Alexander inzwischen sein Aussehen in signifikanter Weise verändert:

> „die Haare schon schulterlang und mit Schläfenzöpfen, bekleidet mit einem purpurnen Gewand mit einem weißen Streifen in der Mitte, darüber einen weißen Mantel, in der Hand eine Sichel wie Perseus, von dem er seine Herkunft mütterlicherseits ableitete" (c. 11).

Zur Untermauerung dieser Genealogie wird rechtzeitig ein Orakelspruch im Umlauf gebracht, der Alexander als Nachfahren des Perseus (mütterlicherseits) und als Sohn des (Asklepios-Sohns) Podaleirios ausweist (ebd.); ein weiterer Spruch – angeblich von einer Sibylle – kündigt nicht nur mit einem Zahlenrätsel, das die ersten vier Buchstaben von Alexanders Namen angibt, sondern auch mit einem leicht durchschaubaren Wortspiel eben Alexander als Propheten „an der Küste des Pontos Euxeinos nahe Sinope [...] unter der Herrschaft der Ausonier [= Römer]" unmissverständlich an (ebd.). Nach seinem Einzug in die Stadt täuscht Alexander dann seinen besonderen ‚Draht' zu den Göttern immer wieder durch scheinbare Anfälle göttlich inspirierten Wahns vor (c. 12).

Noch aber fehlt der angekündigte Gott, der auf folgende Weise installiert wird: Eines Nachts platziert Alexander ein ausgehöhltes Gänse-Ei mit einer kleinen Schlange darin in der Baugrube des gerade entstehenden Tempels; am Morgen danach tritt er als göttlich Rasender auf den Marktplatz, kündigt eine große Entdeckung an und führt die Leute zum Tempel, wo er in der Baugrube das Ei „findet", aus dem er dann die kleine Schlange schlüpfen lässt und als „neugeborenen Asklepios" in sein Haus bringt (c. 13f.).

Ein paar Tage nach der „Entdeckung" der kleinen Schlange in den Tempelfundamenten wird der nächste Phase der Orakeletablierung gestartet: Dazu lässt Alexander sich mit einer aus dem makedonischen Pella mitgebrachten großen zahmen Schlange und einem Schlangen-Marionettenkopf in einer halbdunklen Kammer seines Hauses sehen und suggeriert, dies sei der vor wenigen Tagen geborene „Asklepios"; diese „Epiphanie" wird dann von Zeit zu Zeit wiederholt, um neue (vor allem betuchte) Anhänger zu gewinnen (c. 15–17).

Damit sind nun alle wichtigen Elemente – der Gott, sein Prophet, der Ort – vorhanden, und die geschehenen wundersamen Ereignisse haben auch bereits für wichtige Publicity in der weiteren Umgebung gesorgt: Es kommen immer mehr Menschen aus Bithynien, Galatien und Thrakien, und es beginnt eine regelrechte Produktion von Devotionalien: „Gemälde und Statuen und Kultbilder, die einen aus Bronze, die anderen aus Silber gefertigt" (c. 18). Die Manifestation des neuen Gottes erhält durch einen Orakelspruch Alexanders auch einen eigenen Namen: Glykon (ebd.).

Nun kann der Orakelbetrieb in großem Stil beginnen (c. 19), und Lukian beschreibt, wie er funktioniert: Interessenten haben ein versiegeltes Schreiben mit ihrer Frage abzugeben und werden dann – so wird ihnen versprochen – in dem immer noch (!) versiegelten Schreiben die Antwort notiert finden.[69]

Die Nachfrage nach diesen Orakelsprüchen ist schon bald so groß, dass Alexander einen beträchtlichen Personalausbau vornehmen muss: „er hatte bereits viele Mitarbeiter um sich herum, Diener, Informanten, Verfasser von Orakeln, Ordner, Sekretäre, Versiegler und Orakeldeuter" (c. 23). Um aber noch mehr Kundschaft zu gewinnen, entsendet er Mitarbeiter in weiter entfernte Gegenden und lässt sie nicht nur von Orakeln, sondern auch von Krankenheilungen und sogar Totenerweckungen berichten (c. 24).

Die gestiegene Sichtbarkeit der neuen Orakelstätte hat freilich nicht nur positive Folgen: Alexander nimmt zunehmend Kritik von Seiten von

---

[69] In c. 20f. werden die Tricks erklärt, um das Schreiben „original versiegelt" aussehen zu lassen.

Epikureern und Christen gegen sein Orakel wahr und verkündet deshalb Orakelsprüche gegen sie (c. 25);[70] zu einem späteren Zeitpunkt lässt er sogar die „Kyriai Doxai" Epikurs feierlich öffentlich verbrennen (c. 47). Dagegen sind Platoniker, Stoiker und Pythagoreer bei ihm wohlgelitten (c. 25). Erstmals berichtet Lukian hier (ebd.) von einem eklatanten Falsch-Orakel beim Bruder eines Senators, und dies wird nicht das einzige bleiben – vielmehr lässt Lukian von nun an immer wieder mit sichtlichem Vergnügen peinliche Fehl-Voraussagen in seinen Bericht einfließen,[71] die sich aber – erstaunlicherweise – nicht negativ auf das Wachstum des Orakelgeschäfts auswirken.

Um dieses noch weiter zu steigern, erfindet Alexander die Kategorie der „selbstverkündeten Orakelsprüche", die die Glykon-Schlange angeblich mit eigenem Mund verkündet und die sich an die Adresse besonders Betuchter richten (c. 26). Die werden ferner auch noch auf andere Weise zur Kasse gebeten – jedenfalls behauptet Lukian, Alexander habe durch Orakelanfragen gewonnenes Wissen über Reiche als Mittel zur Erpressung benutzt (c. 32).

Der Ruhm des Orakels gelangt bald auch nach Rom, wo Alexander den Senator Rutilianus als treuen Anhänger und Propagandisten gewinnt (c. 30f.). Ihn kann er durch einen geschickt lancierten Orakelspruch sogar dazu veranlassen, seine eigene (Alexanders) Tochter zu heiraten (c. 35)!

Nunmehr schickt Alexander seine Orakelverkünder durch das ganze Reich (c. 36) und baut in Rom ein regelrechtes „Informantennetzwerk" auf (c. 37). Auch in Sachen Kult sorgt er für den weiteren Ausbau der

---

[70] In c. 44f. ist die Konfrontation Alexanders mit einem anonymen Epikureer geschildert, der Alexander einen nachweislich falschen Orakelspruch vorhält und deswegen beinahe gesteinigt wird. Vgl. auch c. 43 a.E. (Warnung an einen Sakerdos, weiterhin mit dem Epikureer Lepidos von Amastris zu verkehren).
[71] Vgl. c. 27 (ein falscher, post eventum korrigierter Orakelspruch für den römischen General Severianus), 28 (weitere später korrigierte Orakelsprüche), 33f. (Beispiele für falsche dem Rutilianus gegebene Orakelsprüche), 36 (ein sich verheerend auswirkender Orakelspruch gegen die im Reich wütende Seuche). Vgl. auch c. 44f. und 48: Zu einer besonderen Blamage wird die Orakelanweisung, vor einer großen Schlacht im Markomannenkrieg zwei Löwen lebend in die Donau zu werfen – den vorausgesagten großen Sieg gewinnen die Germanen und nicht die Römer.

Orakelstätte, indem er dreitägige Mysterienfeiern einrichtet[72] und zunehmend seine eigene Verbindung mit Pythagoras betont[73].

An dieser Stelle lässt Lukian einfließen, dass Alexander seine nun bereits sehr prominente Position ausgenutzt habe, um sich Gelegenheiten zu sexuellen Ausschweifungen mit schönen Knaben (c. 42) und Frauen (c. 43) zu verschaffen.[74]

Und immer noch nimmt der Erfolg der Orakelstätte zu: Inzwischen ist der Punkt erreicht, dass wer vom Orakelempfang ausgeschlossen wird, als öffentlich geächtet gilt (c. 46). Da die Orakelstätte von immer noch mehr Kunden überflutet wird, erfindet Alexander eine weitere Orakel-Kategorie: die „nächtlichen Orakel" (c. 49). Zu deren Deutung wird zusätzliches Personal angeworben, das für die Erklärung Geld bekommt und seinerseits Alexander eine „Lizenz-Gebühr" in Höhe von einem Talent (!) entrichten muss (c. 49). Orakel in anderen Sprachen – genannt werden „Syrisch" und „Gallisch" (c. 51) – für „Barbaren" erschließen weitere Kundenkreise. Um Allwissenheit des Orakels zu suggerieren, veröffentlicht Alexander nun sogar Orakelsprüche, die niemand in Auftrag gegeben hat (c. 50 und 52).

Der Höhepunkt des Aufstiegs scheint erreicht, als Alexander vom römischen Kaiser[75] die Umbenennung von Abonuteichos in Ionopolis erlangt und eine neue Münze mit dem Bild der Schlange Glykon auf der Vorderseite und seinem eigenen auf der Rückseite mit Attributen des Asklepios und Perseus prägen lässt (c. 58). Das Abbild Alexanders hat sich bisher auf solchen Münzen noch nicht gefunden,[76] wohl aber das Bild Glykons, von dem es auch Statuen gibt; und die Namensänderung der Stadt ist im türkischen „Inebolu" immer noch gut erkennbar.

Im letzten Teil der Schrift stellt der Erzähler bemerkenswerterweise eine eigene Auseinandersetzung mit dem Propheten dar: Er habe das Ora-

---

[72] Sie werden in c. 38f. ausführlich beschrieben.
[73] In c. 40 bekräftigt ein Orakel – in geheimnisvoll-gewundenen Worten – die Pythagoras-Verbindung. Schon in c. 4 wurde darauf hingewiesen, dass Alexandros gegenüber Rutilianus beanspruchte, Pythagoras ähnlich zu sein.
[74] Ein typischer Missbrauch religiöser Autorität, wie er auch immer wieder von Sektenführern der Moderne berichtet wird; vgl. BOTTOMS et al. 1996, SCHMIED-KNITTEL 2008.
[75] Der Name des Kaisers wird von Lukian nicht genannt; es handelt sich entweder um Antoninus Pius oder Marc Aurel (vgl. THONEMANN 2021, 153).
[76] Vgl. VICTOR 1997, 170 und THONEMANN 2021, 153f. (der auch eine böswillige Erfindung Lukians für möglich hält). Laut dem christlichen Apologeten Athenagoras (*Legatio* 26,3) wurde eine Statue Alexanders auf der Agora von Parion aufgestellt.

kel bewusst zu falschen Prophezeiungen provoziert und versucht, den Senator Rutilianus von der Ehe mit Alexanders Tochter abzuhalten (c. 53f.). Bei einem Besuch des Erzählers in Abonuteichos sei es zu einer direkten Konfrontation gekommen (c. 55): Zur Begrüßung habe er dem Propheten kräftig in die Hand gebissen, wofür ihn die umstehende Menge sogleich zu Tode prügeln wollte; dann aber habe sich erstaunlicherweise eine überraschende Annäherung ergeben. Dass die freilich nur scheinbar war, stellt der Erzähler bei der Weiterreise auf einem ihm von Alexander zur Verfügung gestellten Schiff fest – als nämlich die Besatzung ihn ins Meer werfen will, was nur das Eingreifen des anständigen Steuermanns verhindert habe (c. 56f.). Des Erzählers Bemühungen, Alexander wegen dieses versuchten Anschlags vor Gericht zu bringen, scheitern an dem römischen Statthalter von Bithynia et Pontus, weil der sich Alexanders Gönner Rutilianus zu sehr verbunden fühlt (c. 57).

Alexanders angeblich sehr unschönes Lebensende[77] straft noch einmal ein eigenes Orakel Lügen (c. 59). Die Schrift endet mit einem kurzen Ausblick auf die von Alexanders großem Gönner Rutilianus getroffene Nachfolgeregelung (c. 60) und einem bemerkenswerten Lobpreis Epikurs (c. 61),[78] den Alexander zu Lebzeiten als seinen philosophischen Hauptfeind angesehen hatte (vgl. c. 25, 43–47).

4.3. Fragwürdige Philosophen

4.3.1. Vorspiel: Lukian und die Philosophen der Vergangenheit

In einem großen Teil von Lukians Schriften spielen Philosophen eine bedeutende Rolle, sowohl die der klassischen Vergangenheit als auch die der kaiserzeitlichen Gegenwart.

Die Philosophen der klassischen Vergangenheit sind vor allem in drei Dialogsatiren präsent, und zwar auf je verschiedene Weise. Im „Verkauf der Philosophenleben" werden sie – oder genauer: die von ihnen jeweils repräsentierten Lebensformen – wie Sklaven auf einem Markt feilgeboten. Die Idee für dieses eigenartige „Setting" geht ziemlich sicher auf ein Werk des Satirikers Menipp von Gadara zurück, der sich ja bereits als wichtige Inspirationsquelle Lukians erwiesen hat (vgl. oben S. 76, 79,

---

[77] Sein Fuß und Bein sollen verfault sein und sich mit Maden gefüllt haben; THONEMANN 2021, 156 verweist auf literarische Vorbilder und hält Lukians Schilderung für Erfindung; VICTOR 1997, 170 lässt die Frage offen.
[78] Positive Äußerungen über Epikur gibt es auch schon in c. 25 und 47.

96–99): Menipp verfasste eine Satire über den „Verkauf des (Kynikers) Diogenes" (Διογένους πρᾶσις), von der freilich nur noch sehr wenig erhalten ist.[79] Diesem Werk lag offenbar ein in der Antike allgemein als authentisch akzeptiertes biographisches Detail aus dem Leben des Diogenes zugrunde: Er soll einmal von Seeräubern gefangengenommen und anschließend in die Sklaverei verkauft worden sein. Lukian hat die Verkaufs-Idee Menipps auf nahezu alle philosophischen Schulen ausgedehnt;[80] sie stehen nun, jeweils repräsentiert durch bestimmte charakteristische Figuren,[81] für Interessierte zum Verkauf, wobei das Verkaufspersonal bemerkenswerterweise „nicht von dieser Welt" ist, denn der Verkaufsleiter ist Zeus und der Verkäufer Hermes.[82] Alle „Verkaufsobjekte" müssen potentiellen Käufern Rede und Antwort stehen über ihre Fähigkeiten und werden je nach dem Interesse, das sie finden, zu sehr unterschiedlichen Preisen losgeschlagen (oder bleiben in manchen Fällen auch als „Ladenhüter" unverkauft).[83] Kürzere Episoden wechseln mit ausführlicheren, die Reihenfolge sorgt für thematische Kontraste, und es wird auch mit verschiedenen Sprachstilen gespielt (Käufer und Verkäufer sprechen Lukians Attisch, während manche Feilgebotenen wie Pythagoras, Demokrit und Heraklit sich ihres ionischen Dialekts bedienen); das Ganze ist voll von Anspielungen und Zitaten aus Leben und Werk der Verkauften, die Lukian in souveräner Leichtigkeit Revue passieren lässt.

Zum größeren Teil sind die einzelnen Verkaufsposten hier mit bestimmten Philosophen identisch – das als erstes verkaufte pythagoreische Leben mit Pythagoras (c. 2–6), das kynische Leben mit Diogenes (c. 7–11),[84] und auch die folgenden Leben entsprechen ihren individuellen Repräsentanten Aristipp (c. 12) sowie Demokrit und Heraklit (c. 13f.) –, doch gibt es auch „Mischwesen": Das sei hier an dem „redseligen Athe-

---

[79] HELM 1906, 231–251 hat versucht, den Inhalt von Menipps „Verkauf des Diogenes" vor allem aus zahlreichen Diogenes-Anekdoten im 6. Buch des Diogenes Laertios zu rekonstruieren, und dabei auf Übereinstimmungen mit der Diogenes-/Kyniker-Szene in Lukians „Verkauf der Philosophenleben" hingewiesen.
[80] Vielleicht inspirierten ihn zu der sich dabei ergebenden Struktur – einer Abfolge paralleler Szenen – vergleichbare Szenenfolgen aus der Alten Komödie (z.B. die Transaktionsszenen zwischen Dikaiopolis und diversen Interessenten in Aristophanes' „Acharnern").
[81] Vgl. dazu den nächsten Absatz und Anm. 85.
[82] Dies war beim „Verkauf des Diogenes" Menipps wahrscheinlich nicht der Fall.
[83] Die einzelnen „Verkaufsergebnisse" wurden bereits in Kap. 2.4 (oben S. 79f.) genannt.
[84] Hier könnte noch vieles aus Menipps Vorgänger-Satire stammen; wieviel genau, muss freilich offen bleiben.

ner" gezeigt, dessen Verkauf in c. 15–18 verhandelt wird.[85] Hermes kündigt dieses philosphische Leben als „gut und verständig" und sogar als „sehr heilig" an; doch gleich danach erhält ein interessierter Käufer von dem „Athener" selbst folgende etwas beunruhigende Auskunft: „Ich bin ein Knabenliebhaber und kundig in Dingen der Liebe (σοφὸς τὰ ἐρωτικά)." Als der Käufer dazu meint, dass er einen Pädagogen und keinen Päderasten brauche, versucht der Athener ihn zu beruhigen: Er sei ein Liebhaber von Seelen, nicht von Körpern; und selbst wenn man mit ihm unter der gleichen Decke liege, werde man nichts Schlimmes erleiden. Als der Käufer das schwer zu glauben findet, schwört der „Athener" bei „Hund und Platane", dass dies so sei (c. 16). Der Käufer wundert sich über diese seltsamen Eide, lässt sich aber eines Besseren belehren und wechselt das Thema (c. 17): „Was für ein Leben lebst du?" Die bemerkenswerte Antwort: „Ich lebe in einer Stadt, die ich mir selbst entworfen habe, lebe nach einer ungewöhnlichen Verfassung und achte als Gesetze (nur) meine eigenen." Als der Käufer ein Beispiel hören möchte, erhält er die Regel genannt, dass Frauen Gemeingut sein sollen. Erfreut fragt er nach, ob damit die Ehebruchsgesetzgebung aufgehoben sei – was ihm der „Athener" bestätigt. Und was ist mit hübschen Knaben? Die, sagt der „Athener", seien der Preis für die Tapfersten nach entsprechenden Leistungen. Der Käufer ist begeistert und wechselt noch einmal das Thema (c. 18): „Was ist der Hauptpunkt deiner Weisheit?" Die Ideen, erhält er zur Antwort, die als unsichtbare Modelle außerhalb des Kosmos existierten. Aber wo denn dann? Worauf der Athener überlegen antwortet: Nirgends, und nur er könne sie mit dem Auge der Seele sehen. Von dieser Scharfsichtigkeit beeindruckt, ist der Käufer nunmehr bereit, sogar den hohen Preis für dieses „Leben" zu zahlen.

Dieser letzte Punkt – die „Ideen" – deutet darauf hin, dass der „Athener" Platon ist, ebenso die Hinweise auf die „eigene Stadt" mit den Frauen als Gemeineigentum sowie auf die selbst Ideen sehen könnende

---

[85] Danach folgen noch vier weitere: das epikureische Leben (c. 19), das stoische Leben (c. 20–25) – das jedenfalls in den Handschriften mit Chrysipp identifiziert wird –, das peripatetische Leben (c. 26), das keine eigenen Sprechbeiträge erhält und jedenfalls in den Handschriften *nicht* mit Aristoteles identifiziert wird, und schließlich das skeptische Leben (c. 27), das einmal von Hermes mit dem Sklavennamen „Pyrrhias" angeredet wird, dessen Sprechbeiträge in den Handschriften aber einem „Pyrrhon" (= Pyrrhon von Elis) zugewiesen werden.

Kap. 4: Schwurbler, Schwindler, Scharlatane 139

scharfe Sicht der Seele;[86] andere Punkte des Gesprächs – die Päderastie des „Atheners"[87] und seine seltsamen Eide bei Hund und Platane – deuten dagegen eher auf Sokrates. Mit der bemerkenswerten Kombination von platonischen und sokratischen Zügen in dem zum Verkauf stehenden Athener[88] hat Lukian das Kunststück fertiggebracht, in dieser Gestalt sowohl Sokrates als auch Platon zu karikieren.

In dem turbulenten szenischen Dialog – geradezu einer Komödie in Prosa – „Die Wiederauferstandenen, oder: Der Fischer", den Lukian selbst als Anschluss-Stück zum „Verkauf der Philosophenleben" dargestellt hat (vgl. oben Kap. 2.4, S. 79), treten nun die „Archetypen" dieser verkauften Philosophenleben, also Platon, Chrysipp, Epikur, Aristoteles etc.[89] höchstselbst in Erscheinung: Wie der Kohlenbrenner-Chor in den „Acharnern" des Aristophanes stürmen sie auf die Bühne – als Tote, die aus der Unterwelt für einen Tag ‚freibekommen' haben (vgl. c. 4 und 14) –, um den, der sie verspottet hat, zur Strecke zu bringen. Auch diese Rückkehr aus dem Hades ist ein Komödienmotiv: In den „Demen" des Eupolis kehrten die großen athenischen Staatsmänner der Vergangenheit auf die Erde zurück, um Athen in einer Krise beizustehen.[90]

Kaum haben die Philosophen ihren Gegner erspäht, ist er auch schon umstellt und in ihrer Gewalt (c. 2); und nun hat der vorerst noch anonyme Gefangene[91] alle Hände voll zu tun, um die wütenden Philosophen von

---

[86] Auf Platons „eigene Stadt" weist Lukian in *VH* 2,17 hin, auf seine Befürwortung von Frauen als Gemeineigentum in *VH* 2,19 und *Conv.* 39, auf die scharfe Seelensicht z.B. in *Philops.* 16.
[87] Lukian schreibt Sokrates päderastische Neigungen auch in anderen Werken zu, z.B. in *VH* 2,17. 19; *Conv.* 39, *Peregr.* 43.
[88] Sie ist auch ein Reflex der Tatsache, dass in platonischen Dialogen ebenfalls nicht immer leicht zu entscheiden ist, welche Gedanken auf Sokrates und welche auf Platon zurückgehen.
[89] Vgl. die Aufzählungen in c. 1 und 4 sowie einzelne Ergänzungen in weiteren Kapiteln (in c. 2 wird Empedokles genannt, Sokrates – wenn man von den Sprecherbezeichnungen absieht, die wahrscheinlich nicht von Lukian stammen – in c. 10 und 25). Unter den Genannten fehlt Pyrrhon der Skeptiker, und das vielleicht aus gutem Grund, s.u.
[90] Vgl. oben Kap. 3.3, S. 95, Anm. 42. HELM 1906, 297 hat auch den Anfang des lukianischen „Charon" verglichen (c. 1), wo der alte Unterweltsfährmann für einen Tag freibekommen hat, um sich auf der Erde ein wenig umzusehen; aber das ist von der Rückkehr der wütenden toten Philosophen doch recht weit entfernt.
[91] Erst in c. 19 stellt er sich als „Parrhesiades" vor, darin vergleichbar seinem aristophanischen Pendant Dikaiopolis, der seinen Namen auch erst in *Ach.* 406 nennt.

seiner sofortigen Exekution abzuhalten. Vor dieser wollen sie ihm aber auch noch alles erdenklich Schlimme antun (c. 2), mit einem sadistischen Einfallsreichtum, wie man ihn bei Philosophen eigentlich nicht erwarten sollte.[92] Dass freilich auch Philosophen bei Lukian sehr ruppige Gesellen sein können, zeigt sein „Gastmahl" zur Genüge (vgl. unten S. 145–152).

Ein deutlich menippeischer Zug[93] in dieser Eingangsszene (vor allem in c. 3) ist die beachtliche Frequenz von Homer- und Euripideszitaten[94] – teilweise in parodierter Form –, mit denen der Gefangene sich zu verteidigen sucht und seine philosophischen Kontrahenten diese Verteidigung zurückweisen.[95] Dennoch schafft er es bis zum Ende von c. 4 irgendwie, nicht auf der Stelle umgebracht zu werden, und im folgenden Abschnitt (c. 5–10) erreicht er es sogar, dass man ihm eine ordentliche Gerichtsverhandlung gewährt, unter Vorsitz der Philosophie selbst, wie er vorschlägt – nur wo ist die zu finden? Diese Frage erörtert er gleich im Anschluss in einem monologischen Zwischenstück (c. 11f.): Schon oft habe er an eine Tür geklopft, hinter der angeblich die Philosophie wohnen soll-

---

[92] HELM 1906, 299–301 hat deswegen hier das Vorbild einer Menipp-Satire vermutet, in der der Erinyen-Chor aus den aischyleischen „Eumeniden" parodiert war; er weist darauf hin, dass wir noch umfangreiche Reste einer auf Menipp zurückgehenden Satire des Römers Varro mit dem Titel „Eumenides" haben und in diesen Resten zum Teil ähnliche Handlungsvorgänge zu erkennen sind wie hier in Lukians „Fischer". In c. 21 betet Parrhesiades vor dem Beginn seines Prozesses zu der Stadtgöttin Athene Polias und möchte notfalls – wie weiland der von den Erinyen als Muttermörder verfolgte und angeklagte Orest – mithilfe des Stimmsteins der Göttin freigesprochen werden, ein klarer Rückbezug auf das Aischylos-Stück, das nach Helms Vermutung von Menipp parodiert wurde. Auf der anderen Seite scheint die Thematik bei Varro – und damit wohl auch bei Menipp – doch etwas anders gelagert gewesen zu sein: Es ging nicht um eine literarische Selbstverteidigung des Autors, sondern um eine ethisch-kritische Musterung der Menschen allgemein, nicht nur der Philosophen; und für die in der Tat recht drastischen Rachegelüste der Philosophen müssen nicht unbedingt die in Varros „Eumenides" vielleicht dargestellten Erinyen ein Vorbild sein, da eben auch die aristophanischen Acharner mit Dikaiopolis kurzen Prozess machen wollen.
[93] Schon von HELM 1906, 298 herausgestellt.
[94] Auch schon in den „Acharnern" sieht sich Dikaiopolis gezwungen, seine Zuflucht zu Euripides zu nehmen (v. 394), und so sucht auch Parrhesiades, nachdem er die Wut seiner philosophischen Angreifer mit Homerversen nicht besänftigen konnte, seine Rettung bei Euripides (c. 3), muss aber feststellen, dass auch aus diesem Dichter seine Gegner die passenden Antworten für ihn haben.
[95] In dieser Häufigkeit finden sich Verse bei Lukian nur noch am Beginn des „Tragischen Zeus" und der „Nekyomanteia", die noch weitere menippeische Züge haben (s. oben S. 97 und unten S. 264). *Nach* der Eingangsszene wird dann nur noch selten von Versen Gebrauch gemacht (einzelne Fälle c. 5. 25. 39. 41).

te, doch habe er nur ein aufgeputztes Frauenzimmer vorgefunden, das sich wie eine Hetäre gab und vor allem reichen Leuten seine Aufmerksamkeit schenkte. Diese Beschreibung erinnert zum einen an die Darstellung der Rhetorik als untreuer Ehefrau des ‚Syrers' im „Doppelt Verklagten" (c. 31), die vergebliche Suche nach der wahren Philosophie aber auch an vergleichbare – und ebenfalls vergebliche – Bemühungen im „Hermotimos" (vgl. unten S. 174–182).[96]

Während im „Hermotimos" aber alle Bemühungen, die wahre Philosophie zu entdecken, erfolglos bleiben, ist dem hier nicht so: Die – inzwischen schon etwas milder gestimmten – Philosophen teilen Parrhesiades in c. 13 mit, dass ihre Archegetin, die Philosophie, bei ihrem täglichen Rundgang durch die einzelnen Schulen gleich erscheinen werde – und da kommt sie auch schon.

Damit beginnt der nächste Abschnitt des Dialogs (c. 13–20), in dem Parrhesiades die Philosophie mitsamt ihren allegorischen Dienerinnen und Dienern kennenlernt – Arete („Tugend"), Sophrosyne („Besonnenheit"), Dikaiosyne („Gerechtigkeit"), Paideia („Bildung"), Aletheia („Wahrheit", mit ihren beiden Dienerinnen Eleutheria, „Freiheit", und Parrhesia, „Freie Rede"), dann auch Elenchos[97] („Untersuchung") und Apodeixis („Beweisführung").[98] In diesem Abschnitt wird nun endlich auch der Angeklagte, Parrhesiades, ausführlich und namentlich vorgestellt (c. 19f., vgl. oben S. 58). Zuvor (c. 15) hat die Philosophie bereits beschlossen, das Gerichtsverfahren auf dem Areopag – dem traditionell wichtigsten athenischen Gerichtshof, vgl. wieder die Orest-Sage – durchzuführen, ändert aber gleich darauf ihre Meinung und will „auf die Akropolis [...], damit aus der Überschau alles in der Stadt sichtbar wird".[99]

---

[96] Es ist daher wohl kein Zufall, dass unter den hier an die Oberwelt zurückgekehrten Philosophen kein Skeptiker zu finden ist, denn Parrhesiades alias Lukian zeigt selbst – zumindest teilweise – skeptische Züge. Skeptisch wirkt auch, dass die in c. 16 vorgestellte Personifikation der „Wahrheit" (Ἀλήθεια) als kaum visuell wahrnehmbare und ständig im Zurückweichen Begriffene geschildert ist; und in c. 42 erinnert Parrhesiades' Klage, man könne wahre und falsche Philosophen nicht durch ein eindeutiges Erkennungsmerkmal unterscheiden, an das skeptische Verlangen nach einem „Beurteilungszeichen" (κριτήριον).
[97] Elenchos könnte aus dem im „Pseudo-Kritiker" erwähnten Menanderprolog stammen (vgl. oben S. 110).
[98] Später (c. 39f.) ist in Philosophias Gefolge auch noch die Personifikation des Syllogismos anwesend, ohne dass sie hier schon eingeführt worden wäre.
[99] HELM 1906, 300 hat in dieser abrupten Meinungsänderung einen ungeschickten Vorverweis auf den zweiten Teil des „Fischers" – die von der Akropolis aus stattfindende Jagd auf die falschen Philosophen – gesehen; aber es gibt schon vorher

Am Anfang von c. 21 ist der vorgesehene Gerichtsort auf der Akropolis erreicht; nun geht es um die Frage, wer unter den Philosophen der Ankläger sein soll. Der zunächst vorgeschlagene Platon – auf dessen rhetorische Fähigkeiten der Stoiker Chrysipp ein regelrechtes kleines Enkomion hält (c. 22) – lehnt ab und schlägt seinerseits einen der anwesenden Kyniker oder Chrysipp vor (c. 23), woraufhin Diogenes diese Aufgabe übernimmt. Einzelheiten des dann folgenden Prozesses[100] (c. 25–39) wurden bereits in Kap. 2.4 (oben S. 80–84) skizziert, weil er wichtige Aussagen über Lukians literarisches Selbstverständnis enthält. Hier sei lediglich noch darauf hingewiesen, dass diese Szene typologisch auch einem wichtigen zentralen Teil in der attischen Alten Komödie entspricht: dem Agon, in dem der Hauptheld seinen Standpunkt verteidigen muss: So muss sich in den „Acharnern" Dikaiopolis vor den ihm feindlich gesonnenen Kohlenbrennern dafür verantworten, dass er einfach privat seinen Frieden mit den Spartanern gemacht hat.[101] Parrhesiades' lange Verteidigungsrede hat die gleiche Funktion wie die Rechtfertigung des Dikaiopolis; darüber hinaus bereitet sie aber, indem sie zu einer umfänglichen Anklage- und Scheltrede gegen die falschen Philosophen wird, auch schon den zweiten Teil des „Fischers" vor (vgl. unten S. 162), der beginnen kann, nachdem Parrhesiades in c. 39 seinen triumphalen Freispruch erlebt. Wie bei Aristophanes der dem Komödienhelden zunächst feindlich gesinnte Chor durch den Agon zum Verbündeten und Helfer des Helden wird, treten nun auch die aus dem Hades zurückgekehrten Philosophen – der „Chor" dieses szenischen Dialogs – völlig auf Parrhesiades' Seite (explizit in c. 38).

Einige große Philosophen der Vergangenheit treten auch in der ersten Hälfte des Dialogs „Der doppelt Verklagte" auf, dessen zweite Hälfte wegen ihrer wichtigen Aussagen über Lukians literarisches Selbstverständnis in Kap. 2.3 genauer betrachtet wurde. In den diesem „Doppel-Prozess" vorangehenden Gerichtsszenen erinnert auch wieder manches an

---

eine Reihe von Hinweisen auf diesen zweiten Teil (vgl. unten S. 162). Ein ähnlicher Aufstieg fand sich offenbar in der schon erwähnten Satire „Eumenides" Varros, geht also vielleicht schon auf Menipp zurück.
100 Damit hat Lukian wieder eine Konstellation geschaffen, wie er sie liebt: eine fiktive Gerichtsszene mit umfangreichem Anklage- und noch umfangreicherem Verteidigungsplädoyer.
101 Ähnlich muss Peisetairos in den „Vögeln" seine Idee eines Vogelstaats rechtfertigen und auch Bdelykleon in den „Wespen" einen feindlich eingestellten Chor eines Besseren belehren.

Kap. 4: Schwurbler, Schwindler, Scharlatane

einen Komödienagon,[102] und eine Abfolge parallel gebauter Szenen ist mehrfach in der zweiten Hälfte von Aristophanes-Stücken anzutreffen.[103] Neben diesem Komödieneinfluss ist vor allem in der Eingangspartie[104] des „Doppelt Verklagten" (c. 1–7) eine Inspiration durch Menipp denkbar (auf dessen Einfluss auf den ‚Syrer' sein Prozessgegner Dialogos in c. 33 ja explizit hinweist, vgl. oben S. 75f.).[105] Diese Partie gestaltet Lukian wesentlich elaborierter und detaillierter als etwa das – ebenfalls von Göttern (Zeus und Hermes) bestrittene – Vorspiel des „Verkaufs der Philosophenleben". Wie der Dialog „Timon" (vgl. unten S. 211f.) und der „Tragische Zeus" (vgl. unten S. 192) beginnt auch der „Doppelt Verklagte" im Götterhimmel, wo Zeus die schon lange andauernde völlige Überlastung der Götter mit all ihren Pflichten beklagt (c. 1f.), jetzt aber wenigstens einige schon lange zur Verhandlung anstehende Rechtsfälle von der Göttin Dike zu Ende bringen lassen will (c. 3f.), auch wenn Dike selbst von diesem Auftrag zunächst überhaupt nicht begeistert ist (c. 5–7). Auf dem Weg herab zum athenischen Areopag, wo die Prozesse stattfinden sollen (c. 4), begegnen Hermes und Dike dem seit den Perserkriegen unterhalb der athenischen Akropolis ansässigen Gott Pan, der ihnen seine Eindrücke von den gegenwärtig in Athen ihr Wesen treibenden Philosophen schildert (c. 9–11; vgl. unten S. 144). Auf dem Areopag angekommen, entschließen sich Hermes und Dike, aufgrund der begrenzten ihnen zur Verfügung stehenden Zeit nur solche Prozesse durchzuführen, in denen „Künste" oder „Lebensformen" bestimmte historische Personen anklagen, sie verlassen zu haben (c. 13). Dabei handelt es sich ausnahms-

---

[102] Bei dem Streit zwischen Epikur und der Stoa um deren abtrünnigen Vertreter Dionysios von Herakleia (c. 19–22) hat bereits HELM 1906, 286 darauf aufmerksam gemacht. Dazu, dass schon der Titel des „Doppelt Verklagten" an eine Komödie erinnert, vgl. oben Kap. 3.3, S. 96 Anm. 44.
[103] Vgl. die „Acharner", den „Frieden", die „Vögel" und noch den „Plutos".
[104] HELM 1906, 282–286 postuliert eine Anknüpfung an Menipp auch in den im „Doppelt Verklagten" verhandelten Gerichtsfällen früherer Zeiten; sein Hauptargument ist, dass sie chronologisch die Jahre 280–270 v. Chr. – und mithin die ungefähre Lebenszeit Menipps – nicht überschreiten. Aber hätte der *Kyniker* Menipp einen Epikur wirklich so überzeugend gegen die Stoa auftreten lassen, wie Lukian es uns vorführt, und hätte Menipp seinen berühmten Mitkyniker Diogenes als einen solchen rabiaten Schlagetot mit allzeit bereitem Knüttel wie hier Lukian auftreten lassen, wo er ihn doch offenbar im „Verkauf des Diogenes" verherrlicht hat? Die Fälle, die Lukian durchspielt, waren einfach berühmt und ihm vielleicht schon aus seiner rhetorischen Ausbildung als Übungsmaterie bekannt.
[105] Freilich könnte sich Lukian für diese Eingangsszene auch an einem eigenen Werk wie dem „Tragischen Zeus" inspiriert haben.

los um historische Philosophen, die zum Teil auch von Philosophen verteidigt werden. Im ersten Fall (c. 15–18) ist dies freilich nicht so, sondern hier verteidigt die platonische Akademie (also selbst eine Allegorie) ihren Schützling Polemon gegen die Klage der Trunksucht, die sich von Polemon verlassen sieht. Im zweiten Fall jedoch (c. 19–22) tritt als Verteidiger des von der Stoa abtrünnigen und zum Hedonismus übergelaufenen Dionysios von Herakleia kein Geringerer als Epikur auf, der sich als geschickter und wirkungsvoller Anwalt erweist. Zum dritten Prozess – in dem sich die personifizierte Tugend und die personifizierte Schwelgerei um den hedonistischen Sokratiker Aristipp streiten wollen – kommt es nicht, womit die Frage, ob man Aristipp eher positiv oder eher negativ bewerten sollte, ungeklärt bleibt (c. 23). Ebenso kommt der von der Geldwechslerkunst gegen den Kyniker Diogenes angestrengte Prozess nicht zustande, weil Diogenes der Anklägerin sofort solche Prügel androht, dass sie stante pede Reißaus nimmt (c. 24). Der fünfte Prozess schließlich endet mit einer Verurteilung in absentia, da der Angeklagte – der Skeptiker Pyrrhon – nicht erschienen ist, weil er nicht an den Beurteilungsmaßstab glaubt (c. 25). Festzuhalten ist, dass die einzigen Prozesse, die ordnungsgemäß durchgeführt werden, mit einem Freispruch der Angeklagten enden – wie dann auch die beiden, denen sich der ‚Syrer' stellen muss.

4.3.2. Die Philosophen der Gegenwart und ihre Laster

Im gerade skizzierten „Doppelt Verklagten" schildert kein Geringerer als der Gott Pan, wie er als athenischer „Metöke" (Mitbewohner ohne Bürgerrecht) das Treiben der zeitgenössischen Philosophen wahrnimmt (c. 11):

„Ich höre, wie sie ständig schreien und irgendeine Tugend und Ideen und Natur und unkörperliche Dinge traktieren [...]. Und zunächst beginnen sie ihre gegeneinander gerichteten Vorträge noch friedlich, mit fortschreitendem Beisammensein aber steigern sie ihren Ton bis ins Schrille, so dass, während sie sich echauffieren und (alle) zugleich reden wollen, ihr Gesicht sich rötet und ihr Hals schwillt und ihre Adern hervortreten [...]. Wenn sie dann ihre Darlegungen völlig durcheinandergebracht haben [...], gehen die meisten unter gegenseitigen Beschimpfungen weg [...] und derjenige scheint gewonnen zu haben, der von ihnen der lautere und frechere ist und bei ihrem Auseinandergehen als späterer verschwindet."

Die gerade gegebene Skizze trifft weitgehend auf das Verhalten zu, das die Philosophen in Lukians Dialog „Das Gastmahl, oder: Die Lapithen" zeigen. Bei diesem ungemein witzigen Text handelt es sich um die Beschreibung eines Hochzeitsschmauses, der sich so entwickelt wie weiland bei den mythischen Lapithen die Hochzeit des Peirithoos, als die geladenen Kentauren dem Alkohol zu sehr zugesprochen hatten und sich an den anwesenden Damen zu vergreifen begannen. Auch bei Lukian eskaliert die dargestellte Hochzeitsfeier zu einem Schlachtgetümmel, wobei die als Gäste geladenen Philosophen die Rolle der alkoholisierten Kentauren spielen, dabei aber wenigstens ihre ‚Schlagfertigkeit' vor allem nur gegeneinander richten.

Die literarische Beschreibung eines Gastmahls hat zu Lukians Zeit bereits eine etwa fünfhundertjährige Tradition, die mit den „Gastmählern" eines Platon und Xenophon beginnt. Nach Platon und Xenophon hat sich die Symposienliteratur[106] in zwei Richtungen entwickelt, in einen ‚ernsten' und in einen ‚lustigen' Zweig: In dem ‚ernsten'[107] ging die Tendenz dahin, immer mehr Wissensstoff, der irgendwie mit der Gastmahlssituation zusammenhing, darzubieten[108]. Erfreulichere Erzeugnisse sind aus dem anderen, dem ‚lustigen' Zweig erhalten, zu dem auch Lukians „Gastmahl" gehört. Der erste Vertreter dieses Zweiges war möglicherweise das „Symposion" Menipps, von dem jedoch außer dem Titel nur so geringe Reste erhalten sind, dass sich kaum etwas darüber sagen lässt.[109]

Mehr als die wenigen Reste von Menipps „Symposion" sprechen die uns besser erkennbaren lateinischen Vertreter der komischen Symposientradition für die Annahme, dass diese Tradition unter menippeischem Vorzeichen stehen konnte: Von dem Satiriker Lucilius gab es ein „Convivium", das vielleicht auf Anregungen Menipps zurückging; mehrere

---

[106] Überblick in MARTIN 1931 und HUG 1932.
[107] Zu ihm gehörten die Symposien des Aristoteles, Epikur und auch mancher Stoiker; sie sind uns wohl vor allem deshalb nicht erhalten, weil sie sich an literarischer Kunst nicht mit ihren beiden großen Vorläufern messen konnten.
[108] Das zeigen zwei noch erhaltene kaiserzeitliche Vertreter dieser Gattung: die umfänglichen *Quaestiones convivales* des Plutarch und die noch umfänglicheren – und für einen heutigen Leser nahezu unverdaulichen – „Deipnosophistai" des Athenaios von Naukratis (um 200 n. Chr.).
[109] HELM 1906, 254–274 versucht, möglichst viele Argumente dafür zu finden, dass Menipp für Lukians „Gastmahl" eine wichtige oder gar die hauptsächliche Inspirationsquelle war; er muss jedoch zugeben, dass man hier über die Annahme einer vagen Möglichkeit nicht hinauskommt. HELM hat auch die Anklänge Lukians an Xenophon und andere (etwa die Komödie) erörtert, und dies macht seine Ausführungen immer noch wertvoll.

menippeische Satiren Varros behandeln Gastmahlsituationen; die „Cena Nasidieni" des Horaz (sat. 2,8) steht vielleicht in der Tradition Varros, sicher aber in der des Lucilius; und schließlich darf die berühmte „Cena Trimalchionis" des Petron – das umfangreichste lateinische Beispiel für eine mit komischen Elementen und satirischen Untertönen versehene Gastmahlsschilderung – nicht vergessen werden.[110] Sollte nun Menipp der Begründer des komischen Zweigs der Symposienliteratur gewesen sein, dann könnte er Lukian dazu inspiriert haben, ebenfalls ein solches Symposion komisch darzustellen. Ein weitergehender Einfluss Menipps auf Lukians „Gastmahl" ist dagegen kaum noch feststellbar – ganz im Gegensatz zu der deutlichen Einkleidung des Ganzen in einen Dialog platonischer Art, der auch eine Reihe direkter Einflüsse aus dem platonischen „Symposion" erkennen lässt.

Ein Vergleich zwischen den Eingangsgesprächen des platonischen „Symposion" und des lukianischen „Gastmahls" zeigt rasch, wie bewusst sich Lukian auf Platon zurückbezieht: In Platons Rahmengespräch schildert Apollodoros, der Erzähler des folgenden Dialogs, einem anonym bleibenden „Gefährten", wie er schon einmal um einen solchen Bericht von Glaukon gebeten wurde. Glaukon hatte schon einiges über dieses Symposion von einem anderen, Phoinix, gehört, wollte von Apollodor aber Genaueres wissen. Daraufhin stellte Apollodor zunächst klar, dass weder er selbst noch Phoinix bei diesem Symposion dabei gewesen waren; vielmehr hatte es schon einige Jahre zuvor stattgefunden, und sowohl er, Apollodoros, als auch Phoinix hätten es von einem Teilnehmer namens Aristodemos erzählt bekommen; er selbst habe dann auch bei Sokrates selbst betreffs einiger Punkte nachgefragt. So habe er es dann Glaukon weitererzählt und sei auch jetzt – gegenüber dem anonymen „Gefährten" – bereit, dies zu tun.

Diese recht komplizierte Konstellation hat Lukian in seinem Rahmengespräch nachgebildet, aber vereinfacht: Die Dopplung Glaukon / „Gefährte" ist verschwunden; die Rolle Glaukons spielt bei Lukian ein

---

[110] Wenn auch durchaus umstritten ist, zu welcher Gattung man Petrons „Satyrica" rechnen sollte (menippeische Satire oder Roman? vgl. ADAMIETZ 1987), so ist doch sicher, dass sich bei Petron zumindest formal Elemente der Menippeischen Satire, namentlich die typische Mischung von Vers und Prosa, immer wieder finden. Gerade in der „Cena Trimalchionis" freilich kommen Verseinlagen nicht unmittelbar in die berichtende Prosa eingefügt (wie in anderen Partien der „Satyrica") vor, wie es für die menippeische Satire offenbar typisch war; und auch in Lukians „Gastmahl" ist dies nur an wenigen Stellen (c. 12, 44, 45) mit kurzen, zum Teil leicht entstellten Homerzitaten der Fall.

Philon, der wie Glaukon schon von einem anderen etwas über das „Lapithen"-Symposion gehört hat, nämlich von Charinos, der somit die Rolle des platonischen Phoinix spielt. Wie Phoinix hat auch Charinos seine Kenntnisse nur aus zweiter Hand, von dem Arzt Dionikos (der also dem platonischen Aristodemos entspricht). Ähnlich wie Platons Glaukon will auch Lukians Philon nun von Lykinos mehr erfahren, der somit die Rolle des platonischen Erzählers Apollodoros spielt. Anders als Apollodoros aber war Lykinos direkt beim Geschehen dabei und er brauchte nicht mehr einen Aristodemos und dann auch noch einen Sokrates zu fragen (das ist Lukians wichtigste Änderung). Bei Lukian vereinigt Lykinos also die Rolle des Apollodoros (des Erzählers) und des Sokrates (des direkten Teilnehmers) in sich. Ein weiterer Unterschied ist, dass bei Platon das Symposion sich schon vor längerer Zeit, bei Lukian aber erst gestern zugetragen hat. Ferner ergibt sich eine jeweils andere Akzentuierung des zu Erzählenden aus den Themafragen, die die jeweiligen Gesprächspartner ihrem Erzähler stellen. Bei Platon fragt der „Gefährte": „Was waren die Redebeiträge?"; bei Lukian fragt Philon: „Wer waren die am Gastmahl Teilnehmenden?" Statt philosophischer Vorträge soll es bei Lukian also eine Darstellung der Leute – und ihres Benehmens – geben. Mit all dem zeigt Lukian durchaus Eigenständigkeit bei dieser Mimesis seines großen platonischen Vorbildes.[111]

Lykinos ziert sich zunächst noch etwas, um die Spannung zu erhöhen (c. 3f.); dann beginnt er seine Darstellung mit einer Einführung in den Anlass des Festmahls (die Hochzeit der Tochter des reichen Aristainetos, c. 5) und der dazu geladenen intellektuell-illustren Gäste: außer Pythagoreern, Skeptikern und (anfangs auch) Kynikern sind alle philosophischen Schulen vertreten, dazu noch der Grammatiker Histiaios und der Rhetor Dionysodoros (c. 6f.). Die ersten Schwierigkeiten zwischen diesen Herren gibt es bei der Verteilung der Plätze; aber noch geht alles harmlos ab, da der Epikureer Hermon seinem stoischen Rivalen Zenothemis begütigend den Platz abtritt (c. 8f.). Bei den ersten Gängen verhalten sich alle sittsam (c. 11); nur der Peripatetiker Kleodemos tuschelt dem Platoniker Ion zu, wie gefräßig sich doch der Stoiker Zenothemis benehme; wie schon diese Vorfälle zeigen, ist man einander nicht sehr wohlgesonnen.

---

[111] Im Übrigen hält er auch im weiteren Gespräch durch mehrere Zwischenbemerkungen Philons die Dialogsituation aufrecht, während bei Platon bis zum Ende nur noch der Erzähler Apollodoros spricht.

Dann folgt der erste unerwartete Paukenschlag der Festlichkeit: der Auftritt des – ungeladenen – Kynikers Alkidamas (c. 12).[112] Die bisherigen Gäste murren leise, aber wirklich aufzumucken wagen sie gegen den streitbaren Kyniker nicht. Der legt sich auch nicht gesittet auf ein Speisesofa, sondern isst im Umhergehen (und kann so natürlich mehr von den herumwandernden Gängen mitbekommen); erst ein großes, mit – ungemischtem! – Wein gefülltes Trinkgefäß, das ihm auf Nicken des Hausherrn hin ein Diener reicht, veranlasst Alkidamas, sich erst einmal niederzulassen; doch wird dieser Wein, wie Lykinos andeutet, noch böse Folgen haben (c. 13f.).

Zunächst aber wechselt die Szene: Der Peripatetiker Kleodemos macht dem ihn bedienenden Knaben schöne Augen; ein finanzieller Annäherungsversuch misslingt jedoch, da der Knabe die ihm von Kleodemos heimlich zugesteckten zwei Drachmen ungeschickt auf den Boden fallen lässt. Der aufmerksame Gastgeber riecht den Braten und lässt den Diener durch einen anderen – weniger attraktiven – ersetzen (c. 15).

Derweil erntet der inzwischen schon reichlich angetrunkene Kyniker Alkidamas wegen eines deswegen ziemlich verunglückten Toastes auf die Braut allgemeines Gelächter, was ihn wütend nach seinem Stock greifen lässt – da rettet gerade noch rechtzeitig ein aufgetragener riesiger Kuchen die Situation, an dem Alkidamas fürs erste seinen Zorn besänftigen kann (c. 16).

Inzwischen sind auch die anderen Gäste angeheitert und dementsprechend lauter geworden; der Rhetor Dionysodoros veranstaltet Deklamationsübungen, und der Grammatiker Histiaios gibt ein lyrisches „Ragout" aus Pindar, Hesiod und Anakreon zum Besten, zusätzlich gewürzt mit Brocken aus Homer, die geradezu schon prophetisch, wie Lykinos bemerkt, die kommende Eskalation des Gastmahls vorwegnehmen (c. 17).

Während einer Essenspause betritt ein Spaßmacher die Szene (c. 18), dessen Witzeleien über die Anwesenden jedoch gerade der Kyniker überhaupt nicht goutiert, sondern den schmächtigen Unterhalter zum augenblicklichen Pankration herausfordert. Welche Gaudi, als der Winzling den großen Alkidamas dabei tüchtige Hiebe spüren lässt und den Kampf gewinnt (c. 19)!

Als letzter Gast erscheint jetzt der Arzt Dionikos, der erst noch einen Verrückten bändigen musste, wie er spannend erzählt (c. 20). Und dann

---

112 Im platonischen „Symposion" tritt ähnlich verspätet und ähnlich aufsehenerregend *Alki*biades auf; die Gleichheit des jeweils ersten Namensteils ist vielleicht nicht zufällig.

der erste wirklich peinliche Höhepunkt des Abends: der Brief des nicht eingeladenen Stoikers Hetoimokles. Dessen Diener bringt ihn und hat auch den Auftrag, ihn mitten in der Festrunde zu verlesen (c. 21). Kunstvoll steigert Lukian unsere gespannte Erwartung auf diese Lektüre, indem er hier den Zuhörer Philon sich kurz mit der Frage einschalten lässt, es müsse sich wohl um eine Lobschrift auf die Braut oder ein Hochzeitslied gehandelt haben? Weit gefehlt: Hetoimokles kocht vor Wut, weil man ihn nicht eingeladen hat (c. 22), und obwohl er sich bemüht, in seinen Worten hochmütige Verachtung solcher vulgärer Festlichkeiten zum Ausdruck zu bringen, spricht dennoch die Wut aus jeder Zeile – Hetoimokles vergleicht sich sogar mit der erbitterten Artemis, die im Mythos der unachtsame Oineus bei seiner Opferfeier versehentlich überging und damit die Plage des Kalydonischen Ebers auslöste (c. 25).[113] Zu dieser Wut gesellt sich ferner Neid auf die stoischen Kollegen Zenothemis und Diphilos, die eingeladen sind (c. 23); um sich zu rächen, lässt Hetoimokles – zwar verklausuliert, aber deutlich genug – durchblicken, dass Diphilos ein päderastisches Verhältnis zum Sohn des Gastgebers unterhält, dessen Philosophielehrer er eigentlich sein sollte (c. 26) – was den Gastgeber nun zum ersten Mal doch aus der Fassung bringt und für den Sohn das Ende des Festes bedeutet (c. 29). Insgesamt ist dieser Brief ein Meisterwerk an indirekter negativer Charakterisierung: sein fiktiver Verfasser wirft sich in die Pose des unerschütterbaren, in sich ruhenden Philosophen und decouvriert dabei seine Wut, seinen Neid, seinen kleinlichen Egoismus und seine Freude an übler Nachrede.

Für den Peripatetiker Kleodemos ist dieser Brief ein lange herbeigesehnter Anlass, über die anwesenden Stoiker herzufallen (c. 30). Der Epikureer fügt seinerseits noch einige antistoische Anzüglichkeiten hinzu (c. 31); daraufhin gibt der Stoiker Zenothemis laut brüllend Kontra, und sogleich fliegen gegenseitige Anschuldigungen wüstester Verbrechen (Tempelraub, Ehebruch, Zuhälterei, Wucher, Giftmord) durch den Saal (c. 32) – und nicht nur sie, sondern auch eine Ladung Wein, mit der Zenothemis nun nicht nur seinen peripatetischen und seinen epikureischen Gegner, sondern auch den bisher unbeteiligten Platoniker Ion trifft. Da der Peripatetiker Kleodemos keinen Becher Wein zur Hand hat, muss er sich gegenüber Zenothemis mit Spucke behelfen; er hebt auch schon die Hand, um auf den alten Stoiker einzudreschen, da tritt noch rechtzeitig Gastgeber Aristainetos dazwischen (c. 33). Die so entstehende Kampf-

---

[113] Hetoimokles führt auch drei Dichterzitate (aus Homer, Euripides und Sophokles) an, um diesem Vergleich Gewicht zu verleihen.

pause benützt der Erzähler Lykinos zu Reflexionen über den Vergleich zwischen den sich so daneben benehmenden Philosophen und den anständigen Nicht-Philosophen auf diesem Fest (c. 34f.).

Unterdessen gehen die Streitereien zwischen den Philosophen weiter, aber gottlob vorerst nur verbal (c. 36f.). Als sich nun auch der Platoniker Ion zu Wort meldet und ankündigt, er werde jetzt Themen für ein gesittetes platonisches Gespräch vorschlagen, scheint die Situation gerettet (c. 37). Aber zum Thema „Über Ehen" fällt Ion dann leider nichts Besseres ein, als zu bedauern, dass er hier nicht über die schöne sokratisch-platonische Päderastie sprechen könne; aber wenn man die Frauen schon brauche, dann sollten sie wenigstens, wie auch Platon meine, Gemeineigentum sein (c. 39). Der Rhetor Dionysodoros findet das lächerlich und fängt mit Ion ein neuerliches Gezänk an (c. 40); der Grammatiker Histiaios versucht dem Einhalt zu gebieten, indem er ein improvisiertes Epithalamion vorträgt, das sich jedoch nur als stümperhafter Abklatsch aus den pseudohesiodeischen „Frauenkatalogen" erweist (c. 41).

Dies alles ist aber nur die Ruhe vor dem Sturm; denn jetzt nähern wir uns dem großen Finale, in dem sich der Kampf um die Portionen entspinnt, die den Gästen als Wegzehrung mit nach Hause gegeben werden. Der Stoiker Diphilos will gleich zwei Portionen einstreichen und kann von den dagegen einschreitenden Dienern nur mühsam zur Aufgabe der einen bewegt werden (c. 42). Das ist aber nur das Vorgeplänkel; eine wahre Schlacht bricht aus, als der Stoiker Zenothemis dem Epikureer Hermon den gebratenen Krammetsvogel wegnehmen will, weil der fetter ist als der seine. Hermon wehrt sich, und beide rufen andere zu Hilfe; nur der Platoniker Ion wahrt noch bewaffnete Neutralität (c. 43).

Das damit entstandene Getümmel lässt sich am eindrucksvollsten durch direktes Zitat wiedergeben:

> „Die aber kämpften eng verknäuelt; und Zenothemis hob einen Skyphos vom Tisch [...] und schleuderte ihn gegen Hermon: ,Jenen er so zwar verfehlte, doch schlug er ein gleich daneben', und spaltete dem Bräutigam den Schädel mit einer sehr trefflichen und tiefen Wunde [...] In der Zwischenzeit zeichnete sich Alkidamas bei seiner Waffenhilfe für Zenothemis aus, schlug mit seinem Stock zu und zerschmetterte dem Kleodemos den Schädel, dem Hermon aber den Kiefer und verwundete auch einige von den Dienern, die ihnen zu Hilfe zu eilen versuchten. Jene aber ließen sich nicht in die Flucht schlagen, sondern Kleodemos versuchte mit hochgerecktem Finger dem Zenothemis das Auge auszubohren, saugte sich an seiner Nase fest und biss sie ab;

Hermon aber warf den Diphilos, der zur bewaffneten Unterstützung des Zenothemis herbeikommen wollte, kopfüber von seinem Speisesofa hinab. Auch der Grammatiker Histiaios wurde verwundet, als er sie auseinanderzubringen versuchte; er bekam einen Fußtritt von Kleodemos in die Zähne, der glaubte, er sei Diphilos. Da lag er nun, der Arme, ‚Blut spuckend', wie sein Homer sagt; alles aber war voller Chaos und Tränen" (c. 44f.).

Die Epenparodie in dieser Kampfschilderung ist nicht zu übersehen: Zweimal sind wörtliche Homerzitate – das erste leicht abgewandelt – eingestreut, und der Kyniker Alkidamas hat eine regelrechte Heldenaristie. Am Ende von c. 45 wird dann auch der Vergleich mit dem mythischen Kampf der Lapithen und Kentauren gezogen, der der ganzen Schrift ja ihren Untertitel gegeben hat. Mythisch-epische Vergleiche gab es aber auch schon vorher: Der nicht eingeladene Stoiker Hetoimokles hatte sein Zu-Kurz-Kommen mit der in „Ilias" Buch 9 berichteten Vernachlässigung der Artemis verglichen (c. 25; das wird in c. 30 noch einmal aufgegriffen); der Erzähler Lykinos vergleicht den Brief des Hetoimokles mit dem Apfel der Göttin Eris, der auf dem Hochzeitsfest des Peleus Zwietracht stiftete und bekanntlich zum Trojanischen Krieg führte (c. 35); und der Stoiker Diphilos kämpft in c. 42 um seine doppelte Portion wie um den Leichnam des Patroklos. Bestimmte am Anfang also die Platon-Nachahmung den Charakter der Schrift, so wird vor allem in der zweiten Hälfte Lykinos' Erzählung zunehmend zur komischen Burleske, indem die verbalen und brachialen Ausfälligkeiten der Philosophen immer mehr in das scheinheroische Licht eines pseudo-epischen Kampfes getaucht werden.

Das Ende der Schlacht wird schließlich noch in apokalyptisches Dunkel gehüllt, weil der Kyniker Alkidamas den Kerzenständer umwirft; und als es dann wieder Licht wird, zeigt sich, dass der gleiche Kyniker im Schutze der Dunkelheit bereits damit begonnen hat, über die Flötenspielerin herzufallen, während der Rhetor Dionysodoros offenbar ein Gefäß mitgehen lassen wollte (c. 46). Immerhin ist der Kampf nun zu Ende; die Verwundeten werden versorgt, und alle kommen auch irgendwie nach Hause, nur der Kyniker hat sich vierschrötig auf eine Speisecouch gebettet, um seinen Rausch auszuschlafen (c. 47).

Lykinos verleiht dem Ganzen noch eine parodistische Schlussnote, indem er die anapästischen Verse zitiert, mit denen Euripides manche seiner Tragödien beendet (z.B. die „Alkestis" und die „Medea"); seine letzten Worte sind (c. 48): „Das jedenfalls habe ich nun gelernt: Es ist gefährlich, mit solchen Philosophen zusammen zu speisen, ohne einen Panzer anzuhaben."

Ein weiterer Philosoph, der sich bei einem üppigen Gastmahl nicht so benimmt, wie er sollte, wird in „Der Traum, oder: Der Hahn" (*Gallus*) vorgestellt: In diesem Dialog bietet die Erzählung des Schusters Mikyllos (c. 10f.) das bemerkenswerte Porträt des alten und kranken Stoikers Thesmopolis, der trotz seiner Krankheit um keinen Preis ein üppiges Abendessen bei dem reichen Eukrates verpassen will. Mikyllos erzählt, wie er unerwartet von seinem reichen Mitbürger Eukrates zu einem üppigen Abendessen als Ersatzperson für jemand eingeladen wurde, der vielleicht nicht kommen werde (c. 9). Der kommt dann allerdings leider doch – es ist der gerade genannte Thesmopolis, dem es wirklich nicht gut geht („er stöhnte ständig und hustete und räusperte sich tief aus der Brust und in widerlicher Weise und war ganz blass und aufgeschwollen", c. 10), der aber offensichtlich das Diner um keinen Preis verpassen will; dem Arzt, der ihn fragt, warum er in so einem Zustand gekommen sei, erwidert er, er habe doch seine Pflichten[114] gegenüber seinem Gastgeber zu erfüllen! Immerhin lässt der nun auch Mikyllos – der sich schon anschickt, wieder nach Hause zu gehen, weil er ja nicht mehr Ersatz für den nun doch Gekommenen sein kann – gleichwohl am Gastmahl teilnehmen, aber der Preis dafür ist hoch: Da kein anderer mit dem halbtoten Philosophen das Doppel-Speisesofa teilen will, wird Mikyllos neben ihn platziert und muss sich nun den ganzen Abend dessen philosophische Belehrungen anhören (c. 11):

„[...] eine Sache verdarb mir in außerordentlicher Weise das Vergnügen: Thesmopolis, der mich immer wieder belästigte und mir Vorträge über irgendeine ‚Tugend' hielt und mich belehrte, dass zwei Verneinungen eine Bejahung bilden und dass, wenn es Tag ist, es nicht Nacht ist; manchmal behauptete er auch, ich hätte Hörner; und indem er mich mit solchen Dingen zuphilosophierte [...], reduzierte und untergrub er mein Vergnügen, da er mich nicht den Kitharaspielern oder Sängern zuhören ließ."

Hier wird ein philosophischer Lehrer vorgeführt, der um jeden Preis an einem reichen Essen teilnehmen will, dabei aber nicht in der Lage ist,

---

[114] „Die Pflichten" (Τὰ καθήκοντα) sind ein wichtiger Terminus der stoischen Lehre.

seine Lehrer-Attitüde abzuschalten, und dadurch seinen Mitmenschen mächtig auf die Nerven geht.

Auch in Lukians längstem und „platonischstem" Dialog, dem „Hermotimos" – zu dessen Hauptinhalt unten S. 167–182 mehr gesagt werden wird –, gibt es mehrere interessante Porträts fragwürdiger Philosophen: Da ist zum einen Hermotimos' stoischer Lehrer, der nicht nur offenbar sehr großen Wert auf die Bezahlung seines Unterrichts legt – neulich hätte er einem säumigen Schüler deswegen vor lauter Wut regelrecht die Nase abgebissen (c. 9), wenn man den jungen Mann nicht rechtzeitig aus seinen Klauen gerettet hätte –, sondern der sich gerade am Vorabend dieses Gesprächs bei einem Symposion außerordentlich daneben benommen hat: Er sprach dabei so sehr dem Essen und Trinken zu und legte sich überdies noch mit einem rivalisierenden Peripatetiker so heftig – und handgreiflich – an, dass er, von all dem erschöpft, heute im Bett geblieben ist (c. 11f.).

Im langen Schlussvortrag dieses Dialogs weist Lykinos noch einmal massiv auf die Unzulänglichkeiten der zeitgenössischen Philosophen hin. Seine Rede gliedert sich in zwei Teile: Der erste richtet sich gegen die dogmatischen Philosophenschulen insgesamt (c. 71–75), der zweite gegen Hermotimos' Schule, die Stoa (c. 76–82). Der erste Teil wird mit dem Satz eingeleitet: „alle, die Philosophie treiben, kämpfen sozusagen um des Esels Schatten". An einer Reihe von Beispielen, Gleichnissen und Anekdoten verdeutlicht Lykinos, dass alle diese Philosophenschulen im Grunde denselben Fehler begehen: sie gründen ihre Lehre auf bestimmte erste Sätze, die weder bewiesen noch beweisbar – und daher für einen Skeptiker Dogmen – sind; alles darauf Aufbauende ist zwar folgerichtig, aber wegen seiner unsicheren Grundlage in jedem Fall unsicher oder gar falsch. Nur wenige erkennen dies und sind bereit, daraus die notwendigen Konsequenzen zu ziehen (c. 75).

Im zweiten Teil seiner Schlussrede nimmt Lykinos als Hypothese an, die Stoiker seien – allem vorher Gesagten zum Trotz – nun tatsächlich doch diejenigen, die die richtige Philosophie verträten. Können sie aber selbst unter diesen Voraussetzungen ihr philosophisches Ziel erreichen? Kein einziger Stoiker ist jemals vollständig weise und glückselig geworden, wie auch Hermotimos bestätigt (c. 76) – lohnt sich denn dann nur für das diesem-Zustand-Nahekommen die ganze Mühe (c. 77)? Und wäre sie es selbst dann wert, wenn man es tatsächlich schaffte (c. 78)? Liegt ferner die wahre Tugend nicht vielmehr „in Werken [...] wie darin, gerecht und klug und tapfer zu *handeln*", und betreiben die Philosophen nicht etwas völlig Anderes und entsprechend Verfehltes (c. 79)? Lykinos huldigt hier offenbar der Maxime „Es gibt nichts Gutes, außer man tut es" – und Hermotimos stimmt zu (ebd.).

Der letzte Punkt von Lykinos' kritischer Auseinandersetzung mit den Stoikern richtet sich noch einmal gegen deren reale Vertreter: Schon Hermotimos' Lehrer hatte sich als jähzorniger und kleinlicher Zeitgenosse erwiesen (c. 80); und jetzt erzählt Lykinos ausführlich und mit deutlichem Genuss am Detail die Geschichte noch eines anderen alten Stoikers, der, als ihm der Onkel eines Schülers den Vorwurf macht, seit er bei ihm in die Schule gehe, benehme er sich viel schlimmer als früher, darauf nur ungerührt antwortet, dass der Junge wohl noch schlimmer wäre, wenn er *nicht* zu ihm in die Schule käme – dafür aber beherrsche er die stoische Syllogistik von vorne bis hinten (c. 81f.)! Aber ist es wirklich das, wofür man Philosophie studiert, fragt Lykinos abschließend, und Hermotimos bestätigt ihm, dass Philosophie in diesem Fall nur ein unnützer Zeitvertreib wäre (c. 83) – eine schwerere Anklage gegen die zeitgenössischen Philosophen ist kaum denkbar.

Ein kürzeres Seitenstück zu den Lykinos-Dialogen „Gastmahl" und „Hermotimos" ist der Dialog „Der Eunuch". Wieder ist Lykinos hier Augenzeuge eines Streits zwischen Philosophen, und wieder wird er von einem Gesprächspartner – diesmal heisst er Pamphilos – darum gebeten, davon zu erzählen; aber während „Gastmahl" und „Hermotimos" von Anfang bis Ende fiktive Begebenheiten darstellen, sind im Fall des „Eunuchen" zumindest die Rahmenumstände der hier von Lykinos erzählten Geschichte historisch und sogar einigermaßen datierbar: Es geht um die Neubesetzung des einen der beiden kaiserlichen peripatetischen Lehrstühle in Athen; solche Lehrstühle waren im Jahr 176[115] von Kaiser Marc Aurel je paarweise für die Stoiker, die Platoniker, die Epikureer und die Peripatetiker eingerichtet und mit einem Jahresgehalt von je 10.000 Drachmen dotiert worden. Wenn der hier von Lykinos erzählte Neubesetzungsstreit historisch ist, muss er – und damit auch Lukians „Eunuch" – nach 176 anzusetzen sein.[116]

Das Vorgespräch (c. 1–2) soll vor allem Appetit auf das machen, was dann folgt: Pamphilos trifft den gerade von der Agora kommenden Lykinos und fragt ihn, warum er denn so lache. Nun, der Grund dafür ist ein heftiger gerichtlicher Streit zwischen zwei Philosophen, aber notabene nicht zwischen zweien aus verschiedenen Schulen – das wäre ja etwas völlig Alltägliches –, sondern zwischen zweien aus der gleichen Sekte! In

---

[115] Vgl. dazu Dio Cass. 72,31,3.
[116] Vgl. HALL 1981, 39, die eine Datierung zwischen 177 und 180 annimmt.

c. 3 exponiert Lykinos die Vorgeschichte – die durch die Vakanz des einen peripatetischen Lehrstuhls ausgelöste Nachfolgefrage –, und in c. 4–12 wird die Auseinandersetzung der beiden Anwärter dargestellt: des alten Diokles auf der einen Seite, des Eunuchen (!) Bagoas auf der anderen. Als beide sich in ihrer Fachkompetenz als ebenbürtig erweisen (c. 4) und zu argumenta ad hominem übergehen (c. 5), behauptet Diokles schließlich, ein Eunuch könne schon deshalb nicht Inhaber des Lehrstuhls werden, weil er ja nicht einmal ein eindeutig zu bestimmender Mensch sei (c. 6). Bagoas hält dagegen (c. 7),[117] und nun entspinnt sich ein heftiger Streit, ob ein Eunuch ein würdiger Philosoph und Lehrer der Jugend sein könne oder nicht (c. 8–9). Dann jedoch gibt ein neu auftretender Dritter – dessen Namen Lykinos nicht nennen will – der ganzen Sache eine unerwartete Wende (c. 10), indem er enthüllt, dass Bagoas gar kein Eunuch sein könne, da er vor Jahren einmal in flagranti bei einem Ehebruch (!) ertappt worden, aber dann laufengelassen worden sei, weil er ja als Eunuch keinen Ehebruch verübt haben könne; „jetzt aber, glaube ich, möchte er wohl das entgegengesetzte Lied anstimmen, um der in Aussicht stehenden Bezahlung willen."

Das Ende vom Lied: Der Fall wird an eine höhere Instanz in Italien verwiesen (c. 12), und im letzten Kapitel (c. 13) schildert Lykinos, wie beide Kontrahenten sich auf diese nächste gerichtliche Auseinandersetzung vorbereiten. In beiden Kapiteln setzt Lukians bissiger Witz dabei ‚Philosophieren' immer mehr mit 'Beischlaf ausüben' gleich:

„Die einen (von den Richtern) waren der Meinung, man solle ihn [den ‚Eunuchen'] ausziehen und nachsehen, ob er jedenfalls mit seinen Hoden ‚philosophieren' könne; die anderen vertraten eine noch witzigere Ansicht: man solle ein paar von den Frauen aus dem Bordell kommen lassen und ihm befehlen, ihnen beizuwohnen, und dabei solle der älteste und vertrauenswürdigste der Richter dabeistehen und sehen, ob er auch ‚philosophiere' (c. 12) [...] Und jetzt [...] hofft Bagoas, schließlich zu gewinnen, wenn er zeigt, dass er in nichts schlechter ist als die Esel, die die Stuten bespringen [...] So möchte ich denn wünschen, dass auch mein Sohn – ich habe noch einen ganz jungen – nicht seinen Verstand oder seine Zunge, sondern sein Schamteil bereit zur Philosophie hat" (c. 13).

---

[117] Er weist darauf hin, dass es nicht nur Frauen, sondern auch einen „Eunuchen von den Kelten" (gemeint ist Favorinus von Arelate) als Philosophen gegeben habe.

Es bleibt die Frage, ob die Schrift wirklich einen realen Fall beschreibt. Die Bemerkungen des neu hinzugekommenen Dritten über den früheren Ehebruch des Bagoas sind nicht frei von Widersprüchen: Auf der einen Seite soll er ‚in flagranti' erwischt worden, auf der anderen Seite mit der Beteuerung, er sei Eunuch, tatsächlich davongekommen sein. Also hat (und konnte bzw. kann) er nun oder hat er (und konnte bzw. kann) er nicht? Es ist denkbar, dass Lukian einen realen Neubesetzungsstreit um den Lehrstuhl, der in Athen vielleicht wegen gewisser Seltsamkeiten Kopfschütteln hervorgerufen hatte, satirisch kommentieren wollte, indem er dazu ein burleskes Seitenstück schrieb, wobei er die realen Umstände durch noch skurrilere fiktionale bewusst übertrumpfte.[118] Auch die Namen Diokles und Bagoas können fiktive Chiffren für die tatsächlichen Kontrahenten sein.

Auch in dem Dialog „Die Lügenfreunde"[119] werden zeitgenössische Philosophen satirisch vorgeführt und kritisiert, jedoch unter einem anderem Aspekt als in den vorangehend besprochenen Schriften: Nicht ihre Streitsucht, ihre Geldgier und ihre Triebhaftigkeit stehen hier zur Debatte, sondern ihre kritiklose Leicht- und Abergläubigkeit.[120]

Eingebettet ist die satirische Vorführung der Philosophen ähnlich wie im „Gastmahl" in einen Rahmendialog, der sein platonisches Vorbild nicht verleugnet. Der Hauptsprecher und Erzähler ist in diesem Fall Lukians Alter Ego Tychiades,[121] sein Gesprächspartner ein Philokles, dessen Charakter nicht näher entwickelt wird und der vor allem dazu dient, wissbegieriger Empfänger dessen zu sein, was Tychiades von den Gesprächen zu berichten weiß, die er gerade im Haus des reichen Eukrates hörte. Tychiades ist damit vergleichbar mit dem Sokrates des Anfangs des platonischen „Protagoras": Auch Sokrates kommt dort gerade von

---

118 Vgl. HALL 1981, 460 und 504; JONES 1986, 29f.
119 In der handschriftlichen Überlieferung ist der erste Teil des Doppeltitels mit „Der Lügenfreund" angegeben; es spricht aber sehr viel für ROTHSTEINs (1888, 6) Konjektur „Die Lügenfreunde", denn damit wird ein Titel hergestellt, der exakt der Personenkonstellation des Hauptteils entspricht (die Mehrzahl der Philosophen als „Lügenfreunde" gegenüber dem einen Tychiades als „Ungläubigem") und in dem Doppeltitel „Die Wiederauferstandenen, oder: Der Fischer" eine ebenso exakte Entsprechung hat. Die Verschreibung ist leicht als itazistischer Hörfehler erklärbar (ΦΙΛΟΨΕΥΔΕΙΣ – ΦΙΛΟΨΕΥΔΗΣ: beide Endungen werden genau gleich als „-is" gesprochen).
120 Dass es daneben in diesem Dialog auch darum geht, Grusel- und Zaubergeschichten möglichst spannend zu erzählen, wird in Kap. 8.2 (unten S. 243–249) näher behandelt werden.
121 Zu ihm vgl. oben Kap. 1.3.2 (S. 59).

Diskussionen, an denen er im Haus des reichen Kallias beteiligt war, der mehrere Sophisten um sich versammelt hatte. Den dreien, die Platon im „Protagoras" präsentiert – Protagoras selbst, dann Prodikos von Keos und Hippias von Elis – entspricht auch die Zahl der drei Philosophen, die Tychiades bei Eukrates zunächst vorfindet: den Peripatetiker Kleodemos, den Stoiker Deinomachos und den Platoniker Ion. Später kommt noch der Pythagoreer Arignotos hinzu, was motivisch wieder an den zu spät kommenden Alkibiades in Platons „Symposion" erinnert; von hier könnte auch Lukians Einfall stammen, an den Gesprächen bei Eukrates einen Arzt namens Antigonos teilnehmen zu lassen. Die Diskussionsrunde um den kranken Eukrates hat ferner Parallelen zur Konstellation des platonischen „Phaidon".[122]

Das Vorgespräch (c. 1–4) lässt noch nicht erkennen, worauf der Dialog hinauslaufen soll. Es beginnt mit einer abrupt wirkenden Frage des offenbar erregten Tychiades:

„Kannst du mir sagen, Philokles, was es eigentlich ist, das vielen Leuten Lust aufs Lügen macht, so dass sie sowohl selbst gern völlig unsinniges Zeug erzählen als auch denen, die dergleichen von sich geben, vorzugsweise ihre Aufmerksamkeit schenken?"

Philokles weist zuerst auf den möglichen Nutzen und sodann auf schlichte Dummheit als Motiv für eine Lüge hin, aber beides meint Tychiades nicht. Ihm geht es um Leute, die Freude an Lüge und Fiktion haben, und er nennt als solche die großen literarischen Fabulierer Herodot, Ktesias, Homer und die auch von anderen Dichtern dargestellten Mythen (c. 2); ferner verweist er auf die absurden Inhalte einiger Lokalmythen und führt dazu vor allem attische Beispiele an (c. 3). Aber auch die Dichter und die lokalen Traditionen nimmt Philokles noch in Schutz; „die jedoch, die aus keinem solchen Grund gleichwohl an Lüge ihre Freude haben, die dürften zu Recht als vollkommen lächerlich erscheinen" (c. 4). Das greift Tychiades nun gern auf und überträgt es auf das gerade von ihm Erlebte, auf das er nun endlich zu sprechen kommt.

In c. 5 und 6 erhalten wir die Exposition des Geschehenen: Tychiades wollte seinen Freund Leontichos bei Eukrates treffen und dabei auch

---

[122] Auf die Parallele zu den platonischen Dialogen „Symposion" und „Phaidon" hat bereits HELM 1906, 267f. hingewiesen (sowie die Assonanz der Namen Eukrates – Sokrates). Zur Beziehung zwischen „Phaidon" und „Lügenfreunden" vgl. auch WÄLCHLI 2003, 15f.; direkte Hinweise auf den „Phaidon" gibt es in c. 27 und wohl auch c. 24 der „Lügenfreunde".

diesem letzteren – einem reichen, sechzig Jahre alten und mit seinem wallenden Bart sehr ehrwürdig aussehenden Mann und Philosophenjünger – seine Aufwartung machen, da ihn gerade das Rheuma plage. Als Tychiades eintritt, ist Leontichos nicht mehr da, dafür aber die erlauchte Philosophengesellschaft, von der bereits die Rede war; Eukrates geht es eigentlich schon wieder ganz gut, aber er tut auffallend kränklich, als er Tychiades begrüßt, und das erzeugt den ersten decouvrierenden Missklang; Eukrates wird sich im Fortgang des Gesprächs noch stärker decouvrieren.

Bei Tychiades' Eintreten unterhält sich die Gesellschaft gerade – naheliegend genug – über Rezepte gegen Rheuma, doch sind die hier besprochenen von dezidiert quacksalberischer Natur: Dem Peripatetiker Kleodemos[123] zufolge hilft ein mit der linken Hand von der Erde aufgehobener Zahn einer auf ganz bestimmte Weise umgebrachten Spitzmaus, eingeschlagen in das Fell eines frisch enthäuteten Löwen und das Ganze dann um die vom Rheuma geplagten Glieder gebunden. Demgegenüber meint der Stoiker Deinomachos, man müsse nicht die Haut eines Löwen, sondern die einer jungfräulichen Hirschkuh nehmen, da Hirsche doch so schnell laufen können (c. 7). Tychiades wirft nun ein, zwischen solchen seltsamen *äußerlich* applizierten Amuletten und der *innerhalb* des Körpers wirkenden Krankheit könne es doch gar keinen Zusammenhang geben; doch wird diese Bemerkung von den anwesenden Philosophen mit Gelächter quittiert (c. 8). Umgekehrt lassen aber auch Deinomachos' Hinweise auf weitere Wunderheilungen mit magischen Sprüchen und Mitteln Tychiades ungerührt: „Du ziehst Schlüsse aus Dingen, aus denen sich nichts schließen lässt", sagt er in c. 9 – und zieht sich dafür sogleich den Vorwurf des Atheismus auf den Hals (c. 10).

Bisher haben nur der Peripatetiker und Stoiker in seltener Eintracht[124] zugunsten der Quacksalberei gegen Tychiades Stellung bezogen; jetzt schaltet sich der Platoniker Ion ein und beginnt in einem zweiten Abschnitt (c. 11f.) von einer anderen Wunderheilung zu erzählen, in der es bereits wesentlich übernatürlich-gruseliger zugeht und in deren Mittelpunkt ein chaldäischer Zauberer aus Babylon steht, der nicht nur Wunderheiler, sondern auch begnadeter Schlangenbeschwörer ist.[125] Tychiades'

---

[123] Er heißt also genauso wie der Peripatetiker im „Gastmahl".
[124] Im „Gastmahl" und im „Hermotimos" dagegen geraten sie sehr handgreiflich aneinander (vgl. oben S. 147, 149–151 und 153
[125] Genaueres zum Inhalt dieser und der weiteren Wundergeschichten in den „Lügenfreunden" unten in Kap. 8.2 (S. 243–249).

Kap. 4: Schwurbler, Schwindler, Scharlatane 159

Nachfragen zeigen, dass er auch von dieser Geschichte kein bisschen glaubt; aber seine Bemerkungen halten den Peripatetiker Kleodemos nicht davon ab, gleich die nächste Geschichte aufzutischen (c. 13–16): Diesmal geht es um Liebeszauber, durchgeführt von einem geheimnisvollen Hyperboreer, den der Erzähler Kleodemos an seinen liebeskranken Schüler Glaukias vermittelte, als der sich rettungslos in die verheiratete (!) Chrysis verliebt hatte. Dass sein philosophischer Lehrer nun nicht etwa auf den Gedanken kommt, den jungen Mann von dieser unmoralischen Leidenschaft abbringen zu sollen, sondern Glaukias sogleich mit dem Zauberer zusammenbringt, um der ehebrecherischen Passion zum Erfolg zu verhelfen, wirft ein höchst bezeichnendes Licht auf den das alles erzählenden Philosophen selbst. Auch zu dieser Geschichte kann sich Tychiades einen sarkastischen Kommentar nicht verkneifen: Man hätte Chrysis ohne den ganzen Aufwand auch direkt für Geld – und zwar für weitaus weniger, als dem Zauberer gezahlt wurde! – haben können (c. 15). Als ihm nun der Platoniker Ion von einem Exorzisten aus Palästina erzählt[126] und hinzufügt, er habe mit eigenen Augen einmal einen solchen Geist schwarz und rauchig ausfahren sehen, kontert Tychiades, das könne für ihn als Platoniker ja auch nichts Besonderes sein, da er ja sogar die Ideen seines geistigen Vaters Platon zu sehen vermöge, wozu normale Leute wie er, Tychiades, zu kurzsichtig seien (c. 16).[127]

In den bisher erzählten Episoden hat sich mithin jeder der drei anwesenden Philosophen deutlich desavouiert: der Stoiker Deinomachos, der den, der an Quacksalber und Wunderheilungen nicht glaubt, sofort für einen Atheisten hält (c. 10); der Peripatetiker Kleodemos, der, anstatt seinen Schüler sittlich richtig zu erziehen, ihm seine Gelüste mithilfe eines Zauberers zu erfüllen hilft; und der Platoniker Ion, der statt der platonischen Ideen ausgetriebene Geister zu sehen behauptet. Jetzt aber kommt die Reihe an den Hausherrn Eukrates, seine Superstition unter Beweis zu stellen, und dies gleich mehrfach: Das beginnt im eigenen Haus mit der Verehrung der Statue eines dickleibig-untersetzten korinthischen Feldherrn namens Pellichos[128] als heilkräftigen Heros (c. 17–20). Bemerkenswerterweise veranlassen Eukrates' Geschichten zu dieser Sta-

---

[126] Hier witterten die byzantinischen Scholiasten wieder antichristliche Blasphemie; aber Geisterbeschwörungen wurden damals von vielen Wundermännern berichtet (vgl. JONES 1986, 48).
[127] Ein ähnlicher Witz über die ‚scharfsichtigen' Platoniker findet sich im „Verkauf der Philosophenleben" (c. 18).
[128] Dieser ist sonst nur noch einmal bei Thuc. 1,29,2 als *Vater* eines korinthischen Feldherrn erwähnt.

tue nun den anwesenden Arzt Antigonos – den Tychiades bis jetzt für immun gegen diese Spukgeschichten gehalten hatte –, seinerseits von seiner ellengroßen Hippokrates-Statue zu berichten, die angeblich, wenn ihr Opferlicht ausgeht oder das jährliche Opfer vergessen wird, Antigonos' sämtliche Geräte und Arzneien in Unordnung bringt (c. 21)! Nach diesem Intermezzo erzählt wiederum der Hausherr eine Gruselgeschichte, die alles bisher Gebotene übertrifft, von einer eigenen Begegnung mit der Unterweltsgöttin Hekate im dunklen Wald, die ihm sogar einen kurzen Einblick in die Unterwelt ermöglicht (c. 22–24). Der Platoniker Ion sieht durch diesen „Augenzeugenbericht" die dummen Epikureer mit ihrer Leugnung der Totenwelt natürlich völlig widerlegt.

Während aber Eukrates die Unterwelt nur von weit oben sah, war der Peripatetiker Kleodemos sogar selber drin, wie er in der nächsten Geschichte berichtet – freilich nur kurz und aufgrund einer Verwechslung (c. 25). Aber wenn Kleodemos glaubt, mit dieser Geschichte den Vogel abgeschossen zu haben, sieht er sich sofort enttäuscht, denn der Arzt Antigonos erwähnt sogleich einen Mann, der zwanzig Tage lang als Scheintoter begraben war und den er sowohl vorher wie nachher in Behandlung gehabt habe (c. 26).

Tychiades macht eine anzügliche Bemerkung zu dieser Rückkehrgeschichte aus dem Jenseits, aber sie geht unter, da gerade Eukrates' Söhne aus der Palaistra heimkommen und durch ihr Erscheinen ihrem Vater eine weitere Begegnung mit dem Jenseits ins Gedächtnis rufen – in Gestalt seiner toten Frau, die ihm erschienen sei, um ihn darauf hinzuweisen, dass bei dem Verbrennen ihrer Ausstattung versehentlich eine ihrer goldenen Sandalen vergessen worden sei (c. 27).

Auch zu dieser Geschichte hat Tychiades eine bissige Bemerkung parat, die aber erneut untergeht, da nun der Pythagoreer Arignotos eintritt (c. 29),[129] der als beeindruckende Erscheinung beschrieben wird. Auf ihn setzt Tychiades seine letzte Hoffnung, wenigstens *einen* Philosophen zu treffen, der nicht dem Aberglauben anheimgefallen ist; aber auch diese Hoffnung zerstiebt, als Arignotos sich schon bald als jemand zu erkennen gibt, der nicht nur solche Spukgeschichten ohne weiteres akzeptiert – lediglich mit der Einschränkung, dass nur gewaltsam Umgekommene nach ihrem Tod zu Gespenstern werden –, sondern der sogar selbst ein gestandener Gespensterbanner sein will, wie er mit der dann von ihm erzählten Geschichte zu beglaubigen versucht (c. 30f.). Nach dieser Hel-

---

[129] Das nachträgliche Eintreffen des Arignotos erinnert an den „Nachzügler" Alkibiades in Platons „Symposion".

dentat des Arignotos ist es mit Tychiades' Reputation in diesem abergläubischen Zirkel endgültig vorbei; sein Verweis auf den alten Demokrit, der sich von keinerlei nachgemachtem Spuk habe irremachen lassen – die einzige Geschichte, die Tychiades zu diesem Erzählkranz beiträgt (c. 32) – wird vom Hausherrn Eukrates einfach beiseite gewischt; und Eukrates schließt sogleich nochmals eine eigene Geschichte an, die den erzählerischen Höhepunkt der „Lügenfreunde" darstellt: wie er, Eukrates, in Ägypten zum „Lehrling" des Zauberers Pankrates[130] wurde und genau das erlebte, was Goethe in seiner Ballade vom „Zauberlehrling" beschrieben hat (c. 33–36).

Tychiades bittet nun darum, mit solchen Spukgeschichten endlich aufzuhören: Es seien doch Jugendliche im Raum, die man damit gefährden könne (c. 37)! Als Eukrates dann aber ungerührt auch noch das Thema „Orakel und göttliche Prophezeiungen" anschneidet und zu einem längeren tour d'horizon seiner diversen Orakelbesuche anhebt (c. 38), verlässt Tychiades fluchtartig den Raum und beendet damit auch seine Erzählung gegenüber Philokles – nicht ohne hinzuzufügen, dass er jetzt dringend ein Emeticum brauche, um den ganzen Schauergeschichtenballast wieder loszuwerden (c. 39). Philokles – der hier noch einmal zu Wort kommt und damit den Dialograhmen wiederherstellt –, fühlt sich durch das Gehörte ähnlich mitgenommen, aber Tychiades beruhigt ihn: Mithilfe der Wahrheit und des richtigen Logos werde ihnen dieses ganze Lügenzeug keinen Schaden zufügen (c. 40).

Die hier als „Lügenfreunde" dargestellten Philosophen kommen – mit Ausnahme des alten Demokrit – samt und sonders schlecht weg, aber damit geschieht ihnen nicht so großes Unrecht, wie man zunächst meinen könnte: Zu Lukians Zeit hatten sich gerade Platoniker und Neupythagoreer dem Glauben an Dämonen seit längerem wieder geöffnet; und der Mantik hatten die Stoiker in der Regel immer positiv gegenübergestanden. Philosophenkritik, subjektiv-spöttische Beleuchtung zeitgenössischer Superstitionen und unterhaltende Erzählkunst[131] gehen in diesem Dialog eine faszinierende Synthese ein.

---

[130] Pankrates ist hier übrigens auch der Lehrer des Pythagoreers Arignotos, der damit auch zum „Zauberlehrling" wird.
[131] Zu ihr mehr unten in Kap. 8.2 (S. 243–249).

4.3.3. Auf der Jagd nach Pseudo-Philosophen

Gelegentlich taucht in Lukians Schriften die Vorstellung auf, dass es sich bei vielen zeitgenössischen Philosophen lediglich um Schein- oder Pseudo-Philosophen handele, die sich nur äußerlich als Philosophen geben, um dadurch Reputations- oder auch sehr konkrete materielle Gewinne zu erzielen. Neben kurzen Partien in diversen Schriften[132] sind die Pseudo-Philosophen Thema vor allem in zwei Dialogen: im „Fischer" und in „Die entlaufenen Sklaven".

Schon im 1. Teil des „Fischers" gibt es eine Reihe von Hinweisen, dass es in diesem szenischen Dialog nicht nur um eine Rechtfertigung der Hauptfigur Parrhesiades gegenüber den ihm zürnenden Philosophen gehen soll: Am Beginn von c. 5 bittet Parrhesiades – wo er gerade selber erst knapp dem Gelynchtwerden entronnen ist – die Philosophen, ihre eigentlich ihm zugedachten Steine festzuhalten: „ihr werdet sie nämlich noch gegen die brauchen, die sie verdienen." Am Ende von c. 8 deutet Parrhesiades an, dass die zornigen Philosophen Betrügern aufgesessen sind; am Anfang von c. 11 wiederholt er seinen Ratschlag, die Steine für eine bald kommende bessere Gelegenheit zu bewahren; und in c. 17 deutet er auch gegenüber der Göttin Philosophie an, dass der Elenchos bald bei der Entlarvung von „dreisten und schwer zu überführenden Menschen gebraucht werden wird". Auch sein erster längerer Monolog in c. 11f. stimmt sein Publikum auf das offensichtliche Vorhandensein von vielen Scheinphilosophen und -philosophien ein. In seiner großen Verteidigungsrede (c. 29–37) macht Parrhesiades dies zu seinem Hauptpunkt: Er habe seine Angriffe nicht gegen die wahren Philosophen gerichtet, sondern gegen die Scharlatane und Betrüger (c. 29 und 37), die nur um des Ruhmes[133] und des Geldes willen als Philosophen posierten, mit ihrem Leben aber alle Grundsätze der Philosophie Lügen straften (c. 31 und 34–36) und damit die ganze Philosophie in Verruf brächten (c. 32). Dass dies alles den Tatsachen entspricht, wird ihm anschließend von der personifizierten Wahrheit ausdrücklich bestätigt, und der Freispruch ist dann nur noch eine Formsache (c. 38f.).

Nach diesem Freispruch wird sogleich der zweite Hauptteil explizit eingeleitet und Parrhesiades zum offiziellen Ankläger gegen die Pseudophilosophen ernannt (c. 39), deren man jedoch erst einmal habhaft werden muss. Die dazu unternommenen Maßnahmen enden zunächst ziem-

---

[132] Vgl. *Par.* 53, *Merc. Cond.* 24 und 40, *Eun.* 3.
[133] Dies ist ja auch der Hauptanklagepunkt gegen Peregrinos, vgl. oben S. 129.

lich erfolglos: Die direkte Aufforderung des Syllogismos in c. 40 an die Philosophen, sich zur Rechenschaftsablegung einzufinden, wird nur von den allerwenigsten befolgt; die daraufhin (c. 41) von Parrhesiades als Köder in Aussicht gestellten Geldgeschenke und Leckerbissen erweisen sich als erheblich attraktiver – aber nur, bis die Philosophie in c. 44 den Herbeigeströmten ihre wahren Absichten enthüllt; da nehmen nämlich fast alle wieder Hals über Kopf Reißaus. Nur der Ranzen eines falschen Kynikers bleibt zurück; in ihm finden sich statt der Accessoires, die man bei einem Kyniker eigentlich erwarten müsste – Wolfsbohnen, ein Buch, einfaches Brot –, nur Symbole des Luxus und der Ausschweifung: Gold, Salböl, ein Rasiermesser, ein Spiegel und Spielwürfel (c. 45). Damit sind Parrhesiades' Vorwürfe endgültig durch handfestes Beweismaterial bestätigt, und er wird jetzt in aller Form zusammen mit dem Elenchos zum offiziellen Pseudophilosophen-Jäger und -entlarver bestellt (c. 46).

Er macht sich auch gleich ans Werk, denn er hat eine gute Idee, wie man noch hier und jetzt einige von diesen Kerlen fangen könnte: indem man sie einfach wie Fische mithilfe eines entsprechenden Köders auf die Akropolis hinaufangelt! Das wird im letzten Teil der Schrift (c. 48–51) an mehreren Beispielen vorgeführt.[134]

So macht sich Parrhesiades nun – bewaffnet mit einer großen Angelrute, an deren Haken er eine getrocknete Feige und Gold befestigt hat – ans „Fischen"; fast wie ein heutiger Sportreporter kommentiert er sodann selbst, wie ihm der erste dicke Fisch an den Köder geht (c. 48):

„Da sehe ich einen Hecht von schöner Größe, oder vielmehr eine Goldbraue; nein, es ist ein Hundshai; jetzt kommt er mit weit geöffnetem Maul auf den Angelhaken zu; er riecht das Gold; er ist schon nah dran; er hat's berührt; jetzt hängt er dran! Wir wollen ihn heraufziehen."

Der so gefangene „Hundsfisch" entpuppt sich – bei diesem Namen naheliegend – als ein Pseudo-Kyniker, der mit seinen riesigen Zähnen den Köder bereits ganz verschlungen hat und nun dazu gebracht werden muss, ihn wieder auszuwürgen, denn der wird noch für andere „Fische" gebraucht. Parrhesiades fragt den echten Kyniker Diogenes, ob dieser gierige Fisch irgendetwas mit ihm gemein hat; Diogenes verneint, und auf seinen Rat wird der wertlose Fisch kopfüber vom Felsen der Akro-

---

[134] Von diesen Szenen hat die Schrift ihren zweiten Titel „Der Fischer" (Ἁλιεύς / *Piscator*) bekommen, unter dem sie meistens zitiert wird.

polis wieder hinabgeworfen. Der gleiche Vorgang wird noch dreimal durchgespielt: Als nächstes wird ein dicker „Plattfisch" geangelt, ein Pseudo-Platoniker (c. 49); dann folgt ein besonders bunter mit goldbebändertem Rücken, ein Pseudo-Peripatetiker[135] (c. 50). Schließlich schwimmt noch eine ganze Menge gleichartiger „Stachelfische" heran, die sich um den Köder balgen, bis ein besonders starker an den Haken geht. Spätestens als Parrhesiades den Chrysipp fragt, ob dieser Fisch irgendetwas mit ihm zu tun hat, können wir sicher sein, dass es sich hier um einen Pseudo-Stoiker handeln soll;[136] auch der wird wieder hinabgeworfen (c. 52). An diesem Punkt bittet die Philosophie Parrhesiades, mit dem Angeln aufzuhören und sich zusammen mit dem Elenchos auf den Weg zur umfassenden Prüfung der derzeitigen Philosophen zu machen. Mit dieser Bestätigung des in c. 46 erteilten Auftrags endet der Dialog.

Woher hat Lukian die Idee, die falschen Philosophen mit der Angelrute fischen zu lassen? HERMANN DIELS hat als erster in den „Sillen" des Timon von Phleius, in denen einige von Timon verspottete Philosophen als Fische dargestellt werden, eine Inspirationsquelle Lukians gesehen.[137] HELM hat dieser Interpretation zugestimmt,[138] aber auch noch auf ein anderes Genos hingewiesen, in dem eine solche Fischvorstellung belegt ist: auf die Komödie. In der Tat finden sich Menschen als Fische oder Fische als Menschen schon in der Alten Komödie; der Dichter Archipp, ein jüngerer Zeitgenosse des Aristophanes, schrieb ein Stück „Die Fische" („Ichthyes"), das einen Fische-Staat in Auseinandersetzungen mit Menschen zeigte.[139] Die Gleichartigkeit der vier aufeinanderfolgenden Angelszenen erinnert ebenso an manche Szenenfolge in der zweiten Hälf-

---

[135] Die Peripatetiker scheinen in der Tat teilweise recht stutzerhafte Züge gehabt und von Luxus einiges gehalten zu haben; vgl. Lykon fr. 7 Wehrli.
[136] Auf die große Zahl der Stoiker, d.h. die große Attraktivität der Stoa in der Zeit Lukians, spielt auch der „Hermotimos" an: Hermotimos hatte die Stoa gerade deswegen gewählt, weil er so viele sich ihr anschließen sah (Herm. 16). Das ‚Stachelige' an den „Stoikerfischen" könnte ein Hinweis auf die spitzfindige stoische Syllogistik sein.
[137] DIELS 1901, 183. Bedenken gegen DIELS' Interpretation der Philosophen als Fische in den „Sillen"-Fragmenten hat BILLERBECK 1987 angemeldet, doch ist sie z.B. auf Timon SH 806 (wo einer dieser Philosophen erklärt: „Ich werde zu Pyrrhon schwimmen") nicht genauer eingegangen.
[138] HELM 1906, 304f. (mit Verweis darauf, dass wie bei Timon SH 804 so auch im „Fischer" mit der Assonanz Platon – πλατύς, „breit, platt", gespielt wird).
[139] Genaueres geben die erhaltenen 21 (meist nur kurzen) Fragmente leider nicht mehr her.

te einer Alten Komödie,140 und noch weitere Elemente dieses Dialogs finden Analogien in dieser Gattung: Gerade im Anfangsteil wirken die auf die Bühne stürmenden Philosophen wie der Chor einer solchen Komödie. Der „Fischer" zerfällt ähnlich in zwei Teile, wie sich das bei attischen Alten Komödien durch die Chor-Parabase oft von selbst ergab; er beginnt mit einer turbulenten Verfolgungsszene, und sein erster Hauptteil gipfelt in einer langen agonalen Gerichtsszene; sein zweiter, kürzerer mündet in eine Reihe paralleler Szenen, die in ihrer Phantastik eines Aristophanes nicht unwürdig wären. Wenn es dazu noch menippeischen Einfluss gibt, dann ist er am stärksten spürbar bei den zahlreichen Versen und Versparodien in der Eingangspartie.

Während „Der Fischer" bei aller Phantastik doch ganz auf der Erde – und vor allem auf der athenischen Akropolis – spielt, beginnt der dramatische Dialog „Die entlaufenen Sklaven" (*Fugitivi*) wie „Der doppelt Verklagte" mit einem Vorspiel im Olymp: Hier erkundigt sich Apollon bei seinem Vater Zeus nach dem unlängst geschehenen freiwilligen Flammentod des Kynikers Peregrinos, der an den Olympischen Spielen des Jahres 165 n. Chr. stattfand und dem Lukian auch eine eigene Schrift gewidmet hat („Über den Tod des Peregrinos").141 Zeus bestätigt seinem Sohn dieses Faktum;142 bevor er aber dazu kommt, Apollon mehr über die Hintergründe dieser spektakulären Selbstverbrennung mitzuteilen, betritt eine neue Gestalt die Szene und gibt dem Geschehen eine andere Wendung (c. 3): Niemand anders als die Philosophie selbst – die als allegorisch-göttliche Gestalt schon im „Fischer" auftrat – tritt in völlig aufgelöstem Zustand vor Zeus und beginnt, sich bitterlich über die schlechte Reputation zu beklagen, die ihr gewisse Leute, die wie Philosophen tun, aber nicht wirklich sind, angehängt haben (c. 3f.).

Vom Göttervater zu mehr Einzelheiten aufgefordert, entwirft sie im Folgenden ein Gesamtbild des Geschicks, das sie bisher bei den Menschen erlitten hat, seit sie zum ersten Mal von Zeus auf die Erde hinunter gesandt wurde, um die Menschen zu mehr Sitte und Anstand zu erziehen (c. 5–11). Auffällig ist dabei vor allem, welche zentrale Rolle dabei diejenigen Philosophen spielen, die in der antiken Philosophiegeschichte mit der Begründung und Ausformung des Kynismus in Verbindung gebracht

---

140 Vgl. oben S. 95, 143.
141 Zu dieser Schrift vgl. oben S. 127–130.
142 Er denkt immer noch mit großem Unbehagen an den Gestank zurück, der damals vom Scheiterhaufen aufstieg (c. 1); nach dem Holocaust des 20. Jh.s wirkt dieser Witz freilich unerträglich makaber.

wurden: Antisthenes, Krates, Diogenes, und ihnen wird hier bemerkenswerterweise auch Menipp hinzugesellt; diese Vier nämlich – so die Philosophie – waren es, die sie noch zum Verweilen bei den Menschen veranlassten, als sie, vom Schierlingstod von Männern wie Sokrates entsetzt, den Menschen bereits wieder endgültig den Rücken kehren wollte (c. 11). Dann aber traten eben die Pseudo-Philosophen auf den Plan, die unter dem äußeren Deckmantel der Philosophie nur ihren Lastern und Lüsten frönen wollten; ihrer Beschreibung widmet die Philosophie die ganze zweite Hälfte ihrer langen Rede (die nur von wenigen Zwischenbemerkungen des Zeus unterbrochen wird: c. 12–21).

Zeus kommt zu dem Schluss, dass hier etwas geschehen muss, und damit beginnt die zweite Hälfte der Schrift (ab c. 22): Zeus schickt nun die Philosophie zusammen mit Hermes und Herakles auf die Erde hinab, um die Übeltäter aufzuspüren und zu bestrafen. Der Weg führt diesmal nicht nach Attika, sondern nach Thrakien, wo das viele vorhandene Gold die Pseudo-Philosophen anlockt, und dabei gelangen die drei Gottheiten in die Nähe der als sehr schön beschriebenen (c. 25) Stadt Philippopolis in Thrakien.[143]

Im Folgenden erfährt der zunächst so umfassend erscheinende Auftrag eine merkliche Verengung durch eine weitere Begegnung: Die drei göttlichen Gestalten begegnen mehreren Menschen, die auf der Suche nach ihren entlaufenen Sklaven – daher der Titel der Schrift – sind, und es stellt sich heraus, dass es sich dabei just um die Pseudophilosophen handelt, denen auch Philosophia, Hermes und Herakles auf der Spur sind (c. 26–28). In c. 29 gesellt sich nun auch noch kein Geringerer als Orpheus zu der Gruppe hinzu; von ihm erfährt man, wo die Gesuchten sich aufhalten, und in c. 30–33 werden ihre Gefangennahme und Entlarvung dargestellt.[144]

Einige Wortspiele und parodistisch eingesetzte Homerzitate sorgen für einige heitere Tupfer in diesem Dialog, der nicht zu Lukians besten gehört; die beiden Hälften der Schrift passen nicht gut zueinander, und manches wirkt wie ein Imitat aus anderen Lukian-Texten. Es ist deshalb auch vermutet worden, dass dieser von einem Imitator stammt; doch kann dieser Text auch eine rasch hingeworfene Gelegenheitsarbeit sein, die

---

[143] Hier hat man wohl zu Recht vermutet, dass Lukian diese lobende Kurzbeschreibung einfügte, weil er just in dieser Stadt diesen Dialog vortrug; vgl. HALL 1981, 34. 138.
[144] Hier gibt es zum Teil deutliche Parallelen zum „Fischer" (z.B. die Untersuchung des Ranzens des Pseudo-Kynikers in c. 31 – vgl. *Pisc.* 45).

Lukian für die makedonische Stadt brauchte, der er innerhalb der Schrift einmal seine Reverenz erweist.

4.3.4. Die richtige Philosophie – keine Philosophie?

Die in den bisher in diesem Kapitel behandelte Kritik Lukians zumindest an den zeitgenössischen Philosophen – denen er mehrfach sogar das Recht abspricht, sich überhaupt Philosophen zu nennen – könnte den Verdacht aufkommen lassen, dass Lukian vielleicht der Meinung war, dass es eine über alle Zweifel erhabene Philosophie (jedenfalls zu seiner Zeit) gar nicht gebe. Just diese Frage ist das Hauptthema seines Dialogs „Hermotimos".

Der „Hermotimos" ist Lukians längste Schrift[145] – zugleich die längste und ernsthafteste Behandlung, die er je der Philosophie gewidmet hat – und in der ganzen Anlage eines seiner reifsten Werke: ein wirklicher Dialog von Anfang bis Ende und bei vielen Anklängen an Platon doch nie so oberflächlich im Ausdruck platonisierend wie etwa der Dialog „Über den Parasiten". Die Schrift ist auch insofern etwas Besonderes, als in ihr Witz und Komik nur eine untergeordnete Rolle spielen;[146] dadurch erhalten die Aussagen, die Lukian sein Alter Ego Lykinos hier über seine eigene Einstellung zur Philosophie machen lässt, besonderes Gewicht. In diesem Zusammenhang ist eine Lykinos-Aussage in c. 24 bemerkenswert:

„Ich habe [...] auch schon einmal bei anderer Gelegenheit einen alten Mann vortragen hören, wie sich die Dinge dort [scil. am Ort der verwirklichten philosophischen Eudaimonie] verhielten, und er forderte mich auf, ihm zu folgen; [...] aber ich ließ mich nicht überreden – aus Unverstand und infolge meiner Jugend damals, vor ungefähr fünfzehn Jahren."

Laut c. 13 ist Lykinos derzeit vierzig Jahre alt ist; es wäre also im Alter von fünfundzwanzig Jahren gewesen, als er seine ‚Chance' verpasste, zum Philosophen zu werden. Jetzt aber, mit vierzig, will er sich, wie der weitere Verlauf des „Hermotimos" zeigt, nicht mehr auf mühsame

---

[145] In der Oxfordausgabe von MACLEOD umfasst er 67 Seiten.
[146] Man könnte sie sogar als einen Text bezeichnen, in dem Lukian – um mit Eunapios zu sprechen (vgl. Kap. 9.1, unten S. 295f.) – „durchgehend ernst ist".

philosophische Studien einlassen[147] – lohnt es sich also überhaupt, Philosophie zu betreiben?

Der „Hermotimos" hat den Untertitel „Über die philosophischen Sekten";[148] damit ist angedeutet, dass es hier um die Frage gehen wird, welche von den verschiedenen philosophischen Schulen das Ziel der Philosophie – das ist im Hellenismus und in der Kaiserzeit die individuelle Eudaimonie, das persönliche menschliche Glück – am besten oder überhaupt erreicht. Nur *eine* aus der Schar der antiken philosophischen Richtungen ist hier nicht Gegenstand der Betrachtung, und zwar deshalb, weil Lykinos von ihrer Warte aus argumentiert: der Skeptizismus, der sich von allen anderen Philosophenschulen dadurch unterschied, dass er grundsätzlich und konsequent jede Möglichkeit, über irgendetwas zu einem sicheren Urteil, zu einer sicheren Regel und damit auch zu einem sicheren philosophischen System zu gelangen, radikal in Zweifel zog. Schon manche Dialoge Platons – nämlich die, die in einer Aporie enden – zeigen eine solche Tendenz, und in der Geschichte der von Platon gegründeten Akademie gibt es eine ausgesprochen skeptische Phase, die in der sogenannten „Neuen" oder „Jüngeren Akademie" vor allem von den Schulleitern Arkesilaos (mittleres 3. Jh. v. Chr.) und Karneades (mittleres 2. Jh. v. Chr.) entwickelt wurde; als jedoch im nächsten Jahrhundert diese Tendenz in der Akademie wieder zurückgedrängt wurde und schließlich völlig verschwand,[149] blieb im Spektrum der antiken Philosophie nur noch die skeptische Richtung übrig, die im 4. Jh. v. Chr. Pyrrhon von Elis begründet hatte; Pyrrhon wurde in den „Sillen" des Timon von Phleius

---

[147] Zu dem scheinbar eklatantem Widerspruch, in dem der Lykinos des „Hermotimos" damit zu dem ‚Syrer' des „Doppelt Verklagten" steht, der verkündet hatte (c. 32), mit vierzig sei es für ihn endlich an der Zeit, das laute und hektische Treiben der Rhetorik zu verlassen und sich in die stille Zurückgezogenheit der Philosophie zu begeben (eine ähnliche Aussage macht auch Parrhesiades in *Pisc.* 29), vgl. oben S. 74f. 78. 84. Diese Aussagen lassen sich miteinander vereinbaren, wenn man eben keine „weltanschauliche", sondern „nur" eine „literarische" Umorientierung annimmt.

[148] Auf Griechisch: περὶ αἱρέσεων (αἵρεσις, wörtlich „die Wahl", bedeutet seit hellenistischer Zeit die philosophische Richtung unter mehreren, die man ‚wählt').

[149] Immerhin vertrat noch Favorinus von Arelate im 2. Jh. n. Chr. skeptische Positionen (vgl. OPSOMER 1998, 213–240), und bei Lukian sind die „Akademiker" als skeptische Philosophen auch noch ein Begriff (vgl. NESSELRATH 2023b, 79f.).

Kap. 4: Schwurbler, Schwindler, Scharlatane

als Vertreter der einzig vernünftigen philosophischen Richtung besungen.[150]

Außer dem im 1. Jh. v. Chr. lebenden Ainesidemos von Knossos und einem „Jungpyrrhoneer" namens Agrippa[151] (wahrscheinlich 1. Jh. n. Chr.) hat die antike skeptische Philosophie einen namhaften Vertreter erst wieder im späteren 2. n. Chr. hervorgebracht: Sextus Empiricus stellte in mehreren Schriften die gesamte Gedankenwelt des antiken Skeptizismus dar und richtete sich damit gegen die Ansprüche, die andere philosophische Richtungen mit ihren Lehrsätzen – die in den Augen von Skeptikern nur „Dogmen" waren – erhoben. In seinem „Verkauf der Philosophenleben" macht Lukian sich zwar auch über einen typischen Skeptiker lustig;[152] in anderen Schriften aber zeigt er nicht nur umfangreiche Kenntnisse von skeptischen Argumentationsweisen, sondern auch deutliche Sympathie für sie: Im Dialog „Über den Parasiten" legt er dem Parasiten in c. 27–30 skeptische Argumente in den Mund, um seine ‚Kunst' positiv von der ‚Pseudo-Kunst' der Philosophen abzuheben, und hier im „Hermotimos" lässt er Lykinos sogar die ganze Diskussion mit Waffen aus dem Arsenal des Skeptizismus bestreiten.[153]

Was den Skeptizismus im „Hermotimos" so attraktiv und überzeugend macht, ist vor allem Lukians gelungene dramatische Durchgestaltung dieses Dialogs, die bis zum Schluss nichts an Lebendigkeit verliert. Wir erleben zwei Gesprächspartner – Lykinos und die Titelfigur Hermotimos –, die als Charaktere lebendig werden und keine papierenen Schemen bleiben. Wie „Über die Tanzkunst" und „Über den Parasiten" ist

---

[150] Dagegen machte sich Timon über alle anderen philosophischen Vertreter in teilweise recht scharfen parodistischen Versen lustig; vgl. die Fragmente von Timons „Sillen" im SH, Nr. 775–840. Mit diesem Philosophenspott ist Timon durchaus ein Geistesverwandter des Philosophenspötters Lukian.

[151] Drei von Agrippas fünf „Tropen" (vgl. Diog. Laert. 9,88) hat Lukian im „Hermotimos" verwendet (vgl. NESSELRATH 1992, 3475 und die dort angegebene ältere Literatur).

[152] *Vit. Auct.* 27: Der hier dargestellte Skeptiker zweifelt an allem so sehr, dass er nicht mehr zu eigenem Handeln fähig ist, weil er nicht bereit ist, seinen Sinnen irgendetwas von dem zu glauben, was um ihn herum geschieht. Vgl. ferner den Skeptiker-Spott in *Bis Acc.* 25 und *VH* 2,18, wo an die Stelle Pyrrhons freilich die Vertreter der Neuen Akademie getreten sind.

[153] Vgl. NESSELRATH 1992, 3474–3479; vgl. jetzt auch SOLITARIO 2020, 29–61. Man könnte den „Hermotimos" sogar als die vielleicht überzeugendste literarische Werbung für den Skeptizismus bezeichnen, die aus der Antike erhalten ist. Sextus Empiricus' Ausführungen sind systematischer und umfassender, aber dafür auch erheblich trockener und mühsamer zu lesen.

auch der „Hermotimos" ein Dialog, in dem jemand zu etwas bekehrt wird, wogegen er sich zuvor mit Händen und Füßen gewehrt hat, im Fall des Hermotimos das Leben der unphilosophischen breiten Masse; während aber die Umorientierung in den beiden anderen Dialogen an einem Punkt sehr abrupt erfolgt, ist die des sechzig Jahre alten Hermotimos viel glaubwürdiger als Prozess dargestellt: Er fühlt sich seiner Sache zunächst noch sicher, dann schwindet diese Sicherheit, er wird unwillig, ärgerlich, betrübt, beginnt zu weinen und muss dann schließlich doch den entscheidenden Schritt tun. Zumindest teilweise ist diese Wandlung und Entwicklung geradezu packend beschrieben, wie der Gang des Dialogs zeigt.

In c. 1–3 wird die Gesprächssituation plastisch vor Augen geführt: Lykinos trifft auf der Straße Hermotimos, wie er gerade – wieder einmal – zu seinem philosophischen Lehrer eilt; es wird sich bald herausstellen, dass der ein Stoiker ist. Hermotimos scheint mit seinen Gedanken schon ganz beim Unterricht, wie Lykinos feststellt; Hermotimos bestätigt dies, und um seine lerneifrige, fast verbissene Haltung zu begründen, lässt er sich Sätze entschlüpfen, die bereits auf die Thematik des Dialogs einstimmen:

„Die Philosophie ist auch mit großem Zeitaufwand nicht in den Griff zu bekommen, wenn man nicht völlig wach, intensiv und mit weit geöffneten Augen auf sie blickt; und die Gefahr ist nicht gering – nämlich entweder unglücklich zu sein und in dem großen Haufen der gemeinen Leute als Nebensache unterzugehen, oder aber zu philosophieren und so die Glückseligkeit zu erlangen" (c. 1).

Auf diesen Gegensatz zwischen Philosophen und Nichtphilosophen wird in der Tat am Ende des Dialogs alles hinauslaufen, Hermotimos dann aber seine verächtliche Haltung gegenüber Letzteren gründlich geändert haben.

Lykinos zeigt sich von den großen Dingen, um die es Hermotimos geht, sehr beeindruckt; und da er ja schon zwanzig Jahre in die philosophische Schule gehe und sich dabei so angestrengt habe, dass er stets blass und voller Sorgenfalten und körperlich schon ganz abgezehrt sei, müsse er seinem Ziel, der philosophischen Eudaimonie, doch schon ganz nahe sein oder sie vielleicht sogar schon erreicht haben? Hermotimos aber fühlt sich im Gegenteil noch ganz am Anfang seines Weges, eines mühsamen und steilen, wie er unter Berufung auf ein berühmtes Hesiod-Zitat (*Op.* 289f.) versichert (c. 2f.).

Damit sind die beiden Dialogpartner für alles Folgende im Wesentlichen charakterisiert: Hermotimos als der lerneifrige, aber nicht mehr ganz junge Philosophenschüler, Lykinos als ein jüngerer Bekannter, der Hermotimos wissbegierig, aber (zunächst) respektvoll begegnet. Obwohl schon vierzig Semester mit seinem Philosophie-Studium beschäftigt, tritt Hermotimos – nach eigenem Eingeständnis (c. 3 a. E.: „es fehlt am Meinigen") – doch auf der Stelle; aber an seinem Eifer und an seiner Lernbereitschaft kann es nicht liegen, wie von Anfang an klar gemacht wird. Bezeichnend ist Hermotimos' äußere Erscheinung: Blässe, Sorgenfalten, abgezehrter Körper – mit solchen Attributen hat bereits die attische Komödie den typischen Philosophen beschrieben.[154] Vielleicht das Bedenklichste ist, dass Hermotimos bereits völlig wie ein ausgebrannter Philosoph *aussieht*, sich aber noch lange nicht wie ein wahrer Philosoph *fühlt*. Irgendetwas – so suggeriert dieser Dialoganfang bereits – kann mit dieser Philosophie nicht ganz stimmen.

Lykinos aber fragt erst einmal weiter: wie lange Hermotimos denn glaube, noch zu brauchen, um auf den erstrebten Gipfel der Eudaimonie zu gelangen (c. 4)? Lykinos gibt sich dabei bewusst naiv,[155] und Hermotimos fühlt sich bemüßigt, mit fast väterlicher Güte die Sache nun genauer zu erklären: Es sei ein langer Weg zur philosophischen Arete;[156] doch das glorreiche Ziel beschreibt er in so wundersamer Höhe, dass Lykinos in (gespielt) naive Begeisterung ausbricht (c. 5 a. E.). Diese schwindet jedoch rasch, als Hermotimos sich nach weiterem Nachfragen endlich zu einer genaueren Antwort bequemt: Wahrscheinlich werde er bis zu diesem Gipfel noch weitere zwanzig Jahre brauchen! Lykinos reagiert darauf fast bestürzt und fragt nun – zum ersten Mal mit einer gewissen Boshaftigkeit –: Sei denn sein Lehrer mantisch so begabt, dass er ihm überhaupt noch ein so langes Leben habe versprechen können? Hermotimos werde sich doch wohl kaum so im Ungewissen Tag und Nacht so lange

---

[154] Das fängt mit Sokrates und seinen Schülern in den „Wolken" des Aristophanes an. Ein drastisches Fragment des Komödiendichters Aristophon (fr. 8 K.-A.) lässt offenbar den Philosophen Platon verkünden, dass es ihm gelingt, einen neuen Schüler in nur drei Tagen ganz dünn und schmal zu machen; vgl. ferner Poseidippos, fr. 16 K.-A. über den Stoiker Zenon.
[155] Er fragt: „bis nächstes Jahr? bis zur nächsten Olympiade? oder gar bis zur übernächsten?" Das sei doch eigentlich schon sehr lang, denn in dieser Zeit könne man dreimal die ganze bekannte Welt (von den Säulen des Herakles bis nach Indien) bequem und sogar mit vielen Abstechern durchqueren.
[156] Die Wegmetapher verwendet Lukian auch sonst gern; vgl. die beiden Wege im „Rednerlehrer", die vor dem angehenden Rhetorikstudenten liegen (oben S.106f.).

Zeit mit Philosophie abquälen, nur um dann womöglich kurz vor dem Ziel vom Tod in seinen Hoffnungen betrogen zu werden?[157] Hermotimos reagiert entsetzt auf diese Möglichkeit – offenbar hat er bisher über so etwas noch nicht nachgedacht –, fügt dann aber etwas gefasster hinzu, dass ihm schon ein einziger Tag philosophischer Eudaimonie genug sei (c. 6).[158]

Nachdem nun also die beunruhigende Möglichkeit im Raum steht, dass Hermotimos nach allen seinen Mühen nur ganz wenig oder gar nichts von der Eudaimonie haben könnte, für deren Erwerb er selber vierzig Jahre Lebenszeit veranschlagt, stellt Lykinos am Beginn des nächsten Abschnitts (c. 7–12) eine noch unangenehmere Frage: woher Hermotimos denn wisse, dass das Ziel, das er anstrebe, auch wirklich die Eudaimonie sei und worin sie konkret bestehe, da er ja selbst noch nicht ‚oben' gewesen sei? Da vertraue er seinem Lehrer, antwortet Hermotimos; der sei nämlich „bereits ganz oben" (c. 7). Auf die Möglichkeit, nun also von einem ‚Arrivierten' etwas zu erfahren, reagiert Lykinos mit freudiger Erregung: „Und wie, bei den Göttern, hat er diese Dinge beschrieben, und was, sagte er, sei die dortige Glückseligkeit? Wohl Reichtum und Ruhm und unübertroffene Freuden?" Wieder spielt Lykinos den naiven Alltagsmenschen, der sich unter Glück nichts anderes als das gerade Genannte vorstellen kann; und Hermotimos kann noch einmal leicht den gönnerhaften Lehrer spielen, der in gemessenen Worten darstellt, dass die philosophische Eudaimonie im Besitz von Tugenden und umfassender Kenntnis der Zusammenhänge des Alls und im Zurücklassen alles Strebens nach irdischen Gütern und Freuden besteht. Lykinos hört andächtig zu und fragt, ob das auch bedeute, dass solche ‚Glückseligen' sich dann auch nie mehr zu solchem irdischen Streben zurückwenden; jawohl, meint Hermotimos, und auch von allen irdischen Trieben und Gefühlsregungen

---

[157] Hier zeigt Lykinos eine ähnliche Ironie wie Sokrates in manchen Dialogen Platons, um seine Gesprächspartner in ihren voreilig gefassten Hoffnungen unsicher zu machen und zum Nachdenken zu bringen, z.B. den jungen Hippokrates im „Protagoras", der möglichst sofort zu dem Sophisten Protagoras in die Lehre will und sich nicht darüber klar ist, was ein solcher Sophist ist und was er ihm genau beibringen kann.
[158] Im fünften Buch der „Tusculanen" spricht Cicero in seinem berühmten Hymnus auf die Philosophie genau den gleichen Gedanken aus: Ein einziger in philosophischem Glück gelebter Tag sei besser als eine Ewigkeit in unphilosophischer Schlechtigkeit (*Tusc.* 5,5). Bei Cicero wirkt dieser Gedanke als Krönung des mitreißenden Hymnus überzeugend; bei Lukian aber nimmt er sich, in den Kontrast zu den vorangehenden Jahrzehnten mühsamer Studien-Plackerei gestellt, eher lächerlich aus; und das war natürlich Lukians Absicht.

sind sie frei (c. 8). Mit diesen letzten Worten aber ist er in eine Falle gelaufen: Scheinbar erst zögernd, dann aber mit immer süffisanterem Unterton enthüllt ihm Lykinos nun, dass sein eigener philosophischer Lehrer, der angeblich „schon ganz oben" ist, neulich sehr irdisch seinen Lehrerlohn eingetrieben hat, den er doch inzwischen eigentlich verachten müsse: Er hätte einem etwas säumigen Schüler vor lauter Wut fast die Nase abgebissen (c. 9 a. E.)! Als Hermotimos' Versuche, dieses Verhalten zu entschuldigen, bei Lykinos nicht recht verfangen, hat er es plötzlich ganz eilig, zu seinem Unterricht zu kommen. Aber da kann ihn Lykinos beruhigen: Hermotimos' Lehrer liest heute gar nicht, weil er in der vergangenen Nacht in diverser Weise über die Stränge geschlagen ist (c. 11f.).[159]

Da Hermotimos jetzt also frei hat, bittet ihn Lykinos (c. 13), doch einmal in Ruhe darzulegen, wie er eigentlich zum Philosophieren gekommen sei, damit auch er, Lykinos, sich womöglich noch anschließen könne; damit beginnt der Hauptteil des „Hermotimos".[160]

Hermotimos ist über die von Lykinos gerade geäußerte Absicht, sich auch selbst vielleicht noch auf den Weg zur Philosophie zu machen, so begeistert, dass er ihm geradezu euphorisch versichert, wie bald schon er sich dann positiv von den Nicht-Philosophen unterscheiden werde; dass er freilich kurz zuvor melancholisch eingestanden hatte, dass er selber sich auch nach zwanzigjährigem Philosophie-Studium noch ganz wie am Anfang vorkomme, scheint er dabei vergessen zu haben.[161] Für Hermotimos' Charakterisierung ist diese Passage sehr bezeichnend: Er reagiert gern vorschnell und impulsiv und ist dabei vor Widersprüchen in seinen Äußerungen nicht gefeit. Diese geistige ‚Kurzatmigkeit', mit der Lukian den alternden Stoikerschüler ausgestattet hat, wird auch im Folgenden immer wieder deutlich.

Lykinos fragt an dieser Stelle (c. 13), ob denn in Hermotimos' Schule jüngeren Eleven auch kritische Einwände gestattet seien; Hermotimos antwortet – wieder ohne lange zu überlegen – sehr decouvrierend: „Durchaus nicht" – was natürlich auf diese Schule kein gutes Licht wirft. Da sich Hermotimos aber an diesem Punkt seiner Sache noch völlig sicher fühlt, erlaubt er Lykinos – großzügig, aber auch ein wenig herab-

---

[159] Hier erzählt Lykinos, wie ungezügelt sich dieser Lehrer bei einem Gastmahl am Vorabend verhalten hat (vgl. oben Kap. 4.3.2, S. 153).
[160] Auch diese Unterscheidung eines Vor- und eines Hauptgespräches lässt sich schon bei wichtigen platonischen Dialogen finden, z.B. im „Protagoras": Dem Gespräch zwischen Sokrates und Hippokrates folgt die große Auseinandersetzung zwischen Sokrates und Protagoras.
[161] Als ihn Lykinos daran vorsichtig erinnert, überhört er das (geflissentlich?).

lassend („denn so dürftest du leichter lernen") –, Fragen und Einwände zu äußern, und macht damit ein gefährliches Zugeständnis, denn unmittelbar darauf holt Lykinos zu seiner ersten heiklen Frage aus: Auf wen oder auf was für ein Kriterium hat Hermotimos sich eigentlich verlassen, als er sich vor zwanzig Jahren dazu entschloss, den Weg gerade der Stoiker einzuschlagen? (c. 15) Lykinos muss die Frage zweimal stellen, damit Hermotimos begreift, worauf Lykinos hinauswill; und als er dann begreift (c. 16), fallen seine Antworten äußerst unbefriedigend aus.[162] Hermotimos gibt als ersten Grund für seine Entscheidung an, dass er eben die meisten zu den Stoikern habe gehen sehen; dann, dass er auch alle möglichen Leute die Vorzüge der stoischen Philosophie habe preisen hören; als drittes, dass er auch selbst von dem würdigen öffentlichen Auftreten der Stoiker beeindruckt gewesen sei (c. 18). Bei Lykinos' Nachfragen stellt sich dann heraus, dass Hermotimos 1) die vielen Leute, die er zu den Stoikern gehen sah, nicht gezählt hat; 2) dass er die positiven Äußerungen über die Stoiker nur Nicht-Philosophen, wie er damals selber einer war, geglaubt hat; und 3) dass man, wollte man sich nach dem äußeren Erscheinungsbild richten, sich am besten gleich an Statuen halten sollte (c. 19); der richtige Philosoph sei auf diese Weise jedenfalls nicht ausfindig zu machen.

Obwohl Hermotimos' Begründungen für seine Wahl der Stoiker damit sämtlich abgewiesen sind, klammert er sich aber an diese Wahl (c. 20f.) und wirkt bereits merklich verstimmt („Nichts von dem, was ich auch sage, gefällt dir!"). Daraufhin kündigt Lykinos an, er wolle nun selbst versuchen, „eine zuverlässige Beurteilung dieser Dinge und die sicherste Wahl herauszufinden" (c. 21).[163] Damit endet der erste Teil des Hauptgesprächs (c. 13–21), und es beginnt der zweite (c. 22–34); noch scheint eine „zuverlässige Beurteilung" immerhin möglich.

Um seinen verärgerten Gesprächspartner wieder versöhnlich zu stimmen, beschreibt Lykinos in den nächsten Kapiteln (c. 22–24) noch einmal das Ziel der Philosophie – über das er und Hermotimos sich ja einig sind –, nämlich die zu erlangende Arete, und schildert sie als eine Stadt, in der

---

[162] Auch damit fühlt man sich an manchen platonischen Dialog erinnert, wo Sokrates mit keiner von den Antworten, die ihm sein jeweiliges Gegenüber gibt, zufrieden ist (vgl. z.B. den Anfangsteil des „Gorgias").
[163] Erneut erinnert dies an bestimmte Dreh- und Angelpunkte in platonischen Dialogen, wo Sokrates, wenn seine Gesprächspartner – argumentativ auf der Strecke geblieben und darüber z.T. nicht weniger verstimmt als Hermotimos hier – nicht mehr weitermachen wollen, dann selbst das Heft in die Hand nimmt (vgl. etwa das Gespräch mit Kallikles im „Gorgias").

alle, die zur wahren Philosophie gelangt sind, ewiges Wohnrecht besitzen und allen irdischen Fehlern und Sorgen enthoben sind. Angesichts dieser Schilderung vergisst Hermotimos seinen Unmut und sieht begeistert seinen bisherigen Weg bestätigt; aber nun (von c. 25 an) rückt Lykinos auch die Schwierigkeiten, zu dieser Stadt zu gelangen, ins Licht: Jede philosophische Schule will den Menschen zu dieser Stadt auf einem bestimmten Weg führen, der sich jedoch von den Wegen der anderen Schulen völlig unterscheidet (c. 26). Da glaubt Hermotimos, die Lösung gefunden zu haben (c. 27): man müsse nur denen vertrauen, die schon einmal vorangegangen sind. Aber wem von ihnen und auf welchem Weg? fragt Lykinos zurück; und dann erklärt er geduldig und sehr bildreich – wie einem etwas zurückgebliebenem Schüler –, dass Hermotimos' Vorschlag das Problem lediglich in einer etwas anderen Gestalt erscheinen lässt: So wie es nach Korinth nur einen Weg gebe und alle anderen anderswohin führten, so könne auch nur ein einziger der philosophischen Wege zur wahren Arete führen (c. 27f.); ganz indiskutabel sei es, sich bei der Wahl dieses Weges auf die Tyche zu verlassen – da könne man genausogut versuchen, auf einem Weidengeflecht das Ägäische oder Ionische Meer zu überqueren. Das Bild von der gefahrvollen Meerfahrt benutzt Lykinos dann auch, um deutlich zu machen, dass man vor dem Aufbruch sich genau ansehen muss, wohin der Weg führt, weil es vielleicht nachher kein Zurück mehr gibt (c. 28).

Aber alle diese anschaulichen Ausführungen können Hermotimos noch nicht darin irremachen, dass die besten Führer und Steuerleute für die Reise zur Arete bei den Stoikern zu finden sind (c. 29). Lykinos muss noch zu einer anderen Veranschaulichung des Problems greifen: Was würden die großen alten Vertreter der anderen philosophischen Richtungen zu Hermotimos' einseitiger Bevorzugung der Stoiker sagen, wenn sie aus dem Hades wieder in dieses Leben zurückkommen könnten?[164] (c. 30–34) Einen von ihnen lässt Lykinos sagen, Hermotimos gleiche mit seiner auf die Stoa beschränkten Kenntnis einem Äthiopier, der noch nie sein Land verlassen habe und deshalb glaube, alle Menschen auf der Erde müssten eine dunkle Hautfarbe haben (c. 31f.). Hermotimos versucht sich zu verteidigen, indem er darauf hinweist, dass die Stoiker in ihren Lehren auch die Argumente der anderen philosophischen Schulen behandeln – und diese natürlich widerlegen; worauf Lykinos seine wiederauferstandenen Philosophen erwidern lässt, das sei ja wohl nur eine andere Form des

---

[164] Lukian bedient sich hier also erzählerisch des Einfalls, den er im „Fischer" dramatisch durchgespielt hat.

Schattenboxens ohne echten Gegner (c. 33); und um die Einseitigkeit von Hermotimos' Position abschließend zu demonstrieren, lässt Lykinos dann auch noch Platon – als den ‚Sizilienexperten' (aufgrund seiner Reisen dorthin) unter den wiederauferstandenen Philosophen – eine Anekdote vom Hof des syrakusanischen Tyrannen Gelon und seiner Frau erzählen (c. 34).

Hermotimos wirkt von all den Bildern und Gestalten, die Lykinos zur Widerlegung seines Standpunkts aufmarschieren lässt, schier überwältigt und möchte lieber wieder nur mit Lykinos allein gemeinsam untersuchen, „ob die Sache der Philosophie etwas Derartiges ist, wie sie meiner Meinung nach ist" (c. 35). Lykinos erteilt ihm bereitwillig das Wort, und damit beginnt eine neue, dritte Phase des Gesprächs, in der Hermotimos noch einmal größere Anstrengungen unternimmt, seine Position zu verteidigen (c. 35–46).[165]

Hermotimos' „neue Argumente" erweisen sich allerdings von Anfang an als nicht viel besser als das, was er bisher vorgebracht hat: Zuerst glaubt er, das Wissen um die Arete und den Weg zu ihr mit dem Wissen, dass 2 x 2 = 4 ist, gleichsetzen zu können – was Lykinos mit dem Hinweis, dass er damit nicht wirklich Vergleichbares zusammenbringt, leicht zunichte macht (c. 35f.). Hermotimos gibt aber noch nicht auf; in c. 37 führt er aus, mit dem Wissen um den rechten Weg zur philosophischen Arete verhalte es sich wie mit zwei Leuten, nach deren Besuch in einem Tempel eine geweihte Schale verschwunden sei – einer von beiden müsse sie notwendig genommen haben, und wer, das sei schon bei der Kontrolle des ersten festzustellen (c. 37). Lykinos aber macht ihm klar, dass auch dieser Vergleich stark hinkt: In ihrer Diskussion seien nicht nur zwei im Gespräch, sondern viel mehr, und man wisse auch nicht, woraus der gesuchte Gegenstand – der Weg zur Arete – in Wahrheit bestehe und wie er aussehe (c. 38f.).

Ohne nun Hermotimos' endgültige Zustimmung zu diesem Gedankengang abzuwarten, bringt Lykinos ein neues Gleichnis in die Debatte und reißt damit die Initiative in der Auseinandersetzung wieder an sich, auch wenn er zunächst Hermotimos selbst (unter Vorgabe geeigneter Stichworte) das Gleichnis entwickeln lässt: Es geht um die Ermittlung von Wettkampfgegnern im Ringen und im Pankration bei den Olympischen Spielen. Lykinos lässt Hermotimos genau den Auslosungsmodus

---

[165] Dies lässt sich z.B. mit Platons „Gorgias" vergleichen, wo sich zweimal ein neuer Gesprächspartner einschaltet, um mit neuen Argumenten Sokrates doch noch in die Schranken zu weisen.

beschreiben (c. 40) und dabei besonders auf die Ermittlung eines „Überschüssigen" bei ungeraden Teilnehmerzahlen eingehen, der ohne Gegner eine Runde weiterkommt. In Olympia nun – erläutert Lykinos – mag man das Symbol für diesen als vorher festgesetztes kennen und braucht daher nicht alle Lose zu kontrollieren, um ihn herauszufinden; der Weg zur philosophischen Eudaimonia aber ist ein „Überschüssiger", dessen Erkennungssymbol niemand vorher gesehen hat (c. 41–44). Fazit: Man wird *alle* philosophischen Richtungen überprüfen müssen, bevor man wissen kann, welche die richtige ist, oder man brauchte einen Mann, der just dies schon getan hat, und an dessen Erfahrungen man sich halten könnte (c. 45f.). Hermotimos stimmt zu und bemerkt sogleich, dass ein solcher Mann nicht leicht zu finden sein dürfte; damit eröffnet er selber den Blick auf weitere Schwierigkeiten, die Lykinos nunmehr ausführt (c. 47–49): Wenn man keinen finden kann, der über alle philosophischen Richtungen objektiv Bescheid zu geben vermag, muss man selbst sich dieses Wissen erwerben und alle Philosophenschulen auf das Gründlichste kennenzulernen trachten.

Hier nun macht Hermotimos Lykinos auf einen Widerspruch zu etwas früher Gesagtem aufmerksam und zeigt damit, dass er geistig doch nicht ganz so unbeweglich ist, wie es zuvor gelegentlich den Anschein hatte: Lykinos hatte (in c. 28) davor gewarnt, sich leichtfertig auf eine philosophische Richtung einzulassen, weil man dann vielleicht nicht mehr zurück könne – und jetzt schlägt er vor, sogar alle nacheinander genau kennenzulernen? Ja, bestätigt Lykinos, ohne sich aus der Fassung bringen zu lassen, aber freilich nur so, indem man sich an den Grundsatz „Sei nüchtern und denk dran, mißtrauisch zu sein!"[166] hält: Man soll also keiner dieser Richtungen vorschnell vertrauen, sondern sich in jedem Fall der skeptischen „Zurückhaltung" (*epochē*) befleißigen. So stimmt Hermotimos nun Lykinos' Vorschlag, *alle* Philosophenschulen zu prüfen, zu – muss aber bald erkennen, dass dies eine Falle war; denn jetzt beginnt Lykinos zu rechnen (c. 48): Um die Lehren des Pythagoras kennenzulernen, wird man (die fünf obligatorischen Jahre Schweigen natürlich eingerechnet) dreißig Jahre oder doch wenigstens zwanzig brauchen, für Platon und Aristoteles jeweils ebensoviel, für die Stoiker (nach Hermotimos' eigenem Zeugnis in c. 6) sogar doppelt soviel etc.; schließlich läuft die Rechnung auf eine Gesamtzahl von mehr als zweihundert Jahren hinaus, die man zum Kennenlernen aller Schulen brauchen wird. Lykinos fragt Hermotimos noch scheinheilig, ob man hier vielleicht ein Viertel oder die

---

[166] Eine Gnome des Epicharm, fr. 218 K.-A.

Hälfte streichen und somit die Studiendauer entsprechend reduzieren könnte, aber auch so – erwidert Hermotimos – ist natürlich kein Mensch in der Lage, ein derartiges Programm zu bewältigen.

Damit ist eine Aporie geschaffen, wie sie auch Sokrates bei Platon mehrfach herbeiführt, um seinen Widerpart zur Aufgabe seiner Position zu bringen. In seinem Resümee der Diskussion stellt Lykinos am Ende von c. 49 fest, dass man eben einfach so lange (hundert Jahre oder mehr) wird leben müssen, um die richtige Wahl zwischen den Philosophenschulen treffen zu können, oder aber ... Dieses ‚oder' formuliert Lykinos nicht mehr aus, aber selbst einem Hermotimos eröffnet sich jetzt zum ersten Mal in diesem Dialog die beunruhigende Einsicht, dass ein Mensch als Mensch vielleicht nie dazu gelangen kann, die richtige Philosophie zu finden.

Genau gegen diese Einsicht aber beginnt Hermotimos sich an dieser Stelle – dem Beginn einer weiteren Phase des Gesprächs (c. 50–53) – zunächst noch heftig emotional zu wehren. Dieses Sich-Wehren gegen eine schmerzhafte neue Einsicht hat Lukian sehr überzeugend dargestellt, und gerade dadurch wird sein Hermotimos von einem papierenen Dialogteilnehmer – gegen dessen intellektuelle Inferiorität Lykinos die eigene gedankliche Position leicht zum Sieg führen kann – zu einer plastischen, realistischen Figur.

Denn am Beginn von c. 50 verliert Hermotimos doch ziemlich die Fassung:

„Lykinos, [...] du verstimmst mich nicht wenig damit, dass du diese Dinge erörterst und dabei so pedantische Rechnungen aufstellst, wozu gar keine Veranlassung besteht. Vielleicht bin ich heute ja auch [...] zu meinem Schaden aus dem Haus gegangen und dir dabei über den Weg gelaufen, der du mich – wo ich der Hoffnung schon so nahe war – schnurstracks in Schwierigkeiten gestürzt hast, indem du das Finden der Wahrheit als unmöglich erweist, wenn es soviele Jahre braucht."

Wie weiland der platonische Sokrates erwidert Lykinos auf diese Anschuldigungen, er habe doch nichts weiter getan, als zusammen mit Hermotimos zu betrachten, was sich aus der Diskussion ergebe; aber Hermotimos will – in noch heftigerem Unmut – davon nichts hören: „Oh nein, du bist immer ein frecher Schelm, und aus irgendeinem Grund hasst du die Philosophie und machst dich über die Philosophen lustig!" (c. 51)[167]

---

[167] Das hätte auch ein realer damaliger Stoiker zum realen Lukian sagen können.

Kurz darauf wirft er Lykinos offen vor, was er nunmehr für das Endziel von dessen Argumentation hält: „Behauptest du also, Lykinos, dass wir gar nicht philosophieren sollen, sondern uns der Trägheit anheimgeben und unser Leben als *idiōtai* verbringen sollen?" (c. 52) Als Lykinos sich nun noch einmal auf das Ergebnis der bisherigen Diskussion beruft, wird Hermotimos in seiner Erbostheit beinahe sogar witzig:

„Was soll ich dir wohl noch antworten? Du gibst ja zu, selber nicht in der Lage zu sein, dich für einen Weg als den richtigen zu entscheiden, wenn du nicht das Leben des Vogels Phoenix lebst und auf diese Weise zu allen ringsherum gehen und sie auf die Probe stellen kannst ...?" (c. 53)[168]

Auch Lykinos' Antwort darauf stimmt ihn nicht versöhnlicher: „Ach, du allein hast die Wahrheit erkannt, die anderen aber, die Philosophie treiben, das sind wohl alles Dummköpfe!" (ebd.) Auf diesen Sarkasmus reagiert nun auch Lykinos etwas heftiger: Er sieht sich verleumdet und erklärt deutlich, genauso unwissend zu sein wie alle anderen.

Immerhin eskaliert die Auseinandersetzung nun nicht weiter, da Hermotimos offenbar fürs erste genug ‚Dampf abgelassen' hat; vielmehr versucht er jetzt, Lykinos noch einmal argumentativ beizukommen, und erklärt (c. 54–57), es müsse doch möglich sein, auch an kleinen Kostproben der Lehre einer philosophischen Schule zu erkennen, ob diese Schule im Besitz der wahren Philosophie sei; denn man erkenne ja auch an einer Kralle, dass sie von einem Löwen, und an einer Hand, dass sie von einem Menschen stamme. Lykinos weist ihm jedoch nach, dass man, um eine solche Kralle oder Hand bestimmen zu können, vorher bereits wissen müsse, wie ein Löwe oder wie ein Mensch aussieht – und genau dies wisse man im Fall der philosophischen Wahrheit eben nicht. Und jetzt wird auch Lykinos einmal sarkastisch-ausfällig – was übrigens auch ihn einmal vom Podest des rein zerebralen und immer überlegenen Argumentators herunterholt und etwas menschlicher macht –: Da sich Hermotimos von seinem Verlangen nach dem richtigen philosophischen Dogma nicht kurieren lasse, brauche er wohl am besten einen Seher mit göttlicher Weissagekraft – oder wie wäre es mit einer kleinen Lotterie? Gute Seher seien ja sehr teuer (c. 56f.).

---

[168] Damit übrigens rückt Hermotimos den Lykinos in die Nähe des platonischen Sokrates, der in Platons „Apologie" sein Herumgehen und serienmäßiges Befragen verschiedener attischer Berufsvertreter schildert (*Apol.* 21e–22d).

Diesmal lässt Hermotimos sich nicht provozieren – vielleicht, weil er glaubt, noch ein Argument zu haben, das er jetzt (c. 58–62) vorträgt: Es reiche doch auch, wenn man Wein kaufen wolle, ein Schluck aus, um festzustellen, ob der betreffende Händler guten Wein führe – oder müsse man dafür erst ein ganzes Fass austrinken? So sei es auch mit der Philosophie. Bis zu dieser Übertragung hat Hermotimos sein Argument geschickt und sogar geistreich entwickelt; aber dass es mit der Übertragung wieder nichts ist, macht ihm Lykinos nur zu rasch klar: Das Einzige, was Philosophie und Wein miteinander gemeinsam hätten, sei, dass die jeweiligen 'Verkäufer' für ihre 'Ware' Geld nähmen (c. 59).[169]

Hermotimos ist also wieder geschlagen und zeigt deshalb in c. 63 erneut wachsenden Unmut: Lykinos sei ja nur neidisch darauf, dass er, Hermotimos, in seinen Studien schon so weit fortgeschritten sei. Zu diesem neuerlichen Eingeschnapptsein passt auch, dass Hermotimos, als Lykinos ihm den Vorschlag macht, doch einfach nicht mehr auf ihn zu hören, dennoch weiter zankt: „Aber du bist ja so gewaltsam und lässt mich nicht etwas wählen, wenn ich nicht vorher alles versucht habe!" (ebd.) Da legt Lykinos sogar noch nach und weist nunmehr darauf hin, dass man das gravierendste Problem noch gar nicht erörtert hat (nächste Phase, c. 64–67): Denn auch, wenn man alle Lehren der verschiedenen philosophischen Schulen kennenzulernen versuchte, würde dies nichts nützen, wenn man nicht auch eine „kritisch untersuchende Vorbereitung" mitbringe, um das, was man ihnen präsentiere, sorgfältig zu prüfen; erst damit werde es möglich sein, richtig zu wählen und zu philosophieren.

„*Nach* dem Leben, meinst du", stöhnt Hermotimos nun auf (c. 64); aber es kommt noch schlimmer: Jetzt (c. 65) eröffnet ihm Lykinos, dass sie ja gar nicht sicher sein können, dass auch nur eine der existierenden Philosophenschulen die Wahrheit für sich beanspruchen kann; vielleicht ist sie nämlich in keiner von diesen zu Hause! Hermotimos ist nun wirk-

---

[169] Mit dieser Gleichsetzung von Händlern und Philosophen reproduziert Lykinos einen Vorwurf, den im platonischen „Protagoras" Sokrates gegen die Sophisten richtet (*Prot.* 313c); auch die in c. 61 von Lykinos gemachte Bemerkung, die Gefahr, bei schlechtem Weinkauf ein bisschen Geld zu verlieren, sei ungleich geringer als die Gefahr, bei Wahl der falschen Philosophie „im Pöbel umzukommen", geht motivisch auf den „Protagoras" zurück, wo Sokrates mit einem ähnlichen Vergleich seinem jungen Freund Hippokrates rät, bei der Wahl eines Sophisten zum Lehrmeister nur ja aufzupassen (*Prot.* 313d).

lich entsetzt und lässt sich das in c. 66 näher erklären.[170] In c. 67 gibt er dann selbst eine resümierende Übersicht über das bisherige Gespräch – die nun Lykinos als Grundlage dient, um in der nächsten Phase (c. 68–70) noch weitere Überlegungen ins Spiel zu bringen: Muss man nicht auch, wenn man die einzelnen Schulen näher kennenlernen möchte, zwischen ihren guten und ihren schlechten Vertretern unterscheiden können? Die Erwerbung dieser „Urteilsfähigkeit" dürfte ein weiteres schwieriges Unterfangen sein; aber ohne sie geht es nicht, wie Lykinos in c. 68 klarstellt.[171]

Ganz unvermittelt lässt Lykinos nun in c. 69 einen Ballon der Hoffnung aufsteigen: Wenn man einen Lehrer fände, der eine solche „Kunst der Beurteilung" beherrschte, dann hätte man den notwendigen Beurteilungsmaßstab, und alles andere wäre leicht. Es wird bei diesen Worten nicht ganz klar,[172] ob dieser Lehrer hier zusätzlich zu allen anderen bisher erörterten Schwierigkeiten oder als Ersatz für sie eingeführt wird; Hermotimos jedenfalls hat eindeutig die zweite Möglichkeit herausgehört und ist nun über diese so unerwartete und wie vom Himmel geschickte Abkürzung aller langwierigen Mühsale sofort hellauf begeistert – aber Lykinos macht ihm sofort klar, dass ihre Schwierigkeiten in Wahrheit noch größer geworden sind: Wer nämlich weiß, ob dieser Lehrer zu Recht von sich behauptet, die „Beurteilungskunst" vermitteln zu können? Man bräuchte einen sachverständigen Prüfer, um das zu verifizieren – aber auch der müsste wieder überprüft werden, und die Reihe ließe sich bis in alle Ewigkeit fortsetzen.[173]

Wenn Lykinos vorgehabt haben sollte, Hermotimos durch die Fata Morgana des Lehrers einer wahren „Beurteilungskunst" endgültig zu demoralisieren, dann hat er sein Ziel erreicht: Am Anfang von c. 71 ist Hermotimos endlich mürbe: „Was hast du mir angetan, Lykinos! Den Schatz hast du mir zu Kohlen gemacht, und wie es scheint, werden mir so viele Jahre und die viele Plackerei verloren gehen!"

---

[170] Noch einmal macht ihn Lykinos dabei – ganz wie der platonische Sokrates – darauf aufmerksam, dass dies nicht seine persönliche, sondern die objektive Meinung des Logos ist, den sie beide erörtert haben.
[171] Dies ist auch ein Hauptpunkt typischer Argumentation des antiken Skeptizismus: das Bestehen auf einem sicheren Beurteilungsmaßstab, einem „Kriterion" – verbunden freilich mit der Überzeugung, dass es ein solches nicht geben kann.
[172] Vielleicht muss man vor dem Beginn von c. 69 eine Lücke ansetzen, in die Überleitung verschwunden ist (vgl. NESSELRATH 1992, 3475 Anm. 81).
[173] Auch dies ist ein typisch skeptisches Argument: der „Regressus ad infinitum".

Damit kann Lykinos nun zum ‚letzten Streich' ausholen, um Hermotimos für alle Zukunft von jeglicher Neigung zu lehrmäßig-dogmatischer Philosophie zu kurieren: In einer langen Rede prangert er die Unzulänglichkeiten der derzeitigen Philosophen an (c. 71–82, vgl. oben S. 153f.) und stellt am Ende die Frage, ob ein solches Philosophieren überhaupt sinnvoll sein kann. Hermotimos' Antwort zeigt, dass er mit seinem bisherigen stoischen Credo nun vollständig und endgültig gebrochen hat:

> „Was soll ich hier noch sagen, außer dass ich nahe daran bin zu weinen? So sehr hat mich der Gedankengang [...] getroffen, und ich beklage, wieviel Zeit ich Unglücklicher aufgewendet und dazu auch nicht geringe Honorare für meine Mühen bezahlt habe. Denn jetzt werde ich wie aus einem Rausch wieder nüchtern und sehe, welcher Art das ist, was ich begehrte, und was alles ich seinetwegen mitgemacht habe" (c. 83).

Lykinos gibt dem so Gewandelten den Rat, sich nun mutig von den philosophischen Hirngespinsten ab- und dem „normalen Leben" zuzuwenden und sich nicht zu schämen, als alter Mann noch einmal umzudenken und umzulernen (c. 84f.). Hermotimos will um jeden Philosophen künftig einen weiten Bogen machen; er möchte am liebsten – dieses drastische Bild zeigt die Vollständigkeit seiner Wandlung – alles durch Erbrechen von sich geben, was er in den letzten zwanzig Jahren gelernt hat (c. 86). So endet der Dialog mit der vollständigen Konversion seines Titelhelden vom ebenso beflissenen wie verbissenen Stoiker-Schüler zum wachen, befreiten normalen Menschen.

4.3.5. Positive Philosophen bei Lukian? Demonax und Nigrinos

Im „Gastmahl" benehmen sich so gut wie alle Philosophen eklatant daneben, im „Fischer" bleiben neben den Massen von „Pseudo-Philosophen" nur ganz wenige echte übrig, und im „Hermotimos" erweist es sich als unmöglich, etwas zu finden, was den Namen „wahre Philosophie" verdient – ist Lukians Attitüde zu den Philosophen seiner Zeit also uneingeschränkt negativ?

Zwei von Lukians Schriften sind je einem „guten" Philosophen gewidmet; zwar ist ihre Historizität in beiden Fällen unsicher,[174] doch

---

[174] Zu Demonax vgl. Kap. 1.2.4, oben S. 38 mit Anm. 61; bei Nigrinos lassen es die zahlreichen unterschiedlichen Deutungen des Textes (dazu ebenfalls Kap.

Kap. 4: Schwurbler, Schwindler, Scharlatane

geben ihre Beschreibungen vielleicht Hinweise darauf, was in seinen Augen ein guter Philosoph sein könnte.

Eine rundum positive und in Lukians Schilderungen sehr lebendig werdende Figur ist der aus Zypern stammende gemäßigte Kyniker Demonax, der viele Jahre in Athen gelebt haben soll (wo ihn Lukian erlebt haben will). Demonax – so schildert ihn Lukian – ist kein geifernder kynischer Fanatiker, sondern ein am „normalen Leben" und an seinen Mitmenschen gern Anteil nehmender Philosoph, der durch freimütige Rede und witzige Zurechtweisung deren Fehler zu bessern versucht. Er gibt sich keinerlei hirngespinstigen Spekulationen über Dinge jenseits dieses Lebens hin;[175] er weiß die guten Seiten auch anderer philosophischer Richtungen zu würdigen;[176] und – das Wichtigste – es gibt bei ihm keine heuchlerische Diskrepanz zwischen Leben und Lehre, was stets einer der Hauptkritikpunkte Lukians an die Adresse der übrigen zeitgenössischen Philosophen war.

Während Demonax lebendige Konturen erhält in einer Vielzahl von durch Lukian beschriebenen Anekdoten, in denen er Arroganz und eingebildete Beschränktheit von Vertretern der verschiedenen Eliten – diversen Philosophen wie Favorinus, den Kynikern Honoratos und Peregrinos und den Peripatetikern Agathokles, Rufinos und Herminos, Sophisten und Rednern mit verquastem Stil, römischen Amtsträgern wie dem Konsular Cethegus und Statthaltern, athenischen VIPs wie Herodes Atticus – gnadenlos aufs Korn nimmt, bleibt der „platonische Philosoph" Nigrinos, dem Lukian ebenfalls eine eigene Schrift gewidmet hat, ein Schatten.[177]

Der Hauptteil des „Nigrinos" ist ein in einen Rahmendialog eingelegter Vortrag des Titelhelden. Diesem Hauptteil ist ein kurzer Brief vorangestellt, in dem der Autor Lukian dem Adressaten Nigrinos mitteilt, er

---

1.2.4, oben S. 39 mit Anm. 64) höchst fraglich erscheinen, dass dahinter eine reale Person steht.
[175] Vgl. dazu *Demon.* 20: Der wahrhaft glückliche und freie Mensch ist für Demonax jemand, der weder etwas erhofft noch fürchtet, da alle menschlichen Dinge – sowohl die unangenehmen als auch die angenehmen – einmal zu Ende sein werden; dies impliziert eine dezidierte Ablehnung jeglicher Jenseits- oder Transzendenz-Vorstellung.
[176] Er sagt in *Demon.* 62: „Ich verehre Sokrates, bewundere [den Kyniker] Diogenes und liebe [den Hedonisten!] Aristipp" – ein solcher Eklektizismus war auch Lukian selbst nicht fremd, der in verschiedenen Schriften Sympathien für Kyniker, Epikureer und Skeptiker zeigt (vgl. NESSELRATH 2001, 146–150).
[177] Dass Nigrinos kaum etwas „Platonisches" an sich hat, wurde schon des öfteren festgestellt; vgl. HALL 1981, 157, SCHLAPBACH 2010, 162, MÄNNLEIN-ROBERT 2021, 243.

sei von seinen Ausführungen ungemein ergriffen worden. In diesem „ergriffenen" Zustand befindet sich der eine der beiden Gesprächspartner – beide bleiben namenlos – am Beginn des Dialogs, was den anderen dazu veranlasst, seiner Verwunderung darüber Ausdruck zu geben und zu fragen, was denn der Grund für diese Verklärung sei (c. 1). Daran, so der andere, sei sein Zustand reinsten Glücks schuld: Er sei von einem Sklaven zu einem Freien, von einem Armen zu einem Reichen und von einem unverständigen und eingebildeten zu einem maßvolleren Menschen geworden (ebd.). Grund für diesen Wandel sei sein Besuch beim Philosophen Nigrinos; der habe ihm in einem Vortrag die Freuden der Philosophie in solcher Weise geschildert, dass ihm seine früheren Wünsche ganz lächerlich und peinlich vorgekommen seien und er den Philosophen völlig berauscht durch seinen Sinneswandel verlassen habe (c. 3–5).[178]

Der Gesprächspartner möchte nun Genaueres über Nigrinos' Ausführungen wissen; der Erzähler zeigt sich bereit, diesem Wunsch nachzukommen, gerät aber erneut in solches Schwärmen über die Wirkung des Vortrags (c. 6f.), dass ihn sein Zuhörer nochmals bitten muss, zur Sache selbst zu kommen (c. 8). Jetzt aber kommen dem Erzähler Bedenken, er könne vielleicht das Gehörte nicht adäquat wiedergeben und werde wie ein schlechter Schauspieler einen guten Stückinhalt verderben (c. 8f.). Der andere reagiert zunehmend gereizt auf dieses neuerliche Ritardando und fügt selbst noch weitere Gemeinplätze dieser Art hinzu, um die weiteren Vorreden abzukürzen (c. 10). Aber dem anderen fällt auch nach diesem ‚rhetorischen Präventivschlag' noch etwas ein, was er seiner Darstellung von Nigrinos' Vortrag vorausschicken zu müssen glaubt – was seinem Zuhörer schließlich den in komischer Verzweiflung ausgestoßenen Ruf entlockt: „Dieser Mensch wird heute nicht mehr aufhören, mir gegenüber Bühne und Tragödie im Munde zu führen!" (c. 12) Aber nun geht's tatsächlich los.

Nigrinos' Darlegungen – vom Erzähler nun indirekt wiedergegeben – beginnen mit einem Loblied auf Griechenland und besonders Athen, dessen Bewohner philosophisch einfach und bedürfnislos leben und durch ihr Vorbild und ihren attischen Witz auch zu ihnen kommende Fremde in diese Tugenden einführen (c. 12–14; mit einer antithetischen

---

[178] Im platonischen „Protagoras" (328d) erzählt Sokrates, der lange Vortrag des Sophisten Protagoras habe eine ähnlich berauschende Wirkung auf ihn gehabt (auf dieses Vorbild spielt der Erzähler am Ende des Nigrinos in c. 35 sogar mit wörtlichen Anklängen an). Ist Nigrinos also wie Protagoras nur ein mit seinen Redekünsten blendender Sophist? Dieser ungute Gedanke stellt sich hier zumindest ein.

Gegenüberstellung der Laster, die durch diese Lebensweise vermieden werden, in c. 15f.).

In c. 17f. erfolgt der Übergang zu einer Betrachtung der Verhältnisse in der Riesenstadt Rom: Nigrinos erzählt von seiner eigenen Übersiedlung dorthin, seinen ersten – katastrophalen – Eindrücken von dieser Stadt und seinem daraus entstandenen Entschluss, zurückgezogen zu leben. Den größeren zweiten Teil seines Vortrags (c. 19-34)[179] bildet eine umfängliche Schilderung dieser teils absurd-lächerlichen, teils aber auch kriminell-verderblichen Laster und Seltsamkeiten der Hauptstadt des römischen Weltreiches: ihre theatralisch-verwirrende Buntheit (c. 19f.), das lächerliche Gehabe ihrer Reichen (c. 21), das noch lächerlichere der sie umschwärmenden Schmeichler und Bittsteller (c. 22f.) und vor allem der bettlerhaft dort ihren Lebensunterhalt bestreitenden griechischen Philosophen (c. 24f.),[180] dann die römische Pferderennmanie (c. 29); die Jagd auf Erbschaften und der Totenkult (c. 30f.)[181] sowie weitere Einzelheiten lächerlich-luxuriösen Treibens (c. 32–34).

Früher wurden diese Ausführungen zum Teil als ernstgemeinte antirömische Invektive Lukians angesehen;[182] doch findet sich die Kritik an Zuständen in Rom, die der „Nigrinos" enthält, genauso – und noch drastischer – bei dem römischen Satiriker Juvenal, der sicher kein Vaterlandsverräter war.[183] In diesem Zusammenhang wichtiger ist jedoch eine andere Frage: Konnte dieser Vortrag des Nigrinos eine solch tiefgreifende Wirkung auf die Psyche ausüben, wie sie der Erzähler in c. 4f. schildert und dies am Ende von Nigrinos' Ausführungen wiederholt (c. 35–37), wo nun auch sein Freund behauptet, nach Anhörung dieses Vortrags – und dies nur aus zweiter Hand! – das Gleiche empfunden zu haben (c. 38)?[184]

---

[179] Ein Einschub in c. 26–28 stellt Nigrinos' eigene Lebensweise und Charakter den römischen Verhältnissen kontrastierend gegenüber

[180] Diesem Thema hat Lukian auch eine eigene Schrift gewidmet: „Über die, die für Lohn Unterricht geben" (vgl. oben S. 53f.).

[181] Vgl. dazu den Essay „Über die Trauer" (oben S. 88).

[182] Vgl. etwa PERETTI 1946; dagegen HALL 1981, 221–251, JONES 1986, 78–89 und zuletzt NESSELRATH 2019a.

[183] Die Übereinstimmungen zwischen den beiden Autoren sind teilweise so groß, dass man sich gefragt hat, ob Lukian Juvenals Werke kannte und benutzte; vgl. dazu HALL 1981, 245–248, aber auch COURTNEY 1980, 624–629.

[184] Es kommt noch eine Diskrepanz hinzu: In c. 4 gibt der Erzähler als Thema von Nigrinos' Vortrag an, er habe ein Lob auf die Philosophie und die von ihr bewirkte Freiheit sowie eine Invektive gegen die allgemein als Güter angesehenen Dinge – „Reichtum, Ruhm, Herrschaft, Ehre" – vortragen wollen; was dann aber folgt, ist nicht ein Preis auf die Philosophie selbst und ihre Leistungen, sondern

An Nigrinos' vergleichsweise banalen, geradezu klischeehaften Ausführungen ist nichts wirklich überwältigend Philosophisches, so dass die angeblich so tiefgreifende Wirkung auf die Zuhörer – wie sie in den Rahmenpartien der Schrift fast überdeutlich thematisiert wird – eigentlich unverständlich bleibt. Vor allem dieses Missverhältnis hat dazu geführt, dass neuere Deutungen gerne eine von Lukian intendierte Doppelbödigkeit hervorheben: Das Porträt des Nigrinos und seiner „brillanten" Rede lasse sich als untergründige Warnung vor einem verführerischen „Sophisten" bzw. vor einer gefährlichen Werberede verstehen, die Menschen in unguter Weise infiziere.[185] Auf der anderen Seite ist auffällig, dass die Attacken, die Nigrinos gegen diverse Phänomene der ihn umgebenden Gesellschaft reitet (vgl. die oben gegebene Aufzählung), auch oft Themen in anderen Schriften Lukians sind.[186]

Die Philosophen Demonax und Nigrinos zeigen jedenfalls beide in den Äußerungen, die Lukian von ihnen berichtet oder ihnen in den Mund legt, keinerlei Interesse an irgendwelchen metaphysischen Themen,[187] sondern beziehen Stellung zu Zeitgenossen, die sich ihrer Meinung nach lächerlich oder falsch verhalten; eine solche auf das Hier und Jetzt und das menschliche Miteinander ausgerichtete „Philosophie" könnte man wohl auch Lukian zuschreiben, wie die in den folgenden Kapiteln behandelten Schriften erweisen werden.

---

ein Loblied auf die in philosophischer Weise lebende Stadt Athen, und nicht ein genereller Tadel an den landläufig geschätzten Gütern des menschlichen Daseins, sondern eine Kritik an der Stadt Rom, in der diese Güter so viel gelten. Das ist zumindest eine deutliche Verschiebung der Akzente.
[185] Vgl. z.B. LECHNER 2016, 130–133; MÄNNLEIN-ROBERT 2021, 243–247.
[186] Wesentlich deshalb hat SCHRÖDER 2000 in Nigrinos sogar ein verkapptes Selbstporträt Lukians gesehen; doch vgl. dazu die Einwände bei PAULSEN 2009, 237.
[187] Demonax antwortet jemandem, der ihn fragt, wie er sich den Hades vorstelle, mit den Worten „Wart's ab, und dann schreibe ich dir von dort!" (*Demon.* 43).

5. Götter, Schicksal und Orakel: Lukian und die metaphysische Komponente der Welt

5.1. Von alten und neuen Göttern

In c. 10 der „Lügenfreunde" wird Lukians Alter Ego Tychiades von dem stoischen Philosophen Deinomachos unterstellt, er glaube nicht an Götter, weil Tychiades zuvor große Skepsis gegenüber der Vorstellung bekundet hat, dass Krankheiten sich durch das Aussprechen „heiliger Wörter" vertreiben ließen. Tychiades protestiert: „Ich verehre sowohl Götter, wie ich auch ihre Heilungen wahrnehme und was sie Gutes tun, da sie die Kranken durch Heilmittel und Arztkunst wieder auf die Beine bringen." Aber was waren das für Götter, die Tychiades zu verehren behauptet? Wohl kaum die, welche Lukian in seinen „Götter-" und „Meergöttergesprächen" darstellt.

Die „Göttergespräche" umfassen fünfundzwanzig Gesprächs-Episoden[1] zwischen in der Regel zwei[2] verschiedenen Göttern meist[3] auf dem Olymp, die nach dem Gesetz bunter Variation locker aneinandergereiht sind und dabei zum Teil auch Motivverknüpfungen zeigen; erotisch pikante Themen bilden einen Schwerpunkt. Ein paar Beispiele: Bei dem tolpatschig-tumben Hirtenjungen Ganymedes hat sein verliebter Entführer Zeus einige Mühe, ihn in seine neuen „himmlischen Aufgaben" einzuweisen (Nr. 10); Hephaistos und Apollon tauschen sich über den neugeborenen Hermes aus, der – noch in der Wiege liegend – bereits den ganzen Olymp bestiehlt (Nr. 11); dem mit der Göttin Athena „schwangeren" Göttervater muss Hephaistos den Schädel spalten, um die Geburt zu er-

---

[1] In älteren Ausgaben ist „Die Beurteilung der Göttinnen" hinzugerechnet, die auch in einigen Handschriften direkt auf die „Göttergespräche" folgt (z.B. im Marcianus 840 = Ω, im Laurentianus 57.51 = L, im Vindobonensis 123 = B, im Parisinus 2957 = N).
[2] Die Ausnahme bildet Nr. 15, in dem sich Zeus mit zwei sich streitenden Nachfahren, seinem Sohn Herakles und seinem Enkel Asklepios, auseinandersetzen muss.
[3] Zwei der Gespräche spielen nicht auf dem Olymp: In Nr. 2 muss sich Hermes von dem böckischen Pan darüber aufklären lassen, dass der – sein Sohn ist; und Nr. 5 – wo der gefesselte Prometheus von Zeus seine Freilassung erwirkt, indem er ihm auf den Kopf zusagt, dass er gerade zu einem Liebesabenteuer mit Thetis unterwegs ist, ihn aber aus gutem Grund davor warnt, dieses auch wirklich durchzuziehen – spielt natürlich ebenfalls nicht auf dem Olymp, sondern am Kaukasus, wo Prometheus angekettet ist.

möglichen (Nr. 13); Apollon führt mit Hermes ein neidisch-sehnsüchtiges „Männergespräch" über Hephaistos und seine zwei (!) Gemahlinnen Charis und Aphrodite (Nr. 17); ein anderes Mal erzählt ein lachender Hermes, wie Hephaistos seine Frau mit Ares ertappte und beide in einem Netz gefangennahm (Nr. 21).[4]

Von gleicher Machart sind die insgesamt fünfzehn „Meergöttergespräche", die – entsprechend ihrem Personal[5] – nicht im Götterhimmel, sondern auf der Erde, d.h. am Meer, spielen. Auch hier ein paar Beispiele: In Nr. 1 verspottet die Nereide Doris ihre Schwester wegen ihres Verehrers, des Kyklopen Polyphem; in Nr. 2 weint sich der erwähnte Polyphem nach seiner Blendung durch Odysseus (erzählt in der „Odyssee", Buch 9) bei seinem Vater Poseidon aus; Nr. 8 zeigt Poseidon auf Mädchenfang; in Nr. 13 macht der Flussgott Enipeus demselben Poseidon[6] Vorhaltungen, weil er ihm bei der von ihm begehrten jungfräulichen Tyro zuvorgekommen ist; in Nr. 15 schildert der Windgott Zephyros seinem Kollegen Notos die Entführung der Europa durch Zeus als Stier (vgl. dazu bereits Moschos).[7]

Zumindest auf den ersten Blick scheinen diese beiden Sammlungen kleiner, aber lebendiger Dialoge nur harmlosen Spott mit Göttinnen und Göttern des griechischen Mythos zu treiben, die – so eine weit verbreitete Auffassung – zu Lukians Zeit ohnehin niemand mehr ernst nahm. Vor allem männliche Götter[8] – wie in erster Linie Zeus,[9] aber auch Hermes,[10] Apollon und Poseidon – scheinen dabei wieder und wieder von ihren immer neuen erotischen Interessen beherrscht zu sein, während Göttinnen

---

[4] Damit wird natürlich die berühmte Darstellung des Phäaken-Sängers Demodokos in Homers „Odyssee" (8,266–366) aufgegriffen.
[5] Das in einigen Fällen auch Nicht-Götter umfasst: In Nr. 2 spricht der Kyklop Polyphem mit seinem Vater Poseidon, in Nr. 4 Menelaos mit dem Meergott Proteus, in Nr. 5 Poseidon mit einem Delphin (!); ferner sind neben Meergöttern auch manche Flussgötter (in Nr. 3, 10, 13) und Winde (in Nr. 11 und 15) vertreten.
[6] Poseidon nimmt also in den „Meergöttergesprächen" die Rolle des erotisch aktiven Zeus in den „Göttergesprächen" ein.
[7] Damit gibt Lukian eine Art Prosa-Paraphrase des Epyllions „Europa" des hellenistischen Dichters Moschos.
[8] In einigen „Göttergesprächen" werden aber auch Göttinnen als unter der Macht des Eros stehend dargestellt: In Nr. 19 beklagen sich sowohl Aphrodite als auch Selene darüber, wie sie von Eros drangsaliert werden; und in Nr. 20 beschuldigt ihn Aphrodite, dass er zu viel Unfug und Unheil verursache – nicht einmal eine ältere Göttin wie Rhea bleibe von ihm verschont!
[9] Zu Zeus bei Lukian vgl. BERDOZZO 2011, 34–50 und BERDOZZO 2019a, 13–23.
[10] Zu ihm NESSELRATH 2010b.

ebenso regelmäßig mit Charakterzügen (oder -defiziten) dargestellt werden, die zumindest früher gern als „typisch weiblich" aufgefasst wurden: Eitelkeit, Eifersucht, Rachsucht, und dies alles zusammen mit einem hohen Maß Geschwätzigkeit.[11]

Vor allem Zeus' Gemahlin Hera tritt hier als eifersüchtig-keifende Ehefrau wiederholt unrühmlich in Erscheinung. In „Göttergespräch" Nr. 8 beschimpft sie Zeus nicht nur, weil er so viele Affären mit irdischen Frauen hat, sondern weil er nun auch noch den schönen jungen Ganymedes auf den Olymp geholt hat, um seinen offenbar auch homosexuellen Neigungen zu frönen. In Gespräch Nr. 18 führt Heras Eifersucht zu einem zänkischen Wortwechsel mit ihrer Rivalin Leto – mit der Zeus Artemis und Apollon gezeugt hat –, und das hier zu lesende Gezänk würde einem „Zickenkrieg" in einer modernen Sitcom alle Ehre machen. Beide Frauen machen dabei ihren jeweiligen Nachwuchs schlecht: Für Hera ist Artemis nur hässlich und Apollon ein Betrüger bei Orakeln und musikalischen Wettkämpfen;[12] aber Leto hat das letzte Wort: Giftig sagt sie voraus, dass Hera schon bald wieder unter einem neuen erotischen Abenteuer ihres Ehemanns Zeus leiden wird. In Göttergespräch Nr. 22 macht Hera einen weiteren von Zeus' illegitimen Nachkommen, Dionysos, als weibischen Trunkenbold schlecht; Zeus dagegen preist ihn als großen Eroberer, der sich wirkungsvoll gegen diejenigen zur Wehr setzt, die ihm Unrecht zufügen wollen.

Auch in den „Meergöttergesprächen" werden Göttinnen als Trägerinnen sehr menschlicher Laster wie Eifersucht und Rachsucht präsentiert. Gleich in Gespräch Nr. 1 macht sich, wie gesagt, die Nereide Doris über den Kyklopen Polyphem lustig, der sich in ihre Schwester Galateia verliebt hat; Galateia aber schießt zurück, dass Doris ja nur neidisch sei, weil sie selbst bisher keinen Liebhaber akquirieren konnte! Gespräch Nr. 7 stellt die Hochzeitsfeier von Peleus und Thetis und den auf dieser Feier von Eris, der Göttin der Zwietracht, hervorgerufenen Schönheitswettbewerb zwischen Hera, Athena und Aphrodite (der dann den Trojanischen Krieg auslöste) aus einer ungewohnten Perspektive dar: Die Nereide Panope erzählt hier ihrer Schwester Galene – die an der Feier nicht hatte teilnehmen können –, wie dieser Streit ausbrach (c. 1f.):

---

[11] Dazu NESSELRATH 2022b, 499–501.
[12] Im Kap. 2 dieses Gesprächs weist Hera süffisant darauf hin, dass Apollon seinen Wettkampf mit Marsyas nur durch Betrügerei gewonnen habe.

„Eris [...] warf in das Symposion einen wunderschönen Apfel ganz aus Gold hinein; er trug die Aufschrift ‚Die, die schön ist, soll ihn nehmen'. Während er rollte, kam er wie von Absicht gesteuert dahin, wo Hera, Aphrodite und Athena zu Tisch lagen. Und als Hermes ihn aufgehoben und die Aufschrift vorgelesen hatte, sagten wir Nereiden kein Wort – was hätten wir auch tun sollen, wo jene [olympische Göttinnen] anwesend waren? –, die aber erhoben jede darauf Anspruch und behaupteten, der Apfel sei ihr Eigentum; und wenn Zeus sie nicht getrennt hätte, wäre es sogar bis zur Prügelei gekommen!"

Insgesamt ist die Darstellung der Göttinnen und Götter in den „Götter-" und „Meergöttergesprächen" alles andere als positiv; sie geht jedoch kaum über das hinaus, was schon das 8. Buch der homerischen „Odyssee" und die Komödie eines Aristophanes (etwa in der Schluss-Szene seiner „Vögel") an Götterspott präsentieren.[13] Doch zumindest an einigen Stellen kommen auch andere Töne in diese kleinen Szenen hinein: Gleich im ersten „Göttergespräch" äußert ausgerechnet der Kriegsgott Ares Kritik an den majestätischen Worten, mit denen sein Vater Zeus in einer berühmten Szene zu Beginn des achten Buchs der „Ilias"[14] den Göttern – und Göttinnen – strikt untersagt, eigenmächtig auf griechischer oder trojanischer Seite in den Trojanischen Krieg einzugreifen. Zeus untermauert dieses Verbot mit sehr deutlichen Hinweisen, dass er bei weitem der stärkste aller Götter sei – und genau an diesem Punkt setzt Ares' Kritik bei Lukian ein: Ares will einfach nicht glauben, dass Zeus so stark ist, wie er behauptet (c. 1):

„Ich möchte ja nicht leugnen, dass er besser und stärker ist als jeder einzelne von allen; dass er jedoch so vielen zusammen überlegen ist, so dass sie ihn nicht niederdrücken würden, wenn wir dann (auch noch) die Erde und den Himmel dazunehmen – das überzeugt mich nicht!"[15]

Seinem Bruder Hermes freilich erscheint dieser Unglaube gefährlich, und er bittet Ares deshalb, doch nur ja den Mund zu halten. Aber Ares legt sogar noch nach: Er erinnert daran, dass Zeus es mit der Angst zu tun bekam, als Poseidon, Hera und Athena gegen ihn konspirierten und ihn

---

13 Vgl. dazu NESSELRATH 2019c.
14 Hom. *Il.* 8,5–27.
15 Die hier gegebenen Übersetzungen aus den „Göttergesprächen" orientieren sich an BERDOZZO 2019b.

sogar in Fesseln legten; wenn damals nicht die Göttin Thetis sich seiner erbarmt und den Hunderthänder Briareos zu Hilfe gerufen hätte, wäre Zeus in Fesseln geblieben (c. 2)!

Auch die zuletzt skizzierte Episode stammt aus der „Ilias";[16] dort aber steht sie (in der Mitte des ersten Buches) so weit von der anderen (am Beginn des achten Buches) entfernt, dass wohl niemand in Homers Publikum darauf gekommen wäre, beide Episoden miteinander zu verknüpfen; dass der lukianische Ares diese Verknüpfung vornimmt, läuft geradezu auf eine Entlarvung der Machtlosigkeit des angeblich so mächtigen Göttervaters hinaus. Gleich darauf endet das erste „Göttergespräch"; d.h. Ares wird für seine lästerlichen Äußerungen auch nicht zur Rechenschaft gezogen. Da dieses Göttergespräch in beiden Lukian-Handschriftenfamilien an erster Stelle steht,[17] sind alle weiteren Auftritte des Zeus in den „Göttergesprächen" von dieser ersten Beurteilung des Zeus – die suggeriert, dass es mit seiner Macht wohl nicht allzu weit her ist – überschattet.

Dass Zeus Schwierigkeiten hat, sich auch in anderen Situationen durchzusetzen, zeigt z.B. das 15. Göttergespräch. Hier versucht er am Anfang ein Machtwort zu sprechen, weil die Götter Asklepios und Herakles – beide einst Menschen und dann „sekundär" in den Olymp aufgenommen – sich heftig darum streiten, wer von ihnen an der Göttertafel den besseren Platz bekommen soll. Zeus' deutlicher Hinweis, ihr Gezänk sei dem hehren olympischen Ort unangemessen (c. 1), fruchtet leider nicht das geringste: Herakles sieht in Asklepios nur einen „Quacksalber", der den besseren Platz nicht verdient. Ihm leuchtet überhaupt nicht ein, wieso Asklepios besser sein soll als er: Er, Herakles, sei ein unermüdlicher Kämpfer gegen böse Menschen und Tiere gewesen, Asklepios dagegen nur ein „Kräutersammler und streunender Medizinmann", ja nicht einmal ein richtiger Mann (ebd.). Demgegenüber erinnert ihn Asklepios daran, wie er, Asklepios, ihn von seinen Brandwunden kuriert habe, als er halbverbrannt von seinem Scheiterhaufen auf dem Berg Oita zum Olymp gekommen sei; außerdem habe er, Asklepios, sich selber nie so kompromittiert wie Herakles, den die lydische Königin Omphale in Frauenkleider gesteckt und sogar eigenhändig verprügelt habe; und er, Asklepios, habe auch nicht in einem Wahnsinnsanfall seine eigene Familie

---

[16] Hom. *Il.* 1,396–406.
[17] Nicht jedoch in der sogenannten „Vulgat-Tradition", der die Lukian-Editionen bis vor die Loeb-Edition (1961) folgen; vgl. MACLEOD 1987, xiv. Zu den beiden Handschriftenfamilien vgl. unten Kap. 9.2, S. 299 Anm. 23.

ausgerottet (c. 2)! Daraufhin gerät Herakles in solche Wut, dass er Asklepios androht, ihn so brutal aus dem Himmel zu werfen, dass auch der Götterarzt Paiëon seinen zertrümmerten Schädel dann nicht mehr werde zusammenflicken können.

Erst jetzt meldet sich wieder Zeus zu Wort und droht nun seinerseits damit, *beide* aus dem Symposion zu werfen, wenn sie nicht endlich Ruhe geben (ebd.). Hier endlich nennt er auch den Grund, weshalb Asklepios den Platz vor Herakles erhalten hat: nur deshalb, weil er früher gestorben ist – keine sehr überzeugende Begründung. Alle drei an diesem Streit Beteiligten sehen in diesem Gespräch nicht gut aus: Zeus lässt dem Streit viel zu lange freie Bahn, und Herakles und Asklepios reden sich ihre – durcaus vorhandenen – Verdienste gegenseitig so klein, dass sie beide ihrer Apotheose nicht mehr würdig erscheinen.

Sind Lukians „Götter-" und „Meergöttergespräche" also nur ein leicht hingeworfener Spaß mit bekannten griechischen Mythen, oder verfolgt der Autor vielleicht doch weitergehende Intentionen? Diese Frage wurde nicht erst in der Neuzeit gestellt,[18] sondern, wie es scheint, bereits in der Antike.[19] Dabei machen in diesen kleinen szenischen Skizzen die Götter – und Göttinnen – zunächst „nur" deswegen keine gute Figur, weil sie allzu sehr mit menschlichen Lastern und Schwächen behaftet scheinen, was sie übrigens bereits seit den frühesten literarischen Zeugnissen der Griechen sind.[20] Im „Tragischen Zeus" kommt nun aber noch ein erheblich gravierenderes Problem hinzu: Die Götter sind nicht nur allzu menschlich, sie sind auch völlig machtlos gegenüber allem, was sich in der Welt tut.[21]

Das zeigt sich schon gleich zu Beginn dieses Dialogs, der – wie der Prolog von Goethes „Faust 1" – „im Himmel" stattfindet: Hermes und Athena stellen an ihrem verehrten Vater Zeus sichtbare Zeichen großer Beunruhigung fest und erkundigen sich nach dem Grund; Zeus' Gemahlin Hera dagegen vermutet, dass ihr Gatte wieder einmal Liebeskummer wegen einer Menschenfrau hat (c. 1f.). Das weist Zeus entrüstet von sich und nennt nun die Veranlassung seines Kummers (c. 3f.): Genau an diesem Tag soll in Athen eine große Debatte zwischen dem Stoiker Timokles und dem Epikureer Damis über die Götter und die Vorsehung zu Ende geführt werden; bei einem Sieg des Epikureers aber – so befürchtet

---

[18] Vgl. unten Kap. 9.3 und 9.4 (S. 319, 322f., 326f.).
[19] Vgl. unten Kap. 9.1 (S. 295f., 298).
[20] Vgl. oben S. 190 mit Anm. 13.
[21] Dazu gleich noch mehr in Kap. 5.2 (unten S. 197–202).

Zeus – werden die Menschen alle Opferleistungen an die Götter einstellen. Angesichts dieser Gefahr rät Hermes dazu, eine allgemeine Götterversammlung einzuberufen (c. 5). In c. 7–12 strömen die Götter zusammen. Es gibt einige Schwierigkeiten bei der Verteilung der Plätze:[22] Nach Zeus' Vorstellungen sollen die einzelnen Götter umso bessere Plätze erhalten, aus je kostbarerem Material – und je mehr davon – ihr Kultbild gefertigt ist.

> „Setze sie [sagt Zeus zu seinem Adlatus Hermes, c. 7] jeden nach dem Rang, der ihm der Materie oder der Kunst wegen [man beachte die Reihenfolge!] gebührt: zuerst also die goldenen, hernach die silbernen, dann die elfenbeinernen, [...] darauf die von Bronze und Marmor; doch sollen auch unter diesen die von Phidias oder Alkamenes oder Myron oder Euphranor und anderen Künstlern ersten Ranges den Vorsitz haben."[23]

Hermes muss jedoch rasch erkennen, dass diese Vorgehensweise ziemliche Probleme mit sich bringt: Was nämlich soll er machen, „wenn einer zwar von Gold und mehrere Zentner schwer, aber nicht sonderlich gearbeitet oder wohl gar ganz gemeines Stümperwerk wäre?" Kurz darauf muss er auf die nächste Schwierigkeit hinweisen (c. 8): Es sind fast ausschließlich *nichtgriechische* Götter – wie der ägyptische Anubis oder der orientalische Mithras –, die aus reinem Gold bestehen, während die griechischen zwar schön gearbeitet sind, beim Material aber nicht mithalten können. So muss Hermes sowohl dem großen Meeresgott Poseidon einen Platz in der vordersten Reihe verwehren, weil ihn der berühmte Lysipp „nur aus armer Bronze gegossen [hat], weil das Gold bei den Korinthern damals rar war" (c. 9), als auch der wunderschönen knidischen Aphrodite, weil sie „nur" aus pentelischem Marmor besteht (c. 10). Nun meldet sich auch noch der riesige Koloss von Rhodos erbost zu Wort (c. 11):

> „Den will ich sehen, der sich unterstehen wollte, mir den Vorsitz streitig zu machen, da ich der Sonnengott und von einer solchen Größe bin! Hätten die Rhodier mich nicht würdig geachtet, mich so übermäßig groß zu fabrizieren, sie hätten mit dem nämlichen Aufwand ein

---

[22] Vgl. hierzu NESSELRATH in BÄBLER / NESSELRATH 2007, 148f.
[23] Dieses und die weiteren Zitate in der Übersetzung von Christoph Martin Wieland (leicht modifiziert): WIELAND 1981, Bd. 1, 461–464.

ganzes Dutzend goldene Götter machen können: so dass ich nach dieser Proportion für weit kostbarer zu achten bin als irgendeiner von diesen [...]"

Diese Argumentation macht Hermes vollends ratlos, und auch Zeus reagiert einigermaßen hilflos: „Wofür hatte aber auch der große Bengel nötig zu kommen, um den anderen ihre Kleinheit vorzuwerfen und die Bank einzudrücken?"; auf die Schnelle fällt ihm nichts Besseres ein, als den Koloss zu bitten, sich halt hinter alle die Sitzenden zu stellen. Kaum aber scheint dieses Problem gelöst, kommt Hermes bereits mit dem nächsten: Wie soll man den Vorrang zwischen zwei Statuen des Herakles und des Dionysos entscheiden? „Beide [...] sind von Bronze und von gleicher Kunst, [...] und was der Hauptpunkt ist, beide von gleich hoher Geburt, weil beide Zeus' Söhne sind [...]" (c. 12) An diesem Punkt gibt Zeus sich endgültig geschlagen und lässt die zusammmengeströmten Götter sich nun einfach so setzen, „wo jeder Platz findet" (ebd.).

In der gerade präsentierten Partie führt Lukians Satire zum einen wunderschön ad absurdum, was offenbar ein wichtiges Kriterium auch für den spirituellen Wert eines griechischen Götterbildes gewesen zu sein scheint: sein Material. Zum anderen klingt hier aber auch ein Thema an, das Lukian anderswo noch etwas prominenter behandelt hat: das Nebeneinander von griechischen und nichtgriechischen Göttern, das im Römischen Reich der Zeit Lukians ein Faktum ist. So wie hier im „Tragischen Zeus" die goldenen Barbarengötter durch ihren größeren materiellen Wert die traditionellen griechischen Götter von den vorderen Plätzen verdrängen, ist die drohende Überfremdung des guten alten griechischen Olymp mit neuen und teilweise überhaupt nicht standesgemäßen Gottheiten das Hauptthema in dem Dialog „Die Göttervolksversammlung" (*Deorum Concilium*).[24]

In diesem Dialog ist die Hauptfigur der Gott Momos (der personifizierte „Tadel"), der auch im „Tragischen Zeus" eine wichtige Rolle spielt.[25] Momos hat sein Debüt – als Sohn der Göttin Nacht – in der griechischen Literatur in der „Theogonie" Hesiods (v. 214), und im Epos „Kyprien" (fr. 1 BERNABÉ) spielt er als Ratgeber des Zeus offenbar eine wichtige Rolle bei der Herbeiführung des Trojanischen Krieges. Im 5. Jh.

---

[24] Wegen der Parallelen zwischen den im „Tragischen Zeus", in der „Göttervolksversammlung" und im „Ikaromenipp" dargestellten Götterversammlungen hat HELM 1906, 155 alle als ursprünglich derselben Satire Menipps entstammend betrachtet.
[25] Vgl. dazu Kap. 5.2 (unten S. 197f.).

v. Chr. verfassten die Tragödiendichter Sophokles und Achaios je ein Stück mit dem Titel „Momos"; über den Inhalt dieser Stücke ist freilich nichts bekannt.[26] Dass Momos gerade im Rahmen einer Götterversammlung erscheint und solche Versammlungen bei Lukian nur noch im „Ikaromenipp"[27] und im „Tragischen Zeus" auftauchen, die beide Eigenarten von Menipps Satire zeigen, legt zumindest die Möglichkeit nahe, dass Momos schon bei Menipp eine größere Rolle spielte.[28]

Dieser Momos nun prangert in einer langen Rede die immer bedrohlichere Ausmaße annehmende Überfremdung des griechischen Olymp an (c. 2–13). Von Zeus um genauere Ausführungen gebeten (c. 3), nennt Momos zunächst Dionysos: Der sei mütterlicherseits ungriechischer Herkunft und habe auch noch sein ganzes seltsames Gefolge in den Stand von Gottheiten erhoben (c. 4f.). Obwohl Zeus ihm nun gebietet, ja nichts gegen Asklepios und Herakles zu sagen (c. 6), kann sich Momos doch nicht einiger kritischer Bemerkungen über die vielen Bastarde enthalten, mit denen Zeus höchstselbst den Himmel gefüllt und damit anderen ein sehr schlechtes Beispiel gegeben habe (c. 7f.). Als Zeus ihm nun verbietet, etwas gegen Ganymedes zu sagen (c. 8), fragt Momos spitz zurück, ob er auch über den Adler schweigen solle, den Zeus ebenfalls zum Gott gemacht habe. Dann wendet er sich den orientalischen Gottheiten – Attis, Sabazios, Mithras – zu: Niemand wisse, wie die eigentlich in den Himmel gekommen seien (c. 9)! Dann kommen die ägyptischen Tiergötter – angefangen mit Anubis und Apis – an die Reihe (c. 10). Die findet zwar auch Zeus seltsam, bittet Momos aber, sich nicht weiter mit ihnen zu befassen (c. 11). Daraufhin kritisiert Momos die „neuen" Orakel-Gottheiten Trophonios und Amphilochos und die vielen wundertätigen Heroen als Indizien einer unwürdigen Götter-Inflation (c. 12); er endet mit einer Invektive gegen die von den Philosophen erfundenen Abstrakta Arete, Tyche, Heimarmene – vor allem die beiden letzteren würden den Sinn von Opfern für die Götter ad absurdum führen (c. 13).

Nach diesem Rundumschlag verliest Momos sodann einen von ihm vorbereiteten Entwurf für einen Beschluss gegen die zunehmende Götter-

---

[26] Das des Sophokles war ein Satyrspiel (vgl. Soph. fr. 421 und 424), das des Achaios (TrGF 20 F 29) hat HELM 1906, 148 ebenfalls für ein Satyrspiel gehalten. Sonst taucht Momos noch als ziemlicher Kritikaster in Fabeln auf (vgl. Aesop. 102 HAUSRATH / HUNGER, Babrios Nr. 59 mit Reflexen in Arist. *Part. An.* 3,2 p. 663a35–b2, in Lukians „Nigrinos" c. 32, „Wahren Geschichten" 2,3 und „Hermotimos" c. 20).
[27] Vgl. unten Kap. 8.3 (S. 262f.).
[28] Vgl. HELM 1906, 148.

Überfremdung (c. 14–18): Eine Kommission soll eingesetzt werden – eine typische Politikermaßnahme –, die den Anspruch jedes Gottes auf Göttlichkeit überprüfen soll; wer dann keine untadelige göttliche Abkunft nachweisen kann, muss in sein Grab zurück. Zeus stellt nun diesen Vorschlag aber erst gar nicht zur Abstimmung, weil er fürchtet, in der bereits von unwürdigen und ungriechischen Göttern überfüllten Versammlung keine Mehrheit zu bekommen, sondern setzt ihn kurzerhand selber in Kraft (c. 19); damit freilich wird die „Göttervolksversammlung" endgültig zur Farce. Götter- und Mythenkritik gehen hier eine bemerkenswerte Verbindung mit der Parodie politischer Institutionen ein.

Es ist vielleicht kein Zufall, dass Lukian an anderer Stelle das Thema „neue Gottheiten" und die mit ihnen verbundenen Kulte mit dem Phänomen von menschlichen Scharlatanen[29] verbindet, die diese Gottheiten und ihre Kulte für ihre eigenen Ziele instrumentalisieren: Im „Tod des Peregrinos" erzählt ein (anonym bleibender) Sprecher, der sehr viel mit dem Autor Lukian gemeinsam hat, die sehr wechselhafte Biographie des Peregrinos, der sein Glück zunächst mit einer Karriere bei der aufstrebenden Religionsgemeinschaft der Christen versuchte und sich danach, als diese Karriere scheiterte, als kynischer Philosoph neu erfand; stets aber – so der Erzähler dieses Lebens – sei es Peregrinos immer nur um sich selbst und seinen Ruhm gegangen: Kurz vor seinem Tod habe er Maßnahmen ergriffen, um mithilfe von Statuen und Brief-„Enzykliken" ein Weiterleben seines Wirkens sicherzustellen (c. 41). Noch negativer wird in „Alexander, oder: Der Lügenprophet" der Werdegang des Titelhelden dieser Schrift geschildert: Mit ebenso großer Intelligenz wie Tatkraft baut er in der Stadt Abonuteichos ein Orakelheiligtum des „Neos Asklepios Glykon" auf und gelangt durch sein Ausnutzen der typisch menschlichen Sehnsucht, etwas über das eigene Schicksal zu erfahren, nicht nur zu großem Reichtum, sondern auch zu beträchtlichem politischen Einfluss, da es ihm gelingt, Anhänger bis hinauf in die höchsten Senatskreise Roms zu gewinnen. Aufgrund der Verbindung mit solchen zwielichtigen Gestalten fällt ein negatives Licht natürlich auch auf die Kulte, die sie für ihre Ziele instrumentalisieren: Im „Tod des Peregrinos" hat es der Titelheld auch deshalb so leicht, ein bedeutender Mann unter den Christen zu werden (c. 11), weil die Angehörigen dieser Religionsgemeinschaft – jedenfalls in Lukians Schilderung – von einer bemerkenswerten Gutmütigkeit und Naivität sind (c. 11–13); und im „Alexander" erweisen sich nahezu alle, die mit dem neuen Propheten in Berührung kommen – mit der bemer-

---

[29] Vgl. dazu oben Kap. 4.2 (S. 127–136).

kenswerten Ausnahme des Ich-Erzählers –, als dessen charismatischen Fähigkeiten hoffnungslos unterlegen.

Wenn aber sowohl traditionelle Götter als auch neue Kulte bei Lukian so schlecht wegkommen, was bleibt dann noch an Metaphysischem übrig? Eigentlich nur noch so etwas wie das Schicksal – wie geht Lukian mit ihm um?

5.2. Die Macht des Schicksals

Kehren wir noch einmal zum „Tragischen Zeus" zurück: Bereits vor der Einberufung der oben skizzierten denkwürdigen Götterversammlung hatte Zeus in kleinem Kreis seiner Befürchtung Ausdruck verliehen, dass in der anstehenden Debatte zwischen dem Stoiker Timokles und dem Epikureer Damis über die Existenz oder Nicht-Existenz von Göttern als Waltern einer guten Vorsehung die große Gefahr bestehe, dass sich der Epikureer mit seiner Leugnung dieser göttlichen Vorsehung durchsetzen und die Menschen daraufhin die Götter als irrelevant schlicht ignorieren würden (c. 4). Genau diese Gefahr skizziert Zeus dann auch in seiner einleitenden Rede in der Versammlung (c. 17) und fordert abschließend seine göttlichen Zuhörer auf, Vorschläge zur Rettung der heiklen Situation zu machen (c. 18). Da meldet sich zunächst – wie in der oben skizzierten „Göttervolksversammlung" – der Gott Momos zu Wort; aber was er in seiner langen Einlassung dann vorträgt (c. 19–22), ist keineswegs ein Rat zur Rettung aus der Krise, sondern ganz im Gegenteil geradezu eine Philippika zu dem Thema, wie es überhaupt so weit hat kommen können. Andere Götter versuchen, „konstruktiver" zu sein: Poseidon schlägt vor, den gefährlichen Epikureer zu beseitigen, noch bevor die Debatte wieder eröffnet wird, aber Zeus macht ihn darauf aufmerksam, dass solche handfesten ‚Eingriffe' allein den Schicksalsgöttinnen (Moiren) möglich sind, nicht aber den Göttern (c. 24f.); hier wird zum ersten Mal die Machtlosigkeit der olympischen Götter gegenüber dem Schicksal deutlich.

Danach regt Apollon an, man solle dem die Götter verteidigenden Stoiker Timokles – der leider kein besonders guter Redner ist – einen Beistand zur Seite stellen, der seine Argumente in rhetorisch gefälligerer Weise präsentieren könnte (c. 26–29); Momos jedoch findet diese Konstellation – mit Recht – dubios und lächerlich und fordert im Gegenzug Apollon dazu auf, als Orakelgott doch einmal vorauszusagen, wie die ganze Debatte überhaupt ausgehen werde. Apollon ziert sich zunächst, weil er nicht die nötigen ‚Requisiten' aus Delphi dabei hat (c. 30); als ihn aber auch sein Vater Zeus beschwört, es dem Kritikaster Momos zu zeigen, gibt Apollon sich alle Mühe – und produziert dann einen Orakelspruch, der Momos vor Lachen fast ersticken lässt (c. 31).

Danach ist die Reihe an Herakles, einen dubiosen Vorschlag zu machen: Er bietet für den Fall, dass der Epikureer Damis in der Debatte Sieger bleibt, an, dass er, Herakles, ihm dann einfach das Vortragsgebäude über seinem Kopf zusammenstürzen lassen werde, – aber auch er muss sich von Momos[30] belehren lassen (wie zuvor Poseidon von Zeus), dass solche Dinge überhaupt nicht in der Macht der Götter, sondern nur in der der Moiren liegen (c. 32). So tritt bereits in diesem Teil des „Tragischen Zeus" wiederholt die Machtlosigkeit der Götter gegenüber dem Schicksal zutage. Zu weiteren Vorschlägen aus dem Götterplenum kommt es nicht mehr, weil nunmehr von der Erde die Nachricht eintrifft, dass die schicksalsschwere Debatte soeben wieder eingesetzt hat (c. 33).

Die Götter stehen somit vor dem großen Ereignis mit leeren Händen da und können nichts weiter tun, als vom Olymp her den beiden Kontrahenten zu lauschen, zu denen Lukian nunmehr ‚hinunterblendet' (c. 34).[31] Das absolute Nicht-Eingreifen-Können dieser Götter bestätigt bereits hier vollauf die Position, die der Epikureer Damis dann im zweiten Hauptteil des Dialogs in seiner Auseinandersetzung mit dem Stoiker Timokles vertritt: Diese Götter sind hier in der Tat nichts weiter als machtlose Zuschauer beim irdischen Geschehen; sie sind dazu verdammt, hilflos zuzuschauen, wie zwei mediokre Philosophen in der Stoa Poikile in Athen über ihr Wohl und Wehe entscheiden.[32]

Deren Diskussion nimmt den ganzen zweiten Hauptabschnitt des „Tragischen Zeus" ein (c. 35–53), und Lukian lässt von Anfang an in seiner Darstellung keinen Zweifel, auf wessen Seite seine Sympathien liegen: Der Stoiker beginnt sofort mit einer wüsten Beschimpfung seines epikureischen Gegners – worin Zeus sehr decouvrierend, die einzige Stärke des Timokles sieht –; Damis dagegen bleibt ruhig und räumt seinem Gegner sogar das Recht ein, als erster Fragen zu stellen (c. 35). Bei diesen Fragen kommt allerdings nicht sehr viel mehr heraus als weitere Em-

---

[30] So die Handschriftengruppe γ (der der Lukian-Editor Macleod folgt), während die β-Tradition (der der Kommentator dieser Schrift, Coenen, folgt) diese Einwände von Zeus sprechen lässt.
[31] Er „blendet" aber auch immer wieder „hoch", um die Reaktionen der Götter auf den Diskussionsgang vorzuführen.
[32] „Namentlich ihre Unfähigkeit, den Fortgang der Disputation zu verhindern, führt die Fragwürdigkeit der Pronoialehre, die ein Eingreifen der Götter in die Welt voraussetzt, vor Augen" (COENEN 1977, 35).

pörung des Timokles. In c. 38 dreht Damis den Spieß um und fragt nun seinerseits den Stoiker, wie er dazu gekommen sei, an die Vorsehung der Götter zu glauben.

Die Antworten, die Timokles auf diese Frage gibt, erweisen sich alle als unbefriedigend. Als erstes gibt er an, die „Ordnung des Alls" sei für ihn ein Beweis der göttlichen Vorsehung (Pronoia); für Damis ist das einfach eine petitio principii (c. 38). Als nächstes ruft Timokles den großen Homer als Zeugen der Pronoia an; Damis zitiert ihm daraufhin sofort eine Reihe von Stellen aus der „Ilias", die für alles andere als göttliche Pronoia sprechen (c. 39f.). So geht es dann auch mit Euripides, den Timokles ebenso erfolglos als nächsten Zeugen bemüht (c. 41).

Dann versucht Timokles es mit dem „Konsens aller Völker", was den Glauben an Götter angeht; Damis hält ihm sofort die verwirrenden Unterschiede entgegen, die bei den einzelnen Völkern hinsichtlich des Götterglaubens bestehen (c. 41f.). Noch leichteres Spiel hat Damis damit, die Aussagekraft der Orakel und Zukunftsvorhersagen zu widerlegen, die Timokles danach als Argument bringt (c. 43); in einem früheren Teil der Schrift wurde ein solches Orakel ja auch schon in aller seiner Absurdität vorgeführt (c. 31).

In c. 46 unternimmt Timokles eine letzte größere Anstrengung, die Pronoia-Lehre als richtig zu erweisen: Die Welt sei wie ein großes Schiff, und das brauche ja auch einen Steuermann, um fahren zu können![33] Daraufhin demonstriert ihm Damis in c. 47–49, wie gewaltig dieser Vergleich hinkt, weil mit dem ‚Weltschiff' doch Einiges im Argen liegt. Sogar Zeus muss inzwischen – zu seinem Missvergnügen – erkennen, dass Timokles' Argumente höchst mediokre sind (c. 50).

Der versucht es zum Schluss – sich selber treu bleibend – noch mit einem besonders absurden Syllogismus: „Wenn es Altäre gibt, gibt es auch Götter; aber es gibt Altäre, also gibt es auch Götter" (c. 51). Damis' erste Reaktion ist herzliches Gelächter; danach schlägt er vor, die Diskussion an diesem Punkt abzubrechen, „da du ja behauptest, nichts Heiligeres als das zu sagen zu haben" (ebd.). Timokles beginnt zu merken, dass Damis ihn auf den Arm nimmt, holt zu einer mächtigen Schimpfkanonade aus und will schließlich sogar handgreiflich werden; Damis aber geht lachend davon. Damit behauptet der Stoiker zwar vordergründig den Kampfplatz, ist aber natürlich völlig in seiner Unterlegenheit bloßgestellt.

---

[33] Man fühlt sich hier sehr an die Versuche des alten Hermotimos erinnert, mit Analogien ähnlicher Art seine Entscheidung für eine dogmatische Philosophie als richtig zu erweisen.

Im Olymp fragt sich Zeus derweil, was jetzt zu machen sei; darauf beruhigt ihn Hermes, man könne doch eigentlich zu ‚business as usual' übergehen: „Was ist denn daran so übermäßig Schlimmes, wenn ein paar Leute mit dieser Überzeugung [dass Damis recht hat] weggehen? Denn die das Gegenteil glauben, sind viel mehr, die große Masse der Griechen und alle Nichtgriechen" (c. 53).

Damit endet der Dialog. Nach den furchtbaren Ängsten, die Zeus zu Beginn ausgemalt hatte, scheinen die Götter am Schluss noch einmal davongekommen zu sein. Dieser Schluss wirkt ironisch-inkongruent, zugleich aber vielleicht auch ein wenig resignativ: Er könnte Lukians Bewusstsein spiegeln, dass in seiner Zeit – in der religiöse Bewegungen stark waren und sogar wieder stärker wurden, auch in philosophischen Milieus – ein aufgeklärter Agnostizismus epikureischer (oder auch skeptischer) Prägung in der Tat nur für „ein paar Leute" akzeptabel war.[34]

Die gleiche Frage, die die zweite Hälfte des „Tragischen Zeus" beherrscht – wer regiert die Welt: die Götter oder das Schicksal? –, steht auch im Mittelpunkt des „Widerlegten Zeus" (*Iuppiter Confutatus*): In diesem geistreichen Dialog[35] bringt ein beherzter Mensch namens Kyniskos (der Name bedeutet ‚Hündchen') den Göttervater Zeus mit seinen impertinenten Fragen nach göttlicher Vorsehung und Schicksal in arge Bedrängnis.

Kyniskos beginnt scheinbar harmlos mit einer „nicht schweren" Frage (c. 1): Haben Homer und Hesiod in ihren Gedichten Wahres über das Schicksal und die Moiren gesungen? Und ist es so, dass alles, was diese einem jeden Menschen bei seiner Geburt „zuspinnen", unausweichlich eintritt? Zeus bestätigt das rasch und ohne Einschränkung: Alles, was die Moiren auf ihrer Spindel drehen, muss eintreten.

In welchem Verhältnis stehen aber nun – fährt Kyniskos fort – zu diesen drei Moiren die Mächte, die mit den Begriffen Tyche (Zufall) und Heimarmene (festgelegtes Schicksal) bezeichnet werden (c. 3)? Zeus entgegnet, Kyniskos sei nicht berechtigt, alles zu wissen; dies soll wohl seine langsam beginnende Verlegenheit kaschieren.

Kyniskos hat jedoch bereits die nächste Frage parat (c. 4): Beherrschen die Moiren und das Schicksal (Ananke) auch die Götter? Zeus antwortet erneut und rasch arglos ja; Kyniskos aber folgert daraus, dass es

---

[34] „Lukian entläßt seine Hörer mit dem Gefühl, zu den ὀλίγοι, der aufgeklärten Gefolgschaft des Damis, zu gehören" (COENEN 1977, 141).
[35] Der Ort des Dialogs bleibt unbestimmt; ebenso erfahren wir nicht, wie Kyniskos mit Zeus in Kontakt getreten ist.

dann mit Zeus' berühmter Drohung in „Ilias" Buch 8 – er werde, wenn er wolle, sämtliche Götter „mitsamt Erde und Meer" (V. 24) an einer goldenen Kette in den Himmel ziehen[36] – ja offenbar nicht sehr weit her war, da Zeus ja selber vom dünnen Spinnfaden der Moiren abhängig ist!

Und Kyniskos legt gleich weiter nach (c. 5): Wenn alles in dieser Welt von den Moiren abhängt, warum opfern die Menschen dann überhaupt den Göttern? Zeus – allmählich immer unwirscher werdend – macht nun die „verfluchten Sophisten" für diese unangenehmen Fragen verantwortlich (c. 6), muss aber kurz darauf zugeben, dass die Opfer in der Tat nicht für reale Gegenleistungen der Götter erfolgen, sondern höchstens eine Anerkennung des Umstandes darstellen, dass die Götter etwas „Besseres" als die Menschen sind (c. 7).

Aber stimmt das denn überhaupt – fragt Kyniskos sofort weiter –? Die Götter sind doch offenbar genauso Sklaven der Moiren wie die Menschen, oder vielmehr in sogar noch schlimmerer Weise, weil bei ihnen – als Unsterblichen – diese Sklaverei nie aufhört, während der Mensch immerhin durch seinen Tod von ihr befreit wird! Zeus' zaghaften Versuch, aus der göttlichen Unsterblichkeit doch eine Art Glückseligkeit abzuleiten, macht Kyniskos dadurch zunichte, dass er zeigt, dass es auch vielen Göttern gar nicht gut geht – Zeus' eigener Vater Kronos etwa schmachtet gefangen (und zwar für immer) im Tartaros! – und dass sie sich wehrlos immer wieder auf Erden ihrer Tempelschätze berauben lassen müssen (c. 8).

Als Zeus nun Kyniskos ganz direkt Strafe für seine lästerlichen Äußerungen androht, antwortet ihm dieser ganz ungerührt, dass da wohl nichts passieren werde, wenn es nicht ohnehin vom Schicksal so verfügt sei (c. 9).

Daraufhin beschuldigt ihn Zeus, einer von denen zu sein, die durch ihre Argumentation die Vorsehung aufhöben; auch dieses Stichwort greift Kyniskos nun begierig auf und fragt, was denn diese Pronoia genau sei – eine von den Moiren oder sogar über ihnen stehend (c. 10)? Zeus weiß zunächst wieder nichts Besseres zu sagen, als dass Kyniskos einfach nicht alles wissen dürfe, lässt sich dann aber zu der Aussage verleiten: „Die Moira vollzieht jegliches Geschehen durch uns [die Götter]" (c. 11).

Kyniskos hakt sofort nach: Dann sind die Götter also nur die Diener oder gar nur die Werkzeuge der Moiren? Dann sollten die Menschen also höchstens der Heimarmene Opfer bringen – oder nicht einmal ihr, denn

---

[36] Die gleiche „Ilias"-Partie hat Ares im ersten Göttergespräch zum Ausgangspunkt seiner Kritik an Zeus genommen, vgl. oben S. 190f.

alles Geschehen ist ja von Anfang an festgelegt und kann auch von den Schicksalsinstanzen selbst nicht mehr geändert werden?

Zeus macht einen letzten Versuch, den Göttern einen Rest Macht zu retten, indem er darauf hinweist, dass die Menschen von den Göttern durch Weissagungen etwas über die Zukunft erfahren können (c. 12) – aber wozu soll das nützen, entgegnet Kyniskos, wenn man an dieser Zukunft doch sowieso nichts ändern kann? Man erfährt dann doch nur früher von seinem künftigen Unglück (c. 12f.)! Auch Zeus' Hinweis auf den Blitz in seiner Hand entlarvt Kyniskos leicht als leere Drohung, da Zeus diesen Blitz nur schleudern kann, wenn es die Moira vorher so festgelegt hat (c. 15).

Mit der sofort daran anknüpfenden Frage – warum Zeus' Blitze so oft unschuldige Bäume oder gar unbescholtene Menschen treffen (c. 16) – steuert Kyniskos nun auch noch in das klassische Theodizee-Problem hinein, mit dem es nun sogar der Vorsehung selbst an den Kragen geht: si providentia, unde mala?

Zeus versucht nun, sich auf die Gerechtigkeit im Jenseits hinaus zu retten (c. 17), aber Kyniskos leitet aus dieser Aussage sogleich ein weiteres gravierendes Problem ab: Wenn die Menschen auf Erden alles nur aufgrund eines vorher festgelegten Schicksals tun, dürfen sie nach ihrem Tod weder wegen böser Taten bestraft noch wegen guter belohnt werden, denn sie konnten ja gar nicht anders handeln (c. 18)!

Als Zeus sich nunmehr schmollend aus dem Gespräch zurückzuziehen beginnt (Kap. 19), ruft ihm Kyniskos noch eine Reihe weiterer Fragen nach: Wo halten sich die Moiren eigentlich auf? Wie können sie – obwohl nur drei an der Zahl – alles so genau bis ins Kleinste regeln? Man möchte bei einer solchen Flut von Festzulegendem wirklich nicht mit ihnen tauschen! Auf diese Nachfragen erhält Kyniskos aber schon keine Reaktion mehr, denn Zeus hat inzwischen mehr oder weniger fluchtartig die Bühne verlassen. So bleibt Kyniskos nur die resignierte Feststellung: „Das übrige war mir vielleicht einfach nicht vom Schicksal bestimmt zu hören [...]"

In kaum einer anderen Schrift ist die Problematik von Göttern, Schicksal und freiem Willen so literarisch elegant und zugleich luzide abgehandelt wie in diesem Dialog über den „Widerlegten Zeus" von Lukian. In zwei von seinen „Totengesprächen" hat Lukian ähnlich luzide dargestellt, welche Folgen das Fehlen von freiem Willen infolge eines alles beherrschenden Schicksals sogar bis in die Unterwelt hinein haben kann: In Gespräch Nr. 24 beruft sich der Räuber Sostratos gegenüber dem Totenrichter Minos darauf, dass er für seine Verbrechen nicht verantwortlich gemacht werden kann, weil er ja unter einem unabänderlichen Schicksal gar nicht anders handeln konnte; und in Gespräch Nr. 27 muss sich der homerische Held Protesilaos belehren lassen, dass für seinen frühen Tod im Trojanischen Krieg weder die schöne Helena noch sonst ein menschlicher (oder göttlicher) Akteur verantwortlich ist, sondern allein das Schicksal.

Was bleibt nach dieser Umschau vom Metaphysischen bei Lukian übrig? Die alten Götter sind diskreditiert, die neuen nur ein Mittel für Scharlatane, sich Geld, Macht und Ruhm zu verschaffen, und das Schicksal ist eine ferne mit den Menschen nicht kommunizierende Macht – so bleibt den Menschen wohl nur das Diesseits, um ihr Geschick so gut wie möglich in die eigenen Hände zu nehmen.

6. Von armen Reichen und glücklichen Armen: Lukian und die soziale Frage

Bereits vor nahezu hundert Jahren wies der bedeutende Althistoriker MICHAEL ROSTOVTZEFF auf die nicht geringe Rolle hin, die das Phänomen der sozialen Ungleichheit zwischen Reich und Arm in einer Reihe von Lukians Schriften spielt.[1] 1946 griff der italienische Philologe AURELIO PERETTI den Gedanken auf,[2] und noch einmal fünfzehn Jahre später ließ sich der englisch-kanadische Altertumswissenschaftler BARRY BALDWIN von Peretti inspirieren und machte aus Lukian einen nahezu proto-marxistischen Vorkämpfer der wirtschaftlich unterdrückten Griechen gegen die unterdrückerischen römischen Kapitalisten.[3] BALDWIN hat das einige Jahre später abgemildert und Lukian nur noch als einen „armchair revolutionary" bezeichnet, der aber immer noch „a genuine sympathy for the poor, inspired in part by his own experiences" besessen habe.[4] JENNIFER HALL hat dagegen zu Recht darauf hingewiesen, dass sich fast alles, was man bei Lukian zum Antagonismus zwischen Reich und Arm lesen kann, auch schon in ihm vorangehender popularphilosophischer oder Dramen-Literatur findet und dass dieses Thema auch in der Rhetorik präsent ist[5] und deshalb nicht zwingend als Wiedergabe von Lukians eigenen Empfindungen gedeutet werden kann.[6] Gleichwohl ist die Prominenz des Themas „Arm vs. Reich" bei Lukian nicht zu leugnen; wie ein Überblick zeigen kann.

In dem Dialog „Der Traum, oder: Der Hahn" – an dem z.B. Erasmus von Rotterdam seine helle Freude hatte[7] – ist das Thema Reichtum und Armut in eine phantastisch-märchenhafte Handlung eingebaut, in der ein

---

[1] ROSTOVTZEFF 1926, 540 Anm. 44: „The social problem as such, the cleavage between the poor and the rich, occupies a prominent place in the dialogues of Lucian; he was fully aware of the importance of the problem." ROSTOVTZEFF wies seinerseits darauf hin, dass dies bereits 25 Jahre früher luzide und mit einer großen Zahl von Belegen von GUIGNEBERT 1901, 312–317 festgestellt worden war.
[2] PERETTI 1946, 41. 121f.
[3] „Lucian's whole life [...] was passed in an atmosphere of class hatred and violence" (BALDWIN 1961, 207).
[4] BALDWIN 1973, 111f.
[5] Vgl. die „Controversiae" des älteren Seneca (z.B. 2,1) und die ps.-quintilianischen Deklamationen; Petron *Sat.* 48,5; Philostr. *VS* 1,3,2; 2,2,3.
[6] HALL 1981, 224–226.
[7] Vgl. unten Kapitel 9.3 (S. 309).

sprechendes Tier und dessen mit Zauberkräften ausgestattete Federn eine wichtige Rolle spielen.[8]

Haupheld dieses Dialogs ist ein armer Schuster namens Mikyllos, der zu Beginn im frühesten Morgengrauen durch lautes Krähen seines Hahns – des einzigen Mitbewohners in seinem armen Haushalt – aus dem Schlaf gerissen wird und darüber besonders auch deshalb sehr ungehalten ist, weil ihn dieses Krähen buchstäblich aus goldenen Träumen gerissen hat (c. 1). Plötzlich beginnt dieser Hahn nun aber wie ein Mensch zu sprechen: Er habe Mikyllos doch nur helfen wollen, möglichst früh mit seiner Arbeit zu beginnen, damit er möglichst rasch den Lebensunterhalt für diesen neuen Tag verdienen könne (ebd.). Mikyllos erschrickt furchtbar, hält das Sprechen seines Hahns für ein Unglücks-Omen – und muss sich sogleich von diesem belehren lassen, dass es sprechende Tiere doch bereits bei Homer gibt; er werde ihm – fährt der Hahn fort – auch gern den Grund für seine Sprechfähigkeit erläutern (c. 2). Kurz darauf enthüllt er ihm, dass er in einem früheren Leben einmal der Philosoph Pythagoras war (c. 4).

Das will Mikyllos zunächst gar nicht glauben, weil das Verhalten des Hahns den Lehren des Pythagoras in zwei wichtigen Dingen widerspreche: Er halte offensichtlich nichts vom pythagoreischen Schweigegebot und ebensowenig von dem Verbot, Bohnen zu essen, wie er erst gestern bewiesen habe (ebd.)! Als ihm der Hahn aber in Aussicht stellt, ihm von seinen früheren Leben zu berichten, ist er begeistert: Das sei ja fast noch besser als der wunderschöne Traum, den er in dieser Nacht gehabt habe (c. 5).

Da will nun der Hahn zuerst wissen, was das denn für ein toller Traum gewesen sei (c. 6). Mikyllos beginnt sogleich zu schwärmen: Der Traum habe ihm wundersam viel Gold beschert (c. 7); und er liefert dann – auf Nachfrage des Hahns – auch die Vorgeschichte, wie es zu diesem Traum kam (c. 8–11): Er hatte am Vortag eine Einladung des reichen Eukrates zum Abendessen bekommen und kam so in den Genuss, an einem luxuriösen Diner teilzuhaben, auch wenn er dazu die direkte Tischnachbarschaft eines ziemlich kranken, aber zugleich auch ziemlich geschwätzigen alten Philosophen zu ertragen hatte.[9]

Es war dann just dieses luxuriöse Abendessen, das ihn zu seinem „goldenen Traum" in der darauf folgenden Nacht inspirierte: Er träumte,

---

[8] Zum möglicherweise menippischen Erbe dieses Sujets vgl. HELM 1906, 324f. 328–332. 335f.
[9] Vgl. dazu oben Kap. 4.3.2 (S. 152f.).

sein reicher Gastgeber sei kinderlos gestorben und habe ihn, Mikyllos, zum Alleinerben eingesetzt; er habe daraufhin ein reiches Diner für seine Freunde anberaumt – und mitten aus dieser wundervollen Abendgesellschaft habe ihn das Krähen des Hahns in sein armes Leben zurückgerissen (c. 12)!

Als ihn der Hahn daraufhin geradezu mitleidig fragt, ob denn für Mikyllos das Glück nur aus Gold bestehe, erinnert ihn Mikyllos daran, dass auch er, Pythagoras, in seinem Leben als der Trojaner Euphorbos auf Gold viel Wert gelegt habe, und dass sogar Zeus selbst einmal als goldener Regen die von ihm begehrte Danae beglückt habe (c. 13); ferner habe unerwarteter Goldsegen – durch eine Erbschaft – auch seinen ehemaligen Berufsgenossen Simon reich und glücklich gemacht (c. 14).

Dieser Aussage setzt nun aber der Hahn die Feststellung entgegen, dass er im Laufe seiner vielen Leben noch nie einen glücklicheren Menschen als ihn, den armen Schuster Mikyllos, gesehen habe (c. 15). Danach erzählt er ihm, in was für Lebewesen seine Seele der Reihe nach eingegangen sei (c. 16–20): in den Trojaner Euphorbos, dann Pythagoras, dann Aspasia, die Frau des Perikles, dann den Kyniker Krates, dann einen König, einen Armen, einen Satrapen, ein Pferd, eine Dohle, einen Frosch und noch viele, viele mehr, und eben oft auch in einen Hahn; in dieser Gestalt habe er sowohl bei Armen als auch bei Reichen gedient. Deshalb habe er auch schon oft über ihn, Mikyllos, gelacht, wenn er wieder einmal Sehnsucht nach dem Leben der Reichen bekundet habe; und nun – von Mikyllos ausdrücklich darum gebeten – präsentiert er ihm einen detaillierten Vergleich des Lebens beider, um ihm nachzuweisen, um wieviel besser es tatsächlich die Armen haben (c. 21–23):[10]

Dieser Vergleich zeigt, dass die Armen in jeder Hinsicht – im Krieg, im Frieden, in ihrer körperlichen Verfassung – besser dran sind als die Reichen. Von Mikyllos weiter befragt, fügt der Hahn auch noch eine Beschreibung an, wie er auch als mächtiger König überhaupt kein glückliches, sondern ein überaus beschwerliches Leben hatte (c. 24f.).

Mikyllos zeigt sich von den Ausführungen des Hahns überzeugt, fragt aber noch, wie es ihm denn als Tier ergangen sei (c. 26). Jedes dieser Tierleben, antwortet der Hahn, war weniger mühsam als das eines Menschen (c. 27). Auch das leuchtet Mikyllos ein; aber er kann immer noch nicht – gesteht er – seinen Traum vom Gold ad acta legen, vor allem weil es seinem ehemaligen Berufsgenossen Simon jetzt so gut gehe (c. 28). Da

---

10 Auch ein solcher Vergleich (Synkrisis) ist ein typisches Progymnasma („Vorübung"), wie es in der Rhetorenschule praktiziert wird.

aber weiß der Hahn Rat: Er hat – enthüllt er nun – magische Schwanzfedern, mit denen man jede Tür öffnen könne; mit Hilfe dieses Zaubermittels werde er ihm nun ad oculos demonstrieren, wie elend alle diese Reichen in Wahrheit dran sind (ebd.).

Und so geschieht es: Der letzte Teil des Dialogs besteht aus einer Reihe kurzer Szenen, in denen Mikyllos und der Hahn – zu immer noch frühmorgendlicher Stunde – zunächst den schon erwähnten Simon (c. 29f.), dann einen Wucherer (c. 31) und schließlich noch den reichen Eukrates (c. 32) besuchen, bei dem Mikyllos gespeist hat; alle werden in elenden Zuständen gezeigt, so dass Mikyllos nun endlich doch seiner Sehnsucht nach Reichtum Lebewohl sagt (c. 33).

Insgesamt besticht dieser Dialog durch seine gelungene Verbindung märchenhafter Elemente, geschickt eingebauter Philosophenkritik – auch Pythagoras bekommt seinen Teil ab – und plastischer Illustration kynischen Denkens, das Reichtum als leere Illusion entlarvt; immerhin hat der Hahn ja auch einmal als der Kyniker Krates gelebt.

Wir begegnen Mikyllos wieder in dem Dialog „Die Niederfahrt, oder: Der Tyrann" (*Cataplus*); doch ist er hier bereits tot und Teil einer großen Gruppe von Toten, die der „Seelengeleiter" Hermes in die Unterwelt führt. Erste Station ist der Anlegeplatz des Totenfährmanns Charon, wo Hermes mit seiner Gruppe bereits von Charon und der Moire Klotho – die die „ordnungsgemäße" Übernahme der Toten zu beaufsichtigen hat[11] – erwartet wird (c. 1f.). Nachdem er – mit etwas Verspätung wegen eines toten Tyrannen, der zurück ins Leben wollte und deswegen davonzulaufen versuchte (c. 3f.) – angekommen ist, beginnt die „Einschiffung" der Toten nach Untergruppen (c. 6: neugeborene Kinder; Über-Sechzigjährige; Kriegsgefallene; Selbstmörder; weitere gewaltsam Getötete, auch zum Tode Verurteilte).

Einen besonderen Auftritt haben nun drei „frisch" Verstorbene: der kynische Philosoph Kyniskos, der sich darüber beschwert, so lange am Leben gelassen worden zu sein (c. 7); ferner der Tyrann Megapenthes, der weglaufen wollte und selbst jetzt noch mit Klotho um seine Zurückschickung verhandelt und keinen Fuß auf Charons Fähre setzen will (c. 8–13); und schließlich der schon erwähnte Mikyllos, der sich darüber beschwert, als Armer erst als letzter einsteigen zu dürfen. Als Klotho sich wundert, dass Mikyllos nicht wie der Tyrann am Leben hängt, sondern es wie Kyniskos gar nicht abwarten kann, in die Unterwelt zu kommen (c.

---

[11] Zu den bemerkenswert bürokratischen Vorgängen dieses Toten-Transfers vgl. NESSELRATH 2017b, 51–53.

14), liefert ihr Mikyllos eine ausführliche Synkrisis über die Lage der Armen und der Reichen auf der Erde, die ebenfalls einen deutlich kynischen Standpunkt zeigt (c. 14f.): Reiche Tyrannen kleben natürlich an den ihnen im Übermaß zur Verfügung stehenden Annehmlichkeiten des Lebens, aber arme Leute haben – außer ihrem Elend – nichts zu verlieren. Zu Lebzeiten habe er den Luxus und den Reichtum des Tyrannen beneidet; jetzt aber, wo er ihn von all dem entblößt sehe, müsse er über sich selbst lachen, dass er so einen je habe bewundern können (c. 16). Ebenso müsse er über den Wucherer und Geizhals Gniphon lachen: Der habe sein Geld immer nur gehortet, und jetzt werde sein verschwenderischer Erbe bald alles verschleudern (c. 17). Nach dieser regelrechten Diatribe will Mikyllos einsteigen, aber Charon will ihn erst morgen mitnehmen, weil die Fähre voll sei; da macht sich Mikyllos kurzerhand daran, den Unterweltsfluss schwimmend zu durchqueren; er wird dann doch noch aufgenommen und auf die Schultern des Tyrannen gesetzt (c. 18f.).

Als sie nun unterwegs sind, teilt Kyniskos dem Fährmann mit, dass er nicht den üblichen Obolos hat, um die Überfahrt zu bezahlen, und bietet ihm stattdessen seine Ruderdienste an, was Charon akzeptiert (c. 19). Während der Überfahrt[12] bejammern die übrigen Toten alle, was sie durch ihren Tod verloren haben, nur Mikyllos bleibt stumm; als Hermes ihn darauf hinweist, dass es Vorschrift sei, als Toter während der Überfahrt zu klagen, stimmt Mikyllos eine „Klage" über das elende Leben an, das er verloren hat (c. 20). Nach der Ankunft am gegenüberliegenden Ufer will Charon sein Fährgeld, hat aber wie zuvor bei Kyniskos auch bei Mikyllos kein Glück: Der ist so arm, dass er nicht einmal weiß, ob ein Obolos rund oder eckig ist (c. 21).

Hermes führt die Übergesetzten nunmehr zum Totengericht (c. 22) und übergibt sie der Erinys Tisiphone (c. 23). Kyniskos bittet den Totenrichter Rhadamanthys, als erster untersucht zu werden, weil er anschließend als Ankläger gegen den Tyrannen fungieren möchte (ebd.). Die Untersuchung ergibt, dass Kyniskos nichts vorzuwerfen ist (c. 24), und der gleiche Befund zeigt sich auch bei Mikyllos (c. 25). Nun aber muss der Tyrann sich der Untersuchung stellen. Kyniskos hält eine unerbittliche Anklagerede gegen ihn (c. 26) und ruft als Zeugen für seine verborgenen Laster des Tyrannen Lampe und Bett auf, deren Zeugnis eindeutig

---

12 Nach ihr ist die Schrift *Cataplus* („Über-" oder „Niederfahrt") genannt, vgl. die Verbform καταπεπλεύκαμεν in c. 20 a.E.

ausfällt (c. 27).[13] Er wird – auf Vorschlag des Kyniskos – dazu verurteilt, als einziger nicht das Wasser der Lethe trinken zu dürfen, damit er auf ewig durch die Erinnerung an sein früheres Luxusleben gequält wird; der Kyniker und der arme Schuster dürfen sich zu den Inseln der Seligen begeben.

Erheblich prominenter als in der „Niederfahrt" wird das Thema „Arm und Reich" in „Menipp, oder: Die Totenbefragung" (*Necyomantia*) behandelt, wo der Titelheld lebend in die Unterwelt hinabsteigt.[14] Das Thema kommt zum ersten Mal bereits in c. 2 zur Sprache, als der soeben aus der Unterwelt zurückgekehrte Menipp fragt, was denn auf der Oberwelt so getrieben werde. Die Antwort seines Dialogpartners ist eindeutig: „was man auch schon vorher tat: Man raubt, schwört Meineide und betreibt großen und kleinen Wucher!" Menipp kommentiert das mit der Bemerkung, dass diese Leute bedauernswerte Tröpfe seien, denn soeben hätten die Toten in der Unterwelt einen folgenschweren Beschluss gegen die Reichen auf der Oberwelt gefasst. Darüber möchte sein Freund Genaueres hören, bittet Menipp aber auch, zunächst das ganze Drum und Dran seines Unterweltbesuches zu erzählen (ebd.); das tut Menipp dann auch, womit das Thema „Arm und Reich" zunächst in den Hintergrund tritt.

Bei Menipps erster Station im Hades, dem Totengericht des Minos (c. 11),[15] kommt das Thema aber wieder zum Vorschein: Hier bilden die „Reichen und Wucherer" eine besondere Gruppe der Übeltäter, die vor Minos erscheinen müssen; sie werden – zusammen mit den einstigen Königen – von Minos besonders streng behandelt (c. 12). Auch Menipp selbst hat hier übrigens seinen Spaß daran, diese Leute zu ärgern, indem er auf sie zutritt und sie an die glorreichen Zeiten erinnert, da sich vor den Türen ihrer irdischen Paläste die Armen zur Morgen-Salutatio drängten (ebd.).[16]

Unter den weiteren Unterweltschilderungen in diesem Text sei noch kurz auf die Stippvisite im „Züchtigungsort" (κολαστήριον) in c. 14 hin-

---

[13] Diese ungewöhnlichen Zeugen sind ein Einfall, der in dem skurrilen „Hundeprozess" in den „Wespen" des Aristophanes (v. 835–1002) vorgebildet ist, wo auch verschiedene Haushaltsgegenstände zur Aussage ‚vorgeladen' werden.
[14] Zu den phantastischen Elementen in diesem Text vgl. unten Kap. 8.3 (S. 264–271).
[15] Anders als in der „Niederfahrt" ist hier nicht Rhadamanthys der amtierende Totenrichter.
[16] Diese „Morgen-Salutatio" ist eine typisch römische Sitte und daher ziemlich sicher eine Zutat Lukians selbst aus seiner eigenen Zeit.

gewiesen; hier werden den Armen – im Gegensatz zu anderen Übeltätern – immerhin kurze Pausen zwischen den Züchtigungen gewährt.

Schließlich möchte Menipps Gesprächspartner aber wissen, was es mit dem eingangs erwähnten Totenbeschluss gegen die Reichen auf sich hat (c. 19), und so berichtet Menipp nun über den von ihm miterlebten ‚Volksbeschluss' der ‚Totenvolksversammlung' (c. 19f.). Dass dieses Psephisma sich speziell gegen die Reichen richtet, könnte auf einen Einfall des Kynikers Menipp zurückgehen; der Inhalt mit seinen Seelenwanderungsmotiven hat jedoch Vorbilder sogar schon bei Platon:[17] Die Toten beschließen, dass die Seelen der Reichen als Strafe für ihre Untaten 250.000 Jahre lang immer wieder in die Leiber von Eseln einfahren, dann in dieser Eselsgestalt von den Armen nach Verdienst geschunden und geplagt werden sollen[18] und erst danach endgültig sterben dürfen. Damit wird zwar vielleicht eine gewisse „Gerechtigkeit" zwischen Arm und Reich hergestellt; andererseits könnte man sich fragen, was die Armen eigentlich davon haben, wenn sie die Seelen von Reichen dadurch bestrafen, dass sie sie in ihren Eseln malträtieren – noch dazu, ohne zu wissen, dass in diesen Eseln die Seelen von Reichen stecken?

Ein Hauptthema ist die Problematik von Reichtum und Armut dann in dem Dialog „Timon, oder: Der Menschenfeind", jedoch in einer von den bisher in diesem Kapitel behandelten Schriften sehr verschiedenen Weise: Da ging es um die Situation der Armen, hier um die eines Reichen, der durch sein eigentlich gutes, wenn auch etwas naives Verhalten selber zum Armen geworden ist, aber durch einen bemerkenswerten Akt göttlicher Gerechtigkeit seinen früheren Reichtum zurückerhält.

Die Gestalt des Timon ist bis in die neuzeitliche europäische Literatur hinein (vgl. Shakespeare) zum Prototyp des die Einsamkeit suchenden Menschenhassers geworden. Timon taucht als Gestalt bereits in kurzen Erwähnungen des Aristophanes auf;[19] er wurde historisch in der zweiten Hälfte des 5. Jh.s v. Chr. angesiedelt, und man ließ ihn in griechischer Literatur vor Lukian auch mit historischen Persönlichkeiten in Berührung

---

[17] Im Er-Mythos im 10. Buch des platonischen „Staates" wird sehr eindrucksvoll beschrieben, wie sich die Seelen ein Leben für ihre nächste Einkörperung wählen müssen (Plat. *Rep.* 10, 617d–620d).
[18] Man denke an den armen Lukios im „Eselsroman" (Ps.-Lukian, *Onos* 16, 18f., 22, 24, 28–32).
[19] Vgl. oben Kap. 3.3 (S. 95, Anm. 39).

kommen;[20] aber er ist eine Figur im Grenzbereich zwischen Geschichte und Legende geblieben.[21] Obwohl die ersten Erwähnungen Timons, wie gesagt, aus der Alten Komödie stammen, gibt es bis jetzt keinen Beleg dafür, dass bereits in dieser Phase der attischen Komödienentwicklung seiner Gestalt ein ganzes Stück gewidmet wurde; das tat erst Antiphanes, einer der produktivsten Dichter der Mittleren Komödie, im 4. Jh. Aus diesem Stück ist ein einziges Fragment erhalten (fr. 204 K.-A.), aus dem sich jedoch keine Rückschlüsse auf den Gang der Handlung ziehen lassen; von daher lässt sich auch nicht sagen, wieviel – und ob überhaupt etwas – Lukians „Timon" diesem Stück verdankt.[22]

Der lukianische „Timon" zeigt in einer Reihe von Handlungselementen Strukturen der Alten Komödie. Falls es nicht doch schon ein entsprechendes Stück in der Alten Komödie – von dem sich aber alle Spuren verloren haben – gab, das Lukians direkteres Vorbild war, hat Lukian selbst seinen *Timon* teilweise den Formen der Alten Komödie nachgestaltet und sich dabei an Stücken mit ähnlicher Thematik (Reichtum – Armut; vgl. Aristophanes' „Plutos") inspiriert, daneben aber, wie sich zeigen wird, auch andere Einflüsse verarbeitet.

Der „Timon" lässt sich wie ein Drama in einzelne aufeinanderfolgende Szenen zerlegen. Er beginnt mit einem langen Monolog – man könnte ‚Auftrittsmonolog' sagen – der Titelfigur (c. 1–6), die auf eine wortgewaltige theodizeehafte allgemeine Anklage des Göttervaters Zeus – er sei nicht mehr der einstige Wahrer kosmischer Gerechtigkeit, sondern lasse alle Dinge träge und schläfrig treiben (c. 1–4) – eine Schilderung des erlittenen eigenen Unrechts folgen lässt (c. 5f.): Timon hat seinen riesigen Reichtum an falsche Freunde verschwendet, die ihn nunmehr, da er arm ist und als Lohnarbeiter in attischer Einöde ein karges Stück Land bearbeitet, nicht einmal mehr eines Blickes würdigen.

In der nächsten Szene (c. 7–11) wechselt der Schauplatz von der Erde hinauf in den Himmel: Zeus im Olymp hat Timons Tiraden gehört und fragt jetzt seinen Adjutanten Hermes, wer denn da unten von Attika herauf so schreit. Hermes wundert sich, dass sein Vater den Timon nicht wiedererkennt, der den Göttern doch so oft reiche Opfer dargebracht habe, und schildert nun auch seinerseits, wie die Schmeichler und falschen

---

[20] So Plutarch in seiner Alkibiades-Vita (c. 16) mit Alkibiades; aus dieser Personenkonstellation hat der spätantike Rhetoriklehrer Libanios das Sujet für seine sehr lesenswerte 12. Deklamation gewonnen.
[21] Vgl. dazu MACC. ARMSTRONG 1987.
[22] Die Frage wurde in älterer Literatur mehrfach diskutiert; vgl. dazu oben Kap. 3.3 (S. 95, Anm. 39).

Freunde Timon zugrunde gerichtet haben. Zeus ist erschüttert und beschließt, hier sofort Abhilfe zu schaffen; er hätte schon längst einmal wieder nach Attika schauen sollen, aber er hatte vor lauter Meineidigen und Verbrechern, namentlich Tempelräubern, immer soviel zu tun! Und dann sei auch noch das Geschrei dieser Philosophen dazugekommen, wo man nur die Wahl habe, von diesen lautstarken Schwätzern völlig kaputtgeredet zu werden oder sich die Ohren zu verstopfen (c. 9).

Diese satirische Philosophenschelte kann noch nicht aus der Zeit der Alten Komödie herrühren,[23] sondern muss aus späterer, hellenistischer Zeit stammen, als man in der Tat bei der Konkurrenz der nunmehr bestehenden Philosophenschulen von einem solchen wortreichen Lärm um philosophische Fachtermini sprechen konnte. Das Motiv der sich lautstark streitenden Philosophen verschiedener Richtungen ist typisch lukianisch;[24] auf Menipp könnte vielleicht die doppelte (irdisch-himmlische) Szenerie dieses Dialogs zurückgehen.[25]

Die nun folgenden konkreten Anweisungen, die Zeus dem Hermes zur Besserung von Timons Lage gibt, gehören dagegen eher ins Ambiente der Alten Komödie (c. 10): Hermes soll sogleich Plutos, den Gott des Reichtums – der ja schon in Aristophanes' „Plutos" als Person auftritt –, zusammen mit dem Schatzgott Thesauros zu Timon führen. Gegen Timons habgierige Schmeichler würde Zeus gern seinen Blitz in Anwendung bringen, aber der ist noch von Zeus' letztem Wurf gegen den götterleugnenden Sophisten Anaxagoras lädiert; leider hatte Zeus den nicht einmal getroffen, weil Perikles seine schützende Hand vor ihn hielt.[26] Hier befinden wir uns in der Tat im Vorstellungsbereich der Alten Komödie, die den großen Perikles wiederholt zum „Olympier", also zu einem dem Zeus ebenbürtigen Gott, hochstilisierte.[27] Wenn Lukian die hübsche Geschichte um Anaxagoras und Perikles nicht direkt aus einem solchen Komödienzeugnis hat, hat er sie dem Geist der Alten Komödie zumindest sehr gut nachempfunden.

---

[23] Ein Aristophanes hätte – und hat – Ähnliches nur von den Sophisten behauptet.
[24] Vgl. oben Kap. 4.3.2 (S. 149–151, 153f.).
[25] Vgl. oben Kap. 3.4 (S. 97 mit Anm. 51).
[26] Mit Anaxagoras und Perikles ist die Handlung des „Timon" klar im mittleren 5. Jh. v. Chr. lokalisiert.
[27] Im Einvernehmen und in enger Verbindung mit Anaxagoras und seinem ‚modernen', die alten Götter in Frage stellenden Denken wird Perikles auch in Plutarchs Perikles-Vita (4,6), die sich stark auf zeitgenössische Komödienzeugnisse stützt, gezeigt.

In der nächsten (3.) Szene (c. 11–19) tritt die erste Komplikation des bisher linear verlaufenen Geschehens auf: Plutos – der offenbar von Hermes geholt wurde (explizit gesagt wird dies nicht) – erklärt, dass er nicht zu Timon zurück möchte: Der habe ihn ja mit vollen Händen hinausgeworfen und werde dies sicher wieder tun (c. 12)! Zeus versucht ihn umzustimmen (c. 13f.): Das werde Timon sicher jetzt nicht mehr tun; er erinnert Plutos auch daran, dass er sich genauso beklage, wenn er von Geizhälsen überhaupt nicht aus der Geldtruhe herausgelassen werde, sondern daselbst ewig im Dunkeln hocken müsse. Es gehe eben um den rechten Mittelweg, den weder Timon noch die Geizhälse einhielten, erwidert Plutos (c. 15–17). Aber Zeus wiederholt seine Aufforderung und seine Hoffnung, dass Timon inzwischen vernünftig geworden sein werde – wenn nicht, werde er sich bald eben wieder in der attischen Einöde mit der Hacke in der Hand finden (c. 18f.).

Damit ist die Diskussion zwischen Plutos und Zeus zu Ende, die vor allem dazu diente, den falschen Gebrauch von Reichtum durch Menschen satirisch zu beleuchten.[28] Die nächste (4.) Szene (c. 20–30) zeigt Plutos in Begleitung des Hermes auf dem Weg hinunter vom Olymp zu Timon; dabei wird im Gespräch der beiden dieses Thema – der Umgang der Menschen mit dem Reichtum – weitergeführt. Hermes wundert sich, dass Plutos auf einmal hinkt; Plutos erklärt das damit, dass, wenn Zeus ihn zu einem bestimmten Menschen schickt, er sich nur langsam und hinkend fortbewegen kann und oft nur gerade noch zu Lebzeiten des Betreffenden ankommt; heißt es aber, sich davonzumachen, ist er schneller als ein Gedankenblitz (c. 20). Viel schneller als auf Geheiß des Zeus ist er außerdem auf Geheiß des Unterweltsherrschers Pluton, d.h. wenn ein Reicher stirbt, ein Testament hinterlässt und die Erben sehnsüchtig auf dessen Vollstreckung warten (c. 21); und dann beschreibt Plutos satirisch-detailliert, wie da gelegentlich ein ehemaliger Lustknabe seinen toten Besitzer beerbt, aus einem verachteten Sklaven zu einem großen Herrn wird, nun seinerseits die Schmeichler anzieht und in Nullkommanichts das ererbte Vermögen verprasst (c. 22f.). Da Plutos blind ist, gerät er natürlich auch oft in die falschen Hände, d.h. nicht in die, für die ihn Zeus eigentlich bestimmt hatte; wenn er dagegen jemand verlässt, kann er auf einmal ausgezeichnet sehen (c. 24f.). Als Hermes sich jetzt noch wundert, dass Plutos,

---

[28] Das ist ein Thema, das hier vielleicht nicht so sehr auf die Alte Komödie als auf hellenistische Popularphilosophie zurückgeht Ähnlich geht es zum Beispiel auch in Lukians „Hahn" um reiche Geizhälse und arme Schlucker, was sicher kynisch und vielleicht menippeisch ist.

so blind und hässlich wie er ist, so viele Liebhaber hat (c. 26), ist die Antwort, dass die Leute ihn aufgrund ihrer eigenen Unwissenheit und Selbsttäuschung eben ganz anders und in viel begehrenswerterem Zustand sehen, auch wenn er bereits bei ihnen ist (c. 27f.). Hermes beendet dieses Gespräch[29] mit einem Vergleich: Während Plutos schlüpfrig und flüchtig ist, ist Penia, die Armut, klebrig und zäh haftend.

In der nächsten (5.) Szene (c. 30–33) betreten Hermes und Plutos attischen Boden, und Hermes beschreibt dem blinden Plutos die Situation, in der die beiden Timon vorfinden: Umgeben von einer Reihe allegorischer Gestalten – Armut (Penia), Mühsal (Ponos), Ausdauer (Karteria), Weisheit (Sophia) und Tapferkeit (Andreia), ferner Hunger (Limos) mit seinen Untergebenen –, bearbeitet Timon ein kleines gebirgiges Stück Land mit seiner Hacke. Angesichts einer so wackeren Schar bekommt Plutos Angst und möchte am liebsten Reißaus nehmen (c. 31) – aber da hat Penia die beiden Neuankömmlinge auch schon gesehen. „Wohin führst du denn den da an deiner Hand, Argostöter?" fragt sie Hermes. Der antwortet wahrheitsgemäß, worauf Penia recht aufgebracht reagiert (c. 32):

„Ach, jetzt kommt Plutos zu Timon, nachdem ich ihn in verwahrlostem Zustand von der Schwelgerei übernommen, diesen hier, der Sophia und dem Ponos, übergeben und ihn wieder zu einem edlen Mann von großem Wert gemacht habe? So verächtlich also und so leicht ungerecht zu behandeln erscheine ich, die Penia, euch, dass ihr mir das, was ich als einzigen Besitz und sorgsam auf die Arete hin ausgebildet hatte, abnehmen könnt, damit ihn wieder der Plutos übernimmt, ihn der Hybris und dem Dünkel (Typhos) ausliefert und ihn mir dann – nachdem er ihn dem früheren Timon ähnlich, weich und unedel und töricht gemacht hat – wieder als Lumpenfetzen zurückgibt!"

Hermes kann demgegenüber nur auf die Anordnung des Zeus verweisen, und Penia entschließt sich zu gehen – nicht ohne sarkastisch hinzuzufügen, dass Timon, dem sie soviel Gutes getan habe, schon noch merken werde, was er an ihr verloren habe (c. 33).

Penia geht also ab, ohne argumentativ widerlegt zu sein; ihr kurzer Auftritt illustriert den paradoxen Sachverhalt, dass die Armut Timon

---

[29] Es erinnert thematisch – wie das vorangehende zwischen Plutos und Zeus – eher an popularphilosophische Diatriben hellenistischer Zeit (etwa des Kynikers Teles) als an die Alte Komödie.

Kap. 6: Von armen Reichen und glücklichen Armen   215

letztlich zu einem viel besseren Leben verholfen hatte, als er vorher besaß, und dass Zeus' Maßnahme Timon im Grunde nur zu seinem früheren – schlechteren – Dasein zurückführen kann. Ähnlich paradox wird die Armut auch im „Hahn" (c. 21–23, vgl. oben S. 206) gelobt; hier im „Timon" geht die Szene mit Penia und ihren nicht widerlegten Argumenten wahrscheinlich auf die Komödie und speziell den „Plutos" des Aristophanes zurück, wo Penia in einer ganz ähnlichen Konfrontation auf der Bühne gezeigt wird: Sie erscheint dort (v. 415–465), als die beiden Athener Chremylos und Blepsidemos den blinden Plutos – den Chremylos am Anfang des Stückes unerwartet getroffen und bei sich aufgenommen hat – zum Tempel des Asklepios bringen wollen, um ihm dort mittels eines Heilschlafes sein Augenlicht wieder geben zu lassen. Penia ist aufs äußerste erregt, weil sie fürchtet, mit dieser Maßnahme ganz und gar von der Erde vertrieben zu werden. Als die beiden Athener – nach anfänglichem Schreck – der wütenden Göttin die Stirn bieten, verspricht diese ihnen zu demonstrieren, dass sie – und nicht Plutos – für die Menschen die Urheberin alles Guten ist (467–471). In dem sich daraufhin entspinnenden großen Agon (487–609) bleibt Penia argumentativ Siegerin, wird aber von ihren Gegnern schließlich doch von der Bühne vertrieben; und ähnlich ergeht es ihr auch in Lukians „Timon": Zwar kommt es hier nicht zu einem regelrechten Agon, und die ganze Szene ist viel kürzer, doch gehen die Gestalt der Penia, das, was sie vorbringt, und nicht zuletzt ihr unbesiegtes Abtreten wahrscheinlich auf Aristophanes' „Plutos" zurück.

Der Weg scheint nun also frei zu sein, Timon erneut mit Plutos zu beglücken; doch tauchen in der nächsten (6.) Szene (c. 34–40) unerwartet neue Widerstände auf – diesmal ausgerechnet von Timon selbst, der gar nicht mehr reich werden, sondern nur noch in Ruhe gelassen sein möchte und kurz davor steht, die beiden Götter mit Steinen und Erdklumpen zu empfangen und Plutos auch noch eins mit der Hacke überzuziehen (c. 34). Hermes gelingt es, Timon etwas zu beruhigen (c. 35); aber Timon begründet ausführlich, warum er von Plutos nichts mehr wissen will und ihm die Penia deutlich vorzieht (c. 36f.). Nun aber fordert der bisher eher furchtsame Plutos selbst für sich das Recht, auf Timons Anklagen mit einer Verteidigungsrede zu antworten (c. 38). Nach diesem Plädoyer – und einigen weiteren beschwichtigenden Worten des Hermes – lässt Timon sich nunmehr tatsächlich dazu überreden, Plutos erneut aufzunehmen – nicht jedoch, ohne zuvor in paradoxer Weise klarzumachen, zu was man ihn damit zwingt (c. 39): „Sieh jedoch, (Hermes), in was für Schwierigkeiten du mich Unglücklichen damit bringst, der ich bis jetzt vollständig glücklich lebte und plötzlich so viel Gold empfangen soll, ohne etwas Böses getan zu haben,[30] und erneut so große Sorgen bekommen soll!"

Timon erweist sich also hier immer noch als treuer Schüler Penias, der Reichtum geradezu als Strafe empfindet; aber als in der nächsten (7.) Szene (c. 41–45) Hermes und Plutos von der Bühne verschwunden sind und Timon mit seiner Hacke auf den versprochenen Schatz stößt, bekommt er schlagartig wieder größtes Gefallen am Gold (c. 41f.). Das wirkt wie ein starker Bruch nach seinem soeben noch geäußerten Bekenntnis zu Penia, soll aber wohl die menschliche Schwäche gegenüber dem gelben Metall spöttisch illustrieren. Timon denkt immerhin auch nicht mehr daran, sein früheres Leben in Athen wiederaufzunehmen, sondern beschließt (c. 42–44[31]), sein Leben als unnahbarer Menschenhasser außerhalb der athenischen Gesellschaft in einem selbstgebauten Turm in der Einöde zu Ende zu leben.

Eine Reihe von kurzen, parallel aufgebauten Szenen (c. 46. 47f. 49–53. 54–57, dann Schlusstableau in 58) illustriert, wie er diesen Entschluss dann auch in die Tat umsetzt: Als Timons frühere sogenannte ‚Freunde' auf die Kunde von seinem neugefundenen Reichtum zusammenströmen, um sofort wieder daran zu partizipieren, fertigt er einen nach dem anderen mit Schlägen seiner Hacke ab: zunächst den gefräßigen Schmeichler Gnathonides (c. 46), dann den unverschämten Lobhudler Philiades (c. 47f.), den Redner und Politiker Demeas (c. 49–53) und schließlich den geldgierigen Philosophen Thrasykles (c. 54–57).

Dieser letzte ist eine für den Philosophenspott seit dem 4. Jh. v. Chr. (also nach der Alten Komödie) – und auch in einer Reihe lukianischer Schriften[32] – typische Figur; im Übrigen aber ist diese Abfolge kurzer gleichartiger Szenen ein charakteristisches Strukturelement der Alten Komödie:[33] Nach der sogenannten Parabase des Komödienchors – die ungefähr in der Mitte eines Stücks stattfindet und in der der Chor aus dem dramatischen Handlungsverlauf heraustritt und sich als Sprachrohr des Dichters direkt an die Zuschauer richtet – ist die eigentliche Handlung oft schon weitgehend zu Ende, und es folgt dann mehrfach eine Reihe untereinander ähnlicher sketchartiger Szenen, die vor allem den bis jetzt erreichten Stand des Geschehens illustrieren: So wird in den „Achar-

---

[30] Diese witzige Paradoxie – reich werden, ohne etwas Böses getan zu haben – dürfte direkt auf Aristophanes zurückgehen (*Plut.* 804f.).
[31] Dieser Beschluss ist als Parodie auf offizielle attische Volksbeschlüsse formuliert.
[32] Vgl. oben Kap. 4.3.2 und 4.3.3 (S. 149, 153, 162f.).
[33] Vgl. oben Kap. 3.3 (S. 95).

nern" der Held des Stücks, Dikaiopolis, nachdem er seinen Separatfrieden mit den Spartanern erfolgreich verteidigen konnte, in einer Reihe kurzer Handels- und Verkaufsszenen gezeigt, die vorführen, wie Dikaiopolis von diesem Frieden ökonomisch profitiert; so taucht in den „Vögeln" nach der Gründung des Vogelstaates Wolkenkuckucksheim eine Reihe von mehr oder minder zwielichtigen Gestalten auf, um ihre Dienste anzubieten; und noch im „Plutos" geht das Stück damit aus, dass eine Reihe von Leuten zu dem den Plutos beherbergenden Chremylos kommt – einschließlich des Gottes Hermes! –, weil sie von dem anwesenden Plutos profitieren wollen. Das Ende von Lukians „Timon" sieht ganz ähnlich aus: Timon fertigt die erneut zu ihm kommenden Speichellecker einen nach dem anderen kurz und schmerzhaft mit seiner Hacke ab und zeigt damit, wie er künftig zu leben gedenkt. Wenn dieser Schluss nicht direkt aus einer Komödienvorlage inspiriert ist, so wirkt er einem typischen Teil einer Alten Komödie zumindest sehr gut nachgestaltet.

Im „Timon" werden die Einflüsse, die Reichtum und Armut auf Menschen ausüben können, an einer „historischen Gestalt" des klassischen Athen demonstriert; in den „Anliegen an Kronos" (*Saturnalia*) werden die Gegensätze zwischen Armen und Reichen in einem zeitlos-zeitgenössischen Ambiente durchgespielt. Der erste Teil (c. 1–9) dieses – sich in mehrere durchaus heterogene Teile gliedernden[34] – Werks spielt an einem nicht näher definierten Ort als Gespräch zwischen dem Gott Kronos (≈ Saturnus) und seinem Priester[35] zum Zeitpunkt des Festes der Kronia,[36] wo für eine kurze Zeit die mythische Herrschaft des Kronos während des Goldenen Zeitalters wiederbelebt wird. Der Priester fragt Kronos nach der Art dieser seiner kurzen Herrschaft mitten im Winter; Kronos erzählt ihm, wie es dazu kam, und korrigiert nebenbei noch einige Schauermythen über sein angebliches Kinderauffressen und seinen Verlust der Herrschaft an Zeus (c. 5f.): Er habe diesem die Mühe des Regierens vielmehr freiwillig abgetreten und nur noch ein sorgenfrei sein Alter genießender Pensionär sein wollen (c. 7). Seine kurze Wiederübernahme der Herrschaft am Saturnalienfest solle die Menschen an die einstigen goldenen Zeiten erinnern; der Priester weist freilich darauf hin, dass die

---

[34] Vgl. die Übersicht oben in Kap. 3.4 (S. 98).
[35] Eine ähnliche Konstellation zeigt der „Widerlegte Zeus" (vgl. oben Kap. 5.2, S. 200).
[36] Dabei ist hier an den Zeitpunkt der römischen Saturnalien gedacht, die am 17. Dezember begannen (vgl. Sat. 9); die in Athen gefeierten Kronia fanden dagegen im Monat Hekatombaion, d.h. im späten Juli oder frühen August, statt.

meisten Menschen nicht einmal während dieser Zeit ihre Gier nach Gewinn vergäßen (c. 8).

Ein zweiter Teil (c. 10–18) besteht aus einer ‚Gesetzessammlung', als deren Autor ein „Kronosolon" firmiert, der also gewissermaßen „solonische" Gesetze für das Kronienfest verkündet: Arbeitsruhe, allgemeine Gleichheit, Pflicht zur fröhlichen Ausgelassenheit; wechselseitige Geschenke; Gelagevorschriften. In seiner „Praeambel" (c. 10–12) ermahnt Kronosolon vor allem die Reichen, sich an die von ihm erlassenen Gesetze zu halten. Der größte Teil der Praeambel erzählt, wie es zur Abfassung dieser Gesetze kam: Kronos habe ihn, Kronosolon, einmal besonders betrübt gesehen, als sein Fest nahte, und ihn gefragt, warum er so niedergeschlagen sei; da habe er ihm erzählt, dass ihm vor lauter Armut nicht sehr festlich zumute sei, während die Reichen im Überfluss lebten. Daraufhin habe Kronos ihn zur Abfassung von Gesetzen ermuntert und ihn zugleich deren Inhalt gelehrt, damit wenigstens in der Kronienfestzeit die Gegensätze zwischen Reich und Arm gemindert würden. Im Anschluss an diese Praeambel folgen dann die Gesetze; zunächst die „Ersten Gesetze" (c. 13), in denen ein generelles Arbeitsverbot (außer für gastronomische Berufe) und die völlige Gleichheit von Sklaven und Freien, von Armen und Reichen die wichtigsten sind; danach regeln die „Zweiten Gesetze" (c. 14–16), welche Festgaben die Armen und die Reichen sich gegenseitig schicken sollen; dabei sollen die Reichen die Armen auch bei der Begleichung von Schulden oder fälligen Mieten, falls die Armen diese nicht aufbringen können, unterstützen.[37] Der dritte Teil dieser Gesetzessammlung sind „Symposions-Gesetze" (c. 17f.), die den möglichst pfleglichen Umgang der Reichen und Armen miteinander während des Festsymposions regeln.

Der dritte und längste Teil ist eine Zusammenstellung von insgesamt vier „Briefen zum Kronienfest" (Ἐπιστολαὶ Κρονικαί, c. 19–39). Im ersten Brief („Ich an Kronos", c. 19–24) beklagt sich der arme Absender über die große soziale Ungleichheit zwischen Arm und Reich, stellt sich einen Gesellschaftszustand vor, in dem diese Ungleichheit entweder aufgehoben oder zumindest stark abgemildert wäre, und wünscht sich generell eine rücksichtsvollere Behandlung durch die Reichen. Im zweiten Brief („Kronos an mein außerordentlich geschätztes Ich", c. 25–30) weist

---

[37] Es gibt hier auch einige Sonderregelungen für arme Gebildete/Intellektuelle: Sie sollen im Vergleich zu den übrigen Armen das Doppelte erhalten und ihrerseits als Geschenk ein Zeichen ihrer Bildung schicken (z.B. ein eigenes Werk mit zum Fest passendem Inhalt).

der Gott deutlich darauf hin, dass eine generelle Neuaufteilung der gesellschaftlichen Vermögensverhältnisse nicht in seiner Macht, sondern nur in der des regierenden Götterkönigs Zeus liegt; er verspricht aber im Rahmen seiner Möglichkeiten (d.h. für das Kronienfest) Abhilfe (c. 25). Dann aber weist er darauf hin, dass die Reichen es keineswegs so gut haben, wie die Armen glauben, sondern in ständigen Ängsten um ihren Besitz und Status leben; deswegen habe auch er, Kronos, seine Herrschaft abgegeben (c. 26f.). Ferner müsse man die gravierenden gesundheitlichen Folgen bedenken, die sich die Reichen mit ihrem Luxus einhandeln; von all dem seien die Armen frei (c. 28).[38] Wenn die Armen die Reichen einfach mit Verachtung straften – dies der letzte wichtige Gedanke dieses Briefes –, dann würden die Reichen von selbst zu den Armen kommen, weil sie ihre Bewunderung brauchen (c. 29f.)! Im dritten Brief („Kronos an die Reichen", c. 31–35) versucht der Gott, nicht zuletzt mit dem gerade geäußerten Gedanken (die Armen als für die Reichen notwendiges Publikum) den Reichen schmackhaft zu machen, sich sozialer gegenüber den Armen zu verhalten. Im vierten („Die Reichen an Kronos", c. 36–39) erkennen die Reichen zwar Kronos' Hinweise grundsätzlich als berechtigt an, beklagen sich aber zugleich, dass die Armen immer mehr und mehr fordern und ebenfalls bei den Gastmählern weidlich über die Stränge schlagen würden (c. 37f.); wenn die Armen jedoch auch selbst ein gewisses Maß beachten wollten, könne man auf sie zugehen (c. 39).

Damit endet dieser Briefwechsel. Gegenüber den früheren Teilen der „Saturnalia" – in denen der Reichtum vor allem von seiner fragwürdigen Seite gezeigt wird – fällt auf, dass die Reichen hier das letzte Wort behalten; sie dürfen ihren Standpunkt verteidigen und die Armen kritisieren. Vieles in diesem kleinen „saturnalischen Corpus" erinnert an paradox-kynisches Gedankengut, wie es im „Hahn" vorkommt und auf Menipp zurückgehen könnte; die Zentrierung des ganzen auf das *römische* Fest der Saturnalien – auch der Gott Kronos ist hier eher ein oberflächlich gräzisierter Saturnus – weist auf jeden Fall in Lukians eigene Zeit.

Zum Abschluss dieses Kapitels soll eine Textgruppe behandelt werden, die man hier zunächst vielleicht nicht erwarten würde: In den „Hetärengesprächen" entsteht die Atmosphäre der attischen Neuen Komödie über 450 Jahre nach ihrer Blütezeit (um 300 v. Chr.) wieder neu: In dieser Komödienform spielt sich alles in der Regel im beschaulichen kleinen

---

[38] Ähnliche Gedanken finden sich auch im „Lob der Armut" im „Hahn" (vgl. oben S. 206).

bürgerlichen Rahmen auf einer Straße Athens ab.[39] Die Handlung dreht sich meist um eines oder mehrere Mitglieder einer gutsituierten Familie (Vater und Sohn, mit eventuell noch weiteren Angehörigen und etwas Personal), und stets geht es um eine Liebesgeschichte mit Komplikationen: Rivalitäten, Eifersüchten, Verwechslungen, zu umgehenden väterlichen Ge- oder Verboten; am Schluss aber kommt es regelmäßig zu einer Hochzeit, und alles endet in Wohlgefallen. Was *vor* dieser Hochzeit für die erwähnten Komplikationen sorgt, sind meistens Gestalten aus der athenischen Halbwelt – vor allem Hetären mit oder ohne Zuhälter – und immer wieder einmal auch Eindringlinge aus der großen weiten Welt außerhalb Athens, namentlich hellenistische Söldner, die polternd und prahlend auftreten, mit den attischen Bürgersöhnen um die Hetären konkurrieren usw. Spaß und Komik ins Geschehen bringen vor allem gewiefte Sklaven, die bei den Verwicklungen ihre Hände im Spiel haben, ihren jungen Herrn aber treu wie Gold sind; Köche, die für irgendwelche Festschmäuse gemietet werden müssen und sich dann so verhalten, als seien eigentlich sie der Mittelpunkt des Geschehens, und Schmeichleroder Schmarotzerfiguren („Parasiten"), die stets nur einen Wunsch haben (nämlich von ihrem Herumscharwenzeln zu profitieren, oder konkreter: sich satt essen zu können) und mit diesem Wunsch die Handlung oft weiter komplizieren.

Einen großen Teil dieses Personals treffen wir auch in Lukians „Hetärengesprächen" wieder an;[40] Lukian hat sich in diesen mehr oder weniger kurzen Dialogen (von zwei bis fünf Druckseiten Länge) natürlich vor allem auf die Hetären konzentriert. Hetären spielten auch in manchen Stücken der Neuen Komödie mehr als nur eine Nebenrolle und avancierten mitunter sogar zu Titelfiguren;[41] in Menanders „Epitrepontes" wird der gute Ausgang des Stücks niemandem so sehr wie der Hetäre Habrotonon verdankt. Auf der attischen Bühne scheinen Hetären zunächst nur die Rolle von stereotypen ‚femmes fatales' gespielt zu haben, die die ihnen verfallenen Männer bis auf den letzten Obolos aussogen;[42] in der

---

[39] Nur sehr gelegentlich ist der Schauplatz auch einmal ein anderer, wie die attische Einöde in Menanders „Dyskolos".
[40] Jedoch keine Komödienväter, keine Komödienköche und auch keine Parasiten; und Sklaven kommen nur in Nebenrollen vor.
[41] Vgl. Menanders „Thais" (fr. 163–169 K.-A., und dazu *Rhet. Praec.* 12).
[42] Aus der Mittleren Komödie sind uns noch mehrere lange Tiraden gegen solche männerverschlingenden Monstren erhalten (vgl. Eubulos fr. 97 K.-A.; Antiphanes fr. 2 K.-A.; Anaxilas fr. 22 K.-A.; Alexis fr. 103 K.-A.; Aristophon fr. 4 K.-A.; Epikrates fr. 3,10–13 K.-A.). Vgl. NESSELRATH 1990a, 322f.

Neuen Komödie wurden sie dann aber offensichtlich zunehmend differenzierter gezeichnet, und gerade bei Menander ist der Typ der ‚guten' Hetäre sehr weit entwickelt (vgl. Habrotonon in den „Epitrepontes", Chrysis in der „Samia"). Ähnlich differenziert hat Lukian dann auch seine Hetären dargestellt: von ganz naiven jungen Mädchen und solchen, die sich wirklich in einen Mann verlieben und darüber vergessen, dass die Liebe ja eigentlich ihr Geschäft sein soll, bis hin zu den kalkulierenden, die ihren Kolleginnen auch Ratschläge geben, wie sie die ihnen zugewandten Männer noch mehr an sich fesseln (und dadurch auch mehr aus ihnen herausholen) können.[43]

Eine große Anzahl dieser insgesamt fünfzehn Gespräche wirkt wie eine Umsetzung einer tatsächlichen Komödienszene in Prosa. Solche Transpositionen scheinen in der Rhetorenschule geübt worden zu sein (zur Beförderung des Stils und der Formulierungskünste), und Lukian ist jedenfalls auch nicht der erste, von dem wir Produkte solcher Umformungen überliefert haben.[44] Leider lässt sich keines von Lukians „Hetärengesprächen" mit dem komischen Drama vergleichen, aus dem es transponiert wurde; doch wird in Gespräch Nr. 2 eine Situation entwickelt, die in manchem mit einer Sequenz in Terenz' Komödie „Andria" vergleichbar ist: Eine von ihrem Liebhaber bereits im achten Monat schwangere Hetäre fühlt sich von diesem zugunsten einer bürgerlichen Braut verraten, was aber auf einer Fehlinformation beruht; und im Gespräch Nr. 11 kann man sich an die Ausgangssituation der „Epitrepontes" erinnert fühlen, da auch hier jemand eine Hetäre nicht aus Interesse an ihr selbst, sondern aus Liebeskummer wegen einer anderen gemietet hat.

In zumindest einigen dieser Gespräche wird bemerkenswerterweise nun auch eine „dunklere" Seite des Hetärenlebens sichtbar: die wirtschaftliche Notlage, die die Hetären dazu zwingt, ihren von der „besseren" Gesellschaft oft mit moralischer Verachtung gestraften Beruf aus-

---

[43] In Gespräch Nr. 14 sperrt eine ihren bisherigen Liebhaber, einen nicht besonders zahlungskräftigen Seemann, sogar aus, weil seine Gaben nicht mit denen eines reichen Kaufmanns konkurrieren können.
[44] HELM 1906, 175 hat auf die 59. Rede des Dion von Prusa hingewiesen, in der ein Monolog des Odysseus und ein anschließender Dialog zwischen Odysseus mit Philoktet aus einer attischen Tragödie – sehr wahrscheinlich dem verlorenen „Philoktet" des Euripides (vgl. fr. 787–789d KANNICHT) – transponiert worden sind. Auch Dions 58. Rede, ein Zwiegespräch zwischen dem jungen Achill und seinem Erzieher, dem Kentauren Chiron – das in mancher Hinsicht den lukianischen „Göttergesprächen" ähnelt – könnte einer solchen Umformung ihre Entstehung verdanken.

zuüben. In drei Gesprächen steht eine junge Hetäre im Fokus, die von ihrer Mutter in Sachen ihres ‚Berufes' unterrichtet oder wegen eines bestimmten Fehlverhaltens zurechtgewiesen wird, und in allen drei Fällen erinnert die Mutter ihre Tochter daran, dass ihrer beider schlechte wirtschaftliche Lage das Hetärendasein der Tochter erforderlich macht:[45] In Gespräch Nr. 3 stellt die Mutter ihre Tochter Philinna zur Rede, weil sie in eifersüchtigem Zorn ihren Liebhaber verächtlich behandelt hat, der doch bisher so freigiebig war (c. 1). Philinna verteidigt sich damit, dass sie dies getan habe, um Diphilos für sein eigenes schlechtes Verhalten ihr gegenüber zu bestrafen (2). Die Mutter hält diese ‚Bestrafung' jedoch für äußerst unklug (c. 3):

„Ist dir nicht klar, meine Tochter, dass wir arm sind, und erinnerst du dich nicht, wie viel wir von ihm bekommen haben und was für einen Winter wir letztes Jahr hätten durchmachen müssen, wenn Aphrodite ihn nicht zu uns geschickt hätte?"

Und als Philinna erwidert: „Na und? Soll ich mich deshalb von ihm schlecht behandeln lassen?", bleibt die Mutter hartnäckig (ebd.):

„Na, dann ärgere dich, aber behandle ihn nicht deinerseits schlecht! Weißt du nicht, dass Liebende aufhören zu lieben, wenn man sie schlecht behandelt? [...] Und pass auf, dass das Seil nicht reißt, wenn du zu stark daran ziehst!"

Dieser verbale Schlagabtausch bringt gut zum Ausdruck, in welcher wirtschaftlichen Notlage sich die Hetären befinden und wie sie sich dementsprechend verhalten müssen – nicht nur in der Zeit der Neuen Komödie, sondern auch noch in der Lukians.

Die wirtschaftlichen Zwänge, denen Hetären ausgesetzt sind und die sie zu dieser Lebensweise zwingen, stehen auch im Hintergrund des Gesprächs Nr. 6. In diesem Text beglückwünscht die ältere Krobyle ihre Tochter Korinna dazu, dass sie ihren ersten Lohn von ihrem ersten Liebhaber erhalten hat, eine Mine (eine ziemlich beträchtliche Summe), aber sie weist ebenfalls darauf hin, dass dieser ‚Lohn' auch dringend benötigt wird (c. 1): Seit dem Tod von Krobyles Ehemann – der ein angesehener

---

[45] Dass Lukian einen solchen sozialkritischen Zug in diese kleinen Lesedramen hineinbringt, kann vielleicht vor allem zeigen, dass es ihm bei seinen Hetärendarstellungen nicht um moralische Kritik ging.

Schmied war – vor zwei Jahren sind seine Frau und seine Tochter immer tiefer in die Armut gesunken, und das bisschen Handarbeit, das Krobyle ab und zu machen kann, reicht kaum aus, um sie am Leben zu erhalten; daher setzt sie all ihre Hoffnung darauf, dass ihre Tochter eine attraktive Hetäre wird. Als Korinna begreift, was ihre Mutter von ihr will, ist sie nicht gerade überglücklich; sie bricht sogar in Tränen aus (c. 2). Deshalb versucht ihre Mutter, sie dazu zu bringen, auch die positiven Seiten zu sehen (ebd.): Sie wird sich schöne Kleider und Schmuck kaufen können und einen wohlhabenden Lebensstil führen! Und als Korinna beginnt, Interesse zu zeigen, entfaltet Krobyle ein ganzes Vademecum darüber, was eine wirklich erfolgreiche Hetaira zu tun und wie sie sich zu verhalten hat (c. 3).[46]

Ein weiteres Beispiel für den wirtschaftlichen Druck, dem die Existenz einer Hetäre ausgesetzt ist, findet sich in Gespräch Nr. 7. Hier wird die junge Hetäre Musarion von ihrer Mutter gescholten (c. 1), weil ihr schöner junger Liebhaber Chaireas ihr bisher nicht nur nichts gegeben hat – außer netten Versprechungen, was er ihr geben wird, wenn er das reiche Vermögen seines Vaters erbt –, sondern er leiht sich sogar etwas von ihr und verprasst das Geliehene dann bei Zechgelagen mit seinen Freunden! Musarion versucht sich zu verteidigen, indem sie behauptet (ebd.), Chaireas habe ihr versprochen, sie zu heiraten, wenn er ein gutes Erbe gemacht hat, aber die Mutter bleibt skeptisch (c. 4):

„Erwartest du, dein ganzes Leben lang achtzehn zu sein, Musarion? Oder dass Chaireas die gleiche Einstellung haben wird, wenn er sein Vermögen hat und seine Mutter ihm eine Ehe findet, die viele Talente bringt? Wird er sich dann noch an die Tränen, die Küsse und die Schwüre erinnern, wenn er auf eine Mitgift von, sagen wir, fünf Talenten schaut?"

Die eisernen Gesetze der Ökonomie stehen auch hinter der Szene, die sich in Gespräch Nr. 14 entfaltet. Hier beklagt sich der Matrose Dorion bitterlich darüber, dass die Hetäre Myrtale ihn abserviert und ihre Gunst

---

[46] Uns mag es widerlich vorkommen, dass die eigene Mutter eine Tochter zu solchem Erwerb anhalten will; aber eben deswegen lässt Lukian die Mutter im Gespräch ausführlich darlegen, in welch verzweifelten wirtschaftlichen Verhältnissen sie und ihre Tochter sich seit dem Tod ihres Mannes befinden; und man darf nicht vergessen, dass eine Athenerin kaum einen anderen ‚Beruf' ergreifen konnte und ihr eine anständige Ehe – das gewöhnliche Ziel ihres Lebens – nur bei Vorhandensein einer guten Mitgift offenstand.

auf einen reichen bithynischen Kaufmann übertragen hat – und das, obwohl er, Dorion, ihr immer so viel gegeben hat (c. 1)! Myrtale reagiert auf diese Vorwürfe ziemlich kühl und fordert Dorion auf, alles aufzuzählen, was er ihr gegeben hat (c. 2). Die Liste ist freilich nicht sehr beeindruckend: ein Paar Schuhe aus Sizilien, eine Dose phönizische Salbe, Zwiebeln aus Zypern, fünf Schellfische und vier Barsche, acht Laibe Schiffsbrot, ein Krug Feigen aus Karien, ein Paar vergoldete Pantoffeln aus Patara und ein großer Käse aus Gythion, dazu eine Reihe kleiner Beträge für Myrtales Mutter und Sklavin. All diese Kleinigkeiten können nicht mit den Geschenken von Myrtales neuem bithynischen Liebhaber mithalten (c. 3): ein kostbares Kleid und eine teure smaragdene Halskette sowie neue Ohrringe, ein neuer Teppich, dazu die Summe von zwei Minen und die Miete für ihr Haus! Dorions letztes Argument ist, dass Myrtales neuer Liebhaber weit über fünfzig ist und auch so aussieht (c. 4); doch Myrtale lässt sich davon nicht beirren, denn ihre wirtschaftliche Sicherheit und ihr Gewinn stehen eindeutig im Vordergrund.

Sicherlich bilden die Hetärengespräche, in denen die wirtschaftliche Situation dieser „käuflichen" Damen in der gerade skizzierten Weise thematisiert wird, eine Minderheit (vier von fünfzehn), und die Mehrzahl dieser Gespräche evoziert insgesamt recht harmlose Komödienszenen;[47] doch bleibt die Empathie, mit der Lukian in den vier skizzierten Gesprächen den sozialen Hintergrund ausleuchtet, der die Hetären zu ihrem Metier veranlasst, bemerkenswert.

Gerade die „Hetärengespräche" dürften deshalb zeigen, dass Lukian bei seiner Behandlung des Themas „Reich und Arm" doch nicht nur kynische Gemeinplätze wiedergibt, wie er sie wahrscheinlich bei Menipp lesen konnte; es sei zumindest die Vermutung gewagt, dass sein eigener familiärer Hintergrund – falls der im „Traum" kein reines Phantasiegemälde ist – hier eine Rolle gespielt haben könnte.

---

[47] Mit vielleicht einer Ausnahme, und selbst die dürfte heute weitaus weniger Anstoß erregen, als sie es früher getan hat: In Gespräch Nr. 5 wird nämlich eine lesbische Beziehung angedeutet, und wegen dieses Themas – nicht wegen der Sprache, in der Lukian es behandelt hat, denn die ist völlig unanstößig und sehr dezent – hat Wieland dieses Gespräch als einziges von den „Hetärengesprächen" nicht übersetzt. Doch ist auch diese Szene nicht nur deshalb bemerkenswert, weil sie eine eher wohlhabende Frau zeigt, die ihre homosexuelle Neigung offen ausleben und eine Beziehung mit einer Hetäre eingehen kann, sondern auch, weil die Hetäre eine solche Beziehung pragmatisch akzeptiert – offenbar, weil auch hier ökonomische Hintergründe eine Rolle spielen.

7. Von Griechen und Nichtgriechen: Gegensatz und Gleichberechtigung

In mehreren seiner Werke lässt Lukian Griechen und Nichtgriechen aufeinander treffen und dabei ihre Gegensätze, aber auch Gemeinsamkeiten artikulieren. Bei den Nichtgriechen handelt es sich dabei in der Regel um Leute, die ihre Heimat freiwillig verlassen haben und nach Griechenland gekommen sind, um die griechische Kultur und Bildung kennenzulernen – also genau das tun, was offenbar auch der junge Lukian getan hat.[1] Zwei von den Masken, mit denen der Autor Lukian selbst in einigen seiner bedeutendsten Werke auftritt, inszenieren geradezu seinen Ursprung aus dem syrischen Grenzbereich des Imperium Romanum: Im „Doppelt Verklagten" stellt die Anklägerin Rhetorik bei dem ‚Syrer' – dem sie vorwirft, sie in unschöner Weise verlassen zu haben, nachdem er so viel von ihr profitiert hatte – deutlich heraus, er sei „in seiner Sprache noch ein Nichtgrieche" gewesen (c. 27), als sie ihn kennenlernte; und in „Die Wiederauferstandenen, oder: Der Fischer" bekennt sich Lukians Alter Ego Parrhesiades ebenfalls dazu, „ein Syrer von denen, die am Euphrat wohnen" zu sein, beansprucht aber gleichzeitig, damit in keiner Weise Vertretern griechischer Philosophie unterlegen zu sein (c. 19). Von einem sophistischen Konkurrrenten oder Gegner jedoch mit dem Vorwurf konfrontiert, ein „Barbar in seiner Sprache" zu sein, reagierte er in „Der Pseudo-Kritiker" mit einer der schlimmsten Invektiven, die aus der Antike erhalten sind.[2] Dass Lukian den Anspruch erhob, durch seine eigene Paideia jedem aus urgriechischen Landen stammenden Sophisten ebenbürtig zu sein, wird auch dadurch demonstriert, dass er sich selbst in deutlich mehr Texten unter dem griechischen Namen „Lykinos" denn als Syrer oder aus Syrien stammenden „Sohn der freien Rede" inszeniert.

Daneben macht er sich gelegentlich aber auch einen Scherz daraus, den Spieß einmal umzudrehen und gerade aus dem „griechischsten" aller Dichter und wichtigsten Autor klassischer griechischer Bildung einen Barbaren zu machen:[3] Als „Lukian" im zweiten Buch seiner „Wahren Geschichten" auf der Insel der Seligen Homer trifft und ihn nach seiner Herkunft – ein in der antiken Homer-Biographie außerordentlich umstrit-

---

[1] Vgl. oben Kap. 1.2.2 (S. 28f.) und 1.2.3 (S. 32–34).
[2] Vgl. oben Kap. 4.1.2 (S. 109–112)
[3] In ähnlicher Weise versucht auch der christliche Apologet Tatian, Lukians syrischer Landsmann und Zeitgenosse, das „Barbarentum" gegenüber der griechisch-römischen Paideia aufzuwerten: vgl. NESSELRATH 2015a, 131–133.

tenes Thema – fragt, antwortet Homer ohne Zögern, er stamme aus Babylon und habe ursprünglich Tigranes geheißen[4] (c. 20) – womit er ursprünglich noch erheblich weiter vom griechischen Kultur- und Sprachraum entfernt gewesen wäre als Lukian! Eine kreative Reaktion, auf die Vorwürfe, ein „Barbar" zu sein, war es also, umgekehrt aus Griechen Barbaren zu machen. Im „Hahn" lässt Lukian die Titelfigur – den ehemaligen Euphorbos und Pythagoras – Homer sogar jegliche Wissenskompetenz absprechen, was den Trojanischen Krieg betrifft: Wie sollte Homer hier etwas richtig darstellen können, wo er doch zur Zeit dieses Krieges ein Kamel in Baktrien, d.h. Zentralasien, war (c. 17)? Auf diese Weise wird die „Gräzität" des Dichters Homer massiv unterminiert – wenn aber dieser ehemalige Barbar es so weit in der griechischen Paideia brachte, warum sollte dies dann nicht auch anderen Nichtgriechen möglich sein? Lukian verfolgt dieses Thema weiter in drei Werken, in denen ebenfalls prominente Nichtgriechen den Weg in den griechischen Kulturraum antreten und dort auf Augenhöhe mit gebildeten Griechen interagieren.

Die in der Vorrede „Der Skythe" erzählte Geschichte versetzt ihr Publikum zunächst in das archaische Athen der Zeit Solons zurück: Hierhin sei der einfache Skythe Toxaris gekommen und habe so sehr Gefallen an der griechischen Stadt gefunden, dass er nicht mehr in seine Heimat zurückgekehrt, sondern in Athen geblieben sei (c. 1); und nach seinem Tod sei er sogar zu einem Heros mit heilenden Kräften geworden, der sich dann zur Zeit der großen Seuche in der Anfangsphase des Peloponnesischen Krieges als Wohltäter der Stadt erwiesen habe, und deshalb werde bis heute sein Grabmal – das hier eine kleine Ekphrasis erhält – in Ehren gehalten (c. 2). Noch zu Lebzeiten des Toxaris sei dann ein weiterer Skythe, der aus königlichem Geschlecht stammende Anacharsis, nach Athen gekommen und habe hier durch die Vermittlung des Toxaris die Bekanntschaft des berühmten Atheners Solon machen können, der sich dann rasch bereit zeigte, Anacharsis mit Athen und seinem kulturellen Leben vertraut zu machen (c. 3–8). Im Schlussteil (c. 9–11) vergleicht der Sprecher nun bemerkenswerterweise sich selbst – einen jungen Syrer,[5] der vor kurzem ins griechische Makedonien (c. 9) gekommen ist – mit dem jungen Anacharsis; dieser fand seinen Patron in Solon, und der Sprecher dieser Vorrede hofft, ähnliche Patronage bei den zwei bedeutendsten

---

[4] Vgl. NESSELRATH 2002, 152–156.
[5] Die skizzierte Situation ist nicht ganz unähnlich der von der Anklägerin Rhetorik im „Doppelt Verklagten" beschriebenen (vgl. oben Kap. 1.2.3, S. 33f.).

Männern – Vater und Sohn – dieser makedonischen Stadt zu finden, deren Loblied er in den letzten zwei Kapiteln des Textes singt (c. 10f.).

In diesem Text treten also zwei Skythen auf, die eine gründliche griechische Akkulturation erfahren haben; aber während wir von Toxaris in der griechischen Literatur vor Lukian nichts hören, ist Anacharsis schon lange zuvor eine dem griechischen Publikum bekannte und vielleicht sogar vertraute Figur: Schon Herodot erzählt (4,76f.), dass Anacharsis – immerhin der Bruder eines skythischen Königs – nach Griechenland kam, um griechische Kultur und Bildung kennenzulernen, dass er dann aber bei seiner Rückkehr, als er griechische Mysterien in Skythien heimisch machen wollte, von seinem eigenen Bruder, dem König, durch einen Pfeilschuss getötet wurde. Während er auf diese Weise bei seinem eigenen Volk als ‚hellenisierter' Skythe nur wenig Anklang fand, reüssierte er dafür umso mehr in seinem Gastland: Bereits Platon erwähnt ihn in seinem „Staat" (10, 600a) als einen Mann mit praktischer Erfindungsgabe, und bald darauf wird er sogar als Nichtgrieche (!) in den Kreis der Sieben Weisen aufgenommen.[6] Vielleicht erklärt sich durch diese ‚intellektuelle Nobilitierung', dass man ihn dann auch mit Solon zusammenbrachte, wie dies in Plutarchs Solon-Vita (c. 5,1–3) und eben bei Lukian geschieht;[7] dieses biographische Detail ist jedenfalls die Voraussetzung für die in „Der Skythe" erzählte Geschichte und den Dialog „Anacharsis" (vgl. unten). Der Skythe Anacharsis ist dann in der griechischen Literatur fast so etwas wie der ‚ideale Wilde' geworden, der die griechische Welt und Zivilisation mit wachen und kritischen Augen von außen betrachtet.[8] Unter dem Namen des Anacharsis sind insgesamt zehn fiktive Briefe erhalten, von denen die ersten neun wahrscheinlich aus dem 3. Jh. v. Chr und der 10. wohl noch aus dem Jahrhundert davor stammen; der Tenor dieser Briefe ist durchgehend kynisch.[9] In diesen Briefen, die in einem Fall (*ep.* 1) an die Athener allgemein, sonst an verschiedene bedeutende Individuen gerichtet sind (Solon, Kroisos, u.a.), stellt Anacharsis dem griechischen Luxusleben das einfache und zweckmäßige Leben

---

[6] Das wurde laut Diogenes Laertios (1,41) schon im 4. Jh. v. Chr. durch den griechischen Geschichtsschreiber Ephoros bezeugt. Dagegen polemisiert der Geschichtsschreiber Diodor (9,5).
[7] Vgl. auch Diog. Laert. 1,101f.; KINDSTRAND 1981, 39f.
[8] Vgl. Voltaires „L'Ingénu".
[9] Dies ist am deutlichsten im 5. Brief zu spüren, den Cicero in *Tusc.* 5,90 ins Lateinische übersetzt hat.

der Skythen gegenüber und prangert auch andere menschliche Schwächen und Laster – tyrannische Herrschaft und Fremdenverachtung – an.[10]

Der Dialog „Anacharsis" knüpft an die Vorrede „Der Skythe" mehr oder weniger direkt an: Dort hatte Toxaris seinen Landsmann Anacharsis mit Solon bekannt gemacht, damit er von diesem möglichst rasch möglichst viel von griechischen Sitten und Gebräuchen lerne; und der Dialog führt dann direkt vor, wie Solon Anacharsis mit sehr typischen griechischen (teilweise auch speziell athenischen) Einrichtungen – in diesem Fall vor allem (aber nicht nur) den sportlichen Übungen in Gymnasion und Palaistra – vertraut zu machen versucht; bemerkenswerterweise zeigt sich Anacharsis zwar durchaus als wissbegierig, aber auch als ziemlich kritisch und teilweise geradezu aufmüpfig. Ort des Geschehens ist das athenische Lykeion (vgl. c. 7).

Das Thema, das Solon und Anacharsis in diesem Dialog erörtern, kommt gelegentlich auch in kynischem Ambiente vor,[11] ist aber kein wesentlich kynisches:[12] Der Untertitel der Schrift lautet „Über die Sportübungen". Es geht also um einen für die Griechen recht zentralen Bestandteil ihres kulturellen Lebens: die sportliche Agonistik, über die Anacharsis als Nichtgrieche sich außerordentlich wundert, wie seine Beschreibung dessen, was er im Gymnasion sieht, zeigt (c. 1–4). Gerade Anacharsis über dieses Thema sprechen zu lassen, ist übrigens keine Erfindung Lukians: Schon Dion von Prusa lässt ihn in seiner 32. Rede (c. 44) einige recht bissige Bemerkungen über das griechische Sportwesen machen.[13] Das Thema als solches ist noch wesentlich älter: Bereits der Vorsokratiker Xenophanes hat sich kritisch über die Athletik und die Bedeutung, die die Griechen ihr – in Xenophanes' Augen zu Unrecht – beimaßen, geäußert.[14]

---

[10] Zu den Anacharsisbriefen vgl. REUTERS 1957 und REUTERS 1963.
[11] Vgl. die 9. Rede („Isthmikos") des Dion von Prusa, in der Diogenes von Sinope die Isthmischen Spiele bei Korinth besucht und sich über die Spiele und die Athleten lustig macht (c. 10–22).
[12] Der kynische Gehalt des Dialogs wurde in der Vergangenheit zum Teil recht kontrovers diskutiert; vgl. die Übersicht bei KINDSTRAND 1981, 66 Anm. 60. KINDSTRAND selbst sieht die kynische Komponente zurückhaltend (1981, 67): „I doubt if the Cynic view provides the ultimate reason for the dialogue, although it certainly contributed [...] neither Anacharsis nor Solon should be regarded as a Cynic."
[13] Vgl. auch Diog. Laert. 1,103f. Vgl. zu diesem Thema auch KINDSTRAND 1981, 58f. 65 und 117f.
[14] Xenophanes: VS 21 B 2 (= fr. 2 WEST). Vgl. ferner Tyrtaeus fr. 12 WEST, Euripides fr. 282 KANNICHT und noch Iuvenal 10,356: *orandum est ut sit mens sana in*

Warum greift Lukian ein solches Thema auf? Um echte Kritik wie bei Xenophanes dürfte es ihm kaum gegangen sein; dafür wird das Thema insgesamt zu heiter und unbeschwert behandelt, und dafür ist auch Anacharsis' Gegenüber Solon ein zu hochkarätiger Verteidiger des griechischen Glaubens an die erzieherische Wirkung des Sports. Die Schrift lässt sich wohl vor allem unter zwei Gesichtspunkten betrachten. Zum einen unter dem der Paradoxie: Wie Lukian mehrfach Gegenstände oder Erscheinungen lobend herausstellt, die eigentlich nicht zu loben sind – die Fliege; den Tyrannen Phalaris; den Parasiten sogar ebenfalls in Dialogform –, so tut er hier einmal gerade das Umgekehrte, indem er etwas mit Kopfschütteln betrachten lässt, was in seiner Nützlichkeit anzuzweifeln einem Griechen nie in den Sinn gekommen wäre; anstelle eines paradoxen Enkomions haben wir hier also einmal einen paradoxen Psogos („Tadel"). Zum anderen treffen hier aber auch ein bedeutender Grieche und ein prominenter Nichtgrieche aufeinander und diskutieren kontrovers über einen zentralen Aspekt der griechischen Kultur;[15] und dabei zeigt sich, dass der Nichtgrieche dem Griechen durchaus Paroli bieten kann.

In den einleitenden Kapiteln jedenfalls (c. 1-13) gibt Lukian einer spöttisch tadelnden Bestandsaufnahme der griechischen Agonistik durch den Skythen – der doch eigentlich da ist, um sich von seinem griechischen Gesprächspartner in die griechische Kultur einführen zu lassen – breiten Raum: Anacharsis beschreibt zunächst detailliert, was für seltsame Übungen – in seinen nichtgriechischen Augen – die jungen Griechen in der Palaistra da miteinander anstellen (c. 1–4): sich im Schlamm wälzen wie die Schweine, mit den Köpfen zusammenkrachen wie die Böcke, sich umeinanderwinden und wieder entgleiten wie die Aale, sich gegenseitig mit Sand bewerfen wie scharrende Kampfhähne (c. 1f.). Insgesamt bietet Lukian hier eine vergnügliche Ekphrasis, die dem griechischen Zuhörer vertraute Vorgänge in interessanter Verfremdung darbietet[16] und deren humorvoller Unterton durch die gerade genannten Tiervergleiche nicht unerheblich gesteigert wird.

---

corpore sano. Zur Kritik an Athleten bei Isokrates und bei Lukians Zeitgenossen Galen vgl. BRANHAM 1989, 87. Zur kritischen Attitüde gegenüber dem griechischen Sport speziell bei Nichtgriechen vgl. Plat. *Symp.* 182b-c und KINDSTRAND 1981, 58f.
[15] Vgl. KINDSTRAND 1981, 67: „The vital point here [...] is that Anacharsis, a barbarian, criticizes a typically Greek custom."
[16] Vgl. BRANHAM 1989, 88–90. Ähnlich wird die Ekphrasis des Dionysos-Zuges in der Prolalia „Dionysos" aus nichtgriechischer (nämlich indischer) Perspektive gegeben; vgl. NESSELRATH 1990b, 136.

An diese Beschreibung schließt Anacharsis nun die Frage an (c. 5): wozu dieses in seinen Augen wahnsinnige Treiben? Solon gibt als erste Antwort (c. 6), das alles sei zwar skythischen Augen sicher fremd, aber dennoch sowohl angenehm (ἡδύ) als auch nützlich (λυσιτελές), aber das überzeugt den Skythen in keiner Weise (ebd.): „Wenn jemand von euch so etwas mit mir machen wollte, wird er bald wissen, dass wir (Skythen) das Krummschwert nicht nur umsonst an unserer Seite tragen!" Er möchte dann aber doch wissen, was die jungen Griechen da eigentlich genau machen (c. 7 a.A.), und Solon nennt ihm nun geduldig die einzelnen Wettkampfarten und fügt hinzu, dass auf die Sieger auch Kampfpreise warten (c. 7f.). Das interessiert Anacharsis; aber als er hört, in was für Dingen diese Kampfpreise bestehen – einem Kranz aus wildem Ölbaumlaub in Olympia, aus Pinienlaub an den Isthmischen Spielen, aus Eppich in Nemea, aus Äpfeln in Delphi –, da kann er sich vor Lachen nicht mehr halten und stellt sarkastisch fest: „Da hast du wirklich ganz eindrucksvolle und würdige Kampfpreise genannt [...], als ob der, der Lust darauf hat, nicht ohne Mühe an Äpfel kommen oder sich mit Eppich oder Pinienlaub bekränzen könnte, ohne dafür sein Gesicht mit 5chlamm zu beschmieren oder sich von seinen Gegnern in den Bauch treten zu lassen!" (c. 9).

Solon versucht nun, Anacharsis den *symbolischen* Wert dieser Auszeichnungen klarzumachen, verfehlt damit aber seine Wirkung ebenso wie mit dem Hinweis auf die großen Zuschauermengen, die dem athletischen Sieger nahezu gottgleiche Verehrung entgegenbringen (c. 10). Was, fragt Anacharsis zurück, so unangenehme Dinge muss man auch noch vor einer großen Menge Leute mit sich machen lassen?

> „Wenn bei uns Skythen, Solon, einer einen anderen von seinen Mitbürgern schlägt oder ihn angreift und umwirft oder die Kleider zerreißt, dann belegen ihn unsere Ältesten mit hohen Strafen, auch wenn einer das nur in Gegenwart weniger Zeugen erleidet, geschweige denn vor so großen Zuschauermengen, wie es sie nach deiner Darstellung am Isthmos oder in Olympia gibt."

Und haben diese ganzen Leute denn nichts besseres zu tun? (c. 11) Als Anacharsis dann auch noch hört, dass nicht alle Teilnehmer, sondern nur ein einziger – eben der Sieger – nach der ganzen Mühsal einen dieser lächerlichen Kampfpreise bekommt, wird seine Verwunderung noch größer (c. 13).

Kap. 7: Von Griechen und Nichtgriechen 231

An diesem Punkt beginnt Solon, den Sinn der griechischen Agonistik von einer anderen Seite her zu erläutern, indem er auf ihren wichtigen Platz in der griechischen Erziehung und politischen Ordnung hinweist (c. 14). Davon möchte Anacharsis nun in der Tat mehr hören und stellt seine provozierend-spöttischen Fragen – fürs erste – ein. Da nun inzwischen die Mittagssonne heiß vom Himmel brennt,[17] bittet Anacharsis darum, dass man sich in den Schatten setzen möge; er wundert sich sogar, dass Solon diese Hitze so gar nichts auszumachen scheint – worauf Solon sich nicht verkneifen kann zu bemerken, das sei eben auch eine der positiven Folgen athletischer Übungen (c. 16). Nach einem sehr urban-höflichen Zwischengespräch (c. 17–19)[18] beginnt Solon dann eine recht umfassende Darstellung der athenischen Erziehung von Seele und Körper der jungen Polismitglieder (c. 20–30).[19] In diesem langen Vortrag des Atheners par excellence Solon – er wird nur in c. 21 von einem kurzen dialogischen Zwischenstück unterbrochen – ist nichts mehr von dem anfänglichen paradoxen Psogos der griechischen Agonistik zu spüren, sondern hier wird das genaue Gegenteil vorgeführt, nämlich ein ausführliches Enkomion auf die sportlichen Übungen, eingebettet in eine idealisierende Präsentation der athenischen Vorstellung von der rechten Erziehung junger Menschen zu mündigen Staatsbürgern.[20]

Wer nun aber glaubt, dass Anacharsis sich durch dieses von Solon entfaltete eindrucksvolle Panorama athenischen Lebens von seiner früheren Kritik am griechischen Sport habe bekehren lassen, der sieht sich bald getäuscht: Anacharsis – und das wirkt nach Solons langem Vortrag ziemlich überraschend – fällt nämlich sofort (c. 31–33) etwas ein, was ihn bei seiner kritischen Haltung bleiben lässt: Solon hatte von dem Nutzen der Agonistik auch für den Krieg gesprochen – wollen die Athener also etwa

---

[17] Wir erhalten also auch Hinweise auf den äußeren Rahmen des Gesprächs, das wir uns insgesamt in einem athenischen Gymnasion zu denken haben.
[18] Solon bittet Anacharsis, zwischendurch auch gern kritische Fragen zu stellen; Anacharsis hält sich dazu aber gar nicht für in der Lage und bittet seinerseits Solon, seine Darstellung möglichst einfach und knapp zu halten, da er zu einem Nichtgriechen spreche.
[19] In c. 20–23 geht es um die Erziehung der Seelen – die Solon auf Anacharsis' Wunsch sogar etwas länger ausführt als er selber ursprünglich wollte –, in c. 24–30 um die Ertüchtigung der Körper.
[20] Diese Ausführungen des lukianischen Solon erinnern vielleicht nicht im Wortlaut, so aber im Geist durchaus an die berühmte – die athenischen politischen und pädagogischen Prinzipien ähnlich idealisierende – Leichenrede des Perikles im 2. Buch des Thukydides (c. 39–45). Lukian könnte diese Äußerungen seines Solon auch als Hommage an seine Wahlheimat Athen gedacht haben.

so, als nackte Athleten, in den Kampf ziehen? Eine Ausbildung an Waffen wäre da doch wohl wesentlich sinnvoller! Als Solon – mit einem kritischen Seitenblick auf die „Wildwestzustände" bei den Skythen (c. 34)[21] – erklärt, die Athener hätten durchaus Waffen, holten sie aber als zivilisiertes Volk nur im Ernstfall zum Vorschein, kontert Anacharsis dies mit der sarkastischen Antithese, also die Waffen würden geschont, aber die jungen Leute müssten auch außerhalb des Ernstfalls diese seltsamen und garstigen Übungen im Gymnasion mit sich machen lassen (c. 35)?

Solon bleibt geduldig und versucht, Anacharsis noch einmal den Nutzen der körperlichen Ertüchtigung auch und gerade für den kriegerischen Ernstfall genauer zu erläutern (c. 35f.); aber das will Anacharsis nicht verstehen, sondern fragt hartnäckig, warum denn dann nicht wenigstens an den großen Wettkämpfen mit echten Waffen gekämpft werde (c. 36). Als Solon das als barbarisch zurückweist (c. 37),[22] danach aber seinem Gegenüber auch das von dem Gesetzgeber Lykurg begründete spartanische Modell der Jugendertüchtigung – mit seinen Kampfspielen und Geißelungen – zum Vergleich darstellt (c. 38), reagiert Anacharsis darauf mit der sarkastischen Frage, ob der gute Lykurg sich denn auch selber habe geißeln lassen, und er fragt auch, warum denn die Athener die spartanischen Geißelungen nicht übernähmen, da sie doch so bewundernswert seien – worauf Solon nur etwas unbefriedigend antworten kann, dass die Athener fremde Bräuche generell nicht gern übernähmen.[23] Das kann Anacharsis verständlicherweise nicht überzeugen; er meint schließlich, bei solchen Verhaltensweisen hätte wohl ganz Sparta dringend eine Behandlung mit Nießwurz – dem antiken Standardmittel gegen Geisteskrankheit – nötig (c. 39). Solon mahnt ihn zur Mäßigung und möchte jetzt zur Abwechslung auch einmal etwas von Anacharsis über das skythische

---

21 Hier grenzt auch Solons Schilderung ans Satirische: „Euch ist zu verzeihen, dass ihr ständig in Waffen lebt; denn ungeschützt zu wohnen, macht einen Hinterhalt leicht, es gibt sehr viele Kriege, und es ist unklar, wann einer jemanden im Schlaf angreift, ihn von seinem Wagen herunterzieht und umbringt! Und das gegenseitige Misstrauen von Leuten, die in selbstgewählter Unabhängigkeit und nicht unter einem Gesetz miteinander leben, macht stets die Waffe notwendig, damit eine Abwehrmöglichkeit gegen Gewalt in Reichweite ist."
22 „Sie mit Waffen auf die Probe zu stellen und zuzusehen, wie sie verwundet werden – um Himmels willen! Es ist bestialisch und ganz schlimm und noch dazu unnütz, die besten abzuschlachten, die man besser gegen die Feinde verwenden könnte." Hinter diesen Worten könnte sich auch eine versteckte griechische Kritik an den römischen Gladiatorenspielen verbergen.
23 Gute Analyse dieses Gesprächsteils bei BRANHAM 1989, 99f.

Jugenderziehungskonzept hören; aber da es inzwischen bereits Abend geworden ist, verschiebt Anacharsis das auf morgen, und der Dialog ist zu Ende (c. 40).

Das Gelungenste an diesem Dialog ist sicherlich die farbige Zeichnung der so unterschiedlichen Charaktere der beiden Gesprächspartner;[24] Lukian lässt hier einen weisen und abgeklärten, aber nicht witz- oder geistlosen Solon auf einen jüngeren und ziemlich aggressiv-sarkastischen Anacharsis treffen, der gerade in seiner beharrlichen Einseitigkeit – er will seine skythische Betrachtungsweise der Dinge einfach nicht (zumindest *noch* nicht) korrigieren – sehr überzeugend und lebendig wirkt. Der Dialog endet offen; dem Nichtgriechen gelingt es, seine eigene Perspektive bis zuletzt aufrechtzuerhalten, und dies immerhin gegenüber dem bedeutendsten der griechischen Sieben Weisen.[25] Anders als im „Hermotimos" findet eine Konversion nicht statt; der Skythe verteidigt mit Erfolg das Recht auf seine eigene Sichtweise.

Einen vergleichbaren Ausgang hat auch der zweite umfangreiche Dialog Lukians, in dem ein Grieche und ein Skythe aufeinandertreffen. In „Toxaris, oder: die Freundschaft" gibt es keine so tiefgreifenden Perspektivunterschiede, wie sie sich in „Anacharsis" zeigten, sondern die beiden Gesprächspartner sind sich von Anfang an grundsätzlich darüber einig, welch hohes Gut im menschlichen Leben die Freundschaft darstellt, das Thema aller in diesem Dialog erzählten Geschichten. Dem Skythen Toxaris, der bereits in Lukians Vorrede „Der Skythe" eine wichtige Rolle spielte,[26] steht hier ein Grieche namens Mnesippos gegenüber, der keine

---

[24] Ähnlich lebendig sind Lykinos und Hermotimos im Dialog „Hermotimos" gekennzeichnet (vgl. oben Kap. 4.3.4, S. 167–182).
[25] Zumindest nebenbei sei auch auf die bemerkenswerte Struktur dieses Dialogs hingewiesen: ein enkomiastisch-athenfreundlicher Mittelteil (c. 14–30) wird von zwei „skythischen" und paradox argumentierenden Eckteilen (c. 1–13, 31–40) eingerahmt; musikalisch könnte man von einer Satzfolge Allegro – Largo – Allegro sprechen oder von einer A–B–A-Form, die ihr unterhaltsames Thema auch formal interessant darbietet. Eine etwas andere dreiteilige Struktur (c. 6–13, 14–37, 38–40, nach einem Einleitungsteil in c. 1–5) schlägt BRANHAM 1989, 91 vor.
[26] Jedenfalls gibt es kaum einen Grund, hier einen anderen Toxaris anzunehmen: Es gibt nur wenige Indizien in dieser Schrift, die es verbieten würden, das in ihr geschilderte Gespräch – wie das im Dialog „Anacharsis" geschilderte – im 6. Jh. v. Chr. stattfinden zu lassen. Der Anachronismus, dass in diesem Athen des 6. Jh.s bereits Tragödie und Komödie praktiziert werden, findet sich ebenso im „Anacharsis" (c. 22f. 32) wie im „Toxaris" (c. 9). Etwas störender ist da schon, dass in c. 18 (in der ersten von Mnesippos erzählten Geschichte) der Prozess gegen den Ephesier Deinias, der im Zorn seine Geliebte und ihren Ehemann ge-

weiteren spezifischen Charaktereigenschaften hat als – Grieche zu sein. In „Der Skythe" ist zu lesen, dass Toxaris zur Zeit Solons nach Athen kam, um dort die griechische Kultur kennenzulernen; die gleiche Situation lässt sich auch im „Toxaris" voraussetzen,[27] und dem Gespräch zwischen Mnesippos und Toxaris liegt denn auch so etwas wie ein Vergleich zwischen griechischer und skythischer Welt zugrunde (wie in dem schon betrachteten Dialog „Anacharsis").

Dort, wo Lukian im „Toxaris" das Gespräch einsetzen lässt, fragt Mnesippos seinen Gesprächspartner gerade, wieso die Skythen den griechischen Helden Orestes und Pylades Opfer darbringen und sie offenbar für Götter halten. Als Toxaris ihn korrigiert – die Skythen halten Orestes und Pylades nicht für Götter, aber für vorzügliche Männer –, stellt Mnesippos gleich die nächsten Fragen: Ist es also bei den Skythen Sitte, auch toten Männern zu opfern? Und was bezwecken sie eigentlich damit? Die Situation ist hier also genau umgekehrt zu der im „Anacharsis": Hier stellt der Grieche Fragen, und der Skythe antwortet geduldig (c. 1).

Mnesippos hat auch schon die nächste Frage parat: Was bewundern die Skythen denn eigentlich an den griechischen Helden – sie haben den Skythen doch viel Böses zugefügt und ihnen sogar das Götterbild der taurischen Artemis entführt (c. 2f.)?[28] Toxaris erkennt diesen Taten, auch wenn sie sich gegen die Skythen richteten, eine objektive Qualität zu; doch sei dies nicht der Hauptgrund für den skythischen Respekt ihnen gegenüber (c. 3). Weiter von Mnesippos gedrängt (c. 4), bequemt er sich dann in c. 5f. zu einer präziseren Antwort, die aber auch eine Spitze gegenüber den Griechen enthält: Während Orestes und Pylades bei den Griechen nicht einmal ein ehrenvolles Grab haben, haben ihnen die Skythen sogar einen Tempel errichtet, weil Skythen eben in der Lage sind, von der Nationalität zu abstrahieren und wahre Vorzüglichkeit auch bei Nichtskythen anzuerkennen; und der Hauptgrund für die hohe Ehrfurcht der Skythen vor diesen beiden Helden sei, dass sie exemplarisch die Kraft einer wahren Freundschaft gezeigt hätten – genau dies hätten die Skythen auf Tafeln in dem genannten Heiligtum verewigt (c. 6),[29] und als Proto-

---

tötet hat, in Italien stattfindet – wie man es in der Kaiserzeit erwarten könnte, wenn das Kaisergericht involviert ist.
[27] Toxaris selbst weist in c. 57 darauf hin: „Als ich von zu Hause fort nach Athen ging aufgrund meines Verlangens nach griechischer Bildung [...]".
[28] Lukian lässt sich die Gelegenheit nicht entgehen, diese mythische Episode gleich mehrfach zu beschreiben; vgl. unten Kap. 8.1 (S. 239 Anm. 2).
[29] An dieser Stelle gibt Toxaris dann eine ausführliche Ekphrasis dieser Schautafeln (c. 6).

typen einer wahren Freundschaft stünden diese Griechen bei den Skythen in höchsten Ehren (c. 7).

In seiner Reaktion auf dieses hohe Lied auf die Freundschaft würdigt Mnesippos zunächst die eindrucksvollen rhetorischen Fähigkeiten – eine sehr griechische Qualität – seines skythischen Gegenübers; er kann sich aber auch die anzügliche Bemerkung nicht verkneifen, dass ihm bisher noch nicht in den Sinn gekommen sei, dass die Skythen so viel von Freundschaft halten könnten; sie seien doch wilde und unzivilisierte Burschen und verspeisten sogar ihre Väter, wenn sie tot seien (c. 8)! Im Gegenzug bemerkt Toxaris leicht gereizt, dass die Skythen in anderer Hinsicht jedenfalls gerechter und respektvoller gegenüber ihren Eltern seien als die Griechen, vor allem aber, dass ihnen die Freundschaft viel mehr bedeute als den Griechen; denn die hielten nur bessere Reden als andere über die Freundschaft – wie er, Toxaris, aufgrund seines langen Lebens unter Griechen zur Genüge bemerkt habe –, die Skythen aber praktizierten sie (c. 9)!

Gleich im Anschluss an diese kritischen Bemerkungen macht Toxaris nun den Vorschlag, jeder von ihnen solle doch einmal Beispiele griechischer und skythischer Freundschaft erzählen, um dann zu entscheiden, welchem Volk in dieser Hinsicht der Vorzug zu geben sei; die Beispiele sollten aber aus der „Jetztzeit" stammen, denn sonst habe die griechische Seite mit ihren Mythen über Achill und Patroklos, Theseus und Peirithoos etc. bereits gewonnen (c. 10). Mnesippos erklärt sich einverstanden, man einigt sich auf die Modalitäten – jeder soll fünf wahre Geschichten aus jüngster Zeit erzählen –, und der Agon – denn ein solcher ist der jetzt folgende Hauptteil der Schrift – kann beginnen; als Herausforderer lässt Toxaris seinem Gegenüber den Vortritt, jedoch muss Mnesippos schwören, nur wahre Geschichten zu erzählen; Toxaris wird ebenfalls einen solchen Eid leisten, wenn er an der Reihe ist (c. 11). Übrigens vereinbaren die beiden – zwar nicht sehr prominent, aber doch deutlich genug – auch ziemlich drastische Strafen für den Verlierer: den Verlust der rechten Hand im Fall des Skythen (c. 10) und den Verlust der Zunge im Fall des Griechen (c. 11) – dies verleiht dem folgenden Agon eine nicht unerhebliche zusätzliche Spannung.

In der ersten Hälfte (c. 12–35) des Hauptteils des Dialogs erzählt nun also Mnesippos seine fünf Geschichten, in der zweiten (c. 35–61) Toxaris. Lukian hat dabei nicht einfach zweimal fünf Geschichten aneinander gereiht, sondern in der je verschiedenen Länge dieser Geschichten eine überlegte Disposition und auch Variation geschaffen: Bei Mnesippos werden drei kürzere Episoden[30] von zwei längeren umrahmt;[31] in dem Geschichtenkranz des Toxaris andererseits ist die mittlere die längste, und sie bildet auch erzählerisch wohl den Höhepunkt des ganzen Dialogs (c. 44–55), während die je zwei Geschichten davor und danach wesentlich kürzer und einfacher strukturiert sind.[32]

Während der Darbietung dieser Geschichten wird der Dialog auf ein Minimum reduziert: Nach Mnesippos' erster längerer Geschichte begnügt sich Toxaris mit einem kurzen anerkennenden Kommentar (c. 18): Da habe ihm Mnesippos ja einen geradezu skythisch anmutenden Freund vorgestellt! Aber er relativiert auch sogleich: Er könne sich nicht vorstellen, dass Mnesippos noch einen weiteren solchen präsentieren könne. Am Ende der zweiten Geschichte zeigt er sich sichtlich mitgenommen von der Erzählung, in der es um den Kampf zweier Freunde inmitten eines stürmischen Meeres ging (c. 21). Die dritte Geschichte – wo sich ein Reicher rührend um die Angehörigen eines verstorbenen armen Feundes kümmert – kommentiert er beifällig (c. 23), zu der vierten und fünften dagegen äußert er sich zunächst nicht; als jedoch an ihn die Reihe zu erzählen kommt, macht er klar, dass er Mnesippos' letzte drei Geschichten doch für eher banal hält – „diese Dinge sind ja ganz wohlfeil, und in ihnen steckt nichts Großartiges oder Mannhaftes" (c. 35) – und selber ganz anderes erzählen wird, nämlich „viele Morde und Kriege und Tode für die Freunde, damit du weißt, dass eure Geschichten verglichen mit den skythischen ein Kinderspiel sind" (c. 36). Das liege natürlich daran, dass die griechische Welt zu friedlich-zahm sei; „bei uns dagegen gibt es ständig Kriege, und entweder ziehen wir gegen andere oder weichen zurück vor denen, die gegen uns ziehen, oder geraten aneinander und kämpfen um Weide oder Beute" (ebd.); unter solchen Bedingungen seien gute

---

[30] Ein Freund rettet den anderen aus Seenot (c. 19–21); ein Freund kümmert sich aufopferungsvoll um den letzten Willen eines anderen (c. 22f.); ein reicher Freund hilft dem anderen, der in Unehre geraten ist, und heiratet sogar seine hässliche Tochter (c. 24–26). Genauere Details zu diesen und den übrigen Geschichten unten in Kap. 8.1 (S. 239–243).
[31] Die Geschichte vom treuen Agathokles und dem unglücklich verliebten Deinias (c. 12–18), und die Geschichte von dem unglücklichen Antiphilos und dem treuen Demetrios (c. 27–34).
[32] Ein Freund löst einen anderen aus Kriegsgefangenschaft aus, indem er für ihn seine Augen gibt (c. 38–41); ein Freundespaar kommt im Kampf mit einem Löwen gemeinsam ums Leben (c. 43); Toxaris selbst wird durch einen aufopferungsvollen Freund aus großer Not gerettet (c. 57–60); und der Skythe Abauchas rettet einmal aus einer nächtlichen Feuersbrunst nicht zuerst seine Angehörigen, sondern seinen kranken Freund Gyndanes (c. 61).

Freundschaften geradezu lebenswichtig. Hier wird also wieder das Bild von Skythien als „Wildem Nordosten" kultiviert, das auch im „Anacharsis" (c. 34) wenigstens kurz aufblitzte.

Bevor Toxaris mit seinen Erzählungen beginnt, beschreibt er noch, wie Skythen Freundschaften schließen, nämlich ganz anders als Griechen dies tun (c. 37): Man sucht sich den künftigen Freund sorgfältig aus und schließt mit ihm eine Blutsbrüderschaft, die die beiden bis zum Tod verbindet. Solche Bande bestünden aus maximal drei Teilnehmern, denn größere Zahlen würden das Freundschaftsverhältnis nur verwässern.

Bei dem nun folgenden Schwur, den Toxaris für die Wahrheit seiner Geschichten leistet, kommt es wieder zu einem kleinen „interkulturellen Schlagabtausch" (c. 38): Toxaris schwört „beim Wind und beim Akinakes [Krummschwert]", was Mnesippos zunächst nicht recht versteht, da er meint, Toxaris habe keine Götter zu Garanten seines Eides gemacht. Der versucht, ihn eines Besseren zu belehren: Wind und Akinakes seien göttliche Gewalten und stünden für Leben und Tod; dazu meint Mnesippos, dann müsse man aber auch noch „Pfeil und Lanze und Schierling und Strick etc." dazubemühen, denn der Tod komme in vielen Gestalten daher. Als sich Toxaris nun über dieses kleinliche Korrigieren beschwert – *er* habe so etwas zu Beginn von Mnesippos' Erzählungen nicht getan –, lenkt Mnesippos ein und verspricht, sich fortan still zu halten. Das hält er dann bis zum Ende der dritten (sehr langen) Geschichte durch; da jedoch kann er nicht mehr an sich halten und drückt vorsichtig seine Zweifel an dieser „sehr tragischen und mythen-ähnlichen Geschichte" aus (c. 56), die sich Toxaris freilich verbittet. Als er nun noch weitere Geschichten dieser Art ankündigt, ermahnt ihn Mnesippos, weniger „weitschweifig" (sowohl geographisch als auch mit Erzähldetails) zu sein, und das immerhin sagt ihm Toxaris auch zu.

Nach dem Abschluss von Toxaris' fünfter Geschichte stellt der Skythe die Frage, wer jetzt als Richter den Sieger dieses Agons feststellen wird (c. 62) – und da stellt Mnesippos in gutmütigem Humor fest, dass sie beide in ihrem Eifer vergessen haben, einen solchen Richter zu bestellen – das Ganze endet also wie das Hornberger Schießen. Laut Mnesippos gibt es nun nur zwei Möglichkeiten: Entweder müssen die zwei noch einmal antreten, oder aber sie könnten es bei einem Unentschieden bewenden lassen und stattdessen lieber selber gleich Freunde werden. Toxaris stimmt zu, und das Ganze klingt in Wohlgefallen aus (c. 63).

Auch in diesem Dialog sprechen ein Grieche und ein Nichtgrieche auf Augenhöhe miteinander; verschiedene Perspektiven werden deutlich, und Spannungen bleiben ebenfalls nicht aus. Am Ende aber steht die Erkenntnis, dass Freundschaft einen hohen interkulturellen Wert darstellt, auf den sich beide Seiten einigen können. Darf man annehmen, dass Lukian so auch die Interaktionsmöglichkeit der „zwei Seelen in seiner Brust" – der angeborenen syrischen und der akquirierten griechischen bzw. griechisch-römischen – gesehen hat?

8. Durch unbekannte Welten bis ins Jenseits: Lukian als phantasievoller Erzähler

In nicht wenigen seiner Werke erweist sich Lukian nicht nur als lebendiger Dramatiker, sondern auch als begnadeter Erzähler, der sichtlich gerne – oft (wenn auch nicht immer) mit satirischem Unterton – fabuliert. Drama und Erzählung können dabei auf verschiedene Weise miteinander kombiniert sein: In „Toxaris", in den „Lügenfreunden" und im „Schiff" sind jeweils mehrere novellenartige Erzählungen in einen lebendigen Dialog eingebaut; im „Ikaromenipp" und in der „Nekyomanteia" bildet ein Dialog nur den Rahmen für eine im Mittelpunkt stehende phantastische Erzählung; und in den „Wahren Geschichten" wird eine noch phantastischere Erzählung zu einem völlig autonomen Text.

8.1. Geschichten aus der Welt des griechischen Romans

Der Dialog „Toxaris"[1] enthält insgesamt zehn Geschichten über Freundschaften, die im Rahmen eines Wettkampfs je zur Hälfte von dem Griechen Mnesippos und dem Skythen Toxaris erzählt werden.[2] Hier sollen vor allem die längeren Geschichten betrachtet werden, die in mancher Hinsicht an die griechischen Romane erinnern, die zur Zeit Lukians Konjunktur hatten.

Unter den fünf Geschichten des Mnesippos haben die erste und die letzte etwas größeren Umfang.[3] Die erste (c. 12–18) beginnt mit der Darstellung der Krise einer Freundschaft: Der reiche junge Ephesier Deinias feiert gern mit Leuten, die ihm nach dem Mund reden, und empfindet die Warnungen seines einzigen wahren Freundes, des Samiers Agathokles, zunehmend als lästig, so dass er ihn schließlich meidet (c. 12); die

---

[1] Zu seinem Aufbau und den Sprechern vgl. Kap. 7 (S. 233–238).
[2] Zuvor wird im Einleitungsteil das spannende skythische Abenteuer des mythischen Freundespaares Orestes und Pylades gleich mehrfach beschrieben: einmal, indem der Grieche Mnesippos eine kurze Inhaltsangabe davon gibt (c. 2), und ein weiteres Mal, indem der Skythe Toxaris die bildlichen Darstellungen wiedergibt, die im skythischen Oresteion die Taten der beiden festgehalten haben (c. 6).
[3] In den drei kürzeren dazwischen rettet ein Freund den anderen aus Seenot (c. 19–21), ein Freund kümmert sich aufopferungsvoll um den letzten Willen eines anderen (c. 22f.), und ein reicher Freund hilft dem anderen, der in Unehre geraten ist, und heiratet sogar seine hässliche Tochter (c. 24–26).

Schmeichler dagegen reden Deinias ein, dass sich Charikleia, die Frau des führenden ephesischen Politikers Demonax, für ihn interessiere (c. 13), und dieser „femme fatale" gelingt es, den jungen Deinias erotisch völlig von sich abhängig zu machen (u.a. indem sie vortäuscht, von ihm schwanger zu sein) und zu immer teureren Geschenken zu veranlassen, bis ihm von seinem Vermögen nichts mehr geblieben ist (c. 14f.). Danach verlässt sie ihn für einen neuen jungen reichen Liebhaber, auf den auch die Schmeichler des arm gewordenen Deinias nunmehr ihre „Treue" übertragen. Der klagt nun Agathokles als einzigem übriggebliebenen Freund sein ganzes Leid: Er könne ohne Charikleia nicht leben – woraufhin Agathokles seinen ganzen Besitz auf Samos verkauft und den Erlös von drei Talenten Deinias zur Verfügung stellt (c. 16). Und siehe da – Charikleia interessiert sich wieder für ihn, aber die Wiederbelebung der Beziehung führt zur Katastrophe: Der Ehemann Demonax ertappt Deinias in flagranti und geht mit dem Schwert auf ihn los, woraufhin Deinias in seiner Verzweiflung nicht nur ihn, sondern auch Charikleia erschlägt. Deinias flieht zu Agathokles, wird aber dort am Morgen gestellt und vom Statthalter der Provinz zum Monarchen nach Italien geschickt und von ihm zu ewiger Verbannung auf der kleinen Kykladeninsel Gyaros verurteilt (c. 17). Der einzige, der Deinias sowohl zu seinem Prozess in Italien wie anschließend in die Verbannung begleitet, ist Agathokles, der sich dort als Purpurfischer verdingt, um Deinias zu ernähren, und auch nach dessen Tod die Insel nicht mehr verlässt. Die Geschichte erinnert in manchem an eine in Heliodors „Aithiopika" eingelegte Novelle.[4]

In seiner fünften Geschichte (c. 27–34) erzählt Mnesippos von den Fährnissen eines attischen Freundespaares in Ägypten – auch dieses Land ist ein beliebter Schauplatz griechischer Romane[5] –: Während Demetrios den Nil hinauffährt, um die Pyramiden und die Memnonskolosse zu sehen, bleibt Antiphilos in Alexandria zurück (c. 27) und wird dort unschuldig in ein religiöses Sakrileg verwickelt und ins Gefängnis geworfen (c. 28); dort geht es ihm immer schlechter (c. 29), und er ist kurz davor, nicht mehr weiterleben zu wollen, als Demetrios aus Oberägypten zurückkehrt, Antiphilos mit einiger Mühe im Gefängnis ausfindig macht und dann schwere Arbeit als Hafenarbeiter annimmt, um seinen Freund versorgen zu können (c. 30f.). Als dann wegen eines Vorfalls die Haftbedingungen verschärft werden, lässt sich Demetrios selbst festnehmen,

---

4 Die Geschichte des Atheners Knemon in Hel. *Aeth.* 1,9,1–18,1 und 2,8,3–11,2.
5 Vgl. die Romane des Xenophon von Ephesos, Achilleus Tatios und wieder Heliodor.

um bei seinem Freund sein zu können (c. 32). Die Wende zum Besseren kommt, als die beiden während eines Massenausbruchs nicht ebenfalls weglaufen und anschließend vom Statthalter Ägyptens begnadigt und freigelassen werden; Demetrios aber besteht auf einem neuen Prozess, bei dem sich dann beider Unschuld herausstellt; durch großzügige Entschädigungszahlungen werden dann beide auch ökonomisch salviert (c. 33f.).

Unter den sich anschließenden fünf Geschichten des Toxaris ist die mittlere die längste (c. 44–55);[6] erzählerisch bildet sie den Höhepunkt des ganzen Dialogs. In ihrem Mittelpunkt stehen drei Freunde – Makentes, Lonchates und Arsakomas –, die wie Pech und Schwefel zusammenhalten. Bei einer Gesandtschaft verliebt sich Arsakomas in die Tochter des Königs des Bosporanischen Reichs und hält um ihre Hand an, wird aber aufgrund seiner Armut nicht ernstgenommen (c. 44f.); daraufhin hält er Kriegsrat mit seinen Freunden, und ein kühner Beschluss wird gefasst: Lonchates wird den Kopf des bosporanischen Königs beschaffen, der Arsakomas – und mit ihm seine Freunde – so beleidigt hat; Makentes wird die Königstochter – die bereits auf dem Weg zu einer anderen Hochzeit ist – entführen, und Arsakomas soll derweil ein großes Skythenheer mit Hilfe der Rinderhaut-Zeremonie zusammenbringen (c. 46f.). Nach der Erläuterung dieser Zeremonie in einem Exkurs (c. 48) wird die Umsetzung des Plans geschildert: Lonchates gelingt es, den König zu überlisten und ihm Leben und Kopf zu nehmen (c. 49f.); in ähnlicher Weise gelingt es Makentes, den Bräutigam der Königstochter zu übertölpeln und diese

---

[6] Die je zwei Geschichten davor und danach sind kürzer und einfacher strukturiert: Ein Freund löst einen anderen aus Kriegsgefangenschaft aus, indem er für ihn seine Augen gibt (c. 38–41); ein Freundespaar kommt im Kampf mit einem Löwen gemeinsam ums Leben (c. 43); als Toxaris selbst und ein Freund auf ihrem Weg nach Griechenland in der Stadt Amastris am Schwarzen Meer durch Diebstahl alles verlieren, was sie bei sich haben, erstreitet der Freund durch aufopferungsvollen Gladiatorenkampf genügenden neuen Unterhalt (c. 57–60); und als der Skythe Abauchas einmal von einer nächtlichen Feuersbrunst überrascht wird, rettet er nicht zuerst seine Angehörigen, sondern seinen kranken Freund Gyndanes (c. 61); nachher zur Rede gestellt, antwortet er: „Kinder noch einmal zu produzieren ist leicht für mich, und es ist unklar, ob sie gut sein werden; einen anderen Freund aber dürfte ich in langer Zeit nicht von der Qualität bekommen, wie sie Gyndanes hat." Ähnlich wie dieser Skythe argumentieren bemerkenswerterweise schon bei Sophokles Antigone, die ihren Bruder nicht preisgeben will (Soph. *Ant.* 905–912), und bei Herodot (3,119,3–6) die Frau des Persers Intaphrenes, die ebenfalls ihren Bruder ihrem Mann und ihren Kindern vorzieht; bei Lukian ist lediglich der Freund an die Stelle des Bruders getreten. Gerade diese Skythengeschichte hat bei Lukian also paradoxerweise die klassischsten griechischen Vorbilder.

dem Arsakomas zuzuführen (c. 51–53). Daraufhin machen der übertölpelte Bräutigam und der neue bosporanische König gemeinsame Sache und fallen in Skythien ein; es kommt zu einer gewaltigen Schlacht, in der die Skythen zunächst zu unterliegen drohen und beide Freunde des Arsakomas schwer verwundet werden; dann aber bahnt sich Arsakomas einen Weg mitten durch die feindlichen Scharen, tötet den Bräutigam-Rivalen, und das gegnerische Heer löst sich in seine Bestandteile auf und flieht (c. 54f.). Das hier skizzierte Geschehen erinnert weniger an „typische" griechische Liebesromane als an Werke, in denen fremde Länder durchstreift und große Kämpfe geschildert werden.[7]

Natürlich kann Lukian auch Einiges in diesen Geschichten selbst erfunden haben. Darauf könnte das vage zeitgenössische Kolorit hindeuten, das in den Geschichten gelegentlich durchschimmert und das zu manchen Anachronismen führt:[8] Wenn der skythische Sprecher Toxaris mit dem Homonymus identisch sein soll, der laut Lukians Vorrede „Der Skythe" nach Athen kam und dort Solon kennenlernte, sind wir in einer Zeit, in der noch niemand die kynische Lebensweise studieren (c. 27) oder zu den indischen Brahmanen gehen konnte (c. 34);[9] auch die Gladiatorenspiele, die Toxaris in Amastris gesehen haben will (c. 59), gab es dort bis zur römischen Zeit nicht. An einer Stelle häufen sich die Anachronismen besonders (c. 17f.): Deinias, der seine Geliebte und ihren Ehemann umgebracht hat, kommt zunächst vor den „Harmosten" (= Statthalter) von Asia; Harmosten waren jedoch eine spartanische Institution, die nur für kurze Zeit nach dem Peloponnesischen Krieg in einigen spartanisch dominierten Städten[10] existierten. Der Harmost verweist den Fall an den „Großkönig", was an Persien denken lässt; aber im nächsten Kapitel (18) heißt es, dass Deinias für den Prozess „nach Italien" überstellt wurde, was auf den römischen Kaiser hindeutet; schließlich wird Deinias mit lebenslanger Verbannung auf der kleinen Kykladeninsel Gyaros bestraft – eine

---

[7] Vgl. die „Babyloniaka" eines Iamblichos (Zeitgenosse Lukians). Auch der Roman „Wundergeschichten jenseits von Thule" des Antonius Diogenes findet zu einem großen Teil in den osteuropäischen Steppen statt. JONES 1986, 57 hat darauf hingewiesen, dass ein auf Papyrus erhaltenes Romanfragment (PSI 8, 981) gerade in Skythien spielt und in ihm ein Anführer mit dem gleichen Namen Eubiotos vorkommt, der hier bei Lukian der eines fiktiven bosporanischen Königs ist. Darüber hinaus sieht JONES (1986, 56) den Toxaris auch in Verbindung mit erzählerischen Exempla-Sammlungen wie Plutarchs Geschichtensammlung „Über die Tugenden von Frauen" (*De mulierum virtutibus*, Mor. 242E – 263C).
[8] Vgl. JONES 1986, 56f.
[9] Die Brahmanen waren den Griechen erst seit Alexander d. Gr. bekannt.
[10] Und dies auch nicht in „Asia", was eine römische Provinzbezeichnung ist.

typisch römische Strafe.[11] Auch die Völker, die Toxaris in seiner langen Mittelgeschichte aufeinander prallen lässt – Skythen, Sarmaten, Alanen – sind in ihrer Kombination anachronistisch: Die Alanen als Völkergruppe tauchen erst etwa seit dem 1. Jh. n. Chr. in der antiken Literatur auf und lösen dort gerade die Sarmaten als Bewohner der Steppe östlich des Don (d.h. östlich des eigentlichen Skythien) ab.

Insgesamt bewegen wir uns in diesen Geschichten also in einer zeitlich vielleicht bewusst vage gehaltenen Phantasiewelt, was dem Reiz dieser Erzählungen natürlich keinen Abbruch tut. Dass sie vor allem um ihrer selbst – und um unserer Unterhaltung – willen erzählt worden sind, zeigt sich schließlich auch am Schluss des Dialogs, wo der „Wettkampf" um das Volk mit den besseren Freundschaften einfach abgebrochen wird.[12]

8.2. Schauriges aus Philosophenmund und erstaunliche Wunschphantasien normaler Athener

Der Dialog „Die Lügenfreunde" ist eines der Werke, in denen Lukian an negativen Seiten zeitgenössischer Philosophen humorvoll Kritik übt;[13] daneben geht es in dieser Schrift aber wiederum auch ums Fabulieren und Geschichtenerzählen. Diese Geschichten werden im Rahmen eines Gesprächs erzählt, das Lukians Alter Ego Tychiades im Haus des reichen Eukrates erlebt haben will, als er dem Hausherrn einen Krankenbesuch macht und dabei auch mehrere Philosophen antrifft, die sich mit wachsender Begeisterung – und dem offensichtlichen Willen, einander mit immer phantastischeren Erzählungen zu übertreffen, wobei auch der Hausherr kräftig mitmischt – insgesamt neun Geschichten gegenseitig erzählen.

Als Tychiades hinzukommt, hat dieses Geschichtenerzählen noch nicht begonnen, sondern man tauscht gerade reichlich dubiose Rezepte gegen Rheuma aus; als Tychiades nun aber dezidierte Zweifel an diesen Rezepten äußert (c. 8f.) – was ihm sogleich den Vorwurf des Atheismus einträgt (c. 10) –, beginnt der Platoniker Ion die erste etwas längere Ge-

---

[11] Ein realistisches Detail: Kaiser Tiberius wandelte zweimal ein Urteil zur Verbannung auf Gyaros in eines auf eine größere Insel um (Tac. *Ann.* 3,68f.; 4,30). Auch der Philosoph Musonius wurde 65/66 n. Chr. nach Gyaros verbannt (Philostr. *VA* 7,16,2).
[12] Vgl. oben Kap. 7 (S. 237).
[13] Vgl. oben Kap. 4.3.2 (S. 156–161).

schichte zu erzählen (c. 11–13), von einer Wunderheilung, die er als Vierzehnjähriger selbst erlebt haben will und in der es bereits ziemlich übernatürlich-gruselig zugeht: In ihrem Mittelpunkt steht ein chaldäischer Zauberer aus Babylon, der einmal einen Weinbergarbeiter von Ions Vater von einem gefährlichen Schlangenbiss kurierte; er vertrieb das Gift aus dem Körper, indem er eine magische Beschwörung vortrug und an dem verletzten Fuß ein Stück Stein von der Grabstele einer Jungfrau befestigte, so dass der Geheilte gleich danach seine Bahre auf die Schulter nahm und zurück in den Weinberg ging (c. 11). Damit aber noch nicht genug, denn nun erwies sich der Chaldäer auch noch als antikes Pendant zum Rattenfänger von Hameln: Er ging am anderen Morgen zu dem Weinberg und rief durch Zauberformeln, Weihrauch, Fackeln und dreimaliges Herumgehen die ganze Schlangenpopulation heraus und an einem Ort zusammen.

> „Es blieb aber eine betagte Schlange zurück, die aus Altersgründen, glaube ich, nicht herauskriechen konnte oder den magischen Befehl überhört hatte; der Magier aber sagte, es seien nicht alle da, doch wählte er eine von den Schlangen, die jüngste, zum Gesandten und schickte sie zu der alten, und bald darauf kam auch jene" (c. 12).

Spätestens bei diesem hübschen Nachspiel wird der subtile Humor des Erzählers sichtbar; und hier setzt auch der ungläubige Tychiades an und fragt, ob denn die alte Schlange von der jungen an die Hand genommen worden sei oder sich auf einen Stock gestützt habe.

Diese Bemerkungen halten den Peripatetiker Kleodemos aber nicht davon ab, gleich die nächste Geschichte aufzutischen (c. 13–16): Diesmal geht es um Liebeszauber. Der Ausführende ist ein geheimnisvoller Hyperboreer, der fliegen und auf dem Wasser gehen und noch viele andere Dinge mehr kann (c. 13). Seine Hilfe wurde erforderlich, weil Glaukias, ein Schüler des Kleodemos, sich rettungslos in die verheiratete Chrysis verliebt hatte. Er gestand Kleodemos seine Not, und der sah sich als Philosoph nun nicht etwa in der Pflicht, den jungen Mann von dieser unmoralischen Leidenschaft abzubringen – nein, er brachte ihn gleich zu dem erwähnten hyperboreischen Zauberer, der nach Vorauszahlung von 4 Minen – weitere 16 sollte er nach erfolgreichem Abschluss der Operation erhalten – den zunehmenden Mond abwartete und sich dann zu mitternächtlicher Stunde ans Werk machte: Zuerst beschwor er des Glaukias verstorbenen Vater aus der Unterwelt – der musste zu der ehebrecherischen Passion seines Sohnes erst noch seine Einwilligung geben, was er nach einigem Widerstreben auch tat –, danach holte er die Unterweltsgöttin Hekate und schließlich auch noch den Mond auf die Erde – alles ziemlich viel Aufwand für einen simplen Liebeszauber, sollte man sagen; hinter diesen Übertreibungen wird also wieder der Humor des Erzählers sichtbar. Jetzt erst schickt der Hyperboreer einen aus Lehm geformten kleinen Pseudo-Eros auf die Reise zu Chrysis – und die kommt denn auch prompt, stürzt sich voller Liebesglut auf Glaukias und bleibt bei ihm bis zum morgendlichen Hahnenschrei; dann erst verschwinden auch der Mond wieder nach oben und Hekate nach unten – die beiden haben also offenbar bis jetzt brav in Glaukias' Garten Wache gestanden (c. 14).

Als Tychiades diesen großen magischen Aufwand sarkastisch kommentiert (c. 15), erzählt ihm der Platoniker Ion von einem syrischen Exorzisten aus Palästina[14] und fügt hinzu, er habe mit eigenen Augen einmal einen solchen Geist schwarz und rauchig aus einem Menschen ausfahren sehen – was Tychiades mit dem spöttischen Hinweis auf die überaus große Scharfsichtigkeit gerade platonischer Philosophen kommentiert; die könnten ja auch die Ideen ihres Archegeten Platon sehen (c. 16)!

Nachdem die anwesenden Philosophen bis hierher gezeigt haben, wes Geistes Kind sie sind, kommt nunmehr die Reihe an den Hausherrn Eukrates. Er stellt seinen Aberglauben gleich mehrfach unter Beweis: zunächst mit der Geschichte von einer in seinem eigenen Haus befindlichen Statue, die nicht nur Heilkräfte besitzt, sondern nachts immer lebendig zu werden, von ihrem Sockel herunterzusteigen und ihre Runden durchs Haus zu drehen pflegt. Ein Sklave besaß einmal die Frechheit, dieser gerade umherwandelnden Statue die als Opfergaben hingelegten Obolen stehlen zu wollen; die Statue rächte sich fürchterlich, indem sie den Dieb jede Nacht geißelte, und bald war der Sklave tot (c. 18–20).

Nach einem kurzen Intermezzo – in dem der anwesende Arzt Antigonos von seiner eigenen Hippokrates-Statue berichtet, die sich ebenfalls dafür rächt, wenn man sie schlecht behandelt (c. 21) – erzählt Eukrates seine zweite Geschichte (c. 22–24), die eine deutliche Steigerung in den bisherigen Grusel-Agon hineinbringt: Er sei einmal vor fünf Jahren im Walde so für sich hingegangen, da habe er zunächst Hundegebell, dann ein Erdbeben und ein Krachen wie von Donner gehört, und dann sei eine riesige Frauengestalt mit Fackel und Schwert in den Händen und mit

---

[14] Hier witterte der byzantinische Lukian-Scholiast wieder antichristliche Blasphemie und äußerte sich entsprechend ungehalten über unseren Autor (Schol. Luc. p. 163,9–14 RABE); aber Geisterbeschwörungen wurden von vielen Wundermännern damals berichtet (vgl. JONES 1986, 48).

Schlangenfüßen und Schlangenhaaren auf ihn zugekommen. Diese ca. 100m große Hekate wurde von schwarzen Hunden, größer als indische Elefanten, begleitet; aber Eukrates brauchte nur seinen eisernen Wunderring[15] nach innen zu drehen, woraufhin Hekate mit ihrem Schlangenfuß auf den Boden stampfte und sich ein gewaltiger Abgrund auftat, in den die Göttin samt ihren Elefantenhunden alsbald verschwand. Der Abgrund bot unserem Eukrates dann noch hervorragenden Einblick in die Unterwelt, in der er neben vielen anderen Details auch seinen verstorbenen Vater sehen konnte. Der Platoniker Ion erkundigt sich angelegentlich nach weiteren Einzelheiten, und ob er auch Sokrates und Platon gesehen habe; Eukrates' Antwort setzt dieser humoristischen Erweiterung der Gruselgeschichte geradezu die Spitze auf:

> „Den Sokrates ja; aber auch den nicht deutlich; doch ich vermutete (er sei's), weil er kahl und untersetzt war; den Platon aber habe ich nicht erkannt; denn ich glaube, man muss Freunden ja doch die Wahrheit sagen" (c. 24).[16]

Der Peripatetiker Kleodemos hat jetzt aber sogar etwas noch Besseres als Eukrates zu bieten: Der sah die Unterwelt nur von weit oben – er dagegen war selber drin (c. 25)! Er sei nämlich, erzählt er, vor kurzem auf dem Höhepunkt einer fiebrigen Erkrankung von einem schönen weißgewandeten Jüngling abgeholt und in den Hades zum Unterweltsherrscher Pluton gebracht worden; dort habe sich allerdings herausgestellt, dass man ihn irrtümlicherweise zu früh zitiert habe – es war noch etwas an seinem Schicksalsfaden dran –, und so durfte er wieder gehen.[17] Der Eindruck, den Kleodemos mit dieser Geschichte in der Runde zu machen hoffte, wird freilich sofort dadurch geschmälert, dass der Arzt Antigonos nun einen Mann erwähnt, der zwanzig Tage als Scheintoter im Grab lag und den er sowohl vorher wie nachher behandelt habe (c. 26).

---

15 Von dem hatte er schon vor seiner ersten Geschichte gesprochen (c. 17).
16 Ähnliche „salvierende" Bemerkungen lassen sich auch als witzige Einschränkung bei den abstrusesten Einzelheiten der „Wahren Geschichten" finden (vgl. unten S. 286f., 290 Anm. 186).
17 Man fühlt sich bei dieser Geschichte frappierend an moderne – und zu gewissen Zeiten recht populäre – Berichte von Scheintoten über ihre Rückkehr aus dem Jenseits erinnert. Als literarische Vorlage hat hier sicher der Mythos des Pamphyliers Er – der als Scheintoter nach 12 Tagen (und da schon auf dem Scheiterhaufen liegend) wieder aufgewacht sein soll – im 10. Buch von Platons „Staat" (614b) Pate gestanden.

Das Erscheinen von Eukrates' Söhnen ruft nun ihrem Vater gleich noch eine weitere Begegnung mit dem Jenseits ins Gedächtnis (c. 27): Als er am siebten Tag nach dem Tod seiner Frau sich mit der Lektüre von Platons „Phaidon" zu trösten versuchte, sei ihm die Verstorbene – am hellichten Tage! – noch einmal erschienen, um ihn darauf hinzuweisen, dass man beim Verbrennen ihrer Ausstattung versehentlich eine ihrer goldenen Sandalen vergessen habe. Dann habe sich die Erscheinung auf das Bellen eines Malteserhündchens hin in Nichts aufgelöst; vorher aber hatte Eukrates sie wie einen Körper – und nicht wie einen Schatten – regelrecht umarmen können! Aber diesen Widerspruch ignorieren die gebannt zuhörenden Anwesenden. Auch bei dieser Geschichte hat Lukian schon einen berühmten literarischen Vorläufer: Herodot Buch 5, Kap. 92 η, wo sich die tote Frau des korinthischen Tyrannen Periander bei diesem beklagt, dass sie jetzt nackt in der Unterwelt ihr Dasein fristen müsse, da er ihre Kleider bei der Feuerbestattung nicht mitverbrannt habe. Lukian hat diese Erzählung aber nicht einfach nachgearbeitet, sondern eine Variation dazu geschrieben, die wieder des Humors nicht entbehrt: Perianders Frau muss erst bei einem Totenorakel heraufbeschworen werden; Eukrates' Frau kommt selbst – und ungerufen –, weil ihr eine einzige goldene Sandale fehlt! Hier ist die absurde Übertreibung also gleich in die Geschichte mit eingebaut.

Tychiades' bissige Bemerkung auch zu dieser Geschichte wird überlagert durch das Eintreten des Pythagoreers Arignotos (c. 29); der gibt sich nicht nur rasch als jemand zu erkennen, der Spukgeschichten als real akzeptiert, sondern präsentiert sich sogar selbst als erfahrener Gespensterbanner, wie er mit einer eigenen Geschichte belegt (c. 30f.): Als er einmal nach Korinth kam und dort von der Existenz eines von einem Gespenst heimgesuchten Hauses hörte, habe er das sofort zur einsetzenden Nacht aufgesucht und sich dort mit seinen ägyptischen Zauberbüchern im größten Raum des Hauses niedergelassen; da sei der Geist gekommen und habe verschiedene unheimliche Gestalten angenommen und ihn dadurch zu vertreiben versucht; er aber habe ihn mit seinem stärksten ägyptischen Zauberspruch gebannt und sich gemerkt, an welcher Stelle er im Boden verschwunden sei. Am folgenden Morgen habe er dort graben und das hier gefundene Skelett anderswo begraben lassen; damit sei das Haus fortan gespenstfrei gewesen.[18]

---

[18] Eine ganz ähnliche Geschichte kann man beim jüngeren Plinius (*Ep.* 7,27,7) lesen.

Bald danach[19] bietet der Hausherr Eukrates den erzählerischen Höhepunkt der „Lügenfreunde" (c. 33–36): In seiner Jugend sei er einmal zu Studienzwecken nach Ägypten gereist – wobei ihm unter anderem der Memnonskoloss nicht nur, wie allen anderen, bloße Geräusche, sondern ein klares Orakel im Umfang von sieben Versen geboten habe[20] – und habe dort auch den ägyptischen Priester und Zauberer Pankrates kennengelernt;[21] von dessen Wundertaten beeindruckt, habe er sich mit ihm angefreundet und sei in alle seine Geheimnisse eingeweiht worden (c. 34) – mit einer Ausnahme: Den Zauberspruch, mit dem Pankrates einen Besen in einen menschenartigen Diener verwandeln konnte, den habe er vor ihm geheimgehalten (c. 35). Einmal habe er ihn aber doch mitbekommen und dann am folgenden Tag ausprobiert – was dann zu den fatalen Folgen führte, die Goethe in seiner Ballade „Der Zauberlehrling" und der Disney-Film „Fantasia" von 1940 zur Musik von Paul Dukas dargestellt haben.[22] Lukian ist der erste Autor der Weltliteratur, bei dem sich die Geschichte vom Zauberlehrling findet; sein „Hexenmeister" Pankrates hat aber möglicherweise sogar ein ganz reales Vorbild in dem in der ersten Hälfte des 2. Jh.s n. Chr. lebenden ägyptischen Priesterzauberer Pachrates.[23]

Bevor Eukrates nun auch noch auf das Thema „Orakel und göttliche Prophezeiungen" zu sprechen kommen kann – er hebt bereits zu einem offensichtlich längeren tour d'horizon seiner diversen Orakelbesuche an (c. 38) –, verlässt Tychiades den Raum und bringt damit den Reigen der Schauergeschichten an sein Ende. Tychiades' Ablehnung des in diesen

---

[19] Die in c. 32 von Tychiades erzählte Anekdote über den Philosophen Demokrit, der sich von Gespenster spielenden jungen Leuten in keiner Weise habe irremachen lassen, fällt etwas aus dem Rahmen der Spukgeschichten und soll dies natürlich auch.
[20] Eukrates verzichtet wohlweislich darauf, seinen Zuhörern dieses Orakel genauer zu zitieren!
[21] An dieser Stelle lässt der Pythagoreer Arignotos einfließen, dass Pankrates auch sein Lehrer gewesen sei – welch hübsche Koinzidenz!
[22] Nur in einer Einzelheit ist Goethe von seinem Vorbild abgewichen: Lukians Eukrates kennt zwar den magischen Befehl, der den Besen zum Wasserträger macht, nicht aber den Rückverwandlungsbefehl (den konnte er seinem Meister noch nicht ablauschen); Goethes Zauberlehrling hat diese zweite Zauberformel vergessen.
[23] Einem Zauberpapyrus (PGM Nr. 4,2446–56) zufolge beeindruckte Pachrates mit seinen Künsten sogar den Kaiser Hadrian und wurde offenbar mit doppeltem Gehalt am alexandrinischen Museion – vormals einer Hochburg exakter Wissenschaften – angestellt. Vgl. JONES 1986, 49f. und OGDEN 2004, 106–110.

Geschichten enthaltenen Aberglaubens wird bis zum Schluss aufrechterhalten;[24] gleichzeitig aber ist es offensichtlich, dass es Lukian großes Vergnügen bereitet hat, die in diesem Dialog erzählten Geschichten seinem Publikum in dieser unterhaltsamen Weise zu servieren; so konnte er Wundergeschichten plastisch vorführen und sich zugleich überlegen von ihnen distanzieren. In einer Reihe von Fällen konnte er sich dabei auf Vorbilder und bereits vorhandene Motive in früherer Literatur stützen;[25] manches davon aber hat er auch selbst weiter ausgeformt und dabei mit subtilen komischen Auswüchsen versehen.

Eine vergleichbare Konstellation wie in den „Lügenfreunden" findet sich in dem Dialog „Das Schiff, oder: die Wünsche": Hier tritt Lukians *persona* Lykinos drei befreundeten Athenern – Timolaos, Samippos und Adeimantos – gegenüber, die alle gern aus ihrer alltäglichen Haut herauswollen, um etwas Bedeutenderes zu sein, als sie eben sind. Die drei sind keine Philosophen,[26] sondern normale Menschen, die einfach ihre Wunsch- oder Tagträume haben; Lykinos dagegen spielt die Rolle dessen, der solchen Leuten das Unnütze und auf die Dauer mehr Trübsal als Freude Bringende solcher eskapistischen Wunschvorstellungen vor Augen führt. Seiner Ansicht nach muss man sich dem alltäglichen Leben so, wie es ist, stellen; mit dieser Position bleibt er dem treu, was Lukian ihn auch gegenüber Hermotimos vertreten lässt.[27]

Anders als die „Lügenfreunde" ist „Das Schiff" durchgehend als direkter Dialog zwischen den vier Gesprächspartnern konzipiert, die sich am frühen Morgen von Athen zum Piräus aufgemacht haben, um ein riesiges Schiff, die aus Ägypten kommende „Isis", zu sehen, die Getreide nach Italien bringen soll. Der Dialog beginnt damit, dass Lykinos und Samippos den Timolaos an der „Isis" treffen, dafür aber inzwischen den Adeimantos irgendwo im Gedränge um das Schiff verloren haben (c. 1–3). In c. 4 entschließen sich die drei, auch ohne Adeimantos nach Athen zurückzugehen, sehen ihn dann aber in c. 10 unerwartet vor sich; sie beschleunigen ihren Schritt und holen ihn in c. 11 ein. Die vier gehen dann zusammen weiter; in c. 14 befinden sie sich noch mitten auf dem Weg zwischen Piräus und Athen, auch in c. 16 heißt es: „Wir haben noch viel

---

[24] Sie ist übrigens auch immer wieder die Motivation der anwesenden Philosophen, eine weitere angeblich gut bezeugte Wundergeschichte zu erzählen – vielleicht lässt sich Tychiades ja doch überzeugen?
[25] Zur Quellenfrage insgesamt vgl. OGDEN 2007, 4–6 und 271–273.
[26] Sie werden erst im allerletzten Satz als „die Philosophie lobend" bezeichnet, aber das hätte man wohl von jedem gebildeten Athener sagen können.
[27] Vgl. oben Kap. 4.3.4 (S. 182).

(Weg) übrig bis zur Stadt." In c. 35 haben sie dann 30 Stadien zurückgelegt, die Mittagshitze brennt hernieder, und Lykinos möchte im Schatten einiger Olivenbäume eine kleine Pause einlegen; in c. 46 sind sie dann am Dipylon, dem Eingang der Stadt Athen, und am Ende ihres Weges angelangt. In keinem anderen seiner Dialoge hat Lukian einen ähnlichen Spaziergang als Hintergrund gewählt.[28]

Das Hauptthema der Schrift, die „Wünsche" von Lykinos' Begleitern, wird durch einen umfangreichen Einleitungsteil (c. 1–17) vorbereitet, in dessen Mittelpunkt das erwähnte große Schiff „Isis" steht (daher auch der Titel des Dialogs). Alle vier Dialogteilnehmer haben sich durch seine Besichtigung beeindrucken lassen:[29] Noch nach Beginn des Rückwegs ruft sich Samippos schwärmerisch die beeindruckenden Ausmaße und die Pracht der Ausstattung des Schiffes ins Gedächtnis zurück (c. 5f.); Timolaos referiert den Bericht von der bisherigen gefährlichen Reise des Schiffes, den ihm der Eigner erzählt hat (c. 7–9); und als die beiden mit Lykinos den allein losgegangenen Adeimantos einholen, ist der in einen Tagtraum versunken, in den ihn ebenfalls dieses Schiff versetzt hat (c. 11): Er hat sich, wie er nach einigem Zögern erzählt, vorgestellt, er sei der Besitzer dieses Schiffes und erziele mit ihm riesige Handelsgewinne – jetzt aber habe ihn Lykinos aus diesen wunderbaren Träumen gerissen (c. 13)![30] Lykinos antwortet mit einigen Witzeleien, die bereits andeuten, was er von dieser Art von Träumen hält, bei Adeimantos aber eine Schmoll-Reaktion auslösen (c. 14f.). Nun aber schaltet sich Timolaos ein, den Adeimantos' Träumereien auf eine Idee gebracht haben: Sie könnten sich den langen Weg bis zur Stadt dadurch verkürzen, dass jeder einen Wunschtraum von einem Leben, wie er es gerne hätte, zum Besten gibt (c. 16). Die anderen stimmen zu (17), und es beginnt – auf Lykinos' Vorschlag – Adeimantos, der einfach seinen Traum als Schiffseigner der „Isis" fortsetzt; damit gestaltet sich auch der Übergang zum Hauptteil der Schrift ganz zwanglos.

---

[28] Der Einfall könnte auf eine Anregung durch Platon zurückgehen, der am Beginn seines „Staates" Sokrates ebenfalls in den Piräus gehen lässt; aber Platon hat keinen Spaziergang als „Ort" eines Dialoges verwendet, außer in den „Gesetzen", wo man aber von einer ausgedehnten Wanderung sprechen muss.
[29] Jedoch macht Lykinos schon am Ende von c. 9 eine ironisch-anzügliche Bemerkung über den Steuermann des Schiffes, die andeutet, dass sich seine Begeisterung in Grenzen hält.
[30] Ähnlich beklagt sich der Schuster Mikyllos am Beginn des „Hahn", als er aus seinem goldenen Traum aufgeweckt wird.

Adeimantos malt sich als imaginärer Schiffseigner ein Leben in luxuriösem Reichtum aus (c. 18–27), zu dem freilich Lykinos einige spöttisch-ernüchternde Kommentare beisteuert: Als Adeimantos die Getreideladung des Schiffes durch das gleiche Volumen an Goldmünzen ersetzen will, weist Lykinos ihn darauf hin, dass das schöne Schiff mit einer so schweren Ladung unweigerlich untergehen wird (c. 18f.). Adeimantos ist etwas ungehalten über diesen Einwand, lässt sich dann aber dazu überreden, aus diesem Gold einen Schatz zu machen, den er im heimischen Hof finden wird. Weitere Einwürfe des Lykinos nimmt er danach nur noch höchst ungnädig auf – was den aber nicht daran hindert, in einer abschließenden Bewertung von Adeimantos' Traum (c. 26f.) die zahlreichen Widrigkeiten zu schildern, denen das von Adeimantos erträumte Leben als Reicher ausgesetzt ist. Hier wandelt sich Lykinos für kurze Zeit vom witzigen, platonischen Gesprächsteilnehmer zum kynischen Wanderprediger.[31]

Als nächster trägt Samippos seinen Wunschtraum vor; bei ihm hat Lukian seine Fabulierkunst in diesem Dialog am schönsten entfaltet (c. 28–40). Samippos möchte König werden – aber nicht einfach durch dynastische Abstammung, sondern als romantische Natur möchte er als kleiner Räuberhauptmann mit nur dreißig Getreuen beginnen und es dann bis zum weltbeherrschenden Großkönig bringen. Motivisch scheint Lukian hier der kometenhafte Aufstieg des jungen Kyros des Großen vorzuschweben, wie ihn Herodot in seinem ersten Buch[32] (108ff.) und Xenophon in seiner „Kyrupädie" beschrieben haben; der idealisierte, über sich selbst hinauswachsende Räuberhauptmann war daneben aber auch eine Figur in den griechischen Liebesromanen.[33] Der von Samippos anvisierte Weg zur Weltherrschaft ist eine Mischung aus dem Eroberungszug Alexanders d. Gr. und dem erfolgreichen römischen Partherkrieg von 161–165 v. Chr.: Nachdem er sich zum Herrn von ganz Griechenland gemacht hat, will Samippos von Korinth aus nach Ionien mit seiner Streitmacht übersetzen und von dort durch die südlichen Landschaften Kleinasiens bis

---

[31] Die gleiche Topik findet sich in einigen Schriften Lukians mit menippeischem Gepräge („Der Hahn", „Die Niederfahrt","Anliegen an Kronos"; vgl. oben Kap. 6, S. 204–210, 217–219). Vgl. die entsprechenden negativen Schilderungen des Reichtums in dem Vortrag „Über Reichtum und Armut" des hellenistischen Kynikers Teles (p. 33–48 HENSE).
[32] Hdt. 1,108–130.
[33] Man denke an Hippothoos in Buch 3–5 der „Ephesischen Geschichten" des Xenophon von Ephesos oder an Thyamis in Heliodors „Aithiopischen Geschichten".

zum Euphrat ziehen (c. 32);[34] Unterführer sollen derweil Phönizien, Palästina und Ägypten unterwerfen. Das alles erinnert sehr an Alexander,[35] aber es geht nicht gegen die achämenidischen Perser, sondern „gegen Armenier und Parther" (c. 33), und der gegnerische Großkönig hält sich bei Ktesiphon auf, also der Hauptstadt des Partherreiches, die es im Achämenidenreich noch gar nicht gab. Samippos sieht sich schließlich in großer Schlacht und heldenhaftem Zweikampf den Feind vollständig schlagen und danach auf dem Höhepunkt seiner Herrschaft (c. 36–38); als er nun aber Lykinos stolz fragt, was er von diesem Wunschtraum halte, antwortet der erneut mit einem verdammenden kynischen Vortrag gegen die mühseligen und gefährlichen Begleitumstände eines königlichen Daseins (c. 39).[36] Und Timolaos, der sich in seinem Wunschtraum mit allen möglichen Zauberringen alle möglichen übernatürlichen Kräfte wünscht (c. 41–44), ergeht es nicht besser: Auch ihm erteilt Lykinos eine – zwar kurze, aber vernichtende – Abfuhr (c. 45). Auf die Frage schließlich, was denn *sein* Wunschtraum sei, sagt er einfach, er bedürfe keines solchen; ihm sei es genug, über Leute zu lachen, die sich solche Hirngespinste machten und sich dann anschließend nur umso erbarmungsloser mit der Realität konfrontiert sähen (c. 46).

Dass Lykinos auf diese Weise stets das letzte Wort hat und ständig rechtzuhaben scheint, könnte ihn als nervigen Besserwisser erscheinen lassen und den Eindruck erwecken, als habe Lukian den Dialog immer wieder nach demselben Schema ablaufen lassen. Aber ganz so ist es nicht: Innerhalb der einzelnen Abschnitte erweist sich Lykinos wiederholt als witziger, zu Selbstironie fähiger und auf seine Gegenüber eingehender Gesprächspartner, der auch ihr illusorisches Wunschspiel auf weite Strecken mitspielt. Das zeigt sich besonders schön, als Samippos sich in seinen Aufstieg zum Großkönig und Weltherrscher hineinträumt: Als Lykinos erwartungsvoll fragt, gegen welche Unglücklichen der frischgebackene König Samippos wohl als erste zu Felde ziehen werde (c. 29), macht Samippos ihn sofort zum Anführer seiner (imaginären) fünftausend Reiter. Lykinos ist über diese Ehre begeistert, lehnt aber trotzdem dankend ab:

---

[34] Hier lässt sich auch an das 1. Buch von Xenophons „Anabasis" denken.
[35] Dazu gehört auch das Detail, dass Lykinos wie weiland der makedonische General Antipater als Satrap von Europa zurückgelassen werden möchte (c. 33).
[36] Auch hier lässt sich vergleichen, was der ehemalige Pythagoras im „Hahn" über sein mühsames Leben berichtet, als er einmal König war (c. 24f.).

„Ich bin nämlich, musst du wissen, ganz schrecklich unvertraut mit Pferden und habe noch niemals zuvor ein Pferd überhaupt bestiegen. Ich fürchte daher, dass ich, sobald der Trompeter das Signal zum Vorrücken gibt, hinunterfalle und in dem Gewirr von sovielen Hufen zertreten werde, oder dass das Pferd sich in seinem wilden Mut in den Zügel verbeißt und mich mitten unter die Feinde trägt, oder dass man mich auf dem Sattel wird festbinden müssen, wenn ich obenbleiben und mich am Zügel festhalten soll" (c. 30).

Untauglich für die Kavallerie, bekommt Lykinos den Oberbefehl über den rechten Flügel der Fußtruppen übertragen (c. 31); nun aber wird ihm der rasende Vormarsch von König Samippos durch das südliche Kleinasien zum Euphrat bald zuviel (c. 32): „Bitte, o König, lass mich als Satrap von Griechenland zurück; ich bin nämlich ängstlich und dürfte es nicht gut aushalten, mich weit von zuhause zu entfernen" (c. 33). Samippos droht ihm für diese Feigheit vor dem Feind das Köpfen an und schert sich nicht weiter um solchen Defaitismus, sondern beginnt jetzt – imaginär am Euphrat angelangt – das weitere Vorgehen zu überlegen und seine Generäle Adeimantos, Timolaos und Lykinos nach ihren Vorstellungen zu befragen (c. 33–35). Erneut tanzt Lykinos aus der Reihe:

„Ich werde es dir sagen: Da wir uns mit ununterbrochenem Marsch strapaziert haben [...] und die Sonne stark brennt, weil es nun ungefähr Mittag ist, lasst uns hier unter den Ölbäumen an der umgestürzten Stele uns hinsetzen und eine Pause machen" (c. 35).

Als Samippos ihn etwas unwirsch daran erinnert, dass er sich nicht vor Athen, sondern vor Babylon befindet und seinen Beitrag zur Kriegsplanung leisten soll, antwortet er: „Gut, dass du mich erinnerst! Und ich dachte, ich sei wach [...]" Aber das Beste kommt noch: Samippos sieht die entscheidende Schlacht entbrennen und die gesamte feindliche Reiterei auf Lykinos' rechten Flügel zustürmen; der stöhnt auf:

„O was für ein Geschick! Auf mich alle Reiter, und ich allein schien ihnen ein geeignetes Angriffsziel abzugeben? Ich glaube, wenn sie mir hart zusetzen, werde ich zum Feind übergehen, zur Palaistra vorauslaufen und euch beim Kriegführen zurücklassen" (c. 37).

Lykinos spielt im „Schiff" also nicht nur den kynischen Prediger, der seinen drei Begleitern ihre Hirngespinste entlarvt, sondern auch die ‚lustige

Figur', die naiv-komisch die Kreise der anderen stört und ihre Wünsche ins Lächerliche zieht. Für diese Rolle hat sich Lukian von der Alten Komödie inspirieren lassen, wo ebenfalls eine lustige Figur, ein „Bomolochos",[37] öfters eine Auseinandersetzung oder das Agieren anderer naivwitzig kommentiert. Lykinos' Agieren als Bomolochos konterkariert seine kynischen Predigten durchaus und lässt den Dialog insgesamt zu einem gelungenen Stück heiterer Unterhaltung werden, was die herben Worte, die Lykinos dann stets für die Wunschträume seiner Freunde bereit hat, doch etwas verbindlicher klingen lässt. „Das Schiff" zeigt eine ähnliche Rollenverteilung wie „Die Lügenfreunde": In beiden Fällen sind die Gesprächspartner von Lukians Alter Ego für die phantastischen Geschichten zuständig, das Alter Ego für die Distanzierung davon.

8.3. Phantastische Reisen zum Götterhimmel und in die Unterwelt

Die Darstellung phantastischer Reisen kann in der griechischen Literatur auf eine lange Tradition zurückblicken. Bereits der homerische Odysseus gelangt nach der Eroberung Trojas auf weiten Fahrten – die ihn eigentlich nur nach Hause zurückführen sollten – weit über die Grenzen der den Griechen in homerischer Zeit bekannten Welt hinaus[38] und sogar bis in die Unterwelt. Aristophanes lässt Helden seiner Komödien sowohl in den Himmel („Der Frieden") als auch in den Hades („Die Frösche") gelangen, und im frühen Hellenismus hat der kynische Satiriker Menipp von Gadara offenbar sich selber zum Helden solcher Himmels- und Höllenreisen gemacht. Lukian hat diese Geschichten – und Menipp als Helden in ihnen – aufgegriffen und ihnen damit etwas gegeben, was zu bekommen Menipp selbst nicht vergönnt war: ein Fortleben bis heute.

Abgesehen von den „Totengesprächen"[39] tritt Menipp als literarische Figur und Sprecher bei Lukian nur in zwei Dialogen auf, in denen sein Name auch im Titel erscheint: in „Menipp als Ikaros,[40] oder: Der Mann über den Wolken" (im Folgenden kurz „Ikaromenipp") und in „Menipp, oder: Die Totenbefragung" (im Folgenden kurz „Nekyomanteia"). Beide

---

37 Der Ausdruck stammt in dieser Anwendung von Süß 1905, 58–65.
38 Vgl. NESSELRATH 2005, 156f.
39 Zu ihnen vgl. unten S. 274–280.
40 Im Griechischen eigentlich „Ikaromenippos", eine Namensbildung, die wieder an die Komödie erinnert (vgl. Aristophanes' Stücktitel „Aiolosikon" = „Sikon als Aiolos").

Werke gehen wahrscheinlich auf Satiren Menipps zurück[41] und zeigen auch die gleiche Dialogtechnik: Beide Male spielt ein anonymer Gesprächspartner („Gefährte" oder „Freund" genannt) mit, der sich über Menipps anfängliches seltsames Gebaren wundert und dadurch nach kurzem Vorgeplänkel Menipp zum Erzählen des von ihm Erlebten veranlasst. Es gibt aber auch Unterschiede: Im Vorgespräch der „Nekyomanteia" gibt es Verseinlagen, in dem des „Ikaromenipp" nicht; dafür enthält dort Menipps eigentliche Erzählung mehr „menippeisch" direkt in Handlungsschilderung eingebaute Verse[42] als in der „Nekyomanteia".[43]

Zu Beginn des „Ikaromenipp" ist Menipp gerade dabei, astronomische Entfernungen zusammenzurechnen (c. 1): 3000 Stadien von der Erde zum Mond; vom Mond bis zur Sonne ungefähr 500 Parasangen („Wegstunden");[44] schließlich von der Sonne bis zur Himmelsburg des Zeus einen guten Tagesflug für einen Adler ohne schweres Gepäck. Der ihn bei dieser Tätigkeit antreffende „Gefährte" wundert sich über diese Ausführungen, macht dann aber – als ihm Menipp erklärt, er rechne gerade noch einmal seine vor kurzem beendete Himmelsreise nach – eine Reihe witzig-ironischer Kommentare: Natürlich könne man ihm als „Mann über den Wolken"[45] *jedes* Wort glauben – aber woher habe er eine so lange Leiter genommen? Und so schön wie ein zweiter Ganymedes sei er doch auch nicht, dass er vom Adler des Zeus als neuer himmlischer Mundschenk geholt worden wäre (c. 2)! Als Menipp dann von seinen Flügeln spricht, scherzt der „Gefährte" munter weiter (ebd.): Er sei wohl ganz heimlich zum Falken oder Raben geworden? Und habe er denn keine Angst gehabt, wie Ikaros[46] hinabzuplumpsen und ein Meer nach sich benennen zu lassen (c. 3)? Insgesamt präsentiert sich der Gesprächspartner anfänglich als sehr witzig und lebendig; als Menipp jedoch auf seiner Geschichte beharrt, wird der „Gefährte" stutzig und bittet nun doch um genauere Ausführungen. Im folgenden werden seine Kommentare sel-

---

[41] Bei der „Nekyomanteia" ist dies etwas sicherer als beim „Ikaromenipp": Von einer Satire Menipps ist wenigstens noch der Titel „Nekyia" belegt (womit Menipp auf das 11. Buch der „Odyssee" anspielt, das den Besuch des Odysseus in der Unterwelt erzählt); etwas Vergleichbares existiert beim „Ikaromenipp" nicht.
[42] In der Regel aus Homer: *Icar.* 10. 13. 19. 22. 23. 24. 25 28. 30. 33; in c. 29 wird Homer von Zeus (!) explizit zitiert.
[43] Dort finden sich solche Verseinlagen nur in c. 9. 10. 21.
[44] Bei diesen „Parasangen" soll man sicher an die entsprechenden 'Parasangen-Kapitel' in Xenophons „Anabasis" Buch I denken)
[45] Damit wird auf den Zweittitel der Schrift angespielt.
[46] Damit wird auf den Haupttitel der Schrift angespielt.

tener und auch milder[47] und dienen vor allem noch zur Hervorhebung bestimmter Punkte und zur Fortführung der Darstellung; er macht damit eine ähnliche Wandlung durch wie manche Gesprächsteilnehmer in anderen Dialogen Lukians.[48] Dies deutet darauf hin, dass das Vorgespräch des „Ikaromenipp" eine Zutat Lukians ist.

Im Folgenden aber sprechen auffällige inhaltliche Parallelen zur „Nekyomanteia" dafür, dass das, was jetzt kommt, stark von Menipp inspiriert ist. In c. 4–10 (dem ersten Abschnitt des Hauptteils) erklärt Menipp zunächst, was ihn veranlasst hat, in den Himmel zu fliegen: Als er begann, die Dinge des menschlichen Lebens – „Reichtümer, Regierungsämter, Fürstenherrschaften" – kritisch näher in Augenschein zu nehmen, erschienen sie ihm bald als „lächerlich, niedrig und instabil" (c. 4); hier zeigt sich die kynische – sicher auch von Menipp propagierte – Verachtung für die Dinge, an die normale Menschen ihr Herz hängen.

Menipps Verachtung dieser Dinge führte ihn zur Beschäftigung mit der größeren kosmischen Ordnung der Welt und ihrer Phänomene; weil er aber in diesem Bereich – genauer: dem der Astronomie und der Himmels- und Wettererscheinungen – völlig unkundig war, suchte er Rat und Erklärung bei den Philosophen (c. 5) und geriet damit vom Regen in die Traufe;[49] und nun folgt eine umfängliche Invektive gegen Philosophen (c. 5–9), deren Inhalte sich auch in anderen Lukian-Dialogen finden.[50] In c. 6f. werden die leere Eitelkeit der Ansprüche der Philosophen auf exaktes astronomisches Wissen und ihre gleichzeitige absolute Intoleranz gegenüber abweichenden Meinungen satirisch angeprangert, in c. 8f. ihre Wi-

---

[47] In c. 5. 8. 11. 12. 16. 17. 19; nach 19 bleiben sie schließlich völlig aus.
[48] Namentlich in den sogenannten „Konversions-Dialogen": Auch im „Parasitendialog" ist der Gesprächspartner erst ganz bissig-polemischer Unglaube, den der Titelheld – eben der Parasit – genauso gelassen wie hier Menipp abwehrt und sich schließlich durchsetzt; eine ähnliche Entwicklung findet im Eingangsteil des Dialogs „Über die Tanzkunst" statt.
[49] Ähnlich wie hier Menipp ist es schon dem platonischen Sokrates im „Phaidon" ergangen, wie Platon ihn dort selbst erzählen lässt (96a–99d; vgl. CAMEROTTO 2009, 105): Auch der junge Sokrates verspürte großes Verlangen, die Dinge der physikalischen Natur zu ergründen, stellte dann aber fest, dass er zur Erforschung dieser Dinge alles andere als begabt sei (96c). Dann sei er an das Buch des Anaxagoras geraten und habe geglaubt, dass Anaxagoras ihm auch den Aufbau der Welt und ihrer Phänomene erklären könne (97d–98a); dann aber habe er gesehen, dass Anaxagoras in keiner Weise etwas über die wahren Ursache dieser Dinge sage (98b–99b). Und wie Anaxagoras würden auch andere Naturphilosophen mit ihren Erklärungen nur wie im Nebel herumstochern (99b). So habe er sich veranlasst gesehen, sein Erkenntnisziel auf einem anderen Weg (99c) zu suchen.
[50] Vgl. oben Kap. 4.3.2 (S. 144–161).

dersprüche in einer umfangreichen Doxographie dargestellt.[51] In der „Nekyomanteia" ist Menipps Erkenntnisinteresse ein anderes; die dortige Suche nach dem besten Leben klingt eher nach einem kynischen Thema als das Streben nach Erkenntnis des physikalischen Kosmos; aber Menipp verfasste auch eine Schrift „An die Adresse der Naturphilosophen und Mathematiker und Grammatiker", in der es wohl weniger um die Aufstellung einer eigenen Lehre als um die satirische Zurückweisung der anderen ging.

Aufgrund der unzähligen Widersprüche der hier referierten philosophischen Spekulationen verzweifelt Menipp daran, auf Erden je noch etwas Sicheres über diese Dinge zu erfahren und beschließt deshalb in c. 11, selbst in den Himmel hinaufzufliegen.[52] Dazu beschafft er sich einen Adler- und einen Geierflügel;[53] der Adlerflügel erklärt sich aus der besonderen Beziehung dieser majestätischen Vögel zu Zeus, aber auch Geier galten in der Antike nach einigen Auffassungen als Vögel, die von anderen Gestirnen herab zur Erde kommen[54] – womit auch ein Geierflügel für eine interplanetarische Flugreise geradezu prädestiniert scheint.

Menipp schildert nun seine ersten immer kühner werdenden Flugversuche mit Hilfe dieser Schwingen;[55] in c. 11 startet er dann zu seinem Himmelsflug und gelangt zunächst auf den Mond, wo er sich bis c. 19 aufhält. Voller Vergnügen schaut er hier auf die bereits klein gewordene Erde hinunter – die er übrigens zunächst nur daran erkennt, dass er auf ihr

---

[51] Vgl. dazu CAMEROTTO 2009, 111–113, aber auch schon HELM 1906, 83–87. In c. 8 behandelt Menipp die „Lehre über den Kosmos" der verschiedenen Richtungen (zur Entstehung oder Nichtentstehung des Universums und zu seinen prinzipiellen Elementen), in c. 9 die Vielzahl der philosophischen Meinungen „über die Götter". Dabei werden auch Leute erwähnt, die nur einen Gott als Herrscher über das All postulierten, worin der Lukian-Scholiast (p. 101,26f. RABE) eine mögliche Anspielung auf Moses sah.
[52] Ermutigung schöpft er dabei sinnigerweise aus Äsop-Fabeln, in denen ein Adler und ein Mistkäfer (3 HAUSRATH / HUNGER) und sogar ein Kamel (119 HAUSRATH / HUNGER) in den Himmel gelangen und zu Zeus kommen. Diese Begründung lässt an die Komödie denken; in Aristophanes' „Frieden" (v. 130) beruft sich auch schon Trygaios bei seiner Absicht, mithilfe eines gewaltigen Mistkäfers zu den Pforten des Himmels aufzusteigen, auf die betreffende Äsop-Fabel.
[53] Diese inkongruente Kombination soll natürlich wieder Komik erzeugen.
[54] Laut Aristoteles (*Hist. an.* 5,6 p. 563a7) wurde diese Auffassung von Herodoros von Herakleia (FGrHist 31 F 22a) vertreten..
[55] Als erstes fliegt er von der athenischen Akropolis ins Dionysos-Theater herab, danach vom Parnes- und Hymettos-Gebirge bis zur Geraneia-Bergkette (auf dem Isthmos von Korinth) und Akrokorinth, schließlich sogar bis zum südpeloponnesischen Taygetos; die Abfolge dieser Versuche klingt bemerkenswert plausibel.

den Koloss von Rhodos und den Leuchtturm von Pharos entdeckt (c. 12)![56] Als Menipp jetzt aber (ebd.) auch noch behauptet, er habe beim Herunterschauen alles auf der Erde erkennen können, erinnert ihn sein aufmerksamer Gesprächspartner daran, dass er doch gerade noch große Schwierigkeiten hatte, die Erde unter all den Himmelskörpern überhaupt herauszufinden. Das ruft Menipp – und in der Gesprächssituation wirkt das ganz natürlich – ins Gedächtnis zurück, dass er auf dem Mond überraschend jemand begegnete, der ihm zu dieser willkommenen Scharfsicht erst verhalf (c. 13f.). Dieser „Mann im Mond" ist der vorsokratische Philosoph Empedokles;[57] er sei – so erklärt er dem einigermaßen erschreckten Menipp – nach seinem Sprung in den Ätna-Krater[58] von dessen Rauchschwaden bis auf den Mond getragen worden (freilich in entsprechendem Zustand, nämlich ziemlich durchgebraten und äußerlich verkohlt), treibe hier jetzt luftige Spekulationen und ernähre sich von Tau.[59] Als erfahrener Naturphilosoph weist Empedokles Menipp nun darauf hin, dass er nur mit seinem Adlerflügel zu schlagen braucht, um wenigstens mit dem einen Auge scharf wie ein Adler sehen zu können (c. 14).

Damit erkennt Menipp nun eben buchstäblich alles, und im Folgenden (c. 15–19) wird seine panorama-artige Hinabschau auf die Erde zu satirischen Kommentaren über das Treiben der Erdenbewohner genutzt.[60] Me-

---

[56] HELM 1906, 100 hat hier einen aufschlussreichen Anachronismus entdecken wollen: Der Koloss von Rhodos stand nur zwischen 292 und 227 v. Chr. aufrecht – wie kann ihn da der *lukianische* Menipp noch stehen sehen? Die chronologischen Daten des Kolosses sprechen dafür, dieses Detail tatsächlich auf Menipp selbst zurückzuführen. HALL 1981, 93 hat dagegen argumentiert, dass der Koloss auch noch nach seinem Sturz jedermann als Weltwunder ein Begriff war und dass seine Funktion als eindeutiges Erkennungszeichen der Erde noch aus astronomischen Höhen auf jeden Fall sehr geistreich und witzig erdacht ist; CAMEROTTO 2009, 120 lässt die Frage mehr oder weniger offen.
[57] Dass dieser Menipp gleich mit seinem Namen anredet, ist erstaunlich; doch vielleicht darf man in einer Satire nicht fragen, wie etwas Derartiges möglich ist.
[58] Auf dieses bemerkenswerte biographische Detail (vgl. Diog. Laert. 8,69) spielt Lukian auch an anderen Stellen gern an (*VH* 2,21; *Dial. Mort.* 6,4).
[59] Dies könnte ein parodistischer Hieb gegen Vorstellungen Heraklits und dann der Stoiker sein, dass die Himmelskörper sich von aus den irdischen Meeren aufsteigendem verdunstendem Wasser ernähren (vgl. bereits Ar. *Nub.* 1279–1281); auch die Pythagoreer lehrten, dass bestimmte Lebewesen sich von „Gerüchen" ernährten (vgl. Arist. *De sens.* 445a16). Aus der Luft gewonnenen Tau trinken auch die Mondbewohner in *VH* 1,23; vgl. dazu MORGAN 1985, 480.
[60] Dieses Motiv der alles erfassenden Schau ist wieder etwas typisch Kynisches: Der Kyniker ist seinem Selbstverständnis nach ein „Späher" und „Aufseher" der Menschheit. Vgl. z.B. Epict. *Diss.* 3,22,24 und dazu BILLERBECK 1978, 81.

nipp betrachtet denn auch interessiert eine ganze Reihe von menschlichen Ausschweifungen, Lastern und Schwächen: in c. 15 sind dies die Verbrechen von Königen und Mächtigen;[61] in c. 16 werden die Schandtaten der Vertreter verschiedener philosophischer Richtungen genüsslich aufgezählt (Epikureer, Stoiker, dazwischen ein Rhetor; ein Kyniker schläft sogar im Bordell); die Namen der Betreffenden sind mit großer Wahrscheinlichkeit frei erfunden. Im zweiten Teil von c. 16 wird das mannigfache Treiben von „normalen Leuten", typisiert nach den verschiedenen Völkerschaften oder Städten, in den Blick gefasst: Die thrakischen Geten führen Krieg, die Skythen fahren auf ihren Wagen in der Steppe herum, die Ägypter bestellen den Acker, der Phönizier treibt See*handel*, der Kilikier See*raub*, der Spartaner lässt sich geißeln, und der Athener sitzt zu Gericht. In c. 17 vergleicht Menipp dieses ganze Treiben mit einem riesigen Chor, in dem jeder durcheinander singt.[62] Den Inhalt von c. 18 bildet vor allem die lächerliche Kleinheit der Gegenstände unsinnigen menschlichen Stolzes, wenn man sie aus großer Höhe betrachtet.[63] In c. 19 illustriert Menipp das Treiben herumwuselnder Menschen mit dem Bild eines Ameisenhaufens.[64]

Am Ende von c. 19 soll es dann endlich weitergehen; aber Menipp ist noch nicht weit geflogen, da wird er von niemand Geringerem als dem Mond selbst angehalten, der sich mit weiblicher Stimme zu Wort meldet:[65] „Frau Mond" bittet ihn in c. 20f. um die Übermittlung eines Auftrags an Zeus, nämlich einer umfänglichen Klage ebenfalls über die Philosophen und ihre impertinenten Versuche, Wesen und Eigenarten des

---

[61] Diese werden vor allem an geschichtlichen Beispielen aus dem frühen Hellenismus – Menipps eigener Zeit– illustriert (Ptolemaios II.; Lysimachos; Seleukos und sein Sohn Antiochos; Antigonos Monophthalmos). Der Tod des Alexander von Pherai liegt allerdings erhebliche Zeit früher (359 v. Chr.), und hinzu kommen weitere nicht mehr genau datierbare Ereignisse oder Namen (Vergiftung eines Attalos; Arsakes und sein Eunuch Arbakes; der Meder Spatinos); diese letzteren klingen erfunden und könnten eine Zutat Lukians sein. Vgl. HALL 1981, 92f.; CAMEROTTO 2009, 124f.

[62] Vgl. *Nec.* 16. HELM 1906, 93f. hat diesen Chor-Vergleich wieder auf kynische Quellen zurückführen wollen; er ist aber auch noch anderswo zu finden. Vgl. auch CAMEROTTO 2009, 126f.

[63] Bei den Erwähnungen von Landbesitz in diesem Kapitel – „die Ebene von Sikyon, von Marathon das Land um Oinoë, Acharnai" – hat man gelegentlich Anspielungen auf den reichen Herodes Atticus vermutet; doch vgl. dazu HALL 1981, 9f.

[64] Zum Ameisen-Vergleich vgl. *Herm.* 5; CAMEROTTO 2009, 127.

[65] Lukian spielt hier mit der Doppelbedeutung von σελήνη = 1. Mond, 2. Mondgöttin.

Mondes mit ihren Spekulationen zu ergründen. In c. 20 wird dies anhand einer Doxographie demonstriert, die vor allem wieder die Widersprüchlichkeit dieser Theorien zeigen soll. In c. 21 wird Frau Mond dann gar persönlich: Das alles wagen die Philosophen ihr anzutun, obwohl sie bisher schamhaft zu ihrem lasterhaften nächtlichen Treiben geschwiegen hat und sogar ihr Haupt oft genug deswegen mit Wolken verhüllen musste! Gegen diese Brut müsse bald etwas unternommen werden – oder sie sehe sich gezwungen, ihren Platz zu räumen.

Nach diesem Intermezzo kann Menipp dann aber endlich zum Himmel weiterfliegen (c. 22) und gelangt nach drei Tagen zur Himmelsburg des Zeus; er wird dort durch Hermes eingelassen und gleich vor Zeus zitiert. Der schüchtert ihn zunächst mit seiner Donnererstimme ziemlich ein, gewährt ihm dann aber einen zweitägigen Aufenthalt, als er von seinen Anliegen und der von ihm übermittelten Klage der Mondgöttin gegen die Philosophen erfährt; darüber soll am zweiten Tag auf einer Götterversammlung entschieden werden.

Am ersten Tag (c. 23–28) lernt er Zeus' „Arbeitspflichten" kennen und nimmt anschließend am Götter-Symposion teil: In c. 24 fragt ihn Zeus auf dem Weg zu seinem „Arbeitsplatz" – der mit Empfangsfenstern für Gebete, Schwüre und Opferdampf ausgestattet ist –, wie es denn zur Zeit da unten in Hellas aussehe – womit er nicht eben viel von göttlicher Allwissenheit verrät –: wie teuer der Weizen heuer sei; ob der letztjährige Winter den Leuten sehr zugesetzt habe, und ob das Gemüse noch etwas mehr Niederschlag brauche – Zeus wirkt hier also ganz wie ein gutmütig-besorgter Hausvater. Danach werden seine Fragen ‚historischer': ob es noch welche von den Nachfahren des Pheidias gebe;[66] warum die Athener seit so vielen Jahren die Diasien – ein ursprünglich sehr großes Zeusfest – nicht mehr feierten; und ob sie noch daran dächten, ihm endlich einmal das Olympieion fertigzubauen. Diese Fragen stellen für Lukians Zeit Anachronismen dar: Laut Plutarch[67] gab es die Diasien nämlich inzwischen wieder, und das Olympieion wurde 129/130 von Kaiser Hadrian vollendet und eingeweiht;[68] es war also zur Zeit der Abfassung des „Ikaromenipp" – so unsicher diese im einzelnen auch ist – doch schon

---

[66] Diesen war die Instandhaltung des Zeusbildes von Olympia übertragen worden, was die Frage erklärt (vgl. HELM 1906, 100).
[67] Plut. *Tranqu. an.* 20, 477 D.
[68] Es war bereits von Peisistratos im 6. Jh. v. Chr. begonnen und sein Bau unter dem Seleukiden Antiochos IV. Epiphanes Mitte des 2. Jh.s v. Chr. fortgesetzt, aber nicht vollendet worden.

Kap. 8: Durch unbekannte Welten bis ins Jenseits   261

einige Jahrzehnte fertig.[69] Auch Zeus' letzte Frage, ob die Tempelräuber von Dodona schon gefasst worden seien, könnte gut – wenn auch nicht zwingend – in Menipps Zeit passen.[70] Schließlich erkundigt sich Zeus danach, wie es um seine Reputation unter den Menschen zur Zeit bestellt ist, und erinnert sich geradezu nostalgisch an die guten alten Zeiten, als ihm die anderen Götter mit ihren diversen Kultstätten noch nicht soviel Konkurrenz machten;[71] Zeus selbst dagegen bekommt in dieser schlechten neuen Zeit nur noch alle vier Jahre einmal an den Olympischen Spielen ein größeres Opfer, sonst sind seine Altäre kalt und damit „frostiger" als Platons „Gesetze" und Chrysipps Syllogismen.[72]

In c. 25 sind Menipp und Zeus dann an Zeus' „Arbeitsplatz" angelangt, nämlich bei der brunnenschacht-artigen Öffnung für den Empfang von Bitten und Gebeten. Fast alle Bitten, die hier ankommen, laufen aufs Reich- und Mächtigwerden hinaus;[73] einmal empfängt Zeus sogar einander sich widersprechende Wünsche bei genau gleichen Opfergaben, und dann bleibt ihm nur das „Sich-Zurückhalten" der skeptischen Philosophen übrig.[74] In c. 26 wechselt Zeus hinüber zu der Öffnung, durch die die Eidesschwüre zu ihm in den Himmel gelangen;[75] alsdann registriert

---

[69] Die Vermutung von HELM 1906, 90f., dass auch diese Frage des Zeus auf Menipps Zeit zurückgeht – da stand das Olympieion seit Hunderten von Jahren als unvollendete Bauruine da –, hat daher einiges für sich; es sei denn, Lukian hätte den Witz doch selbst gemacht, um den guten Zeus als ein wenig vertrottelt hinzustellen, da er die Vollendung des Olympieions einfach noch nicht mitbekommen hat – immerhin gibt Zeus im „Timon" (c. 9) selbst zu: „Ich habe schon lange Zeit nicht mehr nach Attika geschaut."
[70] Dodona war 219 v.Chr. von den Aitolern in Schutt und Asche gelegt worden, und danach war zunächst wahrscheinlich nicht mehr viel zu rauben (HELM 1906, 101) – oder war in den 350 Jahren bis zu Lukians Zeit doch wieder Einiges zusammengekommen? HALL 1981, 93 hält jedenfalls einen Bezug auf Lukians eigene Zeit hier für möglich.
[71] Bei der Aufzählung dieser Kultstätten könnte zumindest das Asklepiosheiligtum von Pergamon eine Zutat Lukians sein, denn gerade in der Kaiserzeit stand dieses Heiligtum in höchster Blüte (vgl. HELM 1906, 101 und HALL 1981, 94).
[72] HELM 1906, 95 sieht in diesem Witz einen eigenen Zusatz Lukians, da sowohl die platonischen „Gesetze" als auch Chrysipps Syllogismen als für Leser nur schwer verdaulich allgemein bekannt waren.
[73] Hier werden also in kynischer Weise verfehlte menschliche Wünsche angeprangert.
[74] Es ist bemerkenswert, dass Lukian an dieser Stelle terminologisch nicht zwischen der „akademischen" und der „pyrrhonischen" Skepsis unterscheidet, sondern beide zusammenbringt; vgl. NESSELRATH 2023b, 79f. mit Anm. 4.
[75] Dabei bekommt der Epikureer Hermodoros, den Menipp schon in c. 16 vom Mond aus beim Falschschwören beobachtet hatte, eins übers Haupt – eine ge-

Zeus an der dritten Öffnung die Namen der Opfernden mithilfe der Opferdünste; und schließlich gibt er noch seine Anweisungen fürs heutige Wetter in den einzelnen Erdenregionen: Regen bei den Skythen, Gewitter bei den Libyern, Schnee bei den Griechen, Nordwind in Lydien, stürmischer Westwind in der Adria.

In c. 27 geht es dann nach Zeus' Pflichten endlich zum abendlichen Göttersymposion.[76] Nach geselligem Beisammensein mit mancherlei musischen Darbietungen – Apollon an der Kithara, Silen tanzt einen Kordax, die Musen tragen aus Hesiods „Theogonie" und dem ersten Hymnos Pindars vor – begibt man sich zur Ruhe, die Menipp freilich lange nicht findet (c. 28), weil er darüber nachgrübelt,[77] wieso Apollon eigentlich immer noch bartlos ist und wieso es im Himmel Nacht werden kann, während der Sonnengott Helios ebenfalls beim geselligen Tagesabschluss dabei ist.

Schließlich aber beginnt Menipps zweiter und letzter Tag im Himmel (c. 29–34). Er steht ganz im Zeichen der von Zeus anberaumten Götterversammlung. In ihr hält der Göttervater selbst zunächst eine lange Anklagerede gegen die Philosophen (c. 29–32).[78] Mit dieser Scheltrede rückt wieder das Thema der Philosophensatire in den Mittelpunkt, das sich mit Unterbrechungen – die vor allem in der burlesken Ausmalung von Menipps Reise bestehen – durch die ganze Schrift zieht (vgl. c. 5–9; 16; 20f.; 29–32).[79] Vielleicht am bemerkenswertesten in Zeus' Anklagerede ist,

---

lungene Wiederaufnahme dieses Motivs; besonders hübsch ist dabei, dass mit dieser kleinen Episode der epikureische Glaube, die Götter könnten sich nicht in menschliche Belange einmischen, ad absurdum geführt wird.

76 Hier sorgt der freundliche Ganymedes dafür, dass Menipp, der an der Tafel der „Metöken- und umstrittenen Götter" Platz nehmen muss, auch etwas von Nektar und Ambrosia abbekommt. Das Thema der umstrittenen Götter wird vor allem in Lukians „Göttervolksversammlung" ausführlich behandelt (vgl. oben Kap. 5.1, S. 194–196).

77 Wie der Zeus am Beginn des 2. Buches der „Ilias", dessen erste beiden Verse hier keck auf Menipps Schlaflosigkeit übertragen sind.

78 In c. 29 werden die Philosophen als eine „Menschenart" bezeichnet, die „vor nicht langer Zeit im Leben emporgekommen ist"; HELM 1906, 102 hat hier wieder die Perspektive Menipps entdeckt, denn zu Lukians Zeit sei eine solche Aussage kaum noch passend gewesen.

79 Die anderen, sekundären Themen des „Ikaromenipp" – Nichtigkeit des menschlichen Reichtums und der menschlichen Wünsche – entwickeln sich organisch aus den einzelnen Begebenheiten von Menipps Reise (seine Schau der Erde vom Mond aus; sein Gespräch mit Zeus).

dass die hier angeprangerten Züge des typischen Philosophen, vor allem in c. 31, am besten auf die Kyniker passen.[80]

In c. 33 erhält Zeus den stürmischen Beifall aller Götter, die aufgepeitscht die sofortige Zerschmetterung und Vernichtung der Philosophen fordern – die Zeus dann aber doch aufschieben muss, weil nämlich gerade erst eine von ihm selbst verkündete viermonatige Waffenruhe – wohl anlässlich Olympischer Spiele – begonnen hat, und nach ihrem Ablauf ist die Zeit für Zeus' Gewitter bis zum nächsten Frühjahr erst einmal vorbei. Der ganze Aufruhr endet also mit einer wahren Antiklimax;[81] aber dieser etwas unerwartete Schluss ist nicht nur sehr geschickt,[82] sondern auch notwendig: Eine tatsächliche Beschreibung der angekündigten göttlichen Philosphenvernichtung hätte den Rahmen der Satire völlig gesprengt und auch ihren heiteren, unbeschwerten Ton zunichte gemacht.

In c. 34 wird dann nur noch rasch über Menipps Rückbeförderung auf die Erde von Zeus befunden und diese dann auch gleich von Hermes in die Tat umgesetzt: Menipps künstliche Flügel werden konfisziert, dann packt ihn Hermes am rechten Ohrläppchen und setzt ihn unten auf dem athenischen Kerameikos wieder ab.

Etwas haben die Kritiker am „Ikaromenipp" immer beanstandet: dass Menipps eigene Ausgangsfrage nach der Erklärung der Himmelserscheinungen (c. 4) über Menipps phantastischer Reise und der satirischen Philosophenkritik völlig aus dem Blick gerät; aber sie wird vielleicht zumindest *implizit* dadurch beantwortet, dass Menipp in den Götterhimmel gelangt und dort mit eigenen Augen erlebt, wie Zeus etwa das irdische Wetter organisiert (c. 26). Vordergründig werden dabei die alten mythisch-epischen Vorstellungen bestätigt, in Wahrheit aber natürlich ad absurdum geführt und lächerlich gemacht. Es gibt also nur eine *negative* Antwort: wie es sich *nicht* verhalten kann; eine positive war von einem Kyniker mit auch skeptischen Perspektiven, wie Menipp offenbar einer

---

[80] Hätte also Menipp – wenn seine Satire denn hier zugrundeliegt – gerade die zweifelhaften Erscheinungen, die es in seiner eigenen Sekte gab, angeprangert? McCarthy 1934, 53 möchte im Gegenteil gerade hier eine Benutzung Menipps durch Lukian deswegen ausschließen.
[81] Wie es auch die „Nekyomanteia" tun wird, vgl. unten S. 270.
[82] Er führt sehr gut die letztliche Machtlosigkeit der olympischen Götter vor Augen, die unter etwas anderen Vorzeichen auch Thema des „Tragischen Zeus" ist (vgl. oben Kap. 5.1, S. 198, 201f.).

war,[83] wohl auch gar nicht zu erwarten. Die scheinbare Bestätigung der mythischen Vorstellungen durch Menipps Himmelsreise führt aber auch sämtliche astronomischen und kosmologischen Spekulationen der Philosophen ad absurdum. Diese Philosophenkritik ist das eigentliche große Thema der Schrift; darin ist sie einheitlicher als die jetzt zu behandelnde „Nekyomanteia", in der neben der Kritik an den widersprüchlichen Lebensregeln der einzelnen Philosophenschulen immer stärker die Satire gegen die bösen Reichen in den Vordergrund tritt.

Die „Nekyomanteia" ist das Werk Lukians mit der sichersten menippeischen Vorlage, eben Menipps „Nekyia".[84] Gerade das Einleitungsgespräch (c. 1f.) sieht auch formal sehr „menippeisch" aus: Menipp, der gerade von seiner Katabasis an die Oberwelt zurückgekehrt ist, bringt nämlich zuerst nur iambische Trimeter des Euripides über seine Lippen; und als ihn sein Gesprächspartner in diesem Dialog – ein „Freund", der so anonym bleibt wie im „Ikaromenipp" – darum bittet, „von den Iamben herunterzusteigen", tut Menipp sogar genau das Gegenteil und fährt nun mit leicht abgewandelten homerischen Hexametern fort, und zwar gerade denjenigen, mit denen Odysseus, im Totenreich angelangt, dem Schatten seiner Mutter die Intention seines Unterweltbesuchs – die Befragung des Teiresias – mitteilt.[85] Von c. 3 an besteht die „Nekyomanteia" dann aus einer fast durchgängigen Erzählung Menipps über seine Unterweltsreise;

---

[83] Hier sei nochmals an Menipps (verlorene, aber bezeugte) Schrift „An die Adresse der Naturphilosophen und Mathematiker und Grammatiker" erinnert (vgl. oben S. 257).
[84] Beide Titel bedeuten auch mehr oder weniger dasselbe („Totenbeschwörung / Totenorakel"). Der Titel „Nekyia" bezeichnet bereits in der Antike das 11. Buch der „Odyssee", und von dort hat sicher Menipp seinen Titel abgeleitet und die wichtigste Idee seiner Satire bezogen, die dann auch als ein Haupthandlungselement in Lukians „Nekyomanteia" bewahrt ist: Bei Menipp und Lukian begibt sich jemand wie im 11. „Odyssee"-Buch in die Unterwelt, um dem Seher Teiresias Fragen vorzulegen, die ihm viel bedeuten. Dieses Grundmotiv liegt auch Horaz' Satire 2,5 zugrunde; aber wenn Horaz seinen Einfall von Menipp haben sollte, dann hat er ihn stark abgewandelt und im übrigen ganz mit dem römischen satirischen Thema der Erbschleicherei gefüllt.
[85] *Od.* 11,164f. MCCARTHY 1934, 34 ist der Meinung, dass diese Einleitungspartie trotz der reichlich eingestreuten Verse *nicht* von Menipp, sondern von Lukian selbst stamme. In der Tat tauchen in diesem Vorgespräch auch typisch lukianische Einleitungsmotive auf: Der spätere Erzähler ziert sich anfänglich wieder einmal, und überhaupt wirkt auch sein Verhalten zunächst höchst ungewöhnlich – beides Motive, die z.B. im „Nigrinos" anzutreffen sind. Gleichwohl können die verwendeten Verse auch schon in einer Einleitung Menipps gestanden haben.

nur gelegentlich wird seine Schilderung von dem erwähnten „Freund" unterbrochen, um die Dialogsituation als solche aufrechtzuerhalten.[86]

In c. 3–6 legt Menipp zunächst seine Motivation für diese ungewöhnliche Reise dar. Ihr Ausgangspunkt ist der Widerspruch zwischen den moralischen Vorschriften der menschlichen Gesetzgeber und den unmoralischen Göttermythen, die freilich von den Dichtern in die schönste literarische Form gebracht wurden; diese Diskrepanz, sagt Menipp, habe ihm seit seinem Heranwachsen nicht geringe Probleme verursacht.[87] In seiner Not wollte Menipp sich dann Rat bei „den sogenannten Philosophen" holen (c. 4); sie sollten ihm „einen einfachen und sicheren Weg durchs Leben zeigen" – stattdessen ließen sie ihm mit ihren Lehren das Leben der „normalen Menschen" als geradezu golden erscheinen.[88] Um zu demonstrieren, wie wenig hilfreich die Philosophen für ihn waren, führt Menipp einfach kurz ihre gewaltigen Unterschiede bei ethisch-moralischen Lebensvorschriften und bei ihrer physikalischen Weltsicht vor.[89] Diese Doxographie könnte auch von einem *Skeptiker* stammen, der damit den „Tropos aufgrund des (allgemeinen) Dissenses" (τρόπος ἀπὸ τῆς διαφωνίας) illustrieren wollte.[90] In c. 5 wird dann auch wieder an die schreienden Unterschiede zwischen den hehren *Lehren* der Philosophen und ihrem eigenen fragwürdigen *Leben* erinnert.[91]

Anders als der Lykinos des „Hermotimos"[92] entschließt sich der Menipp der „Nekyomanteia" jedoch keineswegs dazu, sich nach seinen schlechten Erfahrungen mit den dogmatischen Philosophen auf das „alltägliche Leben" zu beschränken, sondern er sucht sein Heil bei einem babylonischen Zauberer, der ihm den Weg in die Unterwelt zu dem berühmten mythischen Seher Teiresias zeigen soll; dem will er dann die

---

[86] Teilweise stellen die Einwürfe des „Freundes" auch eine bequeme Möglichkeit dar, neue inhaltliche Abschnitte in Menipps Bericht einzuleiten.
[87] Auch dieses Thema – wie die Kritik an der griechischen Athletik (vgl. oben Kap. 7, S. 228–233) – lässt sich bis auf den vorsokratischen Philosophen Xenophanes zurückführen.
[88] Dieser Gedanke spielte auch im „Hermotimos" und im „Gastmahl" (vgl. oben Kap. 4.3.2 und 4.3.4, S. 150 und 182) eine zentrale Rolle und nimmt den Schluss der „Nekyomanteia" weitgehend vorweg.
[89] Letzteres freilich nur kurz, da dies vor allem ein Thema des „Ikaromenipp" ist.
[90] Vielleicht muss man aber nicht gleich mit MCCARTHY 1934, 34f. annehmen, dass Lukian hier von sich aus skeptisches Gedankengut den menippeischen hinzugefügt hat, denn auch Menipp scheint doxographische Unterschiede für seine Philosophensatire verwendet zu haben (vgl. oben zum „Ikaromenipp", S. 257).
[91] Auch dieses Motiv ist im „Hermotimos" und im „Gastmahl" zentral.
[92] Vgl. oben Kap. 4.3.2, S. 153f.

Frage stellen, „welches das beste Leben ist und welches man wählen dürfte, wenn man bei Verstand ist" (c. 6).[93]

In c. 7–9 werden die rituellen und magischen Vorbereitungen auf die Katabasis beschrieben. Beim Namen von Menipps babylonischem Zauberer, Mithrobarzanes, liegt die Vermutung nahe, dass es sich bei den in c. 7 beschriebenen Riten, denen sich Menipp unterwerfen muss, um eine Parodie auf Praktiken des Mithraskults handelt.[94] In c. 8 erfolgt dann Menipps „Einkleidung": Er erhält als Kopfbedeckung die Filzkappe (Pilos) des Odysseus,[95] dazu das Löwenfell des Herakles und die Leier des Orpheus – mit diesen Attributen der drei berühmtesten mythischen Unterweltsbesucher als Accessoires soll er leichter am Hades-Türhüter Aiakos[96] und seinen Wachen vorbeikommen.[97] In diesem seltsamen Konglomerat mythischer Attribute (das gerade durch seine absurde Kombination parodistische Absichten verrät) tritt Menipp gleich am Anfang vor seinem Gesprächspartner auf und versetzt den in höchstes Erstaunen.[98]

In c. 9 machen sich Menipp und sein Magier zum Unterweltstor auf; sie durchqueren dazu das Sumpfgebiet des unteren Euphrat, bis sie an einen schattigen und einsamen Ort gelangen; Einstimmung auf das Ganze

---

[93] Als Weiser in Sachen Lebensentscheidung konnte Teiresias vielleicht deswegen gelten, weil er dem Mythos zufolge in seinem irdischen Leben sowohl eine Zeitlang Mann als auch Frau gewesen war (vgl. Ov. *Met.* 3,323–331 und bei Lukian selbst das 9. „Totengespräch"); jedenfalls ist die Stilisierung des Teiresias zum Philosophenersatz eine sekundäre (menippische?) Entwicklung. Vgl. aber auch die Rolle, die Teiresias schon in manchen attischen Tragödien spielt (z.B. im „König Ödipus" oder in der „Antigone" des Sophokles).
[94] Vgl. HELM 1906, 23, der auf CUMONT 1899, I 323 und II 23 verweist. JONES 1986, 36 weist zu Recht darauf hin, dass Erwähnungen des Mithras oder Anspielungen auf ihn bei Lukian *nicht* auf Menipp zurückgehen können.
[95] In der bildenden Kunst der Antike wird Odysseus häufig durch diese Kopfbedeckung kenntlich gemacht (KREIS-VON SCHAEWEN 1950).
[96] Aiakos hatte z.B. in Aristophanes' „Fröschen" (V. 464–673) den Unterweltsbesucher Dionysos mit seinem Sklaven Xanthias aufgegriffen. Bereits der aristophanische Dionysos hatte sich als Herakles verkleidet. Die Funktion als Türhüter versieht Aiakos auch in Lukians Essay „Über die Trauer" (c. 4) und „Charon" (c. 2); wie der einstige mit Minos und Rhadamanthys gleichberechtigte Totenrichter zu dieser Aufgabe kam, dazu vgl. HELM 1906, 67 mit Anm. 4.
[97] Die Epen- und Mythenparodie, die in diesen Attributen zutage tritt, könnte von Menipp stammen; aber die Frage, ob hier auch direkte oder indirekte – d.h. über Menipp laufende – Komödienreminiszenz vorliegt, ist – wieder einmal – nicht eindeutig zu entscheiden.
[98] Vgl. MCCARTHY 1934, 35f.

leistet der „Odyssee"-Vers,[99] der auch für die homerische Nekyia den Ton angibt; und auch die sich anschließenden Opferzeremonien sind deutlich von denen der „Odyssee" inspiriert.

In c. 10 spalten Mithrobarzanes' gewaltige Zaubersprüche die Erde, und durch den Spalt steigen beide hinab; der arme Rhadamanthys wäre ob dieses apokalyptischen Ereignisses fast vor Schreck gestorben – was freilich bei einem ohnehin schon toten Totenrichter noch einmal eine Leistung ganz besonderer Art wäre. Den Kerberos besänftigt Menipp mit Klängen von Orpheus' Leier,[100] und bei Charons Fähre kommt des Herakles Löwenfell außerordentlich zustatten; denn obwohl die Fähre schon voll ist mit Toten aus einer Schlacht,[101] macht Charon dem ‚Herakles' Menipp trotzdem Platz, weil er sich noch an des Helden früheres rabiates Auftreten in der Unterwelt[102] erinnert.

Die erste Station im Hades ist dann das Totengericht des Minos (c. 11–13). Besonders schlecht kommen bei Minos die Reichen weg – ein sozialkritisches Motiv wahrscheinlich kynischen Ursprungs.[103] Auch Menipp selbst hat seinen Spaß daran, die toten Reichen zu ärgern, indem er sie an die glorreichen Zeiten erinnert, da sich vor den Türen ihrer irdischen Paläste die Armen zur Morgen-Salutatio drängten.[104] Als besonders kurioser Fall wird in c. 13 die Verhandlung über den Tyrannen Dionys I. von Syrakus geschildert, der trotz seiner Missetaten auf Fürsprache des hedonistischen Philosophen Aristipp freigesprochen wird.[105]

---

[99] Hom. *Od.* 11,5: „Wir gingen bekümmert dahin, vergießend die reichliche Träne."
[100] Wie Menipp freilich so schnell gelernt haben soll, so gut wie Orpheus zu spielen, wird nicht gesagt.
[101] Hier hat man mehrfach eine Anspielung auf eine Schlacht des Partherkriegs sehen wollen, d.h. eine Zutat von Lukian selbst; doch vgl. HALL 1981, 444 Anm. 22: „if it [*Nec.* 10] refers to the Parthian War, it could apply to any stage in it", womit ein daraus sich ergebender Hinweis auf die Datierung der „Nekyomanteia" erheblich relativiert wird.
[102] Herakles' 12. Aufgabe im Auftrag des Eurystheus bestand darin, den Kerberos aus der Unterwelt zu holen.
[103] Vgl. oben Kap. 6, S. 207f.
[104] Diese „Morgen-Salutatio" ist aber eine typisch römische Sitte und daher wiederum eine Zutat von Lukian selbst aus seiner eigenen Zeit; vgl. MCCARTHY 1934, 36.
[105] Das ist eine Weiterentwicklung der zahlreichen Anekdoten, die Dionys und Aristipp am Hof von Syrakus zusammenbrachten, in die Unterwelt hinein. Das kann aus Menipp stammen, aber auch aus Lukians eigenem Anekdoten-Fundus weiterentwickelt sein.

Die zweite Station ist der „Straf-Ort" (c. 14), in dem es wieder vor allem die Großen und Mächtigen dieser Erde sind, die gezüchtigt werden. Das klingt kynisch und ist daher wahrscheinlich menippeisch.
Die dritte Station des die Unterwelt mit seinem Zauber-Führer durchwandernden Menipp[106] ist die „Acherusische Ebene" (c. 15–18), deren Anblick Menipp zu mancherlei tiefsinnigen Gedanken inspiriert: Die Toten sind in ihrem Äußeren voneinander nicht mehr zu unterscheiden; das Leben, so sinniert Menipp in c. 16, gleicht also einem großen von der Tyche organisierten Festumzug, in dem jeder in speziellem Kostüm seinen speziellen Part zu spielen hat, den die Tyche teilweise noch während des Umzugs vertauschen kann,[107] den aber schließlich jeder beenden muss, womit die Unterschiede verschwinden. Menipp lässt noch einen zweiten Vergleich folgen (auch in c. 16), den aus vielen anderen lukianischen Schriften bekannten mit der Theaterbühne.[108]
In c. 17 wird das Schicksal der Könige und Mächtigen in der Unterwelt an ausgewählten Beispielen dargestellt: Philipp II. von Makedonien flickt Schuhe, Leute wie Xerxes, Dareios und Polykrates betteln an den Wegkreuzungen; dem Mausolos bringt sein prächtiges Grabmal nichts weiter ein, außer ihn noch in der Unterwelt fürchterlich zu belasten.[109]
In c. 18 tauchen auch einige Philosophen in der unterweltlichen Landschaft auf. Leicht spöttisch wird Sokrates eingeführt: In Platons „Apologie" (41b) hatte er die Hoffnung geäußert, sich nach seinem Tod mit klugen und wortgewandten Heroen wie Odysseus und Palamedes unterhalten zu können – und genau das tut er jetzt ausgiebig. Auch auf seinen

---

[106] HELM 1906, 30 hat auf die Parallele zu Aeneas und der Sibylle in „Aeneis" Buch 6 hingewiesen und daraus eine mehrere Stationen zurückliegende gemeinsame Quelle solcher Unterweltsgänge gefolgert.
[107] Das geht freilich über die wirklichen Verhältnisse eines realen Umzugs hinaus, wie HELM 1906, 45 richtig hervorhebt.
[108] HELM 1906, 45–53 versucht, diesen Vergleich vor allem auf kynische Quellen zurückzuführen; aber er taucht bei Lukian auch in Schriften auf, die nicht primär kynisch sind (*Nigr.* 11. 20, *Rhet. Praec.* 12, *Apol.* 5), so dass die Frage offenbleiben muss. Auch HALL 1981, 81 betont, dass der Theatervergleich bei Lukian nicht unbedingt von Menipp stammen muss.
[109] Hier ergibt sich ein gewisser Widerspruch zu dem in 15 geäußerten Gedanken, dass alle Toten in der Unterwelt äußerlich gleich seien: Wie nämlich kann Menipp dann diese königlichen Individuen überhaupt erkennen? Aber solche Inkonsequenzen sind für eine Satire – der es nicht auf erzählerische Stimmigkeit anzukommen braucht – nicht weiter von Belang.

Schierlingstod wird angespielt.[110] Dagegen erhält der Erzkyniker Diogenes großes und ungeteiltes Lob: Diogenes geht es hier unten offensichtlich ganz ausgezeichnet, und sein Kynismus verhilft ihm gerade *nach dem Tod* – innerhalb der allgemeinen Misere der anderen Toten – zu fast so etwas wie dauerhafter Glückseligkeit. Ein solcher Gedankengang kann nur von Kynikern entwickelt worden sein.

In c. 19 kommt Menipp in seiner Unterweltsdarstellung dann auf etwas zurück, was er schon in c. 2 angedeutet hatte: den von ihm miterlebten „Volksbeschluss" der „Totenvolksversammlung".[111] Diese Parodie einer irdischen Volksversammlung könnte bis auf die Komödie zurückgehen;[112] dass das Dekret sich speziell gegen die Reichen richtet, lässt wieder vor allem an die Kyniker denken (vielleicht Menipp). Der Inhalt dieses Dekrets hat freilich Vorbilder schon bei Platon: Die Toten beschließen, dass die Seelen der Reichen als Strafe für ihre Untaten 250.000 Jahre lang in die Leiber von Eseln einfahren, in dieser Eselsgestalt von den Armen nach Verdienst geschunden und geplagt werden sollen und erst danach endgültig sterben dürfen; in Platons Dialog „Phaidon"[113] fahren ebenfalls die Seelen derjenigen, die ihr irdisches Leben mannigfachen Ausschweifungen gewidmet haben, in Esel und ähnliches Getier ein; das ist hier freilich ein zwangsläufiger Vorgang und kein Totenbeschluss.

Das ganze von Menipp berichtete Toten-Psephisma ist eine genaue formale Parodie eines attischen Volksbeschlusses; den Namen des An-

---

[110] Seine Gebeine sind immer noch von dem Gift angeschwollen, ein unästhetisches Detail, das wie der ganze leichte Spott gegen Sokrates auf kynische Perspektive, also wohl Menipp, zurückgeht; vgl. „Totengespräch" Nr. 4.
[111] Er wird darauf gebracht durch die Frage seines Gesprächspartners, der auch in c. 17 und 18 durch ähnliche Fragen die dort behandelten Themen – das Schicksal der Mächtigen und die Lage der Philosophen in der Unterwelt – eingeleitet hatte. Das ist eine recht mechanische Art, einen Interlocutor für die Einführung neuer Abschnitte zu gebrauchen (vgl. die Verwendung des Interlocutors Tychiades im „Parasitendialog"). Dadurch wirkt der Zwischenredner mitunter dem Ganzen recht äußerlich aufgesetzt; das könnte ein weiteres Indiz dafür sein, dass es erst Lukian war, der eine ursprünglich fortlaufende Erzählung Menipps dialogisch zergliedert hat.
[112] HELM 1906, 36 hat die Vertragsparodie in Archipps Komödie „Die Fische" verglichen; die aus diesem Stück noch überlieferte witzige Anrede „Meine Herren Fische" (Archipp fr. 30 K.-A.) könnte der Anfang eines Plädoyers im Rahmen einer Volksversammlungsszene gewesen sein.
[113] *Phaed.* 81e, wo ebenfalls die Wiederverkörperung von Seelen je nach ihrem vorangegangenen Leben behandelt wird, ein Thema, das in etwas anderer Weise auch im Er-Mythos in Platons „Staat" Buch 10 behandelt wird und ursprünglich pythagoreisch ist.

tragsstellers hätte sich auch die attische Komödie nicht burlesker ausdenken können: „Es stellte den Antrag Schädelmann, Sohn des Skeletterich, aus Totenheim von der Phyle Säfteleer."[114] Der ganze Beschluss wird dann durch das Schnauben der Brimo – einer der Hekate vergleichbaren, teilweise auch mit ihr gleichgesetzten Todesgöttin – und durch das Bellen des Kerberos in Kraft gesetzt.

Erst in c. 21 sucht Menipp dann endlich den auf, der das eigentliche Ziel seiner Unterweltsreise ist – Teiresias –, und fragt ihn nach der „besten Lebensform", die ihm Teiresias nach einigem Zögern – Rhadamanthys hat's verboten, so als sei die Sache ein Mysteriengeheimnis – an einem abgelegenen Ort ins Ohr flüsternd mitteilt: „Das Leben der normalen Menschen ist das beste." Das erinnert an das Ende des „Hermotimos".[115]

In c. 22 gibt es dann ein rasches und antiklimaktisches Ende dieser Katabasis:[116] Menipps magischer Führer zeigt seinem Schützling eine Abkürzung hin zur Oberwelt durch die Trophonios-Höhle in Lebadeia, so dass sich Menipp rasch wieder in seinem heimatlichen Böotien findet.[117]

Auffällig bei der ganzen Schrift ist, dass sie auf einen doppelten Höhepunkt zuläuft,[118] der schon im Einleitungsgespräch bzw. am Anfang von Menipps Erzählung vorbereitet ist: auf den Beschluss der Toten-Volksversammlung gegen die Reichen, ein sehr kynisches Motiv, und auf den Ratschlag des Teiresias, den man eher einem Skeptiker zuweisen würde. Doch darf man vielleicht auch dem Kyniker Menipp skeptische Tendenzen zutrauen,[119] und dann ließe sich auch Teiresias' Abneigung

---

[114] Die zweite Hälfte dieser Übersetzung nach HELM 1906, 36.
[115] Laut HELM 1906, 37 ist „die Mahnung [...] echt kynisch", und kynisches Erbe sieht er auch in der Fortsetzung von Teiresias' Worten in dem Ratschlag, „die gegenwärtige Lage gut einzurichten" (vgl. Marc Aurel 6,2); Helm weist aber auch darauf hin, dass dieser Gedanke schon als alte Spruchweisheit bei Platon (*Gorg.* 499c) erscheint und dass Diog. Laert. 1,77 ihn auf Pittakos, einen der Sieben Wiesen, zurückführt, Diog. Laert. 2,66 ihn dagegen zu den Lebensregeln des Aristipp rechnet. Die Maxime hat also offensichtlich viele Väter; sie mag hier menippeisch sein, sie stünde aber auch dem von Lukian aufgenommenen skeptischen Gedankengut wohl an.
[116] Ganz ähnlich ist das Ende des „Ikaromenipp" gestaltet, vgl. oben S. 263.
[117] Menipp soll Bürger von Theben geworden sein, vgl. Diog. Laert. 6,99. In Lebadeia muss man sich wohl auch den Schauplatz des ganzen Dialogs denken, da Menipp in seiner seltsamen Montur (wie sie in c. 1 beschrieben ist) ganz frisch aus dem Hades zurückgekehrt sein muss.
[118] Vgl. MCCARTHY 1934, 39.
[119] Vgl. oben S. 263f. Auch MCCARTHY 1934, 39 wagt nicht ganz auszuschließen, dass beide recht verschiedenen Angriffspunkte dieser Satire – gegen die

gegen Spekulationen der Philosophen auf Menipp zurückführen. Von der ganzen Strukturierung von Menipps Unterweltsbericht her – samt der von ihm für seine Katabasis angegebenen Motivation – ist der Gang zu Teiresias, um die Frage nach dem besten Leben zu stellen, eindeutig das Primäre;[120] dagegen wird das Psephisma gegen die Reichen erstmals im Vorgespräch erwähnt, und die Spitzen der Satire gegen die Reichen tauchen in Menipps Erzählung zwar mehrfach, aber doch nur ziemlich verstreut auf.[121] Diese Verbindung mehrerer Themen und die wahrscheinliche Umgestaltung der nachweisbaren menippeischen Vorlage – der wohl als Erzählung gestalteten „Nekyia" – in einen Dialog machen es einigermaßen sicher, dass wir hier *nicht* mit einer sklavischen Anlehnung Lukians an Menipp zu rechnen haben.

8.4. Weitere Ausgestaltungen des Themas „Unterwelt"[122]

In der „Nekyomanteia" beschreibt Lukian eine Reise in die Unterwelt, einen Aufenthalt in der Unterwelt und schließlich – wenn auch nur sehr kurz – eine Rückkehr an die Oberwelt. Alle diese drei Themen werden – in beträchtlicher Variationsbreite – auch in anderen lukianischen Schriften behandelt.

Am stärksten an die „Nekyomanteia" erinnert „Die Niederfahrt",[123] die sich freilich schon dadurch als eigenständigere Leistung Lukians er-

---

Reichen und gegen die philosophischen Dogmatiker – sich auf Menipp zurückführen lassen.

[120] Das wird unterstützt durch die parallel laufende Darstellung des „Ikaromenipp": Auch dort macht sich Menipp auf, weil er eine ihm auf der Seele brennende Frage lösen will. Wie sowohl der Titel als auch das homerische Vorbild nahelegen, war Teiresias und seine Weisheit wahrscheinlich auch das ursprüngliche Ziel von Menipps „Nekyia".

[121] In c. 11f. (die Reichen vor Minos' Totengericht) und in c. 19f. (der Volksbeschluss gegen die Reichen). Sonst sind in Menipps Unterweltswanderung hin zu Teiresias weniger speziell die Reichen als alle Menschen und die großen Machthaber der Geschichte der Gegenstand der satirischen Betrachtung.

[122] Die in diesem Unterkapitel behandelten Schriften sind keine Erzählungen, sie explorieren aber die Unterwelt weiter, die Lukians Menipp in der „Nekyomanteia" in einer Erzählung erschlossen hat; sie stehen damit in einem inhaltlichen (und vielleicht auch genetischen) Zusammenhang. Auch Menipps Erzählung ist im Rahmen eines Dialoges wiedergegeben, und die Verbindung von Erzählung(en) und Dialog findet sich auch in anderen lukianischen Schriften („Die Lügenfreunde"; „Toxaris"). Von daher ist es wohl gerechtfertigt, auch diese Dialoge, in denen es um die Unterwelt geht, in einem Kapitel über Lukians Erzählkunst zu präsentieren.

weist, dass sie einen echten dramatischen Dialog darstellt, den man in mehrere Szenen untergliedern kann: Zu Beginn warten der Unterweltsfährmann Charon und die Moire Klotho am Fluss Acheron darauf, dass Hermes als „Seelengeleiter" einen Trupp Tote herbeiführt, um sie von Charon übersetzen zu lassen; der Fährmann ist schon ungeduldig, weil Hermes sich ziemlich verspätet hat (c. 1–2). Aber da kommt Hermes endlich (c. 3); er ist ganz außer Atem, weil er erst noch einen Toten wiedereinfangen musste – den Tyrannen Megapenthes, der zurück an die Oberwelt wollte. Wie Hermes in c. 4 erzählt, bemerkte er den Ausreißer erst, als ihn am Eingang der Unterwelt der Türhüter Aiakos beim Überprüfen der Listen verdächtigt habe, einen Toten unterschlagen zu wollen.

Nun aber drängt Charon darauf, endlich die Einschiffung der Toten vorzunehmen, und sie füllt die nächste Szene aus (c. 5–19); dabei werden – nach der Vorführung einer Reihe von „Sammelkategorien" von Toten[124] – drei Gestalten etwas näher vorgestellt: Der kynische Philosoph Kyniskos beklagt sich bei Klotho sogar darüber, dass sie ihn so lange habe leben lassen; Klotho antwortet, sie habe ihn als „Aufseher [...] und Arzt der menschlichen Verfehlungen" gebraucht (c. 7).[125] Als nächstes kommt der beinahe ausgerissene Tyrann Megapenthes an die Reihe: er versucht alles, um Klotho dazu zu bewegen, ihn noch einmal an die Oberwelt zurückzulassen – aber Klotho bleibt hart und eröffnet dem Tyrannen lediglich einen Blick auf das von ihm auf Erden Zurückgelassene, um ihn dadurch noch etwas mehr zu quälen (c. 8); als er sich immer noch sträubt, wird er schließlich am Mast von Charons Fähre festgebunden (c. 9–13). Als dritter tritt der arme Schuster Mikyllos auf, der im „Hahn" die Hauptrolle spielt:[126] Als Klotho sich wundert, dass er es wie Kyniskos gar nicht abwarten kann, in die Unterwelt zu kommen, begründet Mikyllos seine Haltung mit einem ausführlichen Vergleich zur Lage der Armen und der Reichen auf der Erde (c. 14–17).[127] Als Charon den kleinen Schuster dann aber trotzdem nicht einsteigen lassen will, weil die Fähre schon voll sei, will Mikyllos den Unterweltsfluss einfach schwimmend durchqueren,

---

[123] Vgl. HELM 1906, 67–70.
[124] Ähnliches gibt es auch in anderen – ernsthaften – Unterweltsbeschreibungen, vgl. Verg. *Aen.* 6,427–436; detaillierter Vergleich der Hadesfahrt des lukianischen Menipp mit der des vergilischen Aeneas bei HELM 1906, 28–35.
[125] Dies entspricht dem typischen Selbstverständnis eines Kynikers.
[126] Vgl. oben Kap. 6, S. 205–207. Er hat in seiner Weltanschauung viel mit dem Kyniker Kyniskos gemeinsam, weshalb HELM 1906, 65f. ihn für eine regelrechte Dublette zu Kyniskos hielt.
[127] Vgl. dazu oben Kap. 6, S. 204–224.

wird dann aber auf die Schultern des Tyrannen platziert (c. 18f.). Kyniskos bietet dem Fährmann seine Ruderdienste an, weil er nicht den üblichen Obolos hat, um die Überfahrt zu bezahlen (c. 19); und die Flussüberquerung selbst findet in c. 20 statt. In c. 21 muss Charon auch noch den armen Schuster ohne einen Obolos Fährgeld ans andere Ufer lassen[128] und macht sich brummelig davon, um weitere Fracht zu holen.

In c. 22 führt Hermes nun seinen Totenzug durch das Dunkel des Hades, bis er ihn in c. 23 der Erinys Tisiphone übergeben kann, die ihn zum Totengericht des Rhadamanthys bringt, das noch im selben Kapitel beginnt und bis zum Ende der Schrift (c. 29) dauert. Hier wird vor allem dem Tyrannen der Prozess gemacht (c. 26–29).[129] Er wird einer Unmenge von Untaten für schuldig befunden und – auf Kyniskos' Vorschlag hin – dazu verurteilt, sich die ganze weitere Ewigkeit an sein feines Leben auf Erden voller Qual zurückerinnern zu müssen.

Dieses Ende der „Niederfahrt" ist durchaus typisch menippeisch: Auch Senecas menippeische Satire „Apocolocyntosis" schließt mit einer Verhandlung vor dem Totengericht, in der der als Tyrann dargestellte Kaiser Claudius zu einer nicht alltäglichen Strafe verurteilt wird. Die Begrüßung des Todes durch Kyniskos und Mikyllos in c. 7 und 14–17 als Befreiung von irdischer Ungerechtigkeit und die satirische Kontrastierung von Reichtum und Armut sind typisch kynische Themen. Mit Mikyllos und Kyniskos hat Lukian in dieser Schrift gleich zwei „Gedankenträger" eingeführt, für die er Vorlagen wahrscheinlich bei Menipp fand; ihre Nebeneinanderstellung geht aber wahrscheinlich auf ihn selbst zurück und ebenso die Gestaltung des Geschehens als Dialog anstelle des stärker narrativen Charakters von Menipps Satire.[130]

---

[128] Auch darin liegt eine gewisse Dublette zur Geldlosigkeit des Kyniskos, vgl. HELM 1906, 65.
[129] In c. 24 und 25 werden Kyniskos sowie Mikyllos beurteilt und – da sie keinerlei Vergehen aufweisen – zu den Inseln der Seligen geschickt (vgl. oben Kap. 6, S. 209).
[130] Vgl. MCCARTHY 1934, 40 und HALL 1981, 71. HELM 1906, 70–79 wollte erweisen, dass Lukian die „Niederfahrt" aus Menipps „Nekyia" ‚herausgeschnitten' habe, die auch der „Nekyomanteia" als Ganzes zugrundeliege; aber hätte dann nicht diese Vorlage eine Reihe von störenden Dubletten enthalten, nämlich die lange Gerichtsverhandlung gegen den Tyrannen Megapenthes zusätzlich zu dem Prozess gegen den historischen Tyrannen Dionysios I. von Syrakus (*Nec.* 13)? Vgl. auch die Argumente von MCCARTHY 1934, 42–50 gegen HELMs Vorstellungen. Man sollte insgesamt mit einer selbstständigeren Konzipierung dieser Schrift durch Lukian rechnen.

Ein bemerkenswerter Aspekt der „Niederfahrt" ist, wie „bürokratisch" die Aufnahme der Toten in den Hades erfolgt:[131] Als am Anfang der Tyrann Megapenthes aus der Schar der neuen Toten ausbüxt, bemerkt Hermes sein Verschwinden erst, als am Eingang der Unterwelt Aiakos die Liste der Toten überprüft, die ihm Klothos Schwester Atropos geschickt hat, und feststellt, dass die Zahlen nicht stimmen, sondern eine Person fehlt (c. 4). Es gibt hier also einen ziemlichen „Papierkram": Während Hermes eine Gruppe von Verstorbenen zusammenstellt, stellt Atropos eine Liste von ihnen zusammen und schickt sie vorab an Aiakos, der sie dann mit den tatsächlich bei ihm Ankommenden abgleicht! Und nun werden sie noch einmal überprüft, während sie eingeschifft werden, wobei Klotho den Vorgang überwacht (c. 5): „Ich werde die Aufzeichnungen bereithalten, mich hier an die Gangway setzen und feststellen, wer jeder von ihnen ist, woher er kommt und wie er gestorben ist", sagt sie. Dann gehen die Toten, geordnet nach Gruppen, an Bord (c. 5f.): zuerst 300 sehr junge Kinder, dann 398 alte Menschen; dann die durch einen gewaltsamen Tod Umgekommenen: 84 in der Schlacht Erschlagene, sieben Selbstmörder, 16 entweder untereinander (beim Versuch, ein Königtum zu erlangen) oder von ihren Ehefrauen und ihren Ehebrechern Getötete; wieder andere von Gerichten Verurteilte oder von Räubern Erschlagene. Als die Überfahrt beginnen soll, ist die Reihe an Charon, den kleinkarierten Bürokraten zu spielen: Erstens will er Mikyllos zurücklassen, da die Fähre bereits voll sei (c. 18). Zweitens schimpft er nach dem Aussteigen darüber, dass Mikyllos nicht in der Lage ist, den Fährpreis zu bezahlen (c. 21). In c. 23 übergibt Hermes die Toten – ebenfalls ein bürokratischer Akt – an die Erinys Tisiphone, die sie zu Rhadamanthys führt, der wiederum Hermes die Toten einzeln vor Gericht rufen lässt. Die einzelnen Prozesse laufen in zwei Phasen ab: Zunächst kann ein Ankläger vortreten, um die Verbrechen des Angeklagten zu schildern, und der Angeklagte kann sich verteidigen; anschließend wird der Körper des Angeklagten auf Spuren untersucht, die auf seine Laster und Verfehlungen hinweisen könnten. So haben hier der Hades und sein Gericht das Aussehen eines stark bürokratisierten Organismus angenommen – was ein Spiegelbild der zeitgenössischen Realität des Römischen Reiches sein könnte.

Noch einmal anders sieht die Unterwelt in den dreißig „Totengesprächen" aus, kurzen dramatischen Szenen, die das ‚Leben' in diesem Jenseits darstellen und in denen oft eine kynische Sicht der Dinge dieser Welt und ihrer Vergänglichkeit gepflegt wird und auch oft prominente

---

[131] Vgl. dazu NESSELRATH 2017b, 51–53.

Vertreter der kynischen Philosophie die tonangebenden Sprecher sind (freilich nicht in allen).

Diese Kurzdialoge lassen sich in mehrere Gruppen einteilen: In elf von ihnen[132] führt Menipp selbst Gespräche mit anderen Unterweltsbewohnern; anders als in der „Nekyomanteia" ist er hier freilich auch selber ein Toter.[133] In einem weiteren Gespräch[134] ist Menipp noch nicht tot, aber selber Gesprächsgegenstand. Nimmt man diese zwölf Gespräche zusammen, ergeben sie sogar eine Handlungslinie: In Gespräch Nr. 1 weilt Menipp noch als Lebender an der Oberwelt; deshalb trägt im Hades kein Geringerer als der Kyniker Diogenes dem Dioskuren Polydeukes auf, bei seinem nächsten Besuch an der Oberwelt[135] seinem Kynikerbruder Menipp zu bestellen, doch ebenfalls möglichst bald in die Unterwelt zu kommen, weil er hier noch viel mehr als „oben" über all die lachen könne, die sich auf der Erde groß dünkten. Im Gespräch Nr. 2 kommt Menipp dann selbst nach seinem Ableben – und streitet sich hier mit Charon, weil er keinen Obolos für die Überfahrt hat. Die Szene erinnert an die „Niederfahrt", wo sowohl der Schuster Mikyllos als auch Kyniskos das Fährgeld nicht bezahlen können. Anders als dort wird aber in Totengespräch Nr. 2 die mythische Vorstellung vom Totenfährgeld grundsätzlich in Frage gestellt: Charon fragt, ob Menipp denn nicht gewusst habe, dass er Totenfährgeld hätte mitbringen müssen. Menipps unschlagbare Antwort: „Ich wusste es, ich hatte es aber nicht. Hätte ich deswegen nicht sterben dürfen?" Als Charon weiter auf seinem Fährlohn insistiert, antwortet ihm Menipp: „Na, dann bring mich zurück ins Leben!" Alles weitere Zetern nützt Charon nichts; Hermes belehrt ihn schließlich, dass einem solchen Kyniker einfach nicht beizukommen ist.

In Gespräch Nr. 4–10 unternimmt der „frisch gestorbene" Menipp mehrere Erkundungsausflüge, um seine neue Umgebung und ihre Bewohner besser kennenzulernen: In Gespräch Nr. 5 und 6 bittet er zuerst Hermes, dann Aiakos, ihn ein wenig im Hades herumzuführen. Hermes, der vielbeschäftigte Götterbote, hat nicht viel Zeit, zeigt Menipp aber

---

[132] Nr. 2, 3, 4, 5, 6, 7, 8, 9, 10, 20, 30 (Nummerierung nach der OCT-Ausgabe von MACLEOD, nach der Reihenfolge in der Handschrift Γ). Schon diese Präsenz Menipps macht klar, dass die „Totengespräche" in menippeischer Tradition stehen (freilich findet sich in ihnen kein Prosimetrum).
[133] Im ersten dieser Gespräche (Nr. 2) wurde er soeben von Charon übergesetzt.
[134] Nr. 1, zwischen dem Kyniker Diogenes von Sinope und dem Dioskuren Polydeukes.
[135] Nach dem griechischen Mythos verbringt Polydeukes abwechselnd mit seinem Bruder Kastor einen Tag im Hades und einen im Himmel.

wenigstens, wo sich „die schönen Männer und Frauen" finden – wobei sich herausstellt, dass von der einstigen Schönheit der mythischen Helena nicht mehr viel übriggeblieben ist. In Gespräch Nr. 6 nimmt sich der Türhüter[136] Aiakos ein wenig mehr Zeit und zeigt Menipp zunächst die alten Heroen des Mythos, die nur noch Staub und Knochen sind, sodann die einstmals prächtigen Könige (Kyros, Kroisos, Sardanapal, Midas, Xerxes) und dann auch noch die Philosophen: Pythagoras, der sich selbst nicht mehr an die Gebote hält, die er einst auf Erden aufgestellt hat; Empedokles, für den Menipp einige böse Bemerkungen hat, weil er einst aus eitler Ruhmsucht in den Ätna sprang; Sokrates, über den Menipp ebenfalls ein wenig spöttelt – weil er mit Aristipp und Platon so verschiedenartige Schüler hatte; weil er immer vorgab, nichts zu wissen; und weil er sich selbst noch hier unten für schöne junge Männer interessiert –; einzig die Sieben Weisen (Solon, Thales, Pittakos etc.) werden von Menipp uneingeschränkt gelobt, weil sie sich nicht niedergeschlagen, sondern heiter zeigen (*Dial. Mort.* 6,4).[137] Als Menipp gegen Ende des Gesprächs von Sokrates gefragt wird, ob er sich nicht in seiner Nachbarschaft niederlassen wolle, lehnt er ab und will stattdessen seine ständige Bleibe neben Kroisos und Sardanapal aufschlagen, um sich an deren ständigen Wehklagen delektieren zu können; genau diese Situation ist in Gespräch Nr. 3 ausgemalt, wo Kroisos, Midas und Sardanapal – als Prototypen von verweichlichten Königen – sich beim Unterweltsherrscher Pluton über die ständigen spöttischen Schmähungen ihres Nachbarn Menipp beschweren.

Inhaltlich vor das Gespräch Nr. 3 könnte man diejenigen Einzelszenen ansetzen, in denen Menipp jeweils einen bestimmten Unterweltsbewohner befragt und dabei manche schöne Illusion zum Einsturz bringt: In Nr. 4 unterhält er sich bemerkenswerterweise mit dem Höllenhund Kerberos,[138] den er fragt, in welcher Gemütsverfassung Sokrates in den Hades gekommen sei. Der habe ganz schön gewinselt, meint Kerberos, nur Menipp und vor ihm Diogenes seien bereitwillig und lachend hier unten erschienen; hier macht der Kynikerspott also nicht einmal vor dem

---

[136] Zu dieser Funktion des Aiakos vgl. oben S. 266 Anm. 96.
[137] Dieses Durchmustern verschiedener Totengruppen erinnert an eine Sequenz in der „Nekyomanteia" (c. 14f. und 17f., wo Menipp sich ja auch von jemand durch die Unterwelt herumführen lässt. In *Nec.* 18 hat Diogenes die gleiche Wohnstätte wie Menipp in *Dial. Mort.* 3, nämlich neben den verweichlichten Königen – das zeigt die weitgehende Austauschbarkeit dieser beiden kynischen Figuren bei Lukian.
[138] Ein Einfall von Lukian selbst? Jedenfalls wird gleich zu Anfang explizit begründet, wieso Kerberos hier wie ein Mensch reden kann.

großen Sokrates halt. In Nr. 7–9 führt Menipp im Gespräch mit einzelnen mythischen Gestalten bestimmte mit ihnen zusammenhängende mythische Vorstellungen ad absurdum:[139] In 7 fragt er Tantalos, warum er ständig trinken wolle und Angst vor dem Verdursten habe, wo er doch tot sei; in 8 lässt er sich vom Kentauren Chiron erzählen, dass er den Tod gewählt habe, weil ihm die Unsterblichkeit zu langweilig geworden sei – worauf Menipp befürchtet, das könnte ihm freilich mit dem ewigen düsteren Einerlei in der Totenwelt einmal genauso gehen, und das werde sich dann nicht mehr ändern lassen!

Die witzigste dieser Einzelbegegnungen ist vielleicht Gespräch Nr. 9 mit dem Seher Teiresias, dem Menipp hier eine ganz andere Frage stellt als am Ende der „Nekyomanteia", nämlich ob sein Leben als Mann oder als Frau besser gewesen sei. Teiresias' Antwort, dass es ihm als Frau viel besser gegangen sei, stellt Menipp freilich das Zeugnis der euripideischen Medea gegenüber, die das Gebären als ungemein schmerzhaft und gefährlich bezeichnet habe. Danach fragt Menipp, wie denn Teiresias' Geschlechtsumwandlung im Einzelnen vor sich gegangen sei, und bringt auch darin seinen Unglauben gegenüber diesen mythischen Geschichten zum Ausdruck. Gespräch Nr. 10 richtet sich gegen das Orakelwesen: Hier stellt Menipp den böotischen Heros Trophonios zur Rede, der angeblich in Lebadeia in Böotien weissagt, tatsächlich aber hier in der Unterwelt nur ein einfacher Toter wie die anderen auch ist. Gespräch Nr. 20 erinnert stark an „Die Niederfahrt": Hier besteigt Menipp zusammen mit einer Reihe anderer Toten Charons Kahn, um ins Totenreich zu gelangen; nach ihm gehen an Bord ein wunderschöner Knabe, der seine ganze einstige Attraktivität nicht mitnehmen kann (c. 3); ein Tyrann, der sich vor dem Einsteigen seines ganzen einstigen Prunks und Hochmuts entledigen muss (c. 4); ein Athlet, dem seine Siegeskränze, aber auch seine Muskelpakete abgenommen werden (c. 5); ein Reicher, der ebenso von allem entblößt wird (c. 6); ein Feldherr, der sein Siegeszeichen diesseits des Hades zurücklassen muss (c. 7). Am meisten Raum jedoch nimmt die Entblößung eines typischen Philosophen ein (c. 8f.): Ihm müssen nicht nur alle möglichen schlechten Charaktereigenschaften und Angewohnheiten abgenommen werden (Frechheit, Unbelehrbarkeit, Streitsucht, leerer Dünkel, absurde Fragestellungen, verworrene Gedanken, Geschwätz, Kleinkariertheit, Liebe zum Gold, Luststreben, Schamlosigkeit, Jähzorn, Schwelgerei, Verweichlichung, Lüge, Überheblichkeit), sondern er bekommt unter großem Hallo auch seinen fünf Minen schweren Bart und

---

[139] Dies erinnert an Argumentationsweisen des Kyniskos im „Widerlegten Zeus".

die buschigen Augenbrauen geschoren und muss zu guter Letzt auch die ihm unter der Achsel sitzende Schmeichelei hergeben. In c. 10 wird ähnlich ein Rhetor seines ganzen rhetorischen Ballasts entblößt; dann beginnt die Fahrt über den Unterweltsfluss. Die übrigen Toten – allen voran der Philosoph – beklagen ihr Los, aber Menipp ist guten Muts; auf Hermes' Hinweis, dass um die anderen Toten auf der Erde sich noch lebende Menschen kümmern würden, um ihn aber niemand, antwortet er mit bestem kynischem Sarkasmus, um seinen Leichnam würden sich bald die Hunde und die Vögel „kümmern" (c. 12f.). Der Dialog endet damit, dass Charons Kahn am anderen Ufer ankommt und Hermes die Toten zum Totengericht schickt (c. 13).[140] In Gespräch Nr. 30 schließlich soll Menipp einen „Schönheitswettbewerb" zwischen Nireus und Thersites entscheiden, kann aber nur feststellen, dass beide hier unten gleichermaßen hässlich sind.

In insgesamt sechs Gesprächen[141] spielen andere prominente Kyniker, Diogenes von Sinope und Krates von Theben (beide 4. Jh. v. Chr.), die Hauptrolle. In diesen Dialogen finden sich ähnliche Situationen wie in den Menipp-Gesprächen: In Nr. 11 befragt Diogenes den in der Unterwelt weilenden Schatten des Herakles, wie sich denn eigentlich sein Verhältnis zum gleichzeitig auf dem Olymp weilenden Gott Herakles darstelle;[142] der Herakles-Schatten verwickelt sich dabei in allerlei Widersprüche.[143] In Nr. 13 wundert sich Diogenes darüber, dass auch Alexander d.Gr. ihm hier in der Unterwelt begegnet – gab Alexander auf Erden nicht vor, ein Gott und der Sohn Ammons zu sein? In Nr. 21 erfreuen sich die beiden Kyniker Krates und Diogenes an einer ähnlichen Erbschleichergeschichte, wie sie in Nr. 15–19 dargeboten sind (vgl. unten); in Nr. 22 unternehmen sogar alle drei „Archegeten" des Kynismus, Antisthenes, Diogenes und Krates, einen gemeinsamen Ausflug zum Unterweltseingang, um sich an den Klagen der neu eintreffenden Toten zu delektieren; unterwegs unterhalten sie sich gegenseitig mit Schilderungen ihres eigenen Herabkommens und was sie dabei für ein Verhalten bei den zusammen mit ihnen Kommenden erlebten. In Nr. 29 schließlich unterzieht Diogenes den eitlen Hochmut des Fürsten Mausolos von Karien (des Namensgebers des berühmten „Mausoleum") einer harten Kritik.

---

140 Die Parallelen zur „Niederfahrt" sind hier unverkennbar.
141 Nr. 1, 11, 13, 21, 22, 29.
142 Angeregt worden ist diese Frage durch die in Hom. *Od.* 11,601–626 geschilderte Begegnung des Odysseus mit dem Schatten des Herakles in der Unterwelt (dazu vgl. NESSELRATH 2020a, 32–34).
143 Die Situation erinnert an den „Widerlegten Zeus".

In mehr als der Hälfte der „Totengespräche" (17 von 30) sind damit Vertreter der kynischen Weltsicht prominent; in den übrigen 13 treten aber noch viele andere Personen und Konstellationen auf: In Nr. 12 wird im Grunde das gleiche Thema wie in Nr. 13 (s. oben) abgehandelt, nämlich die durch den Tod Alexanders d. Gr. als leere Illusion entlarvte Vorstellung von seiner göttlichen Unsterblichkeit – nur diesmal zwischen Alexander und seinem eigenen Vater Philipp II.; Nr. 14 ist nicht eigentlich ein Toten-, sondern ein Göttergespräch: Hier rechnen Hermes und Charon über die Schulden ab, die Charon bei Hermes hat, weil der ihm verschiedene Ersatzteile für seinen Fährkahn besorgte; Charon kann allerdings nicht bezahlen, weil zur Zeit – es ist gerade mal Frieden – nur so wenige Tote überzusetzen sind.

In diesem Gespräch wird aber noch ein Nebenthema angerissen, das gewissermaßen die Einleitung für eine ganze Reihe von sich anschließenden „Totengesprächen" bildet: Hermes konstatiert nachdenklich, dass die meisten derzeitigen Toten durch Einwirkung von Gift starben, weil andere sie beerben wollten; so wird in den Gesprächen Nr. 15–19 das satirische Thema „Erbschleicherei" unter verschiedenen Blickwinkeln behandelt – meistens aber so, dass die Erbschleicher die Geprellten sind: In Nr. 15 vereinbaren Pluton und Hermes – also wieder ein reines Göttergespräch –, dass ein reicher alter Mann noch sehr lange leben und alle seine Erbschaftsjäger vor ihm sterben sollen; in Nr. 16 wird diese paradoxe Konstellation an einem anderen Fall konkret vorgeführt; in Nr. 17 ist ein Erbschleicher „versehentlich" vorzeitig in den Hades gelangt, weil ein Sklave leider die Giftbecher verwechselt hat; in Nr. 18 hat ein anderer durch seinen vorzeitigen Tod jemanden zu seinem Erben gemacht, den eigentlich *er* beerben wollte; und in Nr. 19 schildert ein zu guter Letzt doch noch gestorbener uralter Reicher, wie ihn sein Geld so vielen anderen begehrenswert machte, dass er sich noch in seinem höheren Alter alles erlauben konnte, weil eben alle auf sein Geld scharf waren.

In Nr. 25 wird eine „historische" Streitfrage behandelt: Hier streiten sich Alexander und Hannibal darum, wer von ihnen beiden der bessere Feldherr war, bis auch der Römer Scipio (Africanus Maior) hinzukommt und den Sieg Alexander zuspricht (weil er, Scipio, ja Hannibal besiegt habe). Die übrigen „Totengespräche" behandeln Episoden des griechischen Mythos. Nr. 23 und 26 sind direkt aus der „Odyssee" herausgesponnen: In Nr. 23 macht Agamemnon dem Aias Vorwürfe, dass er den Odysseus, als er in die Unterwelt kam, so wortlos und unversöhnt hat stehenlassen;[144] in Nr. 26 kritisiert Nestors Sohn Antilochos den Achill wegen seiner berühmten Worte ebenfalls zu Odysseus, dass das Leben eines Tagelöhners auf der Erde dem eines Fürsten im Totenreich vorzuziehen sei.[145] Nr. 27 und 28 drehen sich um den als ersten griechischen Helden vor Troja gefallenen Protesilaos: In Nr. 27 will sich Protesilaos tätlich an Helena vergreifen, weil die ja letztlich an seinem Tod schuld sei, muss aber dann einsehen, dass mehr noch seine eigene Unvorsicht und letztlich wieder einmal das Schicksal an allem schuld war; in Nr. 28 schließlich erhält der gleiche Protesilaos auf seine Bitte, noch einmal seine junge Frau besuchen zu dürfen, von Pluton einen Tag „Urlaub auf der Erde" gewährt.[146] Das in diesen 13 Gesprächen also beträchtlich vermehrte Personal deutet darauf hin, dass Lukian ein ursprünglich enger eingegrenztes menippeisches Motiv in verschiedene Richtungen erweiterte.[147]

Die damit erstaunlich breite Palette an Konstellationen in diesen meist kurzen Dialogen hat in späterer europäischer Literatur viele Nachahmer gefunden.[148] Lukian selbst hat diese Gesprächsszenen wahrscheinlich nicht alle auf einmal geschrieben, sondern nach und nach – so wie sie bei seinem Publikum ankamen – ihren Kreis erweitert.

Als vielleicht eigenartigste und selbständigste Weiterentwicklung der satirischen Unterwelt Menipps lässt sich schließlich der Dialog „Charon, oder: Die Zuschauer von oben" bei Lukian auffassen: Hier wird die „klassische" Katabasis („Niederstieg") Menipps umgedreht zu einer „Anabasis" („Hinaufstieg") des bekannten Fährmanns der mythischen griechischen Unterwelt.[149] Charon hat es in der griechischen Literatur nur sehr selten zu einer eigenständigen Rolle gebracht:[150] In Aristophanes' „Fröschen" taucht er kurz auf (V. 180–196); auch im 6. Buch von Vergils „Aeneis" hat er einen kurzen Auftritt (v. 299). Bei Lukian aber tritt er in der „Niederfahrt" (c. 1f. 5. 13. 18–21) und auch in einzelnen „Toten-

---

[144] Das knüpft an die in Hom. *Od.* 11,543–567 dargestellte Episode an.
[145] Diesem Gespräch liegt die in Hom. *Od.* 11,487–491 berichtete Äußerung Achills zugrunde.
[146] Dieses Thema war in einer Tragödie des Euripides und einer Komödie des Anaxandrides behandelt worden.
[147] In zwei der „Totengespräche" (Nr. 24 und 27) wird auch das Thema „Schicksal, Götter und menschliche Freiheit / Verantwortung" kurz, aber sehr prägnant behandelt (vgl. o. Kap. 5.2, S. 202f.).
[148] Vgl. unten Kap. 9.3 (S. 314–322).
[149] Vgl. dazu NICKEL 2010, 20 und 82; NESSELRATH 2018, 269–272.
[150] Vgl. zu Charons Auftreten in früherer griechischer Literatur NESSELRATH 2020c, 189f.

gesprächen" als redende Figur auf (Nr. 2. 14. 20), und man könnte sich fragen, ob eine solche Rolle vielleicht schon auf Menipp zurückgehen könnte.[151] In Lukians „Charon" ist Charon sogar zur Haupt- und Titelfigur avanciert; eine ähnliche Rolle hat er in keiner anderen antiken erhaltenen Schrift.

Der Dialog beginnt wie eines der „Göttergespräche": Hermes, wieder einmal in Diensten seines Vaters Zeus unterwegs, trifft unerwartet Charon an der Oberwelt und sieht ihn noch dazu lachen![152] Auf Hermes' erstaunte Fragen hin erklärt Charon, er habe beim Unterweltsherrscher einen Tag Urlaub genommen, um die Verhältnisse auf der Oberwelt kennenzulernen (c. 1); sicher werde ihn Hermes doch gern herumführen und ihm alles zeigen? Hermes sträubt sich zunächst, weil er fürchterlich viel zu tun und Angst vor dem Jähzorn seines Vaters hat; er gibt auf Charons Drängen[153] dann aber nach und beginnt zu überlegen, wie er Charon wenigstens die wichtigsten und charakteristischsten Dinge in der Menschenwelt zeigen könnte (c. 2f.): Um einen Überblick zu bekommen, müsste man erst einmal ein paar Berge aufeinander türmen; das bewerkstelligt Hermes, indem er einfach diejenigen Homerverse zitiert, mit denen in der „Odyssee" beschrieben ist, wie die gigantischen Aloeus-Söhne Otos und Ephialtes die Berge Ossa und Pelion auf den Olymp türmten, um den Himmel der Götter zu stürmen (c. 4).[154] Als die damit erzielte Höhe noch nicht reicht, lässt Hermes den Charon auch noch Oita und Parnass zusätzlich daraufstapeln (c. 5); dann klettert er hoch und hilft auch Charon hinauf; beide sitzen nunmehr in luftiger Höhe auf dem Doppelgipfel des Parnass verteilt und blicken auf die Erde nieder (d.h. sie sind jetzt die „Zuschauer von oben" des Titels der Schrift). Charon jammert nun freilich, dass er aus dieser Höhe keine Einzelheiten mehr erkennen könne (c. 6); aber Hermes weiß noch einmal dank Homer Abhilfe zu schaffen, indem er die Verse aus der „Ilias" zitiert (c. 7; Il. 5,127f.), mit denen es dort Athena dem Diomedes ermöglichte, Götter von Menschen im Schlacht-

---

[151] In der „Nekyomanteia" (die zumindest zu großen Teilen auf Menipps „Nekyia" zurückgehen dürfte, vgl. oben S. 264) könnte in c. 11 ein Sprechen Charons angedeutet sein: „Der treffliche Charon [...] setzte uns gern über und wies uns nach dem Aussteigen den Weg."
[152] Offenbar gehörte zur Vorstellung des Totenfährmanns eine düster-unbewegte Miene.
[153] Der Fährmann erweist sich hier als rhetorisch unerwartet begabt.
[154] Hom. Od. 11,315f. Dieses Intermezzo wirkt wie eine geistreich-satirische Kritik an Homers unglaublichen mythischen Geschichten.

getümmel vor Troja zu unterscheiden; die Zweckentfremdung dieser Verse hat erneut parodistische Funktion.

Die Operation gelingt: Charon sieht nunmehr so scharf wie ein Luchs. Er möchte aber nun auch seine eigene Kenntnis homerischer Verse unter Beweis stellen, zu der er freilich auf nicht ganz appetitliche Weise gelangt ist (c. 7): Als der gestorbene Homer bei seiner eigenen Überquerung des Totenflusses durch die Besingung eines epischen Seesturms einen richtigen heraufbeschwor, wurde er selber davon seekrank und gab viele seiner Gesänge „emetisch" von sich,[155] und von denen schnappte Charon damals vieles auf. Um Hermes nun nach bestimmten Persönlichkeiten auf der Erde fragen zu können, wählt Charon die Homerverse, mit denen im 3. Buch der „Ilias" Priamos Helena auf der Stadtmauer Trojas nach einzelnen griechischen Helden befragte.[156] In c. 8–14 werden nach solcher Einleitung bestimmte berühmte Individuen, die zu Lebzeiten in Ruhm und Glück standen, unter dem Aspekt des auch sie einmal einholenden Todes satirisch-sarkastisch beleuchtet: Der bärenstarke Athlet Milon von Kroton, der einen ganzen Stier durch die Arena tragen kann, wird, wenn er erst einmal in Charons Kahn sitzt, nicht einmal mehr eine Mücke heben können (c. 8); der lydische König Kroisos wird bald vom Perserkönig Kyros gestürzt, dessen abgeschnittenen Kopf wiederum nicht lange danach die Massagetenkönigin Tomyris in einen Schlauch voller Blut stecken wird (c. 13);[157] Kyros' Sohn Kambyses wird einmal nach vielen Untaten am Wahnsinn sterben (ebd.); der samische Tyrann Polykrates wird bald von dem persischen Satrapen Oroites ans Kreuz geschlagen werden (c. 14). So führt Hermes – der dies alles von der Schicksalsgöttin Klotho gehört haben will – an diesen aus dem Werk Herodots entnommenen historischen Exempla Charon die Maxime des *Respice finem* vor; in c. 10 und 12 lässt Lukian die beiden göttlichen Figuren von ihrer luftigen Warte herab sogar dem denkwürdigen Gespräch zwischen Kroisos und Solon lauschen, das Herodot in 1,30–33 geschildert hat.

Von c. 15 an demonstriert Hermes seinem Begleiter das Leben der großen Masse der Menschen, ihren an einen Insektenhaufen erinnernden durcheinanderwuselnden Wirrwarr, und wie sie alle von Hoffnungen, Ängsten und Emotionen manipuliert werden. In diesem Abschnitt neh-

---

[155] Die Heraufbeschwörung dieses Seesturms ist bis in den Wortlaut an *Od.* 5,291–294 angelehnt. Damit wird erneut eine bekannte Homerpartie unter parodistische Vorzeichen gestellt.
[156] Hom. *Il.* 3,161–244, die berühmte sogenannte „Mauerschau". Die hier zitierten Verse sind 3,226f. (c. 8) und noch einmal 3,226 (c. 9).
[157] Diese Geschichte wird bei Herodot (1,214) erzählt.

men Hermes' Ausführungen geradezu den Charakter einer kynischen Diatribe an, die nur von kurzen Bemerkungen Charons unterbrochen wird (c. 15–17). Im Anschluss daran läuft aber auch Charon selbst zur Form eines popularphilosophischen Predigers auf (c. 18–20), der das Leben der Menschen mit leicht und schnell platzenden Seifenblasen vergleicht (c. 19) und der all diesen Menschen am liebsten laut zubrüllen möchte, dass sie mit ihren krampfhaften Bemühungen um wertlose, weil unbeständige Dinge endlich aufhören sollen (c. 20). Hermes macht ihn freilich darauf aufmerksam, dass die Ohren der meisten Menschen viel zu verstopft sind, um auf solche Warnungen zu hören; die wenigen aber, bei denen dies nicht der Fall ist – d.h. diejenigen, die die Wertlosigkeit der konventionell erstrebten Güter erkannt haben, also kynisch geprägte Philosophen –, die brauchen Charons Warnungen nicht (c. 21). Der Dialog geht dann mit noch weiteren Illustrationen des verkehrten Strebens der Menschen zu Ende: prunkvolle Gräber und aufwendige Totenriten – denen gegenüber Charon in echt kynischer Manier mithilfe eines kleinen Homercento (fünf Hexameter) auf den Tod als absoluten Gleichmacher hinweist (c. 22); ferner das völlige Dahinschwinden einstmals großer und reicher Städte (c. 23);[158] das kriegerische Sich-Zerfleischen von Menschen um ein letztlich völlig unbedeutendes Stück Land, hier demonstriert am Kampf der Spartaner und Argiver um einen Landstrich in der Peloponnes (c. 24).[159] Danach hat Charon endlich genug von der Menschenwelt, bedankt sich bei Hermes für seine Dienste als Cicerone und steigt wieder hinab an seinen Totenfluss.

Insgesamt wird der Ton der Schrift nach ihrem relativ heiteren Anfang allmählich immer düsterer und sarkastischer, die kynische geprägte Ablehnung des letztlich fruchtlos-hektischen Treibens dieser Welt immer deutlicher. Menippeisch wirken die recht häufigen Homerparodien, teils mit, teils ohne deformierte Verszitate; menippeisch auch die „doppelte Bühne" (vgl. den „Tragischen Zeus") in c. 10–12, wo Hermes und Charon von ihrer hohen Warte aus das Gespräch zwischen Solon und Kroisos verfolgen. Lukianisch dagegen ist die Dialogführung; lukianisch dürfte auch das konsequente Zurückgreifen auf das Geschichtswerk Herodots sein, den Lukian insgesamt recht geschätzt zu haben scheint.[160] Auf wen

---

[158] Der Gedanke erinnert an Hdt. 1,5,4.
[159] Das stammt erneut aus Herodot (1,82).
[160] Vgl. Lukians sehr gelungene, leicht parodistische Herodot-Nachahmung in seiner Schrift „Über die syrische Göttin" (vgl. oben Kap. 3.6, S. 101). Bei einer direkten Nachahmung Menipps hätte man die Exempla eher aus der Geschichte des 4. und 3. Jh.s v. Chr. erwartet.

der ingeniöse Einfall zurückgeht, gerade den Totenfährmann zum Rezipienten und Träger kynischer Gedanken über das Menschenleben zu machen, lässt sich nicht mehr sagen; ingeniös ist er deswegen, weil Charon aufgrund seiner einzigartigen Position – er erlebt die Menschen, nachdem sie allen irdischen Prunk und Status verloren haben, und braucht über die Vergänglichkeit dieser Accessoires nicht mehr belehrt zu werden – schon eine latent kynische Grundhaltung zugetraut werden kann. Charon macht in diesem Dialog aber auch eine gewisse Wandlung durch:[161] Zuerst ist er der wissbegierige Ingenu, der von außen kommende Beobachter, der in manchem auch etwas naiv wirkt – z.B. in c. 11, wo er zum ersten Mal das Metall Gold zu sehen bekommt und gar nicht verstehen kann, warum die Menschen so danach streben –, der aufgrund dieser Position aber auch zu einem besonders objektiven Urteil fähig wäre; je mehr er jedoch von Hermes mit der Beschaffenheit des Menschenlebens vertraut gemacht wird, umso desillusionierter wird er auch, so dass er schließlich selber wie ein kynischer Wanderprediger zu reden beginnt (c. 18–20, vgl. oben) und am Ende mit bedauerndem Kopfschütteln wieder in seine Unterwelt hinabsteigt. Der Totenfährmann als lebendige, plastische Figur ist eine Schöpfung, die sich nicht sicher auf Lukian zurückführen lässt, die man ihm aber gerne zutrauen würde.

8.5. Phantastische Reisen zu neuen Welten im Himmel und auf der Erde: Die „Wahren Geschichten"

Die vielleicht schönste narrative Schöpfung Lukians ist in jüngerer Zeit in ihrer Intention sehr umstritten gewesen; schuld daran ist vor allem der byzantinische Patriarch Photios, der die Eindrücke seiner Lukian-Lektüre in Kapitel 128 seiner „Bibliotheke" festgehalten hat,[162] in Kapitel 166 aber – am Ende seiner Inhaltsangabe eines umfänglichen (aber bis auf wenige Papyrusfragmente verlorenen) phantastischen Reiseromans des Antonius Diogenes mit dem Titel „Die unglaublichen Dinge jenseits von Thule" – speziell auf Lukians „Wahre Geschichten" zu sprechen kommt: Ihre „Quelle und Wurzel", so Photios, sei just dieser Roman des Antonius Diogenes. Diese Äußerung hat dazu geführt, dass man seit ERWIN ROHDEs bahnbrechendem Werk über den griechischen Roman in den „Wahren Geschichten" wiederholt eine Parodie auf diesen „Jenseits von Thu-

---

[161] Vgl. dazu auch NICKEL 2010, 17.
[162] Vgl. dazu unten Kap. 9.2 (S. 301).

le"-Roman gesehen hat.[163] Inzwischen aber haben sich gegen diese einseitige Zurückführung der „Wahren Geschichten" auf Antonius Diogenes mehrere Stimmen erhoben, die dieses „Vorbild" für Lukian entweder zumindest sehr relativieren[164] oder sogar gänzlich leugnen.[165] Das wichtigste Argument für diese Richtung ist, dass Photios den Roman des Antonius Diogenes als „Quelle und Wurzel" nicht nur für die „Wahren Geschichten", sondern auch für den „Eselsroman" bezeichnet; doch unterscheiden sich diese beiden Werke so stark voneinander, dass der „Jenseits von Thule"-Roman eigentlich für keines von beiden eine enge Vorlage gewesen sein kann.[166]

Gleichwohl ist eine Beziehung zwischen den „Wahren Geschichten" und Romanen wie dem des Antonius Diogenes nicht völlig auszuschließen. JENNIFER HALL hat darauf hingewiesen, dass in Lukians Zeit Wundergeschichten von der Art des „Jenseits von Thule"-Romans durchaus Konjunktur hatten[167] (wie heute etwa die Science Fiction). Die „Wahren Geschichten" mögen daher auch in Hinsicht auf einen solchen Lesergeschmack am Märchenhaft-Fabulösen geschrieben worden sein.

Ihre Einleitung schließt dies zumindest nicht aus: Lukians hier ausdrücklich genanntes Ziel (c. 1) ist zuallererst, seinen Lesern nach anderer,

---

[163] Eine extreme Spielart dieser Auffassung wird von REYHL 1969 vertreten: REYHL erklärt Lukian geradezu zum Plagiator des Antonius Diogenes, so wie HELM Lukian zum Plagiator Menipps machen wollte.
[164] So HALL 1981, 342–346 und JONES 1986, 53f. Zurückhaltend äußern sich GEORGIADOU / LARMOUR 1998, 38–40 („Photius' description of Antonius' narrative as the 'source and root' of the VH remains enigmatic", 40). VON MÖLLENDORFF 2000a, 104–109 spielt bei seiner Erörterung des Verhältnisses zwischen Antonius Diogenes und Lukian auch die Möglichkeit durch, dass Antonius Diogenes erst *nach* Lukian schrieb und dieser eine *seiner* Quellen gewesen sein könnte (eine Beziehung zwischen beiden nimmt er jedenfalls an), neigt aber schließlich der Annahme zu, dass Antonius Diogenes' Roman „in unmittelbarer zeitlicher Nähe zu ‚Lucianus senex' publiziert wurde" (108; unter der Voraussetzung, dass die „Wahren Geschichten" ein Alterswerk Lukians sind) und Lukian dieses dann zeitgenössische Werk noch zur Kenntnis nehmen konnte. Der jüngste Kommentar zu den „Wahren Geschichten" lässt die Frage völlig offen (CLAY / BRUSUELAS 2021, 37).
[165] MORGAN 1985, 475–490; vgl. auch FUSILLO 1988, 111f. mit Anm. 5.
[166] Vgl. HALL 1981, 345f.
[167] Vgl. HALL 1981, 339, wo als wichtiges Zeugnis dafür Gellius 9,4 angeführt wird: Hier erzählt Gellius, er sei einmal in Brundisium auf einen ganzen Bücherstand mit Werken dieser Machart gestoßen – und habe sie sofort allesamt aufgekauft. Sicherlich war Gellius nicht der einzige, der solche Gelegenheiten beim Schopf ergriff.

anstrengenderer Lektüre Entspannung und Unterhaltung zu bieten.[168] Er will jedoch (c. 2) mit seinen Lügengeschichten nicht nur einen durch seine Fremdartigkeit interessierenden Stoff bieten, sondern

> „jede von den berichteten Einzelheiten ist in durchaus komödienhafter Weise als Anspielung auf irgendwelche von den alten Dichtern, Schriftstellern und Philosophen bezogen, [...] die ich auch namentlich nennen würde, wenn sie nicht dir auch selbst aus der Lektüre offenbar würden."

Er nennt dann auch einige Beispiele, stellvertretend für andere aus der gleichen Sparte (c. 3): erstens den Geschichtsschreiber Ktesias, der nach allgemeinem antiken Urteil stark fabulierte und damit hier für die ganze Gattung zu romanhaft-unglaubwürdiger Historiographie steht; zweitens Iambulos, den Autor eines utopischen Reiseromans aus der Zeit des Hellenismus,[169] der das ganze Genos märchenhaft-utopischer Reiseberichte mit (zumindest teilweise) auch politisch-sozialem Anspruch repräsentiert; schließlich noch den aus Homer bekannten Altmeister des Geschichtenerfindens selbst, Odysseus, der für alles Erfundene an autobiographischer Erzählung steht.[170]

Nach der Nennung dieser „Vorbilder" lässt Lukian in witziger Weise etwas darüber verlauten, warum er auch selbst nun dem Hang, Lügengeschichten zu produzieren, nachgegeben hat (c. 4):

> „Deswegen trachtete auch ich selbst aus eitler Ruhmsucht danach, meiner Nachwelt etwas zurückzulassen, um nicht allein ohne Anteil an der großen Freiheit im Geschichtenerfinden zu sein; und da ich nichts Wahres zu erzählen hatte – ich hatte nämlich nichts der Rede Wertes erlebt –, wandte ich mich der Lüge zu, doch mit viel aufrechterem Geist als die anderen! Denn in diesem einen Punkt werde ich

---

[168] Genau dies war sicher auch das primäre Ziel der antiken Liebes- und Abenteuerromane.

[169] Er ist uns nur noch in einem Auszug bei dem Geschichtsschreiber Diodor (2,55–60) erhalten; in diesem Auszug beschreibt er, wie er zu einer mit vielen märchenhaften Elementen durchsetzten utopischen menschlichen Gesellschaft auf einer fernen Insel im Indischen Ozean gelangte.

[170] Odysseus erzählt nicht nur den Phäaken seine phantastischen Abenteuer von seiner Abfahrt von Troja bis zu seiner Ankunft auf ihrer Insel, sondern tischt in der zweiten Hälfte der „Odyssee" mehreren Leuten – darunter sogar der Göttin Athena! – erfundene Versionen seines eigenen Lebens auf (*Od.* 13,256–286; 14,199–359; 19,172–202).

die Wahrheit sagen: Ich gebe zu, dass ich lüge. [...] Ich schreibe folglich über Dinge, die ich weder gesehen noch erlebt noch von anderen erfahren habe, die ferner weder in irgendeiner Weise existieren noch überhaupt jemals zur Existenz kommen können. Deshalb dürfen meine Leser ihnen auf keinen Fall glauben!"

Auch diese Erklärung ist bereits eine Art Parodie, nämlich auf die feierlichen Versicherungen antiker Historiker, dass alles, was sie berichten werden, wahrheitsgemäß recherchiert und wiedergegeben sei.[171]

Hier eine Skizze des Inhalts der angekündigten Lügengeschichten: Lukian erzählt zunächst, wie er einmal zusammen mit zuverlässigen Gefährten von den „Säulen des Herakles" (= Meerenge von Gibraltar) in See gestochen sei mit dem Ziel, das westliche Meer – d.h. den heutigen Atlantischen Ozean – zu durchqueren und den jenseitigen (!) Kontinent zu erreichen (c. 5).[172]

Gleich am zweiten Tag gerät das Schiff in einen 79 Tage währenden Seesturm, an dessen Ende die erste Station der Reise steht (c. 6): eine unbekannte Insel. Bei ihrer Erkundung stößt man auf eine verwitterte Inschrift, die einen früheren Besuch von Dionysos und Herakles bezeugt. Dank Dionysos gibt es nicht nur einen Fluss, der aus Wein besteht (c. 7), sondern auch Rebstöcke, die in schöne nackte Frauen „münden"; zwei von Lukians Gefährten erliegen der Versuchung, sich mit diesen Geschöpfen zu paaren, wachsen sogleich an und müssen zurückgelassen werden (c. 8).[173]

Bald nach dem Verlassen der Insel wird das Schiff von einem gewaltigen Sturm zum Himmel empor gerissen; damit beginnt das „Weltraumabenteuer" der „Wahren Geschichten" (c. 9–29). Nach siebentägiger „Himmelfahrt" legt das Schiff am Mond an (c. 10); Lukian und seine Mannen werden vom Mondherrscher Endymion[174] freundlich aufge-

---

[171] Vgl. BOMPAIRE 1958, 672f.; NÍ MHEALLAIGH 2008, 419; NÍ MHEALLAIGH 2009, 11–13; NÍ MHEALLAIGH 2014, 206–208. Gerade der schon erwähnte Ktesias beteuerte äußerst nachdrücklich, dass alles von ihm Berichtete unbedingt wahr sei (Ktesias, FGrHist 688 F 45, § 51). Parodiert werden solche Beteuerungen auch am Beginn von Senecas „Apocolocyntosis" (1,2f.).
[172] Der erste, der von einem solchen Kontinent sprach, war Platon in der Einleitung seiner Atlantis-Erzählung *(Tim.* 24e–25a).
[173] Die Episode hat deutliche Parallelen zum Lotophagen-Abenteuer der „Odyssee".
[174] Eine rationalisierende Parodie des Endymion-Mythos: Aus dem schönen jungen Endymion, in den sich die Mondgöttin Selene verliebte (und mit dem sie laut

nommen (c. 11) und zur Teilnahme an einem Krieg gegen den Sonnenherrscher Phaëthon[175] eingeladen, bei dem es um die Beherrschung des Planeten Venus geht (c. 12). Leider verliert Endymion die entscheidende Schlacht (c. 13–18), und Lukian und sein Anhang geraten in Gefangenschaft, werden dann aber nach dem Friedensschluss wieder freigelassen (c. 19–21);[176] nun können sie eingehend die in vieler Hinsicht seltsamen Eigenarten der Mondbewohner studieren (c. 22–26).[177]

Beim anschließenden Rückflug zur Erde kommt man nicht nur an der Venus (c. 28) und der „Lampenstadt" Lychnopolis – der in c. 29 ein recht ausführlicher Exkurs gewidmet wird –, sondern auch an der Vogelstadt Nephelokokkygia („Wolkenkuckucksheim") vorbei, wo Lukian es sich nicht nehmen lässt, dem Komödiendichter Aristophanes – der Nephelokokkygia in seinen „Vögeln" hatte gründen lassen – seine Reverenz zu erweisen (ebd.).[178]

Kaum auf dem Ozean wieder aufgesetzt, wird das gesamte Schiff jedoch von einem riesigen Seemonster verschlungen (c. 30);[179] damit beginnt der nächste umfangreiche Abschnitt: das Leben in diesem Riesenwesen (c. 31– Buch 2, c. 2).

Es ist bemerkenswert, wie „plausibel" Lukian die damit hergestellte Situation – ein ganzes Schiff im Bauch eines riesigen Meerwesens! – weiterentwickelt:[180] Die Verschlungenen erblicken eine flache runde Ver-

---

Paus. 5,1,4 fünfzig Töchter zeugte!) ist hier ein auf den Mond entführter – von wem, wird nicht gesagt – Mensch geworden, der dann dort zum König wurde.
[175] Eine weitere parodistische Mythenrationalisierung: Phaëthon ist zuerst bei Euripides („Phaëthon", test. ii + fr. 773 KANNICHT) als Sohn des Sonnengottes bezeugt.
[176] Zur intensiven Verwendung des Thukydides als historiographisches Muster in diesem Abschnitt vgl. BARTLEY 2003, 226–230.
[177] Bei dieser „ethnologischen Beschreibung" erinnert manches an Herodot, vieles (z.B. über die anatomischen Eigenarten der Mondbewohner) aber auch an die Schilderungen des im Proömium erwähnten Iambulos (vgl. NESSELRATH 1993, 53f. und 56).
[178] Bezeichnenderweise regiert, als Lukians Schiff vorbeikommt, in Nephelokokkygia noch immer ein Vogel, nämlich „Kräherich Amselsohn".
[179] In diesem Kapitel wird das furchterregende Auftreten des Riesenmonstrums (mit einer Länge von 1500 Stadien, d. h. fast 300 km) geschildert, wobei dieses Schreckensbild freilich dadurch unterminiert wird, dass der Ich-Erzähler des Monsters Zähne mit den großen Kultphalloi der syrischen Stadt Hierapolis vergleicht (vgl. „Über die syrische Göttin" 28). Dass der Erzähler unmittelbar vor dem Verschlungenwerden zu einer solchen Reminiszenz überhaupt fähig ist, wirkt auffallend inkongruent und damit komisch.
[180] Zu Einzelheiten vgl. NESSELRATH 2013, 50–55.

tiefung, groß genug zur Aufnahme einer Stadt mit zehntausend Bürgern, und in der Mitte trümmerhafte Überreste früherer Verschlingungen; dass es auf diesem immensen Terrain auch Erde und Hügel gibt, wird dadurch erklärt, dass diese „Landschaftsmerkmale" durch den vielen verschlungenen Schlamm gebildet wurden; in dieser Landschaft gibt es auch Flora und Fauna; sie hat einen Umfang von 240 Stadien (= etwas weniger als 48 km; c. 31).

Die hierher Verschlagenen fassen sich, sichern das Schiff, bereiten eine Mahlzeit aus (ebenfalls hineingespülten) Fischen; am folgenden Tag stellen sie einen Erkundungstrupp zusammen.[181] Schon bald finden sie ein Poseidon-Heiligtum („wie die Aufschrift klarmachte") sowie ein Gehöft mit kultivierten Flächen (c. 32). Sogleich folgt auch die Begegnung mit den Bewohnern dieses Gehöfts, einem älteren Mann namens Skintharos und seinem Sohn (c. 33), die die Neuankömmlinge nach guter griechischer Sitte erst einmal bewirten, bevor sie ihnen ihr eigenes Schicksal erzählen (c. 34): Sie wurden bereits vor 27 Jahren in dieses Riesenwesen verschlagen.

Das von Skintharos beschriebene (schon 27 Jahre währende) Leben im Wal wirkt zunächst sehr idyllisch, doch erwähnt er dann eine Reihe böser Nachbarn, über die er einen umfassenden – und sehr skurrilen – „ethnologischen" Bericht liefert (c. 35).[182] Alle diese wilden Stämme haben jedoch nur Fischgräten als Waffen, und so beschließt man, ihnen eine tüchtige militärische Lektion zu erteilen, um künftig Ruhe vor ihnen zu haben (c. 36). In der dann beschriebenen Schlacht[183] erleiden die Feinde hohe Verluste, die Griechen fast gar keine (c. 37).[184] Skurril wirkt die

---

[181] Ähnlich verhalten sich bei Homer Odysseus und seiner Männer, wenn sie wieder einmal an ein ihnen fremdes, unheimliches Gestade gespült worden sind. Vgl. ihre Ankunft auf der Insel der Kirke, Hom. Od. 10,135–150 und dazu GEORGIADOU / LARMOUR 1998, 162.
[182] Schon in der „Weltraum-Episode" hat der Erzähler in der Beschreibung zum Teil gigantisch großer „extraterrestrischer" Wesen geschwelgt (c. 11. 13. 16. 18); hier in c. 35 haben es ihm vor allem Mischwesen mit Bestandteilen aus maritimer Fauna („Dörrfischler", „Bock-Tritonen", „Krebshänder", „Thunfischköpfe", „Meerkrebsler", „Flunderfüßler") angetan.
[183] Sie ist mehr ein Hinterhalt, der an Schilderungen aus Xenophons Werken erinnert (VON MÖLLENDORFF 2000a, 251 verweist auf Hell. 4,8,37–39, NESSELRATH 2013, 52 Anm. 19 auf die ersten Kapitel von „Anabasis" Buch 4).
[184] Die Darstellung bedient sich hier typischer Elemente von „Kolonialkriegen" zwischen Griechen und Barbaren; das Grundmotiv ist, dass von den Barbaren beherrschte Griechen – der tributpflichtige Skintharos und sein Sohn – befreit werden sollen, sozusagen ein „Ionischer Aufstand" im Kleinen.

kurios-tödliche Verwundung, die der Steuermann von Lukians Schiff erleidet,[185] sodann die Art des Siegeszeichens, das die siegreichen Griechen nach ihrem Brauch errichten: das Rückgrat eines Delphins (c. 37). Am folgenden Tag siegen die Griechen in einer noch größeren Schlacht (c. 38) und setzen am Tag danach zur völligen Vernichtung bzw. Vertreibung der noch verbliebenen „Nicht-Menschen" an, die ihnen auch gelingt (c. 39).

Auf diesen rabiaten Sieg folgt ein Jahr und acht Monate lang ein eher langweiliges Leben, das der Erzähler mit einem Aufenthalt in einem immerhin geräumigen Gefängnis vergleicht (ebd.); dann setzt das nächste Teilabenteuer mit einer sehr historiographisch anmutenden, sehr detaillierten, zugleich aber auch skurrilen Zeitangabe ein (c. 40):

„Am fünfzehnten Tag des neunten Monats, beim zweiten Maulaufreißen des Seemonsters – dies tat es nämlich jede Stunde einmal, so dass wir aus den Maulaufreißungen die Tagesstunden erschließen konnten – [...] hörte man auf einmal ein großes Geschrei und Getöse und so etwas wie Befehle und Rudergeräusche."

Vom Rachen des Seeungeheuers aus beobachten Lukian und seine Gefährten nunmehr eine höchst ungewöhnliche Seeschlacht zwischen Riesen, die auf schwimmenden Inseln gegeneinander kämpfen.[186] Hier überbietet die Fabulierlust des Autors sich gleichsam selbst mit einer Kombination von riesigen Maßangaben und physikalischen Unmöglichkeiten: Jede der Inseln – ihre Anzahl wird in c. 41 mit 600 angegeben[187] – misst hundert Stadien [= fast 20 km!] im Umfang und trägt je hundertzwanzig der etwa 90m großen Riesen, die bis auf ein Detail wie Menschen aussehen – sie haben brennendes Haar!

---

[185] Er wird von der Gräte einer Meerbarbe durchbohrt; das mythische Vorbild könnte die Tötung des Odysseus durch seinen Sohn Telegonos mit einer „Waffe aus dem Meer" sein, nämlich der Wirbelsäule eines Schwertfischs (Aischylos fr. 275 RADT); VON MÖLLENDORFF 2000a, 213 widerspricht und greift sehr weitgehend in den Text ein.
[186] Lukian leitet diese Schilderung mit folgender parodistisch-apologetischen Zwischenbemerkung ein (c. 40): „Ich weiß ja, dass ich im Begriff bin, Dinge zu erzählen, die unglaublich scheinen – ich erzähle sie aber dennoch!"
[187] Man fragt sich freilich, wie man – noch dazu bei den riesigen Ausmaßen jeder dieser Inseln – aus dem Rachen des Seemonsters heraus so viele überhaupt zählen konnte?!

Kap. 8: Durch unbekannte Welten bis ins Jenseits

Das sich anschließende Kampfgeschehen enthält viele aus Herodot, Thukydides[188] oder Xenophon bekannte typische Elemente – kollidierende und sinkende Schiffe, erbitterte Nahkämpfe von Reling zu Reling usw. –, zeigt aber auch wieder manch skurriles Detail: Statt Enterhaken verwendet man an Taue gebundene große Polypen, und als Geschosse dienen riesige Austern und Schwämme (c. 41).

Im nächsten Kapitel (c. 42) werden der „politische Hintergrund" dieser Schlacht und ihr Ausgang geschildert: Es siegt König Aiolokentauros gegen seinen Widersacher, König Thalassopotes, der ihm viele Herden Delphine geraubt hatte. Damit ist der poetischen Gerechtigkeit Genüge getan; als Siegeszeichen spießen Aiolokentauros' Leute eine der Feindesinseln auf dem Kopf des Seemonsters auf.[189]

Nach dieser Seeschlacht – mit der das erste Buch der „Wahren Geschichten" zu Ende geht – hält es nun der Ich-Erzähler nicht mehr länger in dem Riesenmeerwesen aus; man sucht nach Möglichkeiten, das schwimmende Gefängnis endlich zu verlassen (Buch 2, c. 1). Ein Hindurchgraben bis nach außen erweist sich als nicht machbar; so beginnt man den Wald in der großen Bauchhöhle abzufackeln. Das zeigt erst nach sieben Tagen erste Wirkung; am zwölften Tag denkt man gerade noch rechtzeitig daran, durch Stützen ein endgültiges Schließen des Mauls zu verhindern. Am Tag danach ist das Seeungeheuer tot, und man kann nun das Schiff aus ihm heraus ins Meer bugsieren und drei Tage später, als Wind aufkommt, in See stechen (c. 2).

Nach Zwischenstationen in einem Eismeer (c. 2) und auf der „Käse-Insel" Tyroessa inmitten eines Milchmeeres (c. 3) sowie einer Begegnung mit über das Meer laufenden „Korkfüßlern" (c. 4) gelangen unsere Abenteurer nunmehr zur phantastischsten Station ihrer Reise: zur Insel der Seligen – also letztlich ins Jenseits. Dieses Jenseits liegt hier aber nicht – wie in der Regel sonst in der griechischen Mythologie – unter der Erde, sondern weit draußen im (westlichen) Ozean, hier wird also eine „laterale Katabasis" (oder „Para-basis"?) beschrieben.[190]

---

[188] Vgl. hierzu VON MÖLLENDORFF 2000a, 226 Anm. 57 u. 254 und BARTLEY 2003, 232f.
[189] Wörtlich steht hier „schlugen auf dem Kopf des Meerungeheuers eine der feindlichen Inseln ans Kreuz" – wobei der genaue Vorgang der Phantasie des Lesers überlassen bleibt.
[190] Vgl. dazu NESSELRATH 2018, 266–268. Freilich muss auch schon Odysseus in Buch 11 der „Odyssee" zum äußersten Ende des Okeanos fahren, um zum Eingang der Unterwelt zu gelangen.

Bei der Anfahrt nähert sich das Schiff einer Gruppe von sechs Inseln: Die nächstgelegene von ihnen verströmt schon von weitem wunderbare Düfte (c. 5) und entpuppt sich eben als nichts Geringeres als die paradiesische Insel der Seligen selbst, mit erstaunlich ruhigen Häfen, reizvollen Flüssen, Wäldern und Wiesen, Vögeln, die melodiös singen, süßer Luft und angenehmen Brisen (ebd.).

Gleich nachdem Lukian und seine Mannschaft von Bord gegangen sind, werden sie von Wachen mit Rosengirlanden gefesselt und zu einem Gericht geführt, dem der mythische Richter Rhadamanthys vorsitzt, der über das Schicksal derer entscheidet, die auf die Insel der Seligen gelangen wollen (c. 6).[191] Nach drei anderen Fällen (c. 7–9) kommt der ihre an die Reihe: Sie dürfen sieben Monate bleiben (c. 10).

Da sie sich also in dieser Zeit frei auf der Insel bewegen können, erhalten wir nun eine Beschreibung der „Polis" und ihrer Umgebung (c. 11); des besonderen körperlichen Zustands ihrer Bewohner – Seelen ohne Körper, aber die Gestalt zeigend, in der sie ankamen – (c. 12); des dämmerungsähnlichen Zwielichts, das ständig auf der Insel herrscht, und der Atmosphäre ewigen Frühlings (ebd.); der üppigen Vegetation – mit Wasser-, Honig- und Salbölquellen und Flüssen aus Milch und Wein – (c. 13); des nicht enden wollenden Symposions auf der Wiese der sogenannten „Elysischen Ebene" (c. 14) mit seiner exquisiten musikalischen Unterhaltung (c. 15), während zwei benachbarte Quellen – die eine sorgt für Lachen, die andere für Freude – dafür sorgen, dass alle Anwesenden sich wirklich amüsieren (c. 16).

Danach erfahren wir mehr über einzelne Bewohner dieses wunderbaren Ortes: Alle berühmten mythischen Helden aus dem Trojanischen Krieg sind anwesend (mit Ausnahme der wenigen wirklich bösen, wie des lokrischen Aias), ferner große historische Herrscher und Weise. Auch Sokrates ist da – und erfreut sich wie in seinen irdischen Tagen an der Gesellschaft hübscher Jünglinge –, während Platon es vorzieht, in seiner eigenen Stadt zu bleiben (c. 17). Von den anderen philosophischen Sekten nehmen die Hedonisten aus den Schulen Aristipps und Epikurs einen führenden Rang ein, ebenso bemerkenswerterweise der Kyniker Diogenes, der nun in glücklicher Ehe mit der berühmten Kurtisane Lais lebt. Abwesend dagegen sind die Stoiker und ebenso die Skeptiker, die bezweifeln, dass es diese Insel überhaupt gibt (c. 18). Abgerundet wird dieses Bild durch Hinweise zu den erotischen Gepflogenheiten der

---

[191] Dieses Gericht ist also eine Adaption des von Minos geleiteten Totengerichts, das Menipp in der „Nekyomanteia" in Aktion erlebte.

Bewohner: In dieser Hinsicht sind sie alle höchst platonisch, denn sie teilen gerne alle Frauen und hübschen Knaben (c. 19).

Es folgt gewissermaßen der „philologische Höhepunkt" der „Wahren Geschichten": die Begegnung des Ich-Erzählers mit dem großen Homer, der ihm alle Fragen, die die Philologen im Altertum umtrieben, autoritativ beantwortet (c. 20).[192] Weitere Episoden während dieses Aufenthalts auf der „Insel der Seligen" erzählen von der Ankunft von Pythagoras und Empedokles (c. 21), dem Feiern von sportlichen und musikalischen Spielen (c. 22) und sogar von der erfolgreichen Verteidigung der Insel gegen einen Angriff eines Heeres von Übeltätern, das überraschend aus dem „Ort der Bösen" ausgebrochen war (c. 23f.).[193]

Hierauf aber entwickeln sich Ereignisse, die zur Vertreibung unserer Besucher von der Insel führen: Ein jüngeres Mitglied von Lukians Mannschaft lässt sich auf eine Affäre mit keiner Geringeren als der berühmt-berüchtigten Helena von Troja ein: Bei dem Versuch, mit noch drei anderen durchzubrennen, werden sie gefasst und zurückgebracht. Die vier männlichen Täter werden zur ewigen Bestrafung an den erwähnten „Ort der Bösen" geschickt, Lukian und der Rest seiner Mannschaft aber – als Gefährten der Schuldigen – angewiesen, die Insel der Seligen innerhalb von zwei Tagen zu verlassen (c. 25–27). Immerhin bekommt Lukian von Homer noch ein Epigramm, das seinen Aufenthalt kommemoriert und das er als Inschrift an der Hafeneinfahrt aufstellen lässt (c. 28); und dann steckt ihm Odysseus heimlich einen Brief an Kalypso zu, denn an ihrer Insel wird das Schiff vorbeikommen (c. 29).

Zunächst aber führt sie ihre Weiterfahrt an den „Inseln der Gottlosen" vorbei; einer von ihnen statten sie einen kurzen Besuch ab, erleben ihre „höllische" Atmosphäre hautnah (c. 30) und sehen, dass die größten Strafen für Lügenschriftsteller wie Ktesias und Herodot reserviert sind (c. 31).[194]

Die weitere Fahrt führt dann zu einem einmonatigen und ausführlich beschriebenen Aufenthalt auf der Insel der Träume (c. 32–35), zu dem schon angedeuteten Besuch bei Kalypso auf der Insel Ogygia (c. 35f.) und noch zu einer Reihe weiterer Orte mit wundersamen oder schreck-

---

[192] Dazu vgl. NESSELRATH 2002.
[193] Anlässlich dieses Sieges schrieb Homer sogar ein neues Epos, das er Lukian beim Abschied von der Insel mitgab; leider habe er das Werk beim späteren Schiffbruch verloren ... (c. 24).
[194] Ein ebenso hübsches wie absurdes Detail ist, dass es auf dieser Insel „Fremdenführer" gibt, die die Bestrafung jedes Übeltäters erläutern – für welche Touristen?

lichen Bewohnern: Sie werden von „Kürbispiraten" angegriffen, aber durch deren Feinde, die „Nussschiffer", gerettet (c. 37f.); danach müssen sie räuberische Delphinreiter in die Flucht schlagen (c. 39); ihr Schiff wird durch das Auffliegen eines riesigen Eisvogels von seinem Nest fast versenkt (c. 40); auf einmal lassen die Holzaufbauten des Schiffs Zweige und Früchte sprießen (c. 41); dann treffen sie auf eine Waldbarriere mitten im Meer (c. 42), danach auf einen klaffenden Spalt ebenfalls mitten im Meer, den sie nur dank einer „Wasserbrücke" überwinden können (c. 43); auf einer Insel müssen sie sich gegen Menschenfresser mit Ochsenköpfen zur Wehr setzen (c. 44); eine Begegnung mit Phallus-Seglern und Korkreitern verläuft friedlich (c. 45), aber eine Insel mit scheinbar sehr freundlichen Frauen entpuppt sich beinahe als tödliche Falle, denn diese Frauen sind Menschenfresserinnen mit Eselsbeinen (c. 46).[195]

Im letzten Kapitel des zweiten Buches (c. 47) kommen Lukian und seine Gefährten tatsächlich dorthin, wohin er von Anfang wollte: an die Küste des jenseits des westlichen Ozeans liegenden Kontinents. Das Schiff aber wird von einem plötzlichen Sturmwind erfasst und zerschellt; seine Insassen retten sich nur mit ihren Waffen und wenigen Habseligkeiten ans Land. Im letzten Satz der Schrift steht dann die größte Lüge von allen: „Das aber, was ich auf diesem Kontinent erlebte, werde ich in den folgenden Büchern erzählen."

Vielleicht haben die vorangehenden Seiten wenigstens in Ansätzen etwas von dem beeindruckenden narrativen Reichtum der „Wahren Geschichten" vermitteln können.[196] Das folgende Kapitel soll unter anderem zeigen, dass sie zu den Werken Lukians gehören, die die reichste Rezeption in späteren Zeiten hatten.

---

[195] Die Episodenfülle dieser zweiten Hälfte des zweiten Buches – wo Lukians Schiff auf immer neue seltsame Wesen trifft – lässt sich durchaus mit den Abenteuern des Raumschiffs „Enterprise" im Star Trek-Universum vergleichen, dessen Ziele von denen des Ich-Erzählers der „Wahren Geschichten" gar nicht so verschieden sind: „to explore strange new worlds; to seek out new life and new civilizations; to boldly go where no man has gone before!"

[196] Ní MHEALLAIGH 2014, 207 nennt sie einen „text of explosive creative energy".

9. Ein viel und gern gelesener Autor: Lukians Rezeption von Galen bis Tucholsky – und darüber hinaus

9.1. Lukian in der spät(er)en Antike

Lange Zeit waren Zeugnisse zur Rezeption Lukians in seiner eigenen Zeit und den darauf folgenden Jahrhunderten der ausgehenden Antike sehr überschaubar. Erst 1976 wurde auf eine Erwähnung unseres Autors durch seinen berühmten Zeitgenossen Galen aufmerksam gemacht.[1] Dass (und warum) der „Geschichtsschreiber" der Zweiten Sophistik, Philostrat, ihn geflissentlich ignorierte, ist bereits besprochen worden.[2]

Das – nach Galen – zweite Mal namentlich erwähnt wird Lukian von dem lateinischen christlichen Schriftsteller Lactantius, einem Zeitgenossen der Kaiser Diokletian und Konstantin d. Gr.; er führt ihn an einer Stelle seiner im frühen 4. Jh. geschriebenen „Göttlichen Unterweisungen"[3] als „Lukian, der Götter und Menschen nicht schonte" ein und stellt ihn an die Seite des vorklassischen römischen Satirikers Lucilius. In der zweiten Hälfte des 4. Jh.s erwähnt ihn der pagane Historiker Eunapios von Sardes in seinem Sammelwerk „Leben der Philosophen und Sophisten" (2,1,9), das sich mit seinem Titel in die Nachfolge des Philostrat stellt und auf Persönlichkeiten des ausgehenden 3. und des 4. Jh.s konzentriert. Hier wird Lukian wegen seines „Lebens des Demonax" erwähnt; Eunapios stellt solche Werke über Philosophenleben, soweit sie ihm bekannt sind, im Vorspann zu seinen eigenen Ausführungen doxographisch zusammen. Eunapios ist der erste, der Lukians Herkunft angibt („aus Samosata");[4] er charakterisiert ihn als einen Mann, „der sich ernsthaft darum bemühte, dass gelacht werde".[5] Mit dem Tenor seiner Bemer-

---

[1] Vgl. oben Kap. 1.2.1 (S. 18f.).
[2] Vgl. ebenfalls oben Kap. 1.2.1 (S. 19–21). Der Versuch von TOMASSI 2013, 96–98, zu Beginn von Philostrats Vita des Herodes Atticus (*VS* 2,2,1–3 STEFEC) eine Anspielung auf die Darstellung des blinden Plutos in Lukians „Timon" zu entdecken, scheint mir nicht wirklich überzeugend.
[3] *Div. Inst.* 1,9,8.
[4] Eine Angabe, die aus Lukians eigenen Schriften stammt; vgl. oben Kap. 1.2.2 (S. 27 Anm. 35).
[5] Diese bewusst paradoxe Formulierung spielt auf die Mischung von Spaß und Ernst (das sogenannte „spudogeloion") an, die bereits als wesentliches Merkmal

kungen weist Eunapios weniger auf das Satirische als auf das schlechthin Komische in Lukians Werk hin und hebt es als ein Hauptmerkmal seines Schaffens hervor. Er fügt hinzu, dass das „Leben des Demonax" – und auch eine geringe Zahl anderer Schriften – *nicht* zu dieser komischen Grundtendenz zu rechnen seien, da Lukian in ihnen zur Gänze ernst bleibe. Das deutet immerhin auf eine detaillierte Kenntnis von Lukians Werk hin.

Im darauffolgenden 5. Jh. wird Lukian in einem Brief (4,55) des Abtes Isidor von Pelusion stärker in einer philosophischen Dimension gesehen: Isidor ordnet ihn den Kynikern zu – was angesichts vieler zum Teil beißender Witzeleien Lukians über die Kyniker ein wenig erstaunt –, er sei aber gleichzeitig auch den Anhängern Platons willkommen gewesen – auch dies ist etwas verwunderlich –, da er die von den Dichtern erfundenen Götter lächerlich gemacht habe.[6] Aus dem gleichen Grund, so fügt Isidor hinzu, sei Lukian den Dichtern natürlich verhasst gewesen. Das sieht freilich nach einer reinen Extrapolation aus; uns ist nichts bekannt, was auf Auseinandersetzungen Lukians mit Dichtern seiner Zeit hindeuten würde. Insgesamt bleiben Isidors Bemerkungen über Lukian ziemlich eindimensional: Sie betonen – wie Lactantius – seine Götterkritik, versuchen allerdings erstmals, ihm eine genauere philosophische Position zu geben.

Damit ist die Zahl expliziter Zeugnisse aus der Antike zu Lukian auch schon erschöpft. Er muss aber kontinuierlich gelesen worden sein,[7] sonst wäre von ihm nicht ein so umfangreiches Oeuvre – vier nicht gerade

---

einer der wichtigsten Inspirationsquellen Lukians, der Schriften des Kynikers Menipp, galt.

[6] Hier dürfte die Verurteilung und Verbannung der Dichter in Platons „Staat" wegen ihrer unmoralischen Göttergeschichten im Hintergrund stehen.

[7] Inzwischen gibt es dafür auch Papyruszeugnisse: 1974 wurde ein längeres Textstück aus c. 47 des im Lukian-Corpus überlieferten „Onos" als P. Lit. Lond. 194 in der Zeitschrift „Chronique d'Égypte (97, 1974, 115–120) publiziert. Ein Textstück aus dem ebenfalls im Lukian-Corpus überlieferten (aber sicher nicht von ihm stammenden) kurzen Dialog „Der Eisvogel, oder: Über Verwandlungen" hat sich auf einem Papyrus erhalten, der als Nr. 3683 im 52. Band der Oxyrhynchos-Papyri (erschienen 1984) ediert wurde; hier weist die Subscriptio den Text freilich Platon zu. Aussagekräftiger sind zwei in neueren Bänden der Oxyrhynchos-Papyri publizierte Textstücke: das 2005 im 69. Band als Nr. 4738 edierte Stück aus „Totengespräch" 10,1–2 aus dem 3. Jh., und das 2016 im 81. Band als Nr. 5275 edierte Stück aus c. 19 der „Niederfahrt" aus dem früheren Teil des 3. Jh.s; spätestens seit dieser Zeit wurde also echter Lukian im ägyptischen Oxyrhynchos gelesen.

schmale OCT-Bände – erhalten; es gibt gar nicht so viele andere Autoren der Antike, die sich rühmen könnten, uns in ähnlicher (wenn auch nicht totaler) Vollständigkeit überliefert zu sein. Inzwischen gibt es eine Reihe von Indizien, die darauf hinweisen, dass in der Tat eigentlich schon von Lukians Lebenszeit an – auf Galen wurde ja schon hingewiesen – nicht nur Lactantius, Eunapios und Isidor, sondern noch andere antike Intellektuelle Lukians Werke lasen und darauf reagierten.

Einer der ersten könnte der Philosoph Kelsos gewesen sein, der wohl noch im späteren 2. Jh. mit seiner „Wahren Lehre" die erste bedeutende Schrift gegen die Christen verfasste. PETER THONEMANN hat vor wenigen Jahren dafür argumentiert, dass Lukian sich im „Alexander" an zwei Stellen (c. 13 und 60) auf Kelsos' Schrift bezieht;[8] die angeführten Stellen[9] sind jedoch von der Art, dass das Abhängigkeitsverhältnis vielleicht auch umgekehrt sein könnte, was aufgrund der Chronologie beider Autoren durchaus möglich wäre. Bemerkenswerterweise ist Lukians „Alexander" gerade an einen Kelsos gerichtet; ob es sich bei diesem Kelsos um den Verfasser der „Wahren Lehre" handelt, wird seit langem diskutiert[10] und ist zumindest eine plausible Möglichkeit.[11]

Während es jedoch aufgrund der Quellenlage „nur" eine Möglichkeit bleibt, dass Kelsos seinen Zeitgenossen Lukian gelesen hat, ist es inzwischen[12] nahezu sicher, dass Kelsos' bedeutender christlicher Gegner Origenes dies tat. In seinem um die Mitte des 3. Jh.s n. Chr. verfassten Werk „Gegen Kelsos" lässt Origenes erkennen, dass er mehrere Schriften Lukians gelesen haben dürfte: Dass er seinen Gegner als Epikureer bezeich-

---

[8] THONEMANN 2021, 8. 92f. 157.
[9] In c. 13 beschreibt Lukian Alexanders bewusst exaltiert-ekstatisches Verhalten, um die Entdeckung („Epiphanie") des neuen Schlangengottes Glykon plausibel zu machen; in Orig. *Cels.* 7,9 schreibt Kelsos das ähnlich exaltiert-ekstatische Verhalten falscher christlicher Propheten. In c. 60 verwendet Lukian den Ausdruck „Höhe-/Wendepunkt des Dramas" (τοῦ ... δράματος ... καταστροφή), und diesen Ausdruck gebraucht auch Kelsos in Orig. *Cels.* 2,55 (wiederholt in 2,58). In beiden Fällen gibt es keine eindeutigen Indizien, wer von den beiden Autoren die jeweils ähnliche Sprache zuerst verwendete und damit den anderen inspirierte. Übrigens verwendet Lukian den Ausdruck noch an zwei weiteren Stellen (*Merc. Cond.* 10; *Peregr.* 37); angesichts der bei Lukian häufig anzutreffenden Theatermetaphorik spricht einiges dafür, dass er diesen Ausdruck geprägt hat und nicht Kelsos.
[10] Vgl. zuletzt THONEMANN 2021, 63, der der Identifizierung der beiden Kelsoi zuneigt.
[11] Bemerkenswerterweise nennen sowohl Lukian als auch Origenes „ihren" Kelsos einen Epikureer (zu Origenes vgl. NESSELRATH 2020d, 91).
[12] Vgl. dazu NESSELRATH 2020d.

net, obwohl der von ihm attackierte Kelsos eher platonische Züge zeigt, dürfte daran liegen, dass er einen eindeutigen Epikureer Kelsos aus Lukians „Alexander" kannte.[13] Dass er ferner im Gefolge des berühmten Apollonios von Tyana einen „gewissen Epikureer" ausmachte,[14] dürfte sich auf dessen ständigen Begleiter Damis beziehen; ein Epikureer namens Damis spielt gerade im „Tragischen Zeus" Lukians eine prominente Rolle.[15] Dass Origenes auch die „Göttergespräche" kannte, darauf weist folgende Stelle in „Gegen Kelsos" hin: In Buch 3, Kap. 22 diskutiert Origenes pagane Behauptungen, Zeus' Sohn Herakles und Zeus' Enkel Asklepios seien ursprünglich Menschen gewesen, nach ihrem Tod aber zu Göttern geworden; er verwirft diese Behauptungen mit Hinweis auf die über sie erzählten Geschichten: „In diesen ist große Zügellosigkeit des Herakles dokumentiert und (auch) seine effeminierte Knechtschaft bei Omphale, ferner das über Asklepios Erzählte, dass er von ihrem Zeus durch einen Blitz niedergestreckt wurde." Die hier präsentierte Gegenüberstellung von Herakles und Asklepios ist die gleiche wie in Lukians 15. Göttergespräch, und auch die über sie erzählten Episoden sind dort zu finden.[16] Schließlich beschreibt Origenes an zwei weiteren Stellen[17] die Gier der griechischen Götter nach Opfern mit Details, die man mit bemerkenswerter Übereinstimmung in Lukians Essay „Über die Trauer" (c. 9) findet. In *Cels.* 1,10 schließlich bietet Origenes eine ausführliche Schilderung, in wie irrationaler Weise die Griechen sich oft ihre jeweilige philosophische Schule aussuchen; genau diese Kritik übt auch Lykinos in Lukians „Hermotimos" an Hermotimos' Weg zur Stoa.[18] Wahrscheinlich ließe sich bei genauerer Lektüre noch mehr finden, was Origenes Lukian verdankt.

Im späteren 4. Jh. haben vor allem Lukians menippeische Satiren zwei Autoren als Inspirationsquellen gedient: Die Ende 362 entstandene Satire „Caesares" des Kaisers Julian hat Elemente vor allem aus dem „Tragischen Zeus" und der „Nekyomanteia",[19] zum Teil aber auch aus den „Totengesprächen" und dem „Verkauf der Philosophenleben"[20] aufgegriffen; einige Jahrzehnte später hat dann der aus Alexandria stam-

---

[13] Vgl. NESSELRATH 2020d, 92.
[14] Orig. *Cels.* 6,41.
[15] Vgl. oben Kap. 5.2 (S. 197–200) und NESSELRATH 2020d, 93.
[16] Vgl. NESSELRATH 2020d, 94.
[17] Orig. *Cels.* 3,37 und 4,32; vgl. NESSELRATH 2020d, 94f.
[18] Vgl. NESSELRATH 2020d, 95f.
[19] Vgl. NESSELRATH 1994, 31–33.
[20] Vgl. NESSELRATH 1994, 34 und 38f.

mende (und von daher mit früherer griechischer Literatur gut vertraute) Dichter Claudian in den großen Unterweltsszenen seiner „Invektive gegen Rufinus" Elemente aus den Unterweltssatiren Lukians verarbeitet.[21]

9.2. Lukian in Byzanz

Die Lektüre Lukians ging auch am Ende und nach der Antike weiter; ein Indiz dafür ist, dass offenbar im 6. Jh. eine syrische Paraphrase von Lukians Schrift „Über die Verleumdung" angefertigt wurde.[22] Ferner sind mutmaßlich in der Spätantike und in den sogenannten „dunklen Jahrhunderten" (etwa von der Mitte des 7. bis zum frühen 9. Jh.) die zwei Handschriftenfamilien entstanden, die für die Textkonstitution von Lukians Œuvre maßgeblich geworden sind.[23]

---

[21] Vgl. NESSELRATH 1994, 40–44. – Nur nebenbei sei auf die Sammlungen von fiktiven Briefen hingewiesen, die unter den Namen des Alkiphron (2. oder 3. Jh.?) und des Aristainetos (5. oder 6. Jh.?) überliefert sind. Vor allem bei den „Hetärenbriefen" Alkiphrons nimmt man gern eine Beziehung zu Lukians „Hetärengesprächen" an; das wäre aber noch genauer zu untersuchen. Aristainetos lässt in seinem Brief 5 Alkiphron an Lukian und in Brief 22 Lukian an Alkiphron schreiben, aber beide Texte verraten so gut wie keinen lukianischen Einfluss.
[22] Die Handschrift, in der diese Paraphrase uns erhalten ist, stammt aus dem 8. Jh.
[23] Dabei stellt die Familie γ – benannt nach der Leithandschrift Γ (Vaticanus 90, 10. Jh.) – eine Gesamtausgabe von Lukians erhaltenem Oeuvre (etwa 80 Schriften) dar, während Familie β – benannt nach der Leithandschrift B (Vindobonensis 123, 10./11. Jh.) – eine Auswahlausgabe (mit 34 Schriften) ist. Wie diese Handschriftenfamilien entstanden, darüber gibt es verschiedene Theorien: MRAS 1911 führte die Unterschiede zwischen den beiden Familien, die sich nicht zuletzt in der sehr verschiedenen Anordnung der einzelnen Schriften manifestiert, auf die Arbeit von Redaktoren zurück; dagegen glaubte WINGELS 1913, eine allmähliche Akkumulation kleinerer Corpora feststellen zu können, die dann zu den genannten beiden großen Familien führten. Die Anordnung der Familie γ scheint sich erstmals im Lukian-Kapitel der „Bibliotheke" des byzantinischen Patriarchen Photios (späteres 9. Jahrhundert) fassen zu lassen; am Anfang dieses Kapitels gibt Photios über das Lukian-Corpus Auskunft, das er gelesen hat (Bibl. 128, 96a23–25): „Von Lukian wurden gelesen ‚Über Phalaris' sowie diverse Toten- und Hetärengespräche und weitere Schriften mit diversen Inhalten [...]." Diese Angaben scheinen zu zeigen, dass Photios sich auf eine Schriftenabfolge bezieht, wie sie in dem noch erhaltenen Codex Γ vorliegt: Dort sind zwei Phalaris-Schriften (Phalaris I und II) die zuerst stehenden Werke Lukians, während die danach erwähnten „Totengespräche" (νεκρικοὶ διάλογοι) die viertletzte und die ebenfalls erwähnten „Hetärengespräche" (ἑταιρικοὶ διάλογοι) die letzte Schrift darstellen. Damit lässt sich die Abfolge der Schriften, wie der Codex Γ sie enthält, bis in die Mitte des 9.

Erst nach den „dunklen Jahrhunderten", in mittelbyzantinischer Zeit, hören wir Weiteres. Die Byzantiner entwickelten zwei sehr verschiedene Haltungen zu Lukian, weil ihnen als Erben der Antike und des Christentums gewissermaßen zwei verschiedene Seelen in der Brust wohnten: Auf der einen Seite empfanden sie eine anhaltende Faszination für Lukian und sein stilistisch vorzügliches Griechisch, das ihn in den nächsten Jahrhunderten zu einem vielgelesenen Autor machte und auch eine Reihe von literarischen Nachahmungen anregte, die teilweise sogar als vermeintliche Werke von Lukian selbst den Weg in sein Schriften-Corpus fanden;[24] auf der anderen Seite aber manifestierte sich bei ihnen auch wiederholt wütende Ablehnung, die sich vor allem aus der spöttischen Darstellung des Christentums speiste, die man in seiner satirischen Lebensbeschreibung „Über den Tod des Peregrinos" lesen kann.[25]

So erklären sich etwa die Beschimpfungen, die sich recht häufig in den am Rand mehrerer Handschriften eingetragenen Scholien finden und die wenigstens zum Teil bereits auf den im frühen 10. Jh. tätigen Bischof Arethas von Kaisareia in Kappadokien zurückgehen. Arethas trug seine erklärenden Scholien sogar eigenhändig in eine Lukian-Handschrift ein, die er sich zum persönlichen Gebrauch anfertigen ließ.[26] Dass jemand sich einen Autor ganz abschreiben lässt, ihn dann selbst in extenso kommentiert und ihn gleichzeitig als gottverdammten Heiden verflucht, könnte Indiz für eine eigentümliche Hassliebe sein.[27]

Eindeutiger ablehnend ist die Einstellung dessen, der in dem um das Jahr 1000 herum entstandenen „Suda"-Lexikon den Artikel „Lukianos"

Jh.s zurückverfolgen. In der γ-Familie scheint übrigens erheblich weniger in den Text durch einen Editor eingegriffen worden zu sein als in der β-Familie; vgl. dazu NESSELRATH 1984, 596f.

[24] Vgl. dazu unten Kap. 9.5 (S. 328–331).

[25] Im Wesentlichen c. 11–16, wo es um die Christen und ihre Beziehung zu Peregrinos geht. Bei unvoreingenommener Betrachtung stellen diese Kapitel den Christen sogar ein ausgesprochen gutes Zeugnis aus – das noch dazu von einem „objektiven" heidnischen Beobachter kommt –, da sie ihre tätige Nächstenliebe und rührende Hilfsbereitschaft klar zum Vorschein treten lassen; aber so differenziert haben sich die christlichen Byzantiner diese Stellen oft nicht angesehen: In manchen Handschriften – ganz im Vindobonensis B, zu großen Teilen im Vaticanus V – wurde „Über den Tod des Peregrinos" offenbar nachträglich herausgerissen.

[26] Sie ist partiell heute noch als Harleianus 5694 (= E in den modernen Lukian-Editionen) in Oxford erhalten, eine der ältesten und wichtigsten Lukian-Handschriften überhaupt.

[27] Zur negativen Beurteilung Lukians in den Arethas-Scholien vgl. BALDWIN 1980/81 und RUSSO 2012 (zu diesem Buch NESSELRATH 2015b).

(1) schrieb und der unseren Schriftsteller an seinem Lebensende wegen seiner verdammten Gottlosigkeit von Hunden zerrissen werden lässt.[28]

Die Byzantiner, die so virulent anti-lukianische Gefühle entwickelten, waren aber offenbar in der Minderzahl gegenüber denjenigen, die Lukian immer wieder gern lasen und schätzten; und wenn ein hoher Kirchenmann wie Bischof Arethas sich aus Gründen des Glaubens zu einer ablehnenden Haltung genötigt sah, so fand ein halbes Jahrhundert früher ein noch um einiges höher, nämlich an der Spitze der byzantinischen kirchlichen Hierarchie stehender Kirchenmann offensichtlich einigen Gefallen an Lukians Werk: Der Mitte des 9. Jh.s in Konstantinopel amtierende Erzbischof und Patriarch Photios, einer der gebildetsten Männer der gesamten byzantinischen Geschichte.[29] Photios ist der erste, der eine etwas umfänglichere zusammenhängende Betrachtung zum Werk Lukians hinterlassen hat.[30] Photios betrachtet Lukian zunächst als den großen Spötter in allen Bereichen des antik-heidnischen Lebens: „Mit einem Wort [...], das ernsthafte Treiben der Griechen ist ihm eine Komödie in Prosa." Bedenklicher ist die Weiterentwicklung dieses Gedankens:

„Er selbst scheint aber zu denen zu gehören, die nichts wirklich ernst nehmen; denn während er die Meinungen der anderen parodiert und verspottet, legt er selbst nicht dar, welche Meinung denn er vertritt (schätzt); es sei denn, es sagte jemand, dass seine Meinung ist, keine Meinung zu haben."

Lukian ist in Photios' Augen also ein Skeptiker, wenn nicht gar ein Nihilist.[31] Was dagegen sein uneingeschränktes Lob findet, ist Lukians Stil, den er mit einer angenehm harmonischen Melodie vergleicht.[32]

Wie die Byzantiner Lukian sonst sahen, geht indirekt aus der Art von mehreren Werken hervor, die vom Vorbild Lukians offensichtlich ange-

---

[28] Vgl. dazu oben Kap. 1.2.1 (S. 21f.).
[29] Er hat in einem „Bibliotheke" genannten Werk Auszüge aus seiner umfänglichen Lektüre antiker Literatur erhalten und damit oft wenigstens noch Inhaltsangaben von Werken bewahrt, die inzwischen verloren sind.
[30] Phot. *Bibl.* 128, 96a23–96b10.
[31] Diese Feststellung wiederholt der Patriarch am Ende seines Lukian-Abschnitts sogar noch einmal.
[32] Dass die Byzantiner vor allem aus solchen Stilgründen Lukian sehr schätzten, zeigt sich daran, dass im 10. Jh. ein Anonymus eine „Sammlung nützlicher Worte aus den Schriften Lukians" (BACHMANN 1828, 317) anlegte und später um 1300 der Gelehrte Thomas Magister Lukians Wortgebrauch in seiner „Auswahl attischer Substantive und Verben" als vorbildlich berücksichtigte.

regt und von seiner Form beeinflusst wurden. Zwei von ihnen – der Dialog „Philopatris" und der Dialog „Timarion" – wurden als vermeintliche Werke Lukians sogar in seine jüngere Überlieferung (d.h. in Handschriften des 14. und 15. Jh.s) aufgenommen. Beide haben sich jedoch längst als das entpuppt, was sie sind: satirische Bestandsaufnahmen der byzantinischen Gesellschaft des 11. und 12. Jh.s, wie sie auch die in einen Rahmendialog gekleidete Schilderung „Des Mazaris Aufenthalt in der Hölle" – geschrieben 1414/1415[33] – bietet, die aber keine Aufnahme ins Lukian-Corpus fand. Sowohl „Mazaris" als auch „Timarion" sind Fortentwicklungen der Dialoge, die Lukian Tote im Jenseits halten lässt; dieser Teil von Lukians Werken fand bereits in Byzanz ähnlich fruchtbare Aufnahme wie dann im 18. Jh. in West- und Mitteleuropa.[34]

So war Lukian für die Byzantiner – neben seiner Rolle als Stilvorbild – vor allem ein Satiriker, dessen Formen sie übernehmen konnten, um sie mit Inhalten ihrer Zeit zu füllen. Was sie dabei nicht in ihm fanden – und in den nach seinem Vorbild geschaffenen satirischen Dialogen auch selbst nicht einfügten –, war eine positive Moral: hier scheint die Ansicht des Photios, dass Lukians einzige eigene Meinung gewesen sei, keine eigene Meinung zu haben, charakteristisch für die generelle Haltung der Byzantiner zu Lukian gewesen zu sein; vielleicht war er in ihrem orthodox-christlichen Weltbild auch zu sehr der mit seinen Spötteleien das Christentum in Mitleidenschaft ziehende Heide, als dass man einem solchen Autor etwas Positiveres hätte abgewinnen können oder wollen.

9.3. Lukian kommt in den Westen: Europäische Lukian-Rezeption vom 14. bis zum 18. Jh.

Das wurde durchaus anders, als Lukian ungefähr ein halbes Jahrhundert vor der Eroberung Konstantinopels durch die Türken (1453) der „Sprung nach Westen" gelang.[35] Seit dem Anfang des 15. Jh.s beginnt Lukian – der das ganze Mittelalter im westlichen Europa unbekannt war – mit Zitaten und Anspielungen in der Korrespondenz gelehrter italienischer Humanisten zu erscheinen; bereits in den 20er Jahren dieses Jahrhunderts gab es dann vollständige (handschriftliche) Textsammlungen der Werke

---

[33] Vgl. GARLAND 2007.
[34] Vgl. unten Kap. 9.3 (S. 314–322).
[35] Zu Lukians Rezeption im Westen vgl. ROBINSON 1979, 81–235; MATTIOLI 1980, 39–197; MAYER 1984; LAUVERGNAT-GAGNIÈRE 1988; ZAPPALA 1990; MARSH 1998.

Lukians,[36] und bald setzte auch eine Reihe von Übersetzungen ins Lateinische ein.[37]

Diese Übersetzungen umfassten zunächst keineswegs Lukians gesamtes Œuvre, sondern nur eine Auswahl: Besonders häufig wandte man dabei seine Aufmerksamkeit solchen Schriften zu, die einen moralischen Gehalt zu präsentieren schienen. Damit tritt ein fundamentaler Unterschied zur Rezeption Lukians in Byzanz hervor: Die europäische Renaissance suchte in ihrer Rückwendung zu den antiken Autoren bei diesen immer wieder Rat und Hilfe verschiedenster Art für die Bewältigung der Probleme ihrer eigenen Zeit.[38] Dass man auch mit Lukian so verfuhr, zeigen deutlicher noch als die bevorzugte Übersetzung ganz bestimmter seiner Schriften die Vorreden, die die Übersetzer ihren Übertragungen voranstellten: Rinuccio da Castiglione[39] – der Griechischlehrer des großen Handschriftenaufspürers Poggio Bracciolini – verfasste eine lateinische Übersetzung des Dialogs „Verkauf der Philosophenleben"; im Vorwort hebt er Lukians stilistische Eleganz und moralischen Ernst hervor,[40] und diese beiden Komponenten werden auch in der Folgezeit immer wieder zusammen genannt, wenn es darum geht, den Nutzen einer Lukian-Lektüre zu begründen.

Wie das Beispiel des „Verkaufs der Philosophenleben" zeigt, suchte und entdeckte man den „moralischen Ernst" sogar in solchen Schriften Lukians, bei denen der Autor selbst wohl nicht im Traum daran gedacht

---

[36] Im Jahr 1423 brachte Giovanni Aurispa innerhalb seiner berühmten Schiffsladung von 238 griechischen Handschriften aus Konstantinopel auch die kompletten Werke Lukians mit (vgl. MARSH 1998, 15). Aurispa selbst übersetzte 1425 das 25. „Totengespräch" und um 1430 den „Toxaris" ins Lateinische (MARSH 1998, 15. 30–33).

[37] Lateinische Übersetzungen waren damals ein unbedingtes Erfordernis für eine weitere Verbreitung eines griechischen Autors im Westen, denn hier konnten nur die wenigsten Leute – selbst von denen, die mit Leib und Seele den antiken Schriftstellern zugetan waren – Griechisch, und das sollte auch noch lange so bleiben. Zur großen Zahl der italienischen Lukian-Handschriften und -Übersetzungen aus dem 15. Jh. vgl. SIDWELL 1986.

[38] Ein Beispiel dafür außerhalb der Beschäftigung mit Lukian: Der berühmte Machiavelli behandelte in seinen „Discorsi sopra la prima deca di Tito Livio" den römischen Historiker Livius beinahe wie ein Lehrbuch der politischen Wissenschaft, dessen Erkenntnisse ohne weiteres auch auf die Gegenwart anzuwenden seien; vgl. WURM 2011.

[39] Zu ihm vgl. ROBINSON 1979, 82; MARSH 1998, 37.

[40] Das mutet bei dieser Schrift, die eigentlich nur die seltsamen Eigentümlichkeiten der verschiedenen philosophischen Sekten in milder Form verspottet, doch etwas verwunderlich an.

hätte. Ein Musterbeispiel für diesen erstaunlichen Spürsinn der italienischen Humanisten des 15. Jh.s ist ihre Behandlung von und Reaktion auf Lukians „Lob der Fliege": Geschrieben wurde es ursprünglich „nur" als eine geistreich-witzige rhetorische Fingerübung, ein jeu d'esprit, unter der Leitfrage „Wie schaffe ich es, etwas so Unbedeutendes und Banales wie eine Fliege meinen Zuhörern mit meiner Redekunst als etwas ganz Tolles darzustellen?" Innerhalb der Gattung der paradoxen Lobreden auf Gegenstände, die man normalerweise nicht loben würde, stellt das „Lob der Fliege" sicherlich einen besonders gelungenen Vertreter dar. Bereits für den ersten aber, der diese kurze Schrift (etwa vier Seiten Oxfordtext) ins Lateinische übersetzte, Guarino da Verona (1374–1460),[41] war es offensichtlich mehr, denn er hob in seinem dieser Übersetzung beigegebenen Widmungsschreiben die Stärke und Kraft von Lukians Angriffen auf das Laster hervor.[42]

Ein wesentlich bedeutenderer italienischer Humanist ließ sich von Guarinos Übersetzung der lukianischen „Fliege" sogar zu einer Nachahmung inspirieren, in der die ethisch-moralische Komponente – die dem griechischen Original völlig abgeht – tatsächlich eingebaut ist. Es handelt sich um die Schrift „Musca" des Leo Battista Alberti (1404–1472).[43] Dieses Werk – wahrscheinlich 1441–1443 in Florenz geschrieben[44] und Cristoforo Landino gewidmet – hat als sein Zentrum ebenfalls die Betrachtung der Fliege; aber dieses bedeutungslose Insekt avanciert bei Alberti von einem nur wegen seiner Paradoxie gewählten Gegenstand amüsierter

---

[41] Guarino übersetzte das „Lob der Fliege" und „Über die Verleumdung", als er Hausgast des Manuel Chrysoloras in Konstantinopel war (1403–1408), nach seiner Rückkehr auch den Dialog „Über den Parasiten" (1418); vgl. MATTIOLI 1980, 48f.; LAUVERGNAT-GAGNIÈRE 1988, 26–28; MARSH 1998, 14. 21–28.
[42] Dass die Fliege selbst von Lukian unverhohlen als Schmarotzer an der Nahrung anderer beschrieben wird, fällt dabei offenbar nicht ins Gewicht.
[43] Albertis Hauptbedeutung liegt auf dem Gebiet von Kunst (Malerei, Skulptur) und Architektur; er war daneben aber in so vielen anderen Gebieten, auch literarischen, tätig, dass er in seiner Vielseitigkeit bereits an Leonardo da Vinci denken lässt. Alberti produzierte sogar ein lukianisches „Fake", den lateinischen Dialog „Virtus Dea", in dem sich die Göttin Virtus („Tugend") bei Mercurius („Hermes") über Misshandlung durch Übeltäter beklagt; vgl. MARSH 1998, 33–35. 83–85. Alberti schrieb unter eigenem Namen noch weitere Dialoge, in denen er lukianische Einfälle und Personen verwendet: „Defunctus", „Cinicus" (vgl. MARSH 1998, 55–67), ferner „Somnium" (MARSH 1998, 89–92). Sein umfangreichstes Lukian-inspiriertes Werk ist der satirische Roman (in vier Büchern) „Momus" von etwa 1452 mit dem lukianischen Momos als zentraler Figur (MARSH 1998, 114–129; GERI 2011, 71–117).
[44] Vgl. MARSH 1998, 66. 93; BILLERBECK / ZUBLER 2000, 191–233.

– und im Übrigen völlig belangloser – Betrachtung zu einem moralischen Paradigma, dessen einfache und zweckmäßige Lebensweise dem stets unzufriedenen und unersättlichen Menschen zur Nachahmung empfohlen wird.[45]

In seiner Vorrede zur „Musca" weist Alberti auch auf das Element des Komischen in der Vorlage hin; aber in seiner Bearbeitung ist davon gar nicht mehr so viel zu finden. Überhaupt scheinen die Italiener des 15. Jh.s auf die Komik in Lukians Werk weniger als sowohl ihre byzantinischen Vorgänger[46] wie auch ihre Nachfolger nördlich der Alpen geachtet zu haben. Ein besonders bezeichnendes Beispiel: Der vor allem in Florenz während der 2. Hälfte des 15. Jh.s tätige Grammatiklehrer Luca d'Antonio Bernardi da San Gimignano[47] ließ den schon erwähnten Dialog „Verkauf der Philosophenleben" – in dem Lukian nichts anderes tut, als sich über die typischen Eigen- und Unarten der hier zum Verkauf angebotenen philosophischen Richtungen lustig zu machen – dramatisch aufführen, um seinen Schülern auf diese Weise die weltanschaulichen Unterschiede zwischen den verschiedenen antiken Philosophien möglichst anschaulich vor Augen zu stellen;[48] die Topoi, die Lukian zur spöttischen Charakterisierung der von ihm verkauften Philosophien verwandt hatte, wurden damit zum ernsthaften Lehrgegenstand.

Sowenig die italienischen Humanisten des 15. Jh.s das Witzig-Spöttische bei Lukian als zentral angesehen zu haben scheinen, sowenig nahmen sie auch etwas anderes wahr, was ihren Vorgängern in Konstantinopel teilweise sehr zu schaffen gemacht hatte: Lukians wirkliche oder vermeintliche Verachtung des Christentums. In den 30er Jahren des 15. Jh.s konnte der bedeutende frühe Lukian-Übersetzer Lapo da Castiglionchio seine lateinischen Übersetzungen von „Über die Trauer" und „Der Traum" sogar dem damals amtierenden Papst (Eugen IV.) widmen.[49] Offenbar gehört die Beurteilung Lukians als antichristlicher Heide eng mit

---

[45] Explizite Sätze mit solchen Aussagen bilden den Rahmen um die eigentliche Beschreibung der Fliege; Alberti gibt dem bloßen rhetorischen Kern also eine moralphilosophische Umhüllung.
[46] Man denke an das oben S. 301 zitierte Urteil des Photios („das ernsthafte Treiben der Griechen ist ihm eine Komödie in Prosa").
[47] Luca war übrigens kein obskurer Schulmeister, sondern einer der Lehrer des späteren bedeutenden Florentiner Platonikers Marsilio Ficino, also keine verschrobene Randerscheinung (ROBINSON 1979, 83f.).
[48] So führt er jedenfalls in einem von ihm selbst geschriebenen Prolog in Versen aus.
[49] Vgl. MARSH 1998, 35

der als aggressiver Satiriker zusammen; als der aber wurde er erst seit dem Beginn des 16. Jh.s und dann nicht in Italien, sondern nördlich der Alpen neu (oder, denkt man an die byzantinische Periode, eher wieder-) entdeckt.

1484 wurde erstmals von einem Nichtitaliener ein Werk Lukians ins Lateinische übertragen: der „Hahn" von dem deutschen Humanisten Rudolph Agricola. 1495 dann übersetzte Johannes Reuchlin das 25. „Totengespräch" sogar schon ins Deutsche.[50] 1506 erschien zum ersten Mal im Druck die lateinische Übersetzung einer Reihe lukianischer Werke, die das bedeutendste Freundespaar des westeuropäischen Humanismus, der Engländer Thomas Morus und der Niederländer Erasmus von Rotterdam, angefertigt hatte und die ihre italienischen Vorläufer sofort in den Schatten stellte. Sie erschien 1514 in erweiterter Fassung, wurde dann ständig nachgedruckt – wobei Erasmus bis kurz vor seinem Tod immer noch Modifikationen und Verbesserungen anbrachte – und galt, jedenfalls für die Schriften Lukians, die sie umfasste (immerhin eine doch recht repräsentative Auswahl), bis zum Ende des 18. Jh.s als die kanonische lateinische Übersetzung.[51]

In der Tat dürfte nördlich der Alpen in dieser Zeit niemand so viel für die Verbreitung und Popularisierung von Lukians Schriften getan haben wie Erasmus. Ganz wesentliche und charakteristische Elemente in Erasmus' eigenem literarischem Œuvre sind nicht denkbar ohne die ständige und tiefgehende Inspirierung am Werk Lukians; was er in Lukian sah und weshalb er ihn so hoch schätzte, sagt Erasmus am deutlichsten in den Widmungsschreiben, mit denen versehen er seine Übersetzungen lukianischer Schriften an seine Freunde schickte. Diese Schreiben entwerfen ein Bild Lukians, wie es in wesentlichen Zügen bis zu Christoph Martin Wieland und teilweise sogar bis ins 19. Jh. hinein gültig war.

---

[50] Vgl. ROBINSON 1979, 95.
[51] Vgl. zu den Übersetzungen des Erasmus und Morus ROBINSON 1969, 365–373. Die erste Auflage von 1506 enthielt, übersetzt von Erasmus, „Toxaris", „Alexander", „Der Hahn", „Timon", „Der Tyrannentöter" (gefolgt von einer von Erasmus selbst entworfenen erheblich längeren „Gegen-Deklamation") und „Über die, die für Lohn Unterricht geben", dann, übersetzt von Morus, „Der Tyrannentöter" (also eine zweite Version, ebenfalls mit Gegen-Deklamation), „Der Kyniker", „Nekyomanteia" und „Die Lügenfreunde" (diese Morus-Übersetzungen sind in der Amsterdamer Erasmus-Ausgabe weggelassen); hinzu kamen eine Auswahl der „Toten-", „Götter-" und „Meergöttergespräche" sowie „Herakles", „Der Eunuch", „Über die Opfer" und „Das Gastmahl". In der erweiterten Fassung von 1514 kamen noch die „Anliegen an Kronos", „Über die Trauer", „Der enterbte Sohn", „Ikaromenipp", „Über die Astrologie" und „Die Langlebigen" hinzu.

Wiederholt betont Erasmus das an Lukian, was den Italienern vielleicht nicht verborgen geblieben, aber doch weniger wichtig erschienen war: das Komische – nicht nur auf der Ebene des unbeschwerten Heiter-Witzigen, sondern auch auf der des Aggressiv-Spöttischen; beide Spielarten solchen Humors – den „weißen" (harmlos lustigen) wie auch den „schwarzen" (angriffslustig-sarkastischen) – sieht Erasmus bei Lukian präsent.[52] Aber dieser Humor ist für Erasmus nicht unverbindlich-spielerisch, sondern stets in den Dienst von Ethik und Moral gestellt; in der Tat hebt Erasmus als Qualität bei Lukian nichts so oft hervor wie die auf diese Weise zustandekommende Verbindung von Nutzen und Vergnügen, und bei keinem anderen Autor sieht er den berühmten Satz des Horaz – „Jeden Punkt hat gewonnen, wer das Nützliche mit dem Süßen mischt" („Über die Dichtkunst", v. 343) – in so vollkommener Weise verwirklicht wie bei Lukian.[53]

Ferner ist die von Lukian auf witzige Weise propagierte Moral für Erasmus nicht nur eine allgemein-menschliche und zeitlose – so wurde sie vor allem von den Italienern angesehen –, sondern auch eine, die Erasmus direkt auf aktuelle Missstände und Krisenerscheinungen der eigenen Zeit anwenden zu können glaubt.[54] In dem Widmungsschreiben zu seiner Übersetzung des Dialogs *Toxaris* hebt Erasmus als das Hauptanliegen dieser Schrift den Lobpreis der Freundschaft hervor,[55] fügt aber pointiert hinzu, dass ja auch das Christentum im Grunde nichts anderes als „die wahre und vollkommene Freundschaft" sei, die freilich den Christen seiner Zeit – d.h. der Zeit der beginnenden Reformation – völlig abhanden gekommen zu sein scheine.[56] In seinem Begleitbrief zur Übersetzung von Lukians Schrift über den Lügenpropheten Alexander weist Erasmus ähnlich spitz darauf hin, dass ähnliche religiöse Schwindel und Scharlatanereien, wie sie dieser Alexander in Lukians Zeit inszeniert ha-

---

[52] So äußert er sich in seinem Widmungsschreiben zum „Alexander" (ROBINSON 1969, 449): „Ferner, was immer es an schwarzem Humor gibt, den man dem Momos zuteilt, oder an weißem, den man dem Hermes zuschreibt: Dies alles wird man in dem einen Lukian in größter Fülle finden."
[53] So im Widmungsschreiben zum „Hahn" (ROBINSON 1969, 470). Vgl. auch das schon erwähnte Widmungsschreiben zum „Alexander" (ROBINSON 1969, 449): „Ihn wirst du also, wie ich hoffe, nicht nur mit einem gewissen Ertrag, sondern auch mit höchstem Genuss lesen."
[54] Erasmus hat ja auch selbst in eigenen Werken in lukianischem Stil Kritik an Zuständen seiner Zeit geübt; vgl. etwa das brillante „Lob der Torheit".
[55] ROBINSON 1969, 423.
[56] Ebd., 423.

be, auch heute wieder, zu seiner Zeit, an der Tagesordnung seien.[57] Ebenso möchte Erasmus die Philosophenkritik des lukianischen Dialogs „Der Hahn" und noch mehr die des „Gastmahls" in seinen Widmungsschreiben zu diesen Stücken ausdrücklich auf die Heucheleien und endlosen Streitigkeiten der Scholastiker und Theologen seiner Zeit übertragen wissen.[58]

Mit solchen Anwendungen auf die Gegenwart möchte Erasmus offensichtlich die Satire, die er bei Lukian so gelungen findet, aktualisieren und damit auch das Interesse des zeitgenössischen Publikums an diesem Autor erhöhen. Er ist sich jedoch auch der Gefahr bewusst, die für Lukians Werk auf diese Weise entstehen könnte: dass nämlich die auf diese Weise angegriffenen Zeitgenossen ihre Ressentiments gerade gegen den Autor richten, dessen Satire man als Waffe gegen sie eingesetzt hatte, und ihn deswegen verdammen und unterdrücken könnten: In dem Widmungsbrief zum „Hahn" weist Erasmus darauf hin, dass man Lukian wegen seiner Philosophenkritik bereits als „Lästerer" (*blasphemus*) und wegen seiner Religionskritik als „gottlos" bezeichnet habe.[59] Im Widmungsbrief zum „Timon" spricht er die maliziöse Vermutung aus, dass derjenige, der vor ihm diesen Dialog ins Lateinische übersetzt habe, seine Sache wahrscheinlich deshalb so fürchterlich schlecht gemacht habe, weil er eigens dazu von den Gegnern Lukians angeworben worden sei;[60] und im Begleitbrief zum „Gastmahl" steht sogar ganz explizit, es gebe Leute, die diese Schrift am liebsten unterdrücken würden, weil sie sich zu sehr von ihr angegriffen fühlten.[61]

Gegen alle solche Bestrebungen nahm Erasmus „seinen" Lukian, so gut er konnte, in Schutz. Warum er das tat, sollte deutlich geworden sein: Erasmus schätzt an Lukian die gelungene Verbindung von Heiterkeit und Moral; er vereinigt damit die partielleren Sichtweisen, die die Byzantiner und die italienischen Humanisten entwickelt hatten. Darüber hinaus aber schätzt Erasmus in Lukian auch den literarischen Künstler an sich: Am „Toxaris" hebt er die brillante Charakterisierung des griechischen und des skythischen Dialogpartners durch deren jeweilige Sprechweise hervor;[62]

---

[57] Ebd., 449.
[58] Ebd., 471 und 603.
[59] Ebd., 471. Da Erasmus im gleichen Zusammenhang als zeitliche Einordnung Lukians die „Traiani tempora" angibt, ist offensichtlich, dass er sich hier auf den Lukian-Artikel des byzantinischen „Suda"-Lexikons bezieht (vgl. oben Kap. 1.2.1, S. 21).
[60] Ebd., 488.
[61] Ebd., 603.
[62] Ebd., 423f.

auch am „Gastmahl" lobt er die subtile und in sich stimmige Charakterzeichnung der in diesem Werk eine Rolle spielenden Personen.[63] Das größte Lob auf Lukians literarische Kunst aber spricht Erasmus in seinem Begleitbrief zur Übersetzung des „Hahns" aus – er habe aus der attischen Alten Komödie nur die Vorzüge und nicht die Mängel übernommen – und hält ihn schließlich sogar für besser als jede Komödie und Satire überhaupt.[64]

Es war nun aber gerade die Wiederentdeckung Lukians als eines auch auf die Gegenwart anwendbaren Satirikers, die sein Bild im 16. Jh. vor allem prägen und ihn bei konservativ-kirchlichen Kreisen stark in Verruf bringen sollte. Bereits Erasmus hatte in Lukians Werken oft geeignete Ansätze gefunden, um die inzwischen – am Vorabend und in den ersten Jahren der Reformation – deutlich am Tage liegenden Missstände in der katholischen Kirche anzuprangern. Dabei war Erasmus noch einer der vorsichtigeren; andere Humanisten gingen mit ihrer Benutzung von Lukians Satiren im aktuellen publizistischen Meinungskampf wesentlich weiter. Ein bezeichnender Fall ist das Eingreifen des Humanisten Willibald Pirckheimer auf der Seite des Johannes Reuchlin, der in einen ernsten Streit mit den Dominikanern von Köln und den hinter ihnen stehenden hohen kirchlichen Autoritäten in Rom geraten war.[65] Im Zusammenhang mit diesem Streit trat Pirckheimer mit der Übersetzung dreier lukianischer Werke auf den Plan – zuerst 1517 mit dem Dialog „Die Wiederauferstandenen, oder: Der Fischer", dann drei Jahre später mit dem „Rednerlehrer" und den „Entlaufenen Sklaven"; und diese Übersetzungen kommentierte Pirckheimer dann aus eigener Feder so, dass kein Zweifel daran blieb, dass er die konservativ-kirchlichen Gegner Reuchlins (und seiner selbst) mit den von Lukian verhöhnten und verspotteten falschen Philosophen und sophistischen Rednern schlechter Bildung und zweifelhaften Charakters gleichsetzte.[66]

Aber nicht nur Übersetzungen Lukians wurden in dieser Weise damals im polemischen Kampf eingesetzt, sondern auch mehr oder weniger eigenständige Nachahmungen der Art und Weise, in der Lukian die primär satirischen unter seinen Dialogen verfasst hatte. Der bedeutendste

---

[63] Ebd., 603.
[64] Ebd., 471.
[65] Anlass für diese Auseinandersetzung war Reuchlins Verteidigung des jüdischen Talmud und der Kabbala gegen die Bemühungen eines zum Christentum konvertierten Juden, Jakob Pfefferkorn, diese Texte im gesamten Heiligen Römischen Reich Deutscher Nation vernichten zu lassen.
[66] Vgl. ROBINSON 1979, 97.

Nachahmer Lukians auf diesem Feld ist zur Reformationszeit auf deutschem Boden Ulrich von Hutten,[67] der die satirisch-lukianische Dialogform sowohl benutzte, um mit persönlichen Gegnern abzurechnen (so im „Phalarismus" von 1517), als auch, um die politische Lage in Deutschland zu kommentieren und seinen eigenen nationalen Wunschvorstellungen – verbunden mit antiklerikalen Invektiven – beredten Ausdruck zu verleihen (so in „Febris I" und „II" von 1518 und 1519 sowie „Arminius"[68] und „Inspicientes"[69] von etwa 1520).

Die Nachahmung der lukianischen Satire blieb nicht auf das von der Reformation erschütterte Deutschland beschränkt; in Frankreich entstand 1537 mit dem „Cymbalum mundi" des Autors Bonaventure des Périers ebenfalls ein bedeutendes satirisches Werk lukianischer Prägung, das sowohl von katholischer als auch von protestantischer Seite verdammt wurde, weil es mit beiden ins Gericht ging.[70]

Jedoch vielleicht bemerkenswerter als diese deutschen und französischen Beispiele ist die Tatsache, dass auch in Spanien – das stets fest in katholischer Hand blieb und keinen den deutschen Verhältnissen entsprechenden publizistischen Kampf erlebte – in der zweiten Hälfte des 16. Jh.s mehrere bedeutende satirische Nachahmungen Lukians erschienen, von denen die wichtigste „El Crótalon" („Die Klapper") von 1552 ist.[71] „El Crótalon" nimmt auf lukianische Weise die ganze zeitgenössische Welt und Gesellschaft unter Beschuss, vor allem aber die spanische, von der ein wesentlicher Bestandteil der dominierende katholische Klerus war. Wie schon Erasmus stellte auch der Autor von „El Crótalon" das Christentum als solches nicht in Frage, wohl aber seine offiziellen Vertreter; diese sind von Erasmus bis zu dieser spanischen Satire (und ihren noch etwas späteren spanischen Nachfolgewerken) entweder die Haupt- oder zumindest ein wesentlicher Teil der Gegner, die hier bloßgestellt werden wie weiland die philosophischen Scharlatane von Lukian.

Diese Gegner nun – die ganze höhere Hierarchie der römisch-katholischen Kirche mit ihrer Spitze in Rom – richteten ihre Reaktion und Vergeltungsmaßnahmen nicht nur gegen die Zeitgenossen auf der anderen Seite, die Lukians Satiren zu einem wesentlichen Mittel ihrer Polemik

---

[67] Vgl. zum Folgenden ROBINSON 1979, 110–115.
[68] Vgl. dazu auch unten S. 315.
[69] Wie der Titel zeigt, deutlich inspiriert von „Charon, oder: Die Zuschauer von oben".
[70] Vgl. ROBINSON 1979, 116–120.
[71] Der Autor des Werks konnte bis heute nicht völlig sicher identifiziert werden; vielleicht war es der Humanist Cristobal de Villalón (ROBINSON 1979, 121).

machten, sondern schließlich auch gegen Lukian selbst, der ein so unangenehm gutes Werkzeug in den Händen ihrer Widersacher zu sein schien: Seit 1559 standen zunächst Lukians Schrift „Über den Tod des Peregrinos" und der in dieser Zeit noch für lukianisch gehaltene „Philopatris" wegen ihrer vermeintlich antichristlichen Tendenzen auf dem römischen Index librorum prohibitorum. Als dann in der 2. Hälfte des 16. Jh.s die Streitigkeiten zwischen den verschiedenen christlichen Konfessionen sich noch verschärften und seit dem Konzil von Trient von katholischer Seite aus eine kämpferische Gegenreformation betrieben wurde, wanderte 1590 schließlich der ganze Lukian auf den Index verbotener Bücher.

Nun hat es freilich, aufs Ganze gesehen, kaum einem Buch ernstlich geschadet, auf diesem Index zu stehen – im Gegenteil: Lukian wurde auch im 17. und 18. Jh. gern und oft gelesen und beeinflusste die west- und mitteleuropäische Literatur in erheblichem Umfang, allerdings anders als in der von großen geistigen Kontroversen zerrissenen Reformationszeit. Schon um die Mitte des 17. Jh.s war die konfessionelle Problematik weitgehend abgeebbt – der Dreißigjährige Krieg hatte zwar als Religionskrieg begonnen, aber als reiner Macht- und Hegemonialkrieg geendet –, und in diesem veränderten Klima war auch Lukian nicht mehr so sehr als aktueller oder aktualisierbarer Satiriker gefragt. Vielmehr traten jetzt die ebenfalls schon von Erasmus gepriesenen literarischen Seiten seines Werkes stärker in den Vordergrund, und zwei Gruppen (oder Arten) von Schriften Lukians erwiesen sich dabei als besonders fruchtbare Inspirationsquellen: die phantastische Reise und die Form der Totengespräche.

Phantastische Reisen – in den Himmel, in die Unterwelt und zu allen möglichen Orten dazwischen – werden bei Lukian in den „Wahren Geschichten", im „Ikaromenipp" und in der „Nekyomanteia" unternommen. Auf den Spuren Lukians wandelnd, brachten das 16., 17. und 18. Jh. einige bedeutende Werke hervor, die man in mancher Hinsicht als die Vorläufer eines Teils der heutigen Science-Fiction ansehen könnte. Die Werke, um die es hier geht, verfolgten dadurch, dass sie ihre Leser in unbekannte Länder und zu fremden Völkern mit seltsamen, zum Teil sogar unerhörten Einrichtungen und Sitten versetzten, zumindest auch – mitunter sogar in erster Linie – satirische, zeitkritische und philosophisch-pädagogische Ziele. Solche Absichten sucht man in den „Wahren Geschichten" freilich vergebens;[72] sie kommen also mit ihrem primären Unterhaltungscharakter einem großen Teil der Science-Fiction von heute sogar näher als den Werken des 16.–18. Jh.s.

Diese sind zudem auch miteinander verglichen sehr verschiedener Art: Bei der „Utopia" (1516) des Thomas Morus ist bis heute nicht ganz klar, ob sie von ihrem Autor „nur" als ironisch-satirischer Spiegel der damaligen Verhältnisse in Europa entworfen wurde, ohne dass das in ihr gezeichnete Bild von Staat und Gesellschaft der Utopier allzu ernst genommen werden sollte, oder ob dieses Bild auch als ein wirklicher, zur Nachahmung empfohlener Gegenentwurf gedacht war. Lukianisch ist die „Utopia" in ihrer generellen Idee – auch in den „Wahren Geschichten" beschreibt Lukian exotische Gesellschaftssysteme – und in einer Reihe erzähltechnischer Einzelheiten.

Lukianischer – weniger in direkter Nachahmung bestimmter Details als in der exuberant-phantastischen und satirischen Erzählhaltung – sind die von François Rabelais erzählten Abenteuer und phantastischen Reisen des Riesen Gargantua und seines Sohns Pantagruel in insgesamt fünf Büchern (zwischen 1532 und 1564).[73]

Im 17. Jh. wird vor allem das im ersten Buch der „Wahren Geschichten" prominente (aber auch im „Ikaromenipp" zu findende) Thema des bewohnten Mondes mehrfach aufgegriffen:[74] In Johannes Keplers „Somnium seu opus [...] de astronomia lunari" (entstanden 1593–1630, ver-

---

[72] Vielmehr sollen sie nach Lukians eigenem Bekunden (Prooemium) ausschließlich der Entspannung und Unterhaltung ihrer Leser dienen; vgl. oben Kap. 8.5 (S. 285f.).
[73] Vgl. LAUVERGNAT-GAGNIÈRE 1978. Rabelais greift mehrfach auf die „Wahren Geschichten" zurück: Bereits im 30. Kap. des zuerst erschienenen 2. Bandes („Les horribles et espoventables faictz et prouesses du tre renommé Pantagruel", 1532) ist – im Augenzeugenbericht des aus der Hölle zurückgekehrten Epistemon: Die Großen der Welt müssen entwürdigende Tätigkeiten tun, während es Philosophen wie Diogenes und Epiktet sehr gut geht – eine wichtige Inspirationsquelle die im zweiten Buch der „Wahren Geschichten" beschriebene „Insel der Seligen". Am Ende des dritten Buchs beginnt eine Seereise, um das Orakel der „göttlichen Flasche" aufzusuchen. Das damit begonnene Reise-Thema wird vor allem in der Fortsetzung der Abenteuer Pantagruels im „Quart Livre des faictz et dicts heroiques du noble Pantagruel" (von 1548, vervollständigt 1552) dominierend: Man gelangt zu phantastischen Inseln mit seltsamen menschlichen Gesellschaften. Der „Cinquiesme et dernier livre" (postum von 1564, zum Teil wohl von anderer Hand zusammengestellt, wobei auch die 1562 entstandene Geschichte „L'isle sonante" inkorporiert wurde) enthält die deutlichsten Bezüge auf die „Wahren Geschichten".
[74] Vgl. NESSELRATH 2010c, 466–468.

öffentlicht postum 1634) führt eine geträumte Reise zum Mond, dessen Beschaffenheit ebenso beschrieben wird wie die Sicht auf das Weltall, die man von ihm hat. Francis Godwins „The Man in the Moone, or: A Discourse of a Voyage Thither by Domingo Gonsales, the Speedy Messenger" (entstanden 1603–1620, erschienen postum 1638) ist die erste Weltraumreise in Englisch.[75] Bald darauf inspirieren die „Weltraum-Abenteuer" des Ich-Erzählers der „Wahren Geschichten" auch zwei postum publizierte Werke des jung verstorbenen Savinien de Cyrano de Bergerac (1619–1655): Im Jahr 1657 erschien die „Histoire comique [...] contenant les états et empires de la lune", fünf Jahre später das „Fragment d' Histoire comique [...] contenant les états et empires du soleil" (1662). In diesen Werken beschreibt ein Ich-Erzähler seine Reise zum Mond bzw. zur Sonne und die dort von ihm beobachteten, oft sehr seltsamen Gesellschaftsformen.[76]

Auch im 18. Jh. haben die „Wahren Geschichten" bedeutende phantastisch-satirische Reisebeschreibungen inspiriert: In seinen „Travels into Several Remote Nations of the World in Four Parts [...] by Lemuel Gulliver"[77] präsentiert Jonathan Swift einen reisenden Ich-Erzähler, der nacheinander in mehrere seltsame Länder mit seltsamen Bewohnern gerät. An die „Wahren Geschichten" erinnert besonders der Besuch auf der in der Luft schwebenden Insel Laputa in Teil III; in Kap. 7 und 8 des gleichen Teils kann Gulliver auf der Insel Glubbdubdrib dank den Künsten des dortigen Magierfürsten Gespräche mit den aus der Totenwelt geholten Herrschern Alexander d. Gr., Caesar und vielen anderen führen, und Homer und Aristoteles werden ihren späteren Erklärern gegenübergestellt – hier sind also Einfälle aus dem zweiten Buch der „Wahren Geschichten" und aus den „Totengesprächen" kombiniert.

Fünfzehn Jahre nach Swift (1741) lässt der Däne Ludvig Holberg zuerst auf Latein sein „Nicolai Klimii iter subterraneum" („Die unterirdische Reise des Nils Klim") erscheinen: Hier gelangt der Ich-Erzähler

---

[75] Von ihr erscheinen bis 1768 insgesamt 25 Ausgaben in verschiedenen Sprachen, darunter auch die mit dem Namen Grimmelshausens verbundene ins Deutsche von 1659: „Der fliegende Wandersmann nach dem Mond: Oder [...] Beschreibung der Neuen Welt deß Monds".
[76] Direkte Reminiszenzen an lukianische Phantasiereisen sind in diesen Schriften freilich rar, und Cyranos satirisch-ironischer Ton – mit seinen indirekten Angriffen gegen zeitgenössische Phänomene in Religion und Wissenschaft – stammt eher aus anderen Schriften Lukians (wenn überhaupt von ihm).
[77] In zwei Bänden zuerst 1726 erschienen, seit 1821 unter dem kürzeren Titel „Gulliver's Travels" bekannt.

durch ein Loch in einem Berg in eine Hohlerde, wo er Gesellschaften antrifft, die sich von Holbergs eigener Gesellschaft oft diametral unterscheiden – z.B. mit Frauenherrschaft! –; er kommt zu einem Land mit sprechenden Affen und wird sogar Kaiser der Quamiten, bis er von dort vertrieben wird und am Ende wieder an die Oberwelt gelangt.[78] Ein halbes Jahrhundert später (1791) veröffentlicht der Tübinger Professor der klassischen Literatur David Christoph Seybold mit „Lucian's Neueste Reisen oder wahrhafte Geschichten" sogar eine Fortsetzung der „Wahren Geschichten", die Seybold in einem französischen Adelsschloss entdeckt haben will.[79]

Bei all den hier genannten Autoren ist der Einfluss Lukians nie ein ausschließlicher;[80] aber ihren letzten Inspirationsgrund haben sie doch in Lukian. Die „Wahren Geschichten" sind auch ein bedeutender Ahnherr der seit dem 19. Jh. – hier seien nur die Namen Edgar Allan Poe, Jules Verne, Herbert George Wells genannt – aufblühenden Science-Fiction,[81] ohne dass sich Lukians Einfluss auf sie so direkt darstellen ließe wie in den oben genannten Werken des 16. bis 18. Jh.s.

Ähnlich einflussreich wie die „Wahren Geschichten" haben auch die „Totengespräche" gewirkt. Zunächst standen jedoch nur einzelne von ihnen im Fokus des Interesses. Im 15. Jh. war vor allem Nr. 25 (in alter Zählung: 12) mit seinem Rangstreit der Feldherren Alexander d. Gr., Hannibal und Scipio – oft kurz als *Comparatio* bezeichnet – sehr beliebt. Bereits 1425 übersetzt Giovanni Aurispa dieses Gespräch ins Lateinische, wobei er Minos jedoch den ersten Platz nicht mehr Alexander d. Gr. – wie im lukianischen Original –, sondern dem Römer Scipio zuerkennen lässt. Aurispas Fassung blieb lange die wirkmächtigste: Noch vor 1438 übersetzte Vasio Ramirez de Guzmán sie ins Kastilische, 1450 J. Miélot ins Französische[82] und um etwa die gleiche Zeit John Manyngham mit einer bezeichnenden Erweiterung ins Englische; er führte den englischen

---

[78] In späteren Äußerungen nennt Holberg vor allem für die primär unterhaltenden Teile seines Buches die „Wahren Geschichten" als Vorbild, bezieht sich im übrigen aber lieber auf Swifts „Gulliver" mit dessen Mischung von Unterhaltung und Belehrung (vgl. ROBINSON 1979, 141).
[79] Vgl. BAUMBACH 2002, 114.
[80] Mit der Ausnahme vielleicht des Thomas Morus, der noch keinen anderen Vorläufer als Lukian in dieser literarischen Spezialgattung hatte.
[81] Vgl. dazu GEORGIADOU / LARMOUR 1998, 45–48, mit Hinweisen auf weitere Literatur.
[82] Vgl. LAUVERGNAT-GAGNIÈRE 1988, 416. Diese Fassung wurde dann 1515 von Clément Marot („Jugement de Minos") versifiziert.

König Henry V. (den Sieger von Azincourt 1415) als zusätzliche Person ein und ließ ihm den Sieg zusprechen! Das gleiche Totengespräch übertrug Johannes Reuchlin ins Deutsche (direkt aus dem Griechischen[83]), wobei er als weitere Person Julius Caesar auftreten ließ.[84] Zwischen 1516 und 1520 (gedruckt 1529) schrieb Ulrich von Hutten seinen „Arminius" als Fortsetzung dieses Totengesprächs, wobei als neue Person der Germane Arminius auftritt und vor Minos die Entscheidung für Alexander erfolgreich anficht.

Daneben fand einige Beachtung auch schon früh das 20. Totengespräch[85] (früher Nr. 10; hier geht es um verschiedene Tote, die mit Charons Fährkahn über den Acheron gesetzt werden sollen, weshalb dieser Text in der Renaissance auch *Scaphidium*, „Das kleine Boot", genannt wurde): Es wird ebenfalls bereits 1425 von Aurispa ins Lateinische übersetzt. Weitere lateinische Übersetzungen folgen, u.a. die von Vitus Werler 1513, die Hans Sachs 1531 seinem Stück „Der Caron mit den abgeschidnen Geistern" zugrundelegt, wobei er anstelle des Rhetors den Philosophen Epikur auftreten lässt.[86] Einer gewissen Beliebtheit erfreute sich ferner Totengespräch Nr. 14 (früher 4) zwischen Charon und Hermes: Es diente 1529 Alfonso de Valdés als Vorlage für seinen „Diálogo de Mercurio y Carón", der die Politik Kaiser Karls V. verteidigt; Nr. 14 und Nr. 20 zusammen inspirieren in Erasmus von Rotterdams „Colloquia familiaria" (1523 / 1528) das Gespräch zwischen Charon und Alastor.

Aber auch schon vor Erasmus' „Colloquia" werden „neue" Totengespräche geschrieben: Bereits 1455 verfasst Maffeo Vegio ein zusätzliches – angeblich von Lukian stammendes – Gespräch zwischen Charon und Aeneas' Steuermann Palinurus, „Palinurus sive de foelicitate et miseria";[87] 1467 prangert Giovanni Pontanos „Charon" die Zuchtlosigkeit des zeitgenössischen Klerus an.[88] Und die Praxis geht auch nach Erasmus weiter: 1538 kritisiert ein Anonymus die päpstliche Politik mit „Ein kleglich gesprech babsts Leonis und babsts Clementen mit irem Kemmerer,

---

[83] Dies war die erste deutsche Übersetzung eines altgriechischen literarischen Textes, s. oben S. 306.
[84] Das gleiche tat Mathias Ringman 1507 in seiner deutschen Übersetzung dieses Totengesprächs (vgl. SCHELLE 1984, 501).
[85] Vgl. dazu oben Kap. 8.4, S. 277f.
[86] Deutsche Übersetzungen erschienen 1536 (zusammen mit Nr. 2 [früher: 22]), von J. Neuber, veröffentlicht von Johann von Schwarzenberg) und 1545 (in Jacob Vielfelds „Spigel der menschlichen Blödigkeit").
[87] Vgl. dazu MARSH 1998, 67–71.
[88] Vgl. MARSH 1998, 129–143.

Cardinaln Spinola, in der helle gehalten, den yetzigen Kirchenstandt belangend"; 1546 lässt Johann Schradin in „Gründliche ursach der jetz schwebenden Kriegsleuff [...] Darzu ein klag des teutschen lands" den Suebenfürsten Ariovist, den Cherusker Arminius, Kaiser Barbarossa und den oft siegreichen Söldnerführer Georg von Frundsberg miteinander sprechen.

Ihre höchste Konjunktur aber hatten die „Totengespräche" in West- und Mitteleuropa von der Mitte des 17. bis ins spätere 18. Jh. Um 1665 ließ Nicolas Boileau in „Les héros du roman. Dialogue à la manière de Lucien" vor dem Unterweltkönig Pluton eine Reihe von antiken Helden (aber auch Jeanne d'Arc und den – nicht historischen – fränkischen König Pharamond) aufmarschieren, die sich sämtlich als inzwischen degenerierte Salonhelden erweisen. 1683 (erweitert 1684) schuf Bernard Le Bovier, Sieur de Fontenelle mit seinen 36 „Nouveaux Dialogues des Morts" diejenige Nachahmung der „Totengespräche", die das Genre in den folgenden Jahrzehnten am nachhaltigsten beeinflusste. Gegliedert in „Dialogues des morts anciens", „Dialogues des morts anciens avec des morts modernes" und „Dialogues des morts modernes", demonstrieren Fontenelles Dialoge gegenüber Lukian eine umfassende Erweiterung des Genres;[89] in vor allem philosophischen Erörterungen werden hier traditionelle Maßstäbe in Wissenschaft, Religion und gesellschaftlicher Ordnung in Frage gestellt. Fontenelle war über vierzig Jahre lang Sekretär der französischen Académie des Sciences und als solcher ein eifriger Förderer der Naturwissenschaften, Vertreter des Rationalismus und Wegbereiter der Aufklärung. Innerhalb der berühmten „Querelle des Anciens et des Modernes" stellte er sich mit diesen Totengesprächen auf die Seite der „Modernes".[90] Als Vorwort stellte Fontenelle seinen Totengesprächen übrigens einen fiktiven Widmungsbrief an den Archegeten der Gattung, also Lukian, voran; darin vertrat er ausdrücklich die Meinung, dass die Toten

---

[89] Schon Lukian hatte Gestalten aus verschiedenen Zeiten der (antiken) Menschheitsgeschichte ins Gespräch miteinander gebracht; Fontenelle verstärkt solche ‚Anachronismen' noch, indem er öfters einen antiken Menschen mit einem der abendländischen Neuzeit konfrontiert: So spricht Sokrates mit Montaigne, Platon mit Margarethe von Schottland, der antike Arzt Erasistratos mit William Harvey (dem Entdecker des Blutkreislaufs). Diese Erweiterung der Gesprächspartner wurde in der Folgezeit gern aufgegriffen, von dem gleich zu nennenden Fénelon und dann auch z.B. von Voltaire (s. unten).
[90] Vgl. hierzu HIGHET 1949, 279f.: „Fontenelle believes that progress in the arts and sciences is [...] an inevitable 'law'; [...] in a conversation with the little fable-teller Aesop, Homer is ridiculed for the absurd conduct of his gods and heroes."

in Lukians Gesprächen alle eine bestimmte Moral erkennen ließen und auch seine eigenen Stücke eine solche Moral enthielten.[91]

Einen vor allem pädagogischen Zweck verfolgen die von François de Salignac, Sieur de la Mothe-Fénelon verfassten „Dialogues des morts" (1690 / 1712).[92] In diesen etwa 80 Gesprächen – die chronologisch von der Antike bis in die jüngere Vergangenheit führen: In den letzten Gesprächen tritt mehrfach der Kardinal Richelieu auf – sprechen Philosophen (auch außereuropäischer Provenienz, vgl. Nr. 7 „Confucius et Socrate"), Herrscher, Feldherren und Literaten miteinander. Dabei wird bemerkenswerterweise auch Lukian selber einmal in Frage gestellt: Im Gespräch Nr. 15 wirft ihm der Geschichtsschreiber Herodot bezeichnenderweise vor, er habe seinen Spott nur als Selbstzweck betrieben;[93] damit scheint hier erstmals das seit der Entdeckung Lukians im frühen 15. Jh. hochgehaltene Bild des Moralisten zu bröckeln.

Die Totengespräche Fontenelles und Fénelons führten dann auch in Deutschland zu einem ungeahnten Erfolg dieses Genres: Zwischen 1718 und 1739 gab es hier sogar eine regelmäßig erscheinende Zeitschrift mit dem Titel „Gespräche in dem Reiche derer Todten" (herausgegeben von David Faßmann).[94] Die Inhalte, die in diesen insgesamt 240 Gesprächen („Entrevuen") dargeboten wurden, waren außerordentlich variabel; sie reichten von ephemeren Bezügen zum jeweiligen Tagesgeschehen über zeitkritische Satire auf bestimmte zeitgenössische Personen und Institutionen, literarkritische Auseinandersetzungen und moralisch-pädagogische Themen bis zu philosophisch-rationalistischen Erörterungen. Die Gesprächs–Konstellationen waren zum Teil sehr ausgefallen.[95] Faßmann wurde vielfach nachgeahmt, variiert und parodiert; Letzteres war etwa im „Gespräch im Reiche derer Todten zwischen den abgeschiedenen Gei-

---

[91] Damit steht Fontenelle zumindest theoretisch noch sehr in der Tradition von Renaissance und Humanismus, die ja in Lukian ebenfalls immer wieder den Moralisten entdeckten und begrüßten. Schon bei Fénelon beginnt sich das zu ändern (vgl. oben).
[92] Laut dem ursprünglichen Titel („Dialogues [...] composés pour l'éducation de Mgr. le Duc de Bourgogne") waren sie zunächst für die Erziehung des Enkels und prädestinierten Thronfolgers Ludwigs XIV. gedacht, für den Fénelon auch noch in anderen Werken auf antike Stoffe zurückgriff, namentlich in seinem Roman 'Die Abenteuer des Telemach' auf die ersten vier Bücher der „Odyssee".
[93] Hier könnte man die „Retourkutsche" zu Herodots Darstellung als Lügenbold in den „Wahren Geschichten" sehen (vgl. oben Kap. 8.5, S. 293).
[94] Vgl. dazu DREYFÜRST 2014, 1–12.
[95] So findet die 48. „entrevue" zwischen dem persischen Reichsgründer Kyros und dem albanischen Nationalhelden Skanderbeg statt.

stern eines Ochsen und eines Schweines" (anonym, Leipzig 1724) der Fall.[96] 1725/26 übersetzte Johann Christoph Gottsched drei lukianische Totengespräche[97] und verfasst auch eigene – gegen Faßmann gerichtete – Totengespräche in seiner sich ausdrücklich an Frauen wendenden Zeitschrift „Die Vernünftigen Tadlerinnen";[98] er bestand auf einer stärkeren Orientierung am lukianischen Original und lobte diesbezüglich Fontenelle.[99] Insgesamt sind über 500 Totengespräche verschiedenster Thematik im 18. Jh. allein in Deutschland nachweisbar.[100]

Die Totengespräch-Literatur wurde auch nach Faßmann weitergeführt: 1763 veröffentlichte Johann Jakob Bodmer zwölf „Gespräche im Elysium und am Acheron", in denen nur antike Charaktere – fast ausschließlich aus der römischen Geschichte, aber einmal auch Homer – auftreten.[101] Bei anderen kommen auch nachantike Prominente zu Wort: In J. Wegelins „Religiösen Gesprächen der Todten" (ebenfalls 1763) werden Glaubensfragen z.B. zwischen Luther und Erasmus erörtert. Sogar von Friedrich dem Großen gibt es drei Totengespräche.[102] Explizit auf Lukian verweisen David Christoph Seybolds „Neue Gespräche im Reiche der Todten. Nach Lucianischem Geschmack" von 1780, wo aber auch „moderne" Tote auftreten: So klagen z.B. Gottsched und Christian Adolph Klotz über den Verfall der Literatur und, damit verbunden, ihres Ruhmes.[103] Christoph Martin Wieland lässt sich von seiner Lukian-Über-

---

[96] Zu solchen Nachahmungen und Parodien vgl. SCHELLE 1984, 506–508. Im Jahr 1751 machte ein Anonymus Faßmann selber zum Gesprächspartner in einem Totengespräch („Freundschafftliche Unterredung der Seelen David Faßmanns und Thomas Hobbes durch welche beyder Caracter moralisch zergliedert werden").
[97] Nämlich Nr. 5 (Menipp und Hermes), 28 (Pluton und Protesilaos) und 24 (Minos und Sostratos).
[98] „Lucretia, Cleopatra und Proserpina"; „Proserpina, Mercurius, etliche Geister verstorbener Weibesbilder" (vgl. BAUMBACH 2002, 68).
[99] Vgl. BAUMBACH 2002, 68–70. 71. 79. 1727 übersetzte Gottsched Fontenelles Sammlung ins Deutsche.
[100] Vgl. BAUMBACH 2002, 73.
[101] Bereits 1721–1723 klagte Bodmer gegenüber dem damals populären Faßmann eine stärkere Moralisierung der Totengespräche ein und veröffentlicht entsprechende Specimina in seiner Zeitschrift „Die Discourse der Mahlern", fortgeführt in „Der Mahler der Sitten" 1746 (vgl. BAUMBACH 2002, 72); hier findet sich u.a. ein Gespräch zwischen Julius Caesar und Crispinus Hilarius, das Bodmer selbst in einer Art Entrückung in die Unterwelt belauscht haben will.
[102] Darunter sogar eines zwischen Madame de Pompadour und der Jungfrau Maria (KRAPINGER 2012, 1311).
[103] Vgl. BAUMBACH 2002, 74.

setzung (vgl. unten) dazu anregen, mehrere eigene Totengespräche zu schreiben: 1780 die „Gespräche im Elysium" (in denen auch Lukian selbst auftritt), 1787 „Eine Lustreise ins Elysium" (wo Wielands Seele mit Menipp und Xenophon über Regierungsformen und Gesellschaftsordnungen diskutiert), 1791 „Peregrins Geheime Geschichte in Gesprächen im Elysium" (wo der von Lukian geschmähte Peregrinos[104] ausgerechnet mit Lukian zusammentrifft und ihn über seine wahre Geschichte unterrichtet), schließlich 1800 „Agathon und Hippias, ein Gespräch im Elysium".

Auch im England des späteren 17. und des 18. Jh.s waren Totengespräche als Träger von Polemik und Satire en vogue: Im März 1680 erschien die kurzlebige Zeitschrift „Mercurius Infernus: or, News from the other World: Discovering the Cheats and Abuses of This". 1699 veröffentlichte William King „Dialogues of the Dead Relating to the present Controversy Concerning the Epistles of Phalaris" als Attacke auf den Philologen Richard Bentley.[105] In „A Journey from This World to the Next" von 1743 hat sich auch Henry Fielding von Lukians „Totengesprächen" inspirieren lassen, vor allem im 1. Teil (Kap. 1–9), wo die Seele des Autors ins Elysium reist und dort berühmten Toten begegnet.[106] 1760 veröffentlichte George Lyttelton 32 „Dialogues of the Dead", mit Gesprächen u.a. zwischen Platon und Fénelon, zwischen Lukian und Rabelais, zwischen Plutarch, Charon und einem modernen Buchhändler.

In Frankreich finden die Totengespräche nach Fontenelle und Fénelon nur wenige Nachfolger; doch immerhin hat Voltaire sie aufgegriffen. Von ihm ist ein Totengespräch in lukianischer Manier erhalten, die 1785 veröffentlichte „Conversation de Lucien, Erasme et Rabelais dans les Champs Elysées". Hier befragt Lukian den großen Humanisten (und Lukian-Bewunderer) Erasmus von Rotterdam und den satirischen Romanschreiber Rabelais nach den Missständen ihrer irdischen Zeit. Am interessantesten ist hier vielleicht die Art und Weise, mit der an einer Stelle dieses Gesprächs Erasmus seine eigene Kritik an der römischen Kirche mit den satirischen Bemerkungen Lukians über die Religion und Philosophie seiner Zeit vergleicht: Lukian, so Erasmus, habe ja doch nur die von den griechischen Dichtern erfundenen Götter des Theaters verspottet

---

[104] Vgl. oben Kap. 4.2.1 (S. 127–130).
[105] Bentley hatte 1697 die Unechtheit der aus der Antike überlieferten Briefe des berüchtigten Tyrannen Phalaris bewiesen, nachdem sie kurz zuvor noch als zum Besten gehörig, was die Antike hinterlassen habe, erklärt worden waren (vgl. NESSELRATH 2012, 77).
[106] Vgl. ROBINSON 1979, 212.

und dazu die Philosophen, die ohnehin beliebte Zielscheiben der Komik gewesen seien; er, Erasmus, dagegen habe es mit wirklichen und fanatischen Gegnern zu tun gehabt. Der historische Erasmus hatte von Lukians Satire eine durchaus höhere Meinung;[107] hier spricht also in Wahrheit Voltaire. Hier ist schon in nuce vorweggenommen, was dann seit der 2. Hälfte des 19. Jh.s Lukians Ruhm erheblichen Abbruch getan hat: dass die Objekte seines Spotts nur literarische Papiertiger gewesen seien, über die sich gefahrlos spötteln ließ, und er sich vor einem Angriff auf reale (und damit auch gefährlichere) Gegner weitgehend gehütet habe.[108]

An dieser Stelle noch ein kurzer Ausblick auf das Weiterleben des Genres Totengespräche[109] im 19. und 20. Jh. als Mittel der Kultur- und Zeitkritik:[110] In E. Woldemars „Ein Gespräch im Elysium" von 1822 tritt Wieland auf, um sich gegen Kritiker zu verteidigen; in einem „Dramatischen Gespräch im Reiche der Todten, zwischen Schiller, Wieland, Iffland, Kotzebue und Göthe" von 1833 lässt ein Anonymus die Genannten zu dem Schluss kommen, dass der kulturelle Niedergang das irdische Leben nicht mehr lebenswert mache. In Julius Knittels „Quodlibet" von 1840 beklagen sich tote Theaterdichter über den schlechten Geschmack des zeitgenössischen Theaters. Auch Edgar Allan Poe schrieb Totengespräche: 1839 „The Conversation of Eiros and Charmion" (Thema ist eine Kometenkatastrophe, die die Menschheit hinweggerafft hat) und 1841 „The Colloquy of Monos and Una" (Gespräch über das, was nach dem Tod eines Individuums passiert). In Luise Hoffmanns „Heines Ankunft im Schattenreich"[111] wird Heinrich Heine von Charon über den Acheron gesetzt und muss sich anschließend vor dem Unterweltsgericht verantworten, wo ihn u.a. Lukian (!) verteidigt. Maurice Jolys „Dialogue aux enfers entre Machiavel et Montesquieu" (1864, 2. Aufl. 1868) wird

---

[107] Vgl. oben S. 326–309.
[108] Vgl. ROBINSON 1979, 156f. Voltaire hat noch in anderen Werken die Technik des Totengesprächs angewandt: Im 5. Buch des satirischen Epos „La Pucelle d'Orléans" (1762) schildert er die Ankunft des Franziskaner-Magiers Grisbourdon in der Hölle mit vielen witzigen Dialogen mit Höllenbewohnern (darunter dem Frankenkönig Chlodwig, dem römischen Kaiser Konstantin d. Gr. und dem heiligen Dominikus); auch eine Szene der „Druides" von 1772 spielt „dans le Tartare".
[109] Dabei spielte sicher eine Rolle, dass es im späteren 18. und im früheren 19. Jh. viele Schulausgaben der lukianischen „Totengespräche" gab (vgl. BAUMBACH 2002, 127f.).
[110] Vgl. NESSELRATH 2010c, 472–474.
[111] Publiziert im „Album des literarischen Vereins in Nürnberg", Nürnberg 1857, 236–250 (vgl. BAUMBACH 2002, 215f.).

als Kritik an Napoleon III. verstanden und bringt dem Autor fünfzehn Monate Gefängnis ein.[112] Direkten Bezug auf Lukian nehmen 1873 / 1876 die „Fegfeuer-Gespräche" des „Lukianos Dendrosthenes" (= Reinhold Baumstark) – im Rahmen der katholischen Opposition zum damaligen Kulturkampf – und 1889 die „Modernen Totengespräche von Lucian dem Jüngeren", die 28 Gespräche moderner Toter untereinander oder mit klassischen Figuren über zeitgenössische Themen (u. a. auch Antisemitismus) präsentieren. Kurz vor dem Ende des 19. Jh.s begründet der amerikanische Autor John Kendrick Bangs mit dem Roman „A houseboat on the Styx" (1895)[113] eine Spielart der Fantasy-Literatur, die als „Bangsian Fantasy"[114] bekannt wurde.

Im 20. Jh. erscheint das Totengespräch als literarische Form bei ganz verschiedenen Autoren, von denen hier nur eine kleine Auswahl gegeben werden kann: In Paul Valérys „Eupalinos ou l'architecte" (1923, 1927 von Rilke ins Deutsche übersetzt) sprechen Phaidros und Sokrates miteinander, in George Santayanas „Dialogues in Limbo" (1925) tun dies diverse griechische Philosophen, aber auch Alkibiades, der Tyrann Dionysios der Jüngere, Avicenna und „the spirit of a stranger still living on earth". In Salvador de Madariagas „Elysian Fields. A Dialogue" (1938) treten u.a. Goethe, Maria Stuart, Voltaire, Napoleon, Marx und Washington auf; Bertolt Brechts „Das Verhör des Lukullus" (1939) präsentiert eine Totengerichtsszene. In Jean-Paul Sartres „Huis clos" („Geschlossene Gesellschaft") von 1944/45 sind die drei Hauptpersonen des Stücks dazu verdammt, bis in alle Ewigkeit „Gespräche von Toten" miteinander zu führen.[115] In Max Frischs „Nachspiel" zu „Biedermann und die Brandstifter" (1958) findet das Ehepaar Biedermann heraus, dass es sich statt

---

[112] Vgl. SPEIER 1977. Die in Jolys „Dialogue" formulierten Thesen Machiavellis wurden dann in den infamen „Protokollen der Weisen von Zion" als jüdisches Programm ausgegeben (vgl. HAGEMEISTER 2017).
[113] Der Roman beginnt damit, dass Charon auf „seinem" Fluss Styx auf einmal ein Hausboot entdeckt, dessen Türhüter er dann wird. In der Folge treffen auf dem Hausboot berühmte Persönlichkeiten aus der Geschichte zu Gesprächen zusammen. Bangs schrieb noch mehrere Fortsetzungen („The Pursuit of the Houseboat", 1897, mit Sherlock Holmes als zentralem Charakter; „The Enchanted Type-Writer", 1899, mit James Boswell als koordinierender Figur; „Mr. Munchausen", 1901, wo der Lügenbaron von Münchhausen im Zentrum steht).
[114] Vgl. dazu KUNDU 2008, 142f.
[115] Zum Thema „gegenseitige Belästigung von Toten" vgl. bereits Lukians 3. Totengespräch, wo sich ehemalige Könige über Menipps ständigen Spott beklagen.

im Himmel in der Hölle befindet.[116] Hans Magnus Enzensbergers „Ohne uns. Ein Totengespräch" (1999) erinnert in seiner Konstellation[117] an Sartre.

Nach diesem Ausblick in das Fortleben der lukianischen „Totengespräche" bis in jüngere Zeit ist nochmals eine Rückkehr ins späte 18. Jh. nötig. Nachdem Voltaire gewisse Zweifel an der Relevanz von Lukians moralischer Kritik geäußert hatte (vgl. oben), ist es fast eine Ironie des Schicksals, dass Voltaire später von Verehrern Lukians mit eben diesem verglichen und auf einer Ebene gesehen wurde: Lukian als „Voltaire der Antike". Derjenige, der diesen Vergleich nahelegte – ihn selbst aber noch nicht zog –, war Christoph Martin Wieland, einer der bedeutendsten deutschen Literaten der 2. Hälfte des 18. Jh.s, in der Vorrede zu seiner 1781–1789 entstandenen und mit Recht berühmt gewordenen Übersetzung der Werke Lukians.

In dieser Vorrede („Über Lukians Lebensumstände, Charakter und Schriften") nimmt Wieland Lukian ausdrücklich in Schutz gegen die in seiner Zeit allmählich zunehmenden Ansichten, dass Lukian mit seiner Philosophen- und Göttersatire nur leichte und dankbare Objekte für ungefährlichen Spott gesucht habe.[118] Für Wieland dagegen ist Lukian ein Feind von Aberglauben und Heuchelei:

„Begabt mit einem geraden Sinn und aufrichtigen Hang zum Wahren in allen Dingen [...] machte er zum Geschäfte seines Lebens [...], alle Arten von Lügen, Blendwerken und Künsten des Betrugs [...] hauptsächlich aber [...] die falsche Weisheit [...], die niedrige Sinnesart und die pöbelhafen Sitten der Handswerks-Philosophen seiner Zeit zu entlarven [...]"[119] Lucian entlarvte die falschen Götzen des Wahns und der Deisidämonie, die falschen Propheten und die unächten Philosophen

---

116 Auch das „Zweite Bild" von Frischs Schauspiel „Triptychon" (von 1976 / 1979) spielt im Jenseits und vereinigt Gespräche verschiedener Toter.
117 Zwei Tote („Thomas" und „Philipp"), die sich gegenseitig auf die Nerven gehen, aber nicht voneinander loskommen.
118 WIELAND 1788, XXXVI–XXXVIII zitiert dazu Pierre Bayle, der in seinem 1697 veröffentlichten „Dictionnaire historique et critique" im Artikel über Bonaventure des Périers (zu ihm vgl. oben S. 310) auch auf des Périers' Vorbild Lukian zu sprechen kam und diesem vorhielt, er habe seine Satiren aus nihilistischer Spottlust geschrieben.
119 WIELAND 1788, XXXIVf.

[...] es war wahrlich kein kleiner Dienst, den er der Welt dadurch leistete."[120]

Das Bild, das Wieland von Lukian als einem sich der Waffen des Witzes und der Komik bedienenden, im Übrigen aber sehr ernsten Kämpfer gegen die üblen Erscheinungen in Philosophie und Religion seiner Zeit zeichnete, legte in der Tat einen Vergleich mit Voltaire nahe; und dieser blieb denn auch nicht aus. Dabei kam es übrigens vor, dass Voltaire im Vergleich mit Lukian sogar schlechter abschnitt.[121]

Wieland war freilich der letzte bedeutendere Literat der europäischen Geistesgeschichte, auf den Lukians Schriften einen derart umfassenden Einfluss ausübten. Nach dem 18. Jh. ging Lukians bisher so große Einwirkung auf die allgemeine Entwicklung der europäischen Literatur- (und auch Geistes-)geschichte beträchtlich zurück, und zu diesem Niedergang hat auch die Klassische Philologie ihren Teil beigetragen; mehr dazu im folgenden Abschnitt.

9.4. Schwindender Ruhm und Neuentdeckung: Lukian vom 19. bis zum frühen 21. Jh.

Solange die deutsche Klassische Philologie mit ihrem Lukianbild im Banne Wielands stand, hatte Lukian nichts zu befürchten; 1832 erschien von KARL GEORG JACOB eine geradezu panegyrische „Charakteristik Lucians von Samosata", und ähnliche Bewertungen waren in vielen Schulprogrammen und Dissertationen bis zum Ende des 19. Jh.s und darüber hinaus zu lesen.[122] Im Jahr 1879 aber schlug JACOB BERNAYS, der Bonner Lehrer von ULRICH VON WILAMOWITZ-MOELLENDORFF, die erste große Bresche in die schimmernde Mauer des bisherigen positiven Lukian-Bildes: In seinem Buch „Lucian und die Kyniker" untersuchte BERNAYS die Einstellung Lukians zu der philosophischen Richtung der Kyniker und gelangte zu der Auffassung, dass Lukians Darstellung des einstigen Christen und späteren Kynikers Peregrinos und seines To-

---

[120] WIELAND 1788, XXXIX.
[121] Vgl. JACOB 1832, 114. 173. 191f. Eine Ebenbürtigkeit mit Voltaire haben dem antiken Spötter gelegentlich allerdings auch Franzosen zugestanden, so MARTHA 1865, 437.
[122] Noch 1911 verteidigte HANNS FLOERKE in seinem Vorwort zu einer Neuausgabe von Wielands Lukianübersetzung den für den antiken Autor schmeichelhaften Vergleich mit Voltaire.

des böswillig, verfälschend und ungerecht sei. In der in diesem Buch enthaltenen Charakterisierung Lukians bleibt nichts von dem positiven Urteil Wielands und seiner Nachfolger übrig; insbesondere bemüht sich BERNAYS zu zeigen, dass Lukian mit Voltaire gar nichts gemein hat, sondern nicht viel mehr als ein cleverer Literat mit flinker Feder und oberflächlichen Kenntnissen war, dem es nur darum ging, „an das Ufer einer pecuniär unabhängigen und gesellschaftlich geachteten Stellung zu gelangen".[123]

Dieses harte Urteil machte Schule: Sowohl EDUARD NORDEN in seiner zuerst 1898 erschienenen „Antiken Kunstprosa" als auch WILAMOWITZ in seiner 1905 in erster Auflage veröffentlichten Übersichtsdarstellung der griechischen Literatur machten mit Lukian ebenfalls kurzen Prozess[124] und hoben wie BERNAYS die Oberflächlichkeit und Belanglosigkeit seines Werkes hervor. Das Einzige, was sie ihm ließen, war sein eleganter Stil; darauf hatte sich 1882 im wesentlichen auch schon der französische Philologe MAURICE CROISET in seinem umfänglichen „Essai sur la vie et les œuvres de Lucien" zurückgezogen.

Selbst auf diesen Bereich aber, den der literarischen Kunst Lukians, erfolgte dann 1906 mit dem Buch von RUDOLF HELM über „Lucian und Menipp" ein nahezu vernichtender Angriff: Vor allem seit der Mitte des 19. Jh.s war es eines der Hauptanliegen namentlich der deutschen Klassischen Philologie, bei den noch erhaltenen antiken Autoren so gründlich und so umfassend wie möglich die verlorenen Quellen freizulegen, mit deren Hilfe diese Autoren ihre Werke schrieben. In vielen Fällen schoss man dabei weit über das Ziel hinaus;[125] und Lukians Werk – besonders den sogenannten „menippeischen" Schriften darin[126] – ging es unter HELMs Händen nicht viel anders. So wichtig HELMs Buch für die kritische Analyse eines bedeutenden Teils von Lukians Oeuvre auch heute noch ist, darf gleichwohl das schwerwiegende Vorurteil gegen Lukian nicht übersehen werden, mit dem HELM an seine Arbeit ging. Er glaubte nämlich – unter dem Einfluss der Bewertungen von BERNAYS, WILAMOWITZ und NORDEN, dessen Assistent in Berlin er war –, dass alles, was in Lukians menippeischen Dialogen gut und geistreich ist, nur von

---

[123] BERNAYS 1879, 42.
[124] NORDEN hat in seinem umfänglichen zweibändigen Werk gerade eine halbe Seite für Lukian übrig (NORDEN 1909, 394).
[125] So wurden beispielsweise die philosophischen Schriften Ciceros zeitweilig fast nur noch als Steinbruch und Fundgrube für die Wiedergewinnung nicht mehr erhaltener griechischer Philosophen betrachtet.
[126] Vgl. oben Kap. 3.4 (S. 96–99).

Lukians Vorbild Menipp stammen könne; dieses Vorbild habe Lukian durch Zerstückelung und Rekombination seiner Teile bis zum letzten Rest – und auch mehrfach, durch Wiederverwendung besonders effektvoller Themen und Motive – ausgeschlachtet. HELMs Methode wurde von anderen auch auf andere Schriften Lukians angewendet,[127] während die kritische Gegendarstellung, die BARBARA MCCARTHY 1934 gegen Helms Thesen veröffentlichte, weit weniger beachtet wurde.

Bemerkenswerterweise wurde Lukian jedoch gerade in den ersten Jahrzehnten des 20. Jh.s, als seine Wertung in der Wissenschaft auf einem Tiefpunkt angekommen war, in den Kreisen expressionistischer Literaten und Satiriker außerordentlich geschätzt – und dies vielleicht gerade deshalb, weil er in der bürgerlich-wissenschaftlichen Welt so schlechtes Ansehen genoss.[128] Im Jahr 1918 veröffentlichte Kurt Tucholsky in der Wochenzeitschrift „Die Weltbühne" ein Gedicht auf Lukian, in dem er ihn enthusiastisch als satirisch-verwandten Geist begrüßt: „Freund! Vetter! Bruder! Kampfgenosse! [...] Du warst nicht von den sanften Schreibern. / Du zogst sie splitternackend aus / und zeigtest flink an ihren Leibern: / es sieht bei Göttern und bei Weibern / noch allemal der Bürger raus."[129] Auch der österreichische Schriftsteller Albert Ehrenstein entdeckte in Lukian einen verwandten Geist, bearbeitete Übersetzungen der „Wahren Geschichten" und anderer Schriften[130] in eigenwillig-pointierter Weise; das daraus entstandene Buch von 1925 gehörte mit zu den am 10. Mai 1933 in Berlin von den Nazis verbrannten Büchern.

Nach dem Tiefpunkt im frühen 20. Jh. kam Lukian auch in der Wissenschaftswelt wieder allmählich zu Ehren. Ein weniger negatives Bild seiner schriftstellerischen Techniken ergibt sich aus JACQUES BOMPAIREs 1958 erschienener monumentaler Studie „Lucien Écrivain". Ausgehend von einer eingehenden Behandlung der antiken Mimesis-Vor-

---

[127] Beispielsweise auf die „Wahren Geschichten"; vgl. REYHL 1969 (vgl. oben Kap. 8.5, S. 285 Anm. 163).
[128] Vgl. GELZER 2004, 244–248. In einem zumindest latent antisemitischen Milieu wurde Lukian auch als „Syrer" kritisch-abwertend beäugt und zum Teil mit dem „Semiten" Heinrich Heine auf eine Stufe gestellt (GELZER 2004, 244–246).
[129] Zu Lukian und Tucholsky vgl. BRAUN 1996; GELZER 2004, 248f.
[130] U. a. einer Auswahl der „Hetärengespräche", in der Soldaten auftreten, die Ehrenstein in anti-militaristischer Weise überzeichnete (GELZER 2004, 252–255). Ehrensteins eigene Charakteristik von Lukian ist ebenso prägnant wie eloquent: „Er war nie wehleidig. Groß, unsentimental. Auf ödester Heide ein gewaltiger Heide" (EHRENSTEIN 1925, 269).

stellung, wie sie sich bis zu Lukians Zeit entwickelt hatte, entwirft BOMPAIRE das Bild eines Schriftstellers Lukian, der literarisch – wie übrigens mehr oder weniger alle seine schreibenden Zeitgenossen – fast völlig in der Vergangenheit lebt, d.h. in seinen Werken zum größten Teil nur vorangegangenes Schrifttum, vor allem aus der großen Zeit der Klassik, für seine Darstellungsabsichten adaptiert. Der Aktualitätsbezug solcher Schriften – also etwas, was Frühere in ihrer Sicht Lukians als ernsthaftem Satiriker und Moralisten als selbstverständlich gegeben vorausgesetzt hatten – sinkt damit freilich fast auf Null herab; Lukian würde damit nur ein geistreiches Spiel mit literarischen Formen der Vergangenheit betreiben und die eigene Zeit völlig vernachlässigen.

Diese These wurde aber in den 1970er Jahren durch eine noch extremere Vorstellung GRAHAM ANDERSONs übertroffen: In seinen Büchern „Lucian: Theme and Variation in the Second Sophistic" und „Studies in Lucian's Comic Fiction" entwirft ANDERSON ein Bild, in dem Lukian nicht einmal mehr hauptsächlich vergangene literarische Formen in seinen Werken reproduziert, sondern im Grunde nur noch, allenfalls aufbauend auf einem minimalen Fundus literarischer Reminiszenzen – sich selbst. ANDERSON sieht Lukians Werke immer nach dem gleichen Schema aufgebaut; in ergänzenden Aufsätzen hat er zu demonstrieren versucht, wie wenig Lukian von der früheren griechischen Literatur zu kennen brauchte, um die Effekte zu erzielen, die man bei ihm findet. Bei näherem Hinsehen zeigt sich freilich, dass ANDERSON sein Parallelenmaterial ziemlich strapaziert. JENNIFER HALL hat ANDERSONs Verfahren deshalb mit einem „Prokrustes-Bett" verglichen, in das ANDERSON gnadenlos alles hineinzwänge, um Lukians Vorgehen als gleichartig und immer wieder auf sich selbst bezogen zu entlarven.[131] Das hier vorgelegte Buch hat hoffentlich gezeigt, dass Lukians Werk von einer so großen Vielfalt und Darstellungsbreite ist, dass sich der Gedanke, hier habe ein literarischer Dünnbrettbohrer nur immer wieder sich selbst plagiiert, eigentlich erledigt.

Inzwischen sind bereits andere Autoren auf den Plan getreten, um die Vorstellung von der weitgehenden Bezogenheit Lukians auf frühere Literatur – oder gar auf sich selbst – zurechtzurücken: Lukians Aktualität und Zeitbezogenheit sichtbar zu machen, ist ein Anliegen des 1986 erschienenen Buches von C. P. JONES („Culture and Society in Lucian"). Es gibt auch wieder Stimmen, die dazu auffordern, Lukian auch weltanschaulich

---

[131] HALL 1980a, 230.

ernster zu nehmen, als es die Klassische Philologie über weite Strecken des 20. Jh.s getan hat.[132]

Die ausgewogenste und überzeugendste Darstellung Lukians und seiner Schriften in den letzten fünfzig Jahren dürfte das Buch von JENNIFER HALL über „Lucian's Satire" sein.[133] HALL denkt nicht daran, Lukian als Moralisten oder Satiriker mit ernsten Anliegen wiederauferstehen zu lassen, aber sie ist genauso weit davon entfernt, Lukian als den beschränkten Plagiator HELMs oder den nur in seine literarischen Vorbilder versunkenen Stubenschriftsteller BOMPAIREs – oder gar den um sich selbst kreisenden Schreiberling ANDERSONs – anzusehen; in ihren Augen war Lukian vor allem ein rhetorisch-literarischer Unterhalter wie die anderen „Sophisten" seiner Zeit, aber in der Wahl seiner Themen und seiner literarischen Formen wesentlich origineller als die meisten von ihnen, weshalb er eben auch überliefert wurde und die großartig vielfältige Rezeption hatte, die auf den vorangehenden Seiten zu skizzieren versucht wurde.

Wie steht Lukian heute da? In den vergangenen Jahrzehnten hat das Interesse an ihm – jedenfalls in der Altertumswissenschaft – erfreulich zugenommen: In jüngerer Zeit ist eine Reihe seiner Schriften zum Gegenstand von detaillierten Kommentaren geworden;[134] gerade in den letzten

---

[132] Zu Lukians Einstellung zu Göttern und Religion vgl. BERDOZZO 2011 und BERDOZZO 2019.

[133] Es ist ursprünglich 1967 als Dissertation in Cambridge entstanden und dann in überarbeiteter Fassung 1981 publiziert worden.

[134] Einzelne erschienen auch schon früher im 20. Jh. (CASTER 1938 zum „Alexander"; SCHWARTZ 1951 zu den „Lügenfreunden" und zum „Tod des Peregrinos"; HOMEYER 1965 zu „Wie man Geschichte schreiben soll"; BEAUPÈRE 1967 zum „Verkauf der Philosophenleben"). Seit den 1970er Jahren hat die Zahl langsam, aber sicher merklich zugenommen (COENEN 1977 zum „Tragischen Zeus"; NESSELRATH 1985 zum „Parasitendialog", BRAUN 1994 zum „Doppelt Verklagten"; ANGELI BERNARDINI 1995 zum „Anacharsis"; VICTOR 1997 und THONEMANN 2021 zum „Alexander"; GEORGIADOU / LARMOUR 1998, VON MÖLLENDORFF 2000a und CLAY / BRUSUELAS 2021 zu den „Wahren Geschichten"; VON MÖLLENDORFF 2000b und SOLITARIO 2020 zum „Hermotimos"; EBNER et al. 2001 und OGDEN 2007 zu den „Lügenfreunden"; LIGHTFOOT 2003 zu „Über die syrische Göttin"; PILHOFER et al. 2005 zu „Das Ende des Peregrinos"; ZWEIMÜLLER 2008 zum „Rednerlehrer"; BARTLEY 2009 zu den „Meergöttergesprächen"; CAMEROTTO 2009 zum „Ikaromenipp"; NICKEL 2010 zum „Charon"; TOMASSI 2011 zum „Timon"; HAFNER 2017a zu „Über die, die für Lohn Unterricht geben"; HAFNER 2017b zur „Apologie" ; BERDOZZO / NESSELRATH 2019 zu den „Göttergesprächen"; IANNUCCI 2020 zum „Verkauf der Philosophenleben"; TOMASSI 2020 zu „Das Schiff, oder: Die Wünsche"; HAFNER / POROD 2022 zu „Über die Trauer"; diese Aufzählung erhebt keinen Anspruch auf Vollzähligkeit). Ein Kommentar zur „Tragodopodagra" wurde von G. Palermo als

Jahren wurden die ersten Bände einer neuen zweisprachigen griechisch-deutschen – meines Wissens der ersten in Deutschland – Gesamtausgabe veröffentlicht;[135] ferner wird hoffentlich in den nächsten Jahren eine neue kritische Textausgabe im Rahmen der Oxford Classical Texts erscheinen. Es steht zu hoffen, dass das Interesse an Lukian auch außerhalb der Wissenschaft erhalten und vermehrt werden kann.

9.5. Auch eine Hommage an unseren Autor: Die (gar nicht so wenigen) Pseudo-Lucianea

Ein Indikator für Lukians Beliebtheit namentlich in der späteren Antike und in Byzanz ist sicher auch die Tatsache, dass bis ins 12. Jh. Schriften in das Corpus Lucianeum eindrangen, die sicher oder zumindest wahrscheinlich nicht von ihm stammen.. Dabei lassen sich zwei „Phasen" feststellen: Einige Pseudo-Lucianea finden sich bereits in den älteren Handschriften (namentlich im wichtigen Vaticanus 90 aus dem 10. Jh.), wurden also noch in der Spätantike und im frühen Byzanz geschrieben;[136] andere sind lediglich in jüngeren Handschriften (des 14. und 15. Jh.s) vorhanden[137] und damit noch sicherer unecht als die in den älteren Handschriften.

Dissertation abgeschlossen und wird hoffentlich bald im Druck erscheinen. Zur Zeit (Herbst 2023) sind Kommentare zum „Toxaris" (L. Bottenberg), zum „Lexiphanes" (L. Beltramini) und zum „Hahn" (I. Giannotta) in Arbeit. Gleichwohl gibt es immer noch lohnende Schriften, die auf eine genauere Kommentierung warten (z.B. „Das Gastmahl", „Die Niederfahrt", „Der widerlegte Zeus", „Der Fischer", „Menipp, oder: Die Totenbefragung", „Die Göttervolksversammlung", „Hetärengespräche").

[135] VON MÖLLENDORFF 2021–2024.

[136] Dazu gehören (in der Reihenfolge, wie sie im Vaticanus 90 zu finden sind): „Personen mit langem Leben" (*Macrobii*); „Der Pseudo-Sophist, oder: Der Sprachfehlermacher" (*Soloecista*); „Lukios, oder: Der Esel" (*Asinus*); „Arten der Liebe" (*Amores*); „Lob des Demosthenes" (*Demosthenis Encomium*); „Gespräch mit Hesiod" (*Hesiodus*); „Der Meereisvogel, oder: Über Verwandlungen" (*Halcyon*); „Schnellfuß" (*Ocypus*); „Der Kyniker" (*Cynicus*).

[137] „Philopatris"; „Charidemos, oder: Über die Schönheit"; „Nero"; „Timarion". Zu „Philopatris" und „Timarion" vgl. oben Kap. 9.2 (S. 302). In dem Dialog „Charidemos" referiert die Titelfigur ihrem Freund Hermippos die Lobreden auf die Schönheit, die auf einem Symposion am Vortag gehalten wurden; der kurze Dialog „Nero", dessen Autor wahrscheinlich der älteste der drei Philostrate ist (vgl. MACLEOD 1967, 505f.) stellt ein Gespräch des auf die Insel Gyara verbannten Philosophen Musonios mit einem Menekrates dar, in dem Neros gescheiterter Versuch, den Isthmos von Korinth zu durchstechen, seine zweifel-

Zu der „älteren Schicht" gehören drei Dialoge, in denen einer der Gesprächsteilnehmer Lykinos heißt; offensichtlich ist hier eine Anknüpfung an die echten Dialoge intendiert, in denen Lykinos als „Alter Ego" Lukians eine wichtige Rolle spielt.[138] In „Der Kyniker" (*Cynicus*) verteidigt der Titelheld erfolgreich seine Weltanschauung gegen einen insgesamt blassen Lykinos, der nur am Anfang (c. 1) ein paar provozierende Fragen äußert und in c. 5 einen kleinen Vortrag über die unnatürliche Lebensweise der Kyniker hält, sich im übrigen aber auf kurze zustimmende Antworten beschränkt und von der Mitte des Dialogs an überhaupt nicht mehr zu Wort kommt. Im Dialog „Arten der Liebe" (*Amores*) ist Lykinos – wie bei Lukian – der Hauptsprecher, denn er berichtet seinem Gesprächspartner Theomnestos ein langes Streitgespräch zwischen einem Befürworter der heterosexuellen und einem der homosexuellen Liebe, an dessen Ende er selbst ein moderates Verdikt zugunsten der homosexuellen Liebe abgibt. Der Sprachstil dieses Dialogs, gewisse Anspielungen auf Zeitumstände, die am ehesten auf das frühe 4. Jh. n. Chr. hindeuten,[139] und wohl auch der Umstand, dass der „lukianische" Lykinos keinerlei Affinitäten zu dem hier verhandelten Thema zeigt, sprechen dagegen, diesen Text Lukian zuzuweisen.

Das „Gespräch mit Hesiod" (*Hesiodus*) wird zwar in der Regel als ein echtes Werk angesehen, doch wird dabei zu wenig beachtet, dass diese Schrift der einzige Lykinos-Dialog ist, in dem Lykinos – der in den unzweifelhaft echten Lykinos-Dialogen stets eine Person des 2. Jhs. n. Chr. ist – hier mit einem Dichter spricht, der mehr als 800 Jahre vor seiner Zeit gelebt hat.[140] Es bleibt auch völlig unklar, wo Lykinos mit Hesiod spricht – in der Unterwelt? Aber in der ist Lykinos sonst nie zu finden.[141]

Der längste Text im lukianischen Schriftencorpus, der wahrscheinlich nicht von Lukian stammt, ist „Lukios, oder: Der Esel", also die erhaltene griechische Version des Eselsromans, von dem Apuleius eine umfangreichere lateinische Version verfasst hat. Bis heute ist die Verfasserfrage

---

haften musikalischen Fähigkeiten und schließlich die Ermordung eines rivalisierenden Sängers besprochen werden.
[138] Vgl. oben Kap. 1.3.3 (S. 60f.).
[139] Vgl. MACLEOD 1967, 148.
[140] In seinen Dialogen – außer natürlich in den „Totengesprächen", wo Lukian mit Anachronismen gerne spielt und z.B. seine toten Kyniker mit Königen längst vergangener Zeiten konfrontiert – ist Lukian eigentlich immer um ein stimmiges historisches Kolorit bemüht.
[141] Für eine mögliche Situierung dieses Gesprächs in einem spätantiken Kontext vgl. NESSELRATH 2021b, 26f.

bei der griechischen Version sehr umstritten; aber während man sich eine solche Ich-Erzählung aus Lukians Feder vielleicht noch vorstellen könnte – auch wenn sie sich von dem ihr am nächsten kommenden lukianischen Pendant, den „Wahren Geschichten", doch merklich unterscheidet –, sprechen vor allem sprachliche Merkmale dagegen, dass Lukian diese Esels-Abenteuer verfasst hat.[142]

Ein substantieller Text ist auch der Dialog „Lob des Demosthenes": Ein namenloser Ich-Erzähler trifft den Dichter Thersagoras, und beide unterhalten sich zunächst über die Möglichkeit, Lobreden auf Homer und auf Demosthenes zu verfassen. Etwa in der Hälfte des Textes nimmt Thersagoras den Ich-Erzähler mit in sein Haus und zeigt ihm dort die Memoiren des makedonischen Königshauses, in denen ein Teil auch von Demosthenes handelt. Der Vortrag dieses Teils – genauer: eines Dialoges zwischen dem makedonischen Statthalter Antipater und seinem Funktionär Archias über Demosthenes' selbstgewähltes Lebensende im Exil; ein Höhepunkt dieses Dialogs ist eine ausführliche Würdigung des Demosthenes durch Antipater – bildet den letzten Teil der Schrift, die bereits aus stilistischen Gründen nicht von Lukian verfasst worden sein kann, sondern wahrscheinlich ins frühere 4. Jh. n. Chr. zu datieren ist.[143]

Auch folgende kürzere in älteren Lukian-Handschriften erhaltene Texte lassen sich zu den Pseudo-Lucianea rechnen: Der Traktat „Personen mit langem Leben" ist nicht viel mehr als eine Aufzählung von langlebigen Persönlichkeiten vor allem der griechischen politischen und Kulturgeschichte. In dem ziemlich spröden Dialog „Der Pseudo-Sophist, oder: Der Sprachfehlermacher" (*Soloecista*) lockt der Sprecher „Lukian" die Titelfigur immer wieder in sprachliche Fallen.[144] Der kurze Dialog „Der Meereisvogel, oder: Über Verwandlungen", in dem Sokrates und Chairephon am Strand von Phaleron über den Eisvogel und die Möglichkeit, dass Götter Menschen in Tiere verwandeln können, sprechen, gehört mehr zu den Pseudo-Platonica als zu den Pseudo-Lucianea.[145] Das Kurz-

---

[142] Vgl. NESSELRATH 2014.
[143] Vgl. MACLEOD 1967, 237.
[144] Die Unechtheit dieser Schrift ist sehr umstritten: MACLEOD 1967, 2f. tendiert dazu, sie doch für echt – und für ein Produkt des alten Lukian – zu halten; aber vgl. HALL 1981, 298–307 mit dem bemerkenswerten Fazit: „it was, after all, just some pedantic little Ass of a grammarian braying in the disguise of the Lucianic Lion" (307).
[145] Der Oxyrhynchos-Papyrus 3683 (geschrieben Ende des 2. Jh.s n. Chr.) enthält das Schlussstück dieses Dialogs, und die Subscriptio weist den Text Platon als

drama „Schnellfuß" mit seinen 173 iambischen Trimetern ist eine Imitation der dichterisch anspruchsvolleren „Tragodopodagra" Lukians.[146] Insgesamt stellen die Pseudo-Lucianea eine sehr heterogene Gruppe dar; aber vielleicht ist gerade ihre Heterogenität eine Hommage an die Vielseitigkeit, die auch Lukians echtes Œuvre zeigt; vielleicht lud sie verschiedene Schriften in gewisser Weise dazu ein, sich daran anzulagern.

Autor zu. Zur möglichen Autorschaft eines Mitglieds der platonischen Akademie namens Leon im späteren 4. Jh. v. Chr. vgl. MACLEOD 1967, 303f.
[146] Vgl. oben Kap. 3.7 (S. 102).

10. Nachwort: Lukian – ein Botschafter der Antike für unsere heutige Zeit

„Ce Lucien est naïf, il fait penser ses lecteurs, et on est toujours tenté d'ajouter à ses dialogues."

Mit diesen Worten charakterisierte Voltaire Lukian am 5. Juni 1751 in einem Brief, den er zusammen mit einem kleinen Dialog („Dialogue entre Marc Aurèle et un récollet"), geschrieben „à la manière de Lucien", an Friedrich II. von Preußen sandte.[1]

Von den drei Eigenschaften, die Voltaire Lukian hier zuschreibt, mag vor allem die erste verwundern: Wieso ist Lukian „naïf"? Die beiden danach genannten – und sicher positiv gemeinten – Eigenschaften lassen vermuten, dass auch diese erste positiv gemeint ist, also im Sinne von „treuherzig" oder „geradeheraus / die Dinge beim Namen nennend". In Lukians „Tragischem Zeus" (c. 32) gibt sich Herakles eine entsprechende Selbstcharakteristik mit Hilfe des Komödienverses „ich bin ein Bauer, und den Trog ich ‚Trog' auch nenn'."[2] Nun wird dieser Herakles hier als nicht besonders „helle" dargestellt – der stets tadelfreudige Momos wirft ihm kurz zuvor im gleichen Kapitel sogar eine ausgesprochen „böotische" (= dumme) Weltsicht vor –, auf der anderen Seite hat Herakles jedoch hier bereits begriffen, was andere Götter sich erst am Ende dieses Dialogs eingestehen wollen: dass die olympischen Götter gegenüber dem, was auf der Erde passiert, nur völlig machtlose Zuschauer sind:

„Wenn eure [= der Götter] Situation von solcher Art ist, dann sage ich den Ehren hier oben und dem Opferdampf und dem Blut der Opfertiere gern Lebewohl und gehe hinunter in den Hades, wo [...] wenigstens die Schatten der von mir getöteten Tiere vor mir Angst haben!"

Bemerkenswerterweise verwendet Lukian den hier zitierten Komödienvers auch wieder in seinem Essay „Wie man Geschichte schreiben soll" (c. 41), um die ganz der Wahrheit verpflichtete und die Dinge beim Namen nennende Haltung des wahren Geschichtsschreibers zu kenn-

---

[1] Vgl. NABLOW 1981, 187. Vierunddreißig Jahre später fällt Voltaires Urteil über Lukian kritischer aus (vgl. oben Kap. 9.3, S. 320).
[2] Der Vers stammt vielleicht von Aristophanes (Ar. fr. 927 K.-A. [dubium]; vgl. aber auch Men. fr. 507 K.-A.)

zeichnen. In diesem Sinne scheint auch Voltaire seine Bezeichnung „naïf" auf Lukian selbst anzuwenden.

Die zweite von Voltaire hervorgehobene Eigenschaft („er bringt seine Leser zum Denken") lässt sich in der Tat in vielen von Lukians Schriften verifizieren; dazu hier nur wenige Beispiele: Die Frage, was den Lauf der Welt bestimmt – ein mehr oder weniger gerechtes Götterregiment, ein eisern-unerbittliches Schicksal oder vielleicht keines von beiden – ist selten mit größerer Luzidität als in dem gar nicht so langen Dialog „Der widerlegte Zeus" dargestellt worden. Dass Menschen bei all ihrem Tun und Streben nie aus den Augen verlieren sollten, dass sie sterblich sind („Respice finem"), führt in ebenso unerbittlicher wie unterhaltsamer Klarheit der Dialog „Charon" vor. Dass Menschen vielleicht nicht gut daran tun, Jahrzehnte ihres Lebens mit der Hingabe an eine noch so elaborierte Ideologie zu vergeuden, sondern besser mit einem gesunden Skeptizismus – und „gesund" bedeutet dabei, dass dieser Skeptizismus sie nicht von aktivem Handeln zugunsten ihrer Mitmenschen abhält – durchs Leben gehen sollten, ist die Quintessenz von Lukians meisterhaftem Dialog „Hermotimos". Dass ein allzu anthropomorphes Götterbild letztlich nur zu Absurditäten führt und wir uns göttliche Mächte – wenn überhaupt – ganz anders vorstellen müssten, könnte eine Schlussfolgerung aus der Lektüre der „Göttergespräche" sein. Und dass auch die Vorstellung einer Unsterblichkeit, die das Ziel mehrerer auch heute noch bedeutender Weltreligionen ist, Fragen aufwerfen könnte – etwa die, was man denn dann mit dieser Unsterblichkeit den ganzen Tag lang macht –, ist wiederum ebenso prägnant wie luzide im achten „Totengespräch" dargestellt. Fürwahr: Dieser Autor „bringt seine Leser zum Denken".

Die dritte von Voltaire hervorgehobene Eigenschaft schließlich („man ist immer versucht, seinen Dialogen [weitere] hinzuzufügen"[3]) wurde im neunten Kapitel umfänglich dokumentiert und bedarf hier kaum weiterer Ausführungen; es dürfte nur wenige antike Autoren geben, die eine ähnlich fruchtbare und breitgefächerte Rezeptionsgeschichte aufzuweisen haben wie Lukian.

---

[3] Wie um diesen Satz zu bestätigen, hat Voltaire dem Brief an Friedrich d. Gr., in dem er enthalten ist, ein kurzes Gespräch „in lukianischer Art" beigegeben („Dialog zwischen Marc Aurel und einem Franziskanermönch"), in dem Marc Aurel nach 1600 Jahren seine einstige Kaiserstadt Rom – die nunmehr (d.h. im mittleren 18. Jh.) von christlichen Klerikern mit dem Papst an der Spitze regiert wird – wieder besucht und sich von einem Franziskanermönch über die gewaltigen Veränderungen belehren lassen muss, die seit seinen Lebzeiten stattgefunden haben.

Über Voltaire hinausgehend, sei hier noch auf zwei weitere Eigenschaften hingewiesen, die das Werk Lukians aus der Sicht des Verfassers dieses Buchs auszeichnen. Die eine davon („Vielfältigkeit") ergibt sich unmittelbar aus dem Werksüberblick, der im dritten Kapitel gegeben wurde – es dürfte durchaus schwerfallen, einen antiken Autor zu benennen, dessen Œuvre vielfältiger als das Lukians ist. Die andere dagegen („Empathie") dürfte auf den ersten Blick etwas überraschend sein und muss daher noch etwas erläutert werden.

Kann man einem Spötter und Satiriker, der Lukian auf weite Strecken ist, Empathie attestieren? Lukian ist aber eben nicht nur Spötter und Satiriker, sondern er hat sein schriftstellerisches Metier in der antiken Rhetorik gelernt, und dort ist ein wichtiges Gebot, dass ein Redner sich seinem Publikum – zumindest bei bestimmten Aussageintentionen – auch als verständnisvoll und mitfühlend (also: empathisch) präsentieren muss.

Diese Eigenschaften lassen sich daher bei Lukian ebenfalls in nicht wenigen Schriften finden: In dem schon erwähnten Dialog „Hermotimos" ist die Zeichnung des Titelhelden – der sich lange dagegen wehrt, von seinem Bemühen, ein perfekter Stoiker zu werden, in das er bereits zwei Jahrzehnte seines Lebens gesteckt hat, Abstand zu nehmen, der aber am Ende dem ruhigen, aber persistenten Nachbohren des Lykinos nichts mehr entgegenzusetzen hat – sehr gelungen. Im Dialog „Der Traum, oder: Der Hahn" braucht der arme Schuster Mikyllos ebenfalls recht lange, um sich von seinem Wunschtraum, ein reicher Mann zu sein, zu verabschieden und sich von dem sprechenden Hahn überzeugen zu lassen, dass ein Leben in Armut einem in Reichtum vorzuziehen sein könnte. In der Textsammlung „Anliegen an Kronos" gelingt es Lukian darüber hinaus, nicht nur die Perspektive der Armen, sondern auch die der Reichen nachvollziehbar zu vermitteln. Am beeindruckendsten stellt er seine Fähigkeit zur Empathie jedoch wahrscheinlich in den „Hetärengesprächen" unter Beweis: Seine mehrfache Darstellung dieser „käuflichen Damen" als Frauen, die sich ihr Metier nicht aus irgendwelchen niederen Antrieben freiwillig ausgesucht haben, sondern aus schierer wirtschaftlicher Not dazu gezwungen wurden, geht über alles hinaus, was wir aus der attischen Neuen Komödie – jedenfalls soweit sie bis jetzt wieder zugänglich ist – kennen.

Alles in allem bietet uns Lukians reiches Œuvre mannigfaltige Einblicke in die griechisch-römische Antike, die nicht nur unterhaltsam sind, sondern auch – um noch einmal mit Voltaire zu sprechen – immer wieder zum Nachdenken anregen. So kann Lukian – sowohl in seinem wunderschönen originalen Griechisch als auch in modernen Übersetzungen – zu dem werden, als was ihn die Überschrift dieses Nachworts einführt: zu einem attraktiven Botschafter der Antike für unsere heutige Zeit, der auch in weiterführenden Schulen ein geeignetes Vehikel sein könnte, um ein lebendiges Bild von der uns immer noch in vielem prägenden griechisch-römischen Antike zu vermitteln.

Literatur

1. Editionen, Kommentare, Übersetzungen

1.1. Gesamtausgaben

Lucian, with an English translation (Loeb Classical Library), London / Cambridge (Mass.). Vol. 1–5, 1913–1936 by A. M. HARMON); vol. 6, 1959 by K. KILBURN; vol. 7–8, 1961–1967 by M. D. Macleod
Luciani Opera ed. M.D. MACLEOD, Vol. 1–4, Oxford 1972–1987 (Oxford Classical Texts)
Luciano Obras[1] [griech. – span.], Madrid. Bis jetzt erschienen: Vol. 1 (El sueño, Diálogos de los dioses, Diálogos marinos) por J. ALSINA, ^{2}1992; Vol. 2 (Diálogos de los muertos, El aficionado a las mentiras, Sobre la muerte de Peregrino) por J. ALSINA, ^{2}1992; Vol. 3 (Fálaris 1–2, Proemio: Dioniso, Proemio: Héracles, Acerca del ámbar o de los cisnes, Encomio de la mosca, Encomio de la patria, Sobre por qué no hay que dar credito sin mas a la calumnia, Dos veces acusado, El tiranicida, El hijo repudiado, Tóxaris o la amistad, Sobre las dipsadas, Sobre un error cometido al saludar, Harmónides, El Escita o el cónsul) por M. JUFRESA, F. MESTRE, P. GÓMEZ, 2000; Vol. 4 (Relatos verídicos, Proceso de consonantes sigma contra tau ante las siete vocales, Pseudosofista o solecista, Maestro de oradores, Sobre la Diosa Siria, Lexífanes, Un crítico falaz o sobe el termino 'nefasto', Como hay que escribir la historia, Heródoto o Etión, Dialogo con Hesíodo, A quien dijo 'Eres un Prometeo en tus discursos) por F. MESTRE, P. GÓMEZ, 2007; Vol. 5 (El descenso hacia el Hades o el tirano, Zeus cuestionado, Zeus trágico, El sueño o e gallo, Icaromenipo o el que vuela por encima de la nube, Caronte o los observadores, Menipo o la nigromancia, Sobre el luto, Las fiestas en honor de Crono) por M. JUFRESA, E. VINTRÓ, 2013; Vol. 6 (Timón o el misántropo, Contra el ignorante que compraba muchos libros, Acerca del parásito o que el parasitismo es un arte, Sobre los que están a sueldo, Apología de los que están a sueldo, El Cinico, Diálogos de heteras) por M. GARCÍA

---

[1] Diese (noch nicht abgeschlossene) spanische Ausgabe wird hier so ausführlich zitiert, weil sie vielfach einen eigenständigen Text bietet und sich in der Reihenfolge der Schriften nicht an die sonst seit der Ausgabe von Harmon et al. übliche Reihenfolge der Schriften (die sich am Codex Vaticanus Graecus 90 [Γ] orientiert) hält.

VALDÉS, 2004; Vol. 7 (Hipias o las termas, Sobre la sala, Prometeo, Acerca de los sacrificios, Anacarsis o sobre los ejercicios atléticos, Alejandro o un falso adivino, Imágenes, Sobre la danza, Sobre la astrología, En defensa de las imágenes, Asamblea de dioses, Zeuxis o Antíoco) por P. GÓMEZ, E. VINTRÓ, 2020

Lucien, Oeuvres [griech.–frz.] ed. J. BOMPAIRE et al., Paris (Collection Budé). Bis jetzt erschienen: T. 1: Introduction génerale, Opuscules 1–10, 1993; T. 2: Opuscules 11–20, 1998; T. 3: Opuscules 21–25, 2003; T. 4: Opuscules 26–29, 2008; T. 12: Opuscules 55–57 (texte établi et traduit par É. MARQUIS), 2017

Lukian. Sämtliche Werke Griechisch-deutsch (Sammlung Tusculum) ed. P. VON MÖLLENDORFF, Berlin. Bis jetzt erschienen: Band I: Rhetorische Schriften, 2021; Bd. 2: Philosophische Schriften, 2023; Bd. 3: Die Götter, 2024.

1.2. Einzelausgaben und -kommentare [Reihenfolge der Schriften nach der Ausgabe von MACLEOD]

[7] Lob der Fliege: M. BILLERBECK / Chr. ZUBLER, Das Lob der Fliege von Lukian bis L. B. Alberti: Gattungsgeschichte, Texte, Übersetzungen und Kommentar, Bern u.a. 2000

[13–14] Wahre Geschichten: a) A. GEORGIADOU / D. H. J. LARMOUR, Lucian's Science Fiction Novel 'True Histories': Interpretation and Commentary, Leiden 1998; b) P. VON MÖLLENDORFF, Auf der Suche nach der verlogenen Wahrheit: Lukians *Wahre Geschichten*, Tübingen 2000; c) D. CLAY / J. H. BRUSUELAS (eds.): Lucian, *True History*. Introduction, Text, Translation, and Commentary. Oxford / New York 2021

[21] Der tragische Zeus: J. COENEN, Lukian, Zeus Tragodos: Überlieferungsgeschichte, Text u. Kommentar, Meisenheim 1977

[24] Ikaromenipp: A. CAMEROTTO, Luciano di Samosata, Icaromenippo o l'uomo sopra le nuvole, Edizioni dell'Orso, Alessandria 2009

[25] Timon: G. TOMASSI, Luciano di Samosata, Timone o il misantropo, introduzione, traduzione e commento, Berlin / New York 2011

[26] Charon: J. NICKEL, Lukians Charon: Einleitung, Übersetzung, Kommentar, Saarbrücken 2010

[27] Verkauf der Philosophenleben: a) T. BEAUPÈRE (ed.), Lucien, Philosophes à l'encan, 2 Bde, Paris 1967; b) A. IANNUCCI, Luciano di Samosata. Filosofi in vendita: introduzione, traduzione e commen-

to, Bologna 2020
- [28] Der Fischer: M. D. MACLEOD, Lucian, a selection, Warminster 1991, 68–123 u. 258–263
- [29] Der zweimal Verklagte: E. BRAUN, Lukian: Unter doppelter Anklage. Ein Kommentar, Frankfurt a.M. 1994
- [30] Über die Opfer: M. D. MACLEOD, Lucian, a selection, Warminster 1991, 176–187 u. 276–279
- [32] Der Traum: M. D. MACLEOD, Lucian, a selection, Warminster 1991, 22–33 u. 249–251
- [33] Über den Parasiten: H.-G. NESSELRATH, Lukians Parasitendialog. Untersuchungen und Kommentar, Berlin - New York 1985
- [34] Die Lügenfreunde: a) J. SCHWARTZ, Lucien, Philopseudès et De morte Peregrini, texte publ. et annoté, Paris 1951, ^{2}1963; b) F. ALBINI, Luciano, L'amante della menzogna, testo, trad. e commento, Venezia 1993; c) M. EBNER et al., Lukian: Die Lügenfreunde (SAPERE 3), Darmstadt 2001; d) D. OGDEN, In Search of the Sorcerer's Apprentice. The Traditional tales of Lucian's Lover of Lies, Swansea 2007
- [35] Die Beurteilung der Göttinnen: M. D. MACLEOD, Lucian, a selection, Warminster 1991, 34–53 u. 252–254
- [36] Über die, die für Lohn Unterricht geben: M. HAFNER, Lukians Schrift "Das traurige Los der Gelehrten". Einführung und Kommentar zu *De Mercede Conductis Potentium Familiaribus*. Stuttgart 2017
- [37] Anacharsis: Paola ANGELI BERNARDINI, Luciano, Anacarsi o sull' atletica, Pordenone 1995
- [38] Menipp, oder: Die Totenbefragung: a) Luciano di Samosata, Il negromante, testo, trad., introd. e comm. di C. FERRETTO, Genova 1988; b) M. D. MACLEOD, Lucian, a selection, Warminster 1991, 124–147 u. 264–268
- [40] Über die Trauer: M. HAFNER / R. POROD (eds.), Über Trauer und den richtigen Umgang mit ihr: Lukian, *De luctu* (SAPERE 42), Tübingen 2022
- [41] Der Rednerlehrer: S. ZWEIMÜLLER, Lukian, Rhetorum praeceptor. Einleitung, Text und Kommentar, Göttingen 2008
- [42] Alexander, oder: Der Lügenprophet: a) M. CASTER, Études sur Alexandre ou le Faux Prophète de Lucien, Paris 1938; b) Luciano di Samosata, L'Alessandro o il falso profeta, testo, trad., introd. e comm. di M. MATTEUZZI, Genova 1988; c) U. VICTOR, Lukian von Samosata: Alexandros oder der Lügenprophet, Leiden et al. 1997; d) P.

THONEMANN, Lucian: Alexander or the false prophet, translated with introduction and commentary, Oxford 2021
[44] Über die syrische Göttin: J. L. LIGHTFOOT, Lucian: *On the Syrian Goddess*. Edited with Introduction, Translation, and Commentary, Oxford 2003
[46] Lexiphanes: M. WEISSENBERGER, Literaturtheorie bei Lukian. Untersuchungen zum Dialog Lexiphanes, Stuttgart/Leipzig 1996, 151–283 [Kommentar zu Lexiphanes 1–20]
[49] Arten der Liebe: E. CAVALLINI, Luciano, Questioni d'amore, Venedig 1991 (introd. di E. DEGANI)
[52] Die Göttervolksversammlung: M. D. MACLEOD, Lucian, a selection, Warminster 1991, 54–67 u. 255–257
[55] Über den Tod des Peregrinus: a) M. D. MACLEOD, Lucian, a selection, Warminster 1991, 148–175 u. 269–275; b) P. PILHOFER et al., Lukian: Der Tod des Peregrinos. Ein Scharlatan auf dem Scheiterhaufen (SAPERE 9), Darmstadt 2005
[59] Wie man Geschichte schreiben soll: a) H. HOMEYER, Lukian, Wie man Geschichte schreiben soll, griech. u. dt., hrsg. u. erl., München 1965; b) M. D. MACLEOD, Lucian, a selection, Warminster 1991, 198–247 u. 283–302
[63] Zeuxis: M. D. MACLEOD, Lucian, a selection, Warminster 1991, 188–197 u. 280–282
[65] Apologie: M. HAFNER, Lukians Apologie eingeleitet, übersetzt und erläutert, München 2017
[70] Hermotimos: a) P. VON MÖLLENDORFF, Lukian, Hermotimos, oder: Lohnt es sich Philosophie zu studieren?, Darmstadt 2000; b) M. SOLITARIO, L'Ermotimo di Luciano: Introduzione, traduzione e commento, Berlin / Boston 2020
[73] Das Schiff: a) G. HUSSON, Lucien, le navire ou les souhaits, I Introd. et trad., II comm., Paris 1970; b) G. TOMASSI, Luciano di Samosata, La nave o le preghiere, introduzione, traduzione e commento, Berlin / Boston 2020
[74] Schnellfuß: E. MAGNELLI, Pseudo-Luciano (Acacio?), Ocypus. Introduzione, edizione critica, traduzione e commento, Alessandria 2020
[78] Meergöttergespräche: A. N. BARTLEY, Lucian's Dialogi Marini, Newcastle 2009
[79] Göttergespräche: F. BERDOZZO / H.-G. NESSELRATH (eds.), Griechische Götter unter sich: Lukian, Göttergespräche (SAPERE 33), Tübingen 2019

1.3. Übersetzungen

WIELAND 1788 = C. M. WIELAND, Lucians von Samosata Sämtliche Werke: Aus dem Griechischen übersetzt und mit Anmerkungen und Erläuterungen versehen, Erster Theil, Leipzig 1788

WIELAND 1981 = C. M. WIELAND, Lukian, Werke in drei Bänden, hg. von J. WERNER u. H. GREINER-MAI, Berlin 1974–1981

2. Forschungsliteratur

[Die Verweise auf „1.2" beziehen sich auf die in dieser Sektion aufgeführten Kommentare und die anschließenden Nummern auf die Reihenfolge der lukianischen Schriften in der Edition von Macleod.]

ADAMIETZ 1987 = J. ADAMIETZ, Zum literarischen Charakter von Petrons *Satyrica*, RhM 130, 1987, 329–346

AMELING 1983 = W. AMELING, Herodes Atticus, Bd. I (Biographie), Hildesheim / Zürich / New York 1983

ANGELI BERNARDINI 1995: s. oben 1.2 [37]

VON ARNIM 1898 = H. VON ARNIM, Leben und Werke des Dio von Prusa: mit einer Einleitung: Sophistik, Rhetorik, Philosophie in ihrem Kampf um die Jugendbildung, Berlin 1898

AVENARIUS 1956 = G. AVENARIUS, Lukians Schrift über die Geschichtsschreibung, Meisenheim 1956

BACHMANN 1828 = L. BACHMANN, Anecdota Graeca Bd. II, Leipzig 1828

BÄBLER / NESSELRATH 2007 = B. BÄBLER / H.-G. NESSELRATH, Der Stoff, aus dem die Götter sind – zum Material griechisch-römischer Götterbilder und seiner ideellen Bedeutung, in: B. GRONEBERG / H. SPIECKERMANN (eds.), Die Welt der Götterbilder, Berlin / New York 2007, 145–168 [von H.-G. NESSELRATH: 145–149 und 163–166]

BALDWIN 1961 = B. BALDWIN, Lucian as Social Satirist, Classical Quarterly 11, 1961, 199–208

BALDWIN 1973 = B. BALDWIN, Studies in Lucian, Toronto 1973

BALDWIN 1973 = B. BALDWIN, Crepereius Calpurnianus, Quaderni Urbinati di Cultura Classica 27, 1978, 211-213

BALDWIN 1980/81 = B. BALDWIN, The scholiasts' Lucian, Helikon 20–21 (1980–1981) 219–234
BARDONG 1942 = K. BARDONG, Beiträge zur Hippokrates- und Galenforschung, in: Nachrichten von der Akademie der Wissenschaften in Göttingen 1942, Philolog.-Hist. Kl., Göttingen 1942, 577–640
BARTLEY 2003 = A. BARTLEY, The Implications of the Reception of Thucydides within Lucian's ‚Vera Historia', Hermes 131, 2003, 222–234
BARTLEY 2009: s. oben 1.2 [78]
BAUMBACH 2002 = M. BAUMBACH, Lukian in Deutschland. Eine forschungs- und rezeptionsgeschichtliche Analyse vom Humanismus bis zur Gegenwart. München 2002
BAUMBACH / VON MÖLLENDORFF 2017 = M. BAUMBACH / P. VON MÖLLENDORFF: Ein literarischer Prometheus. Lukian aus Samosata und die Zweite Sophistik, Heidelberg 2017
BEAUPÈRE 1967: s. oben 1.2 [27]
BERDOZZO 2011 = F. BERDOZZO, Götter, Mythen, Philosophen: Lukian und die paganen Göttervorstellungen seiner Zeit, Berlin 2011
BERDOZZO 2019a = F. BERDOZZO, Einführung in die Schrift, in: BERDOZZO / NESSELRATH 2019, 3–23
BERDOZZO 2019b = Übersetzung der Göttergespräche, in: BERDOZZO / NESSELRATH 2019, 30–86
BERDOZZO / NESSELRATH 2019: s. oben 1.2 [79]
BERNABÉ = F. BERNABÉ, Poetarum epicorum Graecorum testimonia et fragmenta, Vol. 1 Leipzig 1987
BERNAYS 1879 = J. BERNAYS, Lucian und die Kyniker, Berlin 1879
BILLERBECK 1978 = M. BILLERBECK, Epiktet, Vom Kynismus, Leiden 1978
BILLERBECK 1987 = M. BILLERBECK, Faule Fische. Zu Timon von Phleius und seiner Philosophensatire, Museum Helveticum 44, 1987, 127–133
BILLERBECK / ZUBLER 2000: s. oben 1.2 [7]
BOMPAIRE 1958 = J. BOMPAIRE, Lucien Écrivain: Imitation et création, Paris 1958
BOTTOMS et al. 1996 = B. L. BOTTOMS et al, An analysis of ritualistic and religion-related child abuse allegations, in: Law and Human Behavior 20, 1996, 1–34
BOWIE 2009 = E. L. BOWIE, Philostratus: the life of a sophist, in: E. L. BOWIE / J. ELSNER (eds.), Philostratus, Cambridge 2009, 19–32

BRANHAM 1989 = R. B. BRANHAM, Unruly Eloquence: Lucian and the Comedy of Traditions, Cambridge / Mass. – London 1989
BRAUN 1994: s. oben 1.2 [29]
BRAUN 1996 = E. BRAUN, „Freund! Vetter! Bruder! Kampfgenosse!" Zum Lukian-Bild Kurt Tucholskys, in: Claudia KLODT (ed.), Satura Lanx. Festschrift für Werner A. Krenkel, Zürich et al. 1996, 125–152
BRETZIGHEIMER 1992 = G. BRETZIGHEIMER, Lukians Dialoge Εἰκόνες – Ὑπὲρ τῶν εἰκόνων. Ein Beitrag zur Literaturtheorie und Homerkritik, RhM 135, 1992, 161–187
CAMEROTTO 2009: s. oben 1.2 [24]
CASTER 1938: s. oben 1.2 [42]
CLAY / BRUSUELAS 2021: s. oben 1.2 [13–14]
COENEN 1977: s. oben 1.2 [21]
COURTNEY 1980 = E. COURTNEY, A commentary on the satires of Juvenal, London 1980
CROISET 1882 = M. CROISET, Essai sur la vie et les œuvres de Lucien, Paris 1882
CUMONT 1899 = F. CUMONT, Textes et monuments figurés relatifs aux mystères de Mithra, Bd. 1–2, Bruxelles 1896–1899
DEFERRARI 1916 = R. J. DEFERRARI, Lucian's Atticism: The Morphology of the Verb, Princeton 1916
DIELS 1901 = H. DIELS, Poetarum Philosophorum Fragmenta, Berlin 1901
DREYFÜRST 2014 = S. DREYFÜRST: Stimmen aus dem Jenseits. David Fassmanns historisch-politisches Journal. De Gruyter, Berlin/Boston 2014
DUBEL 1994 = S. DUBEL, Dialogue et autoportrait, Les masques de Lucien, in: A. BILLAULT (ed.), Lucien de Samosate, Paris 1994, 19–26
EBNER et al. 2001: s. oben 1.2 [34]
EHRENSTEIN 1925 = A. EHRENSTEIN, Lukian, Berlin 1925
FGrHist = F. JACOBY et al., Die Fragmente der Griechischen Historiker, Leiden et al. 1923–2021
FUSILLO 1988 = M. FUSILLO, Le miroir de la Lune: L'*Histoire vraie* de Lucien de la satire à l'utopie, Poétique 19, 1988, 109–135
GARLAND 2007 = L. GARLAND, Mazaris's Journey to Hades: Further Reflections and Reappraisal, Dumbarton Oaks Papers 61, 2007, 183–214

GELZER 2004 = F. GELZER, „Wir brauchen dich": Lukian als Identifikationsfigur im ‚expressionistischen Jahrzehnt', Colloquia Germanica 37, No. 3/4 (2004), 243–265
GEORGIADOU / LARMOUR 1998: s. oben 1.2 [13–14]
GERI 2011 = L. GERI, A colloquio con Luciano di Samosata: Leon Battista Alberti, Giovanni Pontano ed Erasmo da Rotterdam, Roma 2011
GIL 1979–80 = J. GIL, Lucianea, Habis 10–11, 1979–80, 87–104
GOLDHILL 2002 = S. GOLDHILL, Becoming Greek, with Lucian, in: ders., Who needs Greek? Contests in the Cultural History of Hellenism, Cambridge 2002, 60–107
GUIGNEBERT 1901 = C. GUIGNEBERT, Tertullien: étude sur ses sentiments à l'égard de l'empire et de la société civile, Paris 1901
HAFNER 2017a: s. oben 1.2 [36]
HAFNER 2017b: s. oben 1.2 [65]
HAFNER / POROD 2022: s. oben 1.2 [40]
HAGEMEISTER 2017 = M. HAGEMEISTER, Die „Protokolle der Weisen von Zion" vor Gericht. Der Berner Prozess 1933–1937 und die „antisemitische Internationale", Zürich 2017
HALL 1980a = J. HALL, Rez. G. Anderson, Lucian: Theme and Variation in the Second Sophistic, JHS 100, 1980, 229f.
HALL 1981 = J. HALL, Lucian's Satire, New York 1981
HAUSRATH / HUNGER = Corpus fabularum Aesopicarum, Vol. 1. Fabulae Aesopicae soluta oratione conscriptae, ed. A. HAUSRATH, ed. 2 cur. H. HUNGER, Leipzig 1959
HELM 1906 = R. HELM, Lucian und Menipp, Leipzig / Berlin 1906
HELM 1927 = R. HELM, Lukianos, Realencyclopädie der Klassischen Altertumswissenschaft Bd. 13.2, 1927, 1725–1777
HENSE = O. HENSE, Teletis Reliquiae, Tübingen ^{2}1909
HIGHET 1949 = G. HIGHET, The Classical Tradition: Greek and Roman Influences on Western Literature, Oxford 1949
HOFENEDER 2006 = A. HOFENEDER, Favorinus von Arelate und die keltische Religion, Keltische Forschungen 1, 2006, 29–58
HOLFORD-STREVENS 2007 = L. HOLFORD-STREVENS, Rez.: C. T. Kasulke, Fronto, Marc Aurel und kein Konflikt zwischen Rhetorik und Philosophie, in: Gnomon 79, 2007, 421–423
HOMEYER 1965: s. oben 1.2 [59]
HUG 1932 = A. HUG, Symposien-Literatur, RE IV A 2, 1932, 1273–1282
IANNUCCI 2020: s. oben 1.2 [27]

JACOB 1832 = K. Fr. JACOB, Charakteristik Lucians von Samosata, Hamburg 1832
JONES 1972 = C. P. JONES, Two enemies of Lucian, Greek, Roman and Byzantine Studies 13, 1972, 475–487
JONES 1986 = C. P. JONES, Culture and Society in Lucian, Cambridge, Mass. / London 1986
K.-A.: s. PCG
KANNICHT = R. KANNICHT (ed.), Tragicorum Graecorum Fragmenta, Vol. 4–5, Göttingen 2004
KARADIMAS 1996 = D. KARADIMAS, Sextus Empiricus against Aelius Aristides: The Conflict between Philosophy and Rhetoric in the Second Century A.D., Lund 1996
KASULKE 2005 = C. T. KASULKE, Fronto, Marc Aurel und kein Konflikt zwischen Rhetorik und Philosophie im 2. Jh. n. Chr., München 2005
KINDSTRAND 1981 = J. F. KINDSTRAND, Anacharsis: The legend and the apophthegmata, Uppsala 1981
KRAPINGER 2012 = G. KRAPINGER, Totengespräch, in: G. UEDING et al. (eds.), Historisches Wörterbuch der Rhetorik, Bd. 10: Nachträge A–Z, Berlin 2012, 1308–1316
KREIS-VON SCHAEWEN 1950 = R. KREIS-VON SCHAEWEN, πῖλος, in: Realencyclopädie der Klassischen Altertumswissenschaft Bd. 20.2, 1950, 1330–1333
KUNDU 2008 = R. KUNDU, Intertext: A Study of the Dialogue Between Texts, New Delhi 2008
LAUVERGNAT-GAGNIÈRE 1978 = Chr. LAUVERGNAT-GAGNIÈRE, Rabelais lecteur de Lucien de Samosate, Cahiers de l'Association internationale des études françaises 30, 1978, 71–86
LAUVERGNAT-GAGNIÈRE 1988 = Chr. LAUVERGNAT-GAGNIÈRE, Lucien de Samosate et le Lucianisme en France au XVIe siècle: Athéisme et polémique, Genève 1988
LECHNER 2016 = T. LECHNER, Bittersüße Pfeile: protreptische Rhetorik und platonische Philosophie in Lukians Nigrinus (2. Teil), Millennium 13, 2016, 67–140
LIGHTFOOT 2003: s. oben 1.2 [44]
MACC. ARMSTRONG 1987 = A. MACC. ARMSTRONG, Timon of Athens – a Legendary Figure?, Greece and Rome 34, 1987, 7–11
MACLEOD 1967: s. oben 1.1
MACLEOD 1991: s. oben 1.2 [28] [30] [32] [52] [55] [59] [63]

MÄNNLEIN-ROBERT 2021 = I. MÄNNLEIN-ROBERT, Between Conversion and Madness: Sophisticated Ambiguity in Lucian's Nigrinus, in: M. VÖHLER et al. (eds.), Strategies of Ambiguity in Ancient Literature, Berlin / Boston 2021, 237–250
MAGNELLI 2020: s. oben 1.2 [74]
MARSH 1998 = D. MARSH, Lucian and the Latins: Humor & Humanism in the Early Renaissance, Ann Arbor 1998
MARTHA 1865 = M. MARTHA, Les moralistes sous l'empire romain, Paris 1865
MARTIN 1931 = J. MARTIN, Symposion. Die Geschichte einer literarischen Form, Paderborn 1931
MATTIOLI 1980 = E. MATTIOLI, Luciano e l'umanesimo, Napoli 1980
MAYER 1984 = C. A. MAYER, Lucien de Samosate et la Renaissance française, Genève 1984
MCCARTHY 1934 = B. P. MCCARTHY, Lucian and Menippus, Yale Classical Studies 4, 1934, 3–55
MESTRE / VINTRÓ 2010 = F. MESTRE / E. VINTRÓ, Lucien ne sait pas dire bonjour ..., in: F. MESTRE / P. GÓMEZ (eds.), Lucian of Samosata. Greek Writer and Roman Citizen, Barcelona 2010, 203–215
VON MÖLLENDORFF 2000a: s. oben 1.2 [13–14]
VON MÖLLENDORFF 2000b: s. oben 1.2 [70]
VON MÖLLENDORFF 2021 = P. VON MÖLLENDORFF, Problem und Methode. Datierung und Datierungsnotwendigkeit am Beispiel Lukians, in: W. GRÜNSTÄUDL / K. M. SCHMIDT, Die Datierung neutestamentlicher Pseudepigraphen. Herausforderungen und neuere Lösungsansätze, Tübingen 2021, 121–132
MORGAN 1985 = J. R. MORGAN, Lucian's True Stories and the Wonders beyond Thule of Antonius Diogenes, Classical Quarterly 35, 1985, 475–490
MRAS 1911 = K. MRAS, Die Überlieferung Lucians, Wien 1911
NABLOW 1981 = R. A. NABLOW, Was Voltare influenced by Lucian in Micromégas?, Romance Notes 22, 1981, 186–191
NESSELRATH 1984 = H.-G. NESSELRATH, Rez. Luciani opera recogn. M.D. Macleod, Tom. I–III, Oxford 1972–1980, in: Gnomon 56, 1984, 577–609
NESSELRATH 1985: s. oben 1.2 [33]
NESSELRATH 1990a = H.-G. NESSELRATH, Die attische Mittlere Komödie. Ihre Stellung in der antiken Literaturkritik und Literaturgeschichte, Berlin / New York 1990

NESSELRATH 1990b = H.-G. NESSELRATH, Lucian's Introductions, in: D. A. RUSSELL (ed.), Antonine Literature, Oxford 1990, 111–140

NESSELRATH 1992 = H.-G. NESSELRATH, Kaiserzeitlicher Skeptizismus in platonischem Gewand: Lukians ‚Hermotimos', in: ANRW II 36,5, Berlin / New York 1992, 3451–3482

NESSELRATH 1993 = H.-G. NESSELRATH, Utopie-Parodie in Lukians *Wahren Geschichten*, in: W. AX / R. F. GLEI (eds.), Literaturparodie in Antike und Mittelalter (= BAC 15), Trier 1993, 41–56

NESSELRATH 1994 = H.-G. NESSELRATH, Menippeisches in der Spätantike: Von Lukian zu Julians *Caesares* und zu Claudians *In Rufinum*, in: Museum Helveticum 51, 1994, 30–44

NESSELRATH 1995 = H.-G. NESSELRATH, Myth, parody and comic plots: The birth of gods and Middle Comedy, in: G. DOBROV (ed.), Beyond Aristophanes: Transition and diversity in Greek Comedy, Atlanta/Georgia 1995, 1–27

NESSELRATH 1999 = H.-G. NESSELRATH, Rez.: M. Weissenberger, Literaturtheorie bei Lukian. Untersuchungen zum Dialog Lexiphanes, Stuttgart/Leipzig 1996, in: GGA 251, 1999, 48–59

NESSELRATH 2001 = H.-G. NESSELRATH, Lukian und die antike Philosophie, in: M. EBNER et al., Lukian: Die Lügenfreunde, Darmstadt 2001 (SAPERE 3), 135–152

NESSELRATH 2002 = H.-G. NESSELRATH, Homerphilologie auf der Insel der Seligen: Lukian, VH II 20, in: M. REICHEL / A. RENGAKOS (eds.), Epea Pteroenta. Beiträge zur Homerforschung. Festschrift für Wolfgang Kullmann zum 75. Geburtstag, Stuttgart 2002, 151–162

NESSELRATH 2005 = H.-G. NESSELRATH, 'Where the Lord of the Sea Grants Passage to Sailors Through the Deep-Blue Mere No More': The Greeks and the Western Seas, in: Greece and Rome 52, 2005, 153–171

NESSELRATH 2007 = H.-G. NESSELRATH, Lucian and Archilochus, or: How to Make Use of the Ancient Iambographers in the Context of the Second Sophistic, in: P. J. FINGLASS / C. COLLARD / N. J. RICHARDSON (eds.), Hesperos. Studies in Ancient Greek Poetry Presented to M. L. West on his Seventieth Birthday, Oxford 2007, 132–142

NESSELRATH 2009 = H.-G. NESSELRATH, A tale of two cities – Lucian on Athens and Rome, in: A. BARTLEY (ed.), A Lucian for our times, Newcastle upon Tyne 2009, 121–135

NESSELRATH 2010a = H.-G. NESSELRATH, Rez. Serena Zweimüller, Lukian, Rhetorum praeceptor. Einleitung, Text und Kommentar, Göttingen 2008, in: Exemplaria Classica 14, 2010, 393–401

NESSELRATH 2010b = H.-G. NESSELRATH, Vom kleinen Meisterdieb zum vielgeplagten Götterboten: Hermes in den Göttergesprächen Lukians, in: Chr. Schmitz (ed.), Mythos im Alltag – Alltag im Mythos. Die Banalität des Alltags in unterschiedlichen literarischen Verwendungskontexten, München 2010, 147–159

NESSELRATH 2010c = H.-G. NESSELRATH, Lukian (Lukianos von Samosata), in: Chr. WALDE / B. EGGER (eds.), Die Rezeption der antiken Literatur (Der Neue Pauly, Supplemente Band 7), Stuttgart 2010, 465–474

NESSELRATH 2012 = H.-G. NESSELRATH, Richard Bentley, in: P. KUHLMANN / H. SCHNEIDER (eds.), Geschichte der Altertumswissenschaften: Biographisches Lexikon (Der Neue Pauly Suppl. 6), Stuttgart 2012, 75–80

NESSELRATH 2013 = H.-G. NESSELRATH, Wundergeschichten in der Perspektive eines paganen satirischen Skeptikers: Lukian von Samosata, in: T. NICKLAS / J. E. SPITTLER (eds.), Credible, Incredible: The Miraculous in the Ancient Mediterranean, Tübingen 2013, 37–55

NESSELRATH 2014 = H.-G. NESSELRATH, Language and (in-)Authenticity: The case of the (Ps.-)Lucianic Onos, in: J. MARTÍNEZ (ed.), Fakes and Forgers of Classical Literature, Leiden / Boston 2014, 195–205

NESSELRATH 2015a = H.-G. NESSELRATH, Two Syrians and Greek Paideia: Lucian and Tatian, in: G. A. XENIS (ed.), Literature, Scholarship, Philosophy, and History. Classical Studies in Memory of Ioannis Taifacos, Stuttgart 2015, 129–142

NESSELRATH 2015b = H.-G. NESSELRATH, Rez.: G. Russo, Contestazione e Conservazione. Luciano nell'Esegesi di Areta, Berlin / Boston 2012, in: Gnomon 87, 2015, 652–654

NESSELRATH 2017a = H.-G. NESSELRATH, Faire parler les Enfers: La catabase de Ménippe et les Dialogues des morts de Lucien, in: É. MARQUIS / A. BILLAULT (eds.), Mixis: Le mélange des genres chez Lucien de Samosate, Paris 2017, 93–101

NESSELRATH 2017b = H.-G. NESSELRATH, Skeletons, shades and feasting heroes. The manifold underworlds of Lucian of Samosata, in: I. TANASEANU-DÖBLER et al. (eds.), Reading the Way to the Netherworld. Education and the Representations of the Beyond in Later Antiquity, Göttingen 2017, 45–60

NESSELRATH 2018 = H.-G. NESSELRATH, Down There and Back Again: Variations on the Katabasis Theme in Lucian, in: G. EKROTH / I. NILSSON (eds.), Round Trip to Hades in the Eastern Mediterranen Tradition: Visits to the Underworld from Antiquity to Byzantium, Leiden / Boston 2018, 260–272

NESSELRATH 2019a = H.-G. NESSELRATH, Lucian on Roman officials, in: P. R. BOSMAN (ed.), Intellectual and Empire in Greco-Roman Antiquity, Abingdon / New York 2019, 178–188

NESSELRATH 2019b = H.-G. NESSELRATH, Testo e oggetto, finzione e realtà nelle opere di Luciano di Samosata: una panoramica, Eikasmos 30, 2019, 155–170

NESSELRATH 2019c = H.-G. NESSELRATH, Die *Dialogi Deorum* und die Tradition des Götterspotts in der griechischen Literatur, in: F. BERDOZZO / H.-G. NESSELRATH (eds.), Griechische Götter unter sich: Lukian, Göttergespräche, Tübingen 2019, 127–140

NESSELRATH 2020a = H.-G. NESSELRATH, Heracles in Homer, in: A. Rengakos / P. J. Finglass / B. Zimmermann (edd.), More than Homer Knew – Studies on Homer and His Ancient Commentators in Honor of Franco Montanari, Berlin / Boston 2020, 27–36

NESSELRATH 2020b = H.-G. NESSELRATH, New research on Lucian's satirical essay On salaried posts in great houses, in: Rivista di Filologia e di Istruzione Classica 148, 2020, 494–505

NESSELRATH 2020c = H.-G. NESSELRATH, Zum Hades und darüber hinaus: Mythische griechische Vorstellungen zum Weg des Menschen über den Tod ins Jenseits von Homer bis Platon, in: A. ZGOLL / C. ZGOLL (eds.), Mythische Sphärenwechsel: Methodisch neue Zugänge zu antiken Mythen in Orient und Okzident, Berlin / Boston 2020, 161–212

NESSELRATH 2020d = H.-G. NESSELRATH, Pagan challenge and Christian response, or How Origen uses Lucian of Samosata to deal with Celsus' attack on Christianity, in: Moscow University Bulletin, Series 9: Philology, no. 2, 2020, 90–98

NESSELRATH 2021a = H.-G. NESSELRATH, Von falscher und von wahrer Autorität: Die charismatischen religiösen Figuren Alexander von Abonuteichos, Peregrinos Proteus und Apollonios von Tyana im Diskurs der Zweiten Sophistik, in: P. GEMEINHARDT, T. S. SCHEER (eds.), Autorität im Spannungsfeld von Bildung und Religion, Tübingen 2021, 115–134

NESSELRATH 2021b = H.-G. NESSELRATH, Hesiods Theogonie. Ihre Quellen, ihr Weltbild und ihre Bedeutung in der späteren Antike, in:

S. GÜNTHER / F. WILK (eds.), Lesen, Deuten und Verstehen?! Debatten über heilige Texte in Orient und Okzident, Tübingen 2021, 8–28

NESSELRATH 2022a = H.-G. NESSELRATH, Rez.: D. Clay / J. H. Brusuelas (eds.): Lucian, *True History*. Introduction, Text, Translation, and Commentary. Oxford/New York 2021, in: Plekos 24, 2022, 453–479

NESSELRATH 2022b = H.-G. NESSELRATH, Von sehr lebendigen Toten und allzu menschlichen Göttern. Ein kleines Plädoyer für Lukian von Samosata als Schulautor, in: Gymnasium 129, 2022, 491–505

NESSELRATH 2023a = H.-G. NESSELRATH, Ein junger Syrer vom Euphrat im kaiserzeitlichen Ionien – Lukian und sein Weg zur Rhetorik und griechischen Paideia, in: D. HOFMANN et al. (eds.), Religion und Epigraphik: Kleinasien, der griechische Osten und die Mittelmeerwelt. Festschrift zum 65. Geburtstag von Walter Ameling, Bonn 2023, 419–428

NESSELRATH 2023b = H.-G. NESSELRATH, (Middle)Platonic philosophers in Lucian, Bulletin of the Institute of Classical Studies 66, 2023, 78–84

NICKEL 2010: s. oben 1.2 [26]

NÍ MHEALLAIGH 2008 = NÍ MHEALLAIGH, Pseudo-Documentarism and the Limits of Ancient Fiction, American Journal of Philology 129, 2008, 403-431

NÍ MHEALLAIGH 2009 = K. NÍ MHEALLAIGH, Monumental Fallacy: The Teleology of Origins in Lucian's *Verae Historiae*, in: A. Bartley, A Lucian for Our Times, Newcastle 2009, 11–28

NÍ MHEALLAIGH 2014 = K. NÍ MHEALLAIGH, Reading Fiction with Lucian: Fakes, Freaks and Hyperreality, Cambridge 2014

NORDEN 1909 = E. NORDEN, Die antike Kunstprosa: vom VI. Jahrhundert v. Chr. bis in die Zeit der Renaissance, Band 1, Leipzig^2 1909

OPSOMER 1998 = J. OPSOMER, In search of the truth: Academic tendencies in Middle Platonism, Brussel 1998

OGDEN 2004 = D. OGDEN, The apprentice's sorcerer: Pancrates and his powers in context (Lucian, „Philopseudes" 33–36), Acta Classica 47, 2004, 101–126

OGDEN 2007: s. oben 1.2 [34]

PAULSEN 2009 = T. PAULSEN, Scherz, Satire, Ironie und tiefere Bedeutung in Lukians *Nigrinos*, in: R. F. GLEI (ed.), Ironie. Griechische und lateinische Fallstudien, Trier 2009, 229–245

PCG = R. KASSEL / C. AUSTIN / S. SCHRÖDER (eds.), Poetae Comici Graeci, Bd. 1–3.1 und 4–8, Berlin 1983–2022

PERETTI 1946 = A. PERETTI, Luciano: un intellettuale greco contro Roma, Firenze 1946

PETERSON 2018 = A. PETERSON, Pushing forty: The Platonic significance of references to age in Lucian's *Double Indictment* and *Hermotimus*, Classical Quarterly 68, 2018, 621–633

PFEIFFER = R. PFEIFFER, Callimachus, 2 Bde, Oxford 1949–1953

PGM = K. PREISENDANZ / A. HENRICHS, Papyri Graecae magicae = Die griechischen Zauberpapyri, Bd. 1, Stuttgart ²1973

PILHOFER et al. 2005: s. oben 1.2 [55]

PIR = E. GROAG / A. STEIN / L. PETERSEN (eds.), Prosopographia Imperii Romani, ed. altera, Berlin 1933–2015

POROD 2017, Rez.: M. BAUMBACH / P. VON MÖLLENDORFF: Ein literarischer Prometheus. Lukian aus Samosata und die Zweite Sophistik, Heidelberg 2017, in: Anzeiger für die Altertumswissenschaft 70, 2017, 8–14

PSI = Pubblicazioni della Società Italiana per la ricerca dei papiri greci e latini in Egitto, Florenz 1912ff.

PUTNAM 1909 = E. J. PUTNAM, Lucian the Sophist, Classical Philology 4, 1909, 162–177

RADT = S. RADT, Tragicorum Graecorum Fragmenta, Vol. 3: Aeschylus, Göttingen 1985

RABE 1906 = H. RABE, Scholia in Lucianum, Leipzig 1906

REUTERS 1957 = F. H. REUTERS, De Anacharsidis epistulis, Diss. Bonn 1957

REUTERS 1963 = F. H. REUTERS, Die Briefe des Anacharsis griech. u. deutsch, Berlin 1963

REYHL 1969 = K. REYHL, Antonios Diogenes, Untersuchungen zu den Roman-Fragmenten der Wunder jenseits von Thule und zu den Wahren Geschichten des Lukian, Diss. Tübingen 1969

RICHTER 2017 = D. S. RICHTER, Lucian of Samosata, in: D. S. RICHTER / W. A. JOHNSON (eds.), The Oxford Handbook to the Second Sophistic, Oxford 2017, 327–344

ROBINSON 1969 = Chr. ROBINSON, Luciani Erasmo interprete Dialogi et alia, in: J. H. WASZINK et al. (eds.), Opera Omnia Desiderii Erasmi, Ordinis primi tomus primus, Amsterdam 1969, 361–627

ROBINSON 1979 = C. ROBINSON, Lucian and His Influence in Europe, London/ Chapel Hill 1979

ROMM 1989 = J. ROMM, Wax, stone and Promethean clay: Lucian as plastic artist, ClAnt 9, 1990, 74-98

ROHDE 1914 = E. ROHDE, Der griechische Roman und seine Vorläufer, Leipzig ³1914

ROSTOVTZEFF 1926 = M. ROSTOVTZEFF, The social and economic history of the Roman Empire, Oxford ¹1926 (Oxford ²1957, vol. 2)

ROTHSTEIN 1888 = M. ROTHSTEIN, Quaestiones Lucianeae, Berlin 1888

RUSSO 2012 = G. RUSSO, Contestazione e Conservazione. Luciano nell'Esegesi di Areta, Berlin / Boston 2012

SCHELLE 1984 = H. SCHELLE, Art. Totengespräch, in: Reallexikon der deutschen Literaturgeschichte, Bd. 4 (Berlin / New York ²1984), 475–513

SCHLAPBACH 2010 = K. SCHLAPBACH, The *logoi* of Philosophers in Lucian of Samosata, Classical Antiquity 29, 2010, 250–277

SCHMIED-KNITTEL 2008 = I. SCHMIED-KNITTEL, Satanismus und ritueller Missbrauch. Eine wissenssoziologische Diskursanalyse, Würzburg 2008

SCHRÖDER 2000 = B.-J. SCHRÖDER, „Eulen nach Athen". Ein Vorschlag zu Lukians Nigrinus, Hermes 128, 2000, 435–442

SCHWARTZ 1951/1963: s. oben 1.2 [34]

SCHWARTZ 1965 = J. SCHWARTZ, Biographie de Lucien de Samosate, Bruxelles 1965

SH = H. LLOYD-JONES / P. PARSONS (eds.), Supplementum Hellenisticum, Berlin / New York 1983

SIDWELL 1986 = K. SIDWELL, Manoscritti umanistici di Luciano in Italia nel Quattrocento, Res publica litterarum 9 (1986): 241–253

SIDWELL 2013 = K. SIDWELL, Letting it all hang out: Lucian, Old Comedy, and the origins of Roman satire, in: S. D. OLSON (ed.), Ancient Comedy and Reception: Essays in Honor of Jeffrey Henderson, Berlin 2013, 259–274

SOLITARIO 2020: s. oben 1.2 [70]

SOLITARIO 2021 = M. SOLITARIO, Bemerkungen zu Lukians Βίος Δημώνακτος, in: E. IAKOVOU / M. SOLITARIO (eds.), Forschende Wege – Ζητητικαὶ ὁδοί. Zu literarischen Phänomenen vom klassischen Athen bis Byzanz. Festschrift zum 60. Geburtstag von Heinz-Günther Nesselrath, Stuttgart 2021, 105–129

SPEIER 1977 = H. SPEIER, The Truth in Hell: Maurice Joly on Modern Despotism, Polity 10 Nr. 1 (1977), 18–32

STEFEC 2016 = Flavii Philostrati Vitas Sophistarum rec. R. S. STEFEC, Oxford 2016
STROHMAIER 1976 = G. STROHMAIER, Übersehenes zur Biographie Lukians, Philologus 120, 1976, 117–122
STROHMAIER 2012 = G. STROHMAIER, Lukian verspottet die urchristliche Glossolalie. Ein rätselhafter Satz in Galens Epidemienkommentaren, Philologus 156, 2012, 166–173
SÜß 1905 = W. SÜß, De personarum antiquae comoediae Atticae usu atque origine, Bonn 1905
SWAIN 1996 = S. SWAIN, Hellenism and Empire: Language, classicism, and power in the Greek world AD 50 – 250, Oxford 1996
THONEMANN 2021: s. oben 1.2 [42]
TOMASSI 2011: s. oben 1.2 [25]
TOMASSI 2013: G. TOMASSI, Filostrato lettore di Luciano: una probabile replica al *Timone* lucianeo in Philostr. *VS* 2.1.1, Seminari romani di cultura greca n.s. 2, 2013, 93–99
TOMASSI 2020: s. oben 1.2 [73]
TrGF = Tragicorum Graecorum Fragmenta, Vol. 1: Didascaliae tragicae, catalogi tragicorum et tragoediarum, testimonia et fragmenta tragicorum minorum ed. B. Snell, Göttingen 1971
VS = H. DIELS / W. KRANZ (eds.), Die Fragmente der Vorsokratiker, Bd. 1–3, Berlin ^{6}1951–1952
VICTOR 1997: s. oben 1.2 [42]
WÄLCHLI 2003 = Ph. WÄLCHLI, Studien zu den literarischen Beziehungen zwischen Plutarch und Lukian, ausgehend von Plutarch, De genio Socratis und Lukian, Philopseudeis, München / Leipzig 2003
WAGNER 2012 = J. WAGNER (ed.), Gottkönige am Euphrat. Neue Ausgrabungen und Forschungen in Kommagene, Mainz 2012
WEBSTER 1974 = T. B. L. WEBSTER, An introduction to Menander, Manchester 1974
WEHRLI = F. WEHRLI, Die Schule des Aristoteles, Heft 6: Lykon und Ariston von Keos, Basel/Stuttgart 1968
WEISSENBERGER 1996 = M. WEISSENBERGER, Literaturtheorie bei Lukian. Untersuchungen zum Dialog Lexiphanes, Stuttgart/Leipzig 1996 (Rez.: H.-G. NESSELRATH, GGA 251, 1999, 48-59)
WENKEBACH / PFAFF 1934 = E. WENKEBACH / F. PFAFF, Galen, In Hippocratis Epidemiarum librum I et II commentaria (CMG V 10,1), Leipzig / Berlin 1934
WEST = M. L. WEST (ed.), Iambi et Elegi Graeci ante Alexandrum cantati, vol. 2, Oxford ^{2}1992

WHITMARSH 2001 = T. WHITMARSH, Greek Literature and the Roman Empire: the politics of imitation, Oxford 2001
WHITMARSH 2013 = T. WHITMARSH, Beyond the Second Sophistic: Adventures in Greek Postclassicism, Berkeley 2013
WIELAND 1788: s. oben 1.3
WIELAND 1981: s. oben 1.3
WINGELS 1913 = H. WINGELS, De ordine libellorum Lucianeorum, Philologus 72, 1913, 125–148
WURM 2011 = Chr. WURM, Die Römer nicht bewundern, sondern nachahmen – Machiavelli als Leser des Titus Livius, Forum Classicum 2011,4, 278–284
ZAPPALA 1990 = M. O. ZAPPALA, Lucian of Samosata in the two Hesperias, Potomac, Maryland 1990
ZWEIMÜLLER 2008: s. oben 1.2 [41]

Index 1: Stellen

1. Lukian-Stellen (auch Pseudo-Lucianea)

Adversus indoctum
 14: 51
 19: 58[108]

Alexander
 3: 131
 4: 131, 135[73]
 5: 131
 6f.: 132
 8: 132
 9: 132
 10: 132
 11: 132
 12: 132
 13: 297[+9]
 13f.: 133
 15–17: 133
 18: 133
 19: 133
 20f.: 133[69]
 23: 133
 24: 133
 25: 134, 136[+78]
 26: 134
 27: 134[71]
 28: 134[71]
 30f.: 134
 32: 134
 33f.: 134[71]
 35: 134
 36: 134[+71]
 37: 134
 38f.: 135[72]
 40: 135[73]
 42: 135
 43: 134[70], 135
 43–47: 136
 44f.: 134[70f.]
 46: 135
 47: 134, 136[78]
 48: 15, 22[24], 134[71]
 49: 135
 50: 135
 51: 135
 52: 135
 53f.: 19[17], 47, 136
 54: 47
 55: 46, 136
 56: 45, 46
 56f.: 49. 136
 57: 48, 136
 58: 135
 59: 48, 136
 60: 136, 297[+9]
 61: 136

Anacharsis
 1f.: 229
 1–4: 228, 229
 1–5: 233[25],
 1–13: 229, 233[25]
 5: 230
 6: 230
 6–13: 233[25],
 7: 228, 230
 7f.: 230
 9: 230
 10: 230
 11: 230
 13: 230
 14: 231
 14–30: 233[25]
 14–37: 233[25]
 16: 231
 17–19: 231
 20–23: 231[19]
 20–30: 231
 21: 231
 22f.: 233[26]
 24–30: 231[19]
 31–33: 231
 31–40: 233[25]
 32: 233[26]
 34: 232[+21], 237
 35: 232
 35f.: 232
 36: 232
 37: 232[+22]
 38: 232
 38–40: 233[25]
 39: 232
 40: 233

„Anliegen an Kronos": s. *Saturnalia*

Apologia („Apologie")
 1: 54
 3: 53[94], 54
 4: 54
 5: 268[108]
 10: 54, 55
 12: 54f., 56[+101]
 15: 12[4], 35, 53

Asinus
 16: 210[18],
 18f.: 210[18]
 22: 210[18]
 24: 210[18]
 28–32: 210[18]
 47: 296[7]

Bacchus
 6: 52

Index 1: Stellen 355

7: 52
Bis accusatus
1f.: 143
1–7: 70[14], 143
2: 86[40]
3f.: 143
4: 143
5–7: 143
8–12: 70[14]
9–11: 143
11: 144
13: 70[14], 143
14: 30[40], 58, 71, 72
15: 71
15–18: 71, 144
19–22: 71, 143[102], 144
23: 71, 144
24: 71, 144
25: 71, 72, 144, 169[152]
27: 28, 29, 32, 33[+50], 58, 72, 225
27f.: 76[22]
28: 58, 72, 75
29: 73
30: 28[+36]
30f.: 58
30–32: 73
31: 73, 141
32: 22[26], 31, 41, 42, 74, 78, 87[3+4], 103, 168[147]
33: 75, 77[25], 81[34], 96[49], 110[13], 143
33f.: 58
34: 76[23], 77

Cataplus
1f.: 207, 272, 280
3: 272
3f.: 207
4: 272, 274
5: 274, 280
5f.: 274
5–19: 272
6: 207
7: 207, 272
8: 272
8–13: 207
9–13: 272
13: 280
14: 207f.
14f.: 208
14–17: 272
16: 208
17: 208
18: 274
18f.: 208, 273
18–21: 280
19: 208, 273, 296[7]
20: 208[+20], 273
21: 208, 273, 274
22: 208, 273
23: 208, 273, 274
23–29: 273, 274
24: 208, 273[129]
25: 208, 273[129]
26: 208
26–29: 273
27: 209

Charon
1: 281
2: 266[96]
2f.: 281
4: 281
5: 281
6: 281
7: 281f.
8: 282[+156]
8–14: 282
9: 282[156]
10: 282
10–12: 283
11: 284

12: 282
13: 282
14: 282
15: 282
15–17: 283
18–20: 283, 284
19: 283
20: 283
21: 283
22: 283
23: 283
24: 283

Convivium
3f.: 147
5: 147
6f.: 147
8f.: 147
11: 147
12: 146[110], 148
13f.: 148
15: 148
16: 148
17: 148
19: 148
20: 148
21: 149
22: 149
23: 149
25: 149, 151
26: 149
29: 149
30: 149, 151
31: 149
32: 149
33: 149
34f.: 150
35: 59[111]
36f.: 150
37: 150
39: 139[86f.]
40: 102, 150
41: 150
42: 150, 151

43: 150
44: 146[110]
44f.: 150f.
45: 146[110], 151
46: 151
47: 151
48: 151f.

Cynicus
1: 329
5: 329

„Das Gastmahl": s. *Convivium*

„Das Gericht der Vokale": s. *Iudicium vocalium*

„Das Leben des Demonax": s. *Demonax*

„Das Schiff": s. *Navigium*

De dea Syria
28: 288[179]

De domo
20: 18[14]

De historia conscribenda: s. *Quomodo historia conscribenda sit*

De luctu
4: 266[96]
9: 298

De mercede conductis
10: 297[9]
24: 162[132]

Demonax
1: 37
3: 128[63]
12: 34[54], 38
13: 38
20: 183[175]

21: 38
24: 38, 51
29: 38
30: 38
31: 38
33: 38, 51
43: 186[187]
62: 183[176]

De morte Peregrini
2: 22[25]
4–6: 127
7–30: 127
9f.: 127
11: 127f., 196
11–16: 17, 300[25]
11–13: 19[17], 196
12: 128
13: 17, 128
14: 128
15: 128
16: 128
17: 128
18: 129
19: 129
20: 129[+64]
21–26: 129
27f.: 129
32f.: 130
35: 41, 110[15]
35f.: 130
37: 130, 297[9]
39: 130
40: 130
41: 130, 196
43: 49, 130, 139[87]
44: 130
45: 130

Deorum concilium
2–13: 195
3: 195
4f.: 195
6: 195
7f.: 195

8: 195
9: 195
10: 195
11: 195
12: 195
13: 195
14–18: 196
19: 196

De parasito
27–30: 169
53: 162[132]

„Der doppelt Verklagte": s. *Bis accusatus*

„Der Eunuch": s. *Eunuchus*

„Der Fischer": s. *Piscator*

„Der Hahn": s. *Gallus*

„Der Pseudo-Kritiker": s. *Pseudologista*

„Der Rednerlehrer": s. *Rhetorum praeceptor*

„Der Skythe": s. *Scytha*

„Der tragische Zeus": s. *Iuppiter tragoedus*

„Der widerlegte Zeus": s. *Iuppiter confutatus*

„Der Verkauf der Philosophenleben": s. *Vitarum auctio*

De saltatione
2: 61[115]

Dialogi deorum
1: 190
1,1: 190

1,2: 191
2: 187³
5: 187³
8: 189
10: 187
11: 187
13: 188
15: 187¹, 191, 298
15,1: 191
15,2: 192
17: 188
18: 189
18,2: 189¹²
19: 188⁸
20: 188⁸,
21: 188
22: 189

Dialogi marini
1: 188, 189
2: 188⁺⁵
3: 188⁵
4: 188⁵
5: 188⁵
7: 189
7,1f.: 189f.
8: 188
10: 188⁵
11: 188⁵
13: 188⁺⁵
15: 188⁺⁵

Dialogi meretricii
2: 221
3,1: 222
3,2: 222
3,3: 222
5: 224⁴⁷
6,1: 222
6,2: 223
6,3: 223
7,1: 223
7,4: 223
9: 96
11: 221

14: 221⁴³, 223
14,1: 224
14,2: 224
14,3: 224
14,4: 224

Dialogi mortuorum
1: 275⁺¹³⁴
2: 275⁺¹³³, 281
3: 276, 321¹¹⁵
4: 269¹¹⁰, 276f.
4–10: 275
5: 275f., 318⁹⁷
6: 276
6,4: 258⁵⁸, 276
7: 277
8: 277, 333
9: 266⁹³, 277
10: 277
10,1–2: 296⁷
11: 278
12: 279
13: 278
14: 279, 281, 315
15: 279
15–19: 278, 279
16: 279
17: 279
18: 279
19: 279
20: 99⁶³, 277f., 281, 315
20,3: 277
20,4: 277
20,5: 277
20,6: 277
20,7: 277
20,8f.: 277f.
20,10: 278
20,12f.: 278
20,13: 278
21: 278
22: 278
23: 279

24: 202f., 280¹⁴⁷, 318⁹⁷
25: 279, 303³⁶, 306, 314f.
26: 280
27: 203, 280⁺¹⁴⁷
28: 280, 318⁹⁷
29: 278
30: 278

„Die entlaufenen Sklaven": s. *Fugitivi*

„Die Göttervolksversammlung": s. *Deorum concilium*

„Die Lügenfreunde": s. *Philopseudeis*

„Die Niederfahrt": s. *Cataplus*

„Die Wiederauferstandenen": s. *Piscator*

„Dionysos": s. *Bacchus*

„Du bist ein Prometheus der Redekunst" s. *Prometheus es*

Electrum
6: 67⁸

Eunuchus
1f.: 154
3: 155, 162¹³²
4: 155
4–12: 155
6: 155
7: 34⁵⁴, 155
8f.: 155
10: 155
12: 155
13: 155

Fugitivi
1: 165[142]
3: 165
3f.: 165
5–11: 165
11: 96[49]
12–21: 166
21: 59[111]
22: 166
25: 36[58], 37, 166
26–28: 166
29: 166
30–33: 166
31: 166[144]

Gallus
1: 205
2: 205
4: 205
5: 205
6: 205
7: 205
8–11: 205
9: 152
10: 152
10f.: 152
11: 152
12: 206
13: 206
14: 206
15: 206
16–20: 206
17: 226
21–23: 206, 215
24f.: 206, 252[36]
26: 206
27: 206
28: 206f.
29f.: 207
31: 207
32: 207
33: 207

„Gegen den ungebildeten Bücherkäufer" / „Gegen den Ungebildeten, der viele Bücher kauft": s. *Adversus indoctum*

„Göttergespräche": s. *Dialogi deorum*

Hercules
1: 52
4–6: 34[54]
7: 52, 56
8: 52[+91]

Hermotimus
1: 170
1–3: 170
2f.: 170
3: 171
4: 171
5: 171, 259[64]
6: 172, 177
7: 172
7–12: 172
8: 173
9: 153, 173
11f.: 153, 173
13: 78[27], 85[38], 167, 173
13–21: 174
15: 174
16: 164[136], 174
18: 174
19: 174
20: 195[26]
20f.: 174
21: 174
22–24: 174
22–34: 174
24: 85[38], 167
25: 175
26: 175
27: 175

27f..: 175
28: 175, 177
29: 175
30–34: 175
31f.: 175
33: 176
34: 176
35: 176
35f.: 176
35–46: 176
37: 176
38f.: 176
40: 177
41–44: 177
45f.: 177
47–49: 177
48: 177
49: 178
50: 178
50–53: 178
51: 85[38], 178
52: 179
53: 179
54–57: 179
56f.: 179
58–62: 180
59: 180
63: 180
64–67: 180
65: 180
66: 181
67: 59[111], 181
68: 181
68–70: 181
69: 181[+172]
71: 181
71–75: 153
71–82: 182
75: 153
76: 153
76–82: 153
77: 153
78: 153

79: 153
80: 154
81: 59[111]
81f.: 154
83: 154, 182
84f.: 182
86: 182

Herodotus sive Aëtion („Herodot, oder: Aëtion")
5: 36

„Hetärengespräche": s. *Dialogi meretricii*

Icaromenippus („Ikaromenipp")
1: 255
2: 255
3: 255
4: 256, 263
4–10: 256
5: 255[42], 256[47]
5–9: 256, 262
6f.: 256
8: 256[47], 257[51]
8f.: 256f.
9: 257[51]
10: 255[42]
11: 256[47], 257
12: 256[47], 258
13: 255[42]
13f.: 258
14: 258
15: 259
15–19: 258
16: 256[47], 259, 261[75], 262
17: 256[47], 259
18: 259
19: 255[42], 256[47], 257, 259
20: 260
20f.: 262

21: 260
22: 255[42], 260
23: 255[42]
23–28: 260
24: 255[42], 260
25: 255[42], 261
26: 261f., 263
27: 262
28: 255[42], 262
29: 255[42], 262[78]
29f.: 259
29–32: 262
29–34: 262
30: 255[42]
31: 263
33: 255[42], 263
34: 263

Iudicium vocalium
2: 113
3–5: 114
6: 114
7: 114
7–9: 114
9: 115
10: 115
11: 115
12: 115

Iuppiter confutatus
1: 200
3: 200
4: 200
6: 201
7: 201
8: 201
9: 201
10: 201
11: 201
12: 202
12f.: 202
15: 202
16: 202
17: 202
18: 202

19: 202

Iuppiter tragoedus
1f.: 192
3f.: 192
4: 197
5: 193
7: 193
7–12: 193
8: 193
9: 193
10: 193
11: 193f.
12: 194
17: 197
18: 197
19–22: 197
24f.: 197
26–29: 197
30: 197
31: 198, 199
32: 198, 332
33: 198
35: 198
35–53: 198
38: 199
39f.: 199
41: 199
43: 199
46: 199
47–49: 59, 199
50: 199
51: 199
53: 200

Lexiphanes
1: 115f., 118
2: 118
2–15: 116
3: 119
6: 119
9: 119[+40]
16: 116
16f.: 116
18: 117

19: 117
21: 117
22: 117
23: 117
24: 117
25: 117

„Meergöttergespräche": s. *Dialogi marini*

„Menipp als Ikaros": s. *Icaromenippus*

„Menipp, oder: Die Totenbefragung": s. *Necyomantia*

Navigium
1–3: 249
1–17: 250
4: 249
5f.: 250
7–9: 250
9: 250[29]
10: 249
11: 249, 250
12f.: 94[38]
13: 250
14: 249
14f.: 250
16: 249, 250
17: 250
18f.: 251
18–27: 251
26f.: 251
28–40: 251
29: 252
30: 253
31: 253
32: 252, 253
33: 252[+35], 253
33–35: 253
35: 250, 253
36–38: 252
37: 253

39: 252
41–44: 252
46: 250, 252

Necyomantia
(„Nekyomanteia")
1: 255, 270[117]
1f.: 264
2: 209, 255, 269
3: 255, 264
3–6: 265
4: 59[111], 265
5: 265
6: 266
7: 266
7–9: 266
8: 266
9: 255[43], 266
10: 255[43], 267[+101]
11: 209, 281[151]
11f.: 271[121]
11–13: 267
12: 99[63], 209
13: 273[130],
14: 209f., 268
14f.: 276[137]
15: 268[109]
15–18: 268
16: 259[62], 268
17: 268, 269[111]
17f.: 276[137]
18: 268, 269[111],
19: 210, 269[+111]
19f.: 210, 271[121]
21: 59[111], 78[26], 99[63], 255[43], 270
22: 270

Nigrinus
1: 184
3–5: 184
4: 185[184]
4f.: 185
6f.: 184

8: 184
8f.: 184
10: 184
11: 268[108]
12: 184
12–14: 38, 184
15f.: 185
17f.: 185
19f.: 185
19–34: 185
20: 268[108]
21: 185
22f.: 185
24f.: 185
26–28: 185[179]
29: 185
30f.: 185
32: 195[26]
32–34: 185
35: 184[178]
35–37: 185
38: 185

Onos: s. *Asinus*

Philopseudeis
1f.: 156
1–4: 157
2: 157
3: 157
4: 157
5f.: 157f.
7: 158
8: 158
8f.: 243
9: 59[111], 158
10: 158, 187, 243
11: 244
11f.: 158
11–13: 244
12: 244
13–16: 159, 244
14: 245
15: 159, 245
16: 139[86], 159, 245

17: 246[15]
17–20: 159
18–20: 245
21: 160, 245
22–24: 160, 245
24: 157[122], 246
25: 160, 246
26: 160, 246
27: 157[122], 160, 247
29: 160, 247
30f.: 160, 247
32: 161, 248[19]
33–36: 161, 248
34: 248
35: 248
37: 161
38: 161, 248
39: 161
40: 161

Piscator
1–3: 80, 139[89]
2: 139[+89], 140
3: 140[+94]
4: 79, 82[35], 139[+89], 140
4–10: 80
5: 162
5f.: 83
5–10: 140
6: 84
7–9: 84
8: 162
10: 139[89]
11: 162
11f.: 140, 162
11–18: 80
13: 141
13–20: 141
14: 79, 82[35], 139
15: 79, 82[35], 141
16: 141[96]
17: 162

19: 29f., 58, 79, 139[91], 225
21: 140[92], 142
22: 142
23: 80, 142
25: 22[26], 42, 76[23], 80f., 83[+37], 139[89]
25–27: 80
25–39: 142
26: 81, 96[49]
26f.: 79
27: 79[31], 80, 82, 85
29: 42, 83, 84, 87[3], 162, 168[147]
29–37: 162
34: 59[111]
37: 162
38: 83
38f.: 162
39: 162
39f.: 141[98]
40: 163
41: 163
42: 141[96]
44: 163
45: 163, 166[144]
46: 163, 164
48: 163
48–51: 163
49: 164
50: 164
52: 164

Pro lapsu inter salutandum
1: 29, 52
6: 94[38]
13: 12[2]

Prometheus es in verbis
1: 67, 68
1–2: 43
2: 67[+7], 68

3: 68
4: 68
5: 68[+10], 69[+11]
6: 69
7: 69

Pseudologista
1: 29, 110
1f.: 110[+12]
4: 94[38]
5: 20[18]
5–7: 40, 110
10: 111
11: 29
11–17: 111
18–23: 111
24: 112
25: 111
29: 112

Quomodo historia conscribenda sit
1: 120, 121
2: 121
3: 120, 121
4: 121
5: 50[86], 120, 121
6: 121, 124
7: 122
7–13: 122
7–32: 122
8: 122
9–13: 122
10: 122
12: 122[46]
14: 49, 50[85], 122, 125
15: 120, 123
16: 123, 125
17: 50[85], 124
18: 124, 125
19: 124
20: 124
21: 124
22: 124

23: 124
24: 23[+28], 27[+35], 58[108], 124[51]
24–26: 124
26: 124
27: 124
27f.: 124
29: 124
30: 124
31: 50[87], 124
32: 124
33: 124
33–61: 122
34–36: 124
35: 121
37–42: 125
41: 332
42: 125
43–46: 125
47–51: 125
52–55: 125
56f.: 125
57: 125
58: 125
59: 125
60: 125
61–63: 125

Rhetorum praeceptor
2f.: 106
4f.: 106[4]
6: 106
7: 106
8: 106
9: 106
11: 91[20], 107
12: 220[41], 268[108]
13: 107
13–25: 107
14: 107
15: 107
16f.: 108
18: 108
19: 108

20: 108
21: 108
22: 108
23–25: 108
24: 33[50]
26: 108f.

Saturnalia
1–9: 217
5f.: 217
7: 218
8: 218
9: 217[36]
10–12: 218
10–18: 218
13: 218
14–16: 218
17f.: 218
19–24: 218
19–39: 218
25: 219
25–30: 219
26f.: 219
28: 219
29f.: 219
31–35: 219
36–39: 219
37f.: 219
39: 219

Scytha
1: 226
2: 226
3–8: 226
9: 36[58], 58[108], 226
9–11: 226
10f.: 227

Somnium
1: 24[29]
2: 30
4: 24[30]
5: 24
7: 30[43]
16: 24[29]

17: 25

Timon
1–4: 211
1–6: 211
5f.: 211
7–11: 211
9: 212, 261[69]
10: 212
11–19: 213
12: 213
13f.: 213
15–17: 213
18f.: 213
20: 213
20–30: 213
21: 213
22f.: 213
24f.: 214
26: 214
27f.. 214
30–33: 214
31: 214
32: 214
33: 215
34: 215
34–40: 215
35: 215
36f.: 215
38: 215
39: 216
41f.: 216
41–45: 216
42–44
46: 216
47f.: 216
49–53: 216
54–57: 216
58: 216

„Totengespräche": s. *Dialogi mortuorum*

Toxaris
1: 234

2: 239[2]
2f.: 234
3: 234
4: 234
5f.: 234
6: 234[+27], 239[2]
7: 235
8: 235
9: 233[26], 235
10: 235
11: 235
12: 239
12–18: 236[31], 239f.
12–35: 235
13: 240
14f.: 240
16: 240
17f.: 242
18: 233[26], 236
19–21: 236[30], 239[3]
21: 236
22f.: 236[30], 239[3]
23: 236
24–26: 236[30], 239[3]
27: 240, 242
27–34: 236[31], 240f.
28: 240
29: 240
30f.: 240
32: 241
33f.: 241
34: 242
35: 236
35–61: 235
36: 236
37: 237
38: 237
38–41: 236[32], 241[6]
43: 236[32], 241[6]
44f.: 241
44–55: 236, 241–243
46f.: 241

48: 241
49f.: 241
51–53: 242
54f.: 242
56: 237
57: 234[27]
57–60: 236[32], 241[6]
59: 242
61: 236[32], 241[6]
62: 237
63: 237

„Traum": s. *Somnium*

„Über das Ende des Peregrinos": s. *De morte Peregrini*

„Über den Bernstein": s. *Electrum*

„Über den Parasiten": s. *De parasito*

„Über die, die für Lohn Unterricht geben": s. *De mercede conductis*

„Über die syrische Göttin": s. *De dea Syria*

„Über die Tanzkunst": s. *De saltatione*

„Über die Trauer": s. *De luctu*

Verae historiae
1,1: 285f.
1,2: 286
1,3: 286
1,4: 286f.
1,5: 287
1,6: 287
1,7: 287
1,8: 287
1,9–29: 287

1,10: 287
1,11: 288, 289[182]
1,12: 288
1,13–18: 288, 289[182]
1,16: 289[182]
1,18: 289[182]
1,19–21: 288
1.22–26: 288
1,23: 258[59]
1,28: 288
1,29: 288
1,30: 288
1,31: 289
1,32: 289
1,33: 289
1,34: 289
1,35: 289[+182]
1,36: 289
1,37: 289f.
1,38: 290
1,39: 290
1,40: 290[+186]
1,41: 290f.
1,42: 291
2,1: 291
2,2: 291
2,3: 195[26], 291
2,4: 291
2,5: 292
2,6: 292
2,7–9: 292
2,10: 292
2,11: 292
2,12: 292
2,13: 292
2,14: 292
2,15: 292
2,16: 292
2,17: 139[86f.], 292
2,18: 169[152], 292
2,19: 139[86f.], 293
2,20: 226, 293

2,21: 258[58], 293
2,22: 293
2,23f.: 293
2,24: 293[193],
2,25–27: 293
2,28: 99[68], 293
2,29: 293
2,30: 293
2,31: 293
2,32–35: 293
2,35f.: 293
2,37f.: 294
2,39: 294
2,40: 294
2,41: 294
2,42: 294
2,43: 294
2,44: 294
2,45: 294
2,46: 294
2,47: 294

„Verteidigung eines Versprechers" s. *Pro lapsu*

Vitarum auctio („Verkauf der Philosophenleben")
2–6: 137
7–11: 137
12: 137
13–14: 18[14], 137
15–18: 138
16: 138
17: 138
18: 138, 159[127]
19: 138[85]
20–25: 138[85]
26: 138[85],
27: 138[85], 169[152]

„Wahre Geschichten": s. *Verae historiae*

„Wie man Geschichte schreiben soll": s. *Quomodo historia conscribenda sit*

Zeuxis
1: 63
2: 64
4–6: 65
7: 65
8: 65[2]
12: 64, 66

2. Andere Autoren

Achaios, TrGF 20 F 29: 195[26]

Äsop
Fab. 3 H./H.: 257[52]
Fab. 102 H./H.: 195[26]
Fab. 119 H./H.: 257[52]

Aischylos
fr. 78,50 Radt: 116[28]
fr. 275 RADT: 290[185]

Alexis fr. 103 K.-A.: 221[42]

Anacharsis
ep. 1: 227
ep. 5: 227[9]

Anaxilas fr. 2 K.-A.: 221[42]

Antiphanes
fr. 2 K.-A.: 220f.[42]
fr. 204 K.-A.: 95[39], 211

Apostelgeschichte
12,1–4: 48[+82]
12,23: 49[+82]

Archipp, fr. 30 K.-A.: 269[112]

Aristainetos
ep. 5: 299[21]
ep. 22: 299[21]

Aristophanes
Ach. 27: 26[33]
Ach. 50: 61[116]
Ach. 394: 140[94]
Ach. 406: 139[91]
Av. 1547f.: 95[39]
Lys. 808–820: 95[39]

Nub. 1279–1281: 258[59]
Pac. 130: 257[52]
Plut. 415–465: 215
Plut. 467–471: 215
Plut. 487–609: 215
Plut. 804f.: 216[30]
Ran. 464–673: 266[96]
Ran. 180–198: 280
Vesp. 835–1002: 209[13]
fr. 927 K.-A.: 332[2]

Aristophon
fr. 4 K.-A.: 221[42],
fr. 8 K.-A.: 171[154]

Aristoteles
De sens. 445a16: 258[59],
Hist. an. 5,6 p. 563a7: 257[54]
Part. An. 3,2 p. 663a35–b2: 195[26]
Poet. 9: 122[45]

Athenagoras, *Legatio* 26,3: 135[76]

Athenaios, *Dipn.* III 97d–98f: 118[35]

Babrios
Fab. 59: 195[26]

Cicero
Tusc. 5,5: 172[158]
Tusc. 5,90: 227[9]

Dio Cass.
72,31,3: 154[115]

Diodor
2,55–60: 286[169]
9,5: 227[6]

Diog. Laert.
1,41: 227[6]
1,77: 270[115]

1,101f.: 227[7]
1,103f.: 228[13]
2,66: 270[115]
Buch 6: 137[79]
6,99: 270[117]
8,69: 258[58]
9,52: 20[18]
9, 88: 169[151]

Dion von Prusa
or. 9,10–22: 228[11]
or. 32,44: 228
or. 58: 221[44]
or. 59: 221[44]

Epicharm, fr. 218 K.-A.: 177[168]

Epikrates fr. 3,10–13 K.-A.: 221[42]

Epiktet, *Diss.* 3,22,24: 258[60]

Eubulos
fr. 97 K.-A.: 220[42]

Eunapios
VS 2,1,9: 295

Euripides
fr. 282: 228[14]
fr. 773: 288[175]
fr. 787–789d: 221[44]

Fronto
Princ. Hist. 1: 125

Galen *in Hipp. Epid.* II 6,29: 18[12]

Gellius
N.A. 8,3: 129
N.A. 9,4: 285[167]
N.A. 12,11,1–3: 129

Heliodor, „Aithiopika"
1,9,1–18,1: 240[4]
2,8,3–11,2: 240[4]

Herodian
1,2,5: 125

Herodoros von Herakleia, FGrHist 31 F 22a: 257[54]

Herodot
1,5,4: 283[158]
1,30–33: 282
1,82: 283[159]
1,108–130: 251[+32]
1,214: 282[157]
3,119,3–6: 241[6]
4,76f.: 227
5,92 η: 247
6,137,2f.: 115[25]

Hesiod
Op. 289f.: 170
Theog. 214: 194

Historia Augusta
Verus-Vita 6,9: 43[71]
Verus-Vita 7,7: 45[74]
Marcus-Vita 9,4: 45[74]

Homer, „Ilias"
1,396–406: 191[+16]
2,1f.: 262[77]
3,161–244: 282[156]
3,226: 282[156]
3,226f.: 282[156]
5,127f.: 281
8,5–27: 190[+14]
8, 24: 201
9: 151
„Odyssee"
5,291–294: 282[155]
8,266–366: 188[4], 190
9: 188
10,135–150: 289[181]

11: 255⁴¹, 264⁸⁴, 291¹⁹⁰
11,5: 267⁹⁹
11,164f.: 264⁸⁵
11,415f.: 281¹⁵⁴
11,487–491: 280¹⁴⁵
11,543–567: 280¹⁴⁴
11,601–626: 278¹⁴²
13,256–286: 286¹⁷⁰
14,199–359: 286¹⁷⁰
19,172–202: 286¹⁷⁰

Horaz
sat. 2,5: 264⁸⁴,
sat. 2,8: 146
Ars Poet. 343: 307

Isidor von Pelusion
ep. 4,5,5: 296

Juvenal
10,356: 228¹⁴

Kallimachos fr.
2a,49f. Pf.: 115²⁵

Kratinos fr. 152 K.-A.: 116²⁸

Ktesias, FGrHist 688
F 45, § 51: 287¹⁷¹

„Kyprien"
fr. 1 BERNABÉ: 194

Lactantius, *Div. Inst.*
1,9,8: 295³

Lykon fr. 7 Wehrli:
164¹³⁵

Marc Aurel
6,2: 270¹¹⁵

Menander
Sic. 1–24: 110¹⁴
fr. 163–169 K.-A.:
220⁴¹
fr. 507 K.-A.:
110¹⁴, 332²

Origenes
Cels. 1,10: 298
Cels. 2,55: 297⁹
Cels. 2,58: 297⁹
Cels. 3,22: 298
Cels. 3,37: 298¹⁷
Cels. 4,32: 298¹⁷
Cels. 6,41: 298¹⁴
Cels. 7,9: 297⁹

Ovid, *Met.* 3,323–331: 266⁹³

Papyri
PGM Nr. 4,2446–56: 248²³
P. Lit. Lond. 194: 296⁷
POxy 3683: 296⁷, 330¹⁴⁵
POxy 4738: 296⁷
POxy 5275: 296⁷
PSI 8,981: 242⁷

Pausanias
5,1,4: 288¹⁷⁴

Petron
Sat. 48,5: 204⁵

Philostrat
VA 7,16,2: 243¹¹
VS 1,3,2 ST.: 13⁷, 204⁵
VS 1,59,4 ST.: 20¹⁹
VS 1,65,2 ST.: 20¹⁹
VS 1,65,3 ST.: 20¹⁹
VS 1,72,2 ST.: 20¹⁹
VS 1,72,9 ST.: 20¹⁹
VS 2,2,1–3 ST.: 295²
VS 2,2,3 ST.: 204⁵
VS 2,26,9f. ST.: 20¹⁹
VS 2,26,14 ST.: 20¹⁹
VS 2,63,1 ST.: 20f.

Photios
Bibl. 128, 96a23–25: 299²³
Bibl. 128, 96a23–96b10: 301³⁰
Bibl. 166: 284

Phrynichos
fr. 19,2 K.-A.: 95³⁹

Plato Comicus
fr. 237 K.-A.: 95³⁹

Platon
Apol. 21e–22d: 179¹⁶⁸
Apol. 41b: 268
Gorg. 499c: 270¹¹⁵
Phaed. 81e: 269¹¹³
Phaed. 96a–99d: 256⁴⁹
Phaed. 96c: 256⁴⁹
Phaed. 97d–98a: 256⁴⁹
Phaed. 98b–99b: 256⁴⁹
Phaed. 99c: 256⁴⁹
Phaedr. 248c: 77²⁵
Prot. 313c: 180¹⁶⁹
Prot. 313d: 180¹⁶⁹
Prot. 328d: 184¹⁷⁸
Rep. 10, 600a: 227
Rep. 10, 614b: 246¹⁷
Rep. 10, 617d–620d: 210¹⁷
Symp. 182b–c: 229¹⁴
Tim. 24e–25a: 287¹⁷²

Plautus
Rud. 926–935

Plinius
Ep. 7,27,7: 247¹⁸

Plutarch
Alkib.-Vita 16: 211[20]
Perikles-Vita 4,6: 212[27]
Solon-Vita 5,1–3: 227
Quaest. Conv, 9,2f.: 115[27],
Tranqu. an. 20, 477D: 260[67]

Polyaen, *Strat.*
1 prooem. 4,1: 125

Poseidippos
fr. 16 K.-A.: 171[154]

Scholia in Lucianum
p. 101,26f. Rabe: 257[51]

Seneca der Ältere
Contr. 4,5: 88[4]

Seneca der Jüngere
Apoc. 1,2f.: 287[171]

Sophokles
Ant. 905–912: 241[6]
OR 629: 26[33]
fr. 421 R.: 195[26]
fr. 424 R.: 195[26]

Strattis fr. 49,5f. K.-A.: 114[24]

Suda
λ 683: 56f., 300f.

Tacitus, *Annales*
3,68f.: 243[11]
4,30: 243[11]

Tatian
Or. 25,1: 129[65]

Teles p. 33–48 HENSE: 251[31]

Thukydides
1,29,2: 159[128]
1,32: 123[49]
2,39–45: 231[20]
2,47–54: 123[49]

Timon von Phleius
SH 775–840: 169[150]
SH 804: 164[138]
SH 806: 164[137]

Tyrtaios
fr. 12 WEST: 228[14]

Vergil, *Aeneis*
6: 268[106]
6,299: 280
6,427–436: 272[124]

Xenophanes
fr. 2 WEST: 228[14]

Xenophon
Anab. 1: 252[34], 255[44]
Anab. 3,1,11: 24
Anab. 4,1ff.: 289[183]
Hell. 4,8,37–39: 289[183]
Mem. 2,1,21–34: 24

Index 2: Namen und Sachen

Abdera 120, 121⁴⁴
Aberglauben 245, 249
Abonuteichos 45, 46, 47, 132, 135; Orakelstätte 17, 47, 101, 131⁺⁶⁸, 132, 134, 135, 196; s. auch Ionopolis
Achaia 50⁸⁵
Achaios (Tragödiendichter), „Momos" 195⁺²⁶
Acheron 98, 272
„Acherusische Ebene" 268
Achill 122, 125, 221⁴⁴, 235; als Figur bei Lukian 280
Achilleus Tatios 240⁵
Adler als Gott 195; Adler des Zeus 255; Adlerflügel 257, 258
Adoptivkaiser 11
Ägypten/Ägypter 16¹⁰, 55, 105², 128, 161, 240, 248, 259
Aeneas 268¹⁰⁶, 272¹²⁴
Äsop 257⁵², 316⁹⁰
Aëtion 36, 89
Ätna 258, 276
Afranius Silo 124
Agathobulos (Kyniker) 128⁺⁶³
Agathokles (Peripatetiker) 38, 183
Agnostizismus 200
Agon in der Komödie 95, 142, 143, 165, 215; bei Lukian 235, 245
Rudolph Agricola 306
Agrippa (Jungpyrrhoneer) 169⁺¹⁵¹
Aiakos als Hades-Türhüter 266⁺⁹⁶, 272; als Figur bei Lukian 266⁹⁶, 274, 276
Aias (der Lokrer) 292
Ainesidemos 169
Aischines (Redner) 111
Aischylos, „Eumeniden" 140⁹²
Aitoler 261⁷⁰

Akademie (plat.) 71, 74; „Neue / Jüngere Akademie" 168, 169¹⁵², 261⁷⁴; als allegor. Figur bei Lukian 144
Akakios 102⁸⁸
Akinakes 237
Akropolis 39, 141⁺⁹⁹, 142, 143, 163, 165, 257⁵⁵
Aktaion 22²⁵
Alanen 243
Alberti, Leo Battista 304⁴³; „Musca" 304f.
Aletheia personif. 141⁺⁹⁶
Alexander d. Gr. 122⁴⁶, 251, 252; als Figur bei Lukian 278, 279, 314
Alexander von Abonuteichos 17, 19¹⁷, 45, 47–49, 51, 101, 127, 131–136, 196; Verbindung mit Pythagoras 135⁷³, Statue 135⁷⁶
Alexander von Pherai 259⁶¹
Alexandria 240
Alexandros Peloplaton 20¹⁹
Alexis 94³⁸
Alkibiades 148¹¹², 160¹²⁹, 321
Alkiphron, „Hetärenbriefe" 299²¹
allegorische Figuren 24, 28⁺³⁶, 29, 32, 70f., 141, 144, 214
Amastris 45, 46, 48, 49, 242
Ambrosia 262⁷⁶
Ameisen als Vergleichsbild 259⁺⁶⁴
Amphilochos 195
Amulette 158
Anacharsis 40, 89, 94, 226–228; Briefe 227f.; als Figur bei Lukian 227–233
Anachronismen 233f.²⁶, 242, 260, 316⁸⁹, 329¹⁴⁰
Anakreon 148
Ananke 200
Anaxagoras 212⁺²⁷, 256⁴⁹

Anaxandrides, „Protesilaos" 280[146]
Graham Anderson 326
Antigone 241[6]
Antigonos Monophthalmos 259[61]
Antilochos als Figur bei Lukian 280
Antiochia (Syrien) 21, 22, 41–46, 60, 61
Antiochianos 124
Antiochos (I., Seleukidenkönig) 64, 65f., 89, 259[61]
Antiochos I. von Kommagene 27f.
Antiochos IV. Epiphanes 260[68]
Antipater 25[35]
Antiphanes, „Timon" 95[39], 211
Antisemitismus 325[128]
Antisthenes 96[49], 127, 166; als Figur bei Lukian 278
Antoninische Pest 14
Antoninus Pius 11, 14, 37, 38, 129, 135[75]
Antonius Diogenes 99f., 242[7], 284f.[+163f.]
Anubis 193, 195
Apelles 88
Aphrodite 188, 189, 190; als Figur bei Lukian 188[8]; knidische Aphrodite 193
Apis 195
Apollon 35, 90, 132, 165, 189; als Figur bei Lukian 187, 188, 197f., 262; Apollon Mithras 28
Apollon-Tempel von Chalkedon 132
Apollonios von Chalkedon 38
Apollonios von Tyana 131, 298
apophras 110, 111
Aporie 178
Apuleius 12[3], 34, 106[3], 329
Aquileia 14
aramäisch 27, 28
Archaismus 118
Archelaos (Schauspieler) 120
Archilochos 76[21], 110[+13], 111
Archipp, „Fische" 164, 269[112]

Arelate (Arles) 34
Areopag 39, 70, 141, 143
Ares 188; als Figur bei Lukian 190f.
Arete gleichges. mit Eudaimonia 174, 175, 176; personif. 71, 141, 144, 195
Arethas, Einstellung zu Lukian 300
Argiver 283
Ariovist 316
Aristainetos 299[21],
Aristipp 37, 71, 72[15], 79, 137, 144, 183[176], 267[+105], 270[115], 276, 292
Aristobulos (Historiograph) 122[46],
Aristophanes 58[107], 68, 76[+23], 81, 94, 95; Abfolge paralleler Szenen 143, 164f., 216f.; Phantastik 165; über den Menschenhasser Timon 210; „Acharner" 58[107], 61[116], 95[42f.], 137[79], 139, 140[92.94], 142, 143[103], 217, „Aiolosikon" 254[40], „Ekklesiazusen" 26[33], „Frieden" 97[51], 143[103], 254, 257[52], „Frösche" 97[51], 254, 266[96], 280, „Lysistrate" 26[33], „Plutos" 143[103], 211, 212, 215, 217, „Vögel" 95[43], 142[101], 143[103], 190, 217, 288, „Wespen" 142[101], 209[13], „Wolken" 171[154],
Aristoteles 81, 138[85], 177; „Symposion" 145[107]; als Figur bei Lukian 139 ; „Poetik" 122[45],
Arkesilaos (Philosoph) 168
Armenien/Armenier 43, 120, 123[49], 124, 252
arm und reich s. reich und arm
Arminius 315, 316
Armut (als Thema) 98
Arrian, „Indikē" 125
Artemis 149, 151, 189; taurische A. 234
Arzt; Ärzte bei Lukian 116f., 148, 160, 245, 246
Asia (röm. Provinz) 242[10]

Asklepios 47, 127, 132, 133, 135, 195, 215, 298; als Figur bei Lukian 187[2], 191f.; Asklepiosheiligtum von Pergamon 261[71]; s. auch Glykon
Aspasia 43, 206
Astrologie 102
Atargatis 101
Athen/Athener 20[19], 37–41, 50, 55, 60, 61, 82[+36], 92, 93, 108, 105[2], 114[23], 115, 198, 220, 226, 234, 242, 260; Athen-Lob 184, 186[184], 231[20], 249; Vorliebe für Prozesse 259
Athenaios, *Deipnosophistai* 118, 145[108],
Athena 187, 189, 190, 281; als Figur bei Lukian 192; Athene Polias 140[92],
Atheismus 158, 243
Atropos 274
Attika 211f.
Attis 195
attischer Dialekt 97, 104, 113, 137
Attizismus 90, 94. 100, 104, 105, 112, 114[23], 115, 116; s. auch Hyperattizismus
Augeas, „Der doppelt Verklagte" 96[44]
Augustus 14
Giovanni Aurispa 303[36], 314, 315
Autopsie 124
Avicenna 321
Avidius Cassius 50[86], 55[98], 56[102]
Avitus 48[+80]

Babylon / Babylonien 43, 86[40], 158, 244; babylon. Zauberer 265f.
Baktrien 226
Balkan 14
John Kendrick Bangs 321[+113]
barbarisch / Barbaren 28, 29, 110, 135, 225; s. auch Nichtgriechen
Barbarossa 316

Bar-Kochba-Aufstand 14[+9]
Reinhold Baumstark 321
Pierre Bayle 322[118]
Bekehrung s. Konversion
Richard Bentley 319[+105]
Jacob Bernays 323f.
Bernstein 35
Beroia 36
Bildung, höhere: 12, 28, 104; s. auch Paideia
Biographie 100f.
Bithynia et Pontus 48
Bithynien 133
Johann Jakob Bodmer 318[+101]
Böoter / Böotien 114[+23], 270
Nicolas Boileau 316
Bomolochos 254
Jacques Bompaire 325f.
Bosporanisches Reich 241
James Boswell 321[113]
Brahmanen 242[+9],
Bertold Brecht 321
Briareos 191
Brimo 270
Burleske 151, 156
Byzanz, Einstellungen zu Lukian 300–302

Julius Caesar 315, 318[101]
C. Calvisius Statianus 55[98]
Cato der Ältere 117[34]
Centonen 102, 283
Chaironeia 20[19]
Chaldäer (Zauberer) 158, 244
Chalkedon 132
Charis (Frau des Hephaistos) 188
Charon 98, 99, 139[90], 280, 319, 321[113]; als Figur bei Lukian 207f., 267, 272f., 274, 275, 277, 279, 280–284, 315
Chiron 221[44]; als Figur bei Lukian 277
Chlodwig 320[108]
Chor als Vergleichsbild 259[62]

Chrestos (Sophist) 51, 105²
Christen, Christentum 17, 19¹⁷, 21, 127, 134, 196, 307
Christus 17
Chrysipp 80, 81, 138⁸⁵, 261⁺⁷²; als Figur bei Lukian 139, 142, 164
Cicero 324¹²⁵; Hymnus auf die Philosophie 172¹⁵⁸
Claudian, „Gegen Rufinus" 299
Claudius (Kaiser) 273
Commodus 51, 91²⁰, 105
conditio humana 282f.
M. Cornelius Cethegus 38, 183
Costoboci 15
Crispinus Hilarius 318¹⁰¹
Maurice Croiset 324
„El Crótalon" 310
Cyrano de Bergerac 313⁺⁷⁶

Dakerkriege 125
Damianos 33⁵²
Dämonen 161
damnatio memoriae 19
Danae 206
Dareios 268
Deklamationen 19f., 74, 86, 87f., 90⁺¹⁵, 102⁸⁴, 148
Delos 20¹⁹
Delphi 90, 197; Pythische Spiele 230
Delphin als redende Figur 188⁵; Rückgrat als Siegeszeichen 290
Demodokos 188⁴
Demokrit 18¹⁴, 79, 137, 161, 248¹⁹
Demonax 37f.⁺⁶¹, 51, 101, 128⁶³, 182¹⁷⁴, 183⁺¹⁷⁵f., 186
Demosthenes 73, 111, 330
Dialexis 88⁺⁶
Dialog 62; philos. Dialog 68, 69, 75, 90, 91; personifiziert 32, 71, 72, 75–77, 81f., 95; s. auch Rahmendialog
Diasien 260
Diatribe (kyn.) 283

Dichter als Fabulierer 157
Dihegesis/Dihegema 89, 99⁶⁶,
Dikaiopolis 58¹⁰⁷, 137⁷⁹, 139⁹¹, 140⁹², 142
Dike personifiziert 30⁴⁰, 70, 72, 143
Diogenes (Kyniker) 71, 72¹⁵, 79⁺³¹, 80–83, 85, 96⁴⁹, 99, 121, 127, 137, 166, 183¹⁷⁶, 228¹¹, 276; als Figur bei Lukian 142, 143¹⁰⁴, 144, 163, 269, 275, 276¹³⁷, 278, 292
Diogenes Laertios 137⁷⁹
Diomedes (hom. Held) 281
Dion von Prusa 92²⁵, 221⁴⁴; über Sport 228⁺¹¹
Dionysios I. von Syrakus 267⁺¹⁰⁵, 273¹³⁰
Dionysios II. von Syrakus 321
Dionysios (Philosoph) 71, 72¹⁵, 143¹⁰², 144
Dionysios von Milet 20¹⁹
Dionysos 52, 89, 127, 189, 194, 266⁹⁶, 287; ungriechisch? 195; Indienzug bei Lukian 229¹⁶
Dionysos-Theater 257⁵⁵
Diphilos 94³⁸
Dipylon 39, 250
Disney, „Fantasia" 248
Dodona 261⁺⁷⁰
Dominikus 320¹⁰⁸
Domitian 11¹
Donau 120, 134⁷¹
Donaugrenze 14
Doris (Nereide) 188
Paul Dukas, „Der Zauberlehrling" 248

Albert Ehrenstein 325⁺¹³⁰
Eid; seltsame Eide 138f., 237
Einleitungsvorträge s. Prolaliai
Eklektizismus 183¹⁷⁶
Ekphrasis 88, 89, 226, 229⁺¹⁶
Elefanten 65, 89
Elenchos personif. 94³⁸, 110f., 141⁺⁹⁷, 163, 164

Eleusis 15, 16; Eleusinische Mysterien 43[71]
„Elysische Ebene" 292; Elysium 319
Emeticum 116[28]; s. auch Erbrechen
Empedokles 139[89]; als Figur bei Lukian 258, 276, 293
Endymion 287f.[174]; als Figur bei Lukian 287
Enipeus (Flussgott) 188
Enkomion 90, 92[+26], 122, 231, 233[25]
Hans Magnus Enzensberger 322[+117]
Ephesos 33
Ephialtes (Aloeus-Sohn) 281
Ephoros 227[6]
epideiktische Reden 43
Epikur / epikur. Lehre 71, 80, 136[+78], 138[85], 262[75], 292, 315; als Figur bei Lukian 139, 143[102.104], 144, 261[75]; „Kyriai Doxai" 134; „Symposion" 145[107],
Epikureer 17, 97, 100, 134[+70], 183[176], 259; Lehrstühle 154; Epikureer bei Lukian 147, 149, 150, 198–200
Epiphanie 133
Episierung 122
Eposparodie 151, 266[97], 282
Erasistratos 316[89]
Erasmus von Rotterdam 204, 306–309, 318, 319f.; Lukian-Übersetzungen 306[51]; „Colloquia familiaria" 315; „Lob der Torheit" 307[54]
Erbrechen 182; s. auch Emeticum
Erbschleicherei 264[84], 278, 279
Eridanos 35; s. auch Po
Erinyen: 140[92]; s. auch Tisiphone
Eris 189; Apfel der 151, 190
Eros 188[8]
„Eselsroman" 210[18], 285, 329f.
ethnologische Berichte parodiert 288[+177], 289

Eudaimonia 104, 168, 170, 172, 177; s. auch Arete
Eunapios 167[146], 295
Eunuch(en) 154
Euphorbos 206, 226
Euphrat 14, 27, 30[+40], 58[+106], 79, 124[51], 266
Eupolis 76[+23], 81, 94, 95; „Demen" 95[42], 139
Euripides; Tod durch Hunde? 22[25]; „Alkestis" 151, „Andromeda" 120f., „Medea" 151, 277, „Phaëthon" 288[175], „Philoktet" 221[44], „Protesilaos" 280[146]; bei Aristophanes 140[94]; Euripideszitate bei Lukian 140, 149[113], 151, 264; Euripides-Stellen gegen Pronoia 199
Europa (phön. Königstochter) 188
Exorzismus 159, 245
Expressionismus 325
„extraterrestrische" Wesen 289[182]

David Faßmann 317f. [+96]
Favorinus 34f.[+54], 38, 155[117], 168[149], 183
Fénelon 317[+92], 319
Henry Fielding 319
Fliege 90, 229
Flussgötter 188[5]
Fontenelle 316f.[+91], 318
Frau; als Gemeineigentum 138, 139[86], 150; „weibl." Charakterzüge 189
freier Wille 202
Freundschaft als Diskussionsthema 233–238
Friedrich d. Gr. 318, 332
Max Frisch 321f.[+116]
Fronto, „Principia Historiae" 125
Georg von Frundsberg 316

Galateia als Figur bei Lukian 189
Galater 65, 89
Galatien 133

Galen: über Lukian 18f., 21, 23, 295; Kritik an Sport 229[14]
Galene (Nereide) 189
Gallien 12, 34f., 53
Gallisch 135
Ganymedes 187, 189, 195, 255; als Figur bei Lukian 262[76]
Gastmahl in der griech. Literatur 145f.
Gegenreformation 311
Geier 257; Geierflügel 257
Geister-/Gespensterbeschwörung 159[126], 160f., 245[14], 247
Geizhälse 208, 213[+28]
„Geldwechslerkunst", personif. 71, 144
Gellius (Aulus); über Peregrinos 129
Gelon 176
Gemäldebeschreibungen 88
Gerichtsrede 114[22]; fiktive 42[70], 43, 74, 88, 90, 103[91], 112, 142[100]
Germanen 14, 134[71]
Germanenunruhen 120
Geschichtsschreibung: s. Historiographie
Geschichtswerke über den Partherkrieg 49, 120
„Gespräche in dem Reiche derer Todten" 317
Geten 259
Edward Gibbon 11
Gicht 102
Gladiatoren 241[6], 242
Glossolalie 19
Glykon 47, 133, 134, 135, 196, 297[9]; s. auch Asklepios
Francis Godwin 313[+75]
Goethe 321; „Zauberlehrling" 161, 248[+22]; „Faust 1", Prolog im Himmel 192
Götter, fremde/ungriech. 98, 193, 194; „sekundäre" G. 191; umstrittene Götter 262[76]; allzu menschlich 192, 333; gieren nach Opfern 298; unmoralisches Verhalten 265; machtlos gegen Schicksal 198, 201, 263[82], 332; s. auch Tiergötter
Götterbilder/-statuen 193f.
Götterkulte 16
Götterspott 88, 190, 296, 319
Götterversammlungen (als lit. Motiv) 194[24], 195, 197, 262f.
Gold 205–207, 284
Goldenes Zeitalter 217
Gordianus III. 13
Gorgias 20[18]
Goten 14
Johann Christoph Gottsched 318[+99]
Grammatiker 19
Grammatiker bei Lukian 147, 148, 150
Griechen und Nichtgriechen bei Lukian 225–238; Vergleich mit Skythen 234–237
Griechisch 12
griech. Mutterland 122, 129
Grimmelshausen 313[75]
Großkönig 242
Guarino da Verona 304[+41]
Gyaros 240, 242, 243[11]
Hades 79, 80, 99, 139, 142, 175, 254; s. auch Unterwelt
Hadrian 11, 14[+9], 37, 248[23], 260
Hadrianos von Tyros 91[22], 105[2], 111[17]
Jennifer Hall 326, 327
Hannibal als Figur bei Lukian 279, 314
Harmosten 242
William Harvey 316[89]
Hedonismus 144, 292
Heimarmene 195, 200, 201
Heinrich Heine 320, 325[128]
Hekate 245, 246
Hekatombaion 217[36]

Helena, schöne 43, 203, 276, 282, 293
Heliodor, „Aithiopika" 240^{+5}, 251^{33}
Helios 35, 89, 127, 193, 262
Hellenismus/hellenistische Zeit 113, 168
Rudolf Helm 324f.
Henry V. 315
Hephaistos 188; Heph. bei Lukian 187, 188
Hera 189, 190; als Figur bei Lukian 189, 192
Herakles 127, 194, 195, 266^{96}, 267^{102}, 278^{142}, 287, 298; Löwenfell 266, 267; als Figur bei Lukian 166, 187^2, 191f., 198, 278, 332; „Herakles am Scheidewege" 24, 106^4; Herakles Artagnes 28; gallischer H. 34^{54}, 35, 52, 89; s. auch Säulen des H.
Heraklit 18^{+14}, 19, 79, 137, 258^{59}
Hermes 70^{14}, 79, 98, 99, 137, 138; als Figur bei Lukian 143, 166, 187^{+3}, 188^{+10}, 190, 192–194, 200, 207, 208, 211–216, 260, 263, 272f., 274, 275f., 278, 279, 281f.
Herminos (Peripatetiker) 183
Hermoglyphikē 24
Herodes Agrippa 48^{+82}
Herodes Atticus 20^{19}, 38, 51, 129^{+64}, 183, 259^{63}
Herodian (Geschichtsschreiber) 125
Herodoros 257^{54}
Herodot 18^{14}, 36, 89, 123, 251, 282, 283, 317; als Fabulierer 157, 293; Intaphrenes-Geschichte 241^6; als Vorbild für Lukian 288^{177}, 291
Herodot-Imitation 15, 121, 124, 125
Herondas, Mimiamben 96
Heros/Heroen mit Heilkräften 159, 195, 226

Hesiod 148, 170, 200; „Theogonie" 194, 262; ps.-hesiod. „Frauenkataloge" 150
Hetären 96, 220; in der Komödie 220f.; bei Lukian 221–224
Hexameter 264
Hierapolis 101, 288^{179}
Himmelserscheinungen 256, 263
Himmelsreisen 254–263, 287f.
Hippias von Elis 157
Hippokrates 18
  Statue mit Heilkräften 160, 245
Historiographie 100, 120, 122; Abgrenzung von Dichtung 122, vom Enkomion 122, als Techne 125; fabulierende 286; Parodie auf Wahrheitsversicherungen 287
Thomas Hobbes 318^{96},
Luise Hoffmann 320
Ludvig Holberg 313f. $^{+78}$,
Sherlock Holmes 321^{113},
Homer 125, 148, 191, 200, 205, 255^{42}, 316^{90}, 318; als Fabulierer 157, 286; „Ilias"-Stellen gegen Pronoia 199; „Mauerschau" (Ilias" 3) 282^{156}; als Figur bei Lukian 225f.; Homerzitate bei Lukian 140^{+94}, 146^{110}, 149^{113}, 151, 166, 267, 281; Lotophagen-Abenteuer 287^{173}; „Nekyia" 264^{84}, 267, 279f.; als Nichtgrieche 225f.; als Figur bei Lukian 293^{+193}
Homer-Imitation 123, 125
homosexuelle Liebe 329
Honoratos (Kyniker) 183
Horaz 264^{84}, 307; „Cena Nasidieni" 146
Humor 20, 307
Ulrich von Hutten 310, 315
Hyperattizismus 94, 113, 115, 124
Hyperboreer (Zauberer) 159, 244
Hypomnema 123

Iamblichos, „Babyloniaka" 242^7

Iambos 76[+21], 110[13]
Iamben 264
Iambulos 99, 286[+169], 288[177]
Ideen / Ideenlehre 77, 138, 159
idiōtēs / bios idiōtikos 59[+111], 78[+26], 150, 179, 182, 265
Iffland 320
Ikaros 255
Improvisation (in Rhetorik) 110
Inder / Indien 89
Index librorum prohibitorum 311
Insel(n) der Seligen 209, 225, 273[129], 292f., 312[73]
Intellektuelle 218[37]
Invektive 86, 110, 111
Ionien 28, 33, 36, 49, 58, 63, 122
Ionischer Aufstand 289[183]
Ionischer Dialekt 18[+14], 101, 102, 123, 125, 137
Ionopolis (Inebolu) 135; s. auch Abonuteichos
iranisch 27, 28
Ironie 172[157], 200
Isidor von Pelusion 296
Isokrates ; Kritik an Sport 229[14]
Isthmische Spiele 228[11], 230
Italien 34, 240, 242; Norditalien 35
Itazismus 156[119]
Iulia Domna 13

Karl Georg Jacob 323
Jakobus (Apostel) 48[+82]
Jeanne d'Arc 316
Jenseits 291f.; Besuche aus 160, 247; s. auch Hades, Unterwelt
Maurice Joly 320f.[+112]
Christopher P. Jones 326
Julian („Apostata"), „Caesares" 298
Juvenal, Romkritik 185

Kabbala 309[65],
Kaisergericht: 234[26], 240, 242
Kallimorphos 123
Kalydonischer Eber 149
Kalypso 293

Kambyses 282
Kandys 28, 32
Kappadokien 46
Karikatur 125
Karl V. 315
Karneades 168
Kastor (Dioskure) 105[2], 275[135]
Katabasis 264, 266, 270, 271, 280
Katholische Kirche 310f.
Kaukasus 187[3]
Kelsos (Epikureer) 100, 297f.[+10f.]
Kelsos (Platoniker) 297f.[+10]
Kentaur(en) 145, 151; Darstellung durch Zeuxis 64, 89; als Symbol für Lukians Kunst 66, 68, 76
Kephalion 125
Johannes Kepler 312f.
Kerberos 267[102]; als Figur bei Lukian 267, 270, 276[+138]
Kerkyra 123[49]
Kilikier 259
William King 319
Kirke 289[181]
Klassik, griechische 104
Klassizismus 104, 105, 117
Klotho 207, 282; als Figur bei Lukian 272, 274
Christian Adolph Klotz 318
Knabenliebe s. Päderastie
Julius Knittel 320
Köche (Komödie) 220
Koine 97, 113, 123
„Kolonialkriege" zwischen Griechen und Barbaren 289[183]
Koloss von Rhodos 258[+56]; als Figur bei Lukian 193f.
Kommagene 27f., 42, 45
Komödie 90, 117, 270; Alte Komödie 68, 69, 76, 81, 94–96, 97[+51], 114[23], 137[79], 142, 164f., 211, 212, 216, 254, 309; Chor-Parabase 165, 216; Mittlere Komödie 220[42]; Neue Komödie 94[38], 96, 219f., 334

Konfuzius 317
Konsonanten 112
Konstantin d. Gr. 320[108]
Kontinent, jenseitiger 287[+172], 294
Konversion 74, 84, 85[38], 92[29], 93, 103, 170, 182, 233
Konzil von Trient 311
Kordax 262
Korinth 50[85], 121, 124, 247
Kosmogonie 77
Kotzebue 320
Krates (Kyniker) 96[49], 98, 166, 206; als Figur bei Lukian 278
Kratinos, „Pytine" 76[22], 94[37]
Krepereios Kalpurnianos 123[+50]
Kroisos 276, 282
Kronia 217[+36], 218, 219; s. auch Saturnalien
Kronios (Adressat Lukians) 101, 127
Kronos 98, 201; bei Lukian 217f.
Ktesias 100; als Fabulierer 157, 286, 293
Ktesiphon 252
Künste personif. 143
Kultbilder s. Götterbilder
Kyniker / Kynismus 22[25], 37, 74, 76, 96[49], 97, 99, 118, 127, 129, 130, 137, 142, 165f., 183[+176], 207, 213[28], 219, 227, 228, 242, 251, 253, 256, 258[60], 259, 261[73], 263, 267, 268, 269, 270[115], 273, 283f., 296; Kyniker bei Lukian 148, 151, 163, 272, 275–278, 323f.; Pseudo-Kyniker 163, 166[144], 200–202, 207–209
Kyniskos 97
„Kyprien" 105[2]
Kyrenaiker 74
Kyros der Große 251, 276, 282, 317[95]

Lactantius 295
Lais 292
Lapithen 145, 151

Lapo da Castiglionchio 305
Lateinisch 12
Lebadeia 270[117]
Leben als Festumzug 268; als Theaterspiel 268[+108]
Leda 105[2]
Leonidas 108
Lepidos von Amastris 134[70]
Leptines 20[19]
lesbische Liebe 224[47]
Lethe 209
Leto als Figur bei Lukian 189
Libanios, 12. Deklamation 211[20]
Liebeszauber 159
Livius 303[38]
Lollianos von Ephesos 20[19]
Lotophagen 287[173]
Luca d'Antonio Bernardi da San Gimignano 305[+47]
„Lucian der Jüngere" 321
Lucilius 295; „Convivium" 145, 146
Lucilla 45
Lucius Verus 37, 43–46, 55, 60, 92, 125[54]
Lukian: Abwendung / Umorientierung weg von der Rhetorik zur Philosophie? 41, 63, 72, 74[+20], 78, 84, 85[+38], 86[+40], 103; Advokat in Antiochia? 21, 22, 42; Athenaufenthalt(e) 16, 37–41, 50, 55, 56; in Abonuteichos 47; in Ägypten 55f.; in Byzanz 21[22], 159[126], 299–302; in byz. Lexikographie 301[30]; Beschreibung von Kunstwerken 30f.; Dialoge 91–94, 97; Dichtungen in Versen / Verseinlagen 102, 255[+42], 262[77], 264, 281; Einleitungsvorträge / Prolaliai 36; Einstellung zu seiner Herkunft 29; Einstellung zur Philosophie 167; Kyniker? 296; Einstellung zur Religion 17, 187, 200, 308, 319, 327[132]; kein Freund metaphysischer Themen 186; Ein-

stellung zu Christen 19[17], 22, 127, 159[126], 245[14], 300[+25], 305; Empathie 334; empfindlich bei Sprachvorwürfen 29, 110; Name 30; Geburt 31; Herkunft / Familie 27, 28, 30[+43]; Kindheit / Jugend 23; Herodot-Nachahmung 101, 283, 288[177], 291; Thukydides-Nachahmung 288[176], 291; Xenophon-Nachahmung 289[183], 291; Komödien-Nachahmung 94–96, 164, 165, 211f., 217, 221, 254; „Konversions-Dialoge" 256[48]; Kritik an griech. Hauslehrern 53f., 185; Lateinkenntnisse 12[+2]; Lykinos-Dialoge 39, 60 (s. auch Lykinos); menippeische Schriften 60, 61, 88, 96–99, 324f.; menippeische Elemente 140[+95], 143, 271; Neues im Werk 63f., 66, 67, 68; Philosophenschelte/-kritik 79, 92, 182, 256, 308, 320; Plagiatsvorwurf? 69[+12]; platonische Dialogform 146. 167; Rhetorikstudium 28, 32f., 58, 63; römischer Bürger? 30[+42]; römische Verbindungen 46, 55; antiröm. Einstellung? 185[+182], 204; Rückkehr zur Rhetorik 56; Satire gegen Zeitgenossen 127; Selbstdarstellung durch personae / Masken 23, 39, 57–62, 70 (s. auch Lykinos, Parrhesiades); Selbstzeugnisse 23–25; skeptische Züge 141[96], 168, 169, Syrer 28, 29, 32f., 41, 42, 58[+108], 61, 62, 95f., 143, 144, 225, 325[128]; Tätigkeit im Alter 51–53, 54; Theatermetaphorik 268[+108], 297[9]; Tod 57; Tod durch Hunde? 22, 301; handschriftl. Überlieferung 299[+23]; Papyruszeugnisse 296[7]; Übersetzungen ins Lateinische 303[+37], 306; Umgang mit Gegnern/Rivalen 21, 109f.; Unterhaltungsintention 126[+59]; Verbindung mehrerer Genera 68, 69, 77, 85, 90, 102f.; Verhältnis zu Antonius Diogenes 284f.[+163f.]; Vortragsreisen 33f., 36f., 50; zu zeitgenössischer Geschichtsschreibung 121, 122–124, 125; Werkschronologie, Probleme der 25f., 87; Werke: *Abdicatus* („Der enterbte Sohn") 87f.[+4]; *Adversus indoctum* („Gegen den ungebildeten Bücherkäufer") 21[20], 51, 87[1], 100; *Alexander* 15, 21[20], 45, 48, 51, 87[1], 100f., 127, 131–136, 196, 297, 306[51], 307[+52f.]; *Anacharsis* 94, 228–233, 234; *Apologia* 35, 53f., 55[96], 56, 79[30], 87[1], 101[80]; *Bacchus* („Dionysos") 52, 87[1], 89, 109, 229[16]; *Bis accusatus* („Der doppelt Verklagte") 28, 29, 31, 32, 34, 39, 41, 42, 58, 70–78, 81, 82, 83, 84, 85f., 95f., 141, 142–144, 165, 225; *Cataplus* („Die Niederfahrt") 98, 99[63], 207–209, 251[31], 271–274, 275, 277, 278[140], 280; *Charon* 99, 139[90], 280–284, 310[69], 333; *Convivium* („Das Gastmahl") 39, 60, 93, 140, 145–152, 182, 265[88.91], 306[51], 308, 309; *Dearum iudicium* („Beurteilung der Göttinnen") 96, 187[1]; *De astrologia* („Über die Astrologie") 18[14], 102, 306[51]; *De calumnia* („Über die Verleumdung") 88, 299, 304[41]; *De dea Syria* („Über die syrische Göttin") 18[14], 101; *De dipsadibus* („Über die Dipsas-Schlangen") 89; *De domo* („Über das Haus") 88; *De luctu* („Über die Trauer") 88, 185[181], 305, 306[51]; *De mercede conductis* („Über diejenigen, die für Lohn lehren") 53f., 57, 79[30], 101,

185[180], 306[51]; *Demonax* 34[54], 51, 56, 87[1], 101, 295f.; *De morte Peregrini* („Über das Ende des Peregrinos") 17, 21[20], 22, 40, 49, 51, 87[1], 92[28], 101, 127–130, 165, 196, 300, 311, 323f.; *Deorum concilium* („Die Göttervolksversammlung") 97f., 194–196, 262[76]; *De parasito* („Parasitendialog") 40[66], 59, 90, 92[26], 167, 169, 256[48], 269[111], 304[41]; *De sacrificiis* („Über die Opfer") 88, 306[51]; *De saltatione* („Über die Tanzkunst") 22[27], 44, 60, 87[1], 92, 169, 256[48]; *Dialogi deorum* („Göttergespräche") 96, 187–192, 298, 306[51], 333; *Dialogi marini* („Meergöttergespräche") 96, 187, 188, 189f., 192, 306[51]; *Dialogi meretricii* („Hetärengespräche") 94[38], 96, 219–224, 325[130], 334; *Dialogi mortuorum* („Totengespräche") 96, 99, 202f., 254, 274–280, 298, 306[51], 313, 314–322, 329[140]; *Electrum* („Über den Bernstein") 35, 36, 48, 89; *Eunuchus* 39, 51, 60, 61, 87[1], 93, 154–156, 306[51]; *Fugitivi* („Die entlaufenen Sklaven") 37, 51, 87[1], 98, 162, 165f., 309; *Gallus* („Der Hahn") 40, 98, 152f., 204–207, 213[28], 219[+38], 226, 250[30], 251[31], 252[36], 272, 306[+51], 307[52], 308, 309, 334; *Harmonides* 89; *Hercules* („Herakles") 52, 56, 87[1], 89, 109, 306[51]; *Hermotimus* 60, 78[26], 85[38], 92f., 141, 153f., 164[136], 167–182, 233[+24], 249, 265[+88.91], 270, 298, 333, 334; *Herodotus* 36[+60], 89; *Hippias* 88; *Icaromenippus* 96, 194[24], 195, 239, 254–264, 270[116], 306[51], 312; *Imagines* („Die Bilder") 22[27], 43f., 45, 50, 60, 79[30], 87[1], 92; *Iudicium vocalium* („Das Gericht der Vokale") 90[+17], 100, 112–115; *Iuppiter confutatus* („Der widerlegte Zeus") 97, 200–202, 217[35], 277[139], 278[143], 333; *Iuppiter tragoedus* („Der tragische Zeus") 39, 59, 97, 102, 140[95], 143[+105], 192–194, 195, 197–200, 263[82], 283, 298, 332; *Lexiphanes* 21[21], 39, 60, 94, 100, 115–120; *Musca* („Das Lob der Fliege") 90, 304f.; *Navigium* („Das Schiff") 39, 60, 93, 94[38], 239, 249–254; *Necyomantia* („Menipp, oder: Die Totenbefragung") 96f., 140[95], 209f., 239, 254, 255[+41], 256, 263[81], 264–271, 276[137], 281[151], 292[191], 298, 306[51]; *Nigrinus* 36, 38f., 57, 60, 74[20], 92, 183–186, 264[85]; *Patriae Encomium* („Lob der Heimat") 45[75], 88; *Phalaris I-II* 90[+15]; *Philopseudeis* („Die Lügenfreunde") 39f., 59, 93, 99, 116[28], 156–161, 187, 239, 243–249, 254, 271[122], 306[51]; *Piscator* („Die Wiederauferstandenen") 29, 39, 42, 58, 70, 76[23], 78–85, 95, 139–142, 156[119], 162–165, 175[164], 182, 225, 309; *Pro imaginibus* („Zur Verteidigung der Bilder") 22[27], 43f., 45, 50, 60, 79[30], 87[1], 92; *Pro Lapsu* („Verteidigung eines Versprechers") 29, 52, 53, 56, 87[1]; *Prometheus* 96; *Prometheus es* („Du bist ein Prometheus der Redekunst") 43, 67–70, 76; *Pseudologista* („Der Pseudo-Kritiker") 20[18], 21[20], 29, 40, 76[21], 91[+22], 100, 105, 109–112, 141[97], 225; *Quomodo historia conscribenda sit* („Wie man Geschichte schreiben soll") 15, 22[27], 46, 49, 50, 87[1], 100, 120–126, 332f.; *Rhetorum praeceptor* (Der „Rednerlehrer") 21[21], 33[50], 51, 73, 90f.[+20], 100, 101[81], 105–109, 111, 112, 117, 171[156], 309; *Saturnalia* („Anliegen an Kronos") 98, 217–219, 251[31], 306[51], 334; *Scytha* („Der Skythe") 40, 89, 226f., 233f., 242; *Somnium* („Der Traum") 13, 23, 30, 31, 48, 73, 106[4], 224, 305; *Timon* 94f., 143, 210–217, 295[2], 306[51], 308; *Toxaris* 40[67], 93, 99, 233–238, 239–243, 271[122], 303[36], 306[51], 307, 308; *Tragodopodagra* 102, 331; *Tyrannicida* („Der Tyrannentöter") 87f., 306[51]; *Verae Historiae* („Wahre Geschichten") 16, 99f., 225f., 239, 284–294, 311–314, 325[+127]; *Vitarum auctio* („Verkauf der Philosophenleben") 29, 39, 79, 82, 83, 84, 85, 95, 136–139, 169, 298, 303, 305; *Zeuxis* 63–66, 76, 89

Pseudo-Lucianea 60, 102, 300, 328–331; *Amores* („Arten der Liebe") 60[112], 329; *Asinus* („Eselsroman") 329f.[+142]; *Charidemos* 328[137]; *Cynicus* („Der Kyniker") 60[112], 306[51], 329; *Demosthenis Encomium* („Lob des Demosthenes") 330; Epigramme 102[86]; *Halcyon* („Der Meeresvogel") 296[7], 330[+145]; *Hesiodus* („Gespräch mit Hesiod") 60[112], 329[+141]; *Macrobii* („Personen mit langem Leben") 306[51], 330; *Nero* 328f.[137]; *Ocypus* („Schnellfuß") 102, 331; *Philopatris* 302, 311; *Soloecista* („Der Pseudo-Sophist") 330[+144]; *Timarion* 302

Lukian-Scholien 51[88], 91, 159[126], 245[14], 257[51]

„Lukianos Dendrosthenes" 321

Luther 318

Lykeion (in Athen) 228

Lykinos 60f., 62, 92, 93, 115–120, 147, 151, 153, 154, 156, 167, 169, 171, 225, 249; = Sokrates? 61[116], 147

Lysander 20[19]

Lysimachos (Diadochenkönig) 120, 259[61]

Lysimachos (Komödiendichter?) 114[+23]

Lysipp 193

George Lyttelton 319

Machiavelli 303[38], 320

Salvador de Madariaga 321

Makedonien 36f., 50, 132

Malteserhündchen 247

Mantik 161; s. auch Seher

Manuel Chrysoloras 304[41]

John Manyngham 314

Marathon 108

Marc Aurel 11, 12, 14, 22[+24], 37, 38, 39, 43, 45, 46, 48, 51, 55[98], 93, 125, 135[75], 154, 333[3]

Margarethe von Schottland

Maria, Jungfrau 318[102]

Maria Stuart 321

Markomannen 14; Markomannenkrieg(e) 15, 134[71]

Clément Marot 314[82]

Marsilio Ficino 305[47]

Marsyas 189[12]

Karl Marx 321

Massilia (Marseille) 35[56]

Mausolos als Figur bei Lukian 268, 278

„Mazaris" 302

Barbara McCarthy 325

Medea bei Euripides 277

Medien 43, 50[86]

Meletai 19

Memnonskolosse 240, 248

Menander 94[38], 96[+49], 113[21]; Hetärendarstellung 221; „Der doppelt Täuschende" 96[44], „Dyskolos"

220³⁹, „Epitrepontes" 220, 221, „Thais" 220⁴¹, „Samia" 221, Prologfigur Elenchos 110⁺¹⁴, 141⁹⁷
Menelaos 188⁵
Menipp 76, 79, 81, 82, 99, 136, 142⁹⁹, 166, 212, 219, 254f., 261⁶⁹, 262⁷⁸, 263⁸⁰, 264⁸⁵, 266⁹⁷, 268, 269⁺¹¹⁰ᶠ·, 270¹¹⁷, 319, 325; „An die Adresse der Naturphilosophen und Mathematiker und Grammatiker" 257, 264⁸³; „Nekyia" 97⁵², 255⁴¹, 264⁺⁸⁴, 271⁺¹²⁰, 273¹³⁰, 281¹⁵¹; „Symposion" 145⁺¹⁰⁹, 146; „Verkauf des (Kynikers) Diogenes" 137⁺⁷⁹·⁸²·⁸⁴, 143¹⁰⁴; parodierte Aischylos? 140⁹²; als Figur bei Lukian 209f., 254–271, 275–278; menippeische Elemente bei Lukian 140⁺⁹², 143⁺¹⁰⁴, 195, 212, 213²⁸, 264–271, 273, 283, 295f.⁵
Menippeische Satire 76⁺²³, 86, 97⁺⁵³, 146¹¹⁰
„Mercurius Infernus" 319
Mesopotamien 124; s. auch Zweistromland
metaleptisch / Metalepse 61f. ⁺¹¹⁸
Metaphysisches 183, 186, 197, 203
Midas 276
J. Miélot 314
Mikyllos 98, 152, 205–208, 272f.
Milon von Kroton 282
Mimus 12
Minos 202, 209, 266⁹⁶, 314
Mithras 193, 195; Mithraskult 266⁺⁹⁴; s. auch Apollon Mithras
Moiren 197, 198, 200–202
Theodor Mommsen 11
Momos (Gott) 194f., 197f., 304⁴³, 332
Mond 257f.; „Mann im Mond" 258; Mondbewohner 288⁺¹⁷⁷, 312f.
Mondbeschwörungen 245
Mondgöttin 259, 287¹⁷⁴

Montaigne 316⁸⁹
Montanisten 19
Montesquieu 320
Moral 307, 317
Thomas Morus 306; Lukian-Übersetzungen 306⁵¹; „Utopia" 312, 314⁸⁰
Moschos, „Europa" 188⁺⁷
Moses 257⁵¹
Münchhausen (Lügenbaron) 321¹¹³
Museion 248²³
Musen 262
Musenanruf 122
Musonius 243¹¹, 328¹³⁷
Mysterienkult 129; Mysterienfeiern 135
Mythenkritik 265

Napoleon (I.) 321
Napoleon III. 321
Narratio 114
Nektar 262⁷⁶
Nekyia 264⁸⁴
Nemeische Spiele 230
Nemrut Dağı 28⁺³⁶
Nereiden 190
J. Neuber 315⁸⁶
Neupythagoreer 161
Nichtgriechen bei Lukian 225–238; s. auch Barbaren
Nießwurz (Mittel gegen Geisteskrankheit) 232
Nigrinos 39, 92, 182¹⁷⁴, 183f.
Nil 240
Nireus als Figur bei Lukian 278
Nisibis 123⁺⁴⁹,
Eduard Norden 324⁺¹²⁴
„normale" Menschen: s. *idiōtēs*
Notos 188
Novelle 239, 240

Odysseus 188, 221⁴⁴, 254, 255⁴¹, 264, 278¹⁴², 280, 289¹⁸¹, 291¹⁹⁰; als Fabulierer 286⁺¹⁷⁰; Pilos 266⁺⁹⁵; Tötung durch Telegonos

Index 2: Namen und Sachen

290[185]; als Figur bei Lukian 268, 293
Ogmios 35, 89; s. auch Herakles, gallischer
Ogygia 293
Oineus 149
Oita (Berg) 191, 281
Olymp 70[14], 98, 165, 187, 191, 195, 200, 211, 281
Olympia 37, 38, 49, 89, 127, 177
olympische Spiele 41, 45, 49, 86[40], 101, 110[15], 129[+64], 165, 176, 230, 261, 263
Olympieion in Athen 260f.[+68f.]
Omphale 191, 298
Orakel 161, 197f., 199, 202, 248
Orakelstätte(n) 17, 129, 131, 132, 277
Orestes 140[94], 141, 234, 239[2]
Origenes, „Gegen Kelsos" 297f.
Oroites 282
Orpheus 166; Leier 266, 267
Ossa 281
Otos (Aloeus-Sohn) 281
Oxyrhynchos 296[7]

Pachrates 248[+23]; s. auch Pankrates
Päderastie 138f., 149, 150
Paideia 13, 24f., 58, 61[115], 73, 104; 225; personif. 141; s. auch Bildung, höhere
Palästina 127, 159, 245
Palamedes 268
Palinurus 315
Pan bei Lukian 143, 144, 187[3]
Pankrates (Zauberer) 161[+130], 248[+21]
Pankration 148, 176
Panope (Nereide) 189
Pantheia 43f., 60, 92
Pantomime/-us 44, 92
Paphlagonien / Paphlagonier 46, 132
Parabase 165
paradoxe „Spielereien" 90, 229

Parasangen 255[+44]
Parasit 90, 229, 256[48]; in der Komödie 220
Parion 17, 127, 128, 135[76]
Paris-Urteil 96
Parmass 281
Parodie 100, 102, 140[92], 151, 166, 216[31], 266, 269, 282, 283, 287; s. auch Eposparodie
Parrhesiades 29, 58, 59, 61, 62, 76[23], 79–85, 139[91], 141
Parteilichkeit 123
Parther 14, 27, 124, 252; Partherkrieg 15, 27, 43, 45, 50, 86[40], 100, 120, 121, 122, 125, 126[59], 251, 267[101]
Patroklos 151, 235
Peirithoos 145, 235
Peisistratos 260[68]
Peleus 189
Pelion 281
Pella 133
Pellichos 159[+128]
Penia als Figur bei Lukian 214f., 216; bei Aristophanes 215
Peregrinos 17, 22[25], 37, 38, 40, 45, 49, 50[85], 51, 101, 127–130, 165, 183, 196, 319, 323f.; Karriere bei den Christen 127f.; als Kyniker 128
Pergamon 33, 261[71]
Periander 247
Bonaventure des Périers 310
Peripatetiker / peripat. Lehre 80, 138[85], 164[135], 183; als Figuren bei Lukian 147, 148, 149, 153, 157, 158, 159, 244f., 246; Pseudo-Peripatetiker 164; peripatetischer Lehrstuhl (Athen) 39, 51, 60, 93, 154, 156
Perikles 124, 206, 212[+27]; Leichenrede bei Thukydides 231[20]
Perserkriege 143

Persien 242
Perseus 132, 135
Pest (des Peloponnesischen Kriegs) 40[67], 123[49], 226
Pest (der Marc-Aurel-Zeit) 50[86], 120, 134[71]
Petron, „Cena Trimalchionis" 146[+110]; „Satyrica" 146[110]
Petrus (Apostel) 48[+82]
Jakob Pfefferkorn 309[65]
Phäaken 286[170]
Phaëthon 35, 89, 288[+175]
Phaidros 321
Phalaris 90, 229
Phalloi als Kultobjekte 288[179]
Pharamond 316
Pharos, Leuchtturm von 258
Pheidias 260
Philemon 94[38]
Philipp II. von Makedonien 20[19], 121; als Figur bei Lukian 268, 279
Philippopolis 37, 166[+143]
Philoktet 221[44]
Philologen, alexandrin. 118[36]
Philon (Adressat Lukians) 120
Philosophen 19, 140, 144, 145, 153f., 185, 262; als „Lügenfreunde" 161; äußeres Erscheinungsbild 171[+154]; in der Komödie 216; Streit zwischen Philosophen 149, 150f., 153, 154, 212, 256f., 260; Diskrepanz Leben – Lehre 183, 265; Geldgier 216; Pseudo-/Scheinphilosophen 83, 85, 95[43], 98, 141[99], 142, 162–166, 182
Philosophenschulen 12, 17, 85, 92, 95, 137, 147, 168, 177, 180, 212, 264
Philosophie 12; als Bildungsweg 104; Konkurrenz mit Rhetorik 73[+18]; personifiziert 29, 80, 98, 140, 141, 162, 164, 165

Philostratos, Flavius 13; Sophistenbiographien 20, 33[51f.]; ignoriert Lukian 19–21, 33, 295
Phoenix (Vogel) 179
Phönizier 259
Photios 299[23]; über Lukian 301; über Lukians „Wahre Geschichten" 284
Phrynichos (Grammatiker) 113[21]
Pindar 148; erster Hymnos 262
Piräus 39, 93, 249, 250[28]
Willibald Pirckheimer 309
Pittakos 270[115], 276
Plagiat 69, 111
Platane 138
Platon 68, 80, 81, 83, 117, 138, 164[138], 177, 178, 245, 246, 276, 316[89], 319; als Figur bei Lukian 139, 142, 176; eigene Stadt 138, 139[86], 292; zu Frauen als Gemeineigentum 138, 139[86], 150, 293; aporetische Dialoge 168; Ironie 172[157]; Seelenwanderung 210; Er-Mythos 210[17], 246[17], 269[113]; Atlantis-Erzählung 287[172]; platon. Philosophie 77, 138f.; s. auch Ideenlehre, Kosmogonie; „Apologie" 179[168], „Gesetze" 250[28], 261[+72], „Gorgias" 77, 174[162f.], 176[165], „Phaidon" 77, 93, 157[+122], 247, 256[49], 269, „Phaidros" 77[25], „Protagoras" 156f., 172[157], 173[160], 180[169], 184[178], „Staat" 227, 246[17], 250[28], 269[113], 296[6], „Symposion" 93, 94, 116, 120, 145, 146f., 148[112], 157[122], 160[129], „Timaios" 77, „Siebter Brief" 78[27],
Platoniker 17, 134; „sehen" Ideen 159[+127], 245; Dämonenglauben 161; Lehrstühle 154; als Figuren bei Lukian 147, 149, 150, 157, 158, 159, 160, 243f., 245, 246; Pseudo-Platoniker 164

Plautus, „Rudens" 94[38]
Plutarch 319; Alkibiades-Vita 211[20], Solon-Vita 227; Dialoge 91[25], *Mulierum virtutes* 93[34], 242[7], *Quaestiones convivales* 115[27], 145[108]
Pluton 213, 246, 316: als Figur bei Lukian 276, 279, 280
Plutos (Gott des Reichtums) 295[2]; als Figur bei Lukian 212–216; bei Aristophanes 215, 217
Po 35, 89; s. auch Eridanos
Podaleirios 132
Edgar Allan Poe 314, 320
Poggio Bracciolini 303
Polemon (Philosoph) 70, 72[15], 144
Polemon von Laodikeia 20[19]
Pollux/Polydeukes (Dioskure) 105[2], 275[+135]
Pollux/Polydeukes (Iulius) 51, 91[20], 105f.[+2f.], 111[17]
Polyaen 125
Polydeukes (Pflegesohn des Herodes Atticus) 51
Polykrates 268, 282
Polyphem 188[+5], 189
Madame de Pompadour 318[102]
Pompeianos (Sophist) 118
Giovanni Pontano 315
Poseidon 20[19], 190; als Figur bei Lukian 188[+5f.], 193, 197
Priamos 282
Prodikos 24, 157
Progymnasmata 89[+11], 99[66], 206[10]
Prolaliai 88–90, 100, 120
Prometheus 67, 68; Prom. bei Lukian 187[3]
Pronoia s. Vorsehung
Prosimetrum 97, 146[110]
Protagoras 157, 172[157], 184[178]
Protesilaos 203; als Figur bei Lukian 280
Proteus 188[5]

„Protokolle der Weisen von Zion" 321[112]
Pseudo-Lucianea s. Lukian
Ps.-Quintilian, „Deklamationen" 204[5]
Psogos 91, 92, 229
Ptolemaios II. 259[61]
Pylades 234, 239[2]
Pyramiden (ägypt.) 240
Pyrrhon 71, 72[15], 80, 138[85], 139[89], 144, 168f., 261[74]
Pythagoras 79, 81, 98, 135[+73], 137, 177, 226; Schweigegebot 177, 205; als Figur bei Lukian 205–207, 252[36], 276, 293
Pythagoreer 134, 258[59]; als Figuren bei Lukian 157, 160f., 247; s. auch Neupythagoreer
Pythagoreismus 17

Quacksalberei 158
Quaden 14
„Querelle des Anciens et des Modernes" 316

François Rabelais 312[+73], 319
Rahmendialog 92, 93, 97, 183
Räuberfiguren (n Romanen) 251[+33]
Vasio Ramirez de Guzmán 314
Rede-Agon 24
Redner, attische: 117
Reformation 307, 309f.
reich und arm 204–224, 272, 273, 334
Reiche bei Lukian 152, 158, 159f., 161, 251, 267, 269, 271[+121]
Reichtum (als Thema) 98, 264, 267
Reisen, phantastische 97, 254–271, 284–294, 311–314
religiöse Kulte 19
Renaissance 303
Johannes Reuchlin 306, 309[+65], 315
Rhadamanthys 98, 208, 209[15], 266[96], 270; als Figur bei Lukian 267, 273, 274, 292

Rhea 188[8]
Rhetoren 19; bei Lukian 147, 148, 150
Rhetorik 62, 63, 73, 77, 87, 103, 334; als Bildungsweg 104; athen. Lehrstuhl für R. 51, 105[2]; Gerichtsrhetorik 67, 74, 81[33]; Konkurrenz mit Philosophie 73[+18]; Lukians Kritik 91, 100, 105–112; ‚moderne' Rhetorik 106, 109; Öffentlichkeitswirkung 12; personifiziert 28[+36], 29, 32f., 34, 42, 71–73, 75, 95, 141, 225; Rhetorikschule 42[70], 99[66], 221; Rhetorisierung 122; Singsang im Vortrag 111; Unterhaltungsrhetorik 52, 67, 86, 126; zum Thema „Reich und Arm" 204[+5]; s. auch Deklamationen, Dialexis, Dihegesis/Dihegema, Ekphrasis, Enkomion, epideiktische Reden, Gerichtsreden (fiktive), paradoxe „Spielereien", Progymnasmata, Prolaliai, Psogos, Synkrisis
Rheuma 158, 243
Richelieu 317
Riesen 290
Rilke 321
Ringe mit Wunderkräften 246[+15]
Mathias Ringman 315[84]
Rinuccio da Castiglione 303
Römer 120, 124, 129, 134[71]; Römisches Reich 120
Rom 38, 92, 129, 134; Rom-Kritik 185, 186[184]
Roman, griech. 93[34], 240, 242, 251, 286[168]
Rufinos (Peripatetiker) 183
Rutilianus 134, 135[73], 136

Sabazios 195
Sabinos (Adressat Lukians) 53f.[+93], 55
Hans Sachs 315
Säulen des Herakles 287

salutatio 53, 209[+16], 267[+104]
Samosata 14, 23[+28], 27, 29, 31, 45, 58[106], 124[51], 295
George Santayana 321
Sardanapal 276
Sarmaten 243
Jean-Paul Sartre 321
Satire 76, 100, 122, 126, 127, 263, 264, 271, 273, 308, 309, 310, 317
Saturnus 219; s. auch Kronos
Saturnalien 98, 217[36], 218
Scharlatane 91, 98, 105, 131, 162, 196, 203, 307
Schatzfund 216, 251
Scheintote 160, 246[+17]
Schicksal 97, 197–203, 333; Schicksalsfaden 246; s. auch Heimarmene
Schiller 320
Schlangenbeschwörer 158f., 244
Schmeichler 211f., 213, 216, 220, 240
Johann Schradin 316
Schwäne 35
Schwarzes Meer 14
Schwelgerei, personif. 71, 144
Science Fiction 311f., 314
Scipio (Africanus Maior) als Figur bei Lukian 279, 314
Seele; Auge der Seele 138f.; Seelenwanderung 210, 269[113]
Seemonster 288[+179]
Seeschlacht parodiert 290
Seesturm, episch 282[+155]; parodiert 287
Seher 179; s. auch Mantik
Sektenführer 135[74],
Selene als Figur bei Lukian 188[8]
Seleukidenreich 27
Seleukos 259[61]
Seneca der Ältere, „Controversiae" 204[5]
Seneca der Jüngere, „Apocolocyntosis" 273

Septimius Severus 11[1], 13
Seuche s. Pest
Severianus 134[71]
Sextus Empiricus 169[+153]
David Christoph Seybold 314, 318
Shakespeare 210
Sibylle 132, 268[106]
Sieben Weise 227, 233, 276
Sigma 112–115
Silen 52, 262
Sinope 132
Sizilische Expedition 20[19]
Skanderbeg 317[95]
Skeptiker / Skeptizismus 59, 71, 74, 92, 138[85], 141[96], 153, 168[+149], 169, 183[176], 261[74], 270, 292, 333; skept. *kritērion* 141[96], 181[171], skept. *epochē* 177, 261, skept. *regressus ad infinitum* 181[173], skept. *tropos apo tēs diaphōnias* 265
Sklaven in der Komödie 220
Skopelianos 33[52]
Skythen 20[19], 93, 243, 259; bei Lukian 226–238; Vergleich mit Griechen 234–237
Smyrna 33, 43
Söldner/Soldaten (in der Komödie und bei Lukian) 96, 220
Sokrates 37, 79, 81, 127, 128, 139[+89], 156f., 157[122], 166, 174[162f.], 176[165], 178, 179[168], 180[169], 181[170], 183[176], 184[178], 246, 256[49], 316[89], 317, 321; Schierlingstod 269[+110]; bei Aristophanes 171[154]; als Figur bei Lukian 268, 276, 292; päderast. Neigungen 139[87], 276; Ironie 172[157]
Sokratiker 68, 83
Solon 40, 89, 94, 226f., 234, 242, 276; als Figur bei Lukian 228–233, 282
Sophisten 12, 13, 19, 21; S. der klassischen Zeit 157, 180[169]; Sophistik, Zweite 13, 20, 73, 74, 86, 87, 91, 102, 112
Sophokles, „Antigone" 26[33], 241[6], 266[93]; „König Ödipus" 26[33], 266[93]; „Ödipus auf Kolonos" 26[33]; „Momos" 195[+26]; Sophokleszitate bei Lukian 149[113],
Sparta / Spartaner 142, 283; Geißelungsriten 232, 259
Spaßmacher 148
Sport, griechischer 94, 228; bei Lukian 229–233
Spudogeloion 295[5]
Spukgeschichten 93, 160, 161
Star Trek 294[195]
Statilius Crito 126
Statuen mit Heilkräften 245
Stoa/stoische Lehre 74, 138[85]; Pflichtenlehre 152[114]; Syllogistik 164[136]; zur Zeit Lukians populär 164[136]; personif. 71, 143[102.104], 144
Stoa Poikile 198
Stoiker 17, 19[16], 97, 134, 175, 177, 258[59], 259, 292; Einstellung zur Mantik 161; Lehrstühle 154; Beiträge zur Symposienliteratur 145[107]; bei Lukian 147, 149, 150, 151, 152, 153f., 157, 158, 159, 170, 173, 198–200; Pseudo-Stoiker 164
Strattis 114[24]
Suda-Lexikon über Lukian 21f. 42, 56f., 300f.
Jonathan Swift 313
Syllogismen 123, 164[136], 199, 261; Syllogismos personif. 141[98]
Symposienliteratur s. Gastmahl
Synkretismus 28
Synkrisis 206[10], 208
Syrien 27, 29; Syrisch 135
Talmud 309[65],
Tantalos als Figur bei Lukian 277

Tartaros 201
Tatian (Apologet) 225[3]; über Peregrinos 129
Tau (Buchstabe) 112–115
Techne (Lehrbuch) 121; Techne (Fachgebiet) 125; s. auch Künste
Teiresias: 59[111], 96, 99[63], 264[+84], 265f.[+93], 270f.[+115.120]; als Figur bei Lukian 277
Telegonos 290[185]
Teles 214[29]; „Über Reichtum und Armut" 251[31],
Tempelraub 261
Terenz, „Andria" 221
Thales 276
Theagenes (Kyniker) 127
Thebanischer Sagenkreis 26[33]
Theodizee 202, 211
Thersites 122; als Figur bei Lukian 278
Thesauros (Schatzgott) 212
Theseus 235
Thessalonike 36
Thetis 187[3], 189, 191
Thomas Magister 300[30]
Thrakien 133
Thukydides 117, 231[20]; als Vorbild für Lukian 288[176], 291; Th.-imitatoren 15, 121, 123, 124
Tiberius 243[11]
Tiere, sprechende 205; Tier und Mensch 206; Tiergötter 195
Tigris 50[86]
Timokles (Adressat Lukians) 53, 101
Timon (Menschenhasser) 95, 210f.; als Figur bei Lukian 214–217
Timon von Phleius, „Sillen" 164[+137], 168f.[+150]
Tisiphone 208, 273, 274
Tomyris 282
Totendarstellung 268[+109]
Totenfährgeld 275

Totengericht/Totenrichter 98, 202f., 208f., 266[96], 267, 273, 274, 292[191], 320, 321
Totenorakel 247, 264[84]
Toxaris 40[+67], 89, 226, 233[26], 242
Tragikomödien 102
Tragödie 117
Tragödienverse/-zitate bei Lukian 102
Trajan 11, 21, 22, 125
Transzendentes s. Metaphysisches
Troja 282
Trojanischer Krieg 151, 190, 194, 203
Trophonios 195, 277; Trophonios-Höhle 270
Trunksucht, personif. 70f., 144
Tucholsky 325[+129]; „Ratschläge für einen schlechten Redner" 108[7]
Tugend s. Arete
Tyche 175, 195, 200, 268
Tychiades 59, 62, 93, 116[28], 156[119], 187, 243
Tyndareos 105[2]
Tyrann(en) 115; als rhetorisch-literarisches Thema 87[4], 90, 98; als Figur bei Lukian 207–209, 272f.
Tyro 188

Ulpian (Jurist) 91[22], 118[35]
Ulpianos von Tyros 91[22], 118[+35]
Ungleichheit, soziale 204, 218
Unterwelt 99, 202f., 209f., 244, 246, 264–280; Eingang 291[190]; s. auch Hades, Jenseits
Unsterblichkeit 277, 333
Unterweltsbesuche/-reisen 160, 246, 254, 264–271
Unterweltsspott 88
utopische Reiseberichte 286

Alfonso de Valdés 315
Paul Valéry 321
Varro, menippeische Satiren 146; „Eumenides" 140[92], 142[99]

Maffeo Vegio 315
Venus (Planet) 288
Verbannung 240, 242f.[+11]
Jules Verne 314
Vespasian 27
Jacob Vielfeld 315[86]
Cristobal de Villalón 310[71]
Volksbeschlüsse parodiert 216[31], 269f.
Volksversammlung in der Unterwelt 210, 269
Vologeses 124
Voltaire 319f.[+108], 321, 322, 332f.; mit Lukian verglichen 322f., 324; „L'Ingénu" 227[8], „Dialogue entre Marc Aurèle et un récollet" 332, 333[3],
Vorreden s. Prolaliai
Vorsehung 192, 197, 199, 201

Wahrheit s. Aletheia
George Washington 321
Weg (als Metapher) 106f., 109, 171[156],
J. Wegelin 318
Weissagungen s. Orakel
Herbert George Wells 314
Vitus Werler 315
Widmungsschreiben 92[+28]
Christoph Martin Wieland 119, 224[47], 318f., 320, 322f.
Ulrich von Wilamowitz-Moellendorff 324
Winde als redende Figuren 188[5]
E. Woldemar 320
Wolkenkuckucksheim 217, 288
Wucherer 208, 209

Wundergeschichten 285[+167]; Wunderheilungen 158, 244
Wunschträume 249–254
Xenophanes über Sport 228f.[+14], 265[87],
Xenophon (aus Athen) 319; als Vorbild für Lukian 289[183], 291; - imitatoren 15; „Anabasis" 25, 255[44], 289[183]; „Kyrupädie" 251; „Memorabilien" 24f.; „Symposion" 145[+109]; X.-Imitation 121
Xenophon von Ephesos 240[5], 251[33]
Xenophon (Freund Lukians) 45
Xerxes 108, 268, 276

Zauberbücher 247
Zauberer 158, 159, 161, 244, 248, 265f.; s. auch Chaldäer, Hyperboreer
Zenon (Stoiker) 171[154]
Zephyros 188
Zeugma (Ort) 27
Zeus 39, 70[14], 71, 79, 97, 105[2], 127, 137, 188, 191, 194, 206, 211, 217, 219, 257, 298; als Figur bei Lukian 143, 165, 166, 187[+2f.], 188[+6.9], 189, 191f., 192–202, 211f., 213, 255[42], 260–263; Zeus Oromasdes 28
Zeus-Tempel von Olympia 129; Zeusbild in Olympia 260[66]
Zeuxis 64, 89
Zuhälter 220
Zypern 183
Zweistromland 124[51], s. auch Mesopotamien